WISSENSCHAFTLICHE BEITRÄGE AUS DEM TECTUM VERLAG

Reihe Rechtswissenschaften

Wissenschaftliche Beiträge aus dem Tectum Verlag

Reihe Rechtswissenschaften

Band 105

Severin Mosch

Schuld, Verantwortung und Determinismus im Strafrecht

Eine Grundlegung unter Bezugnahme auf die Neurowissenschaften

Tectum Verlag

Severin Mosch

Schuld, Verantwortung und Determinismus im Strafrecht. Eine Grundlegung unter Bezugnahme auf die Neurowissenschaften
Wissenschaftliche Beiträge aus dem Tectum Verlag:
Reihe: Rechtswissenschaften; Bd. 105

Zugl. Diss. Justus-Liebig-Universität Gießen 2017
ISBN: 978-3-8288-4037-9
ISSN: 1861-7875
E-Book: 978-3-8288-6760-4

Umschlaggestaltung: Tectum Verlag, unter Verwendung des Bildes # 586341743 von Digital abstract Art | www.shutterstock.de
Druck und Bindung: Docupoint, Barleben
Printed in Germany

Besuchen Sie uns im Internet
www.tectum-verlag.de

FSC www.fsc.org MIX Papier aus verantwortungsvollen Quellen FSC® C083411

Bibliografische Informationen der Deutschen Nationalbibliothek
Die Deutsche Nationalbibliothek verzeichnet diese Publikation in der Deutschen Nationalbibliografie; detaillierte bibliografische Angaben sind im Internet über http://dnb.d-nb.de abrufbar.

Meinem Mann, meinen Eltern und meiner Schwester

Vorwort

Die Frage nach dem was wäre, wenn wir alle determiniert wären, ließ mich bereits seit dem vierten Semester meines Studiums nicht mehr los. Ich klebte mir damals einen Zettel mit wenigen Stichworten für eine eventuelle strafrechtliche Dissertation zu dem Thema Schuld an mein Bücherregal. Damals noch von der Genetik inspiriert, richtete sich der Gedanke im Laufe der Jahre, angeregt durch die mediale Diskussion, auf die Neurowissenschaften.

Ich bin in der besonderen Situation, sowohl eine Doktormutter als auch einen Doktorvater zu haben. Während ich für meine Doktormutter die letzte von ihr betreute Doktorandin war, war ich für meinen Doktorvater die erste Doktorandin. Mein besonderer Dank gilt ihnen. Ich möchte mich herzlich bei Herrn Prof. Dr. Bernhard Kretschmer bedanken, dass er die umfangreiche Erstbegutachtung von meiner Doktormutter übernahm und dadurch zu meinem Doktorvater wurde. Seine Worte waren eine große Bereicherung für mich. Zugleich bedanke ich mich herzlich bei meiner Doktormutter Frau Prof. i.R. Dr. Gabriele Wolfslast und schätze es zutiefst, dass sie trotz ihrer gesundheitlichen Einschränkungen das Zweitgutachten verfasste und schließlich zusammen mit Herrn Prof. Dr. Bernhard Kretschmer, Herrn Prof. Dr. Jens Adolphsen und Herrn Prof. Dr. Steffen Augsberg mir die Disputation abnahm. Ohne das Vertrauen, das sie mir entgegenbrachte, den Mut, den sie mir gab und die Kraft, die sie mir schenkte wäre diese Dissertation nicht möglich gewesen. Ihre Worte werden mich auch weiterhin begleiten.

Zudem bedanke ich mich bei meinen ehemaligen Kolleginnen und Kollegen, die die Zeit an der Professur zu etwas ganz besonderem machten.

Nicht zuletzt möchte ich mich liebevoll bei meinem Mann und meiner Familie bedanken, die mich während der gesamten Ausbildung unterstützten, mir den Rücken freihielten und mir zusprachen. Meinem Mann möchte ich besonders danken, der aufopferungsvoll und mit viel Verzicht an meiner Seite stand, auch in Zeiten, an denen er mich fast nur im Arbeitszimmer am Schreibtisch sitzend antraf. Ohne ihn wäre das alles nicht möglich gewesen – nicht nur, weil er mich entlastete, sondern weil er mich zugleich bestärkte, indem er immer eine Schulter zum Kraftschöpfen für mich hatte.

Meiner gesamten Familie, meinem Mann und meinen Freunden danke ich für ihre Unterstützung und die Momente, in denen sie mich aus dem Alltag herausholten.

Abschließend möchte ich mich bei der Justus-Liebig-Universität Gießen für die finanzielle Unterstützung durch ein Promotionsstipendium bedanken und bei allen Teilnehmerinnen und Teilnehmern an der Winterschule 2009 der Universität Heidelberg zum Thema „Verantwortlichkeit – eine nützliche Illusion?" für die anregenden Diskussionen.

Wiesbaden im Juli 2018
Severin Mosch

Inhaltsverzeichnis

Einleitung

> *„Nicht sein Ich hat ihm seine Schandtaten befohlen, sondern sein Hirn“*[1].
>
> *„Würde die moderne Hirnforschung den Beweis liefern, dass eine freie Entscheidung für das Recht und gegen das Unrecht nicht stattfinden kann, weil der Mensch determiniert ist, wäre dies das Ende des Strafrechts“*[2].

I. Die Problematik um Schuld und Willensfreiheit

Seit Jahrhunderten wird über Freiheit und Schuld debattiert[3]. Die Frage nach der strafrechtlichen Schuld bezeichnete der österreichische Rechtsphilosoph *Felix Kaufmann* im Jahr 1929 als das „Zentral-Problem der modernen Strafrechtswissenschaft“[4] und auch Anfang des 21. Jahrhunderts hat dieses „Zentral-Problem“, wiederbelebt durch die neurowissenschaftliche Forschung, erneut an Aktualität gewonnen und wird die Wissenschaft auch künftig immer wieder beschäftigen. Die besondere Problematik ergibt sich aus dem verfassungsrechtlich begründeten und dem heutigen Strafrecht zugrundeliegenden Prinzip „keine Strafe ohne Schuld“, wonach die Strafbegründung zwingend vom Vorliegen der Schuld abhängt. Ebenso bemisst sich die Strafhöhe

---

1 *Darnstädt/Lakotte*, Von Menschen und Monstern, Der Spiegel v. 05.05.2008.

2 *v. Galen*, in: *Barton* (Hrsg.), "...weil er für die Allgemeinheit gefährlich ist!", S. 361 (362).

3 Einen guten historischen Überblick über die Verantwortungs- und Freiheitsfrage ab der griechischen Antike bis zum Übergang ins 21. Jahrhundert gibt *Rosenberger*, Determinismus und Freiheit, S. 11 ff.

4 *F. Kaufmann*, Die philosophischen Grundprobleme der Lehre von der Strafrechtsschuld, S. 61.

nach der Schuld. Daraus resultiert: Ohne Schuld keine Strafe und ohne Strafe kein *Straf*recht[5].

Einige Neurowissenschaftler haben die Existenz der (indeterministischen) Willensfreiheit bestritten, sie als eine Illusion der Selbsterfahrung abgetan und zugleich das Schuldstrafrecht als Bestätigung des menschlichen Wahns ohne Legitimation[6] erscheinen lassen. Und in der Tat gibt es ohne (indeterministische) Willensfreiheit keine Schuld im *herkömmlichen* Sinne.[7] Deswegen scheint die Existenz des deutschen Strafrechts gefährdet zu sein, sollten sich die Behauptungen der Neurowissenschaftler als wahr erweisen.[8]

Die Reaktionen in der Strafrechtswissenschaft fielen sehr unterschiedlich aus. Die einen mag es verwundern, um in den Worten von

---

5 Obwohl das Strafgesetzbuch nicht nur das Mittel der Strafe, sondern auch das Mittel der Maßregel kennt (zweispuriges Sanktionensystem), würde bei einem Wegfall der Strafe die Terminologie *Straf*recht nicht mehr passend sein. Begrifflich knüpft das Strafrecht an die Strafe an, die vordergründig als Mittel der sozialen Kontrolle dient, wohingegen die Maßregel lediglich eine ergänzende Funktion hat (vgl. *Jescheck/Weigend*, Strafrecht AT, S. 10).

6 *Lampe*, ZStW 118 (2006), 1 (2).

7 Auf die Frage, ob die Willensunfreiheit bereits das Unrecht entfallen lässt, weil der strafrechtliche Handlungsbegriff ein vom Willen getragenes menschliches Verhalten voraussetzt, wird in dieser Arbeit nicht näher eingegangen. Man kann bei dieser der strafrechtlichen Schuld vorgelagerten Frage durchaus ansetzen (vgl. *Lampe*, ZStW 118 (2006), 1 (2); *Detlefsen* (=*G. Merkel*), Grenzen der Freiheit, S. 143). Der Handlungsbegriff fragt im hier verstandenen Sinn lediglich danach, *ob* das Verhalten bzw. die Tat von einem menschlichen Willen getragen war, stattdessen nicht *wie* dieser Wille im einzelnen beschaffen ist und *wie* er zustande kam – ob indeterminiert oder determiniert, so auch *Jakobs*, Strafrecht AT, 6 Rn. 21. Wird entgegen der hier vertretenen Ansicht verlangt, dass eine Handlung ein „in der Außenwelt bedeutsames menschliches Verhalten [ist], das vom Willen beherrscht oder doch wenigstens beherrschbar ist“ (wie *Roxin*, Strafrecht AT I, § 7 Rn. 5) so scheint sich doch bereits an dieser Stelle die Willensfreiheitsfrage zu stellen. Denn der Begriff „Beherrschung“ oder „Beherrschbarkeit“ legt nahe, dass der Wille im indeterministischen Sinne (einen anderen Willen bilden zu können) gelenkt werden kann. Andererseits kann darunter aber auch verstanden werden, dass die handlungsleitende Eigenschaft des Willens i.S.e. Übereinstimmung zwischen Handlung und Willen genügt; also dass der Wille handlungswirksam wird. Weiterhin scheitert auch ein Vorsatzdelikt nicht an der Willensunfreiheit, weil allein entscheidend ist, *dass* mit Wissen und Wollen gehandelt wurde und nicht *wie* das Wissen und der Wille entstanden sind. Mit umfangreicherer Begründung (ebenso *Lampe*, ZStW 118 (2006), 1 (5)).

8 So bspw. *v. Galen*, in: *Barton* (Hrsg.), "...weil er für die Allgemeinheit gefährlich ist!", S. 361 (362).

Karl Engisch zu sprechen, dass man dieser Diskussion nicht längst müde und überdrüssig geworden ist: „Um Gotteswillen nur keine Erörterungen über die Willensfreiheit!".[9] Es wird darauf verwiesen, dass sich „das Strafrecht [...] mit der Frage längst arrangiert [hatte]"[10]. Die anderen Distanzieren sich unter Hinweis auf die Unbewiesenheit des (neuronalen) Determinismus bzw. mit Verweis auf die fehlende Widerlegung des freien Willens[11] von dem neu aufgeworfenen Schuldproblem. Weil die Widerlegung der Realannahme der Willensfreiheit nicht erfolgt ist, werden daher unbeachtet der Thesen einiger Neurowissenschaftler objektiv-empirische indeterministische Schuldtheorien[12] auch weiterhin vertreten. Daneben könne auf die subjektive Überzeugung in der Gesellschaft[13] oder auf das Anders-Können eines gedachten Durchschnittsmenschen abgestellt[14], jedenfalls Schuld und Willensfreiheit fingiert werden[15]. Eine Minderzahl griff die Thesen der Neurowissenschaftler auf, um novellierende Ansätze vorzuschlagen.[16]

Die Strafrechtswissenschaft hat sich in der aktuellen Diskussion vordergründig den Fragen gewidmet, ob Willensfreiheit existiert, ob der Determinismus bewiesen wurde und ob die Willensfreiheitsfrage etwa mit Hilfe von Fiktionen umgangen werden kann, anstatt sich damit auseinanderzusetzen, ob ein Determinismus tatsächlich das Ende für die Schuld und das Strafrecht bedeutet. Es stellt sich die Frage, ob gestraft werden darf, wenn *jeder* Mensch durch sein Gehirn mit Notwendigkeit zur Tat bestimmt worden ist. Die Annahme von zwingenden Kausalursachen delinquenten Verhaltens könnte Vergebung, Mitleid und zugleich Schuldbefreiung implizieren und damit die Zuschreibungspraxis aushöhlen und obsolet machen.[17] Stattdessen könnte es aber auch so sein, dass Willens*un*freiheit und strafrechtliche Ver-

9 *Engisch*, Die Lehre von der Willensfreiheit in der strafrechtsphilosophischen Doktrin der Gegenwart, S. 1.
10 *Lüderssen*, in: *Geyer* (Hrsg.), Hirnforschung und Willensfreiheit, S. 98 (98).
11 Bspw. *Hillenkamp*, JZ 2005, 313 (318 ff.).
12 Siehe hierzu Kapitel 4 III 1.1.
13 Siehe hierzu Kapitel 4 III 1.2.
14 Siehe hierzu Kapitel 4 III 2.1.
15 Siehe hierzu Kapitel 4 III 2.2. und Kapitel 4 III 2.3.
16 Siehe hierzu Kapitel 2 III 5, 6, Kapitel 4 II 4 und Kapitel 5.
17 Nicht bezogen auf den Determinismus, aber generell auf Ursachenforschung, *Günther*, in: *Lüderssen* (Hrsg.), Aufgeklärte Kriminalpolitik, S. 319 (321 f.).

antwortung ein mögliches Paar sein könnten, mit der Folge eines deterministischen Schuldbegriffs. Diese Annahme ist nicht neu.[18] Jedoch ging sie in der aktuellen Diskussion unter.

Diese Untersuchung kommt zu dem Schluss, dass Schuld gerade auf eine deterministische Grundlage gestellt werden muss, um strafrechtliche Verantwortungszuschreibung zu legitimieren.[19] Für das Strafrecht ist wesentlich, ob und wann Verantwortung vorliegt ist. Jeder Freiheitsbegriff, der der Schuld zugrunde gelegt werden soll, muss sich daher an dem Erfordernis der Verantwortungsbegründung messen lassen[20]; damit ist nicht jeder Freiheitsbegriff strafrechtstauglich. Aus dieser Betrachtung heraus kommt die Arbeit zu dem Ergebnis, dass ein (relativer) Indeterminismus bzw. ein (indeterministisches) Anders-Können strafrechtliche Verantwortung nicht begründen kann.[21] Nur unter einem nicht-unter-denselben-Umständen-Anders-Können kann Verantwortungszuschreibung und damit Schuld legitimiert werden. Freiheit bleibt möglich – auch dann, sollte sich der Determinismus bewahrheiten.

Diese Arbeit nimmt sich des umfangreichen Themas erneut an. Der Philosoph *Fritz Medicus (1876-1956)* hat für alle zukünftigen Generationen und Epochen treffend folgende Antwort formuliert:

> *„Die sogenannten ‚ewigen' Fragen der Philosophie sind nicht starr, nicht unbeweglich. Man darf sie sich nicht wie Nüsse vorstellen, deren Schalen zu hart für die immer von neuem an ihnen herumknackenden Köpfe wären.*

18 Siehe hierzu Kapitel 5 II.

19 Schon der Philosoph *David Hume* war der Auffassung, ohne Notwendigkeit der Vergangenheit bzw. Ursachen seien Verantwortung und Strafe sinnlos (*Hume*, An Enquiry Concerning Human Understanding, 1777, dt.: Eine Untersuchung über den menschlichen Verstand, Abschnitt VIII, Teil I Rn. 9, Teil II Rn. 29 f.; vgl. *Pothast*, in: *Lüderssen* (Hrsg.), Aufgeklärte Kriminalpolitik, S. 135 (143); *ders.*, JA 1993, S. 104 (108)). *Moritz Schlick* entwickelte den Gedanken dahingehend weiter, dass *gerade* und *nur* in einer determinierten Welt Verantwortlichkeit und Strafe sinnvoll seien (*Schlick*, Fragen der Ethik, Kap. VII; vgl. *Pothast*, in: *Lüderssen* (Hrsg.), Aufgeklärte Kriminalpolitik, S. 135 (143)). Die das Verhalten bestimmenden Motive lägen nur bei kausalen Zusammenhängen vor. Verantwortung beruhe auf der Verursachung, verstanden als Gesetzlichkeit der Willensentschlüsse (*Schlick*, Fragen der Ethik, Kap. VII, S. 164).

20 Ähnlich dazu betonen auch *Tugendhat* (in: *Tröger* (Hrsg.), Wie frei ist unser Wille, S. 9 (11)) und *Pothast* (in: *Lüderssen* (Hrsg.), Aufgeklärte Kriminalpolitik, S. 135 (135, 141)) vielmehr die Frage nach der Tauglichkeit.

21 Siehe hierzu Kapitel 4 IV.

> *Sondern die ungelösten Fragen werden für jede Zeit neu, erscheinen in immer andrer Gestalt. Um ihres geistreichen Lebens willen kann keine Epoche sie beiseite lassen, sondern jede muß ihre Kräfte daran setzen, ihnen Gestalt zu geben, die sie eben für diese Epoche annehmen müssen. Ein Zeitalter kann nicht immer im Glanze des geistreichen Schaffens einer Vergangenheit leben wollen, ohne dem Stillstand, der Philisterhaftigkeit, der geistreichen Stumpfheit zu verfallen*“[22].

Diese Arbeit versucht dementsprechend die ewige Frage in Gestalt der Jahrtausendwende des 21. Jahrhundert aufzugreifen, ohne den gesamten Streit aus allen Epochen der Geschichte wieder aufzurollen. Auch kann sie nicht den Streit aller Wissenschaftsdisziplinen abbilden. Insoweit dies für die Herleitung eines neuen Ansatzes von Schuld nötig ist, nimmt sie Bezug darauf. Diese Arbeit konzentriert sich auf die Diskussionen und die Stellungnahmen, die wesentlich durch die Neurowissenschaften geprägt wurden. Die Thesen einiger Neurowissenschaftler[23] über die Determiniertheit eines jeden Menschen sind zwar nicht neu[24], gewinnen aber über ihre bildgebenden Verfahren an Vorstellungskraft und dominieren bzw. prägen deswegen die aktuelle Diskussion. Erstmals scheint es so zu sein, dass der Determinismus mit Hilfe der „neuen Leitdisziplin“[25] (zukünftig) bewiesen werden könnte.

Der Schuldbegriff ist für das Strafrecht fundamental und doch existiert weder eine Legaldefinition noch ist man sich in der Wissenschaft einig, was Schuld ist. Jedenfalls ist er offen und veränderbar. Er ändert sich mit neuen Erkenntnissen, veränderten Menschenbildern

---

22 *Medicus, Fritz,* Die Freiheit des Willens und ihre Grenzen, Tübingen 1926, S. 1.

23 Namentlich *Hans Markowitsch* (Professor für physiologische Psychologie an der Universität Bielefeld); *Wolfgang Prinz (*Max-Planck-Institut für Kognitions- und Neurowissenschaften in Leipzig); *Gerhard Roth* (Professor für Verhaltensphysiologie und Entwicklungsneurobiologie an der Universität Bremen), *Wolf Singer* (Max-Planck-Institut für Hirnforschung in Frankfurt/Main).

24 Schon Genetiker, Psychologen, Psychiater, Soziologen, Philosophen, Universalgelehrte und sogar Rechtswissenschaftler, u.v.a. haben vor den Neurowissenschaftlern die Determiniertheit des Menschen behauptet.

25 So wurden in den USA die 90er Jahre als „Dekade des Gehirns“ vom ehemaligen Präsidenten George W. Bush und dem amerikanischen Kongress ausgerufen. Daraufhin wurden nach amerikanischem Vorbild aufgrund einer Initiative deutscher Neurowissenschaftler die Jahre 2000–2010 als „Dekade des menschlichen Gehirns“ in Deutschland erklärt. Ein kurzer Überblick über die Errungenschaften der amerikanischen Dekade geben *Blakemore,* EuroBrain 2000, 1 ff.; *Gauggel,* Z. Neuropsychol 11 (2000), 1 ff.

und gesellschaftlichen Wandlungen.[26] Möglicherweise wird er sich durch die Neurowissenschaften und mit ihnen einhergehend durch eine Naturalisierung ändern. Immer wieder wird medial über neurowissenschaftliche, psychologische oder (epi-)genetische „Erkenntnisse" im Zusammenhang mit der menschlichen Entscheidungsfindung berichtet. Genetische Dispositionen, gemachte Erfahrungen und neurobiologische Abläufe suggerieren, dass weit mehr im Gehirn abläuft, als wir bemerken. So scheint die letzte Konsequenz daraus zu sein, dass der Mensch nicht anders handeln konnte, als er es in der jeweiligen Situation getan hat. Die These über die Determiniertheit des Menschen versuchen einige Neurowissenschaftler mit Experimenten von z.B. *Libet*[27], *Haggard/Eimer*[28] und *Haynes*[29] zu belegen. Es wird aufgezeigt werden, dass der Beweis für den „neurologischen Determinismus" trotz der genannten Experimente bisher nicht sicher erbracht wurde.

II. Ziel und Gang der Untersuchung

Klaus Günther hat drei Wege genannt, die dem Strafrecht im Umgang mit den Hypothesen aus der Neurowissenschaft offen stehen[30]:

(1) Man belässt alles beim Alten und öffnet nur die §§ 20, 21 StGB der Hirnforschung gegenüber[31].

26 Vgl. auch *Baumann*, in: *ders.* (Hrsg.), Strafrecht im Umbruch, S. 33 (35); *Arthur Kaufmann*, Das Schuldprinzip, S. 217.

27 *Libet*, Unconscious Cerebral Initiative and the Role of Conscious Will in Voluntary Action, Behavioral and Brain Sciences 8 (1985), 529 ff.; *Libet/Gleason/Wright/Pearl*, Time of Conscious Intention to Act in Relation to Onset of Cerebral Activities (Readiness-Potential), *Brain* 106 (1983), 623 ff.

28 *Haggard/Eimer*, On the Relation Between Brain Potentials and the Awareness of Voluntary Movements, Exp Brain Res 126 (1999), 128 ff.

29 *Haynes/Soon/Brass/Heinze*, Unconscious Determinants of Free Decisions in the Human Brain, Nature Neuroscience 2008, 543 ff.

30 *Günther*, in: *Schleim/Spranger/H. Walter* (Hrsg.), Von der Neuroethik zum Neurorecht, S. 214 (230 ff.).

31 Diesen Weg beschreitet explizit *Boetticher*, in: *Stompe/Schanda* (Hrsg.), Der freie Wille und die Schuldfähigkeit, S. 187 (190).

(2) Man lässt sich auf den Diskurs bezüglich des indeterministischen Anders-Könnens (Willensfreiheit) ein und revidiert den Schuldbegriff[32].

(3) Man lässt sich auf die Diskussion ein mit Folge der Abschaffung der Schuldstrafe und entwickelt ein alternatives Straf- bzw. Maßregelsystem[33].

Mit dieser Arbeit wird der unter (2) aufgezählte Mittelweg beschritten. Aufgrund des fehlenden Beweises für den Determinismus wird in der Arbeit der Versuch unternommen, einen agnostisch-deterministischen Schuldansatz aufzuzeigen.

Die vorliegende Untersuchung hat zweierlei zum Ziel. Sie wird einerseits aufzeigen, dass Schuld, Verantwortung und Determinismus miteinander kompatibel sind, sodass Schuld, Strafe und das Strafrecht unter einem Determinismus möglich sind. Es wird die These vertreten, dass bei einer agnostischen Sicht nur der Determinismus geeignet ist, Verantwortung zu begründen[34] – nicht dagegen der (relative) Indeterminismus, der von den meisten Agnostikern in Form von Fiktionen herangezogen wird[35]. Der hier vertretene Schuldbegriff kommt ohne Rückgriff auf die (teilweise fingierte) Fähigkeit zum Anders-Können aus.

Im ersten Kapitel geht es um das in dieser Untersuchung zugrunde gelegte Verständnis von Indeterminismus und Determinismus. Die Darstellung hat zum Ziel, Missverständnisse, die in dieser Debatte unausweichlich sind, zu minimieren und das hier vertretene Verständnis beider Strömungen zu vermitteln. Es soll die Grundlage dafür geschaffen werden, den in dieser Arbeit vorgestellten Schuldansatz besser zu verstehen.

Im zweiten Kapitel wird ein Überblick über die strafrechtliche Schuld und deren Bedeutung für das Strafrecht gegeben, um zu verdeutlichen, was verloren ginge, wenn sie abgeschafft werden würde, wie in den Neurowissenschaften zum Teil vertreten wird. Dadurch

---

32 Für einen neuen Schuldbegriff unter Anpassung an die Determinismusthese plädieren wohl *Herdegen*, in: FS Richter II, 233 ff. und *Schiemann*, NJW 2004, 2056 ff.

33 Diesem Weg folgen *G. Merkel/Roth*, in: *Stompe/Schanda* (Hrsg.), Der freie Wille und die Schuldfähigkeit, S. 143 (157 ff.).

34 Siehe hierzu Kapitel 5 III, Kapitel 4 IV.

35 Vgl. hierzu Kapitel 4 III 2.

lässt sich aufzeigen, dass Deterministen auf ihren Erhalt bedacht sein sollten. Es geht hier um das Schuld*prinzip*. Der Schuld*begriff*, der den Inhalt der Schuld bezeichnet, wird im vierten und fünften Kapitel behandelt.

Das dritte Kapitel untersucht die These der Neurowissenschaften, der Determinismus sei bewiesen, und stellt die Forschungsergebnisse kritisch vor. Es setzt sich im Ergebnis mit der Frage auseinander, ob der Determinismus durch die Neurowissenschaften empirisch belegt ist.

Thema des vierten Kapitels ist die Darstellung der aktuellen Schuldverständnisse. Es soll aufzeigen, dass in den derzeit vertretenen Schuldansätzen der Strafrechtswissenschaft überwiegend – auch unter den agnostischen Ansätzen – auf ein indeterministisches Anders-Können abgestellt wird bzw. der Indeterminismus in irgendeiner Form mit einfließt. Es wird aufgezeigt werden, warum der Indeterminismus kein geeigneter Anknüpfungspunkt ist. Es soll an dieser Stelle der Nachteil dieser Komponente erläutert werden.

Im fünften Kapitel wird der Versuch unternommen, einen eigenen agnostisch-deterministischen Schuldansatz vorzustellen. Solange nämlich der Determinismus unbewiesen bleibt, kann nur ein agnostischer Standpunkt vertreten werden, der jedoch auf normativer Ebene auf den Determinismus abstellt. Die derzeit vertretenen agnostischen Strömungen stellen dagegen mehrheitlich auf normativer Ebene auf den Indeterminismus ab (viertes Kapitel). Es lassen sich die in dieser Arbeit aufgestellten Schuldkriterien mit dem Determinismus begründen. Abschließend wird ein deterministischer Freiheitsbegriff vorgestellt. Nach dem hier vertreten kompatibilistischen Ansatz sind nämlich Freiheit, Determinismus und Schuld miteinander vereinbar und schließen sich nicht gegenseitig aus.

Kapitel 1 Freiheit, Indeterminismus und Determinismus

„Du glaubst zu schieben, und du wirst geschoben“[1].

I. Die Klärung der Begriffe Freiheit, Indeterminismus und Determinismus

Der zentrale Begriff in der durch die Neurowissenschaften ausgelösten Diskussion über die strafrechtliche Schuld ist die Willensfreiheit bzw. die Willens*un*freiheit[2]. Eine These von Vertretern der Neurowissenschaften[3], sog. „harter Deterministen“, die Willensfreiheit und Verantwortung zu Gunsten des Determinismus widerlegt sehen, aber auch von Vertretern einer mit dem Determinismus für inkompatibel gehaltenen Willensfreiheit, den sog. Libertariern bzw. Indeterministen, die bisher die Willensfreiheit nicht widerlegt sehen[4], lautet: Falls es keine Willensfreiheit gibt, weil der Mensch neurobiologisch determiniert ist und gar nicht anders entscheiden und handeln kann, als er es macht, sei der Straftäter nicht für seine rechtswidrige Tat verantwortlich und die Schuldstrafe müsste durch sichernde und bessernde Maßnahmen ersetzt werden.

Aufgrund der Begriffsverwirrung in der wissenschaftlichen Literatur und zum besseren Verständnis dieser Arbeit ist es unerlässlich,

---

1 *Goethe*, Faust I, Walpurgisnacht, Vers 4117 (Mephistopheles).

2 Vgl. den Titel von *Herzberg*, Willensunfreiheit und Schuldvorwurf, 2010.

3 *Prinz*, in: *Geyer* (Hrsg.), Hirnforschung und Willensfreiheit, S. 20 (26); *Roth*, Fühlen, Denken, Handeln, S. 541; *ders./G. Merkel*, Haltet den Richter!, Frankfurter Rundschau v. 26.06.2010.

4 Sog. „Inkompatibilisten“ im Gegensatz zu sog. „Kompatibilisten“, die Freiheit und/oder Verantwortung mit einem Determinismus für vereinbar halten.

dass möglichst Klarheit über die grundsätzliche Bedeutung der Begriffe Freiheit, Indeterminismus und Determinismus, wie sie in dieser Arbeit verwendet werden, besteht. Nicht selten scheitert die aktuelle Diskussion an unterschiedlichen Begriffsverständnissen und der damit einhergehenden Bildung von Missverständnissen. Man redet schlichtweg aneinander vorbei. Dem versucht dieses Kapitel vorzubeugen. Es kann jedoch nicht auf jedes (Willens-)Freiheits- und Determinismusverständnis eingegangen werden, ohne den Rahmen dieser Arbeit zu sprengen. So findet eine Beschränkung auf die dieser Arbeit zugrunde liegenden Begriffsinhalte statt.

1. Die Freiheit[5]

Wird die eigene Alltagsintuition nach dem Inhalt von Freiheit gefragt, erhielte man wohl zunächst folgende Antwort: Freiheit ist, dass ich tun kann, was ich will und wann ich es will.[6] Ich kann, wenn ich will, vom Sessel aufstehen, ins Restaurant gehen, meine Meinung sagen, jemanden beleidigen, die Zeche prellen oder die Versicherung betrügen, sofern ich davon nicht in irgendeiner Weise abgehalten werde. Doch handelt es sich bei näherer Betrachtung hierbei nicht um jene Freiheit, über die gestritten wird und die die Grundlage von Verantwortung und Schuld bilden soll. Mehrere Freiheitsbegriffe sind zu unterscheiden.

1.1. Die Unterscheidung von Handlungsfreiheit und Willensfreiheit

Zunächst kann grob zwischen institutionalisierter Freiheit und individueller Freiheit unterschieden werden.[7] Erstere wird durch Rechtsordnungen, die auf freiheitlichen Prinzipien beruhen, gewährt. Sie garantieren den Bürgern Freiheitsrechte und unterstellen bzw. setzen Frei-

5 Im 5. Kapitel wird ein eigenes, mit dem Determinismus kompatibles Freiheits- und Verantwortungsverständnis vorgestellt.
6 Vgl. *Tugendhat*, in: *Tröger* (Hrsg.), Wie frei ist unser Wille, 9 (9).
7 *R. Merkel*, Willensfreiheit und rechtliche Schuld, S. 9.

heit von außen.[8] Unsere Rechtsordnung, in deren Mittelpunkt unsere liberale Verfassung steht, gewährt den Bürgern verschiedene Freiheitsrechte wie die Religionsfreiheit, Meinungsfreiheit, Pressefreiheit sowie die weit verstandene allgemeine Handlungsfreiheit und unterstellt damit gleichzeitig ihren Bürgern bestimmte Fähigkeiten, z.B. die Meinungsbildung und -äußerung, Religiosität und Irreligiosität.

Dabei entsprechen diese „äußeren Freiheiten" der philosophisch verstandenen „Handlungsfreiheit", bei der es sich um einen Aspekt der individuellen Freiheit handelt.[9] „Handlungsfreiheit" bezeichnet danach die Fähigkeit, dem Willen entsprechend handeln zu können. Die „Willensfreiheit", der zweite Aspekt der individuellen Freiheit, ist dabei unerheblich und von der Bejahung der Handlungsfreiheit losgelöst.[10] Es kommt nicht darauf an, *wie* der Wille zustande kommt und *ob* er frei ist, sondern allein darauf, *dass* die Handlung dem Willen *entsprechend* erfolgt. Nicht das Zustandekommen des Willens steht im Vordergrund, sondern seine Realisierung durch die Handlung. Die klassische Willensfreiheit betrifft die *Willensbildung i.S.e. Wahlfreiheit,* die Handlungsfreiheit dagegen die *Willensbetätigung i.S.e. Verwirklichungsfreiheit bzw. Verwirklichungsfähigkeit.*[11]

---

8 Näher zu der institutionalisierten Freiheit im Sinne *Kants* siehe *Möllers*, in: *Lampe/M. Pauen/Roth* (Hrsg.), Willensfreiheit und rechtliche Ordnung, S. 250 (251 ff.).

9 *Heun*, in: *Lampe/M. Pauen/Roth* (Hrsg.), Willensfreiheit und rechtliche Ordnung, S. 276 (279); *ders.*, JZ 2005, 853 (854).

10 Die Unterscheidung zwischen Handlungs- und Willensfreiheit geht zurück auf *Hume* (Ein Traktat über die menschliche Natur, 1739/40; *ders.*, Eine Untersuchung über den menschlichen Verstand, Abschnitt VIII, Teil I Rn. 22 f.). Die politischen Freiheitsdiskurse und Freiheitskämpfe in Geschichte und Gegenwart, die sich beispielsweise gegen Unterdrückung richteten („Freiheit von" als sog. negative Freiheit), darf nicht verwechselt bzw. vermengt werden mit der Frage nach der Willensfreiheit (*Petzold/Sieper*, in: *dies.* (Hrsg.), Der Wille, die Neurobiologie und die Psychotherapie I, S. 253 (256)). Die „Freiheit von" ist vereinbar mit dem Determinismus.

11 Vgl. zur Unterscheidung Handlungsfreiheit und Willensfreiheit auch *Bockelmann*, ZStW 77 (1965), 253 (253); *B. Burkhardt*, GA 1976, 321 (331 f.); *ders.*, in: *Tröger* (Hrsg.), Wie frei ist unser Wille, S. 87 (101); *Detlefsen*, Grenzen der Freiheit, S. 26; *Engisch*, Die Lehre von der Willensfreiheit in der strafrechtsphilosophischen Doktrin der Gegenwart, S. 27; *T. Fuchs*, in: *ders./Schwarzkopf* (Hrsg.), Verantwortlichkeit – nur eine Illusion?, S. 203 (217); *Guss*, Willensfreiheit, S. 18 f.; *Griffel*, ARSP 80 (1994), 96 (96); *Hochhuth*, JZ 2005, 745 (747); *Lampe*, ZStW 79 (1967), 476 (486 f.); *R. Merkel*, Willensfreiheit und rechtliche Schuld, S. 11; *Northoff*, in: *Stom-*

An einem Beispiel erklärt: T entschließt sich, eine Bank auszurauben und wird bei der Tatausführung nicht daran gehindert. Er kann folglich entsprechend seinem Entschluss handeln. Irrelevant ist, ob er von dem Motiv, seine hungernde Familie von dem erbeuteten Geld ernähren zu wollen, derart gedrängt wurde, dass ihm keine andere Wahl blieb. Solange er das tun konnte, was er wollte und nicht daran gehindert wurde (z.B. ein anderer Bankkunde oder die Polizei hätte den Raub verhindert), war er handlungsfrei. Hingegen ist ein Querschnittsgelähmter, der sich bewegen möchte, es aber aufgrund seiner körperlichen Behinderung nicht kann, handlungsunfrei. Über seine Willensfreiheit ist dabei noch nichts gesagt. Nicht nur bei Vorliegen solch äußerer Umstände (physische oder soziale Widerstände) muss die Handlungsfreiheit verneint werden, sondern auch bei „inneren" Umständen[12], wie etwa Zwangshandlungen[13], die vom Handelnden als aufgedrängt erfahren werden. Hier stimmt der Wille, etwas nicht zu tun, mit der ausgeführten Handlung nicht überein. Die Willensbildung bleibt davon jedoch unberührt, denn der Mensch kann trotzdem frei darin sein, den generellen Willen gegen die Vornahme der Zwangshandlung zu bilden. Nur scheitert es konkret an der Umsetzung dieses Willens. Handlungsfreiheit und Willensfreiheit sind demnach unabhängig voneinander: Handlungsfreiheit kann trotz fehlender Willensfreiheit vorliegen und Willensfreiheit trotz fehlender Handlungsfreiheit.

pe/Schanda (Hrsg.), Der freie Wille und die Schuldfähigkeit, S. 37 (37 f.); *Pothast*, JA 1993, 104 (106); *ders.*, in: *Lüderssen* (Hrsg.), Aufgeklärte Kriminalpolitik, S. 135 (141); *Roth*, in: *T. Fuchs/Schwarzkopf* (Hrsg.), Verantwortlichkeit – nur eine Illusion?, S. 147 (163 f.); *Tugendhat*, in: *Tröger* (Hrsg.), Wie frei ist unser Wille, 9 (9 f.); *Walter*, Neurophilosophie der Willensfreiheit, S. 24, 31.

12 Problematisch ist bereits die Frage, wann ein Zwang „äußerlich" bzw. „extern" oder „innerlich" bzw. „intern" ist: Angenommen der Determinismus ist wahr, wäre dann nicht jede Determinante, beispielsweise eine gemachte Erfahrung oder ein Motiv, ein „äußerlicher Zwang"? (Vgl. dazu genauer *R. Merkel*, Willensfreiheit und rechtliche Schuld, S. 12 ff.).

13 Zwangsstörungen sind „immer wiederkehrende anhaltende Ideen, Gedanken und Vorstellungen und besonders Impulse […], deren Auftreten nicht gewollt ist, sondern als etwas, was ins Bewußtsein ungewollt eindringt und als störend, meist quälend und sinnlos empfunden wird" (*Kornadt*, in: *v. Cranach/Foppa* (Hrsg.), Freiheit des Entscheidens und Handelns, S. 21 (26)). Zwangshandlungen treten dementsprechend ungewollt auf (so auch *Mundt*, in: *Tröger* (Hrsg.), Wie frei ist unser Wille, S. 59 (62)). Vgl. zu Suchterkrankten *Pothast*, JA 1993, 104 (106 ff.).

Daraus ergibt sich für die in der Verfassung verbürgten Freiheitsrechte, entgegen *Otto Lagodny*[14], dass bei einer empirischen Widerlegung des Indeterminismus das bisherige Konzept der Freiheitsrechte, wie die Religionsfreiheit, Meinungsfreiheit, Pressefreiheit, allgemeine Handlungsfreiheit, Wahlfreiheit, u. a. nicht aufzugeben ist. Die Fähigkeit, seine Meinung zu äußern, seine Religion auszuüben, seine Stimme für eine bevorzugte Partei abzugeben[15], etc. ist nicht tangiert. Alle diese Rechte sind der Ausfluss von Freiheit – nicht der Willensfreiheit, sondern der Handlungsfreiheit. Grundsätzlich setzten die Freiheitsrechte keine Willensfreiheit voraus, sondern garantieren die Handlungsfreiheit. Einzig in der Menschenwürde (i.V.m. dem allgemeinen Persönlichkeitsrecht), in der das Schuldprinzip und damit die Verantwortung des Menschen verankert wird, scheint sich das Problem der Willensfreiheit zu eröffnen.[16]

Die oft im Alltag aus der subjektiven Perspektive als Willensfreiheit bezeichnete Intuition, „Ich kann tun, was ich will: Ich kann ins Kino gehen, wenn ich nur will, ins Restaurant oder nach Hause, wenn ich nur will, ich kann geradeaus fahren oder nach rechts abbiegen, wenn ich nur will“ bezeichnet vielmehr die Handlungsfreiheit, verstanden als die Kongruenz von Wille und Handlung. Diese Alltagsintuitionen setzen erst *nach* der Entscheidung an; also in dem Moment, in dem ich mich bereits für oder gegen eine Handlung entschieden habe: „Wenn ich ins Kino gehen will, dann kann ich das auch“. Über die vorgelagerte Phase der Entscheidungsfindung bzw. Willensbildung, also

14 *Lagodny*, Strafrecht vor den Schranken der Grundrechte, S. 389.

15 Nun kann hier die Auffassung vertreten werden, gesetzt den Fall, die Willensfreiheit im indeterministischen Sinn existiert nicht, dass auch keine echte innerliche Wahl für und gegen eine Partei entstehen kann. Im Laufe dieser Arbeit wird gezeigt werden, dass ausgehend von einem modernen Determinismus auch verantwortete Meinungsbildung möglich ist.

16 *Heun*, in: *Lampe/M. Pauen/Roth* (Hrsg.), Willensfreiheit und rechtliche Ordnung, S. 276 (279 f.); dazu Kapitel 5 I 1.

ob derjenige sowohl das eine *als auch* das andere wählen[17] konnte, ist nichts gesagt[18] und für die Handlungsfreiheit unerheblich.

In der aktuellen Diskussion wurde und wird die Unterscheidung zwischen Willensfreiheit und Handlungsfreiheit nicht immer strikt eingehalten.[19] Dies liegt daran, dass Handlungsfreiheit mitunter als Synonym für Willensfreiheit verwendet wird. In diesem Fall meint, knapp gesagt, die Handlungsfreiheit, dass der Mensch anders hätte handeln können[20] und die Willensfreiheit, dass der Mensch anders hätte entscheiden können, als er es getan hat.[21] Eine so verstandene Handlungsfreiheit beruht dann vielmehr auf der Willensfreiheit und kann nicht losgelöst von ihr betrachtet werden: Wenn anders entschieden werden kann, kann auch anders gehandelt werden.[22] In dieser Arbeit bezieht sich der Begriff Handlungsfreiheit auf die erstgenannte

---

17 Nicht: wollen. Denn gewollt werden können durchaus zwei verschiedene Verhaltensweisen gleichzeitig (vgl. Kapitel 1 I 1.2). Die Willensfreiheit meint aber vielmehr die Wahlfreiheit, also die Möglichkeit im selben Zeitpunkt beide Willen gewählt haben zu können: „Ich hätte das Verhalten A, aber auch das Verhalten B wählen können".

18 *Schopenhauer*, Über die Freiheit des menschlichen Willens, in: *Schopenhauer* (Hrsg.), Die beiden Grundprobleme der Ethik, S. 41 (57 f.).

19 So kritisiert *Rath* an *Roxins* Schuldansatz, dass dieser am Ende wieder zur Freiheit gelangt, obwohl er die Frage der real existierenden Willensfreiheit dahingestellt sein lassen will (*Rath*, Aufweis der Willensfreiheit, S. 42). In seiner Begründung erwägt *Rath* nicht die Möglichkeit, dass sich die gewählten Zitate von *Roxin* (Strafrecht AT I, § 19 Rn. 48, 49) auf Freiheit i.S.d. Handlungsfreiheit beziehen könnten und wohl auch beziehen. Damit zielt jedwede Kritik, die im Zusammenhang mit Freiheit i.S.d. Willensfreiheit steht, ins Leere. Die Kritik *Raths* ist im Ergebnis dennoch berechtigt, bedarf aber einer anderen Begründung (siehe hierzu Kapitel 4 III 2.3.2.1.). Der Psychologe *Hans-Joachim Kornadt* führt als empirischen Fakt für freiwillige Willenshandlungen die Zwangsstörungen an, die, wie gesehen, zwar zweifelsohne Freiheit einschränken, aber nur die Handlungsfreiheit, nicht jedoch die Willensfreiheit (*Kornadt*, in: *v. Cranach/Foppa* (Hrsg.), Freiheit des Entscheidens und Handelns, S. 21 (26)).

20 So z.B. *Brücher/Gonther*, Fortschr Neurol Psychiat 74 (2006), 194 (200); *Schreiber*, Jahrbuch für Wissenschaft und Ethik 2005, 23 (32), *Schünemann*, in: *ders.* (Hrsg.), Grundfragen des modernen Strafrechtssystems, 153 (164).

21 Darüber hinaus kann Handlungsfreiheit in einem umfassenden Sinne verstanden werden, so bei *Trommsdorff*, in: *v. Cranach/Foppa* (Hrsg.), Freiheit des Entscheidens und Handelns, S. 302 (303 f.).

22 Natürlich nur unter der Prämisse, dass der Handelnde fähig ist, entsprechend seiner Entscheidung zu handeln, also handlungsfrei im hier vertretenen philosophischen Sinne ist.

Deutung: Der Mensch kann sich entsprechend seines Willens verhalten, weil ihm keine äußerlichen sowie innerlichen Hindernisse entgegenstehen.

Die Philosophen *David Hume* (1711-1776) und *Thomas Hobbes* (1588-1679) meinten, dass in einer determinierten Welt nur diese Freiheit möglich, entscheidend und erstrebenswert sei.[23] Die so verstandene Handlungsfreiheit ist unstreitig vereinbar mit einem Determinismus, da es auf die Willensfreiheit und eine eventuelle Determination des Willens nicht ankommt. Dem muss entgegnet werden, dass die Handlungsfreiheit nicht als alleiniges Zurechnungskriterium für Verantwortlichkeit und Selbstbestimmung genügt, richtet man etwa seinen Blick auf psychisch erkrankte und suchterkrankte Menschen. Viele von ihnen müssten anderenfalls als frei und verantwortlich betrachtet werden, obwohl sie unbestreitbar als unfrei und unverantwortlich gelten[24]: Eine Person, die aufgrund einer starken Depression Suizid begeht, wäre handlungsfrei, weil sie ihrem Willen entsprechend handelt. Das bedeutet jedoch nicht, dass sie für ihr Tun als selbstbestimmt und verantwortlich erachtet wird.[25] Nicht jede psychisch erkrankte Person kann als freiverantwortlich betrachtet werden, solange sie nur ihrem Willen entsprechend handelt. Handlungsfrei mag sie sein, aber nicht frei im Sinne einer Verantwortungszuschreibung, sofern man etwa den Blick auf die Selbstbestimmung legt. Es müssen also andere Kriterien hinzukommen, um jemanden als selbstbestimmt und verantwortlich zu betrachten.

---

23 *Hobbes*, Leviathan, 1651, dt.: Leviathan, Kapitel XXI, S. 177 f.; *ders.*, The Questions Concerning Liberty, Necessity, and Chance, 1654, in: *Molesworth* (Hrsg.), The English Works of Thomas Hobbes, Vol. 5; *Hume*, Eine Untersuchung über den menschlichen Verstand, Abschnitt VIII, Teil I Rn. 23; vgl. *R. Merkel*, Willensfreiheit und rechtliche Schuld, S. 11 Fn. 8, m.w.N.; *Beckermann*, in: *Saimeh* (Hrsg.), Zukunftswerkstatt Maßregelvollzug, S. 15 (20).

24 Vgl. *Beckermann*, in: *Saimeh* (Hrsg.), Zukunftswerkstatt Maßregelvollzug, S. 15 (21); *R. Merkel*, Willensfreiheit und rechtliche Schuld, S. 11 Fn. 8, der jedoch meint, dass auch Zwangshandlungen nicht als unfrei ausgesondert werden können. Entgegen *R. Merkel*, schließt die Handlungsfreiheit Zwangsstörungen unter oben genannten Voraussetzungen aus dem Freiheitsbegriff durchaus aus.

25 Siehe genauer zum Kriterium der Freiverantwortlichkeit beim Suizid und mit interessantem Resümee für die Rechtsprechung des BGH in Suizidfällen *Scheffler*, Jahrbuch für Recht und Ethik 7 (1999), 341 (368 ff.).

Indes hat die Handlungsfreiheit ihre Berechtigung bei der Frage, wann Freiheit vorliegt, weil sie die Zwänge aussortiert, die dem Entscheidungsvollzug entgegenstehen. Um Freiheit vollständig zu erfassen und eine Verantwortungszuschreibung im weiten Sinne[26] sowie im engen Sinne[27] aufgrund von Freiheit tätigen zu können, ist sie nicht ausreichend. Sie ist damit zwar notwendige[28], aber keine hinreichende Bedingung von verantworteter Freiheit.

Vielmals wird davon ausgegangen, dass die Alltagsintuition über die Kongruenz von Wille und Handlung hinaus, die Freiheit des Willens selbst verlange:

> *„Sind wir darin frei zu wollen, was wir wollen?"*[29]

Oftmals wird die Frage nach der Willensfreiheit ungenau formuliert:

> *„Sind wir darin frei, wollen zu können, was wir wollen?"*[30]

Jeder Determinist würde letztere Aussage bejahen, denn alles was wir wollen, können wir wollen – die Existenz des aktuellen Willens bezeugt das Wollen-Können, also die Fähigkeit zum Wollen.[31] Die Frage nach der klassischen Willensfreiheit untersucht dagegen vielmehr, ob der Mensch unter den gleichen Bedingungen auch anders wollen bzw. genauer formuliert entscheiden kann, also sowohl A als auch A nicht und gleichzeitig B als auch B nicht wollen und bei gegebener Hand-

---

26 *Lampe*, ZStW 79 (1967), 476 (506 f.): Auch die Verhängung einer Maßregel zieht den Handelnden zur Verantwortung (vgl. Kapitel 5 III); *Roxin*, in: FS Henkel, S. 171 f.; *Tiemeyer*, GA 1986, 203 (204). Die Verantwortung i.w.S. bezieht sich auch auf das Unrecht.

27 Sie umfasst nur die Schuld.

28 Vgl. *Pothast*, in: *Lüderssen* (Hrsg.), Aufgeklärte Kriminalpolitik, S. 135 (142): Sie wird stillschweigend vorausgesetzt.

29 *Von Wright*, Die menschliche Freiheit, in: *ders.*, Normen, Werte, Handlungen, S. 209 (210).

30 So formuliert bei *Drewermann*, Atem des Lebens II, S. 912. Siehe auch *Detlefsen*, Grenzen der Freiheit, S. 26; *Härle*, in: *Tröger* (Hrsg.), Wie frei ist unser Wille, S. 151 (160 f.); *Mezger*, Über Willensfreiheit, in: Sitzungsberichte der Bayrischen Akademie der Wissenschaften 1944/46, S. 1 (1); *H. Walter*, Neurophilosophie der Willensfreiheit, S. 24. *Schopenhauer* fragte bereits: „Kannst du auch wollen, was du willst!", *Schopenhauer*, Über die Freiheit des menschlichen Willens, in: *Schopenhauer* (Hrsg.), Die beiden Grundprobleme der Ethik, S. 46.

31 *Herzberg*, Willensunfreiheit und Schuldvorwurf, S. 60, 124 f.

lungsfreiheit in ein Verhalten umsetzen kann[32] (sog. „Alternativismus"). Für den Straftäter bedeutet das im Ergebnis, dass er das vom Gesetz verlangte Verhalten auch hätte einhalten können und damit die Tat hätte unterlassen bzw. im Falle von Unterlassungstaten das geforderte Verhalten hätte vornehmen können.

Es stellt sich die Frage, welche Kriterien für Willensfreiheit zwingend erfüllt sein müssen.

1.2. Die Unterscheidung von Wille und Entscheidung

Bevor auf die spezifischen Elemente der Willensfreiheit eingegangen wird, soll zunächst mit *Reinhard Merkel* dafür plädiert werden, in der Freiheitsfrage den Begriff „Wille" durch den Begriff „Entscheidung" zu ersetzen, weil letzterer für das Strafrecht treffender ist.[33] Der Begriff „Wille", der hier aufgrund seiner vielzähligen Bedeutungszuweisungen[34] nicht umfassend erläutert werden kann[35], geht weiter als der Begriff „Entscheidung", weil der Wille im Gegensatz zur Entscheidung auf eine Vielzahl sich gegenseitig ausschließender Wünsche und Ziele gerichtet sein kann. Die Entscheidung bezeichnet hingegen das Ergebnis bzw. den Abschluss des Willensbildungs- und Entscheidungspro-

---

32 Da bei vorausgesetzter Handlungsfreiheit der Täter durch die Willensfreiheit sich sowohl anders *entscheiden* also auch anders *verhalten* kann, wird in der Arbeit oftmals nur vom „Anders-Können" die Rede sein.

33 *R. Merkel* geht davon aus, dass die Entscheidung, im Gegensatz zum Willen, die „Vorläufervorgänge" (Abwägen durch emotionale, motivationale, kognitive Prozesse, aber auch autonome Körperfunktionen), also den Entscheidungs*prozess*, ausblendet und damit den Zeitpunkt auf den relevanten Abschnitt eingrenzt (Willensfreiheit und rechtliche Schuld, S. 15 f.).

34 Siehe nur die kurze Aufzählung der Bedeutungszuweisungen bei *Tretter/Grünhut*, in: *Stompe/Schanda* (Hrsg.), Der freie Wille und die Schuldfähigkeit, S. 63 (65): Motive, Antriebe, Gefühle, Abwägen, Entscheiden, Zielbildung, Pläne, Absichten. Zur Komplexität des Willensbegriffes in der Psychologie siehe *Petzold/Sieper*, in: *dies.* (Hrsg.), Der Wille, die Neurobiologie und die Psychotherapie I, S. 253 (306 ff.). Einen Überblick geben weiterhin *Habermeyer/Saß*, Fortschr Neurol Psychiat 70 (2002), 5 (7). Siehe auch *Thomae*, Der Mensch in der Entscheidung, S. 19.

35 Umfangreich zum Begriff Wille in der Kultur- und Wissenschaftsgeschichte des Menschen, *Kornhuber/Deecke*, in: *Petzold/Sieper* (Hrsg.), Der Wille, die Neurobiologie und die Psychotherapie I, S. 77 (77 ff.); *Petzold/Sieper*, in: *dies.* (Hrsg.), Der Wille, die Neurobiologie und die Psychotherapie I, S. 253 (278 ff.).

zesses und erscheint damit endgültiger bzw. gefestigter, was folgende Aussagen verdeutlichen: „Ich habe mich dafür entschieden", „Die Entscheidung dafür oder dagegen…". Natürlich schließt auch der Willensbegriff die Entscheidung mit ein („Ich will das."), er erfasst jedoch *zusätzlich* die vorherigen Willen, die im Entscheidungsprozess relevant sind. Denn gewollt werden können mehrere sich gegenseitig ausschließende Handlungsalternativen, sodass es mehrere „Willen" zu einem *bestimmten Zeitpunkt* geben kann: Ein Täter kann bei einem Diebstahl zum einen davon geleitet sein, sein Opfer körperlich nicht verletzen zu wollen; zum anderen sich aber vorbehalten, es notfalls doch zu tun, falls es für die Erreichung des Ziels notwendig ist. In der entscheidenden Tatsituation verletzt er das Opfer, um diesem Geld zu entwenden. Aus dem Diebstahl wird ein Raub gem. § 249 StGB. Er hat sich letztlich, trotz unterschiedlicher Willen, dazu entschieden; hierauf ist abzustellen. Die Entscheidung beinhaltet also den letzten, den endgültigen, also den handlungswirksamen Willen und ist damit enger als der allgemeine Willensbegriff. Eine Entscheidung kann gegen einen anderen Willen getroffen werden und dennoch gewollt sein.[36] Die Entscheidung ist damit die „Vereindeutigung"[37] mehrerer Verhaltensmöglichkeiten und Willen. Der vorher stattfindende „Entscheidungsprozess" bezeichnet den Vorgang des Innewerdens mehrerer Verhaltensmöglichkeiten, aber auch differenter Ziele sowie das Abwägen, das auf die „Vereindeutigung" gerichtet ist.

In Anbetracht der Häufigkeit der Verwendung des Begriffs „Wille" in der Debatte um *Willens*freiheit und Schuld wird auch in dieser Arbeit immer wieder von „Wille" die Rede sein. Dabei bezieht sich der Begriff vielmehr auf den Sinngehalt des Begriffs „Entscheidung" bzw. „Entscheidungsfreiheit". Das hier verwendete Verständnis ist kein für alle Wissenschaften allgemeinverbindliches.[38] Es soll nur betonen, dass sich das Freiheits- und Schuldproblem im Strafrecht vordergründig auf die verhaltensbestimmende Entscheidung und das mit ihr im Zusammenhang stehende Verhalten bezieht.

---

36 So auch *T. Walter*, in: FS Schroeder, S. 131 (132).

37 Begriff von *Thomae*, der jedoch für die Psychologie dem Begriff „Entscheidung" einen anderen Deutungsgehalt beimisst (Der Mensch in der Entscheidung, S. 18).

38 Zum Entscheidungsbegriff in der Psychologie siehe *Thomae*, Der Mensch in der Entscheidung, S. 16 ff.

1.3. Die drei Komponenten des klassischen Willensfreiheitsbegriffs

Das klassische Willensfreiheitsverständnis geht vom Prinzip der *alternativen Entscheidungs-* bzw. *Handlungsmöglichkeiten*[39] (Alternativismus) aus, wonach es dem Menschen offenstehen muss, wie er sich entscheidet und wie er handelt. Es müssen also real mindestens zwei Wege zur Verfügung stehen, die auch tatsächlich begangen werden können. Der Mensch muss danach unter den gleichen Bedingungen auch anders entscheiden und handeln (z.B. die Handlung unterlassen bzw. vornehmen) können, als er dies letztlich macht (Alternativismus). Jeder das Verhalten festlegende Faktor würde ein Anders-Handeln-Können unmöglich machen; er würde einen indeterministisch verstandenen Zwang bilden, der den Alternativismus und damit die Freiheit ausschließt.

Der Alternativismus bildet den Mittelpunkt des Streits über Schuld. Der BGH und das BVerfG vertreten die Auffassung, dass der Mensch dazu befähigt sei, sich für das Recht und gegen das Unrecht entscheiden zu können.[40] Für die meisten Strafrechtswissenschaftler dient der Alternativismus als Anknüpfungspunkt für die strafrechtliche Schuld, etwa im Wege einer objektiven oder subjektiven Realität, einer Fiktion oder eines analogen Verfahrens.[41]

Für Freiheit kommen noch zwei weitere Elemente in Betracht, die in der philosophischen Debatte weit stärker bekannt sind und diskutiert werden als in der strafrechtlichen. Erforderlich sei die sog. „*Intelligibilität*“[42], verstanden als das Handeln aus *verständlichen* Gründen.[43] Um eine zufällige, von nichts abhängende Wahl zu verhindern, muss die Entscheidung „im Lichte unserer Erfahrungen und Wünsche klug“[44] gewählt sein. Die Person muss die Gründe, aus denen sie han-

39 Vgl. *R. Merkel*, Willensfreiheit und rechtliche Schuld, S. 17 f.

40 BGHSt 2, 194 (200 f.); BVerfG, NJW 2009, 2267 (2289); siehe hierzu genauer Kapitel 4 III 1.1.1.

41 Siehe Kapitel 4 III.

42 Hier nicht verstanden im Sinne *Kants*, der die Welt in eine intelligible und eine empirische unterteilt.

43 So *H. Walter*, Neurophilosophie der Willensfreiheit, S. 24, 52.

44 *Dennett*, Ellenbogenfreiheit, S. 214.

delt, zumindest teilweise[45] kennen und sollte die vorhandenen Alternativen in ihrer Bedeutung, Tragweite und möglicher Folgen erfasst haben bzw. erfassen können.[46] Dem Strafrecht ist dieses Erfordernis bereits bei der die Rechtswidrigkeit ausschließenden Einwilligung bekannt. Der Einwilligende muss die Fähigkeit zu verständiger[47] Willensbildung und Entschlussfassung besitzen.[48] Er muss nach seiner Verstandesreife und Urteilsfähigkeit das Wesen, die Bedeutung und die Tragweite des Eingriffs durch Dritte in seine Rechtsgüter erfassen können, um wirksam rechtfertigend einwilligen zu können. Hierbei ist es irrelevant, dass Dritte die Entscheidungen als unvernünftig bewerten.[49]

Das dritte Element – die sog. *Urheberschaft* bzw. *Autorschaft*, bezieht sich darauf, dass unsere Handlungen und Unterlassungen bzw. die dazugehörigen Entscheidungen bei uns liegen, also von uns abhängen. Entscheidend ist, dass die Handlung aus Quellen stammt, die dem Handelnden zuzurechnen sind.[50] Die Entscheidung darf also nicht *fremd*bestimmt, sondern muss *selbst*bestimmt sein. Dieses Element impliziert eine gewisse Art von Kontrolle der Person.

2. Der Indeterminismus

Ausdruck des sog. „klassischen Willensfreiheitsverständnisses" bildet der Indeterminismus. In seiner stärksten Ausprägung sei der Mensch unabhängig von festlegenden Kausalfaktoren und kann deshalb planend und lenkend in das Weltgeschehen eingreifen, wodurch er eine neue Kausalkette in Gang zu setzen vermag[51]. Darin drückt sich einerseits der Alternativismus und andererseits das Element der Urheber-

45 Die vollständige Kenntnis kann nach dem Wissensstand der Psycho- und Neurowissenschaften zu unbewussten Prozessen (unbewusste Motive) nicht Voraussetzung sein.

46 Vgl. *H. Walter*, Neurophilosophie der Willensfreiheit, S. 52.

47 Der Begriff „verständlich" wird im Rahmen dieser Arbeit später an die rechtswissenschaftliche Terminologie von „verständig" angepasst (vgl. Kapitel 5 III 3.3).

48 *Mitsch*, in: *Baumann/Weber/ders.*(Hrsg.), Strafrecht AT, § 17 Rn. 103.

49 BGHSt 11, 111 (114); BGH NJW 1980, 1333 (1334); *Hruschka*, JR 1978, 519 ff.

50 *H. Walter*, in: *Barton* (Hrsg.), "...weil er für die Allgemeinheit gefährlich ist!", S. 309 (318); *ders.*, Neurophilosophie der Willensfreiheit, S. 55.

51 Vgl. dazu *Kant*, Kritik der reinen Vernunft, A 534/B 562.

schaft aus: Das Verhalten ist dem Handelnden nur dann zuzurechnen, wenn es seinen Ursprung in ihm hat, wenn es also durch nichts anderes als durch den Handelnden selbst bestimmt ist (Akteurskausalität[52]), weil dieser mit Hilfe seines Willens eine neue Kausalkette beginnen könne. Der Mensch könne vom ursprünglichen Kausalverlauf abweichen und dadurch anders handeln. Wörtlich betrachtet bedeutet *In*-Determinismus, die Welt sei zumindest nicht vollständig determiniert und unterläge damit auch nicht umfassend dem Kausalgesetz bzw. dem Kausalprinzip. Der Philosoph *Ulrich Pothast* definiert den Indeterminismus als

> „*Fähigkeit zur außerkausalen oder kontrakausalen Selbstbestimmung*"[53].

Dadurch kann nur derjenige willensfrei entscheiden und handeln, der in der konkreten Situation nicht festgelegt ist. Nur dieser ist befähigt, sich gegen den kausalen Lauf zu entscheiden und zu handeln. Hierin liegt das Hauptkriterium von indeterministischer Willensfreiheit: Der Alternativismus. Der Indeterminismus lässt sich in einen absoluten und einen relativen einteilen.

2.1. Der absolute Indeterminismus

Ein „*absoluter Indeterminismus*", wonach der Mensch losgelöst von *jedweden* Bedingtheiten und Einflüssen in einem luftleeren Raum steht, wird in Anbetracht der Erkenntnisse aus Psychologie, Psychiatrie, Neurobiologie, Genetik, Kriminologie, Soziologie und anderer empirischer Wissenschaften nicht vertreten und ist zudem empirisch nicht belegbar. Ob er jemals vertreten wurde, muss bezweifelt werden.[54] Die Strafrechtswissenschaft geht einhellig von der fehlenden Eignung einer

52 Siehe hierzu, *M. Pauen*, Illusion Freiheit?, S. 38 ff.

53 *Pothast*, JA 1993, 104 (107).

54 Auch *Dreher* bezweifelt, dass der absolute Indeterminismus („idealistischer Indeterminismus") jemals ernsthaft von einem Philosophen vertreten worden ist (Die Willensfreiheit, S. 4 f.; ebenfalls *Tiemeyer*, ZStW 105 (1993), 483 (487); *Traeger*, Wille, Determinismus, Strafe, S. 61). *Roeder* formuliert zurückhaltender, dass der absolute Indeterminismus fast keine Anhänger mehr zählt (Willensfreiheit und Strafrecht, S. 48 (1932)). Wie *Roeder* betont *Mezger*, dass nur der relative Indeterminismus zur Debatte steht, da es einen absoluten nicht geben kann (Über Willensfreiheit, in: Sitzungsberichte der Bayrischen Akademie der Wissenschaften 1944/46, S. 1 (1)). Danach sei der Mensch determiniert, fraglich ist allein, ob er es

völligen Ursachenlosigkeit des Willens für das Vorliegen von Willensfreiheit und Verantwortung aus und lehnt deswegen zutreffend eine vollkommen *unbedingte Freiheit* ab, da einem Menschen Entscheidungen und Handlungen, die auf nichts beruhen (weder auf gemachten Erfahrungen, aktueller Lebenssituation, Erziehung, Fähigkeiten noch auf aktueller Gemütsverfassung, Wünsche, Überzeugungen und Hoffnungen, etc.) nicht zum Vorwurf gemacht werden können.[55] Anderenfalls wäre nämlich das Element der Intelligibilität tangiert. Die Entscheidungen bzw. die Handlungen beruhten auf Zufälligkeit, die keine Verantwortung begründen kann.[56] Die Gründe bringt der Philosoph *Peter Bieri* prägnant auf den Punkt:

> *„Er wäre ein Wille, der niemanden gehörte, […] der vollkommen unbegründet wäre, weil Gründe Faktoren der Beeinflussung sind; der vollkommen unbelehrbar wäre, weil Lernen kausale Beeinflussung ist, der vollkommen unkontrollierbar wäre, weil Kontrolle ein kausales Geschehen ist“*[57].

Die unbedingte Freiheit des absoluten Indeterminismus und der von der Einflussnahme der Welt völlig losgelöste Wille wäre

> *„das unheilvollste Geschenk, das uns die Natur hätte geben können, ein Fluch für das Menschengeschlecht“*[58],

in dem die Unkalkulierbarkeit und Charakterlosigkeit des Menschen, zudem die Willkür bzw. der Zufall des Willens vorliegen würden. Der Mensch als ein *soziales* Wesen muss seine Mitmenschen (im gewissen Rahmen), basierend auf gemachten Beobachtungen und gewonnenen Erfahrungen einschätzen können. Nur dadurch ist er fähig, mit anderen Menschen richtig und angemessen interagieren zu können.[59] Das

---

ausschließlich ist oder ob gewisse indeterministische Freiräume existieren. Dazu sogleich.

55 So z.B. *Hochhuth*, JZ 2005, 745 (747); LK-*Jähnke*, 11. Aufl., § 20 Rn. 7; *Arthur Kaufmann*, Das Schuldprinzip, S. 280; *Laufs*, MedR 2011, 1; Sch/Sch-*Lenckner/Eisele*, Vorbem. §§ 13 ff. Rn. 109; *R. Merkel*, Willensfreiheit und rechtliche Schuld, S. 29; *Rath*, Aufweis der Realität der Willensfreiheit, S. 23; *T. Walter*, in: FS Schroeder, S. 131 (132 f., 134 f.).

56 Vgl. *Bieri*, in: *Gestrich/Wabel* (Hrsg.), Freier oder unfreier Wille, S. 20 (25); *Günther*, in: *Schleim/Spranger/H. Walter* (Hrsg.), Von der Neuroethik zum Neurorecht, S. 214 (225); *M. Pauen/Roth*, Freiheit, Schuld und Verantwortung, S. 12, 29.

57 *Bieri*, in: *Gestrich/Wabel* (Hrsg.), Freier oder unfreier Wille, S. 20 (25).

58 *Traeger*, Wille, Determinismus, Strafe, S. 59.

59 Siehe auch Kapitel 4 III 1.2.3.1. a.E.

erfolgt durch die Erfahrungen, die Biografie und das Wissen um drohende Konsequenzen, die ihm zugleich seine Individualität verleihen. Sie formen seinen Charakter, denn ohne diese Aspekte fehlte es am *individuellen* Menschen und es wären nicht *seine* Entscheidungen und *seine* Taten. Hätte jedwede persönliche Erfahrung, die die Individualität des Menschen und die Individualität der Entscheidung ausmacht, keine Relevanz, würde sich der Mensch im Entscheidungsmoment immer in der gleichen Ausgangslage befinden.[60] Wären individuelle Erfahrungen und Erinnerungen gänzlich irrelevant[61], wäre Zufälligkeit das Resultat, denn die Entscheidung hinge von nichts ab. Soziales Leben wäre wegen der Unberechenbarkeit der Mitmenschen unmöglich.[62] Ohne soziales Leben hätte sich kein Rechtssystem etablieren können, und ohne Individualität auch keine *persönliche* Schuld. Das heutige Schuldverständnis beinhaltet die *individuelle* Vorwerfbarkeit der *individuellen* Tat. Auf unbedingte Freiheit, Zufälligkeit und fehlende Individualität kann keine Schuld gegründet werden. Ein solcher Freiheitsbegriff kann nicht Grundlage für eine verantwortungsbegründende Freiheit und erst recht nicht für strafrechtliche Verantwortung und Schuld sein.

2.2. Der relative Indeterminismus

Vertreter eines „relativen Indeterminismus“[63] gehen davon aus, dass der Mensch determiniert sei. Er sei es jedoch nur teilweise, sodass eine gewisse „Restfreiheit“ im indeterministischen Sinn bestehen bleibe – die Willens- bzw. Entscheidungsfreiheit. Danach gebe es einen Spiel-

60 Vgl. *Hume*, der darauf verweist, dass der Straftäter ohne notwendige Ursachen „rein und makellos wie im ersten Augenblick seiner Geburt“ wäre (Eine Untersuchung über den menschlichen Verstand, Abschnitt VIII, Teil II Rn. 29).

61 Das ist wohl auch der Grund dafür, dass bei einem absoluten Indeterminismus *Pöppel* keinen evolutionären Grund für ein Gedächtnis sieht (Grenzen des Bewußtseins, S. 101; siehe auch Kapitel 4 III 1.1.3.2 Fn. 188).

62 Vgl. auch *Gschwend*, in: *Senn/Puskás* (Hrsg.), Gehirnforschung und rechtliche Verantwortung, S. 147 (148). Damit sei nicht gesagt, dass der Mensch mit Kenntnis des Charakters das Verhalten *sicher* prognostizieren könnte. Der Mensch wird jedenfalls befähigt, das *wahrscheinliche* Verhalten abzuschätzen, was ihm eine gewisse (Planungs-)Sicherheit im sozialen Umgang verleiht.

63 Im Folgenden bezeichnet die Verwendung des Begriffs „Indeterminismus“ bzw. „indeterministisch“ nur noch den relativen Indeterminismus.

raum, innerhalb diesem eine Determination nicht mehr stattfände. Der Mensch sei

> *„in der Lage, die auf ihn einwirkenden Kausalfaktoren zu steuern und Kraft seiner Willensfreiheit vorausplanend eigene Ziele zu setzen und zu verwirklichen*"[64].

Es sei ihm dadurch möglich, sich seinen Zwängen zu widersetzen und sich über alles hinwegzusetzen: über Verhältnisse, in denen er lebt, über Ansichten, die er erworben hat, über seine Erfahrungen, die er gemacht hat, über genetische Dispositionen, u.v.m. Man kann sich diese Räume der Freiheit in einer determinierten Welt als Risse und Lücken im Kausalsystem – als „Inseln der Indeterminiertheit"[65] – vorstellen. Der Mensch könne aus seiner geistigen Konzentration heraus, weitgehend unabhängig von äußeren und inneren Faktoren, eine neue Kausalkette beginnen bzw. die Kausalkette dem eigenen Willen entsprechend lenken. Da der Mensch in diesem kleinen Raum durch nichts bestimmt wird, könne er die Kausalkette durchbrechen und unter identischen Bedingungen immer anders handeln.

Gegen das Verständnis eines Bruchs in der Kausalkette wendet sich *Eduard Dreher*. Er versteht den Willen vielmehr als Teil der Kausalkette.[66] Der Wille des Menschen, sich so oder so zu entscheiden, sei ein weiterer Faktor in der Kausalkette. Auch wenn der Wille nicht durch Vorausgegangenes erzwungen werde, bleibe er *causa*.[67]

Die beiden konträren Verständnisse resultieren aus unterschiedlichen Perspektiven. Einerseits bildet die Entscheidung selbst einen Kausalfaktor für die jeweils vollzogene Handlung, die sich in das Kausalgefüge mit einfügt, sodass sie kausale Wirkung für den ihr nachgeschalteten Verlauf, also für die Zukunft entfaltet. Andererseits bildet gerade die nach dem Indeterminismus bestehende Offenheit den Bruch in der Kausalkette und lässt sie neu beginnen. Hierbei findet eine Betonung der deterministischen Grundlage der Kausalkette statt.

---

64 LK-*Schöch*, 12. Aufl., § 20 Rn. 15.

65 *Goschke*, Psychologische Rundschau 55 (2004), 186 (187).

66 Dahin lässt sich wohl auch die Aussage verstehen, Akausalität sei mit Entscheidungsfreiheit im rel. indeterministischen Sinn nicht gemeint (*T. Walter*, in: FS Schroeder, S. 131 (132 f., 134 f.)).

67 *Dreher*, in: FS Spendel, S. 13 (17).

Freiheit besteht demnach darin, dass

(1) der Mensch fähig sei, sich von den existierenden Kausalfaktoren zu lösen,
(2) dem Menschen alternative Handlungsmöglichkeiten offen stünden, für die er sich hätte so oder so entscheiden können, sodass er in der konkreten Situation anders hätte handeln können (Alternativismus),
(3) der Handlungsentschluss und die darauf folgende Handlung trotz der Existenz kausaler Faktoren letztlich allein durch seinen Willen bestimmt sei (Urheberschaft).

Eine Abschwächung erfährt der relative Indeterminismus, wenn nicht mehr eine teilweise Determination angenommen wird, sondern, dass der Mensch in seinem Verhalten bzw. seinem Willen lediglich durch außenstehende Faktoren *beeinflusst* bzw. *bedingt* sei.[68] Eine Bestimmtheit sei zwar grundsätzlich gegeben, bestritten wird nur eine *durchgehende* und *zwingende* Einflussnahme. Vielmehr wird von *Beeinflussung* oder *Bedingtheit* gesprochen, die nicht zwangsläufig den späteren Werdegang festlege. Entscheidungsfreiheit meint daher zwar keine Akausalität, lehnt aber die Annahme von *zwingenden* Kausal*gesetzen* ab.[69]

3. Der Determinismus

Der Determinismus als Gegenstück zum Indeterminismus ist in seinen Ausprägungen so vielgestaltig, dass in dieser Arbeit nicht der Versuch unternommen werden kann, ihn umfassend darzustellen. Die Möglichkeit der groben Einteilung in physikalischer, genetischer, psycholo-

68 Z.B. *Falkenburg*, Mythos Determinismus, S. 388; Sch/Sch-*Lenckner/Eisele*, Vorbem. §§ 13 ff. Rn. 109; *Rath*, Aufweis der Realität der Willensfreiheit, S. 23; *T. Walter*, in: FS Schroeder, S. 131 (134 f.). Der hier beschriebene relative Indeterminismus ist nicht gleichbedeutend mit der „relativen Freiheit" von *Siegfried Haddenbrock*: Verbrechen verstanden als das Ausleben der relativen Freiheit des Täters, der frei von Hemmungen und Wertempfindungen sei. Hingegen sei der Nicht-Kriminelle unfrei, weil ihn bestimmte Bindungen (Erziehung, Anlage, etc.) unfähig machen, kriminelle Taten zu begehen (*Haddenbrock*, JZ 1969, 121 (123)).

69 *T. Walter*, in: FS Schroeder, S. 131 (134 f.).

gischer, theologischer[70] und neurowissenschaftlicher Determinismus verdeutlicht seine Vielfalt. *Dreher* definierte den Determinismus ganz allgemein:

> *„Alles, was in der Zeit geschieht, wird durch Vorausgegangenes derart bestimmt, daß es so und nicht anders geschehen muß"*[71].

Nach *Jürgen Tiemeyer* ist der Begriff Determination zu definieren als

> *„notwendige reale Festlegung eines Ereignisses durch vorausgehende Gegebenheiten"*[72].

Beide bringen das dem Determinismus inne wohnende Element der Notwendigkeit zum Ausdruck.

Die folgende Darstellung beschränkt sich auf den klassischen, den systemisch-multikausalen und neuronalen Determinismus und bezieht sich nur insoweit auf den genetischen, sozialen und psychologischen Determinismus, wie sie Relevanz für den neurologischen Determinismus entfalten.

3.1. Das klassische Verständnis

Eine der klassischen Umschreibungen des Determinismus stammt vom französischen Physiker, Mathematiker und Astronom *Pierre Simon de Laplace*:

> *„Alle Ereignisse, selbst jene, welche wegen ihrer Geringfügigkeit scheinbar nichts mit den großen Naturgesetzen zu tun haben, folgen aus diesen mit derselben Notwendigkeit wie die Umläufe der Sonne. [...] Wir müssen also den gegenwärtigen Zustand des Weltalls als die Wirkung seines früheren und als die Ursache des folgenden Zustands betrachten. Eine Intelligenz, welche für einen gegebenen Augenblick alle in der Natur wirkenden Kräfte sowie die gegenseitige Lage der sie zusammensetzenden Elemente kennte*

---

70 Eine kurze, aber prägnante Darstellung dieser vier Determinismusarten findet sich bei *Dreher*, Die Willensfreiheit, S. 2 ff. Eine weitere Einteilung in „quantitative Selbstdetermination", „kausale Determination", „Wechselwirkung", „mechanische Determination", „statistische Determination", „strukturelle Determination", „teleologische Determination", „dialektische Determination" und schließlich „allgemeine Determination" als Oberkategorie aller anderen Spielarten macht *Bunge*, Kausalität, Geschichte und Probleme, S. 13 f., 19 ff.; siehe auch *Koch*, Kausalität, Determinismus und Zufall, S. 68 ff.

71 *Dreher*, Die Willensfreiheit, S. 2.

72 *Tiemeyer*, ZStW 105 (1993), 483 (492).

und überdies umfassend genug wäre, um diese gegebenen Größen der Analysis zu unterwerfen, würde in derselben Formel die Bewegungen der größten Weltkörper wie der leichtesten Atome umschließen; nichts würde ihr ungewiß sein und Zukunft wie Vergangenheit würden ihr offen vor Augen liegen. Der menschliche Geist bietet in der Vollendung, die er der Astronomie zu geben verstand, ein schwaches Abbild dieser Intelligenz dar"[73].

Die alles erkennende und alles wissende übermenschliche „Intelligenz", auch bezeichnet als „Laplacescher Dämon", ist befähigt, alle Ereignisse sowie menschliche Motivationen, Stimmungen und Gedanken der Zukunft vorherzusagen, als auch jene rückblickend aus der Vergangenheit wiederzugeben. Diese Fähigkeiten resultieren aus dem Kausalprinzip[74], wonach jeder Zustand oder jedes Ereignis das Resultat eines vorangegangenen Zustandes oder Ereignisses und zugleich

73 *Laplace*, Philosophischer Versuch über die Wahrscheinlichkeit, 1814, S. 1 f.; genauer zu *Laplace*: *P. Frank*, Das Kausalgesetz und seine Grenzen, S. 59 ff.; *Walter*, Neurophilosophie der Willensfreiheit, S. 37; *Falkenburg*, Mythos Determinismus, S. 236 f.

74 *Tiemeyer* hat die Unterschiede zwischen den einzelnen Bedeutungsinhalten der Begriffe „kausale Verknüpfung (Kausalnexus)", „Kausalprinzip" und „Kausalgesetz" herausgearbeitet (ZStW 105 (1993), 483 (493 ff.): Eine „kausale Verknüpfung" ist eine „reale Beziehung zwischen realen Sachverhalten", die als ein nicht rein mentales Phänomen letztlich einen ontologischen Status hat. Es wird also die einzelne Kausalbeziehung erfasst. Das „Kausalprinzip" bezeichnet das Prinzip, wonach alles in der Welt durch vorausgehende Ursachen bewirkt ist. Dagegen bezieht sich das „Kausalgesetz" auf bestimmte Arten von Naturgesetzen, die ganz verschieden sein können. Bestimmten Ursachen wird eine bestimmte Wirkung zugeschrieben, wobei Faktoren, die die Einmaligkeit eines Vorgangs ausmachen, unberücksichtigt bleiben – im Gegensatz zum „Kausalprinzip", das „unmittelbar die ontologischen Strukturen der Welt in ihrer jeweiligen speziellen Einmaligkeit" betrifft. Durch diese Unterscheidung unterfallen auch einmalige, individuelle Ereignisse (was dem menschlichen Verhalten typisch ist) der „kausalen Verknüpfung" sowie des „Kausalprinzips" und bedürfen für die Bejahung der Zwangsläufigkeit nicht zwingend eines „Kausalgesetzes", was aber Indeterministen für die Bejahung des Determinismus oftmals fordern (so z.B. *Dreher*, Die Willensfreiheit, S. 209, 335; *T. Fuchs*, in: *Buchheim/Pietrek* (Hrsg.), Freiheit auf Naturbasis, S. 101 (109), näher hierzu Kapitel 1 I 3.2.2). „Naturgesetze" können nicht in das Geschehen eingreifen, weil sie lediglich eine ideelle Struktur haben; sie sind, anders formuliert, die gedankliche Form der Beschreibung von wahrgenommenen Regelhaftigkeiten. Deswegen sind „Naturgesetze" nur die „gedankliche Form […], in der sich Determination manifestiert" (*Tiemeyer*, ZStW 105 (1993), 483 (496); vgl. *Bunge*, Kausalität, Geschichte und Probleme, S. 24 f.). Naturgesetze sind lediglich Beschreibungen dessen, was geschieht (*Schlick*, Fragen der Ethik, Kap. VII, S. 158). Determinismus manifestiert sich lediglich in Kausalgesetzen, ist aber mit ihnen nicht gleichzusetzen – der De-

Ursache des folgenden Zustandes oder Ereignisses ist. Die Ursache führt lückenlos und mit Notwendigkeit zu einer bestimmten Wirkung (sog. Ursache-Wirkungs-Zusammenhang), d. h. die Wirkung konnte keine andere sein und musste so ausfallen wie sie ausfiel.[75] Auch vor dem Menschen, seinen Handlungen und Vorgängen im Inneren, macht der Determinismus nicht halt. Jede Entscheidung, jeder menschliche Gedanke, jede Empfindung, jedes Abwägen und damit jedes Verhalten ist das Resultat vorangegangener Ereignisse bzw. Zustände, sogenannter Determinanten, und bildet selbst wiederum einen Faktor für den zukünftigen Geschehensablauf, der nur so und nicht anders geschehen kann wie er geschieht. In den Worten von *Arthur Schopenhauer* (1788-1860):

> *„Alles, was geschieht, vom Größten bis zum Kleinsten, geschieht nothwendig. – Quidquid fit necessario fit"*[76].

3.2. Der dynamische systemisch-multikausale Determinismus

3.2.1. Die Vorhersagbarkeit und der systemisch-multikausale Determinismus

Sind Ereignisse nicht zu komplex, kann die Wirkung bzw. das Resultat vorhergesagt werden. Diese Intuition beruht auf der Erfahrung, dass die physische Welt regelhaft ist. Beispielweise macht ein umfallendes, bis zum Rand mit Wasser gefülltes Glas den Tisch, auf dem es steht, zwingend nass. Der „Laplace Dämon" prägt das Bild, dass der Determinismus Vorhersagbarkeit[77] bedeute.

---

terminismus geht weiter (zum allgemeinen Problem des Begriffs „Naturgesetz" bzw. „Kausalgesetz" siehe *R. Merkel*, Willensfreiheit und rechtliche Schuld, S. 20 f., Fn. 20 m.w.N.).

75 *Spilgies*, Die Bedeutung des Determinismus-Indeterminismus-Streits, S. 18 ff.

76 *Schopenhauer*, Über die Freiheit des menschlichen Willens, in: *Schopenhauer* (Hrsg.), Die beiden Grundprobleme der Ethik, S. 99.

77 Auf die Vorhersagbarkeit als Kriterium des Determinismus stellen bspw. ab: *Guss*, Willensfreiheit, S. 34; *Mezger*, Über Willensfreiheit, in: Sitzungsberichte der Bayrischen Akademie der Wissenschaften 1944/46, S. 1 (17); *Kornadt*, in: *v. Cranach/ Foppa* (Hrsg.), Freiheit des Entscheidens und Handelns, S. 21 (34, 49, 51); wohl auch *Schöch*, in: *Kaiser/ders.*, Kriminologie, Jugendstrafrecht, Strafvollzug, S. 1 (4 Rn. 14), der den Determinismus aufgrund lediglich verbleibender Wahrscheinlichkeitsaussagen ablehnt.

Diese Annahme stimmt, sofern Determinismus bedeutet, immer wenn X auftritt, folge Y zwangsläufig. Danach müsse also eine strenge *lineare* Ursache-Wirkungs-Verbindung für die Annahme des Determinismus bestehen[78]. Damit wäre diese Abfolge derart gesetzmäßig, dass sie vorhersagbar ist.[79] Einem Einzelereignis bzw. einer Einzelursache wird somit eine bestimmte notwendige Folge zugeschrieben. Dieses Verständnis dem menschlichen Entscheidungsprozess zugrunde gelegt, würde an einem Beispiel erklärt bedeuten: *Immer wenn* dem Menschen in der Kindheit elterliche, körperliche Gewalt widerfährt, müsse er im Erwachsenenalter aggressiv und gewalttätig werden. Dies ist in der Realität jedoch nicht der Fall. Der lineare Determinismus kann im sozialen Kontext des menschlichen Handelns und Entscheidens nicht zugrundegelegt werden, weil er in dieser Form offensichtlich nicht gilt.

Mit einer strengen linearen Ursache-Wirkungsverbindung wird *ein* einzelner Faktor zur *hinreichenden* Bedingung für den Eintritt einer bestimmten Folge gemacht. Das berücksichtigt nicht, dass ein Faktor zwar zwingende Voraussetzung für eine bestimmte Folge sein *kann*, aber keine *hinreichende* Ursache sein muss. Der Eintritt der Folge hinge dann von dem Hinzutreten weiterer Faktoren ab. Ein Glas gefüllt mit einem Wassertropfen genügt aller Wahrscheinlichkeit nach nicht, um den Tisch beim Umfallen nass zu machen. Dies hängt neben dem bloßen umkippen von weiteren Faktoren ab: von Lage, Fallgeschwindigkeit, wirkende physikalische Kräfte, etc. Das Wasser im Glas ist keine hinreichende Ursache für die Folge – aber sie bleibt notwendige Ursache, etwa für den Fall, dass der Wassertropfen herausgeschüttelt wird.

Der Determinismus wird teilweise deswegen, weil im menschlichen Verhalten keine einfache lineare Kausalität wirkt und weil zudem – anstatt sicherer Vorhersagen oftmals bloße Wahrscheinlichkeitsangaben und unsichere Prognosen möglich sind, als unwahr abgelehnt[80]:

---

78 Eine solche verlangt *Schöch*, in: *Kaiser/ders.*, Kriminologie, Jugendstrafrecht, Strafvollzug, S. 1 (4 Rn. 14).

79 Vgl. *Trommsdorff*, in: *v. Cranach/Foppa* (Hrsg.), Freiheit des Entscheidens und Handelns, S. 302 (309).

80 Vgl. z.B. *Kornadt*, in: *v. Cranach/Foppa* (Hrsg.), Freiheit des Entscheidens und Handelns, S. 21 (51); *Falkenburg*, Mythos Determinismus, S. 395 bezieht sich auf stochastische Abläufe des neuronalen Netzes; *T. Fuchs*, in: *ders./Schwarzkopf* (Hrsg.), Verantwortlichkeit – nur eine Illusion?, S. 203 (216); *Pöppel*, Grenzen des

> *„Doch gleich ob 30, 50, 79 oder 95 Prozent [gemeint ist die Wahrscheinlichkeit für das Eintreten prognostizierter Handlungen, Anm. d. Verf.] – nichts davon genügt für einen Determinismus des Gehirns. ‚Ein bisschen Determinismus' gibt es nicht – entweder ganz oder gar nicht.“*[81]

Deswegen meint *Heinz Schöch*:

> *„Da es sich um Wahrscheinlichkeitsaussagen handelt, bleibt ein gewisser – nicht determinierter – Spielraum für eine individuelle Zurechnung“*[82].

Das Verständnis des linearen Determinismus hat seinen Ursprung im physikalischen Determinismus des 19. Jahrhunderts, einer Zeit, in der der Weltenlauf als ein physikalisch-mechanisches Uhrwerk und der Mensch als Maschine gedacht wurden[83]. Davon zu unterscheiden ist ein „moderner Determinismus“ (Determinismus i.w.S.). Die moderne Teilchenphysik, das prohabilistische Weltbild der Physik oder die Chaostheorie verstehen den Determinismus anders.[84] Wahrscheinlichkeitsgesetze werden ebenfalls als Formen des Determinismus begrif-

Bewußtseins, S. 110; *Retz*, in: *J. L. Müller* (Hrsg.), Neurobiologie forensisch-relevanter Störungen, S. 96 (103); *Schöch*, in: *Kaiser/ders.*, Kriminologie, Jugendstrafrecht, Strafvollzug, S. 1 (4 Rn. 14); *T. Walter*, in: FS Schroeder, S. 131 (136). Nach *Dölling* ist er deswegen zumindest noch nicht bewiesen und Vieles spreche daher für die Möglichkeit menschlicher Entscheidungsfreiheit (Forens Psychiatr Psychol Kriminol 1 (2007), 59 (61)).

81 *T. Fuchs*, in: *ders./Schwarzkopf* (Hrsg.), Verantwortlichkeit – nur eine Illusion?, S. 203 (216); in diese Richtung wohl auch *Urbaniok/Hardegger/Rossegger/Endrass*, in: *Senn/Puskás* (Hrsg.), Gehirnforschung und rechtliche Verantwortung, S. 117 (131, 133, 136).

82 *Schöch*, in: *Kaiser/ders.*, Kriminologie, Jugendstrafrecht, Strafvollzug, S. 1 (4 Rn. 14).

83 Das Interesse der klassischen Mechanik lag in der Rückführung komplexer Abläufe und Ereignisse auf einfache universelle Naturgesetze durch einfache Gleichungen (*Küppers/Paslack*, Natürliche Ursachen von Ordnung und Organisation, in: *Küppers* (Hrsg.), Chaos und Ordnung, S. 44 (48). Aus dieser Zeit stammt die bis heute überdauerte Vorstellung vom Determinismus als automatisch bzw. passiv funktionierender Mechanismus (z.B. bei *Griffel*, ARSP 80 (1994), 96 (103); *ders.*, ARSP 84 (1998), 517 (519)). Siehe zum daraus resultierenden Fatalismusproblem Kapitel 4 III 1.2.2.1.

84 Siehe für die Chaostheorie *Thomas/Leiber*, Determinismus und Chaos in der Physik, in: *Mainzer/Schirmacher* (Hrsg.), Quanten, Chaos und Dämonen, S. 147 (147 f.); vgl. *Petzold/Sieper*, in: *dies.* (Hrsg.), Der Wille, die Neurobiologie und die Psychotherapie I, S. 253 (265).

fen,[85] so etwa bei dem sog. probabilistischen Determinismus[86]. Chaos tritt als eine Determinationsform auf, die dem Erfordernis der Berechenbarkeit nicht unterliegt.[87]

Danach bedeutet Determinismus keinesfalls Vorhersagbarkeit des Weltenlaufs. Richtig ist vielmehr, dass die Vorhersagbarkeit bei komplexeren Ereignissen an ihre Grenzen stößt: Das Wetter oder die Ziehung der Lottozahlen[88] kann nicht mit Sicherheit, also zu hundert Prozent, vorhergesagt werden. Obwohl das Wetter deterministisch ist, verschließt sich eine Vorhersage über mehrere Wochen. Nicht, weil diese Systeme indeterministisch sind[89], sondern weil die einwirkenden Faktoren zu zahlreich in einem feinschichtigen Netz miteinander verwoben sind, als dass der Mensch in der Lage wäre, sie alle zu kennen, auszuwerten und auszudeuten (wegen sog. chaotischer, nichtlinearer Systeme).[90] Sollten rein theoretisch betrachtet alle determinierenden Faktoren eines Menschen zu einer bestimmten Zeit t bekannt sein, würde dennoch kaum eine zuverlässige Prognose über das Verhalten zu diesem Zeitpunkt t abgegeben werden können[91], weil über die bloße

85 *Tretter/Grünhut*, in: *Stompe/Schanda* (Hrsg.), Der freie Wille und die Schuldfähigkeit, S. 63 (75).

86 Bzw. statistischer Determinismus, vgl. *Bunge*, Kausalität, S. 20.

87 *Thomas/Leiber*, Determinismus und Chaos in der Physik, in: *Mainzer/Schirmacher* (Hrsg.), Quanten, Chaos und Dämonen, S. 147 (147 f.).

88 Obwohl das Wetter als klassisches Beispiel für das deterministische Chaos gilt (*an der Heiden*, Chaos und Ordnung, Zufall und Notwendigkeit, in: *Küppers* (Hrsg.), Chaos und Ordnung, 97 (114); *Mainzer*, Quanten, Chaos und Selbstorganisation, in: *ders./Schirmacher* (Hrsg.), Quanten, Chaos und Dämonen, S. 21 (45); *Ravn*, Chaos, Quarks und schwarze Löcher, S. 202), führt es *Pöppel* als Beispiel für den Indeterminismus an, weil es nicht vorhersagbar ist (Grenzen des Bewußtseins, S. 110). Deterministisch ist für ihn dagegen der Sonne-Mond-Rhythmus. Daraus zeigt sich, dass er ein streng lineares Determinismusverständnis vertritt, das sich jedoch mit der Chaosforschung nicht verträgt. *Reischies* moniert dagegen die Verwechslung solch chaotischer Abläufe mit dem Indeterminismus, (in: *Heinze/T. Fuchs/ders.* (Hrsg.), Willensfreiheit – eine Illusion, S. 103 (104)). Dazu sogleich.

89 *Thomas/Leiber*, Determinismus und Chaos in der Physik, in: *Mainzer/Schirmacher* (Hrsg.), Quanten, Chaos und Dämonen, S. 147 (157).

90 Vgl. *Haken*, in: *Petzold/Sieper* (Hrsg.), Der Wille, die Neurobiologie und die Psychotherapie I, S. 229 (234).

91 Vgl. *Bock/Ferszt/Dörner/Droll/Hoffmann/Hörz/Müller-Oerlinghausen/Rimpau/Sass/Treder/Ulrich*, Nur ein Scheinproblem, www.gehirn-und-geist.de/gehirn_geist/schein-problem.doc, S. 3 f. (Stand: 12.06.2013); in gekürzter Fassung erschienen in: G&G 2005/3, S. 7.

Kenntnis der Faktoren hinaus die Kenntnis der „Verrechnung" vonnöten ist. Hinzu kommt, dass die Systeme nie wieder exakt die gleichen Zustände aufweisen, sondern allenfalls nahezu gleiche Zustände.[92] Es bleibt dann lediglich die Angabe einer statistischen Wahrscheinlichkeit.[93] Das Prinzip der Notwendigkeit (Kausalprinzip) wird damit jedoch nicht ausgeschlossen.

Die Chaostheorie ist nicht dem Indeterminismus[94], sondern vielmehr dem Determinismus zuzuordnen[95]. Zwar bedeutet Chaos umgangssprachlich Durcheinander, Unordnung, Planlosigkeit und Auflösung von Ordnung.[96] Das hat aber nichts mit dem Chaos in der Mathematik gemein: Chaos ist eine bestimmte Form nicht-linearen[97] Verhaltens, sog. „deterministisches Chaos"[98], ein mathematischer Formalismus von nicht-linearen Differentialgleichungen.[99] Es handelt sich dabei um stochastisches Verhalten in einem deterministischen System.[100] Dem

---

92 *an der Heiden*, Chaos und Ordnung, Zufall und Notwendigkeit, in: *Küppers* (Hrsg.), Chaos und Ordnung, S. 97 (114).

93 *an der Heiden*, Chaos und Ordnung, Zufall und Notwendigkeit, in: *Küppers* (Hrsg.), Chaos und Ordnung, S. 97 (116 f.)

94 So aber: *H. J. Hirsch*, ZStW 106 (1994), 746 (762); *Koch*, Kausalität, Determinismus und Zufall, S. 179; *Urbaniok/Hardegger/Rossegger/Endrass*, in: *Senn/Puskás* (Hrsg.), Gehirnforschung und rechtliche Verantwortung, S. 117 (133); *T. Walter*, in: FS Schroeder, S. 131 (133); *T. Fuchs*, in: *ders./Schwarzkopf* (Hrsg.), Verantwortlichkeit – nur eine Illusion?, S. 203 (216).

95 *Mainzer*, Quanten, Chaos und Selbstorganisation, in: *Mainzer/Schirmacher* (Hrsg.), Quanten, Chaos und Dämonen, S. 21 (35 f.); *Ravn*, Chaos, Quarks und schwarze Löcher, S. 25; vgl. *Görnitz, T./Görnitz, B.*, in: *Heinze/T. Fuchs/Reischies* (Hrsg.), Willensfreiheit – eine Illusion, S. 121 (122); *Thomas/Leiber*, Determinismus und Chaos in der Physik, in: *Mainzer/Schirmacher* (Hrsg.), Quanten, Chaos und Dämonen, S. 147 (147 ff., 157).

96 Vgl. auch Duden, Herkunftswörterbuch, Bd. 7, Stichwort: Chaos: Durcheinander, ungeordnet, wirr.

97 *Ravn*, Chaos, Quarks und schwarze Löcher, S. 26.

98 Siehe zum Begriff *an der Heiden*, Chaos und Ordnung, Zufall und Notwendigkeit,, in: *Küppers* (Hrsg.), Chaos und Ordnung, S. 97 (106 ff.).

99 *T. Herrmann*, in: *v. Cranach/Foppa* (Hrsg.), Freiheit des Entscheidens und Handelns, S. 56 (61); *vgl. Thomas/Leiber*, Determinismus und Chaos in der Physik, in: *Mainzer/Schirmacher* (Hrsg.), Quanten, Chaos und Dämonen, S. 147 (149, 151).

100 *H. Walter*, Neurophilosophie der Willensfreiheit, S. 207, m.w.N. zur Einführung in die Chaostheorie.

„scheinbar zufälligen Verhalten liegt eine Ordnung zu Grunde, die auf den ersten Blick nicht erkennbar ist“[101].

Es existiert sozusagen eine „verborgende Ordnung“.[102] Zudem wird mit dem sog. „Schmetterlingseffekt“, wonach der Flügelschlag eines Schmetterlings in Brasilien im Prinzip geeignet ist, einen Tornado in Mexiko auszulösen[103], die hohe Empfindlichkeit verdeutlicht. Chaotische Systeme sind sensitiv für kleinste Veränderungen und damit sehr variabel[104] – aber deterministisch trotz fehlender Vorhersagbarkeit[105]. Deterministisches Verhalten liegt im Rahmen des deterministischen Chaos dann vor, „wenn der Zustand eines dynamischen Systems zu einem beliebigen Zeitpunkt die weitere Entwicklung des Systems prinzipiell eindeutig und vollständig bestimmt.“[106]

Festzuhalten ist also, dass das Scheitern von Vorhersagen und die bloße Möglichkeit der Angabe von Wahrscheinlichkeiten nicht zur Widerlegung des Determinismus führen.[107] Die Vorhersagbarkeit gehört nicht zu den Voraussetzungen des Determinismus, sondern ihre

101 *H. Walter*, Neurophilosophie der Willensfreiheit, S. 207.

102 *T. Herrmann*, in: *v. Cranach/Foppa* (Hrsg.), Freiheit des Entscheidens und Handelns, S. 56 (61).

103 *Edward Lorenz*, Titel seines Vortrags auf der Jahrestagung der American Association fort the Advancement of Sience im Jahr 1972: „‘Predictability‘: Does the Flap of a Butterfly’s Wings in Brazil get off a Tornado in Texas?“; aufgegriffen bspw. von *H. Walter*, Neurophilosophie der Willensfreiheit, S. 208.

104 *Mainzer*, Quanten, Chaos und Selbstorganisation, in: *ders./Schirmacher* (Hrsg.), Quanten, Chaos und Dämonen, S. 21 (42 ff., 65); *Thomas/Leiber*, Determinismus und Chaos in der Physik, in: *Mainzer/Schirmacher* (Hrsg.), Quanten, Chaos und Dämonen, S. 147 (157); *H. Walter*, Neurophilosophie der Willensfreiheit, S. 226.

105 *Ravn*, Chaos, Quarks und schwarze Löcher, S. 25 f.; vgl. auch *Haken*, in: *Petzold/Sieper* (Hrsg.), Der Wille, die Neurobiologie und die Psychotherapie I, S. 229 (234); *Thomas/Leiber*, Determinismus und Chaos in der Physik, in: *Mainzer/Schirmacher* (Hrsg.), Quanten, Chaos und Dämonen, S. 147 (157).

106 *Thomas/Leiber*, Determinismus und Chaos in der Physik, in: *Mainzer/Schirmacher* (Hrsg.), Quanten, Chaos und Dämonen, S. 147 (149).

107 Es gibt menschliche Verhaltensweisen, die sind relativ gut prognostizierbar: z.B. bei einer Person, die immer mindestens eine halbe Stunde zu spät zu einem vereinbarten Termin erscheint oder der Katholik K, der an Karfreitagen kein Fleisch zu sich nimmt (vgl. *Foppa*, in: *v. Cranach/ders.* (Hrsg.), Freiheit des Entscheidens und Handelns, S. 173 (176 ff.)). Doch weder sagt dies etwas über den Determinismus noch den Indeterminismus aus. Indeterministen würden nicht von Unfreiheit ausgehen, obwohl sich in der Vorhersehbarkeit z.B. von „Routinehandlungen“, die sich im Verhalten und Charakter des Menschen eingeschliffen haben,

Möglichkeit folgt aus ihm.[108] Es wird der „Laplace Dämon" als Sinnbild des klassischen Determinismus widerlegt, der ein Gedankenexperiment war und aufgrund der Grenzen menschlicher Erkenntnis vermutlich nie Realität werden wird.[109] Eine komplexe Determination kann nicht zur Hundertprozent-Vorhersage führen[110] und ein einfacher linearer Determinismus mit einem einfachen „Wenn-Dann-Prinzip" ist nicht in der Lage, die Welt mit ihren unzähligen verschieden sich gegenseitig beeinflussenden Faktoren vollständig zu beschreiben. Die Kritik am Determinismus geht jedenfalls dann fehl, wenn sie sich gegen den einfachen, linearen Determinismus im Sinne Laplace richtet, weil dieses Verständnis nicht Anknüpfungspunkt heutiger Deterministen ist.[111]

Es existiert ein System aus Faktoren der individuellen Entwicklung und der individuellen Erfahrung, evolutionsbiologischer Einflussnahmen, genetischer Dispositionen (Epigentik), vorgeburtlicher und frühkindlicher Ereignisse, gesellschaftliche bzw. soziale Ideal- und Wertebildung, Motivatoren, biochemische Prozesse, u.v.a. Heute wird vielmehr ein umfangreicher, komplexer Determinismusbegriff vertreten – ein sogenannter „multikausaler Determinismus" bzw. „dynamisch-sys-

---

der Determinismus zu bestätigen scheint. Ein Anderskönnen ist nicht ausgeschlossen, sofern er nur anders wöllte. Das wäre nach dem Determinismus nur der Fall, wenn die Umstände andere wären. Umgekehrt muss nicht jede kleinste Veränderung der Determinanten zu einem veränderten Verhalten führen.

108 *Grün*, in: *ders./Friedman/Roth* (Hrsg.), Entmoralisierung des Rechts, S. 29 (46).

109 Vgl. auch *Detlefsen*, Grenzen der Freiheit, S. 38; für die Chaosforschung vgl. *an der Heiden*, Chaos und Ordnung, Zufall und Notwendigkeit, in: *Küppers* (Hrsg.), Chaos und Ordnung, S. 97 (119 f.).

110 Vgl. *E. Maurer*, in: *Gestrich/Wabel* (Hrsg.), Freier oder unfreier Wille, S. 94 (99).

111 Stattdessen aber *T. Fuchs*, der den Determinismus als linearen Prozess versteht: Im Entscheidungsprozess haben wir „es weder mit einer Vektoraddition unabhängiger, vorab fixierter psychischer Bewegkräfte zu tun, noch mit einem rationalen Kalkül oder Algorithmus von Gründen. […] Wäre der Prozess des Überlegens und Entscheidens nur eine lineare Abfolge der beteiligten Komponenten, so hätten wir auf das Resultat keinen Einfluss" (*T. Fuchs*, in: *ders./Schwarzkopf* (Hrsg.), Verantwortlichkeit – nur eine Illusion?, S. 203 (210, 214 ff.)). Doch wird der hier vertretene Determinismus gar nicht linear verstanden, sodass sich prinzipiell seine Kritik nicht gegen den modernen systemisch-multikausalen Determinismus (dazu sogleich) richtet und ihn deswegen auch nicht zu widerlegen vermag.

temischer Determinismus".[112] Danach ist die Art der Entscheidungsfindung ein hochkomplexer und dynamischer Prozess und deswegen nicht vorhersagbar.

Die „Verrechnung"[113] der Determinanten zu einer Entscheidung im Gehirn ist vielschichtig und komplex und heute nicht im Ansatz bekannt.[114] Von deren Beantwortung ist man noch weit entfernt. Möglicherweise setzt sich bei mehreren Faktoren (z.B. Motive, Triebe,

---

112 *Kuhl* spricht vom „systemischen Determinismus" (in: *v. Cranach/Foppa* (Hrsg.), Freiheit des Entscheidens und Handelns, S. 173 (210)). Vertreter system-deterministischer Ansätze sind bspw. *Maturana*, Biologie der Realität, 1998; *v. Foerster*, Wissen und Gewissen, 1993; *ders.*, Kybern-Ethik, 1993; *Varela*, Ethisches Können, 1994. Siehe einen kurzen Abriss über ihre Ansätze bei *Rosenberger*, Determinimus und Freiheit, S. 161. Die hier verwendete Terminologie soll auf die Dynamik hinweisen, die ein solches Verständnis beinhaltet. Zu den verschiedenen Kausalitätsbegriffen: analytisch, pragmatisch, systematisch (=multikausaler Determinismus) siehe *Guss*, Willensfreiheit, S. 33.

113 Die Verwendung der Begriffe hängt stark vom jeweiligen Zeitalter ab. Während in der Zeit der Industrialisierung der Mensch mit einer Maschine verglichen wurde, ist heute die Vorstellung vom Gehirn als ein Computer aktuell. Den Vergleich mit einem Computer scheut diese Arbeit, weil der Mensch mehr ist als ein Computersystem. Das betont auch *Roth* (Diskussion zum Vortrag von Prof. Roth, in: *Gestrich/Wabel* (Hrsg.), Freier oder unfreier Wille, S. 48 (48); *ders.*, in: *ders./Grün* (Hrsg.), Das Gehirn und seine Freiheit, S. 9 (23)), der die Erzeugungs- und Verarbeitungsleistung von Sinn als wesentlich menschlich herausstellt. Zudem gleicht das Gehirn, dank seiner neuronalen Plastizität (Kapitel 1 I 3.3.3. Fn. 178; Kapitel 3 IV 2.2; Kapitel 4 III 1.1.3.2.; Kapitel 5 IV 2.1.), keinem starr vernetzten Computer (*Villringer*, Forschungsperspektiven der Max-Planck-Gesellschaft 2010, 90 (90)).

114 *Tretter* und *Grünhut* haben eine Hochrechnung allein auf Ebene der Neuronen gewagt (in: *Stompe/Schanda* (Hrsg.), Der freie Wille und die Schuldfähigkeit, S. 63 (77 f.)): „Das Gehirn verfügt über schätzungsweise etwa 10^4 Verbindungen (Synapsen) was zu ca. 10^{15} Synapsen bzw. möglichen Verknüpfungen führt. Geht man vereinfachend davon aus, dass die Synapsen in nur zwei Zuständen vorzufinden sind – nämlich aktiv und inaktiv – dann müsste die Hirnforschung ein räumliches On-Off-Muster erfassen und verstehen können, das in der Größenordnung von Billiarden möglicher Muster liegt: Bereits die Zahl zwei hoch eine Milliarde entspricht etwa 4,6 mal 10 hoch 300 Millionen, sodass die Gesamtheit der Varianten nicht mehr darstellbar wäre, denn ein damit befasster Rechner, der pro Variante 1 nsec benötigen würde, bräuchte länger als […] etwa 10^{25} nsec, die das Universum bereits existiert. Auch die Rückkopplungen, die nach etwa drei bis vier Verschaltungen vorliegen, lässt das Ziel, den Zustandsverlauf aller Nervenzellen erfassen oder gar theoretisch modellieren zu können als nahezu hoffnungsloses Unterfangen erscheinen." (siehe auch *Nedopil*, in: *Stompe/Schanda* (Hrsg.), Der freie Wille und die Schuldfähigkeit, S. 209 (220)). Bereits die Ebene der Be-

Wünsche, situative äußere Umstände, kurzfristige oder langfristige Erfahrungen, befürchtete Reaktionen des gesellschaftlichen Umfeldes, Stimmungen, biochemische Abläufe, genetische Dispositionen) der Stärkste durch[115], wie etwa der psychologische Determinismus für mentale Faktoren[116] annimmt. Wahrscheinlicher erscheint jedoch, dass sich die Faktoren gegenseitig durchdringen, modifizieren, bestärken und abschwächen bzw. beschränken[117] und letztlich miteinander sozusagen zu einer Einheit verschmelzen[118]. Die eine Determinante verändert die andere, wodurch ihre Wirkung und damit sie selbst in der anderen im gewissen Sinne erhalten bleibt und sich dennoch verändert. Diese „Kombination" bzw. „Synthese" modifiziert wiederum eine oder mehrere andere Determinanten, sodass sie nicht mehr als losgelöste fixe Faktoren betrachtet werden können.[119] Das spezifische Zusammenwirken bzw. die gegenseitige Einflussnahme der jeweiligen

---

schreibung ist zu komplex, um sie vollständig zu erfassen, als das darüber hinaus Vorhersagen allein aus den neuronalen Zuständen und Prozessen möglich wären. Hinzu käme noch die Erfassung der außerhalb des Gehirns befindlichen unzähligen Faktoren, die auf jenes Einfluss nehmen.

115 So *Schopenhauer*, Über die Freiheit des menschlichen Willens, in: *Schopenhauer* (Hrsg.), Die beiden Grundprobleme der Ethik, S. 75; auf ihn berufend *Herzberg*, in: FS Achenbach, S. 157 (166). Dagegen haben aber Motive, Triebe, etc. nicht immer den gleichen „Stärkegehalt". Dieser variiert wiederum in Abhängigkeit von anderen Faktoren, also in Abhängigkeit von der Gesamtsituation, was letztlich mehr der zweiten Vorstellung entspricht (vgl. *Thomae*, Der Mensch in der Entscheidung, S. 69 f.; sogleich).

116 *B. Burkhardt*, in: *Tröger* (Hrsg.), Wie frei ist unser Wille, S. 87 (104), m.w.N. Er verweist darauf, dass der psychologische Determinismus, wonach Entscheidungen und Handlungen allein nach psychologischen (nicht physiologischen!) Gesetzen determiniert sind, ganz überwiegend als falsch angesehen wird. Auch die hier vertretene Auffassung stellt die Determination auf physische, nicht rein mentale Grundlage; vgl. auch *G. Merkel/Roth*, in: *Grün/Friedman/Roth* (Hrsg.), Entmoralisierung des Rechts, S. 54 (62 f.), die der Motivdetermination eine physische anstatt rein mentale Grundlage unterstellen, vgl. auch *Roth*, in: *T. Fuchs/Schwarzkopf* (Hrsg.), Verantwortlichkeit – nur eine Illusion?, S. 147 (162 f): „Diese Motive sind [...] in unserem prozeduralen, emotionalen und kognitiven Gedächtnis niedergelegt".

117 So auch *T. Fuchs*, in: *Buchheim/Pietrek* (Hrsg.), Freiheit auf Naturbasis, S. 101 (109), nur dass er die Eigenschaft von Determinanten bei den Faktoren ablehnt. Vgl. auch *Thomae*, Der Mensch in der Entscheidung, S. 70.

118 Nicht in dem Sinne, dass am Ende nur ein Faktor steht.

119 Vgl. auch *T. Fuchs*, in: *Buchheim/Pietrek* (Hrsg.), Freiheit auf Naturbasis, S. 101 (109), hier überschneidet sich *T. Fuchs* libertarische Auffassung (Indeterminis-

Faktoren führt zu dem jeweiligen Verhalten, das zum Tatzeitpunkt kein anderes sein kann. Die Fäden dieses Netzes beeinflussen sich in Wechselwirkung und Rückkoppelungsschleifen gegenseitig und verschmelzen miteinander, sodass die Determinanten letztlich in ihrer modifizierten Form (Stärke, Kompromisse, Ausschlüsse, etc.) *gemeinsam* in „kausaler Synthese“[120] zu einer Entscheidung und zu einem Verhalten führen.

Letztlich handelt es sich hierbei lediglich um unbewiesene Annahmen. Es ist unklar, wie die einzelnen Faktoren aufeinander einwirken und wie eine eventuelle „kausale Synthese“ auf neuronaler Ebene erfolgt bzw. korreliert ist.[121]

3.2.2. Das Kausalgesetz und der systemisch-multikausale Determinismus

Der Psychiater und Philosoph *Thomas Fuchs* wendet unter Bezug auf das Kausalgesetz ein, basierend auf den Philosophen *Henri Bergson*[122], dass die Psyche ein Prozess ist, der

> *„nie wieder zu den identischen Elementarbedingungen zurückgelangen“*

wird.[123] Dies resultiert aus der Grundannahme über die Vorhersagbarkeit: Gleiche psychische Ursachen bringen gleiche Wirkungen hervor. Er zieht daraus den Schluss, weil der Zustand einzigartig ist und sich nie wieder in exakt gleicher Form wiederholt,

> *„Entscheidungen und das aus ihnen folgende Handeln nicht als gesetzlich determinierte Wirkung von Ausgangsfaktoren zu begreifen [sind].“*[124]

Beim Einwand der fehlenden Gesetzmäßigkeit ist *T. Fuchs* darin zuzustimmen, dass die *Gesetz*eigenschaft der Replizierbarkeit bedarf. Gesetze beschreiben Beobachtungen, die wir aufgrund von sich wieder-

---

mus) mit der hier vertretenen systemisch-multikausal-deterministischen; *Thomae*, Der Mensch in der Entscheidung, S. 70.

120 Terminologie von *Bunge*, Kausalität, S. 192.

121 Vgl. Kapitel 3 IV 3.

122 *Bergson*, Zeit und Freiheit, S. 134 ff., 142 ff.

123 Vgl. dazu auch *Bunge*, Kausalität, S. 56 mit Verweis auf *Leibniz*; *Engisch*, Die Lehre von der Willensfreiheit in der strafrechtsphilosophischen Doktrin der Gegenwart, S. 21 ff.; *Neufelder*, GA 1974, 289 (294).

124 *T. Fuchs*, in: *Buchheim/Pietrek* (Hrsg.), Freiheit auf Naturbasis, S. 101 (109), mit Verweis auf *Spaemann*, Personen, S. 227.

holenden Ereignissen gemacht haben: Immer wenn x dann folgt y. Sie schaffen Vorhersagbarkeit. Weil das System nie wieder einen gleichen Zustand aufweisen wird, scheint der Determinismus hinfällig zu sein, da es ihm am Kausalgesetz fehlt. Das stimmt jedoch nur dann, erfordere der Determinismus für seine *Existenz* nicht nur das Kausal*prinzip*, sondern darüber hinaus ein Kausal*gesetz*[125], wonach die Anfangsbedingungen beliebig oft vorliegen und die Folgen replizierbar sein müssten.

Erhebt man die Replizierbarkeit zum zwingenden Element des Determinismus, ist zu berücksichtigen, dass Gesetze eine Vielzahl von Fällen erfassen und statistische Gestalt annehmen können [126], sodass bei näherer Betrachtung die jeweiligen unter das Gesetz gefassten Einzelfälle durchaus Unterschiede aufweisen können.[127] Vollständige Wiederholbarkeit von Objekten der *konkreten Welt* gibt es daher nicht, sodass das Erfordernis der Replizierbarkeit der sozialen Welt zumindest auf das Kriterium der Ähnlichkeit abgeschwächt werden muss.[128] Einem Gesetz müssen daher nicht gleiche Fälle unterfallen. Damit beziehen sich Gesetze immer auch auf Ähnlichkeiten und eben nicht nur auf die völlige Identität. Das Kausalgesetz im sozialen Kontext des Menschen erfordert damit keine Identität in den Anfangsbedingungen.[129] Das Kausalgesetz erhält so verstanden eine Abschwächung zum Merkmal der Ähnlichkeit.

---

125 Siehe zur Unterscheidung *Tiemeyer*, ZStW 105 (1993), 483 (493 ff.); Kapitel 1 I 3.1. Fn. 71.

126 *Bunge*, Kausalität, S. 80.

127 *Bunge*, Kausalität, S. 296 ff.

128 Vgl. *Mainzer*, Quanten, Chaos und Selbstorganisation, in: *ders./Schirmacher* (Hrsg.), Quanten, Chaos und Dämonen, S. 21 (42, 65).

129 Hält man die Gesetzeseigenschaft für den Determinismus erforderlich, so ist es denkbar, die *einzelnen Bereiche* eines Systems zu betrachten. Die einzelnen Wirkmechanismen der jeweiligen individuell vorliegenden Faktoren auf andere Faktoren können immernoch gesetzmäßig erfolgen. Anders dagegen, man ist der Auffassung, dass in der Welt *kein* Zustand bzw. *kein* Vorgang jemals mit einem anderen identisch ist (vgl. *Bunge*, Kausalität, S. 56) – dann kann es nur noch auf ähnliche Ursachen mit ähnlicher Wirkung ankommen, um zumindest Indizien zu erhalten. Oder der Begriff vom Gesetz wird derart vom Einzelfall abstrahiert, dass er nur noch Klassen von Zuständen und Ereignissen umfasst und damit die bezeichnete Ähnlichkeit terminologisch erfasst (vgl. *Bunge*, Kausalität, S. 57). Mangels Isolierfähigkeit einiger Faktoren ist diese These keines Beweises zugänglich. Dieser Gedanke führt wiederum zu der Frage, ob ein System jemals in Einzelteile

Hierauf kommt es aber letztlich nicht an. Ein multikausaler, systemischer Determinismus bedarf für seine Existenz keines Kausalgesetzes und damit auch nicht der Replizierbarkeit.[130] Dieses Determinismusverständnis geht in seiner Grundannahme bereits davon aus, dass der Verlauf eines Systems aufgrund seiner Dynamik nicht wieder an einen bestimmten Ausgangspunkt t zurückkehrt. Ein dynamisches System wird niemals exakt den gleichen Anfangszustand aufweisen. Auf den Gesamtzustand des Systems bezogen wird das Erfordernis der realen Replizierbarkeit wie beim deterministischen Chaos[131] aufgegeben. Das führt dazu, dass zwar das Kausal*prinzip*, wonach Ereignisse durch Ursachen mit Notwendigkeit bewirkt werden, im Gesamtsystem vorhanden ist, aber kein *replizierbares* Kausal*gesetz*. Letzteres bedarf es für Notwendigkeit i.S.e. Nicht-Anders-Könnens nicht. Notwendigkeit kann auch dann bestehen, wenn weder gleiche oder ähnliche Anfangsbedingungen vorliegen und diese nicht zu gleichen oder ähnlichen Ereignissen bzw. Folgen führen. Auch bei Einmaligkeit kann Notwendigkeit vorliegen. Sie besteht unabhängig von der Replizierbarkeit. Ein Nicht-Anders-Können durch ein multifaktorielles Kausalsystem im Zeitpunkt t ist möglich, auch wenn das Kausalsystem nicht wieder genau das gleiche sein wird. Insoweit betrifft der Einwand der fehlenden Replizierbarkeit von *T. Fuchs* nämlich nur die *Überprüfbarkeit*, also die *Beweisfrage* der Determinismusthese, sie berührt dagegen nicht die Möglichkeit seiner realen *Existenz* bzw. das Prinzip der *notwendigen Wirkung* im menschlichen Verhalten.

Im Ergebnis kann aus der Nichtwiederholbarkeit des Gesamtzustandes (oder des Teilzustandes) eines Systems im Zeitpunkt t nicht die deterministische Notwendigkeit der jeweiligen Entscheidung bzw. des

---

zerlegt werden kann. Das soll hier aber nicht mehr interessieren. Dieser Frage nachzugehen, würde den Rahmen der Arbeit sprengen und ist zudem nicht erforderlich, wird die Gesetz-Notwendigkeit im Sinne von Replizierbarkeit des Einzelfalls im Determinismus, wie hier vertreten, verneint

130 Vgl. im Ergebnis auch *Tiemeyer*, ZStW 105 (1993), 483 (493 ff.).

131 Ein chaotisches System, das auch keiner Wiederholung zugänglich ist, ist dennoch ein deterministisches (vgl. *Ravn*, Chaos, Quarks und schwarze Löcher, S. 25f.). Man muss das einfache lineare Verständnis vom „Wenn-Dann-Prinzip" aufgeben und gegen ein komplexes Verständnis i.S.e. Netzes bzw. Systems der gegenseitigen Beeinflussung der involvierten Faktoren austauschen.

jeweiligen Verhaltens widerlegt werden, sondern allein die Beweisbarkeit.

3.2.3. Die (Meta-)Redetermination als Beispiel eines modernen, systemisch-multikausalen Determinismus

Wie verträgt sich Abwägen mit einem Determinismus, fragt *Hans-Ludwig Schreiber*. In einem „langwierigen, quälerischen Hin- und Her-Abwägen hunderter Argumente", wie es *Roth* formulierte[132], läge keine Determination. Die Neurowissenschaften allein können dies nicht erklären.[133] Wie ein komplexer dynamisch-deterministischer Entscheidungsprozess vonstattengehen könnte, hat dagegen der Psychologe *Dietrich Dörner* in seinem psychologischen Konzept der Redetermination skizziert[134]. Sein Modell zeigt die mögliche Vielschichtigkeit eines systemischen bzw. multikausalen Determinismus auf.

Zur Verdeutlichung dient das folgende Beispiel: Der Vater V, dessen monatliches Einkommen zur Bestreitung des Lebensunterhaltes kaum ausreichend ist, überlegt, eine Bank auszurauben. Im Rahmen der Entscheidungsfindung entwickele sich *Dörner* zufolge in V ein internes Zwiegespräch in Form eines „antagonistischen Dialogs". Es stehen sich zwei Verhaltensalternativen gegenüber[135]: auf der einen Seite die Begehung des Raubes (Pro-Raub) und auf der anderen Seite die Unterlassung des Raubes (Anti-Raub). Die Stärke von Pro-Raub sei abhängig von der Notwendigkeit und der Wahrscheinlichkeit des Erfolgseintritts: Wie wahrscheinlich ist es also, dass die erhofften (Zwischen-) Ziele eintreten und wie unverzichtbar ist die Erreichung des Hauptziels.[136] Anti-Raub setze sich aus dem Gewicht der möglichen negativen Folgen der Begehung des Raubes und der Wahrscheinlichkeit ihres Eintritts zusammen (z.B. der Angst vor negativen Konsequenzen der sozialen Umwelt bei Erfolg sowie bei Misserfolg, der

132 *Roth*, DZPhil 52 (2004), 223 (223 f.).

133 *Schreiber*, Jahrbuch für Wissenschaft und Ethik 2005, 23 (29).

134 *Dörner*, in: *v. Cranach/Foppa* (Hrsg.), Freiheit des Entscheidens und Handelns, S. 125 (129 ff.).

135 Von *Dörner* „Motive" genannt. Der Ausdruck ist jedoch insoweit missverständlich, dass er überwiegend gleichbedeutend mit „Beweggründe" verwendet wird.

136 In diesem Fall z.B. der Familie etwas bieten, sie glücklich machen, sie überhaupt ernähren zu können. Zwischenziel ist der erfolgreiche Bankraub.

Angst vor staatlichen Reaktionen bei Scheitern), Bruch von Idealen und dem dadurch möglicherweise sich verändernden Selbstbild („ich bin ein rechtschaffender Mensch") und der Wahrscheinlichkeit des Eintretens selbiger sowie aktuell bekannter Alternativlösungen.

Sind beide Alternativen ähnlich stark gewichtig und ist die Differenz der Alternativstärken kleiner als ALPHA (ein Parameter, der z.B. durch die Bedeutung oder die Dringlichkeit der Entscheidung bestimmt wird), sodass eine Entscheidung ausbleibt, beginne der Prozess der „Redetermination". In diesem werden die beiden Alternativen in ihrer Stärke dadurch verändert, dass neue Faktoren dem Entscheidungsprozess hinzugefügt oder alte bekräftigt oder abgeschwächt werden („Elaboration"[137]). Bezogen auf den Fall könnte zur Rechtfertigung des Abfalls von der bisherigen Rechtschaffenheit z.B. eine Enttäuschung des V über staatliche Institutionen sein, sodass eine Aufwertung des eigenen Selbstbildes stattfindet, was ein Argument der Gegenalternative zumindest abschwächt; zudem könnte danach gefragt werden, welche Mittel die Chancen mit welcher Wahrscheinlichkeit für das Gelingen des Raubes erhöhen. Dadurch findet die erste grobe Tatplanung des Raubes statt.[138] Führt dieser Prozess immer noch nicht dazu, dass die Differenz beider Alternativstärken größer ALPHA ist, sodass wiederum keine Entscheidung zugunsten der stärkeren Alternative gefällt wird, wiederhole sich der Prozess. Dabei könnte beispielsweise der Tatplan noch weiter bis ins kleinste Detail geplant werden, um die Wahrscheinlichkeit für das Gelingen zu erhöhen und die Wahrscheinlichkeit für den Misserfolg zu reduzieren. Möglich wäre, dass die Planung gleichsam zur Abschreckung führt,

137 Im Kampf der widerstreitenden Interessen versucht jede Alternative ihre Position zu bekräftigen und die andere zu schwächen. *Dörner* hat vier Wege herausgearbeitet, wie das geschehen kann: 1. Erhöhung der Wahrscheinlichkeit eines positiven Erfolgseintritts, 2. Senkung der Wahrscheinlichkeit eines negativen Erfolgseintritts, 3. Erhöhung der Bedeutung eines positiven Ziels, 4. Senkung der Bedeutung des Ziels (*Dörner*, in: *v. Cranach/Foppa* (Hrsg.), Freiheit des Entscheidens und Handelns, S. 125 (135)).

138 Vielfach wird darüber debattiert, welche Bedeutung dem Bewusstsein zukommt. Gerade an dieser Stelle des Entscheidungsprozesses hat es besondere Bedeutung, weil hier der weitere Werdegang bildlich, so als ob er gerade real stattfindet, antizipiert wird, was der Planung zukünftigen Verhaltens nützlich zu sein scheint (siehe Kapitel 3 I 2.4).

dann nämlich, wenn V bewusst wird, dass der Aufwand zu groß und die Tat zu kompliziert werden würde. Dadurch könnte wiederum ein neuer Aspekt die Entscheidung in eine ganz andere Richtung lenken.

Durch Redetermination der Redetermination der Redetermination (u.s.w.) der Anfangsdetermination (bzw. durch ständige Elaboration der einzelnen Faktoren und Gründe/Motive) fänden also immer neue (teilweise unbewusste) Determinanten in den Entscheidungsprozess Eingang, mit der Folge, dass sich das Gewicht der einzelnen Determinanten kontinuierlich verändert und damit auch das Gewicht der Alternativen kraft Veränderung der Erwartungs-Wert-Bilanz[139].[140] Dieser Prozess fände solange statt bis die Differenz der Alternativstärken größer ALPHA ist, sodass einer Alternative das Mehr an Gewicht beigemessen wird. Damit verdeutlicht bereits dieser Prozessabschnitt des Erklärungsmodells die Komplexität eines modernen multikausalen Determinismus.

Darüber hinaus kann sich der Entscheidungsprozess nicht nur auf dieser Ebene abspielen, sondern auf einer sog. „Metaebene".[141] Determination findet dann nicht nur zweidimensional, sondern dreidimensional statt. In unserem Fall würden dann nicht nur Für und Wider der einzelnen Alternativen abgewogen, sondern darüber hinaus könnte die Frage aufgeworfen werden, ob überhaupt eine Entscheidung getroffen werden sollte. Das führt dazu, dass die Argumente des eigentlichen Konfliktes in den Hintergrund rücken und sich V auf eine höhere, den eigentlichen Konflikt selbst betrachtende Ebene begibt. Hierbei kann über Alternativen nachgedacht werden, die den eigentlichen Konflikt aufzuheben vermögen. Dabei würde sich der oben beschriebene Prozess wiederholen. Obendrein kann darüber reflektiert werden, ob überhaupt darüber nachgedacht werden soll, ob die Entscheidung getroffen werden soll.[142]

---

139 Die Bilanz aus Gewicht und Wahrscheinlichkeit der Alternative.

140 *Dörner*, in: *v. Cranach/Foppa* (Hrsg.), Freiheit des Entscheidens und Handelns, S. 125 (135).

141 *Dörner*, in: *v. Cranach/Foppa* (Hrsg.), Freiheit des Entscheidens und Handelns, S. 125 (139 f.).

142 Theoretisch könnte sich die Redetermination mittels Elaboration hinein in Metaebenen bis ins Unendliche ziehen. Dazu passt es, dass manche Entscheidungen auch über Monate oder gar Jahre hinweg hinausgezögert werden, so oftmals bei Trennungsgedanken in Fällen häuslicher Gewalt. Siehe zu den Endbedingungen:

Wie schnell und wie durchdacht die Entscheidungsfindung letztlich stattfindet, hinge von der (individuell gefühlten als auch objektiv durch Dritte oder äußere Umstände gesetzte) Dringlichkeit (ALPHA) ab, weil ein zu lang geführter Entscheidungsprozess auch lähmend sein kann. Dass nicht alle Schleifen so durchlaufen werden wie beschrieben, zeigen sog. spontane oder automatisierte Verhaltensweisen, bei denen unbewusste Komponenten im hohen Maße an der Entscheidungsfindung teilhaben, wodurch der Entscheidungprozess weniger zeitaufwendig ist.

Der Prozess der Redetermination[143], der bewirkt, dass sich die Determinanten im Laufe des Prozesses verändern und neue hinzutreten, laufe *Dörner* zufolge vollständig deterministisch ab[144] und beinhalte verschiedene Motivschleifen.

In einem multikausalen-systemischen Determinismus spielen neben der psychologischen bzw. motivationalen Determination, die teilweise bewusst und teilweise unbewusst abläuft[145], noch eine unüberschaubar hohe Vielzahl weiterer Faktoren eine Rolle, die teilweise die Grundlage der Motive bilden, wie z.B. aktuelle Stimmungen und Gefühle, individuelle Charaktereigenschaften, genetische Prädispositionen und ihre epigenetischen Einflüsse, der persönliche Erfahrungsschatz, biochemische Prozesse und darüber hinaus noch weitere zahlreiche unbekannte Faktoren.

3.2.4. Zusammenfassung zum systemisch-multikausalen Determinismus

Determinismus bedeutet, dass alles, was zu einem bestimmten Zeitpunkt t geschah, geschieht und geschehen wird durch vergangene und gegenwärtige in einem dynamischen System komplex miteinander verflochtene multikausale[146] Faktoren, die sowohl im Äußeren als auch

Dörner, in: *v. Cranach/Foppa* (Hrsg.), Freiheit des Entscheidens und Handelns, S. 125 (138 ff.).

143 Das psychologische Konzept von *Dörner* ist nicht mit der strafrechtlichen Lehre von der Überdetermination zu verwechseln. Dazu Kapitel 4 III 1.1.2.3.

144 *Dörner*, in: *v. Cranach/Foppa* (Hrsg.), Freiheit des Entscheidens und Handelns, S. 125 (143).

145 Siehe hierzu die ausführliche Darstellung von *Roth*s Ansatz in Kapitel 3 I 2.2.

146 Der Begriff „Kausalität“ wird in dieser Arbeit nicht einfach-linear verstanden, sondern komplex. Die Kausalität bezeichnet die Verbindung zwischen Ursache

im Inneren des Menschen liegen, derart bestimmt war, ist und sein wird, dass es letztlich nur so und nicht anders geschehen kann bzw. konnte als es geschieht. Wenn der Täter also vorsätzlich ein Grundstück betritt, mit einem Schraubenzieher das Fenster aufbricht, in das Haus einsteigt, im Haus Wertgegenstände entwendet und anschließend auf der Flucht mit dem Auto fahrlässig einen Passanten anfährt, konnte es unter Zugrundelegung des Determinismus in den jeweiligen Zeitpunkten wegen multikausaler Faktoren nicht anders geschehen, wie es geschah, er konnte zum jeweiligen Zeitpunkt t nicht anders entscheiden wie er entschied.

Die systemische Determination ist als komplexer dynamischer Prozess zu verstehen, in welchem sich Stärke, Bedeutung und Einfluss der Determinanten durch eine mehrere Ebenen umfassende, netzartige, gegenseitige deterministische Beeinflussung ständig verändern[147], solange, bis eine Entscheidung für ein gewisses Verhalten gefällt und ausgeführt wird, die anschließend zu bestimmten Folgen führt. Dieses Determinimusverständnis beinhaltet nicht notwendigerweise eine einfache lineare Kausalität, sondern erfasst darüber hinaus dynamische Verursachungen, die in Wechselwirkung erfolgen. Man kann insofern von „kausaler Synthese“[148] sprechen. Löst man sich von der Vorstellung, nur die stärkste (Einzel-)Determinante setze sich durch[149], dann erhält auch das Überlegen und Abwägen im Wege der kausalen Synthese durch Wechselwirkung und Modifizierung seine Bedeutung im Determinismus[150]. Auf *Anton Griffels* Frage, warum wir hin und her überlegen, wenn das Ergebnis, also die Entscheidung bzw. das Verhalten, schon feststeht[151], wäre aus deterministischer Sicht zu antworten:

---

und ihrer Folge bzw. Wirkung in einem Netz der Faktoren. Die Folge einer Ursache im Zeitpunkt t erfolgt mit Notwendigkeit (Kausalprinzip), wenngleich die einzelne Ursache für sich genommen nicht zu immer der gleichen Wirkung führt. Sie erfasst damit komplexe Verursachung und Synthese und geht folglich, wie von *Bunge* prognostiziert (Kausalität, S. 385), wegen der zunehmenden Mannigfaltigkeit der Arten von Determination weiter als bei ihm.

147 Damit bleibt die (determinierte) Revidierung einer Entscheidung bis zur Ausführung möglich. Die Revidierung geschieht aber letztlich in Notwendigkeit.

148 *Bunge*, Kausalität, S. 192.

149 So jedoch annehmend *Griffel*, GA 1996, 457 (463).

150 Zur Bedeutung des Bewusstseins im Abwägungsprozess siehe Kapitel 3 I 2.4.; Kapitel 3 II 3.

151 *Griffel*, ARSP 84 (1998), 517 (522).

Weil der *jeweilige* Abwägungsprozess notwendig ist, um die Faktoren zu verbinden und zu modifizieren, damit *jene* Entscheidung *folgen* kann. Der Abwägungsprozess gehört zur Entscheidung und ermöglicht so vorausschauendes, reflexives Verhalten. So entsteht ein komplexes, vielschichtiges Verhalten, das sich an eine komplexe Umwelt ausrichten kann. Im Sinne der conditio sine qua non bedeutet dies, dass nur dasjenige kausal ist, das genau zu dem *bestimmten* Erfolg geführt hat. Durch das Abwägen kommt der Täter beispielsweise zu dem Schluss, dass er einen Raub begeht, wenn sichergestellt ist, dass dem Opfer nichts Schwerwiegendes geschieht; deswegen entschließt er sich zur Begehung der Tat mit einer Scheinwaffe und nicht mit einer echten Waffe. Das Überlegen wird damit zum kausalen Pfad, an dem die Entscheidung anknüpft.

T. Fuchs wendet gegen den Determinismus ein, dass durch die im Reifungsprozess der Entscheidung vonstattengehende *Veränderung* der Faktoren (durch Modifikation) das Verhalten nicht aus „*vorbestehenden* Determinanten ableitbar" ist[152]. Dem ist insoweit zuzustimmen, als die ursprünglichen Faktoren durch ihre gegenseitige Einflussnahme und Modifikation im Entscheidungsprozess nicht mehr in ihrer *ursprünglichen Form* wirken. Die Veränderung selbst würde jedoch determiniert erfolgen. Ein sog. „Faktorencocktail" würde zwingend zu dem bestimmten Verhalten führen. Die Faktoren bleiben daher unter Annahme des Determinismus sowie des Kausalprinzips weiterhin Determinanten, die mit Notwendigkeit wirken. Dennoch ist dieser Prozess, auch ihm zufolge (auch wenn *Fuchs* ihn nicht unter den Begriff des Determinismus fasst), ein künstlerisch-kreativer, der mit einem einfach mechanisch-deterministischen Prozess nichts gemeinsam hat.[153] Unter einem modernen Determinismusverständnis bleibt er ein komplexer, dynamischer Prozess. Ein einfacher, mechanisch-linearer, monokausaler Determinismus[154] entspricht nicht der Vielschichtigkeit menschlichen Entscheidens und Verhaltens.

152 *T. Fuchs*, in: *Buchheim/Pietrek* (Hrsg.), Freiheit auf Naturbasis, S. 101 (111).

153 *T. Fuchs*, in: *Buchheim/Pietrek* (Hrsg.), Freiheit auf Naturbasis, S. 101 (111).

154 *Dreher* verdeutlicht durch seine Formulierung „einzige causa", dass er unter einer zwingend wirkenden Ursache nicht eine Vielzahl von Ereignissen – einen Gesamtzustand versteht, sondern ein Einzelereignis, das mit Notwendigkeit eine bestimmte Folge hervorrufen muss (*Dreher*, Willensfreiheit, S. 5). Vielmehr ist aber

3.3. Der neuronale Determinismus

3.3.1. Das allgemeine Verständnis

Der sog. „neuronale Determinismus" oder „neurophysiologische Determinismus", wonach alle Entscheidungen und Handlungen unmittelbar und vollständig von neuronalen Vorgängen im Gehirn determiniert seien, die wiederum von anderen neuronalen Vorgängen bestimmt würden[155], hat in der aktuellen Debatte über Willensfreiheit, Verantwortung und Schuld eine besondere Stellung. Kernthese des Neurodeterminismus ist der Vorrang neuronaler Prozesse gegenüber dem Mentalen (z.B. Gefühle, Gedanken, Entscheidungen): Mentale Zustände erzeugen keine neuronalen Vorgänge, sondern sie entstehen erst durch neuronale Vorgänge im Gehirn. Jede Art von Mentalem ist an Hirnprozesse gebunden; „seelische" Vorgänge stehen in Abhängigkeit zu hirnphysiologischen Prozessen.[156] Weil diese neuronalen Vorgänge physikalisch und biochemisch *vor* dem Mentalen ablaufen, müsse der Mensch determiniert denken und handeln. Darin zeigt sich die Antwort auf *Descartes* Leib-Seele-Dualismus, wonach ein immateriel-

---

zu betonen, dass ein einzelnes Ereignis sehr oft gerade nicht die einzige Ursache für ein Geschehen ist (*Tiemeyer*, ZStW 105 (1993), 483 (498)).

155 *R. Merkel*, Willensfreiheit und rechtliche Schuld, S. 30; *Singer*, DZPhil 53 (2005), 707 (708); *Falkenburg*, Mythos Determinismus, S. 394.

156 *Grawe*, Neuropsychotherapie, S. 60 f.; *Herzberg*, Willensunfreiheit und Schuldvorwurf, S. 3; *Hoppe*, in: *Sokol* (Hrsg.), Die Gedanken sind frei, S. 10 (15); *R. Merkel*, Willensfreiheit und rechtliche Schuld, S. 30, 95; *Roth*, Biologie in unserer Zeit 28 (1998), 6 (12).

157 Bedeutendster Vertreter eines Substanzdualismus war der französische Philosoph *René Descartes* (1596-1650), der die Trennung von Körper und Geist postulierte: „Daraus erkannte ich, daß ich eine Substanz war, deren ganzes Wesen oder deren ganze Natur nur darin bestand, zu denken, und die, um zu sein, weder einen Ort benötigt, noch von irgendeinem materiellen Ding abhängt. Deshalb ist dieses Ich, d.h. die Seele, durch die ich das bin, was ich bin, vollkommen unterschieden vom Körper und ist sogar leichter zu ernennen als er, so daß sie nicht aufhören würde, alles zu sein, was sie ist, selbst wenn es ihn überhaupt nicht gäbe." (*Descartes*, Discours de la Méthode, 1637, dt.: Von der Methode des richtigen Vernunftgebrauchs und der wissenschaftlichen Forschung, vierter Abschnitt Rn. 32,24 (S. 59)). Danach bestehe der Mensch aus zwei Substanzen – dem Körper (res extensa) und dem Geist (res cogitans). Der Geist sei es, der das Selbst ausmache und die Entscheidung treffe. Freiheit wäre danach in einer determinierten Welt möglich, solange der indeterminierte Geist auf den determinierten Körper einwirken kann. Zur Kritik an *Descartes* Dualismus vgl. *Beckermann*, in: *Schmidin-*

ler „Geist“ auf den materiellen Körper einwirken könne:[157] Vielmehr erschaffe der materielle Köper den immateriellen „Geist“.[158]

Der neuronale Determinismus beschränkt seinen Blick auf die Vorgänge im Gehirn und lässt die Frage dahingestellt, ob der universale Determinismus, wonach *alles* in der Welt determiniert sei, wahr ist. Solange alle Abläufe im Gehirn determiniert seien, widerlegt ihn die etwaige Existenz eines Indeterminismus in Teilen der restlichen Welt nicht.

ger/Sedmak (Hrsg.), Der Mensch – ein freies Wesen?, S. 111 (114 f.). Das Leib-Seele Problem, das sich zum Gehirn-Bewusstseins-Problem weiter entwickelt hat, hat durch die Hirnforschung neuen Auftrieb erhalten. Es stellt sich die Frage, ob und wie das Mentale, das man spürt (das Fühlen des Fühlens, das Gefühl des Denkens beim Denken, etc.), Einfluss auf den Körper und die neuronalen Vorgänge nehmen kann. Es geht um sog. Qualia, also Bewusstseins- und Erlebniszustände (siehe dazu *Roth*, Biologie in unserer Zeit 28 (1998), 6 (13); *R. Merkel*, Willensfreiheit und strafrechtliche Schuld, S. 87 ff.). Es stellt sich die Frage, warum können wir Gefühle und Empfindungen spüren bzw. fühlen, handelt es sich dabei um ein bloßes Epiphänomen, also eine Begleiterscheinung ohne Auswirkung auf körperliche Prozesse oder hat es Bedeutung für körperliche Prozesse und damit für unser Leben als Ganzes (vgl. dazu *Brücher/Gonther*, Fortschr Neurol Psychiat 74 (2006), 194 (199); *R. Merkel*, Willensfreiheit und rechtliche Schuld, S. 80 ff.; *Eccles*, Die Evolution des Gehirns, S. 285 ff.).

158 Die Hirnforschung lasse keine dualistische Annahme i.S.v. *Descartes* zu (so *Zilles*, in: *Barton* (Hrsg.), "...weil er für die Allgemeinheit gefährlich ist!", S. 49 (68)). Ihren bisherigen Erkenntnissen zufolge gibt es keinen selbstständig handelnden, von weltlichen Ereignissen losgelösten Geist, eine außerhalb des menschlichen Körpers schwebende Seele, die vollständig auf den Körper einwirken und diesen formen und steuern könne, ohne selbst von physisch-materiellen Prozessen beeinflusst zu sein, oder einen sog. Homunculus, der sich als Zentrale im Gehirn befindet und alles von dort aus lenkt. Hochentwickelte Wirbeltiergehirne sind hochvernetzte, destributiv organisierte Systeme, in denen eine Vielzahl von Operationen gleichzeitig ablaufen (*Singer*, in: *Geyer* (Hrsg.), Hirnforschung und Willensfreiheit, S. 30 (43); *ders.*, Der Beobachter im Gehirn, S. 65 ff, 144). Die wenigsten Neurowissenschaftler sind Leib-Seele-Dualisten, kaum jemand schreibt der Seele heute noch eine eigenständige, hirnunabhängige Existenz zu (*Hoppe*, in: *Sokol* (Hrsg.), Die Gedanken sind frei, S. 10 (15)). Vgl. Kapitel 3 I 1 (Fn. 16).

3.3.2. Die Relevanz des neuronalen Determinismus für die Frage nach Willensfreiheit und Verantwortung

Auch unter Deterministen wird die Auffassung vertreten, dass der neuronale Determinismus beim Problem Willensfreiheit und Schuld keine Relevanz entfalte:

> *„Die Erkenntnisse der Hirnforschung [können] rein gar nichts beisteuern“*[159].

Gerade im Ausblenden des universellen Determinismus sieht *Rolf Dietrich Herzberg* das Problem einer Reduktion der Komplexität menschlichen Verhaltens, weil der Blick nur auf das gerichtet wird, was das Verhalten und den Entschluss *zuletzt* verursacht. Es ist ihm zu zustimmen, dass Ereignisse, die vor den Hirnprozessen liegen, ebenfalls kausal und damit relevant für die Handlung sind. Nicht die Beobachtung der aktuell „feuernden Neurone“ gibt Aufschluss über die Motive, *warum* sich der Täter so und nicht anders entschieden hat und auch nicht anders entscheiden konnte, sondern etwa Faktoren aus der individuellen Biografie der Person (erlebte negative sowie positive Erfahrungen, die in die aktuellen Motive bzw. Gründe eines Verhaltens einfließen, Bindungsprobleme, Broken Home Situationen, etc.).

Wenn F im Bus der Stadt S eine Geldbörse sieht und diese dem Busfahrer übergibt und gerade nicht in seine Tasche steckt[160], seien andere Faktoren an seiner Entscheidung determinierend beteiligt, z.B. die Anwesenheit im Bus, der Jahre zurückliegende Umzug in die Stadt S, sein sich in den Jahren gebildeter Charakter, seine Erziehung, seine Geburt, usw.

Dennoch, für die Behauptung der Determiniertheit menschlichen Verhaltens genügt bereits die einfache Annahme, dass mentale Prozesse neuronal realisiert seien sowie Verhalten auf neuronalen Prozessen beruhe und diese neuronalen Prozesse bio-chemisch-physikalischen Gesetzen unterliege, durch die das Verhalten mit Notwendigkeit geschehe. Auch wenn hypothetisch betrachtet der universale Determinismus widerlegt wäre, etwa weil die Geburt hätte indeterministisch verhindert werden können, so ist das für das Strafrecht und die Frage des

159 *Herzberg*, Willensunfreiheit und Schuld, S. 4 ff.
160 Fallbeispiel von *Herzberg*, Willensunfreiheit und Schuld, S. 4.

Anders-Könnens ohne Belang, soweit die Behauptung wahr ist, dass der Entscheidungsprozess und der Handlungsvollzug des Täters neuronal festgelegt seien. Dem Strafrecht liegt zur Strafbegründung das Prinzip der Tatschuld, also das Erfordernis der Schuld des Täters bei Begehung der konkreten Tat, zugrunde. Auf *seine* Verantwortlichkeit beim Tatzeitpunkt kommt es an, nicht darauf, ob es außerhalb seiner Person und seiner Entscheidung lange vor seinem aktuellen Verhalten Räume der Indeterminiertheit gibt und gab.[161]

Sollte die Wahrheit des universalen Determinismus jemals bewiesen sein, ist *Herzberg* zuzustimmen, dass der neuronale Determinismus für die Frage der Determiniertheit des Menschen nur ein gewöhnlicher Baustein im Kausalnetz der Welt ist.[162] Dem neuronalen Determinismus ist es nicht daran gelegen, die ganze Welt deterministisch zu erklären, sondern das Verhalten des Menschen in Abhängigkeit zu seinem Gehirn und mit diesem die Abhängigkeit zu seiner Umwelt aufzuzeigen.

Sollte sich herausstellen, dass der neuronale Determinismus wahr ist, dann muss das nicht zwangsläufig das Ende der strafrechtlichen Schuld bedeuten. Die normative Bewertung würde bei der Strafrechtswissenschaft liegen. Die Neurowissenschaften könnten weiterhin als Hilfswissenschaft[163] neben anderen Disziplinen nach Anomalien im Bereich von Hirnstoffwechsel und Hirnfunktionen sowie Hirngewebsschäden forschen, die die Verantwortungszurechnung ausschließen oder mindern könnten. Dadurch könnten sie einen Beitrag im Rah-

161 Falls handlungsrelevante indeterminierte Räume im Menschen existieren, beispielsweise durch den auf mikrophysikalischer Ebene wirkenden „Quantenindeterminismus" (ggf. im Gehirn), bestünde die Möglichkeit, den Determinismus im makrophysikalischen Verhalten des Menschen zu widerlegen. Kritisch hierzu Kapitel 4 III 1.1.3.1.

162 *Herzberg*, Willensunfreiheit und Schuld, S. 5 f.

163 *Roth* betonte in seinem Vortrag „Strafe oder Therapie? Über einen menschenwürdigen Umgang mit Gewaltstraftätern" auf dem Symposium „Verantwortung als Illusion?" veranstaltet durch „turmdersinne" vom 14.-16.11.2011, dass die Hirnforschung sich selbst auch nur als Hilfswissenschaft mit einer dienenden Funktion versteht, anders als ihr immer wieder unterstellt wird, sie würde sich über alle anderen Wissenschaften erhöhen. Die Neurowissenschaften können nicht alleinerklärend sein.

men des Anwendungsbereichs der §§ 20, 21 StGB leisten.[164] Relevant wäre hier etwa die biologische Komponente des § 20 StGB – unabhängig von der rechtsphilosophisch-dogmatischen Frage nach dem Schuldbegriff.

3.3.3. Der erweiterte neuronale Determinismus

Der neuronale Determinismus, wie soeben skizziert, ist jedoch zu eng gefasst, um nicht kritiklos hingenommen zu werden. Sofern er sich nur auf die neuronalen Korrelate und Abläufe stützt, wird er der Komplexität und der Erfassung menschlichen Verhaltens nicht gerecht. Der Mensch und sein Verhalten sind mehr als nur sein neuronales Gehirn.[165]

Findet eine Öffnung des neuronalen Determinismus gegenüber anderen biologischen, aber auch sozialen und entwicklungsbedingten Einflüssen dahingehend statt, dass die Physik und die Chemie zwar die Grundlage darstellen, aber auch andere Auslöser von Zustandsveränderungen, etwa soziale Bedingungen im Gehirn, erfasst werden, so kann die Kritik relativiert werden. Damit werden die Gene, die Biografie und die soziale Umwelt in die physikalisch-chemischen Prozesse des Gehirns eingebettet.[166] Dies kann auch gar nicht anders sein, weil jede relevante Änderung der (sozialen) Außenwelt zu einer Veränderung der Innenwelt führt und auch führen muss, damit der Mensch anpassungsfähig bleibt. Der Mensch und damit sein Gehirn sind eingegliedert in eine Innen- und Außenwelt. Es existiert nicht lediglich

164 Vgl. *Boetticher*, in: *Stompe/Schanda* (Hrsg.), Der freie Wille und die Schuldfähigkeit, S. 187 (190); *Kubink/Söffing*, in: *Barton* (Hrsg.), "...weil er für die Allgemeinheit gefährlich ist!", S. 37 (47 f.); *Markowitsch/R. Merkel*, in: *Bonhoeffer/Gruss* (Hrsg.), Zukunft Gehirn, S. 224 (241).

165 *Schild*, in: *Buchheim/Pietrek* (Hrsg.), Freiheit auf Naturbasis, S. 155 (165).

166 Vgl. *Birbaumer*, in: *Geyer* (Hrsg.), Hirnforschung und Willensfreiheit, S. 27 (28). Er betrachtet das Gehirn als „Endstrecke" allen Verhaltens und Denkens einer langen Geschichte sozialer Vorgänge, die auf das Gehirn einwirken: „Das Gehirn wirkt als eine Art Filtersystem eingebettet in die sozialen und historischen Prozesse und bildet dynamische Knotenpunkte der neuronalen Erregung an bestimmten Stellen in Abhängigkeit von Gedächtnis- und emotionalen Bewertungsprozessen, welche selbst wieder Resultat der historischen, biographischen und sozialen Abläufe darstellen" (*Birbaumer*, in: *Geyer* (Hrsg.), Hirnforschung und Willensfreiheit, S. 27 (28)).

das Gehirn mit seinen „feuernden Neuronen", sondern auch eine Außenwelt, die erst mit Hilfe des Gehirns intern erlebbar wird und mit dessen Hilfe wir erst mit der Außenwelt in Kontakt treten können. Aus keinem anderen Grund hat *T. Fuchs* die Bedeutung des Gehirns als „Beziehungsorgan" betont.[167] Die Außenwelt fließt in das Gehirn hinein und gleichzeitig tritt der Mensch mit Hilfe des Gehirns hinaus in die Außenwelt und beeinflusst diese wiederum. Das Gehirn kann nicht allein betrachtet werden. Eine Trennung von Gehirn und soziales Wesen ist daher eine dualistische Fehlannahme. Der innere Mensch ist Teil der Außenwelt, wie die Außenwelt Teil des inneren Menschen ist. Es besteht eine verbindende und integrierende, wechselseitige und wechselwirkende Beziehung. Aus diesem Grund ist beispielsweise das psychiatrische Krankheits- und Verhaltensmodell ein biopsychosoziales, das Emotion, Kognition und Verhaltensweisen auf eine biologische Grundlage stellt.[168] Danach treten genetische Anlagen in Wechselwirkung mit (sozialen) Umweltfaktoren und formen die individuellen Erfahrungen, die im Gedächtnis gespeichert werden. Bei der Persönlichkeitsbildung kommt zudem die Gehirnentwicklung (die wiederum durch die Umwelt geprägt wird) hinzu.[169] Entgegen vielfach geäußerter gegenläufiger Annahmen, erkennt dies auch *Roth* an:

> *„Man muss sich von der Vorstellung befreien, das Gehirn sei irgendein Mechanismus wie ein Kühlschrank oder ein Computer […] Wir akzeptieren […], dass das Gehirn Zustände hervorbringt, die wir als psychische Zustände, als Erlebniszustände erfahren. Das heißt, das Gehirn ist zugleich ein ‚materiell-physikalisches' und ein semantisches System, und es ist auch ein soziales System"*[170].

In den neuronalen Strukturen, die genetischen Rahmenbedingungen unterliegen, spiegeln sich Kultur, Gesellschaft, Familie, soziale Gruppe,

---

167 Siehe bereits den Titel von *T. Fuchs*: „Das Gehirn – ein Beziehungsorgan" (2013). Als kulturelle Lebewesen sind wir Teil eines hochkomplexen interaktiven Netzwerkes mit Vernetzung der individuellen Gehirne untereinander (*Cording*, in: *Heinze/T. Fuchs/Reischies* (Hrsg.), Willensfreiheit – eine Illusion, S. 223 (235)).

168 *Nedopil*, in: *Stompe/Schanda* (Hrsg.), Der freie Wille und die Schuldfähigkeit, S. 209 (214 f.).

169 *Nedopil*, in: *Stompe/Schanda* (Hrsg.), Der freie Wille und die Schuldfähigkeit, S. 209 (215), m.w.N.

170 *Roth*, Diskussion zum Vortrag von Prof. Roth, in: *Gestrich/Wabel* (Hrsg.), Freier oder unfreier Wille, S. 48 (48).

individuelle Erfahrungen, u.v.m. wieder.[171] Weitergefasst bezeichnet der Neurodeterminismus also einen Determinismus, der sich den biochemisch-physikalischen Determinismus zur Grundlage macht und zudem Elemente des genetischen, psychologischen und sozialen Determinismus in sich vereint, diese aber speziell auf das Gehirn mit seinen neuronalen Prozessen bezieht, um determiniertes Verhalten zu erklären. Auch *Roth* erklärt, dass menschlichem Handeln und Wollen ein Motiv-Determinismus zugrunde liegt,

> „*der seine Wurzeln in der Persönlichkeitsentwicklung einer Person hat, die wiederum von Genen, Gehirnentwicklung, frühen psychischen Prägungen und späteren psychosozialen Erfahrungen bestimmt wird*“[172].

Für den Großteil der Mehrfach- und Intensivtäter (Gewaltdelinquenz) wird festgestellt, dass sie

> „*deutliche neuroanatomische oder neurophysiologische Defizite aufweis[en] […]. Diese Defizite allein prädestinieren eine Person aber offensichtlich nicht zu einer späteren Gewalttäterschaft, sondern stellen […] lediglich eine erhöhte Verletzbarkeit (Vulnerabilität) dar. In Kombination mit negativen psychosozialen Faktoren wie defizitären Bindungserfahrungen […], körperlicher Misshandlung, sexuellem Missbrauch, und Gewalterfahrung in der nahen sozialen Umgebung führen sie aber mit hoher Wahrscheinlichkeit zu chronischer Gewalttäterschaft. Einzeln genommen können die genannten Risikofaktoren durchaus durch kompensatorische Hirnentwicklungen oder günstige psycho-soziale Umstände in ihrer Auswirkung gehemmt oder gemildert werden*“[173].

Auch *Singer* betont, dass

> „*kulturelle Verabredungen und soziale Interaktionen Hirnfunktionen im gleichen Maße wie alle anderen Faktoren, die auf neuronale Verschaltungen und die auf ihnen beruhenden Erregungsmuster einwirken, [beeinflussen]*“[174].

Roth und *Singer* vertreten also keinen strengen neuronalen Determinismus, sondern ziehen zur Erklärung menschlichen Verhaltens hirn-

171 *Grawe*, Neuropsychotherapie, S. 57.
172 *Roth*, APuZ 2008, 6 (9, 11).
173 *Roth/Lück/Strüber*, in: *Barton*, "…weil er für die Allgemeinheit gefährlich ist!", S. 335 (341).
174 *Singer*, DZPhil 52 (2004), 235 (249).

physiologische und chemisch-physikalische Prozesse[175] zusammen mit sozialen, biografischen und umweltbedingten Komponenten heran. Es findet also eine Vermischung zwischen neuronalen Prozessen, Anlage, Psyche (biologische und psychologische Ansätze) und Umwelt (soziologische und soziale Ansätze) statt, die in der Kriminologie vergleichbar ist mit den sog. Mehrfaktorenansätzen.[176] Dabei scheint es so, dass eine gewisse Tendenz zur Betonung[177] der genetischen Anlage besteht, wenn *Roth* ausführt:

> „*Unsere Persönlichkeit ist zwar keineswegs genetisch völlig vorgegeben, aber der Rahmen, in dem die Umwelt uns beeinflussen kann, ist in uns weitgehend festgelegt. Es sind eher die kleinen Knöpfe, an denen die Umwelt dreht*“[178].

Jedoch hat er dies auf dem Symposium „Verantwortung als Illusion?“, veranstaltet durch „turmdersinne“ vom 14.-16.11.2011, ausgeräumt: Er tendiert dazu, der Umwelt mehr Bedeutung beizumessen.[179]

Den weiten neuronalen Determinismus bezeichnet daher, dass alle anderen determinierenden Faktoren im Gehirn aufgehen: Alles fließt im Gehirn, als „letzte Instanz“ vor dem Verhalten, zusammen.[180] Beispielsweise können Hirnanomalien, die mit gewalttätigem Verhalten im Zusammenhang gebracht werden, genetischen, aber auch biografischen Hintergrund haben. Das Gehirn unterliegt nämlich den Beeinflussungen umweltbedingter Faktoren. Es handelt sich um ein nicht-li-

---

175 *B. Burkhardt*, in: *Senn/Puskás* (Hrsg.), Gehirnforschung und rechtliche Verantwortung, S. 83 (83).

176 Vgl. dazu auch *Rzepka*, in: *Barton* (Hrsg.), "...weil er für die Allgemeinheit gefährlich ist!", S. 119 (122).

177 Für einen kurzen Überblick mit weiteren Nachweisen zum Verhältnis Umwelt und Gene und wie sich nach neuerer Forschung zeigt, dass sich die Gene ihre Umwelt suchen (die damit erst wiederum die Gene beeinflussen) siehe *Nedopil*, in: *Stompe/Schanda* (Hrsg.), Der freie Wille und die Schuldfähigkeit, S. 209 (215).

178 *Roth*, Aus Sicht des Gehirns, 2003, S. 115; *ders.*, www.irwish.de/PDF/Roth_Gerhard/Roth-Aus_Sicht_des_Gehirns.pdf, S. 66 (Stand: 15.04.2018).

179 *Roth*, Vortrag „Strafe oder Therapie? Über einen menschenwürdigen Umgang mit Gewaltstraftätern“. Auch in der Überarbeitung seines Buches „Aus Sicht des Gehirns“ von 2009 findet sich auf S. 126 eine gemäßigtere Linie, in der er für die Aufgabe des Denkens in den Kategorien Anlage/Umwelt, Natur/Kultur plädiert.

180 Vgl. *Birbaumer*, in: *Geyer* (Hrsg.), Hirnforschung und Willensfreiheit, S. 27 (28).

neares, dynamisches System[181] mit der Fähigkeit zur neuronalen Plastizität[182], also die Veränderbarkeit von neuronalen Hirnstrukturen.[183]

Zusammenfassend lässt sich daher sagen, dass der (erweiterte) neuronale Determinismus, sofern die Terminologie noch beibehalten wird, eine Art Mehrfaktorendeterminismus ist. Das Gehirn bildet eine Sammelstelle für verschiedene Faktoren, die wiederum in Wechselwirkung Einfluss auf selbiges nehmen (neuronale Plastizität, Erinnerungsbildung). Weiterhin dient es der Kommunikation und Verflechtung zwischen Individuum und Umwelt. In ihm laufen die Entscheidungsprozesse für die jeweilige Verhaltenssteuerung ab, die mitbestimmt werden durch die auf das Gehirn einwirkenden Faktoren wie etwa Umwelt, Genetik sowie Biografie des einzelnen Menschen. Zur Entscheidungsfindung innerhalb bzw. durch das Gehirn sowie zur Umsetzung von geplanten Entscheidungen (die wiederum neuronal korreliert sind) dienen neuronale Prozesse. Damit lässt sich gleichzeitig ein so verstandener weiter Neurodeterminismus in ein dynamisches systemisch-multikausales Determinismusverständnis integrieren.

---

181 Vgl. *B. Burkhardt*, in: *Senn/Puskás* (Hrsg.), Gehirnforschung und rechtliche Verantwortung, S. 83 (83).

182 Entdeckt durch den Psychologen *Donald Olding Hebb*, The Organization of Behavior, New York 1949 (sog. „Hebbsche Lernregel"). Zur Neuronalen Plastizität siehe auch Kapitel 3 IV 2.2.; Kapitel 4 III 1.1.3.2.; Kapitel 5 IV 2.1.

183 Vgl. *Grawe*, Neuropsychotherapie, S. 53 f., 55; *Braus*, in: *Amberger/Roll* (Hrsg.), Psychiatriepflege und Psychotherapie, S. 224 (226); *A. K. Braun/Bogerts*, Nervenarzt 72 (2001), 3 (3); *Piefke/Markowitsch*, in: *Grün/Friedman/Roth* (Hrsg.), Entmoralisierung des Rechts, S. 96 (113 ff.), m.W.N. Neurone können sich neu bilden und sich neu vernetzen. Die neuronale Plastizität ermöglicht, dass Hirnbereiche Funktionen anderer Hirnbereiche übernehmen, wenn diese beispielsweise ausgefallen sind (z.B. bei einem Schlaganfall). Zu welcher Umorganisation das Gehirn in Extremfällen in der Lage ist, zeigt der seltene Fall eines Mädchens, das (vermutlich seit der vierten Woche nach der Befruchtung) nur eine Gehirnhälfte besitzt. Die linke Gehirnhälfte hat die Funktionen der fehlenden rechten Hälfte nahezu übernommen, was in diesem Maß nur dadurch geschehen konnte, weil es dem Gehirn möglich war, sich in einem sehr frühen Stadium umzuorganisieren (*Muckli/Naumer/Singer*, Bilateral Visual Field Maps in a Patient with only one Hemisphere, Proceedings of the National Academy of Science 106 (2009), 13034-13039. Weiteres Beispiel bei *Feuillet/Dufour/Pelletier*, Brain of a White-Collar Worker, Lancet 370 (2007), 262; Spiegel Online v. 13.10.09, Ein normales Leben mit einem halben Gehirn, http://www.spiegel.de/wissenschaft/mensch/0,1518,654882,00.html (Stand: 07.04.2018)).

II. Die Unterscheidung von Determinismus und Indeterminismus – ein Missverständnis? Eine Zusammenfassung

Es wurde gezeigt, dass sowohl der Determinismus als auch der Indeterminismus verschiedenen Deutungsgehalten unterliegt. So mag es denkbar sein, dass sich ein Determinismusverständnis mit einem Indeterminismusverständnis deckt und es sich insoweit lediglich um ein terminologisches Scheinproblem handeln könnte, weil es eigentlich keine zwei divergierenden Ansichten gibt. Dann könnte der Streit tatsächlich als erledigt gelten. Es soll daher am Ende dieses Kapitels kurz auf diese Frage eingegangen und gleichsam eine zusammenfassende Übersicht über die Begriffe Determinismus und Indeterminismus gegeben und dabei das spezifisch für das Strafrecht relevante Unterscheidungsmerkmal herausgestellt werden.

Ausgehend vom Begriff In-Determinismus, verstanden als Nicht-Determiniertheit, ist Ausgangspunkt für eine Definition des Indeterminismusbegriffs das Verständnis vom Determinismus. Um also den Indeterminismus definieren zu können, muss die Definition des Determinismus zugrunde gelegt werden. Bei diesem lassen sich grob zwei Formen unterscheiden: Auf der einen Seite steht ein strenger, enger bzw. klassischer Determinismus. Er setzt lineare Kausalität und Vorhersagbarkeit voraus.[184] Ihm gegenübergestellt bedeutet In-Determinismus folglich die Abwesenheit von linearer Kausalität und sicherer Prognostizierbarkeit. Ein solcher Indeterminismus würde, bei streng begrifflicher Betrachtung, sehr umfassend sein, weil er wohl prinzipiell alle anderen Kausalitäten, bis auf die lineare Kausalität, durchaus zulassen müsste. Auf der anderen Seite steht der weiche, weite bzw. moderne Determinismus, der anstatt einer linearen Kausalität eine dynamische System-Multikausalität genügen lässt und damit auch die Vorhersagbarkeit nicht mehr als notwendige Voraussetzung erachtet. Determinismus ist nicht streng klassisch-physikalisch zu verstehen. Da der Determinismus sich weitet, engt er gleichzeitig den Indeterminis-

184 Ausführlich zum klassisch-physikalischen Verständnis vom Determinismus verstanden als nicht-stochastisch (keine Wahrscheinlichkeiten), nicht irreversibel und nicht linear, vgl. *Falkenburg*, Mythos Determinismus, S. 218, 235 ff., 399 ff., 409. Siehe auch *Kuhl*, in: *v. Cranach/Foppa* (Hrsg.), Freiheit des Entscheidens und Handelns, S. 173 (210).

musbegriff ein: nur noch eine nicht durchgängige Kausalität oder eine Kausalität, die im und durch den Menschen neu gesetzt wird (Akteurskausalität), kann zugrunde gelegt werden. Gleichfalls kann nicht mehr die fehlende Vorhersagbarkeit gegen den Determinismus angeführt werden. Dieses Argument greift nur noch gegen erstes Determinismusverständnis durch.

Nun könnte es möglich sein, dass sich das erste weite Indeterminismusverständnis mit dem zweiten weiten Determinismusverständnis deckt, weil sich die bisher angesprochenen Komponenten sehr stark ähneln. Der Unterschied liegt jedoch in der Fähigkeit zum Anders-Können: Der Entscheidungsprozess zusammen mit dem Vollzug erfolgt beim Determinismus systemkausal und in Notwendigkeit, dagegen postuliert der Indeterminismus ein Anders-Können im jeweiligen Zeitpunkt t (Alternativismus). Einen modernen Libertarismus[185] vertritt *T. Fuchs*. Obwohl seine Ansicht viele interessante Parallelen zu einem modernen systemisch-multikausalen Determinismus aufweist, stellt auch er fest:

> *„[...] aus libertarischer Sicht [ist] tatsächlich noch nicht festgelegt, wie die Entscheidung ausfällt; ich könnte sowohl A als auch B tun“*[186].

Während ein moderner Determinismus die Faktoren als fest im System integriert und die Modifikation selbiger als determiniert betrachtet, muss sich hingegen nach dem Indeterminismus der Mensch im gewissen Rahmen davon lösen können, soll er real sowohl A als auch B im Zeitpunkt t tun können. Das Unterscheidungskriterium liegt also in der Notwendigkeit bzw. im Anders-Können zum Zeitpunkt t. Nur unter anderen Bedingung wäre unter einem Determinismus ein Anders-Können möglich, wohingegen dieses beim Indeterminismus unter den gleichen Bedingungen möglich wäre.

Gleichsam ist zu beachten, dass auch ein moderner Determinismus davon ausgeht, dass Determinanten abgeschwächt oder bestärkt werden und miteinander zu einer Synthese verschmelzen können, sodass der Mensch sich ggf. entweder von alten Verhaltensweisen lösen kann oder daran verhaftet bleibt – aber immer nur als Teil in einem

---

185 Ein anderer Begriff für den modernen Indeterminismus.

186 *T. Fuchs*, in: *ders./Schwarzkopf* (Hrsg.), Verantwortlichkeit – nur eine Illusion?, S. 203 (217).

deterministisch-dynamischen System. Daraus ergibt sich jedenfalls eine sehr hohe Variabilität (Veränderbarkeit) im modernen Determinismusverständnis anstatt bei einem engen linearen Wenn-Dann-Prinzip.

Kapitel 2 Die Bedeutung der Schuld für das Strafrecht

> *„Denn ohne Willensfreiheit gibt es [...] keine Schuld (im herkömmlichen Sinne), und ohne Schuld lässt sich Bestrafung (im herkömmlichen Sinne) [...] nicht rechtfertigen“*[1].

I. Das Schuldprinzip: „nullum crimen, nulla poena sine culpa“[2] – kein Verbrechen, keine Strafe ohne Schuld

Das Schuldprinzip ist ein Grundpfeiler der Legitimation unseres heutigen Strafrechts. Es entspricht dem alltäglichen, moralischen Empfinden, wonach Strafe Schuld voraussetzt. Verbrechen als „böses“ Verhalten wird abgegrenzt von „verrücktem“ Verhalten: „Zu vergeben ist [denen], die nicht wissen, was sie tun“[3]. Dagegen kann „der Böse“[4] etwas für sein Verhalten: Er ist der Grund dafür und schuldet daher der Gesellschaft (insbesondere dem Opfer) etwas, das durch die Strafe wiedergutgemacht werden muss. Strafe soll dem Täter gleichzeitig eine Lehre sein und anderen potentiellen Tätern die Konsequenzen eines Rechtsbruches vor Augen führen.

Obwohl keine Gesetzesbestimmung eine positiv formulierte Definition über den Begriff der Schuld enthält und kein einheitlicher Schuldbegriff existiert, besteht der Grundsatz, dass nur bei einem po-

---

1 *Lampe*, ZStW 118 (2006), 1 (2).

2 Diese Formulierung geht zurück auf *Feuerbach*, Lehrbuch des gemeinen in Deutschland gültigen Peinlichen Rechts, 1801, § 23.

3 *Köhler*, Strafrecht AT, S. 348.

4 Zumeist versachlicht als „*das* Böse“. Siehe zum Begriff des Bösen und der gesellschaftlichen Bedeutung *Dölling*, in: FS Roxin II, 1901 ff.

sitiven Schuldurteil des Richters über den Täter Strafe ergehen darf: „Keine Strafe ohne Schuld", *nulla poena sine culpa*, so lautet das sog. Schuldprinzip, das für die Idee gerechter Zurechnung steht[5]. Dem Bundesgerichtshof (BGH) zufolge ist es unantastbar.[6] Das Bundesverfassungsgericht (BVerfG) spricht in ständiger Rechtsprechung dem Grundsatz Verfassungsrang zu[7]: Werde ohne Schuld gestraft, sei

> *„Strafe eine mit dem Rechtsstaatsprinzip unvereinbare Vergeltung für einen Vorgang, den der Betroffene nicht zu verantworten [habe]"*[8].

Seine Grundlage findet das Prinzip im Gebot der Achtung der Menschenwürde (Art. 1 Abs. 1 GG), im Recht auf freie Entfaltung der Persönlichkeit (Art. 1 Abs. 1 i. V. m. Art. 2 Abs. 1 GG) und im Rechtsstaatsprinzip (Art. 20 Abs. 3 GG und Art. 28 Abs. 1 GG).[9] In der Literatur wird das Schuldprinzip oft aus dem Rechtsstaatsprinzip, teilweise aus der Menschenwürde[10] abgeleitet oder als Ausprägung der allgemeinen Handlungsfreiheit[11] gesehen.[12]

Unabhängig von seiner konkreten Herleitung wird das Schuldprinzip als das in der Verfassung verankerte Leitprinzip für das Strafrecht verstanden: Es ist „Grundlage, Grenze und innere Rechtfertigung für die staatliche Strafe"[13] und liegt der gesamten Strafrechtsgestaltung als Strukturmodell zugrunde[14]. Schuld begründet Strafe durch ihre Eigenschaft als Verbrechensmerkmal in Form der *Strafbegründungsschuld*, begrenzt Strafe in Art und Ausmaß als Teil der Strafzumessung in Form der *Strafzumessungsschuld* und legitimiert Strafe dogmatisch als philosophisches und rechtsstaatliches Gedankengerüst in Form der

---

5 *Frister*, Die Struktur des „voluntativen Schuldelements", S. 22.

6 BGHSt 2, 194 (202).

7 BVerfGE 6, 389 (439); 9, 167 (169); 20, 323 (331); 23, 127 (132); 41, 121 (125); 45, 187 (228); 57, 250 (275); 80, 367 (378); 90, 145 (173); 95, 96 (140); 109, 133 (171).

8 BVerfGE 20, 323 (331).

9 BVerfGE 20, 323 (331); 25, 269 (285); 41, 121 (125); 45, 187 (228); 50, 125 (133); 95, 96 (140).

10 So z.B. Sch/Sch-*Lenckner/Eisele*, Vorbem §§ 13 ff. Rn. 103/104; *Weber*, in: *Baumann/ders./Mitsch* (Hrsg.), Strafrecht AT, § 18 Rn. 2.

11 *Jescheck/Weigend*, Strafrecht AT, S. 27.

12 *Frister*, Strafrecht AT, 3 I Rn. 1.

13 *Meier*, Strafrechtliche Sanktionen, S. 164.

14 *Maurach/Zipf*, Strafrecht AT I, § 30 Rn. 2; vgl. *Meier*, Strafrechtliche Sanktionen, S. 163 f.

Schuldidee. Damit ist sie Teil der strafrechtsphilosophischen Grunddoktrin sowie der konkreten Rechtsanwendung[15].

II. Ein geschichtlicher Abriss: Vom Erfolgsstrafrecht zum Schuldstrafrecht

In ihrer derzeitigen subjektiven Gestalt ist die Schuld eine relativ neue Erscheinung, eine „Errungenschaft der Strafrechtsdogmatik“[16].[17] Erst seit der Mitte des 19. Jahrhunderts wird eine strafbare Veränderung der Außenwelt, nämlich das jeweilige Verhalten, unter Berücksichtigung der Innenwelt des Täters - die Schuld, dem Täter zugerechnet.[18]

Im Mittelalter war Strafe lediglich an den Erfolg („die Tat tötet den Mann“) [19] und nicht an die subjektive Schuld, wie wir sie heute kennen, gebunden. Für Strafe genügte im sog. Erfolgsstrafrecht ein bestimmter rechtswidriger Erfolg[20], sodass im 13. Jahrhundert sogar Tiere mittels Tierstrafen zur Verantwortung gezogen wurden[21]. Zwar kannten auch schon die Franken das Gottesurteil, wonach mittels bestimmter Rituale Gott die „Unschuld“ oder „Schuld“ eines Angeschuldigten offenbaren sollte.[22] Diese Schuld ist jedoch nicht mit der heutigen *persönlichen*, *inneren* Schuld gleichzusetzen, diente sie doch vielmehr der äußeren Beurteilung der Tatbegehung.[23] Schon früh wurde anhand äußerer Verhaltensweisen zwischen Willenswerk, Ungefährwerk (Fahrlässigkeit), Neidings- und Meiningswerk unterschieden.[24]

---

15 *Meier*, Strafrechtliche Sanktionen, S. 164.

16 *Achenbach*, Historische und dogmatische Grundlagen der strafrechtlichen Schuldlehre, S. 19.

17 *Schiemann*, Unbestimmte Schuldfähigkeitsfeststellungen, S. 107.

18 *Gropp*, Strafrecht AT, 3. Aufl., § 3 Rn. 54.

19 Vgl. *Gropp*, Strafrecht AT, 3. Aufl., § 3 Rn. 51; *Jescheck/Weigend*, Strafrecht AT, S. 91; *Eb. Schmidt*, Einführung in die Geschichte der deutschen Strafrechtspflege, § 16 S. 31.

20 *Eb. Schmidt*, Einführung in die Geschichte der deutschen Strafrechtspflege, § 16 S. 30.

21 *Radbruch*, Strafrechtsgeschichte, S. 450 f.

22 *Rüping/Jerouschek*, Grundriss der Strafrechtsgeschichte, Rn. 23.

23 *Arthur Kaufmann*, Das Schuldprinzip, S. 218.

24 *Jescheck/Weigend*, Strafrecht AT, S. 91; *Rüping/Jerouschek*, Grundriss der Strafrechtsgeschichte, Rn. 59.

Verbrechen war im gemeinen Recht ein rechtswidriges und schuldhaftes Verhalten.[25] Ob der Täter vorsätzlich oder fahrlässig und damit schuldhaft gehandelt hatte, hing von Äußerlichkeiten ab: So handelte etwa bei einer Tötung durch Überfahren fahrlässig (Ungefährwerk), wer *neben* einem Wagen stand und vorsätzlich (Willenswerk), wer *auf* dem Wagen saß.[26] Der Erfolg bzw. die äußere Erscheinung der Tat genügte also in aller Regel, um auf die Schuld zu schließen.[27] Indes wurde auch schon im Rahmen der Verantwortung zwischen Gesunden und psychisch Kranken sowie Kindern und Erwachsenen unterschieden.[28] Ein Verantwortlichmachen in Abhängigkeit von der jeweiligen Konstitution des Täters und der inneren Einstellung zur Tat, auch wenn nur aus objektiver Sicht heraus beurteilt, war geschichtlich bereits recht früh verankert.[29] Das sog. Erfolgsstrafrecht war damit in gewisser Weise auch schon ein Schuldstrafrecht[30] – nur in einer anderen Ausgestaltung.

Im Kanonischen Recht, dem kirchlichen Recht, besteht die Sünde stattdessen bereits in dem sündhaften Gedanken, nicht erst in der sündhaften Tat. Für eine Strafbarkeit genügt der verbrecherische Wille, aber ohne ihn reicht es für eine Strafbarkeit nicht aus.[31] Unter Innozenz III. entsteht im 13. Jahrhundert die Einsicht, dass sich eine Schuldlehre nicht nur um die Abgrenzung von Vorsatz und Fahrlässigkeit zu bemühen habe, sondern auch um Rechtfertigungs- und Entschuldigungsgründe wie Notwehr/Notstand, Trunkenheit, Affekt und Geisteskrankheit.[32]

Mit der Erfolgshaftung ging im Mittelalter auch das sog. Talionsprinzip (*ius talionis*) einher. Danach wurden Rechtsverletzungen nach

---

25 *Rüping/Jerouschek*, Grundriss der Strafrechtsgeschichte, Rn. 118.

26 *Rüping/Jerouschek*, Grundriss der Strafrechtsgeschichte, Rn. 59.

27 *Arthur Kaufmann*, Das Schuldprinzip, S. 218.

28 Z.B. Sachsenspiegel III, Art. 3; Constitutio Criminalis Carolina Art. 164: Zurechnungsfähigkeit von Jugendlichen; vgl. *Rüping/Jerouschek*, Grundriss der Strafrechtsgeschichte, Rn. 100, 119; *Schiemann*, Unbestimmte Schuldfähigkeitsfeststellungen, S. 106.

29 *Schiemann*, Unbestimmte Schuldfähigkeitsfeststellungen, S. 107; vgl. auch *Rüping/Jerouschek*, Grundriss der Strafrechtsgeschichte, Rn. 119.

30 Vgl. *Arthur Kaufmann*, Das Schuldprinzip, S. 218.

31 *Gropp*, Strafrecht AT, 3. Aufl., § 3 Rn. 52.

32 *Rüping/Jerouschek*, Grundriss der Strafrechtsgeschichte, Rn. 32.

dem alttestamentarischen Prinzip „Auge um Auge, Zahn um Zahn"[33] gesühnt. Kam es zur Tötung eines Menschen musste der Täter gleichsam getötet werden. Mit dem Spiegelungsgedanken wurde die Tat am Körper des Täters wiederholt.[34] Daher hatten die der Willkür des absoluten Souveräns unterworfenen Bürger Körper- und Leibesstrafen (sog. peinliche Strafe[35] im gemeinen Recht) zu dulden[36], bspw. das Herausschneiden der Zunge beim Meineid, das Abhauen des Schwurfingers oder die Todesstrafe.[37] Die Höhe der Strafe richtete sich nach dem Erfolg der Tat. Der Vergeltungs- und Sühnegedanke, aber auch die Abschreckung[38] standen im Vordergrund.

Die Schuld, die als strafrechtliche Zurechnungsgrundlage bei vorsätzlich oder fahrlässig verschuldetem Tun begrifflich bereits Eingang in die Constitutio Criminalis Carolina von 1532 fand[39], fand im 19. Jahrhundert mit den bedeutendsten Vertretern absoluter Strafzwecke *Immanuel Kant (1724-1804)* und *Georg Wilhelm Friedrich Hegel (1770-1831)* Eingang in die Strafzwecklehre des Strafrechts. Strafe sollte nicht mehr Gott rächen, sondern allein eine Reaktion auf den Normverstoß sein.[40] Vollkommene Gerechtigkeit läge dann vor, wenn die schuldhaft begangene Tat durch Strafverhängung und -verbüßung vergolten ist (Vergeltungsstrafe). Das Ungleichgewicht zwischen Recht und Unrecht, das durch die Begehung der Tat entstanden ist, soll durch die Strafe wieder ausglichen werden, indem dem Tatübel ein Strafübel gegenübergestellt wird.[41] Nicht der Souverän habe zu herr-

33 Vgl. Mose III, 24, 17 ff.

34 *Rüping/Jerouschek*, Grundriss der Strafrechtsgeschichte, Rn. 40, 65.

35 Zu den Arten siehe *Rüping/Jerouschek*, Grundriss der Strafrechtsgeschichte, Rn. 64 ff.

36 *P.-A. Albrecht*, Das nach-präventive Strafrecht, S. 1 f.

37 *Rüping/Jerouschek*, Grundriss der Strafrechtsgeschichte, Rn. 65 f.

38 *Rüping/Jerouschek*, Grundriss der Strafrechtsgeschichte, Rn. 53.

39 Constitutio Criminalis Carolina Art. 139 ff.; *Jescheck/Weigend*, Strafrecht AT, S. 94; *Rüping/Jerouschek*, Grundriss der Strafrechtsgeschichte, Rn. 100, 105. Es wird jedoch noch vom äußeren Vorliegen der Tat auf die innere Seite des Täters geschlossen, sodass es sich bei dieser Schuld vielmehr um eine objektive anstatt einer subjektiven Schuld handelt. Ein übergeordnetes Schuldprinzip existierte noch nicht (*Detlefsen*, Grenzen der Freiheit, S. 93).

40 *Rüping/Jerouschek*, Grundriss der Strafrechtsgeschichte, Rn. 162.

41 *Hegel* fasste das Verbrechen als Negation des Rechts auf und sah in der Strafe die Negation dieser Negation die zur „Wiederherstellung des Rechts" führen sollte (*Hegel*, Rechtsphilosophie, §§ 99, 101).

schen, sondern das gerechte Recht, das individual-, schuld- und gesetzesbezogen ist.[42] Während *Kant*[43] noch am Talionsprinzip festhält[44], tritt *Hegel* für ein neuartiges Berechnungssystem der Strafe ein. Er lässt für den Ausgleich des Verbrechens die „bloße" Freiheitsstrafe genügen, wenn diese in Dauer und Härte der Schwere der schuldhaft begangenen Tat entspricht. Das Erfolgsstrafrecht wandelte sich zum Schuldstrafrecht.[45] Maßstab für die Strafe ist die Schuld. Damit bemisst sie sich nicht mehr nach dem undifferenzierenden Erfolg, sondern ist dann gerecht, wenn die Strafe der Schuld entspricht, sie also zumindest nicht überschreitet. Die individuelle Schuld wurde zur Grenze für den Machthaber – sozusagen zum „Bollwerk" gegen Willkür und zum Instrument der Rechtsstaatlichkeit.

---

42 *P.-A. Albrecht*, Das nach-präventive Strafrecht, S. 2.

43 Nach *Kant* bedeutet Vergeltung: „Welche Art aber und welcher Grad der Bestrafung ist es, welche die öffentliche Gerechtigkeit sich zum Prinzip der Gleichheit (im Stande des Züngleins an der Waage der Gerechtigkeit), sich nicht mehr auf die andere Seite hinzuneigen. Also: was für unverschuldetes Übel du einem anderen Volk zufügst, das tust du dir selbst an. Beschimpfst du ihn, so beschimpfst du dich selbst; bestiehlst du ihn, so bestiehlst du dich selbst; schlägst du ihn, so schlägst du dich selbst; tötest du ihn, so tötest du dich selbst." (*Kant*, Metaphysik der Sitten, Rechtslehre, Das Staatsrecht Allg. Anmerkung E, S. 156).

44 Dementsprechend befürwortete *Kant* die Todesstrafe bei Taten gegen das Rechtsgut Leben, was sich besonders in seinem berühmten Inselbeispiel zeigt: „Selbst, wenn sich die bürgerliche Gesellschaft mit aller Glieder Einstimmung auflöse (z.B. das eine Insel bewohnende Volk beschlosse, auseinander zu gehen, und sich in alle Welt zu zerstreuen), müßte der letzte im Gefängnis befindliche Mörder vorher hingerichtet werden, damit jedermann das widerfahre, was seine Taten wert sind, und die Blutschuld nicht auf dem Volke hafte, das auf diese Bestrafung nicht gedrungen hat." (*Kant*, Metaphysik der Sitten, Rechtslehre, Das Staatsrecht Anmerkung E, S. 157).

45 *Jakobs* zufolge soll die Erfolgshaftung erst mit dem 3. Strafrechtsänderungsgesetz vom 4. August 1953 überwunden worden sein, wonach im Rahmen erfolgsqualifizierter Delikte bei dem vorsätzlich verwirklichten Grunddelikt und bei der mindestens fahrlässig herbeigeführten schweren Folge eine Schuldbeziehung bestehen muss. Vorher bedurfte es dieser bei der schweren Folge nicht (*Jakobs*, in: *Schleim/Spranger/H. Walter* (Hrsg.), Von der Neuroethik zum Neurorecht, S. 243 (258, Fn. 12)).

III. Das sich ändernde Präventionsstrafrecht und die Neurowissenschaften

Anfang des 21. Jahrhunderts, stark genährt durch die Angst vor terroristischen Anschlägen, zeichnet sich eine Veränderung in den Aufgaben der Strafe hin zu einer Stärkung des Sicherheitsaspektes ab. Die aktuelle Diskussion dreht sich nicht mehr nur noch um die Existenzberechtigung des Schuldprinzips, sondern auch um „humanere"[46] Lösungswege im Umgang mit Delinquenten, die sich aus der Abschaffung der strafrechtlichen Schuld ergeben würden.

1. Die Vorschläge aus den Reihen der Neurowissenschaftler

Die Determinismusthese habe laut *Singer* Auswirkungen auf sozialer sowie rechtlicher Ebene. Ihre Etablierung würde zu einer humaneren und weit weniger diskriminierenden Sichtweise über Straftäter führen,

> *„die das Pech hatten, mit einem Organ volljährig geworden zu sein, dessen funktionelle Architektur ihnen kein angepasstes Verhalten erlaubt"*[47].

Ihm schwebt ein Rechtssystem ohne Schuld, aber dennoch mit Sanktionierung vor:

> *„Die Gesellschaft darf nicht davon ablassen, Verhalten zu bewerten. Sie muss natürlich weiterhin versuchen, durch Erziehung, Belohnung und Sanktionen Entscheidungsprozesse so zu beeinflussen, daß unerwünschte Entscheidungen unwahrscheinlicher werden. Sie muß Delinquenten die Chance einräumen, durch Lernen zu angepaßteren Entscheidungen zu finden und […] sich durch Freiheitsentzug schützen"*[48].

Man solle also „hübsch das Gleiche tun wie jetzt schon"[49]. Subjektive Schuld will *Singer* durch den Schweregrad abweichenden Verhaltens

---

46 *Singer*, Ein neues Menschenbild, S. 33 f.; so wohl auch *G. Merkel/Roth*, in: *Stompe/Schanda* (Hrsg.), Der freie Wille und die Schuldfähigkeit, S. 143 (160 f.).

47 *Singer*, in: *Geyer* (Hrsg.), Hirnforschung und Willensfreiheit, S. 30 (63); *ders.*, Ein neues Menschenbild, S. 33 f.; *ders.*, in: *Petzold/Sieper* (Hrsg.), Der Wille, die Neurobiologie und die Psychotherapie I, S. 197 (225).

48 *Singer*, in: *Geyer* (Hrsg.), Hirnforschung und Willensfreiheit, S. 30 (64); *ders.*, in: *Schmidinger/Sedmak* (Hrsg.), Der Mensch – ein freies Wesen, S. 135 (159).

49 *Singer*, Ein neues Menschenbild, S. 34.

ersetzen.[50] Das abweichende Verhalten besteht in der Verletzung strafrechtlicher Normen und der Schweregrad soll sich nach der Normabweichung der neuronalen Konstitution des Delinquenten richten.[51] Eine milde Strafe wäre zu verhängen, wenn sich eine Beeinflussung der Hirnaktivität, wie etwa durch außergewöhnlichen Alkoholeinfluss, zeige, denn die Abweichung der neuronalen Konstitution des Täters von der Norm wäre nur gering. Anders dagegen, wenn sich derlei nicht findet. Dann müsste die Strafe schwerer wiegen, weil davon auszugehen wäre, der Delinquent sei durch seine konstitutionelle Abweichung der Hirnstruktur derart zum Normverstoß disponiert, dass ein stärkerer Erziehungseffekt durch die Strafe vonnöten wird, um ihn wieder auf einen normkonformen Weg zu geleiten.[52] Je stärker also die Abweichung in den neuronalen Verschaltungen, desto härter die Strafe. Die Legitimation hierzu erfolgt durch den Zweck der Strafe: Sie habe die Funktion, neuronale Verschaltungen und Erregungsmuster so zu verändern, dass die Begehung von Straftaten durch den Delinquenten unwahrscheinlicher wird. Zugleich sollen Täter von Tötungsdelikten zum Schutz der Gesellschaft „weggesperrt" und speziellen erzieherischen Maßnahmen unterworfen werden. Wie genau eine intervenierende Strafe aussehen soll, lässt *Singer* unbeantwortet. Wenn alleiniges Ziel die spezialpräventive Einwirkung auf den Täter ohne das Schutzinstrument der Schuld ist, so lässt sich vermuten, dass die Strafe Maßregelcharakter haben wird. Inwiefern dann noch eine Unterscheidung zwischen Strafe und Maßregel aufrechtzuerhalten ist, wird nicht thematisiert.

Auch *Roth* geht soweit, den Begriff der strafrechtlichen Schuld aufzugeben.[53] Den Mehrfach- und Intensivtätern schenkt *Roth* besondere Beachtung: Weil diese oftmals neuroanatomische und neurophysiologische Defizite aufwiesen und in Kombination mit negativen psychosozialen Faktoren (z.B. Traumatisierungen, Bindungsstörungen) mit hoher Wahrscheinlichkeit zu chronischer Gewalttätigkeit neigten[54], sei

50 *Singer*, in: FS Simon, S. 529 (536).

51 *Singer*, in: FS Simon, S. 529 (536).; vgl. *Ruske*, Ohne Schuld und Sühne, S. 209.

52 Vgl. *Ruske*, Ohne Schuld und Sühne, S. 209 f.

53 *Roth*, Fühlen, Denken, Handeln, S. 541; *ders.*, in: *T. Fuchs/Schwarzkopf* (Hrsg.), Verantwortlichkeit – nur eine Illusion?, S. 147 (168).

54 Dazu genauer Kapitel 3 III 2.2.

nicht zu rechtfertigen, dass ihnen ein abstraktes „Anders-Können" unterstellt werde.[55] Ähnlich *Singer* soll die Praxis der Bestrafung nicht aufgegeben werden:

> „*Ein Verzicht auf den Begriff der persönlichen Schuld bedeutet keineswegs ein Verzicht auf Bestrafung einer Tat als Verletzung gesellschaftlicher Normen*"[56].

Diese leitet sich nicht aus der Schuld, sondern aus den Normbestätigungs- und Normerhaltungszwecken der positiven Generalprävention ab.[57] Die Maßnahmen dienen dem Besserungs-, und falls eine Besserung nicht gelingt, dem Sicherungsgedanken.[58] Die Sanktionierung zielt damit vordergründig ebenfalls auf eine Verhaltensänderung ab, indem „durch Belohnung und Androhung von Strafe, durch Lob und Tadel und manchmal auch durch Strafe" Einfluss auf das emotionale Erfahrungsgedächtnis genommen werden soll.[59] Abschreckung, Therapie und Schutz der Gesellschaft sind die Leitmotive der Sanktionierung. In der Entwicklung neuer Therapien (auch mit Hilfe der Neurowissenschaften) sieht *Roth* eine Bringschuld des Staates und der Gesellschaft dem Täter gegenüber.[60] Auch wenn es keine auf einen Indeterminismus fußende Verantwortung gebe, müsse zumindest

> „*die Gesellschaft sehr wohl in der Lage sein […], durch geeignete Erziehungsmaßnahmen ihren Mitgliedern das Gefühl der Verantwortung für das eigene Tun einzupflanzen, und zwar nicht aufgrund freier Willensentscheidung, sondern aus der durch Versuch und Irrtum herbeigeführten Einsicht*

55 *Roth/Lück/Strüber*, Neue Kriminalpolitik 2006, 55 (58), womit er gleichzeitig Kritik an fiktionalen Schuldbegriffen übt; siehe hierzu Kapitel 4 III 2.2. und Kapitel 4 III 2.3.2.1.

56 *Roth*, Fühlen, Denken, Handeln, S. 541.

57 *G. Merkel/Roth*, in: *Stompe/Schanda* (Hrsg.), Der freie Wille und die Schuldfähigkeit, S. 143 (143).

58 *Roth*, Fühlen, Denken, Handeln, S. 541 f.

59 *Roth*, Aus Sicht des Gehirns, 2003, S. 181; *ders.*, www.irwish.de/PDF/Roth_Gerhard/Roth-Aus_Sicht_des_Gehirns.pdf, S. 104 (Stand: 15.04.2018).

60 *Roth*, Vortrag „Strafe oder Therapie? Über einen menschenwürdigen Umgang mit Gewaltstraftätern" auf dem Symposium „Verantwortung als Illusion?" veranstaltet durch „turmdersinne" vom 14.-16.11.2011; *G. Merkel/Roth*, in: *Grün/Friedman/Roth* (Hrsg.), Entmoralisierung des Rechts, S. 54 (85); *dies.*, in: *Stompe/Schanda* (Hrsg.), Der freie Wille und die Schuldfähigkeit, S. 143 (157).

heraus, dass ohne ein solches Gefühl der Verantwortung das gesellschaftliche Zusammenleben nachhaltig gestört ist"[61].

Neben der naturwissenschaftlichen Dimension des Menschen erkennt er also auch die soziale an: Verantwortung existiert für ihn trotz Determinismus als funktional-soziales Regelungsprinzip. Er bleibt aber eine Erklärung darüber, wie ein (strafrechtlich bedeutsames) Verantwortungsgefühl entstehen soll, wenn gleichzeitig die strafrechtliche Schuld negiert wird, schuldig. Mit Verzicht auf ein personales Element in der Legitimation der Strafe, wie etwa der Schuld, sinkt die Sanktionierung zu einer bloßen Konditionierung herab, was an *Hegels* Kritik an den präventiven Straftheorien[62] erinnert.

Wolfgang Prinz zufolge müsse ein neues Rechtssystem, das auf die Schuld verzichtet, gar nicht zwingend etabliert werden, solange das Auseinanderfallen von alltagspsychologischer Intuition und wissenschaftlicher Erkenntnis aushaltbar ist. Dennoch hält er ein neues Strafrecht für möglich[63]:

> *„Etwa eines, das nicht auf dem Schuld- und Verantwortungsprinzip beruht, sondern darauf, daß man für Handlungen, die anderen schaden, zahlen muß, ohne daß man dem Handelnden Freiheit und Schuldfähigkeit unterstellt"*[64].

Bei dieser rein ökonomischen Betrachtung fragt sich, mit welcher Währung welcher Delinquent zu zahlen hätte. Letztlich ist auch die „Bezahlung" eine Form der Verantwortungsübernahme und unterliegt damit einem Verantwortungsprinzip. Die Frage lautet dann nicht, ob wir auf ein Verantwortungsprizip verzichten können, sondern wie es ausgestaltet ist, was also die Voraussetzungen sind und welche Formen die Verantwortungsübernahme umfasst.[65]

---

61 *Roth*, Fühlen, Denken, Handeln, S. 544.

62 *Hegel*, Grundlinien der Philosophie des Rechts, § 99, Zusatz: „Es ist mit der Begründung der Strafe auf diese Weise, als wenn man gegen einen Hund den Stock erhebt, und der Mensch wird nicht nach seiner Ehre und Freiheit, sondern wie ein Hund behandelt". *Hegel* ging von der Freiheit des Menschen aus. Wenn die Schuld unter einem Determinismus beibehalten werden soll, so bedarf sie deshalb eines personalen Elements.

63 *Prinz*, in: *Geyer* (Hrsg.), Hirnforschung und Willensfreiheit, S. 20 (26).

64 *Prinz*, in: *Geyer* (Hrsg.), Hirnforschung und Willensfreiheit, S. 20 (26).

65 Siehe hierzu Kapitel 5 III.

Neurowissenschaftler um *Winfried Bogerts* fordern darüber hinaus, dass besonders für Straftaten gegen Leib und Leben das Konzept der Strafe als Sühne mit den neuen Erkenntnissen als nicht mehr angemessen erscheint.[66] Sie schlagen vor, zu allererst für solch schwere Delikte die neuropsychiatrischen Grundlagen zu untersuchen, um die Delinquenten mit ihren jeweils festgestellten Defiziten einer individuellen Behandlung zuzuführen. Im Maßregelvollzug sei bereits ein solches Vorgehen implementiert, sodass man darin schon geübt sei. Die Vorteile seien bessere Beobachtungen über Fortschritte sowie eine höhere gesellschaftliche Sicherheit. In der Konsequenz bedeutet dies, die Trennung zwischen Straf- und Maßregelvollzug aufzugeben und das Strafrecht zu einem reinen Maßnahmerecht zu entwickeln.

Nach diesem kurzen Überblick der Überlegungen aus den Reihen der Neurowissenschaftler lassen sich zwei Strömungen feststellen: Vertreter der einen Strömung bleiben bei einem Strafrecht und betonen die stärkere Bedeutung des Präventions- und Sicherheitsaspektes in der Strafe und Vertreter der anderen Strömung befürworten aus selbiger Intention heraus die Etablierung eines reinen Maßregelrechts.[67]

Diese Strömungen fügen sich in gewachsene sicherheitspolitische Interessen ein, die auf das Strafrecht einwirken. Das Strafrecht befindet sich seit spätestens den 1990er Jahren in einem Wandel.[68] Der Delinquent, aber auch der einfache Bürger, ist unter Gefährlichkeitsgesichts-

66 *Schiltz/Witzel/Bausch-Hölterhoff/Bogerts*, Forensische Psychiatrie und Psychotherapie 14 (2007), 65 (78).

67 In diese Richtung tendierend: *Herdegen*, der die Unterscheidung zwischen Maßregel und Strafe nicht am Erfordernis der Schuld festmachen möchte, sondern am Zweck: für die Strafe den Besserungszweck und für die Maßregel den Sicherungszweck (in: FS Richter II, S. 233 (244)); *Marlie* mit Tendenz zu einem Präventionsstrafrecht ohne zwingende Verknüpfung von Strafe an die Schuld (ZJS 2008, 41 (42)); *Arno Plack* plädierte 1974 in seinem 510 Seiten umfassenden Werk für die Abschaffung des Strafrechts (Plädoyer für die Abschaffung des Strafrechts, 1974); bereits *Gustav Radbruch* forderte 1914, das Strafrecht abzuschaffen und gegen ein Maßregelrecht abzulösen (Grundzüge der Rechtsphilosophie, S. 73), später hielt er jedoch ausdrücklich am Schuldstrafrecht fest (Entwurf eines Allgemeinen Deutschen Strafgesetzbuchs, S. 60 f.).

68 *Sinn*, ZIS 2006, 107 (108). Er bejaht den Wandel zum Sicherheitsstrafrecht (*Sinn*, ZIS 2006, 107 (117). *Hassemer* spricht von einer „Mutation“ zum Gefahrenabwehrrecht (HRRS 2006, 130 (134)).

punkten vermehrt von Interesse geworden[69], was besonders die Reformgesetzgebung der umstrittenen Sicherungsverwahrung[70] aufzeigt, die unter bestimmten Voraussetzungen unabhängig von einem bereits erfolgten Schuldausgleich angeordnet und dadurch der Täter u. U. lebenslang gesichert werden kann. Gerade der Kampf gegen den internationalen Terrorismus oder gegen schwere Sexual-, Gewalt- und Tötungsdelikte beschränken die Bedeutsamkeit des Freiheitsaspektes (institutionalisierte Freiheit und Handlungsfreiheit) in einem Rechtsstaat – nicht nur des Täters, sondern auch eines jeden Bürgers – und bestärken den Sicherheitsaspekt: Schutz vor Freiheit. Benannt seien hierbei die Diskussionen über den großen und kleinen Lauschangriff, die Nacktscanner an Flughäfen, die Vorratsdatenspeicherung, die biometrischen Reisepässe und Personalausweise, etc.

Im Strafrecht entwickelt sich der Wandel aus dem Präventionszweck der Strafe heraus.[71] Strafe ist nicht nur Vergeltung für Vergangenes[72], sondern muss für eine verfassungsrechtliche Legitimation[73] zukunftsgerichteten Zwecken dienen: Resozialisierung[74], Besserung, Abschreckung und Stärkung des Normvertrauens zur Bewältigung des auf die Zukunft gerichteten Rechtsgüterschutzes (Prävention).[75] Daran problematisch ist das Ausufern zum Sicherheitsrecht im Sinne eines Gefahrenabwehrstrafrechts.

---

69 Vgl. *Günther*, in: *Schleim/Spranger/H. Walter* (Hrsg.), Von der Neuroethik zum Neurorecht, S. 214 (238).

70 Siehe dazu *Dessecker*, ZIS 2011, 706 (706 ff.); *Kemme*, HRRS 2014, 174 (174 ff.); *Mitsch*, JuS 2011, 785 (785 ff.); *Mosbacher*, HRRS 2011, 229 (229 ff.); *Pösl*, ZJS 2011, 132 (132 ff.); Schöch, NK 2012, 47 (47 ff.); *Zimmermann*, HRRS 2013, 164 (164 ff.).

71 Vgl. *Hassemer*, HRRS 2006, 130 (139).

72 Sofern dieser Zweck überhaupt befürwortet wird (siehe kritisch z.B. *Roxin*, Strafrecht AT, § 3 Rn. 8 ff.).

73 Vgl. *Frister*, Schuldprinzip, S. 15; *Hassemer*, Warum Strafe sein muss, S. 68; *Roxin*, Strafrecht AT I, § 3 Rn. 6.

74 Nach § 2 StrVollzG ist Resozialisierung das Vollzugsziel. Neben der Resozialisierung ist man heute zudem bestrebt, Täter erst einmal zu sozialisieren und/oder eine Entsozialisierung durch Strafe zu vermeiden.

75 Ob die Vergeltungstheorie Strafe legitimiert, sei dahingestellt. Jedenfalls liefert sie den Schuldgedanken, der letztlich über die positive Generalprävention in die Strafe hineinwirkt, vgl. Kapitel 5 IV 1. Zu den Strafzwecken, *Hassemer*, Warum Strafe sein muss, S. 50 ff.; *Roxin*, Strafrecht AT I, § 3 Rn. 1 ff.

Einige Vertreter aus den Neurowissenschaften könnten unter Verweis auf humanitäres Wohlwollen den Wandel zusätzlich bestärken, weil sie die Schuld ablehnen und/oder ihr höchstens noch die Rolle eines illusorischen Gesellschaftspiels geben. Sie plädieren in der Konsequenz für ein gefährlichkeitswehrendes Schutzstrafrecht (bzw. Maßnahmerecht) ohne Schuld mit fast ausschließlich präventiven Interessen. Verantwortlichkeit und allenfalls der sinnentleerte Begriff Schuld dienen lediglich der gesellschaftlichen Konditionierung auf Normtreue und Uniformität sowie der Systemstabilität.

2. Das nach-präventive Sicherheitsstrafrecht[76]

Klaus Günther weist auf einen möglichen Wandel des strafrechtlichen Menschenbildes hin[77]: Der determinierte Täter wird als Gefahrenquelle betrachtet, den man am besten bereits präventiv – noch *vor* „Ausbruch" – sichern muss. Der Sicherheitsaspekt könnte in Zukunft noch stärker in den Mittelpunkt rücken und damit strafrechtsleitend werden. Zwei Möglichkeiten der Umsetzung bestünden: Entweder wird die Strafbarkeit in den Bereich der Tatvorbereitung vorverlagert[78], wie es bereits heute geschieht, oder der potentielle Täter wird mittels Therapien weit im Vorfeld der Tatbegehung abgefangen und ggf. durch Sicherung „außer Gefecht gesetzt"[79], ähnlich wie es Stephen Spielberg in seinem Science-Fiction-Spielfilm „Minority Report" thematisiert.

---

76 Begriff von P.-A. *Albrecht*, Das nach-präventive Strafrecht; *Günther*, in: *Schleim/Spranger/ H. Walter* (Hrsg.), Von der Neuroethik zum Neurorecht, S. 214 (236); *ders.*, KJ 39 (2006), 116 (131).

77 *Günther*, in: *Schleim/Spranger/H. Walter* (Hrsg.), Von der Neuroethik zum Neurorecht, S. 214 (237 f.); *ders.*, KJ 39 (2006), 116 (132); auch *Hillenkamp*, in: *T. Fuchs/ Schwarzkopf* (Hrsg.), Verantwortlichkeit – nur eine Illusion?, S. 391 (403).

78 *Jakobs*, HRRS 2004, 88 (92). Bereits heute existieren im Strafrecht erste Ansätze der Vorverlagerung von Strafbarkeit in das Vorfeld einer Tat, z.B. der Straftatbestand der Bildung (und Unterstützung) einer kriminellen oder terroristischen Vereinigung §§ 129, 129a StGB. Hier wird nicht eine verwirklichte terroristische Tat bestraft, sondern im Vorfeld angesetzt – ohne dass eine Schädigung eintrat (vgl. zur Vorfeldstrafbarkeit, *Thielmann*, HRRS 2012, 458 ff.).

79 Vgl. *Günther*, in: *Schleim/Spranger/H. Walter* (Hrsg.), Von der Neuroethik zum Neurorecht, S. 214 (237 f.); *ders.*, KJ 39 (2006), 116 (132).

Rein präventive Straftheorien haben ohne Bindung an das Schuld- bzw. Tatschuldprinzip einer solchen Entwicklung nichts entgegenzusetzen. Sie können dagegen problemlos einen weit vor der Tatbegehung bzw. Rechtsgutsverletzung stattfindenden staatlichen Eingriff legitimieren, denn er verschafft der Norm ebenso Geltung und Durchsetzungskraft[80] wie ein nachträglich stattfindender Eingriff. Denkbar ist obendrein eine noch bessere Wirkung, weil die Strafnorm derart durchgesetzt wird, dass es erst gar nicht zu ihrer Übertretung kommt. Besserungs- und Sicherungsbemühungen wirken effektiver im Vorfeld einer Tat, weil die Wahrscheinlichkeit der Normübertretung reduziert und sogar die tatsächliche Tatbegehung verhindert wird. Zudem würde die Abschreckungswirkung ebenfalls vorgelagert werden: Um einer Vorfeld-Maßnahme zu entgehen, werden ggf. Verhaltensweisen vermieden, die bereits die staatliche Beobachtung auszulösen vermögen. Dem Rechtsgüterschutz des Strafrechts scheint eine Vorverlagerung dienlich zu sein. Bei einer Verstärkung von Präventionsinteressen könnte es zu einem Vorrang von Sicherheit vor Freiheit noch vor Straftatbegehung kommen. Sich ändernde rechtspolitische Ziele können auf Dauer auch zu einem schleichenden Wandel im Anwendungsbereich strafrechtlicher und strafrechtsähnlicher Reaktionen führen. Schutzprinzipien erfahren dann eine Aufweichung, wenn die Rechte des Täters rechtspolitisch weniger gewichtig werden, als der Sicherheitsaspekt.

Ein deterministisches Menschenbild kann bei der Etablierung um vorstrafrechtliche Maßnahmen unterstützend wirken, weil es davon ausgeht, dass man in den Ursache-Wirkungs-Mechanismus eingreifen kann – noch bevor es zu einer unumkehrbaren Tat kommt.[81] Der Eingriff wäre dann ebenfalls determiniert. Der Schritt von Vorfeldtherapie zur freiheitsentziehenden Vorfeldsicherung ist dann nicht mehr weit. Alles was für eine Charakterveränderung oder für das Abfangen und Sichern im Vorfeld einer Tatbegehung notwendig wäre, ist die Kenntnis um die Determinanten und ihre jeweilige Wirkung in Kombination

80 Darauf stellen *G. Merkel* und *Roth* zur Legitimation staatlicher Eingriffe ab (Frage nach dem „ob“ eines Eingriffs) (*G. Merkel/Roth*, in: *Stompe/Schanda* (Hrsg.), Der freie Wille und die Schuldfähigkeit, S. 143 (143 f.)).

81 Vgl. *Günther*, in: *Schleim/Spranger/H. Walter* (Hrsg.), Von der Neuroethik zum Neurorecht, S. 214 (238).

mit anderen Determinanten. Für einen Eingriff weit im Vorfeld bedarf es also Vorhersagen. Dass eine hundertprozentig sichere Vorhersage auch in Zukunft unmöglich sein wird, wurde bereits an anderer Stelle dargelegt. Das scheint aber unter Berufung auf den Sicherheitsaspekt nicht schädlich zu sein. Denn um ihm gerecht zu werden, genügt für die Prognose von delinquentem Verhalten bereits die hinreichende Wahrscheinlichkeit. Eine Wahrscheinlichkeit korreliert aber keineswegs mit der Tatbegehung, so dass es denkbar ist, unschuldige Menschen (nicht nur Kinder und Jugendliche, sondern auch Erwachsene), die wohlmöglich niemals eine Straftat begehen würden, „vorsorglich" zu sichern. Dass in einem solchen Sog der Sicherheitsinteressen Unschuldige bzw. Nicht-Delinquente mit einem zu hohen Sonderopfer, weil nicht einmal eine echte Anlasstat besteht, belastet würden, ist keinesfalls auszuschließen, zumal es Personen gibt, die trotz einer für Delinquente typischen Lebensgeschichte oder anatomischen Abweichung im Gehirn nicht kriminell werden[82]. Ein solches nach-präventives Sicherheitsrecht kann jedoch nur auf die Gefährlichkeit einer Person abstellen.

Auch wenn die Vorstellung, dass noch-unschuldige Bürger staatlichen Zwangseingriffen ausgesetzt sein könnten, Unbehagen auslösen mag und man sie gern als unwahrscheinlich abtun würde wollen, deuten erste Äußerungen zaghaft in diese Richtung. So fordern *Grischa Merkel* und *Gerhard Roth*, Kindern und Jugendlichen mit „latenter Neigung zu *künftigen* Gewalttaten" – sofern die Disposition mit hinreichender Wahrscheinlichkeit eine Gefahr für die Allgemeinheit darstellt – „Hilfestellungen" anzubieten.[83] Da dies heute bereits erfolgt, stellt sich die Frage, ob die „Hilfestellungen" weitergehend sein sollen. Wie

82 Vgl. *Bannenberg/Rössner*, Kriminalität in Deutschland, S. 50; *Roth* für das Gehirn: „Einzeln genommen können die genannten Risikofaktoren durchaus durch kompensatorische Hirnentwicklungen oder günstige psychosoziale Umstände in ihrer Auswirkung gehemmt oder gemildert werden. Entsprechend gibt es Patienten mit neuroanatomischen Defiziten im Bereich des Stirnhirns und des limbischen Systems, die keine Gewalttäter sind" (*G. Merkel/Roth*, in: *Stompe/Schanda* (Hrsg.), Der freie Wille und die Schuldfähigkeit, S. 143 (152)).

83 *G. Merkel/Roth*, in: *Grün/Friedman/Roth* (Hrsg.), Entmoralisierung des Rechts, S. 54 (87 f.), Hervorhebung durch Verf.

diese dann aussehen könnten, ließen beide offen. Es ist zu vermuten, dass es sich dabei jedenfalls um freiwillige Therapieangebote handelt.[84]

Jakobs bezeichnet das Strafrecht, das dem Sicherheitsaspekt geschuldet bloße Gefahren bekämpft, provokant und zugleich beängstigend[85] als „Feindstrafrecht".[86] Im Feindstrafrecht wandelt sich die gefährliche Person „zum Feind"[87] der gesellschaftlichen Sicherheit, dem strafrechtliche Schutzmechanismen- und Prinzipien aberkannt werden dürfen. Es stehen sich auf der einen Seite individuelle und institutionalisierte Freiheit und auf der anderen Seite Sicherheitsaspekte auf Grundlage von Wahrscheinlichkeiten mit unschuldiger Aufopferung gegenüber. *Arndt Sinn* weist in diesem Zusammenhang auf die Gefahr hin, den Rechtsstaat mit einem Sicherheitsstaat zu verwechseln.[88] Dementsprechend formuliert *Winfried Hassemer*:

> *„Zu gefährlich sind die Folgen, die sich mit der Erwartung verbinden, das Strafrecht sei dazu da, Sicherheit zu bieten"*[89].

2.1. Die Tatschuld und die Selbstbestimmungsfähigkeit als Schutz vor dem nach-präventiven Sicherheitsrecht

Um diesem oder einem ähnlichen Wandel (auch durch den Determinismus) vorzubeugen, bedarf es des Rückgriffs auf die Schuld[90], ge-

84 Vgl. *G. Merkel/Roth*, in: *Grün/Friedman/Roth* (Hrsg.), Entmoralisierung des Rechts, S. 54 (80).

85 *Eser*, in: *ders./Hassemer/Burkhardt* (Hrsg.), Die deutsche Strafrechtswissenschaft vor der Jahrtausendwende, S. 437 (444).

86 Hier soll die Figur des Feindstrafrechts nicht näher untersucht werden, siehe dazu: *Albrecht*, Das nach-präventive Strafrecht, S. 6 ff.; *Arnold*, HRRS 2006, S. 303 ff.; *Asholt*, ZIS 2011, 180 ff.; *Bung*, HRRS 2006, 63 ff.; *ders.*, HRRS 2006, 317 ff.; *Frankenberg*, KJ 38 (2005), 370 (370 ff.); *Hassemer*, HRRS 2006, 130 (137 f.); *C. Jäger*, in: FS Roxin I, S. 71 ff.; *Jakobs*, HRRS 2006, 289 ff.; *ders.*, HRRS 2004, 88 (90). *P.-A. Muñoz Conde*, Über das Feindstrafrecht, 2007; *Polaino-Orts*, in: FS Roxin I, 91 ff.; *Schick*, ZIS 2012, 46 ff.; *Sinn*, ZIS 2006, 107 ff.

87 *Jakobs* fasst darunter auch Delinquente, die immer wieder Unrecht verwirklichen („Unverbesserliche", „Gewohnheitstäter", „Hangtäter") (*Jakobs*, HRRS 2004, 88 (90)); vgl. *Arnold*, HRRS 2006, S. 303 (305)) und damit auch Mehrfach- und Intensivtäter.

88 *Sinn*, ZIS 2006, 107 (117).

89 *Hassemer*, HRRS 2006, 130 (132).

90 So auch *P.-A. Albrecht*, Die vergessene Freiheit, S. 87.

nauer: die Tatschuld.[91] Die Funktion der Schuld liegt damit nicht nur in der Begründung von Strafe und der Bestimmung des jeweiligen Strafmaßes, sondern auch in der Begrenzung von ausufernden Präventionsinteressen eines drohenden überhandnehmenden post-präventiven Sicherheitsstrafrechts, das sich nicht nur gegen Terroristen richtet, sondern auch gegen den gefährlichen Bürger als potentiellen Feind der Gesellschaft und des Staates. Vorverlagerungen von Maßnahmen und Strafen weit vor das Versuchsstadium unterliegen der Gefahr der Beliebigkeit von Anknüpfungspunkten im gesetzlichen Tatbestand. Die Verpflichtung, Strafe an das Vorliegen von Tatverschulden zu knüpfen und die Aufweichung des Tatbegriffs sehr restriktiv zu handhaben, führt dazu, dass die Schuldfeststellung nur *ex post* stattfinden darf – also *nach* einer schädigenden Tat bzw. nach der konkreten Gefährdung durch den Versuch. Würde man dagegen bereits *ex ante*, also vor der Tatbegehung oder vor ihrem Versuch strafähnliche Mittel anwenden, zielte man auf die Lebensführung, also die individuelle Lebensart, die jedoch grundsätzlich der Privatheit unterliegt. Wenn nun in einem Rechtsstaat dem Menschen Menschenwürde und durch das allgemeine Persönlichkeitsrecht grundsätzlich Selbstbestimmung zugebilligt und geschützt wird[92], muss sie auch in der individuellen Lebensführung gewährt werden und damit bei der Entscheidung für oder gegen die konkrete Tatbegehung, also für oder gegen ein unmittelbares Ansetzen zur Tat und damit zur Rechtsgutsverletzung bzw. -gefährdung. Anderenfalls bevormunde man den Menschen als unmündigen Bürger, was den Errungenschaften der Aufklärung widerspräche[93] und sie aushebele. Der potentielle Täter muss die Chance haben, in Selbstbestimmung[94]

91 Vgl. auch *Sinn*, ZIS 2006, 107 (116).

92 *Sachs*, Verfassungsrecht II, Kap. 13 Rn. 9, Kap. 14 Rn. 13, 57.

93 *Kant*, Berlinische Monatsschrift, 481 (481): „Aufklärung ist der Ausgang des Menschen aus seiner selbst verschuldeten Unmündigkeit. Unmündigkeit ist das Unvermögen, sich seines Verstandes ohne Leitung eines anderen zu bedienen. Selbstverschuldet ist diese Unmündigkeit, wenn die Ursache derselben nicht am Mangel des Verstandes, sondern der Entschließung und des Mutes liegt, sich seiner ohne Leitung eines anderen zu bedienen. ‚Sapere aude! Habe Mut, dich deines eigenen Verstandes zu bedienen!' ist also der Wahlspruch der Aufklärung". Zur Schuld in ihrer Funktion als Wahrung der Selbstbestimmungsfähigkeit sogleich (Kapitel 2 III 6).

94 Selbstbestimmung muss jedoch nicht zwingend indeterministisch verstanden werden. Auch deterministische Deutungen sind möglich, wie noch aufzuzeigen sein wird (vgl. Kapitel 5 III 3).

sich gegen die Tatbegehung und die Rechtsgutsverletzung zu entscheiden. Eine Aberkennung des Selbstbestimmungsrechtes – der Mündigkeit des erwachsenen Menschen[95], obwohl der Mensch grundsätzlich zur Selbstbestimmung fähig ist, verstieße gegen die Menschenwürde, die, unabhängig von ihrer umstritten Definition, den Staat dazu verpflichtet, das Menschsein, also den Eigenwert kraft des Personseins zu achten[96] und damit den Menschen auf Basis der menschlichen Existenz[97] so zu nehmen, wie er ist.[98] Ein deterministischer Menschenbegriff steht dem keineswegs entgegen, sofern auch er, wie hier vertreten wird, die Selbstbestimmung anerkennt. Ein deterministisches Verständnis von Selbstbestimmung meint dann nicht, dass es etwas im Menschen gibt, dass in Willensfreiheit sich selbst bestimmen kann („sich selbst bestimmen"[99]), sondern dass man es selbst ist; dass die Entscheidung also Ausdruck des Selbst ist („ich bestimme selbst"[100]).[101] Deterministische Selbstbestimmungsfähigkeit verdient dann genauso Schutz wie indeterministische Selbstbestimmungsfähigkeit.[102]

Dass Menschen sich besinnen und von der Tat ablassen können, hält auch der Determinismus für möglich. Den (strafbefreienden) „freiwilligen" Rücktritt vom Versuch, die Chance also, sich aus eigenem, durch gemachte Erfahrungen und aus Angst vor drohenden sozialen und staatlichen Konsequenzen vorgeprägtem Denken zu besinnen, ist Ausdruck von Selbstbestimmungsfähigkeit. Mangels Strafbedürftigkeit[103] kann der Gesetzgeber auch unter einem Determinismus

---

95 Zur Menschenwürde als Achtung vor der Mündigkeit des erwachsenen Menschen siehe *Hufen*, JuS 2013, 1 (2); *ders.*, JuS 2010, 1 ff.

96 BVerfGE 30, 1 (26) und Leitsatz 6; 87, 209 (228).

97 *Hufen*, Jus 2010, 1 (2).

98 Daher ist auch die „Gehirnwäsche", die den Menschen zu einem anderen macht, wegen Menschenwürdeverstoßes unzulässig (*Hufen*, JuS 2010, 1 (6)), ebenso die Zwangstherapie.

99 z.B. *Griffel*, ARSP 84 (1998), 517 (519).

100 Vgl. *Wunder*, EthikMed 2008, 17 (17).

101 Siehe zur Selbstbestimmung im Determinismus sowie zur Abgrenzung zwischen natürlicher und verständiger Selbstbestimmungsfähigkeit Kapitel 5 III 3.

102 Das setzt voraus, dass auch die deterministische Selbstbestimmungsfähigkeit sowie die deterministische Schuld vom Grundgesetz geschützt sind (siehe hierzu Kapitel 5 I 1).

103 Vgl. BGHSt 9,48 (52); 14, 75 (80)

dem Täter die Straffreiheit gewähren. Er bietet dem Täter die Chance, den Weg zurück zu einem rechtskonformen Verhalten zu wählen und erschafft durch die Aussicht auf Straflosigkeit einen Anreiz, der in das multikausale, deterministische System Eingang findet. Der Determinismus zwingt also keinesfalls den Staat und das Strafrecht zum Eingreifen noch vor Tatbegehung. Das grundgesetzlich geschützte Schuldprinzip dient dem Schutz der (verständigen)[104] Selbstbestimmungsfähigkeit. Mit Verankerung des Schuldprinzips in der Menschenwürde erfährt es den besonderen Schutz durch die Ewigkeitsgarantie gem. Art. 79 Abs. 3 GG.

2.2. Schuldbegriff oder Verantwortungsbegriff unter Berücksichtigung des nach-präventiven Sicherheitsstrafrechts

Unter der Gefahr des nach-präventiven Sicherheitsstrafrechts sollte die Terminologie „Schuld" beibehalten und, entgegen dem Vorschlag von *G. Merkel* und *Roth*[105], nicht gegen den Begriff Verantwortung ersetzt werden[106]. Zwar bedeutet „Schuld" zugleich Verantwortungsübernahme, aber anders als der Begriff „Verantwortung" bezieht sich „Schuld" nur auf eine vergangene missbilligte Tat. Verantwortung kann man dagegen für die Zukunft übernehmen, z.B. beim Klima- und Umweltschutz. „Schuld" und „Verantwortung" unterscheiden sich also nur in einem Punkt: Der fehlenden Zukunftsgewandtheit der Schuld. Natürlich kann man Schuld auch an einer Folge bzw. Konsequenz haben, die erst noch eintreten wird. Sie knüpft aber einzig an ein in der Vergangenheit liegendes Verhalten an. Verantwortliches Verhalten ist dagegen gegenwärtiges Verhalten, das entweder auf die Zukunft gerichtet ist (man verhält sich bereits jetzt verantwortungsbewusst, um negative Konsequenzen in der Zukunft zu vermeiden) oder an die Vergangenheit anknüpft (man übernimmt, wie bei der Schuldzuschreibung, die Verantwortung für ein bereits geschehenes Verhalten, dass entweder

104 Siehe zur Unterscheidung zwischen natürlicher und verständiger Selbstbestimmungsfähigkeit Kapitel 5 III 3.3.

105 S.o. Kapitel 2 III 1.

106 Auch *Roxin* möchte die Deliktskategorie Schuld durch den Begriff der Verantwortung ersetzt sehen (ZStW 96 (1984), 641 (656); *Roxin*, in: FS Henkel, 173 (181 f.)). In ihr kommt jedoch weiterhin die Schuld zum Tragen (*Roxin*, Strafrecht AT § 19 Rn. 3), sodass der Vergangenheitsbezug auch terminologisch vorhanden bleibt.

selbst missbilligt wird, oder deren Folge). Ein genereller Verzicht auf die Schuld würde wegen der fehlenden Beschränkung auf die Vergangenheit, zukunftsgewandte, der rechtsgutsverletzenden bzw. unmittelbar rechtsgutgefährdenden Tat vorgelagerte Zwangsmaßnahmen ermöglichen, ohne Anknüpfung an ein missbilligtes, schädliches Verhalten.

2.3. Die Verhältnismäßigkeit als Ersatz der Tatschuld im Rahmen des nach-präventiven Sicherheitsstrafrechts

Die Verhältnismäßigkeit als Grenze von staatlicher Eingriffsbefugnis würde dem post-präventiven Strafrecht als solches keine effektive Schranke setzen können. Zwar wären auch im nach-präventiven Sicherheitsstrafrecht nicht alle Mittel aufgrund der zu wahrenden Verhältnismäßigkeit zulässig, jedoch würden mehr zwanghafte Zugriffe im Vorfeld erlaubt sein, die lediglich in ihrer Stärke begrenzt sein würden. Die Verhältnismäßigkeit verlangt, dass der staatliche Eingriff einen legitimen Zweck verfolgt, dass das Mittel für diese Zweckerreichung geeignet und erforderlich (mildestes Mittel) und schließlich auch verhältnismäßig i.e.S. ist. Wie gesehen, erlauben präventive Eingriffstheorien ohne Schuld Maßnahmen unter Zwang und wären mitunter noch effektiver in ihrer Zweckerreichung als Prävention nach einer Anlasstat; Zweck, Geeignetheit, Erforderlichkeit lägen insoweit vor und mit der angemessenen Höhe auch die Verhältnismäßigkeit im engeren Sinne.

Jedoch ist es hier nicht die Tatschuld, die eine Grenze setzt, sondern vielmehr lediglich das Tatprinzip, wonach es eines rechtsgutsverletzenden Verhaltens bedarf.

Das Tatschuldprinzip wahrt jedoch auch das Selbstbestimmungsrecht. Der Bürger wird nicht zum Objekt von vorfeldkriminalisierenden Präventionsmaßnahmen ohne Anlasstat aufgrund bloßer Gefährlichkeitsprognose gemacht.

3. Die Schuld als Strafbegrenzung gegenüber Sicherungs- und Besserungsinteressen

Von der vorbeugenden Funktion der Schuld gegen ein ausuferndes, nach-präventives Sicherheitsstrafrecht soll sich nun abgewendet und zum heutigen Präventionsstrafrecht übergegangen werden. Hier kommt der Schuld die Aufgabe zu, die Strafhöhe gegenüber präventiven Strafinteressen zu begrenzen.[107] Auch wenn es das Resozialisierungsinteresse gebieten würde, darf einem Delinquenten nicht zu lang, notfalls für immer, die Freiheit entzogen werden. Aus einer rein präventiven Betrachtung heraus müssten nämlich staatliche Eingriffe so lange andauern, wie die Gefahr besteht.

Wenn *Singer* die Schuld durch den Schweregrad des abweichenden Verhaltens ersetzt sehen will (s.o.), dann bedeutet das letztlich nichts anderes, als die Strafe in Art und Höhe nach der Stärke der Dissozialität des Täters, was letztlich auf die Therapierbarkeit hinausläuft, zu bemessen. Es findet damit eine Präventionierung der Strafhöhe statt. Die Dauer der Freiheitsstrafe würde von der Zweckerreichung abhängen. Der Täter würde erst entlassen werden, wenn er resozialisiert wäre und eine vergleichbare Tat nicht erneut begehen würde, und ggf. potentielle Täter abgeschreckt wären bzw. das Volk das Recht durchgesetzt sehe. Es käme im Rahmen der Urteilsverkündung beim Strafmaß auf die Therapierbarkeit des Täters an. Um den Präventionsinteressen zu genügen, müssten dem Gericht nach Ablauf der prognostizierten Dauer der Strafe Verlängerungs-, aber auch Verkürzungsoptionen zur Verfügung gestellt werden. Dabei sind nicht die Verkürzungsmöglichkeiten problematisch, sondern die Verlängerungsmöglichkeiten. Sie führen zur Unbestimmtheit der Eingriffsdauer bzw. der Eingriffsintensität. Die Schuld dient hierbei nicht nur der allgemeinen Strafbemessung, sondern gleichzeitig der Begrenzung präventiver Zwecke bei der Strafintensität (Strafbegrenzungsschuld) und der Wahrung von Rechtssi-

107 Vgl. zur strafbegrenzenden Wirkung: *P.-A. Albrecht*, Vergessene Freiheit, § 3; *H. J. Hirsch*, ZStW 106 (1994), 746 (748); *Jescheck/Weigend*, Strafrecht AT § 4 I; *Roxin*, Strafrecht AT I, § 3 Rn. 51 ff. Es geht hier nicht darum, ob Vergeltung oder Prävention besser ist, sondern der Prävention Grenzen zu setzen – mit einem Mittel, dass zwar der Vergeltung entstammt aber dennoch Wirksamkeit bei der Prävention zu entfalten fähig ist: Die Schuld.

cherheit – sie ist Mittel der Eingriffsbegrenzung von schrankenloser Prävention.[108]

Die Begrenzung der Intensität alternativ zur Schuld mithilfe der Verhältnismäßigkeit[109], wird immer mal wieder diskutiert. *Winfried Hassemer* zufolge muss sie dem Präventionsrecht aber erst noch „beigebracht" werden, was in Anbetracht etwaiger Gefühle wie Risikoangst, Verbrechensangst, Kontrollbedürfnis, o.ä. wohl nicht die richtige bzw. wirksamste Grenze wäre.[110] Denn wird aufgrund dieser Gemütslagen im Abwägungsprozess zwischen Mittel und Zweck[111] der Sicherheit größeres Gewicht beigemessen, geht das zu Lasten von Freiheit und einer effektiven Eingriffsbegrenzung. Die Gefahr der Ausuferung wird unterstützt, wenn man die Aussage des Bundesverfassungsgerichts hinzunimmt, wonach

> „*der Grundsatz der Verhältnismäßigkeit gebietet, dass die Freiheit nur insoweit beschränkt wird, als dies im öffentlichen Interesse unbedingt erforderlich ist*"[112].

Die Verhältnismäßigkeit wirkt zwar dahingehend begrenzend, dass die Freiheit nur dann beschränkt werden darf, soweit dies „unbedingt erforderlich" ist, jedoch können Zweckmäßigkeitserwägungen, die dem öffentlichen Interesse dienen, weitreichender sein. Bei der Maßregel, die, weil schuldunabhängig, gem. § 62 StGB durch die Verhältnismäßigkeit begrenzt wird, d. h. durch die Bedeutung der begangenen Tat, die erwartbaren zukünftigen Taten sowie die Gefährlichkeit des Täters, kann es leichter zu einem lebenslänglichen Freiheitsentzug kommen, als bei einer Begrenzung durch die Schuld. Nicht selten bedeutet nämlich die Einweisung in ein psychiatrisches Krankenhaus nach § 63 StGB eine Einweisung für immer. Sicherungs- bzw. Sicherheitsinteressen stehen im Vordergrund. Da die Tat nicht schuldhaft begangen

---

108 *Roxin*, Strafrecht AT I, § 3 Rn. 44, 51.

109 In der aktuellen Diskussion vorgeschlagen von *Marlie*, ZJS 2008, 41 (42, 46); *G. Merkel/Roth*, in: *Grün/Friedman/Roth* (Hrsg.), Entmoralisierung des Rechts, S. 54 (79, 81); überdies plädierte *Roth* dafür in seinem Vortrag „Lässt sich Willensfreiheit überhaupt empirisch überprüfen, und welche Konsequenzen hätte das mögliche Resultat" im Rahmen der Winterschule Heidelberg „Verantwortlichkeit – eine nützliche Illusion?" 2009; früher *Ellscheid/Hassemer*, Civitas IX 1970, 27 (43 ff.).

110 *Hassemer*, HRRS 2006, 130 (140).

111 Siehe hierzu *Maurach/Zipf*, Strafrecht AT I, § 7 Rn. 14 f.

112 BVerfG 2 BvR 2258/09 v. 27. März 2012.

wurde, findet auch keine Begrenzung durch sie statt. Als Strafe hat der Gesetzgeber die lebenslange Freiheitsstrafe bei Mord gem. § 211 StGB vorgesehen. Die Unterbringung in einer psychiatrischen Anstalt bei einem anderen und einem weniger schwerwiegenden Delikt kann zur gleichen Wirkung führen. Eine Maßregel, lediglich begrenzt durch die Verhältnismäßigkeit, kann durchaus der schwerere staatliche Eingriff sein. Strafrecht muss sowohl Schutz der Gesellschaft als auch Schutz des Täters sowie Schonung bieten und damit zugleich Zurückhaltung üben.[113] Das Strafrecht als Rechtsgüterschutz- und Eingriffsrecht wandert auf zwei sich konträr gegenüberstehenden Seiten, die der Gesellschaft (und des Opfers) sowie die des Täters. Es ist aufgrund seiner Stellung beiden Seiten verpflichtet, sodass ein gerechter Ausgleich zu wahren ist, der deswegen keiner Seite *allein* oder *weit überwiegend* verpflichtet sein kann. Deswegen muss auch die Seite der Prävention Einschnitte in ihrer Effizienz dulden. Der Verhältnismäßigkeitsgrundsatz bietet eine Abwägung zwischen dem individuellen Freiheitsinteresse des Täters und den Präventionsinteressen der Gesellschaft – er „garantiert aber gerade kein abwägungsfestes Freiheitsareal gegenüber staatlichen Engriffen".[114] Damit wirkt die Verhältnismäßigkeit als Schutzinstrument des Täters nur relativ und die Schuld dagegen absolut.

4. Die Schuld als Maßregelanordnungsbegrenzung

Mit Erlass des Gesetzes „gegen gefährliche Gewohnheitsverbrecher und über Maßregeln der Sicherung und Besserung"[115] vom 24. November 1933 (Gewohnheitsverbrechergesetz) wurde erstmals neben der Strafe die Maßregel mit rein präventivem Charakter (Sicherung und Besserung) als zweite Sanktion in das Strafrecht eingeführt. Seitdem liegt dem Strafrecht ein zweispuriges Sanktionensystem zugrunde: auf der einen Seite die schuldabhängige Strafe und auf der anderen Seite die schuldunabhängige Maßregel. Die Maßregeln ergänzen das

113 Vgl. *Hassemer*, HRRS 2006, 130 (141).
114 *Hoyer*, in: FS Roxin I, S. 723 (729).
115 RGBl. 1933, S. 995; abgedruckt in *Vormbaum/Welp*, Das Strafgesetzbuch I, 1870 bis 1953, S. 283 ff.

> *„System [der Schuldstrafe] durch ein Arsenal von Antworten auf Gefährlichkeit jenseits der Schuld. Erst die Maßregeln machen ein präventives Strafrecht rund und komplett; sie zielen auf diejenigen Lücken und schließen sie, die das Schuldstrafrecht einfach deshalb nicht schließen kann, weil es seine Instrumente außerhalb des Bereichs der Schuld einpacken muß: Sobald und soweit die Tatschuld vergeltend ausgeglichen ist oder eine Tatschuld sich erst gar nicht finden läßt, hat das Schuldstrafrecht mit seinem Strafensystem nichts mehr zu melden – auch nicht gegenüber einem gefährlichen Menschen“*[116].

Wie gezeigt, plädieren einige Neurowissenschaftler derzeit dafür, u. a. die Maßregeln auszuweiten oder die Strafe gänzlich abzuschaffen, was letztlich eine härtere Reaktion auf abweichendes Verhalten bedeuten kann. Das Gebot der Schonung gilt aber auch gegenüber der den Sicherungsaspekten verschriebenen Maßregel. Solange Schuld und damit Strafe auch in einem deterministischen Strafsystem möglich sind, sollten sie beibehalten werden, um dem oftmals einschneidenderen Maßregelrecht vorzubeugen. Zwar erfährt die Schrankenwirkung des Schuldprinzips bereits durch die Existenz der Sicherungsverwahrung eine Aufweichung.[117] Das spricht aber nicht für die Bedeutungslosigkeit der Schutzfunktion der Schuld, weil

> *„die begrenzende Funktion der Schuld jedenfalls bei schweren Gewaltverbrechen durch die Möglichkeit der nachträglichen Sicherungsverwahrung obsolet geworden“*[118]

ist. Dass rechtsstaatliche Prinzipien heute eine Aufweichung erfahren, rechtfertigt nicht ihre umfängliche Abschaffung, sondern sollte dagegen dazu führen, das Aufweichen zu hinterfragen und sich der Bedeutung von Prinzipien der Rechtsstaatlichkeit zu besinnen, um im Bedarfsfalle weiteren Lockerungen vorzubeugen. Bisher erfolgt die Aufweichung des Schuldprinzips durch die Sicherungsverwahrung nur bei schweren Straftaten unter engen Voraussetzungen.

---

116 *Hassemer*, HRRS 2006, 130 (133).

117 *G. Merkel/Roth*, in: *Grün/Friedman/Roth* (Hrsg.), Entmoralisierung des Rechts, S. 54 (79); *dies.*, in: Stompe/Schanda (Hrsg.), Der freie Wille und die Schuldfähigkeit, S. 143 (155).

118 *G. Merkel/Roth*, in: *Grün/Friedman/Roth* (Hrsg.), Entmoralisierung des Rechts, S. 54 (79). Das Zitat ist um seiner Aktualität willen dahingehend zu ändern, dass das „nachträglich“ gedanklich gestrichen wird.

Daher ist *Roxins* Aussage für die überwiegenden Fälle strafrechtsrelevanten Verhaltens zuzustimmen: Die Alternative zur Schuldstrafe ist nicht die Sanktionslosigkeit, sondern die Maßregel[119], der gegenüber das Schuldprinzip freiheitsverbürgend wirkt[120]. Erkennt man unter einem Determinismus neben der Handlungsfreiheit insbesondere auch die Selbstbestimmung als Ausprägung der Freiheit an (Kompatibilismus), dann behält diese Aussage auch unter einem deterministischen Menschenbild weiterhin seine Bedeutung.

5. Das Sanktionenmodell nach G. Merkel und G. Roth

G. Merkel und *Roth* sind bisher die einzigen Wissenschaftler, die in der aktuellen Diskussion einen konkreteren Vorschlag ausgearbeitet haben, der das Sanktionensystem ohne Rückgriff auf die Schuld legitimieren und handlungsfähig machen soll.[121] Die Eingriffserlaubnis, also das „Ob" eines staatlichen Eingriffs resultiert für *G. Merkel* und *Roth* aus dem Normgeltungszweck der positiven Generalprävention.

Den Schwerpunkt ihrer Betrachtung legen sie aber nicht auf das „Ob" der Strafe, sondern auf die Ausgestaltung, dem „Wie". Der Täter soll, weil staatliche Zwangstherapien unzulässig sind[122], zwischen fortschrittlicher Therapieoption und herkömmlicher Strafoption wählen können. Diese Wahl, wenn auch determiniert, aber als frei empfunden, legitimiere den spezifischen Eingriff Strafe oder Therapie, je nachdem, worauf die Wahl fällt. Wie die Therapieoption genau ausgestaltet sein

---

119 *Roxin*, ZStW 96 (1984), 641 (651).

120 *Roxin*, Strafrecht AT I, § 19 Rn. 49.

121 *G. Merkel/Roth*, in: *Stompe/Schanda* (Hrsg.), Der freie Wille und die Schuldfähigkeit, S. 143 (155 ff.); *dies.*, in: *Grün/Friedman/Roth* (Hrsg.), Entmoralisierung des Rechts, S. 54 (80 ff.); *Roth*, in: *T. Fuchs/Schwarzkopf* (Hrsg.), Verantwortlichkeit – nur eine Illusion?, S. 147 (168 f.).

122 BVerfGE 22, 180 (219 f.): „Der Staat habe aber nicht die Aufgabe, seine Bürger zu ‚bessern' und deshalb auch nicht das Recht, ihnen die Freiheit zu entziehen, nur um sie zu ‚bessern', ohne daß sie sich selbst oder andere gefährden, wenn sie in Freiheit blieben". Demokratieprinzip und Menschenwürde verbieten eine totalitäre Beeinflussung und Umerziehung mittels Zwangstherapie (*G. Merkel/Roth*, in: *Stompe/Schanda* (Hrsg.), Der freie Wille und die Schuldfähigkeit, S. 143 (156 f.); siehe auch *Roxin*, JuS 1966, 377 (386); zum Neutralitätsgebot siehe *Huster*, Die ethische Neutralität des Staates, S. 273). Vgl. auch Kapitel 5 II 3 Fn. 128.

soll, wird bisher nicht behandelt.[123] Wie werden Strafe und Therapie in ihrer Eingriffsdauer begrenzt? Sollten Anreize dafür geschaffen werden, dass die unattraktive Unterbringung in einer psychiatrischen Anstalt dem Gefängnis vorgezogen werden würde? Inwiefern würde das aber wiederum die „freie" Wahl tangieren?[124] Was geschieht bei einem Fehlschlag der Therapie: Freiheitsentzug trotz entgegenstehender Wahl mit der Konsequenz des Wegfalls der Legitimation?[125] Dass jedenfalls das Therapieangebot im Rahmen der Freiheitsstrafe auszubauen ist, ist

---

123 Dem Sicherheitsaspekt geschuldet, ist es denkbar, dass die Therapie in „stationärer" Form einer staatlichen Sicherung durch Freiheitsentzug erfolgt und bei geringeren Rechtsverletzungen, die eine Geldstrafe nach sich ziehen würde, in einer Art „ambulanter" Therapie. Dann würde sich jedoch die Frage stellen, worin der Unterschied zwischen der Therapie in „stationärer" Form und der heutigen gem. § 2 StVollG bereits auf Resozialisierung ausgerichteten Freiheitsstrafe besteht, die ebenfalls Therapien zur Verfügung stellt.

124 Bei der *herkömmlichen* Alternative „Strafe" soll zur Ermittlung von Art und Maß die positive Generalprävention in ihrer Normwiederherstellungsfunktion dienen (*G. Merkel/Roth*, in: *Stompe/Schanda* (Hrsg.), Der freie Wille und die Schuldfähigkeit, S. 143 (158)). Die wäre jedoch zu unbestimmt. Es bliebe wohl nur die von *G. Merkel* und *Roth* oftmals betonte Verhältnismäßigkeit übrig (s.o.). Weil hierbei die jeweiligen Sanktionen einzeln betrachtet werden müssten, kann die Dauer der jeweils zur Verfügung stehenden Sanktionen unterschiedlich lang ausfallen. Sie müssten wohl dagegen gleich lang andauern, um die Neigung bzw. den Zwang auf Seiten des Täters zu der kürzer andauernden Sanktion zu vermeiden. Anderenfalls wäre die „freie Wahl" tangiert. Würde man jedoch *prinzipiell* die Therapie kürzer oder gleich lang als die Freiheitsstrafe anordnen, um Anreize für ihre Wahl zu schaffen, bestünde die Gefahr, dass die erhoffte Wirkung im Sande verläuft, weil sie schlichtweg zu kurz ist. Das führt zum Problem der Zweckverfehlung. Das BVerfG hat bisher lediglich bei der Maßregel der Unterbringung in der Entziehungsanstalt (§ 64 StGB) ausgeführt, dass sowohl ihre Anordnung als auch ihr Vollzug „von Verfassungs wegen an die Voraussetzung geknüpft sein [muss], dass eine hinreichend konkrete Aussicht besteht, den Süchtigen zu heilen oder doch über eine gewisse Zeitspanne vor dem Rückfall in die akute Sucht zu bewahren", BVerfG StV 1994, 594 (596). Wäre die Therapie von vornherein nutzlos, weil etwa zu kurz, und damit völlig ungeeignet, dürfte sie danach aus Verhältnismäßigkeitsgesichtspunkten nie angeordnet bzw. angeboten werden, sodass allein die Strafe verbliebe. Damit verliefe das Wahlrecht im Sande und mit ihm zugleich die Legitimationsgrundlage (*Merkel/Roth*, ebda. 158) für die Strafe i.S. *G. Merkel* und *G. Roth*.

125 *Ruske* (Ohne Schuld und Sühne, S. 228 f.) verweist weiterhin auf das Problem, was sein würde, wenn der Staat seiner Pflicht, dem Täter eine gerecht werdende Therapie bereitzustellen, nicht nachkommen kann. Müsste dann der nicht gewählte Freiheitsentzug vollstreckt werden? Müsste sogar eine Entschädigung gezahlt werden?

schon lange eine gut zu heißende Forderung an die Politik und die jeweiligen Institutionen und bedarf nicht der Streichung des Schuldprinzips.

Was letztlich an diesem Konzept stört ist die fehlende Schuld.[126] Es scheint, als würden *G. Merkel* und *Roth* die Unterscheidung der beiden Sanktionsspuren Maßregel und Strafe bzw. Maßregel und Wahl(straf)recht aufrechterhalten wollen. Damit belassen auch sie es nicht bei einer Gleichstellung aller Menschen aufgrund Determination, anderenfalls müsste allen Delinquenten die Wahl ermöglicht werden bzw. versagt bleiben. Sie sehen einen Unterschied zwischen Tätern, die ohne Wahloption eine Maßregel antreten müssen und Tätern, denen die Wahl belassen wird, also sozusagen auf der „Wahlspur" bleiben – nur bildet bei ihnen nicht die Schuld, sondern die „normative Ansprechbarkeit" den Unterschied.[127] Was sie genau darunter verstehen, wird nicht thematisiert, lediglich ein kleiner Verweis auf *Roxin*[128] muss genügen. Mehrfachdeutungen und die Unbestimmtheit des Kriteriums „normative Ansprechbarkeit"[129] sind ohne nähere Erläuterung die Folge. Jedenfalls scheint es so, dass die derzeitige Unterscheidung zwischen schuldfähigen und schuldunfähigen Personen bei der Entscheidung darüber, wer die Wahloption erhält, weiter fortbesteht. Nur, dass der Begriff „Schuld" aus dem Vokabular gestrichen wird. Unabhängig von einer näheren Bewertung der Wahloption, ist die Streichung des Schuldbegriffs aus bereits oben genannten Gründen wenig sinnvoll.

---

126 Jedem denkbaren Schuldbegriff scheinen beide jedoch nicht von vornherein abgeneigt zu sein, denn die Grenze der herkömmlichen Strafe in ihrem Wahlsystem soll zwar prinzipiell nicht durch die Schuld – „jedenfalls nicht im geläufigen Sinne" – vorgegeben sein (*G. Merkel/Roth*, in: *Stompe/Schanda* (Hrsg.), Der freie Wille und die Schuldfähigkeit, S. 143 (158)). Die Kritik richtet sich vielmehr gegen den klassischen Schuldbegriff i.S.e. Anders-Könnens.

127 Vgl. *G. Merkel/Roth*, in: *Stompe/Schanda* (Hrsg.), Der freie Wille und die Schuldfähigkeit, S. 143 (161).

128 *Roxin*, Strafrecht AT, § 19 Rn. 36 ff.; siehe zu seinem Ansatz Kapitel 4 III 2.3.2.1.

129 Die „normative Ansprechbarkeit" wird ganz unterschiedlich verstanden; zumeist handelt es sich dabei lediglich um einen anderen Begriff von (normativ unterstellter) alternativistischer Willensfreiheit, letztlich auch bei *Roxin* (vgl. Kapitel 4 III 2.3).

6. Die Schuld als Attest der Selbstbestimmungsfähigkeit

Bei Beibehaltung der Schuld würde die Entscheidung über die Schuld des Täters ihm Selbstbestimmung und Verantwortung für seine Tat bescheinigen. Der Schuldspruch seitens des Staates ist für das Wertgefühl von nicht geringer Bedeutung. Es dient dem Ausschluss des Gefühls von Bevormundung, wo keine Bevormundung angebracht ist. Es verhilft dazu, dass sich der Täter als Träger von Verantwortung und als autonomes Subjekt begreift.[130] Das Gefühl der Bevormundung und die Verweigerung des Selbstbestimmtheitsstatus können den Strafzwecken sogar zuwiderlaufen, weil sie den Gefühlen des Unverstandenseins und der Verantwortungslosigkeit (aufgrund von Neutralisierung[131] des eigenen Verhaltens) Vorschub zu leisten in der Lage sind. Der Täter wird mit der Schuld, in den Worten *Hegels* (aber nicht in seinem Sinn[132]), als ein Vernünftiger und Selbstbestimmter geehrt, dem überhaupt erst dann ein Wahlrecht, wie es *G. Merkel* und *Roth* vorgeschlagen haben, zugestanden werden kann. Wie noch aufzuzeigen ist, ist die Verknüpfung von persönlicher Verantwortung mit der selbstbestimmten Tat auch unter einem Schuldbegriff denkbar, der von der indeterministischen Willensfreiheit losgelöst ist. Dafür muss nicht gänzlich auf die strafrechtliche Schuld verzichtet werden.

IV. Zusammenfassung

Das Schuldprinzip hat eine Abwehrfunktion gegenüber Entwicklungen zum nach-präventiven Strafrecht. Sie begrenzt präventive Interessen bei der Strafzumessung und tritt als Grundprinzip für die Restriktion der Maßregel ein. Die Feststellung der Schuld ehrt den Täter als Verantwortlichen und (verständig) Selbstbestimmten. Die Schuld wird mit ihrer Ausrichtung auf die Selbstbestimmungsfähigkeit und Verantwortungsfähigkeit zum Schutz gegen ein ausuferndes nach-präventives Sicherheitsstrafrecht, indem sie auf die Restriktion verweist und damit

130 Vgl. *Christen*, in: *Senn/Puskás* (Hrsg.), Gehirnforschung und rechtliche Verantwortung, S. 141 (141).
131 Vgl. *Sykes/Matza*, in: *Sack/König* (Hrsg.), Kriminalsoziologie, S. 360 (366 ff.).
132 Siehe Kapitel 5 III 3.3.

zugleich das ultima ratio Gebot bekräftigt. Menschen sind als selbstbestimmte Personen zu achten, sodass strafrechtliche und strafrechtsähnliche Eingriffe erst nach einer rechtsgutverletzenden Tat zulässig bleiben.

Mit dem Festhalten am Tatschuldprinzip wird der Gefahr einer Übersicherungsgesellschaft vorgebeugt. Individualität, Freiheit und Hoheit über sich selbst (Selbstbestimmung)[133] sind höchste Werte unserer Gesellschaft. Zu einer Rechtsgesellschaft, die Rechte und Pflichten erhebt, gehört der Rechtsbruch zwangsläufig dazu (wo Recht, da auch der Rechtsbruch).

Wie viel Sicherheit ist erlaubt? Der Einzelne genießt Schutz vor übermäßiger Aufopferung für die Zwecksetzungen der Gesellschaft und des Staates. Das Strafrecht ist jedenfalls nicht nur einer Seite verpflichtet.[134]

Existiert Schuld[135], verstößt der Verzicht auf die Schuld gegen die Menschenwürde, die den Staat dazu verpflichtet, den Menschen so zu nehmen wie er ist. Wenn dem Täter Schuld zugesprochen werden kann, muss dies auch bei den staatlichen Eingriffen Berücksichtigung finden. Alles andere liefe sozusagen auf eine Verleumdung der Schuld und damit des Täters hinaus.

---

133 Zur Begründung im deterministischen Menschenbild siehe Kapitel 5 III 3.

134 Darüber hinaus spricht noch ein praktisches Argument gegen das Aufgeben der Schuld: Ob die Gesellschaft jetzt und in Zukunft bereit sein wird, die Suche nach „dem Schuldigen" aufzugeben, erscheint fraglich. So ist das Bild von der Schuld bzw. von dem Schuldigen, dem Konsequenzen drohen, stark in der Gesellschaft etabliert. Das Strafrecht ist gleichzeitig mit der Gesellschaft eng verknüpft, weil es gesellschaftliches Leben regeln und Rechtsgüter schützen soll. Inwiefern das Strafrecht das dazu nötige Vertrauen erhält, wenn es ohne Schuld straft, scheint ungewiss, wenn nicht sogar unwahrscheinlich. Der Verzicht auf Schuld ist schwer vermittelbar.

135 Dass Schuld zwar wichtige Funktionen innehat, ist jedoch kein Beweis ihrer Existenz (vgl. auch *Arthur Kaufmann*, Schuldprinzip, S. 279).

Kapitel 3 Die Neurowissenschaften

„Die Neurowissenschaften weisen nun diesen extremen Subjektivismus nach, dass wir als Menschen zwingend erdverbunden sind, dass wir der Schwerkraft gehorchen müssen und unsere Leiblichkeit nicht nur nicht loswerden können, sondern aus ihr heraus leben – also leiblich sind“[1].

I. Erklärungsversuche des menschlichen Verhaltens

In den letzten Jahrzehnten hat sich das naturwissenschaftliche Methodenarsenal zur Erforschung der menschlichen Physiologie und Psychologie erheblich erweitert. Noch vor etwa hundert Jahren nutzte der Gründervater der modernen Neurowissenschaften, der spanische Neuroanatom *Santiago Ramón y Cajal*,[2] lediglich ein Mikroskop, um der Funktionsweise des Gehirns auf die Spur zu kommen.[3]

Die Faszination Gehirn hat bis heute nicht nur die Wissenschaft in ihren Bann gezogen, sondern auch den interessierten Bürger, der die bunten Bilder vom Gehirn mit seinen 100 Milliarden Nervenzellen[4] und seinen Trillionen Synapsen[5] in den Medien betrachten kann. Neue Bildgebungsverfahren[6] ermöglichen es, die Mechanismen, nicht je-

---

1 *Schlimme*, SANP 158 (2007), 97 (99).

2 Zu ihm *Grawe*, Neuropsychotherapie, S. 16.

3 1906 beschreibt *Cajal* die Kommunikation von Nervenzellen untereinander (*Carter*, Das Gehirn, S. 9).

4 *Carter*, Das Gehirn, S. 39; *Grawe*, Neuropsychotherapie, S. 45.

5 *Grawe*, Neuropsychotherapie, S. 45, 57.

6 Z.B. MRT (Magnetresonanztomografie), fMRT (funktionelle Magnetresonanztomografie), PET (Positronenemissionstomografie), MEG (Magnetenzephalographie). Siehe zur Funktionsweise *Zilles*, in: *Barton* (Hrsg.), "...weil er für die Allgemeinheit gefährlich ist!", S. 49 (50 ff.).

doch die bildlichen Inhalte von Kognition, Emotion und Entscheidungsfindung örtlich und zeitlich sichtbar zu machen.[7] Neu ist die klarere Lokalisation von Aktivitätszentren, die es ermöglichen, dem Gehirn bei der Arbeit zuzuschauen; hinzukommt das bessere Verständnis über die Wirkung chemischer Prozesse im Gehirn.

Die Faszination Gehirn entsteht, weil es wesentliche Grundlage für unser Selbst – für unsere Persönlichkeit – ist.[8] Während *Freud* aufgrund unüberwindbarer gesellschaftlicher Hindernisse in Bezug auf die Trennung zwischen der geisteswissenschaftlich ausgerichteten Psychologie und die naturwissenschaftlich ausgerichteten Physiologie die Erforschung der menschlichen Psyche anhand von Neuronen aufgeben musste[9], ist die Verbindung von Psychologie, Neurologie und Neurochemie heute selbstverständlich[10]. So zeigen sich an frontalhirngeschädigten Personen[11] und Personen, die mit frontaler Leukotomie[12] behandelt wurden, Persönlichkeitsveränderungen.[13] Eingriffe in das Gehirn vermögen den Menschen in seinen Wesenszügen stark zu verändern.[14]

Ohne Gehirn könnten wir nicht die Welt um uns herum erfahren, mit anderen Menschen kommunizieren, Erfahrungen verarbeiten, hö-

---

7 *Zilles*, Hirnforschung widerlegt nicht Freiheit, http://www.sprache-werner.info/28-X-Hirnforschung-widerlegt-nicht.2058.html (Stand: 07.04.2018).

8 *Eccles*, Die Evolution des Gehirns, S. 350 f. Ohne Gedächtnis wären wir immer jemand anderes – wir hätten keine Identität (*Pöppel*, Grenzen des Bewußtseins, S. 120).

9 *Verbeek*, in: *Oehler* (Hrsg.), Der Mensch – Evolution, Natur und Kultur, S. 155 (156).

10 Heute steigt die Tendenz, psychische Erkrankungen als Hirnkrankheiten aufzufassen (*Küchenhoff*, SANP 158 (2007), 129 (129, 130), vgl. z.B. *Holsboer*, Psychische Störungen sind Hirnerkrankungen, G&G 2011, 36 (36, 37)).

11 Beispielsweise Unfallverletzungen, Kriegsverletzungen, selbst beigebrachte Verletzungen.

12 Siehe dazu unten Kapitel 3 III.

13 *Kornhuber/Deecke*, in: *Petzold/Sieper* (Hrsg.), Der Wille, die Neurobiologie und die Psychotherapie I, S. 77 (102 f.); zu den Folgen einer Lobotomie siehe *Freeman/Watts*, Psychochirurgie, S. 146 ff.

14 Deswegen ist heute eine aktuelle Frage des „Neurorechts", ob Eingriffe, die ggf. die Persönlichkeit des Menschen ändern, zulässig sind (dazu *Northoff*, Personale Identität und operative Eingriffe in das Gehirn, 2001; *Rothärmel*, in: *Hübner* (Hrsg.) Dimension der Person: Genom und Gehirn, 2006, S. 130 ff.; *Hans-Werner Bothe*, Vortrag, zit. nach *S. Müller*, in: *dies./Zaracko/Groß/Schmitz* (Hrsg.), Chancen und Risiken der Neurowissenschaften, S. 63 (65)).

ren, singen, glauben, hoffen, erleiden, denken, Gefühle wie Liebe, Hass, Trauer, Sehnsucht spüren, sich fortbewegen und zu guter Letzt einen – wenn auch begrenzten – Blick auf uns selbst werfen. Wesentliche Aspekte unserer Selbsterfahrung würden entfallen.

Die modernen Neurowissenschaften haben sich die Erforschung von Gefühlen sowie des menschlichen Verhaltens zur Aufgabe gemacht. Nun geht es nicht mehr allein darum, wie Muskeln von Nervenzellen aktiviert werden, um einfache oder komplexe Bewegungen auszulösen, sondern wie Gründe und Motive in Gehirnkorrelaten menschliches Verhalten auslösen. Anstatt einfacher Reflexhandlungen rücken komplexe menschliche Willenshandlungen in den Vordergrund. Die Naturalisierung des Geistes bzw. des Mentalen, die im 17. Jahrhundert begann, schreitet voran und findet aktuell ihren Höhepunkt in der Erforschung des menschlichen Gehirns. Die Hirnforschung untersucht, welche Rolle die jeweilige Handlungsintension, die bewusste Entscheidung bzw. das Bewusstsein überhaupt spielt. Sie ergründet, wie Handlungsintentionen neuronal korreliert im Gehirn zustande kommen. Angelehnt an die Psychoanalyse Ende des 19. Jahrhunderts erfährt das Unterbewusstsein besondere Bedeutung in der neurowissenschaftlichen Forschung.

1. Die Erklärungsbefugnis der Hirnforscher

Zunehmens wird deutlicher, wie die Psyche von der Physiologie bzw. Mentales vom Materiellen abhängt, mit der Folge, dass die Annahme einer rein mentalen Steuerungsinstanz unseres Verhaltens (Ich-Instanz) immer mehr im Schwinden begriffen ist.[15] Gegen den Schluss, Willensfreiheit und Schuld seien unhaltbar, wenden sich verschiedene Wissenschaftsdisziplinen mit Hinweis auf verschiedenartige Sprach-

15 *Singer*, in: *Geyer* (Hrsg.), Hirnforschung und Willensfreiheit, S. 31 (43); *ders.*, Der Beobachter im Gehirn, S. 65 ff; *Mundt*, in: *Tröger* (Hrsg.), Wie frei ist unser Wille, 59 (669 f.). Bis Mitte der 1990er Jahre wurde die Vermutung für die Lokalisation eines Ortes mit „zentraler exekutiver Kontrollfunktion" („Zensor") gehegt, die sich mittlerweile in Richtung der Vorstellung eines Orchesters ohne Dirigenten hin verschob (*Mundt*, in: *Tröger* (Hrsg.), Wie frei ist unser Wille, 59 (68 ff.)). Vgl. Kapitel 1 I 3.3.1. Fn. 152.

spiele und unterschiedliche Perspektiven (sog. Kategorienfehler).[16] Es wird dabei die Kompetenz der Neurowissenschaften bei der Beantwortung von Fragen, die bisher vordergründig der Philosophie, aber auch den anderen Geisteswissenschaften, wie etwa der Rechtswissenschaft vorbehalten waren, bestritten.[17] Es erfolgt eine Trennung zwischen physikalischer, allein den Naturwissenschaften obliegender Betrachtungsebene (Mensch als Körper) und psychologischer, allein der Geisteswissenschaften obliegender Betrachtungsebene (Mensch als mentale Person).[18]

---

16 Dazu gehört auch die Unterscheidung zwischen Ursachen und Gründen: Hirnforscher untersuchen lediglich Ursachen (physische Erklärungen, physikalische Vorgänge, physiologische Vorgänge, neuronale Korrelate), aber zur Willensfreiheit führten nur Gründe (die mentalen Motive). Die Hirnforschung könne daher nie auf Willensfreiheit stoßen und über sie Aussagen treffen. Näher zum Problem des Kategorienfehlers: *Bieri*, in: *Gestrich/Wabel* (Hrsg.), Freier oder unfreier Wille, S. 20 (21 f.); *Cruse*, in: *Geyer* (Hrsg.), Hirnforschung und Willensfreiheit, S. 223 (225 f.); *Günther*, Schuld und kommunikative Freiheit, S. 246; *Hassemer*, ZStW 121 (2009), 829 (846); *Hillenkamp*, in: *T. Fuchs/Schwarzkopf* (Hrsg.), Verantwortlichkeit - nur eine Illusion?, S. 391 (408 f.); *ders.*, in: *Gestrich/Wabel* (Hrsg.), Freier oder unfreier Wille, S. 72 (85); *H. J. Hirsch*, ZIS 2010, 62 (65); *Kempermann*, Infektion des Geistes, FAZ v. 2.3.2004, S. 37 = in: *Geyer* (Hrsg.), Hirnforschung und Willensfreiheit, S. 235 (239); *Roth*, in: *Geyer* (Hrsg.), Hirnforschung und Willensfreiheit, S. 66 (82); NK-*Schild*, StGB, § 20 Rn. 8; *ders.*, in: *Buchheim/Pietrek* (Hrsg.), Freiheit auf Naturbasis, S. 155 (161 ff.); *Schockenhoff*, Wir Phantomwesen, FAZ v. 17.11.2003, S. 31; *ders.*, Diskussion zum Vortrag von Prof. Schockenhoff, in: *Gestrich/Wabel* (Hrsg.), Freier oder unfreier Wille, S. 67 (68 f.); *ders.*, in: *Stompe/Schanda* (Hrsg.), Der freie Wille und die Schuldfähigkeit, S. 3 (5 ff.); *H. Walter*, in: *Barton* (Hrsg.), "...weil er für die Allgemeinheit gefährlich ist!", S. 309 (317); *Welzel*, Das neue Bild des Strafrechtssystems, 3. Aufl. 1957, S. 42 ff.; *Zabel*, Rezension von *Detlefsen*, "Grenzen der Freiheit", HRRS 5/2007, 230 ff.

17 *Bieri*, in: *Heinze/T. Fuchs/Reischies* (Hrsg.), Willensfreiheit - eine Illusion, S. 35 (37 ff.). Der aktuelle Streit um die Willensfreiheit ist nicht nur ein Streit über Wahrheit und Erkenntnis, sondern auch ein Streit über die Deutungshoheit und die Leitdisziplin des 21. Jahrhunderts (*Rosenberger*, Determinismus und Freiheit, S. 191, 219).

18 Vgl. *Bieri*, in: *Gestrich/Wabel* (Hrsg.), Freier oder unfreier Wille, S. 20 (21 f.). Er geht von einer Supervenienzbeziehung zwischen physischer und psychischer Ebene aus (ebda; vgl. *Schild*, in: *Buchheim/Pietrek* (Hrsg.), Freiheit auf Naturbasis, S. 155 (161); zur Supervenienz siehe *R. Merkel*, Willensfreiheit und rechtliche Schuld, S. 93 ff.).

Daher beklagt *Roth*:

> *„Von einer Reihe von Philosophen und anderen Geisteswissenschaftlern wurde jüngst wieder nachdrücklich der Standpunkt vertreten, Hirnforscher dürften sich grundsätzlich nicht zu Problemen der Willensfreiheit äußern, weil die Frage nach der Willensfreiheit eine moralisch-ethische, philosophische, juristische und gesellschaftliche Frage sei, aber keineswegs eine Frage der Naturwissenschaften. Ein solcher Standpunkt ist unakzeptabel, weil er fruchtlose Denk- und Sprachverbote ausspricht und auf einer völlig überholten Trennung von Geistes- und Naturwissenschaft beruht"*[19].

Es lässt sich weiterhin einwenden, dass im Falle der Trennung beider Ebenen die Bedeutung des Menschen als Ganzes verloren geht. Dieser besteht aus Körperlichkeit und aus Psyche. Zum Menschen gehört neben seinen mentalen Fähigkeiten und Erscheinungen auch seine Körperlichkeit. Es ist unbestritten, dass Körperlichkeit die Grundlage für Mentales bildet. *Wolfgang Schild* ist recht zu geben, wenn er meint,

> *„die Hirnforschung ist eine Wissenschaft vom Menschen, der immer mehr ist als Gehirn; bzw. der ein Gehirn ist, mit dem er lebt, denkt usw., was er deshalb kann, weil er die Einheit von Körper/Leib und Psyche/Person ist"*[20].

Dadurch kommt es zwangsläufig zu Überschneidungen verschiedener Disziplinen, sodass die eine der anderen aus ihren Erkenntnissen Anregungen geben darf. Die eigentliche Frage ist nicht das Äußern-Dürfen zu bestimmten Themen, sondern wem die Entscheidungshoheit obliegt. Die Neurowissenschaften dürfen sich zu der Art und Weise des Entstehens von Gefühlen, Entscheidungen und Verhalten äußern und auch Thesen aufstellen, die gewisse Freiheitsverständnisse anderer Disziplinen tangieren.

Die Neurowissenschaften haben jedoch nicht die Letztentscheidung über Deutungsinhalte von wertausfüllungsbedürftigen Begriffen. Was diejenige Wissenschaftsdisziplin, die die Entscheidung am Ende zu treffen hat, aus dem interdisziplinären Diskurs macht, liegt letztlich bei ihr. Für das Strafrecht bedeutet dies, dass die Strafrechtswissenschaft bestimmt, was unter *strafrechtlicher Schuld* zu verstehen ist und wann ein Mensch *strafrechtlich* zur *Verantwortung gezogen* werden darf, dass sich die Neurowissenschaften aber durchaus dazu äußern

---

19 *Roth*, in : *Geyer* (Hrsg.), Hirnforschung und Willensfreiheit, S. 66 (74).
20 *Schild*, in: *Buchheim/Pietrek* (Hrsg.), Freiheit auf Naturbasis, S. 155 (165 f.).

dürfen, welche Fähigkeiten der Mensch tatsächlich besitzt, also auch zu der hier diskutierten Frage, ob der Mensch objektiv tatsächlich anders handeln kann, soweit dies Voraussetzung von Schuld ist.

Roth kritisierte nur eine bestimmte Freiheitsannahme: Das Anders-Können unter den gleichen Bedingungen (Indeterminismus), wonach sich der Mensch im Zeitpunkt der Tat t von auf ihn einwirkende Faktoren lösen oder daran verhaftet bleiben könne – beide Wege stünden ihm in Willensfreiheit bzw. Entscheidungsfreiheit offen. Er bezweifelt den „starken Begriff" bzw. „alternativistischen Begriff" von Willensfreiheit.[21] Dabei ging er davon aus, dass dieser Freiheitsbegriff Grundlage des strafrechtlichen Schuldbegriffs ist. Deshalb ist seine Schlussfolgerung: Wenn diese Freiheit fällt, muss auch der dazugehörige Schuldbegriff fallen.

2. Die unbewussten Prozesse der Verhaltensplanung und -steuerung

2.1. Die Libet- und Nachfolgeexperimente

2.1.1. Die Libet-Experimente

Eine Experimentenreihe aus den 80er Jahren des letzten Jahrhunderts sorgte in der aktuellen Diskussion für Aufsehen. Die Argumentationskette der Willensunfreiheit stützt sich teilweise auf die sog. *Libet*-Experimente, die in neuerer Zeit durch andere Experimente weitestgehend bestätigt wurden.

Alles begann mit der Entdeckung des Bereitschaftspotentials in den 1960er Jahren durch die deutschen Neurowissenschaftler *Hans H. Kornhuber* und *Lüder Deecke*.[22] Sie konnten mit Hilfe des EEG[23] zeigen, dass bei einfachen Handlungen, wie einer Handbewegung, ein Vorzeichen im Gehirn auftritt: das Bereitschaftspotential. Der Willens-

21 Vgl. z.B. *Roth*, Diskussion zum Vortrag von Prof. Hillenkamp, in: *Gestrich/Wabel* (Hrsg.), Freier oder unfreier Wille, S. 90 (90).

22 *Kornhuber/Deecke*, Pflügers Arch Physiol 281 (1964), S. 52; *dies.*, *Pflügers Arch Physiol* 284 (1965), S. 1 ff.

23 Elektroenzephalogramm.

handlung[24] geht 800 Millisekunden oder länger (bis zu 1,5 Sekunden) eine elektrische Veränderung der Gehirnaktivität, ein negatives Hirnpotential, im Bereich der Kopfhaut des Parietallappens (supplementär motorischer Cortex) voraus.[25] Dieses sog. Bereitschaftspotential gehört nach *Kornhuber* und *Deecke* zu jenen Prozessen im Gehirn, „die im Bewusstsein als Bereitschaft zum Handeln erscheinen".[26]

Libet fand es überraschend, dass zwischen Bereitschaftspotential und Ausführung der Handlung etwa 1 Sekunde lag. Entsprechend der Alltagserfahrung müsste die Entscheidung vor der Bereitschaftshaltung fallen und anschließend die Handlung erfolgen. Dann müsste bei einer *spontanen* Willenshandlung die Entscheidung mitunter bis zu 1,5 Sekunden (0,8 bis 1,5 Sekunden) vor der Handlung getroffen sein, was bei Spontanhandlungen zu lang wäre. Das legt den Verdacht nahe, dass bereits *vor* der bewussten spontanen Entscheidung die Ausführung der Handlung initiiert sein könnte. Dementsprechend vermutete *Libet*,

> *„dass es eine Diskrepanz zwischen dem Beginn der Gehirnaktivität und der Zeit des Erscheinens der bewussten Handlungsabsicht geben könnte"*[27].

Dass etwa 1,3 Sekunden[28] zwischen Reiz und Handlungseinleitung zu lang sind, veranschaulicht *Eduard Dreher* anhand mehrerer Bespiele,

---

24 Im Sinne von „willensgetragen". Willenshandlungen nach *Libet* liegen vor, wenn es keine äußeren Hinweisreize für den Handlungsvollzug gibt, keine äußeren Beschränkungen auf den Zeitpunkt, das Gefühl der Verantwortlichkeit und Urheberschaft der Handlung beim Probanden vorhanden ist (*Libet*, Mind Time, S. 164).

25 *Detlefsen*, Grenzen der Freiheit, S. 271; *Kornhuber/Deecke*, SANP 159 (2008), 133; *Libet*, Mind Time, S. 164.

26 *Kornhuber/Deecke*, Pflügers Arch Physiol 284 (1965), S. 1 (5).

27 *Libet*, Mind Time, S. 161.

28 *Dreher* kommt in einer Addition aus 0,8 Sekunden, die laut *Kornhuber/Deecke* für das Zustandekommen einer Aktion, an die die Pyramidenzellen in der motorischen Rinde beteiligt sind, benötigt werden und 0,5 Sekunden, die zur Bewusstwerdung eines Reizes zudem noch vergehen müssen, auf 1,3 Sekunden (Die Willensfreiheit, S. 287 f.). *Libet* beschäftigte sich bereits seit den 50er Jahren des 19. Jh. mit dem menschlichen Bewusstsein und seiner zeitlichen Entstehung. Im Rahmen von Hirnoperationen hatte er die Möglichkeit, direkt den menschlichen Cortex elektrisch zu stimulieren. Dabei spüren Patienten nicht die Stimulation des somatosensorischen Cortex, sondern ein Kribbeln auf einen in diesem Cortex repräsentierten Hautareals. *Libet* fand heraus, dass die elektrische, kortikale Stimulation mindestens eine halbe Sekunde andauern musste, bis sie der Patient bewusst verspürte. Wurde dagegen das Hautareal direkt stimuliert, genügte ein einziger elektrischer Impuls. Dies veranlasste *Libet* zu einem weiteren Experiment, aus dem er

wie einem Pianisten, der 133 Klaviertastenanschläge pro Minute schafft, einem Leichtathleten, der 0,10 Sekunden benötigt, um sich nach dem Startschuss in Bewegung zu setzen, sowie einer Sekretärin, die sechs Anschläge in der Sekunde bei einem unbekannten Diktat benötige.[29]

Libet untersuchte daher, wann der Handlungswille im Verhältnis zum Bereitschaftspotential und der Handlung auftrat. Er bezweifelte die Ergebnisse von *Kornhuber* und *Deecke;* so wollte er die Willensfreiheit vielmehr beweisen[30] anstatt sie mit unbewussten Handlungseinleitungen und zeitlichen Rückdatierungen von Bewusstseinsinhalten[31] zu widerlegen. *Libet* untersuchte dazu den zeitlichen Ablauf einer spontanen Willenshandlung hinsichtlich:

(1) Bereitschaftspotential (als Anzeichen der Vorbereitung einer motorischen Handlung im Gehirn),
(2) Auftreten der bewussten Handlungsabsicht und
(3) Ausführung der motorischen Handlung.

Dazu wies er seine Probanden an, ihre Hand zu beugen, wann immer sie das zu tun wünschten – ohne aber die Handlung im Voraus zu planen.[32] Anhand eines schnell rotierenden Punktes auf einer Art „Wundtschen Komplikationsuhr" (aus einem Kathodenstrahloszilloskop) sollten sie sich den Zeitpunkt des Auftretens ihres bewussten Handlungswillens merken. Die Uhr besteht aus einer Scheibe mit Ziffern, auf der der im Uhrzeigersinn rotierende Punkt für eine Umdre-

---

schlussfolgerte, dass es einer mindestens 0,5 Sekunden andauernden kortikalen Aktivität bedürfe, bis der Reiz bewusst wahrgenommen wird, und dass in diesem Falle das Gehirn die bewusste Wahrnehmung der Stimulierung des Hautbereichs rückdatiert (sofern das „Zeitsignal", ein spezielles evoziertes Potential im somatosensorischen Cortex, auftritt), sodass der Mensch glaubt, ihm wird alles echtzeitlich bewusst, *Libet/Alberts/Wright/Delattre/Levin/Feinstein*, Journal of Neurophysiology 27 (1964), 546 (546 ff.); *Herrmann/Dürschmid*, in: *T. Fuchs/Schwarzkopf* (Hrsg.), S. 128 f.; *Libet*, Mind Time, S. 57 ff., 101 ff. Bereits zu dieser Zeit war *Libet* klar, dass der bewussten Wahrnehmung unbewusste neuronale Aktivität vorausgeht, die mindestens 0,5 Sekunden andauern muss. Damit stellte sich für ihn die Frage, ob dies auch bei Willensentscheidungen der Fall ist.

29 *Dreher*, Die Willensfreiheit, S. 287 f.

30 *Roth*, Fühlen, Denken, Handeln, S. 518 f.

31 Siehe dazu *Libet*, Mind Time, S. 57 ff., 123 ff.; sogleich mehr.

32 *Libet*, Mind Time, S. 162.

hung nur 2,56 Sekunden benötigt.[33] Der Zeitpunkt der Bewegung wurde in das Belieben der Probanden gestellt.[34] Zugleich wurde mittels EEG das Bereitschaftspotential, das durch mehrere Versuche gemittelt wurde, gemessen.[35] Das Einsetzen der Bewegung wurde mithilfe eines Elektromyogramms (EMG), das kleinste Bewegungen registriert, ermittelt.[36]
Die Ergebnisse sind:[37]

(1) Das Bereitschaftspotential setzt etwa 0,55 Sekunden,
(2) das Bewusstsein (der bewusste Entschluss) hingegen erst etwa 0,20 Sekunden *vor* der Handlung ein.

Der bewusste Entschluss ist damit erst etwa 0,35 Sekunden *nach* der Aktivierung des Bereitschaftspotentials lokalisiert; d. h. etwa 0,35 Sekunden nach dem das Gehirn mit der Vorbereitung der Handlung begonnen hat. Das führt zur Annahme, dass unbewusste Prozesse wesentlich an der Handlungsinitiation beteiligt sind – vielleicht stärker beteiligt als das Bewusstsein und der bewusste Wille?

2.1.2. Die geläufige Interpretation

Damit scheint sich zu bestätigen, was der schottische Philosoph *David Hume* vor über 250 Jahren unter „Wille" verstand, nämlich nicht mehr und nicht weniger als lediglich der

> *„innerliche Eindruck, den wir fühlen und dessen wir uns bewußt werden, wenn wir mit Bewußtsein eine Bewegung unseres Körpers oder eine Perzeption des Geistes ins Dasein rufen"*[38].

33 Vgl. *Detlefsen*, Grenzen der Freiheit, S. 278; *Roth*, Fühlen, Denken, Handeln, S. 519; *Libet*, Mind Time, S. 162; *Prinz*, in: *v. Cranach/Foppa* (Hrsg.), Freiheit des Entscheidens und Handelns, S. 86 (99).

34 *Libet*, Mind Time, S. 162.

35 *Libet*, Mind Time, S. 163.

36 *Detlefsen*, Grenzen der Freiheit, S. 278; *Roth*, Denken, Fühlen, Handeln, S. 519.

37 *Libet*, Unconscious Cerebral Initiative and the Role of Conscious Will in Voluntary Action, Behavioral and Brain Sciences 8 (1985), 529 ff.

38 *Hume*, Ein Traktat über die menschliche Natur, S. 136.

Der Wille sei ein bloßer subjektiver Eindruck; seine initiierende oder bloß beeinflussende Eigenschaft eine Illusion[39], die entsteht, wenn wir uns einer Bewegung bewusst werden.[40] Heutige Neurowissenschaftler scheinen diese Vorahnung zu bestätigen und interpretieren *Libets* Ergebnisse dahin, dass die Handlungsentscheidung bereits vor der bewussten Intention unbewusst gefällt werde, sodass jedenfalls nicht die bewusste Intention die kausale Grundlage für die Handlung sei, sondern vielmehr unbewusste Prozesse.[41] Damit werde die Vermutung bestärkt, wie *Roth* ausführt,

> *„dass der Willensakt nicht die Ursache, sondern vielmehr eine direkte oder indirekte Folge des Bereitschaftspotentials und damit der mit ihm zusammenhängenden Hirnprozesse ist"*[42]. *„Der Willensakt tritt auf, nachdem das Gehirn bereits entschieden hat, welche Bewegung es ausführen wird"*[43].

Die Ungleichzeitigkeit wird als Beleg für die Entscheidung durch das Gehirn – anstatt unserem bewussten Selbst – herangezogen.

---

39 In der aktuellen Diskussion sprachen von einer Illusion bspw.: *Singer*, Ein neues Menschenbild, 58 f.: „Er wird von uns als Realität erlebt und wir handeln und urteilen so, als gäbe es ihn. Der freie Wille, oder besser, die Erfahrung, einen solchen zu haben, ist somit etwas reales, extrem Folgenreiches. Insofern als sich die Mehrheit der gesunden Menschen zu dieser Erfahrung bekennt, ist sie also keine Illusion, wie etwa eine Halluzination. Aber aus Sicht der Naturwissenschaft ergibt sich die mit der Selbstwahrnehmung unvereinbare Schlussfolgerung, dass der ‚Wille' nicht frei sein kann"; *Roth*, Biologie in unserer Zeit 28 (1998), 6 (13): „[Wir müssen] das Gefühl, unser subjektives Ich sei Ursache und Ausgangspunkt unserer Handlungen als Illusion ansehen. Dieses Gefühl kommt offenbar nachträglich auf, nachdem im Gehirn schon 'alles' entschieden ist"; auch *Markowitsch*, Psychologische Rundschau 55 (2004), 163 (164, 167); *Wuketits*, in: *Petzold/Sieper*, Der Wille, die Neurobiologie und die Psychotherapie I, S. 57 (66) betont die Nützlichkeit; so auch *Grün*, in: *Roth/Grün*, Das Gehirn und seine Freiheit, S. 29 (40), der eine nützliche Illusion für möglich hält; *Verbeek*, in: *Oehler* (Hrsg.), Der Mensch – Evolution, Natur und Kultur, S. 155 (162): „Freier Wille im idealen immateriellen Sinne ist eine Illusion, aber Verantwortung hat man"; siehe bereits den Titel bei *Wegner*, The Illusion of Conscious Will.

40 *Drewermann*, Atem des Lebens II, S. 835.

41 *Prinz*, in: *v. Cranach/Foppa* (Hrsg.), Freiheit des Entscheidens und Handelns, S. 86 (99).

42 *Roth*, in: *Gestrich/Wabel* (Hrsg.), Freier oder unfreier Wille, S. 37 (39).

43 *Roth*, Fühlen, Denken, Handeln, S. 523.

2.1.3. Die Kritik an den Libet-Experimenten

Die Kritik[44] an den Libet-Experimenten als Beweisgrundlage für das Fehlen von Willensfreiheit ist zahlreich. Experimente unter Laborbedingungen spiegeln nicht reale Situationen wider. Die Anweisungen waren zu ungenau, denn was bedeutet die Anweisung „Drang, sich zu bewegen zu verspüren“ für den Probanden?[45] Unter einem Drang bzw. dem Innehorchen nach einer Willensregung wird eher als etwas Passives verstanden, aber bewusste Entscheidungen werden dagegen vielmehr als etwas Aktives empfunden. Daher wird eingewendet, dass *Libet* unbewusste Bewegungsimpulse anstatt echter Intentionen maß, die durch die Experimente lediglich bewusst gemacht wurden.[46]

Zudem stünden die Entscheidung und die konkrete Handlung (innerhalb eines begrenzten Zeitrahmens und nur 1x pro Versuchsdurchgang) bereits zu Versuchsbeginn mit der Handlungsanweisung fest, nur der Zeitpunkt der Ausführung wäre noch unklar gewesen.[47] Damit wird die im Versuch erfolgte Intention zur Handbewegung unter der Qualität einer Entscheidung herabgewürdigt.

---

44 Eine sehr gute, umfassende Auseinandersetzung mit den Libet-Experimenten findet sich bei *Detlefsen*, Grenzen der Freiheit, S. 280 ff., m.w.N. In Anbetracht dieser Darstellung und dem mittlerweile erfolgten Abschluss der Diskussion über die Aussagekraft, soll hier eine derart tiefgehende Auseinandersetzung unterbleiben.

45 *Heun*, in: *Lampe/M. Pauen/Roth* (Hrsg.), Willensfreiheit und rechtliche Ordnung, S. 276 (285).

46 *Heun*, in: *Lampe/M. Pauen/Roth* (Hrsg.), Willensfreiheit und rechtliche Ordnung, S. 276 (285); *H. Walter*, Neurophilosophie der Willensfreiheit, S. 307; *Keller/Heckhausen*, Readiness Potentials Preceding Spontaneous Motor Acts, Electroencephalography and Clinical Neurophysiology 76 (1990), S. 351 (360).

47 *Bridgeman*, Free Will and the Function of Consciousness, Behavioral and Brain Sciences 8 (1985), 540; *Herrmann/M. Pauen/Min/Busch/Rieger*, in: *Herrmann/M. Pauen/Rieger/ Schicktanz*, Bewusstsein, 121 (123); *Hillenkamp*, JZ 2005, 313 (319); *H. J. Hirsch*, ZIS 2010, 62 (63); *H. Helmrich*, Das verbiete ich mir, FAZ v. 30.12.2003; *ders.*, in: *Geyer* (Hrsg.), Hirnforschung und Willensfreiheit, S. 92 (94); *Heun*, JZ 2005, 853 (856); *Habermas*, Deutsche Zeitschrift für Philosophie, 2004, S. 871 (871); *Keller/Heckhausen*, Readiness Potentials Preceding Spontaneous Motor Acts, Electroencephalography and Clinical Neurophysiology 76 (1990), S. 360; *Schreiber*, Jahrbuch für Wissenschaft und Ethik 2005, 23 (27 f.); *H. Walter*, Neurophilosophie der Willensfreiheit, S. 307 f.; *Zilles*, Hirnforschung widerlegt nicht Freiheit, http://www.sprache-werner.info/28-X-Hirnforschung-widerlegt-nicht.2058.html (Stand: 07.04.2018).

Was dieses Argument abschwächt, ist die Tatsache, dass *Libet* seinen Probanden die Wahl bezüglich der einzelnen Bewegungsart beließ. So konnten sie etwa ihr Handgelenk beugen oder mit den Fingern einfache Schnippbewegungen machen.[48] Die Entscheidung über die konkrete Bewegungsausführung, die hunderte Armbewegungen umfasst, war also noch nicht gefällt. Handlungsentscheidungen gab es demnach[49]. Diese Kritik wurde auch zum Großteil durch die modifizierte Versuchsanordnung des Nachfolge-Experiment von *Haggard* und *Eimer*[50] entkräftet, da sie die Handlungsentscheidung einbauten, den linken oder den rechten Finger zu bewegen. Diese spezifischen Entscheidungen waren bei Versuchsbeginn noch nicht gefällt.[51]

Zudem kann eine einige Zeit (Stunden, Tage, Wochen, etc.) vorher gefällte Entscheidung im spezifischen Moment bestätigt bzw. aufgehoben werden, man denke etwa an eine vorher gefällte Tötungsabsicht, die zu Beginn der Ausführungshandlung (Zeitpunkt des Versuchsbeginns) mit Wollen bestätigt oder bei Nicht-Mehr-Wollen fallen gelassen wird. Diese zweite Entschließung hat Entscheidungscharakter und ist für das Strafrecht sogar der Anknüpfungspunkt der Beurteilung.

Es wurde aber berechtigt kritisiert, dass die Einführung dieser Entscheidungsoption nicht der Realität nahe komme: Es handelt sich um eine andere Art der Entscheidung, weil sich der Mensch oftmals zwischen Optionen entscheiden muss, an denen echte Konsequenzen hängen. Dieser Entscheidungsprozess dauere durch das Abwägen oftmals länger, was nicht in Millisekunden gemessen werden könne.[52]

Dieser Einwand trifft jedoch nicht immer auf deliktisches Verhalten zu, bei dem es sich durchaus und nicht selten um Spontanverhalten handelt (z.B. Körperverletzungsdelikte, Tötungsdelikte); nicht alle De-

---

48 *Detlefsen*, Grenzen der Freiheit, S. 282; *Libet/Wright/Gleason*, Readiness Potentials Preceding Unrestricted Pre-Planned Voluntary Acts, Electroencephalography and Clinical Neurophysiology, 54 (1982), 322 (324); *Libet*, Do We Have Free Will?, Journal of Consciousness Studies 6 (1999), 47 (49).

49 Dagegen *Heun*, in: *Lampe/M. Pauen/Roth* (Hrsg.), Willensfreiheit und rechtliche Ordnung, S. 276 (286).

50 *Haggard/Eimer*, On the relation between brain potentials and the awareness of voluntary movements, Exp Brain Res 126 (1999), 128 (128 ff.).

51 *Detlefsen*, Grenzen der Freiheit, S. 282.

52 *Heun*, in: *Lampe/M. Pauen/Roth* (Hrsg.), Willensfreiheit und rechtliche Ordnung, S. 276 (286); *Brücher/Gonther*, Fortschr Neurol Psychiat 74 (2006), 194 (197).

likte sind im Voraus durchdacht und im Einzelnen durchgeplant. Der Mann der seine Frau im Streit erschlägt, hat seine Entscheidung plötzlich, wenn nicht sogar unter einer Sekunde gefällt. Entscheidungen können in kürzester Zeit aus dem situativen Kontext heraus getroffen werden. Und dennoch hat der Täter für dieses Spontanverhalten strafrechtlich grundsätzlich die Verantwortung zu tragen.[53] Diese Entscheidungen haben jedoch aufgrund der drohenden Konsequenzen eine andere Qualität als das bloße Bewegen einer Hand oder das Drücken einer Taste.

Die obige Interpretation scheint sehr plausibel zu sein; aber aus der Kritik heraus entstand eine andere interessante Interpretation, die bereits bei der Frage ansetzt, was das Bereitschaftspotential tatsächlich ist. Bis heute ist nicht geklärt, was es genau anzeigt:[54] Leitet es eine *spezifische* Handlung ein oder nur eine *unspezifische Erwartung*, sodass es lediglich das *unspezifische* Bereitmachen für *irgendeine* Handlung ankündigt.[55] Vieles spricht dafür, dass es lediglich die *allgemeine Bereitschaft* zur Handlung vorbereitet: „Für den Fall, dass etwas passiert, wird schon einmal das Wichtigste vorbereitet". Das hieße, dass es lediglich Anzeichen der allgemeinen Bereitschaft wäre und nicht die spezifisch gefällte Entscheidung anzeige.

Der Neuroanatom *Karl Zilles* bezweifelt sogar darüber hinaus die gängige Interpretation des Bereitschaftspotentials und meint, es wäre kein

> *„simpler motorischer Befehl an hierarchisch untergeordnete motorische Stationen […], [sondern] das messbare Phänomen einer kognitiven Leistung, die eine willentliche Entscheidung des Subjekts repräsentiert"*[56].

53 Siehe kritisch zu Affekten *Schiemann*, Unbestimmte Schuldfähigkeitsfeststellungen, S. 246 ff., m.w.N.

54 *Urbaniok/Hardegger/Rossegger/Endrass*, in: *Senn/Puskás* (Hrsg.), Gehirnforschung und rechtliche Verantwortung, S. 117 (130).

55 *Herrmann/M. Pauen/Min/Busch/Rieger*, in: *Herrmann/M. Pauen/Rieger/Schicktanz* (Hrsg.), Bewusstsein, 121 ff.; siehe auch *Birbaumer*, in: *Geyer* (Hrsg.), Hirnforschung und Willensfreiheit, S. 27 (28), der im Bereitschaftspotential lokale vorbereitende Erregungsveränderungen repräsentiert sieht, die lediglich eine mobilisierende Wirkung auf neuronale Verarbeitungsvorgänge haben.

56 *Zilles*, Hirnforschung widerlegt nicht Freiheit, http://www.sprache-werner.info/28-X-Hirnforschung-widerlegt-nicht.2058.html (Stand: 07.04.2018).

Es ist daher denkbar, dass es mehr ist als die bloße motorische Steuerung, nämlich das Bewusstwerden der Entscheidung. Trotzdessen schließt er nicht aus, dass eine Entscheidung unbewusst gefällt wird. Eine Entscheidung werde, so *Zilles*, immer erst nach neuronalen Mechanismen „post hoc" bewusst.[57]

Mit der bisher nicht geklärten Frage nach der Bedeutung des Bereitschaftspotentials fehlt es schon an der Grundlage für die sichere Interpretation der Libet-Experimente.

2.1.4. Die Bedeutung der Libet-Experimente für die Willensfreiheitsfrage

Es lässt sich bereits vorwegnehmen, dass die Debatte darüber, ob die Libet-Experimente die Willensfreiheit widerlegt haben, auch unter der gängigen Interpretation als beendet angesehen werden kann und muss.[58] Es wurde nicht die Existenz der Willensfreiheit als solche und schon gar nicht die Frage nach Verantwortung untersucht, sondern vielmehr die Bedeutung des (Unter-) Bewusstseins. *Libet* untersuchte letztlich nur, ob den bewussten Willensentscheidungen unbewusste Prozesse, die je nach Interpretation die Handlung mehr oder weniger einleiten, vorausgehen oder ob allein der bewusste spontane Wille die Handlung einleitet.

In der Diskussion um Willensfreiheit und Verantwortung erfährt die Frage nach der Rolle des Bewusstseins eine hohe Bedeutung, was daran liegt, dass Willensfreiheit und Bewusstsein aneinandergekoppelt zu sein scheinen. Willensfreiheit und Verantwortung werden oftmals nur dann bejaht, wenn das Bewusstsein entscheidungsleitend ist.[59] Als

57 *Zilles*, Hirnforschung widerlegt nicht Freiheit, http://www.sprache-werner.info/28-X-Hirnforschung-widerlegt-nicht.2058.html (Stand: 07.04.2018).

58 Im Ergebnis auch *Küchenhoff*, in: *Heinze/T. Fuchs/Reischies* (Hrsg.), Willensfreiheit – eine Illusion, S. 195 (196).

59 Der Brockhaus (Bd. 24, 1999, 219) beispielsweise definiert den Willen als *bewusstes*, zielgerichtetes Streben (Hervorhebung durch Verf.); *Falkenburg*, Mythos Determinismus, S. 391; *Griffel*, ZStW 98 (1986), 28 (40, 41); *C. Herrmann/M. Pauen/Min/Busch/Rieger*, in: *C. Herrmann/M. Pauen/Rieger/Schicktanz* (Hrsg.), Bewusstsein, S. 120 (130); *Jakobs*, ZStW 117 (2005), 247 (247): Verhalten ist ein „bewusst gesteuerte[r] oder steuerbare[r] Zustand des Körpers"; *Libet*, Mind Time, S. 186; *Lüderssen*, in: *Geyer* (Hrsg.), Hirnforschung und Willensfreiheit, S. 98 (99) = wir können nicht anders, FAZ v. 04.12.2003, der für einen selbstinitiierenden Willen auf ein von körperlichen Vorgängen losgelöstes Bewusstsein abstellt; *Nida-*

Grundlage des Rechtssystems gilt „ein sich selbst initiierender Wille, ein Bewusstsein, das nicht nur eine Folge bloß körperlicher Vorgänge ist".[60] Nach der geläufigen Interpretation der Libet-Experimente liegt jedoch das menschliche Verhalten in der Hand des Unterbewussten und das Bewusstsein habe allenfalls eine Vetofunktion[61] gegenüber der Ausführungshandlung, wie *Libet* selbst annimmt. Wenn der bewusste Wille durchschnittlich 200 ms vor der Handlung erscheint bzw. 150 ms vor der Muskelaktivierung, die 50 ms vor der motorischen Handlung erfolgt, dann bliebe dem Bewusstsein noch ausreichend Zeit, um das Endergebnis des Willensprozesses zu beeinflussen bzw. zu steuern und damit den Vollzug der Handlung.[62] Er ordnet diese Blockierfähigkeit einer außerhalb des Unbewussten[63] agierenden „bewußt geistigen Kraft" zu, die „in einem materialistischen und deterministischen Rahmen nicht erklärt werden kann"[64], wodurch er den Dualismus an dieser Stelle einführt[65]. Nur so kann er die indeterministische Freiheit retten: nur wenn dem Veto keine unbewussten neuronalen Prozesse zugrunde liegen, bleibt das bewusste Veto unabhängig von determinierenden Gehirnfunktionen.[66]

Dagegen lässt sich einwenden, dass eine Gegenentscheidung auch nicht aus dem Nichts resultiert, sondern, wie für alle bewussten Erlebnisse auch, zumindest aus Teilen des Unbewussten. Unbewusste neuronale Mechanismen und Motive sind daher oftmals auch im Veto

Rümelin/W. Singer, in: *Bonhoeffer/Gruss* (Hrsg.), Zukunft Gehirn, S. 253 (255); *Velleman*, What Happens When Someone Acts, Mind 101 (1992), 461 (461 ff.); siehe auch die Erläuterung über *Welzels* Verständnis von der „Zwecktätigkeit" seiner finalen Handlungslehre bei *Lampe*, ZStW 118 (2006), 1 (7 Fn. 24). Siehe unten Kapitel 3 I 2.4.

60 *Schreiber*, Jahrbuch für Wissenschaft und Ethik 2005, 23 (25); *Lüderssen*, in: Geyer (Hrsg.), Hirnforschung und Willensfreiheit, S. 98 (99).

61 Zur Rettung der bewussten Willensfreiheit mit Hilfe Theorie von der Vetofunktion des Bewusstseins setzen neben *Libet*, Mind Time, S. 177 ff. an: *Helmrich*, in: *Geyer* (Hrsg.), Hirnforschung und Willensfreiheit, S. 92 (95); *Heun*, in: *Lampe/M. Pauen/Roth* (Hrsg.), Willensfreiheit und rechtliche Ordnung, S. 276 (285); *Lampe*, ZStW 118 (2006), 1 (30); *Reinelt*, NJW 2004, 2792 (2793).

62 *Libet*, Mind Time, S. 176 f.

63 *Libet*, Mind Time, S. 187.

64 *Libet*, Mind Time, S. 183 unter Verweis auf *Schwartz/Begley*, The Mind and the Brain.

65 *Rosenberger*, Determinismus und Freiheit, S. 193.

66 Vgl. *Brücher/Gonther*, Fortschr Neurol Psychiat 74 (2006), 194 (198).

selbst relevant.[67] Dann erscheint aber auch das Veto nicht mehr allein der bewussten Willensfreiheit angelagert. *Libet* kann nicht erklären, wie das Veto von neuronalen Prozessen losgelöst entstehen soll.[68]

Ein Willensfreiheitsverständnis, das vom Bewusstsein als mentale Steuerungsinstitution abhängt, ist dennoch nicht widerlegt worden. Dass das Bewusstsein eine steuernde Bedeutung im indeterministischen Sinn haben kann, bleibt trotz der Libet- und seiner Nachfolgeexperimente prinzipiell, wenn auch mit Hilfe problematischer dualistischer Annahmen[69], weiterhin denkbar. Die Annahme eines nichtmateriell handelnden Agens kann nicht bewiesen, aber auch nicht widerlegt werden. Ein Determinismus, der aus Tausenden oder gar Millionen Faktoren besteht, kann nicht derart bewiesen werden, dass der kleinste Funke jenes immateriellen Agens erlischt. Lediglich eine Indizwirkung des modernen Determinismus kann mit Offenlegung verschiedenster beeinflussender Faktoren, wie sie etwa die Naturwissenschaften darzulegen versuchen, postuliert werden. Ein Anders-Können ist damit jedoch nicht widerlegt. Auch wenn man es in Anbetracht neuerer Forschungsergebnisse für unwahrscheinlich hält bzw. man nicht daran glaubt[70], dass dieses Anders-Können von einer mentalen Instanz, wie sie der Dualismus vorsieht, gesteuert wird, bleibt es doch immerhin denkbar. Damit bleibt auch eine Vetofunktion des Bewusstseins im Sinne *Libets* möglich.

2.2. Die neurobiologische Erklärung von Verhalten (Gerhard Roth)

Wohlwissend der begrenzten Aussagekraft der Libet-Experimente zieht auch *Roth* sie nicht zur alleinigen Begründung seiner These her-

67 *Roth*, in: *Elsner/Lüer* (Hrsg.), „...sind eben alles Menschen", S. 223 (238 f.); *ders.*, Das Gehirn und seine Wirklichkeit, S. 309; *Hofe/Klimchak*, G&G 2004/1, 28 (28); *R. Merkel*, Willensfreiheit und rechtliche Schuld, S. 95 Fn. 151; vgl. zur tieferen Auseinandersetzung mit der Vetotheorie *Detlefsen*, Grenzen der Freiheit, S. 296 ff.

68 *G. Merkel*, in: FS Herzberg, S. 3 (9).

69 So z.B. *Eccles*, wonach ein immaterielles, mentales Ereignis (sog. selbstbewusster Geist) auf materielle Strukturen, etwa Neurone, einwirken kann (*Eccles*, Die Evolution des Gehirns, S. 302 ff., 376, vgl. dazu auch die Ausführungen von *Dreher*, Die Willensfreiheit, S. 313 ff.; krit. zum Dualismus Kapitel 4 III 1.1.2.2).

70 Letztendlich handelt es sich um eine Glaubensfrage.

an.[71] Vielmehr stützt er sich auf die, seiner Auffassung nach, „empirisch robusteren“ Erkenntnisse der Hirnforschung über die Steuerung von Willkürhandlungen. Danach durchläuft die Verhaltenssteuerung *Roth* zufolge mehrere wesentliche Phasen[72], die hier nur kurz zusammengefasst dargestellt werden.[73] Die Verhaltenssteuerung erfolgt durch das Zusammenarbeiten der *bewusst* arbeitenden corticalen Zentren, also Zentren der Großhirnrinde, sowie der prinzipiell *unbewusst* arbeitenden subcorticalen Zentren, Zentren die außerhalb der Großhirnrinde liegen.[74] Als erstes tauchen Wünsche, Ziele und Pläne in den subcorticalen Strukturen, insbesondere der Amygdala, dem Hippokampus und dem mesolimbischen System auf und werden in den präfrontalen und orbitofrontalen Cortex geleitet, wo sie bewusst werden.

Es kommt zum rationalen und emotionalen Abwägen der Wünsche, Ziele und Pläne. Dies geschieht neuronal durch Kreisprozesse zwischen Großhirnrinde und den subcorticalen Strukturen (limbisches System, Basalganglien, Hippokampus, Amygdala). Der orbitofrontale Cortex hat dabei eine hemmende Wirkung[75] und entspreche sozusagen der rationalen Entscheidungskomponente[76]; die subcorticalen Strukturen entsprächen eher der emotionalen Komponente, die zum Großteil unbewusst bleibt und einen weitaus größeren Einfluss auf die Entscheidung nehme, als bisher von uns angenommen. Die Großhirnrinde könne nur mit „Zustimmung“ des limbischen Systems, dem emotionalen Erfahrungsgedächtnis und Bewertungssystem[77], das

71 Vgl. *Roth*, in: *Gestrich/Wabel* (Hrsg.), Freier oder unfreier Wille, S. 37 (39); *ders.*, Aus Sicht des Gehirns, 2009, S. 7.

72 *M. Pauen/Roth*, Freiheit, Schuld und Verantwortung, S. 96 f.

73 Für eine ausführliche Darstellung siehe *M. Pauen/Roth*, Freiheit, Schuld und Verantwortung, S. 80 ff.

74 *M. Pauen/Roth*, Freiheit, Schuld und Verantwortung, S. 80; *Roth*, in: *Gestrich/Wabel* (Hrsg.), Freier oder unfreier Wille, S. 37 (39).

75 *Roth*, in: *Gestrich/Wabel* (Hrsg.), Freier oder unfreier Wille, S. 37 (47). Etlichen Befunden zufolge ist der präfrontale Cortex an der Selbstkontrolle beteiligt. Strittig ist, ob es sich eher um die dorsalen oder die orbitofrontalen Areale handelt (*Knoch*, Z. Neurophsychol 18 (2007), S. 183 (184)).

76 Er hat eine wichtige Rolle bei der Einschätzung des Nutzens von Verhalten (*Thier*, in: *Karnath/Thier* (Hrsg.), Neuropsychologie, S. 471 (477)).

77 *Roth*, Das Gehirn und seine Wirklichkeit, S. 194; *ders.*, Biologie unserer Zeit 28 (1998), 6 (9); *ders.*, ZfPäd 50 (2004), 496 (499 f.).

Affekte, Gefühle und Motivation vermittelt[78], entscheiden. Sie habe lediglich eine „beratende" Funktion[79], denn letztendlich „entscheide" das limbische System. Sämtliche Erfahrungen seit der pränatalen Phase würden dort gesammelt und „bewertet" (ob lustvoll, vorteilhaft, negativ, schmerzhaft) und mit dem jeweiligen zur Auswahl stehenden Verhalten abgeglichen werden.[80] Damit habe das limbische System „das ‚erste Wort', nämlich beim Entstehen der Wünsche und Pläne, und das ‚letzte Wort' bei der Entscheidung".[81]

Nach der Entscheidung erfolgt die Handlungsausführung, die vom prämotorischen, supplementär motorischen und primär motorischen Cortex gesteuert wird. Danach werde die Handlung durch corticale und subcorticale Strukturen, z.B. dem dopaminergen Belohnungssystem, „bewertet".

Stark vereinfacht plant aufgrund von Wünschen, die im limbischen System entstünden, der präfrontale Cortex eine Willkürhandlung, die der „Zensur" subcortikaler Strukturen (mesolimbisches System, Amygdala[82]) des limbischen Systems sowie der „letzten Abfrage" der Basalganglien (dem „Handlungsgedächtnis"[83]) über das Ob und Wie des Verhaltens unterlägen (Doppelkontrolle)[84], um anschließend durch prämotorische und motorische Zentren ausgelöst und gesteuert zu werden.[85] Die subcorticalen Prozesse finden alle unbewusst statt. Nur die Prozesse des präfrontalen und orbitofrontalen Cortex sind bewusstseinsfähig. Das limbische System hat einen größeren Einfluss auf die Großhirnrinde als umgekehrt.[86] Damit findet *Roth* zufolge der Großteil der Verhaltenssteuerung unbewusst statt.

---

78 *Roth*, ZfPäd 50 (2004), 496 (498).

79 *Roth*, Diskussion zum Vortrag von Prof. Roth, in: *Gestrich/Wabel* (Hrsg.), Freier oder unfreier Wille, S. 48 (51).

80 *Roth*, ZfPäd 50 (2004), 496 (499 f.).

81 *M. Pauen/Roth*, Freiheit, Schuld und Verantwortung, S. 97.

82 Neuere Untersuchungen weisen insbesondere der Amygdala eine besondere Bedeutung für die emotionale Reizbewertung und Reaktionsauslösung zu (*Gahr*, in: *Dudel/Menzel/ Schmidt* (Hrsg.), Neurowissenschaft, S. 465 (479); *M. Pauen/Roth*, Freiheit, Schuld und Verantwortung, S. 91 f.; vgl. unten Kapitel 3 III 2).

83 *Roth*, in: *Gestrich/Wabel* (Hrsg.), Freier oder unfreier Wille, S. 37 (40).

84 *Roth*, Biologie unserer Zeit 28 (1998), 6 (12 f.).

85 *Roth*, Biologie unserer Zeit 28 (1998), 6 (10 f.).

86 *Roth*, Diskussion zum Vortrag von Prof. Roth, in: *Gestrich/Wabel* (Hrsg.), Freier oder unfreier Wille, S. 48 (51).

Demzufolge gehen bewusster geistiger Tätigkeit unbewusste Prozesse voraus, die bestimmend seien für den Zeitpunkt ihres Auftretens, ihre Intensität und ihre wesentlichen Inhalte.[87] Die unbewussten Prozesse beziehen sich nicht nur auf neuronale Prozesse, wie die Signalübertragung, sondern auch auf Prozesse, die unbewusste Motive und Faktoren repräsentieren. Dass Entscheidungsprozesse wesentlich unbewusst ablaufen und das menschliche Entscheiden und Verhalten stark beeinflussen, stimmt auch mit den Annahmen aus Psychologie und Psychiatrie überein.[88]

2.3. Die erste neurowissenschaftliche Vorhersage unbewussten Wollens (John-Dylan Haynes)

Zu dem Schluss, dass unbewusste Prozesse bei Willkürhandlungen bedeutend sind, kommt auch der Psychologe und Hirnforscher *John-Dylan Haynes,* der in einem Interview mit *Ulrich Schnabel* Folgendes erklärt:

> „*Eine Kaskade von unbewussten Prozessen fängt an, eine Entscheidung vorzubereiten, lange bevor diese ins Bewusstsein dringt. […] Was uns bewusst wird, ist nur dessen Spitze [eines Eisbergs]. Neunzig Prozent liegen unter Wasser – das sind die unbewussten Prozesse in unserem Gehirn*“[89].

In seinem Experiment[90], bei dem sich seine Probanden frei zwischen dem Drücken eines Knopfes mit der linken oder mit der rechten Hand

87 *M. Pauen/Roth,* Freiheit, Schuld und Verantwortung, S. 69.

88 Vgl. *Nedopil,* in: *Stompe/Schanda* (Hrsg.), Der freie Wille und die Schuldfähigkeit, S. 209 (215). Eine grafische Darstellung über die Entsprechung *Freuds* Dreiteilung des „psychischen Apparates“ (Über-Ich; Ich; Es) mit der Dreiteilung zerebraler Areale (Assoziationskortex; Hippocampus, Amygdala, Orbitalhirn; Hypothalamus, Septum, Hirnstamm) findet sich bei *Bogerts,* in: *F. Schneider* (Hrsg.), Entwicklungen der Psychiatrie, S. 335 (336).

89 *Haynes* zit. von *Schnabel,* Der unbewusste Wille, DIE ZEIT online v. 17.04.2008, http://www.zeit.de/2008/17/Freier-Wille (Stand: 07.04.2018).

90 *Haynes/Soon/Brass/Heinze,* Unconscious determinants of free decisions in the human brain, Nature Neuroscience 11 (2008), S. 543 ff. Zum Versuchsaufbau siehe *Bor,* G&G 2011/6, 14 (17). Kritisch dazu *Schleim,* Die Neurogesellschaft, S. 127 ff.; *ders.,* Die Hirnforschung und die Mär von der Freiheit, heise online v. 29.05.2008, http://www.heise.de/tp/artikel/28/28025/1.html (Stand: 07.04.2018).

entscheiden sollten[91], gelang es ihm, die Entscheidungen seiner Probanden noch vor deren Bewusstwerden mit Hilfe eines Kernspintomografen aus der Aktivität des frontopolaren präfrontalen Cortex an der Stirnseite des Gehirns vorherzusagen:

> *„Bereits etwa sieben bis acht Sekunden vor einer Entscheidung können wir diese anhand der gemessenen Hirnaktivität vorhersagen. Allerdings weist die Kernspintomografie eine drei- bis viersekündige Verzögerung auf. Das bedeutet, es vergehen tatsächlich mindestens zehn Sekunden, bevor die Information zu einer Entscheidung im Gehirn präsent ist*“[92].

Die Entscheidung der Probanden ließ sich jedoch nicht mit hundertprozentiger Sicherheit voraussagen. Die Häufigkeit richtiger Prognosen lag lediglich bei sechzig Prozent, was der Neurophilosoph *Stephan Schleim* als „keine wahnsinnig hohe Trefferquote“ kritisiert[93]. *Haynes* erwidert, dass viele hundert Messungen durchgeführt wurden, sodass „600 aus 1000 [...] ganz klar nicht Zufall, sondern [...] klar statistisch auffällig“[94] ist, was zumindest darauf hindeutet, dass die Entscheidung schon zu einem gewissen Grad unbewusst angebahnt war.[95] Interessant ist daher, dass *Haynes* und seine Mitarbeiter statistisch über dem Zufall liegende Vorhersagen machen konnten, noch bevor die Entscheidung dem Probanden bewusst wurde und das nicht lediglich im Millisekunden-Bereich, in dem sich *Libets* Experimente bewegten, sondern im Sekundenbereich. Auch wenn es sich um einfache Entscheidungen der Probanden handelte, lässt sich einerseits zeigen, dass unbewusste Prozesse eine große Bedeutung haben. Jedoch gab es eine hohe Zahl an Messungen, bei denen die Entscheidung von der Vorhersage abwich, was andererseits die Schlussfolgerung zulässt, dass die

---

91 Anhand einer vor ihren Augen abgespielten Buchstabenfolge sollten sie angeben, zu welchem Zeitpunkt ihre Entscheidung gefallen war.

92 *Haynes* im Interview mit *Sprenger/Gevorkian*, G&G online, Hirngespinst Willensfreiheit, http://www.gehirn-und-geist.de/alias/dachzeile/hirngespinst-willensfreiheit/968930 (Stand: 07.04.2018).

93 *Schleim*, Die Hirnforschung und die Mär von der Freiheit, heise online v. 29.05.2008, http://www.heise.de/tp/artikel/28/28025/1.html (Stand: 07.04.2018).

94 *Haynes*, Fortschritt und Dilemma, Interview mit Müller-Schmid, Deutschlandradio Kultur v. 01.07.2008.

95 *Haynes* wiedergegeben von Spiegel Online v. 14.04.2008, Studie nährt Zweifel an freiem Willen, http://www.spiegel.de/wissenschaft/mensch/hirnforschung-studie-naehrt-zweifel-an-freiem-willen-a-547074.html (Stand: 07.04.2018); vgl. auch Presseinformation Max-Planck-Gesellschaft B/2008 (77) v. 13.04.2008.

Entscheidung noch nicht endgültig gefallen war.[96] Damit widerlegt auch *Haynes* Experiment nicht mit Sicherheit den Indeterminismus, weil im Bewusstsein die Willensfreiheit noch wirken könnte; *Haynes* hält jedoch, entgegen *Libet,* „einen Eingriff des freien Willens für unplausibel"[97].[98]

2.4. Unbewusste Entscheidungen und Entscheidungskomponenten als Ausschluss von Willensfreiheit und Verantwortung?

Dass dem Bewusstsein, trotz der Existenz unbewusster Abläufe, eine eigenständige Funktion zukommen muss, wie die Abweichler-Vorhersagen in *Haynes* Experiment vermuten lassen, entspricht evolutionsbiologischen Gedanken, wonach es einen Sinn haben muss, dass sich Bewusstsein evolutionär beim Menschen entwickelt und etabliert hat.[99] Naheliegend und für das Strafrecht relevant ist, dass das Bewusstsein dem bildlichen und „hautnahen" Durchspielen der mögli-

96 Vgl. Pressemitteilung der Max-Planck-Gesellschaft v. 13.04.2008, Unbewusste Entscheidungen im Gehirn, http://www.mpg.de/562931/pressemitteilung20080409 (Stand: 07.04.2018).

97 *Haynes*, wiedergegeben von Spiegel Online v. 14.04.2008, Studie nährt Zweifel an freiem Willen, http://www.spiegel.de/wissenschaft/mensch/hirnforschung-studie-naehrt-zweifel-an-freiem-willen-a-547074.html (Stand: 07.04.2018).

98 Es handelt sich schließlich hierbei um eine Glaubensfrage, weil bisher keine der beiden Seiten des Determinismus-Indeterminismus-Streits bewiesen ist (vgl. *Urbaniok/ Hardegger/Rossegger/Endrass*, Z. Neuropsychol. 20 (2009), 179 (187)). Daher verbleibt nur die Frage nach der Plausibilität: Überspitzt dargestellt, entscheidet es sich zwischen einem dualistischen Geist im Bewusstsein oder einer materiell basierten Systemdynamik. Die Experimente erlangen hierbei sozusagen eine „Indizwirkung".

99 Vgl. *Wuketits*, in: *Petzold/Sieper* (Hrsg.), Der Wille, die Neurobiologie und die Psychotherapie I, S. 57 (68); *Singer*, Ein neues Menschenbild, S. 58; *Verbeek*, in: *Oehler* (Hrsg.), Der Mensch – Evolution, Natur und Kultur, S. 155 (159); *Roth*, Aus Sicht des Gehirns, 2009, S. 141. *Roth* vermutet die Funktion des Bewusstseins in der Erzeugung von Erlebniszuständen mit der Kennzeichnung corticaler Reorganisationsprozesse. Warum eine derartige Kennzeichnung jedoch genau nötig ist, kann auch er nicht beantworten (*Roth,* Biologie unserer Zeit 28 (1998), 6 (13)). Jedenfalls ermöglicht das Bewusstsein eine besondere Art der Informationsverarbeitung von komplexen und umfangreichen Daten, die zu Flexibilität führt: Die Großhirnrinde mit ihrer Fähigkeit zur schnellen Umverknüpfung ist in der Lage, neue Inhalte aus der Wahrnehmung mit bereits vorhandenen Gedächtnisinhalten zu neuen Informationen zu verknüpfen (*Roth*, Aus Sicht des Gehirns, 2009, S. 141 f.).

chen Konsequenzen von den zur Auswahl stehenden Verhaltensmöglichkeiten („Zukunftsfolgenabschätzung“[100]) dient. So geht *Singer* davon aus, dass durch die bewusste Vorstellung über das Was-Wäre-Wenn, ermöglicht durch unsere gemachten Erfahrungen, der Mensch in die Lage versetzt wird, Gefahren zu vermeiden.[101] Das Durchspielen von Verläufen und Konsequenzen, auch wenn nicht frei von unbewussten Prozessen, wirke auf den Entscheidungsprozess zurück, denn

> *„der Körper reagiert auf vorgestellte Ereignisse ähnlich wie auf tatsächliche Ereignisse, wenn auch subtiler“*[102].

Dieses „mehr an Bedeutung“ könnte strafrechtlich erklären, warum bewusstem Verhalten mehr Handlungsunwert zukommt als unbewusstem Verhalten und bei der Strafzumessung mit einer höheren Strafe gewürdigt wird. Jedenfalls ist die Funktion des bewussten Durchspielens sowohl mit der Determinismusannahme von zusätzlichen Determinanten im systemisch-dynamischen Prozess als auch mit einer Indeterminismusannahme vom Akt des Loslösens von Determinanten vereinbar. Bewiesen ist in Bezug auf die Willensfreiheitsfrage daher nichts – weder zu Gunsten des Indeterminismus noch des Determinismus.

In Bezug auf die unbewussten Prozesse ist es letztlich nicht überraschend, dass das Bewusstsein nicht allein entscheidungserheblich ist, sondern uns viele Prozesse und Motive unbewusst bleiben und darüber hinaus Entscheidungen im Unbewussten gefällt werden können.[103] Allenfalls jene würde dieser Gedanke ins Wanken bringen, die davon ausgehen, das Bewusstsein sei der unabhängige Hauptakteur – der „unbewegte Beweger“[104]. Diejenigen, die das Bewusstsein als Äußerung eines freien und unabhängigen dualistischen Geistes verstehen oder die Willensfreiheit bzw. die Verantwortung allein im Bewusstsein verankert sehen[105], würden, sofern nicht etwa auf die Vetotheorie zu-

100 *Verbeek*, in: *Oehler* (Hrsg.), Der Mensch – Evolution, Natur und Kultur, S. 155 (159).

101 *Singer*, Ein neues Menschenbild, S. 58.

102 *H. Walter*, in: *Newen/Vogeley* (Hrsg.), Selbst und Gehirn, S. 265 (279).

103 Vgl. *Singer*, in: *Petzold/Sieper* (Hrsg.), Der Wille, die Neurobiologie und die Psychotherapie I, S. 197 (216, 223); *Wuketits*, APuZ 2008, 3 (4).

104 *Bieri*, in: *Gestrich/Wabel* (Hrsg.), Freier oder unfreier Wille, S. 20 (24).

105 Siehe oben Kapitel 3 I 2.1.4.

rückgegriffen wird, die Verantwortung und Willensfreiheit des Menschen aufgeben oder zumindest stark abschwächen müssen. Ihnen zufolge setze ein Anders-Können im klassischen Sinn voraus, dass der Täter alle wichtigen Faktoren kennt und sich deswegen letztlich bewusst für oder gegen eine Verhaltensvariante entscheiden und damit die unbewussten Prozesse und Motive „überentscheiden“ kann.[106] Das Vorliegen wesentlicher Faktoren für die Entscheidung im Unbewussten würde dem entgegenstehen.

Diejenigen, die Verantwortung auch mit unbewussten Prozessen für kompatibel halten, würden weiterhin von Verantwortung und ggf. von der (Willens)Freiheit des Menschen ausgehen. Dass Handlungen im Gedächtnis unbewusst korreliert sind, dass darüber hinaus Handlungen unbewusst eingeleitet werden und dass im Unterbewusstsein Entscheidungen allein getroffen werden können, ist mitunter sogar sinnvoll: man denke etwa an die spontane Vermeidung eines Autounfalls, bei der der Fuß reflexartig auf die Bremse tritt. Eine Entscheidungsfindung mit aktiver Beteiligung des Bewusstseins und Abwägung über ein eventuelles Veto würde in solchen Momenten zu lang dauern. Unbewusste Abläufe dienen als Schutz vor Überforderung durch Selektion mit Hilfe von vorgeschalteten Filtern.[107]

In der Strafrechtswissenschaft wird dem Problem der unbewussten Entscheidungsprozesse *im Rahmen der Schuld* eher wenig Aufmerksamkeit geschenkt[108], obwohl die Neurowissenschaftler vor allem den unbewussten Prozessen besondere Bedeutung zumessen: Gegenwärtige psychologische und neurowissenschaftliche Konzepte der Handlungssteuerung gehen nicht nur davon aus, dass menschliches Verhalten von bewussten und unbewussten Motiven und Vorgängen lediglich

106 Für *Libet* war die Vorstellung, dass unbewusste Entscheidungen noch als freier Wille aufgefasst werden könnte, unannehmbar, wenn sie keine Möglichkeit bewusster Steuerung haben (Mind Time, S. 186 f.). Deswegen entwickelte er auch die Vorstellung von der Vetofunktion des Bewusstseins (siehe oben Kapitel 3 I 2.4).

107 *Kornhuber/Deecke*, in: *Petzold/Sieper* (Hrsg.), Der Wille, die Neurobiologie und die Psychotherapie I, S. 77 (138). Sie sehen die Aufgabe des Bewusstseins in der Informationsverarbeitung von wichtigen Dingen.

108 Siehe dazu z.B. *Detlefsen*, Grenzen der Freiheit, S. 240 ff.; *Schiemann*, Unbestimmte Schuldfähigkeitsfeststellungen, S. 160.

mitbestimmt sind[109], was seit der Psychoanalyse[110] keinesfalls neu wäre, sondern noch *stärker* als bisher gedacht unbewusst gefällt werden. Der Bereich des Unbewussten sei noch größer. Bewusste Handlungsplanung und bewusste Entscheidungen seien nur ein Bereich eines großen Spektrums, neben automatisierten Handlungen, automatisierten Entscheidungen und Spontanverhalten[111], bei denen auch vom Strafrecht anerkannt unbewusste Prozesse großen Einfluss haben. Deutlich wird dies im Rahmen der Fahrlässigkeit. In einen (Willens-) Freiheitsbegriff bzw. Verantwortungsbegriff, der Grundlage von Schuld ist, sollten die neuen und zugleich alten Erkenntnisse über unbewusste Willensbildungsfaktoren sowie unbewusste Entscheidungsabläufe stärker einfließen als dies bisher der Fall ist.[112] Die Entscheidung kommt jedenfalls nicht unwesentlich ohne unbewusste Komponenten zustande. Daraus zieht *G. Merkel* den Schluss:

> *„Bewusste Wahrnehmung entsteht nicht ad hoc, sondern ist [...] das Ergebnis unbewusster Hirnaktivitäten, hängt also von diesen vorgelagerten Aktivitäten ab; damit wird aber auch die bewusste Entscheidung bzw. der (ggf. vorwerfbare) Willensentschluss hiervon abhängig“*[113].

Das menschliche Selbstverständnis ist geneigt, nur die eigenen bewussten Erfahrungen in den Freiheitsbegriff einfließen zu lassen, was deswegen nicht verwundert, weil der Mensch subjektiv aus seiner Erste-Person-Perspektive schon *per definitionem* nur die bewussten Abläufe

---

109 *Roth/Lück/Strüber*, in: *Barton* (Hrsg.), "...weil er für die Allgemeinheit gefährlich ist!", S. 335 (335).

110 Die Neurowissenschaften und die Psychoanalyse haben viele gemeinsame Schnittpunkte. Sie untersuchen die menschliche Psyche jedoch von zwei verschiedenen Perspektiven aus: Die Neurowissenschaften nehmen die Dritte-Person-Perspektive und die Psychoanalyse die Erste-Person-Perspektive ein. Aus beiden Forschungsgebieten hat sich ein neuer gemeinsamer Forschungszweig herausgebildet: die Neuro-Psychoanalyse (dazu näher, *Solms*, G&G 2006/1-2, 50 (50 ff.); *ders./Kaplan-Solms*, Neuro-Psychoanalyse; *Ayan*, G&G 2006, 44-49; *Hubert*, DRadio Wissen v. 01.07.2011, DlfNova 10.18 Uhr, Neurowissenschaften und Psychoanalyse, http://srv.deutschlandradio.de/themes/dradio/script/aod/index.html?audioMode=2&audioID=4 (Stand: 07.04.2018)).

111 *Roth*, Fühlen, Denken, Handeln, S. 475 mit kurzer Information zum derzeitigen Stand der Handlungs- und Volitionspsychologie von *Heinz Heckhausen, Wolfgang Prinz, Thomas Goschke*, u.a.

112 Im 4. Kapitel wird aufgezeigt, dass der Schuldbegriff wesentlich vom Indeterminismus aus bestimmt wird.

113 *Detlefsen*, Grenzen der Freiheit, S. 301.

und Motive wahrnehmen kann und sich deswegen sein Weltbild vorwiegend daraus entwirft. Der Mensch *erfährt* sich nur über seine bewussten Erfahrungen und deshalb haben für ihn bewusste Abläufe, Gedanken, Entscheidungen, Handlungen etc. einen besonderen Stellenwert.[114] Das bedeutet jedoch nicht, dass nicht auch unbewusste Prozesse maßgebend sein können.

Im Strafrecht ist Bewusstsein nicht ausschlaggebend für Verantwortungszuschreibung. Angenommen A geht in Gedanken verloren die Fußgängerpassage entlang und rempelt dabei ungewollt Rentnerin B an, die daraufhin fällt und einen Hüftschaden erleidet. Das Gehen ist ein automatisierter Vorgang, für den sich A im Moment des Loslaufens entschieden hat, bei dem jedoch nicht jeder einzelne Schritt bewusst gesteuert wird; gerade das Anrempeln (als schädigendes Verhalten) erfolgte nicht bewusst und willentlich – eine Entscheidung bzw. ein Wille dazu *fehlt* sogar[115]. Dennoch liegt ein Verhalten vor, das den strafrechtlichen Handlungsbegriff, als einen vom menschlichen Willen getragenes Verhalten, erfüllt und für das A strafrechtliche Verantwortung zu tragen hat: Die Bewegung als solche, das Gehen, war vom Willen umfasst – auch wenn nicht in jeder Sekunde bewusst präsent; so genügt das latente Wissen ohne bewusste Finalität des Willens auf die Schädigungshandlung und den Erfolg. Auch wenn die Schädigungshandlung (Anrempeln) und der Schädigungserfolg nur unbewusst fahrlässig erfolgten, so doch nach heutigem Strafrecht schuldhaft. Würde (Willens-)Freiheit tatsächlich zwingend an das bewusste Entscheiden und Handeln gekoppelt sein und würde nur eine bewusste (Willens-)Freiheit Verantwortung legitimieren, dann müsste das Vorliegen von Schuld verneint werden. Lediglich beim Vorsatzdelikt und bei der bewussten Fahrlässigkeit könnte die Schuld attestiert werden – zumindest die Rechtsfigur der unbewussten Fahrlässigkeit müsste aufgegeben werden[116].

114 Vgl. *Singer*, in: *Petzold/Sieper* (Hrsg.), Der Wille, die Neurobiologie und die Psychotherapie I, S. 197 (222 f.).

115 Vgl. *Herzberg*, in: FS Achenbach, S. 157 (182) abstrakt für die unbewusste Fahrlässigkeit.

116 Dass dies lebensfremd wäre, so *Herzberg*, Willensunfreiheit und Schuldvorwurf, S. 94. Man denke auch an Fälle, in denen Eltern ihr Kind mit tödlicher Folge im Auto vergessen (*Wuketits*, APuZ 2008, 3 (3); *Herzberg*, Willensunfreiheit und Schuldvorwurf, S. 93). Wenn hierbei von einer Strafe abgesehen wird, dann nicht

Der Gedanke, unbewusste Entscheidungsprozesse und Handlungen zu berücksichtigen, ist für das Strafrecht keineswegs fremd. Viele Straftaten sind sog. Spontantaten, die aus ungeplanten und unreflektierten Entscheidungen resultieren[117], die stark durch unbewusste Faktoren geprägt sind und bei denen ein bewusstes Abwägen, wenn überhaupt, nur sehr marginal stattfindet. Täter berichten, dass ihre Gefühle die Oberhand gewannen und sie „einfach nur handelten", was nicht zwingend einen schuldunfähigkeitsbegründenden Affekt zur Folge hat. Dieses Empfinden ist vergleichbar mit dem umgekehrten Fall, in dem eine Person eine anderen das Leben rettet – und im Nachhinein davon berichtet, dass sie nicht bewusst ihr Verhalten plante, sondern nur zum Hilfebedürftigen stürzte und lediglich „funktionierte". Dabei lief alles so schnell und automatisch ab, dass sie „gar nicht anders konnte" als dem anderen zu helfen. In einem solchen Fall, auch wenn die Handlung automatisch, ohne bewusstes Abwägen stattfindet und Willensfreiheit im klassischen Sinn deswegen zu verneinen wäre, weil keine *bewusste freie* Entscheidung getroffen wurde[118], loben wir die Person für ihr Verhalten. Mit dem Lob, der Achtung, der Anerkennung und der Bewunderung schreiben wir ihr Verantwortung für ihr Verhalten zu. Ein Willensfreiheitsbegriff oder eine Verantwortungszuschreibung, die als Erfordernis an die bewusste Entscheidung anknüpft, ist damit schon im Alltag nicht haltbar. Auch das Strafrecht stellt bei Spontantaten keine hohen Anforderungen an die Wissens- und Wollenskomponente des Vorsatzes und schreibt prinzipiell Verantwortung zu, wenn nicht außergewöhnliche Umstände vorliegen, die die Schuld ausschließen, wie schwerwiegende, hochgradige Affekte. Die Gründe, die den Täter zu seiner Tat bewogen haben, müssen nicht bewusst, sondern können auch unbewusst abgewogen worden sein.

Über die Vorsatzdelikte hinaus, die zumeist mit der Willensfreiheit und dem Bewusstsein in Verbindung gebracht werden, erfasst das Strafrecht, wie gesehen, auch das auf die Folgen bezogene unbewusste

wegen fehlender Schuld, sondern aufgrund § 60 StGB, wonach das Gericht von Strafe absieht, wenn die Folgen der Tat für den Täter derart schwer wiegen, dass eine Strafe verfehlt wäre. Der Täter ist sozusagen durch die eingetretenen Folgen bereits genug bestraft.

117 Siehe dazu bereits Kapitel 3 I 2.1.3.

118 Siehe Kapitel 3 I 2.1.4. Fn. 60.

und unreflektierte Handeln (Anrempeln) im Rahmen der unbewussten Fahrlässigkeit. Strafrechtlich kommt es daher für die Schuld nicht zwingend auf das Bewusstsein[119] oder gar auf eine Entscheidung zu einer spezifischen Folge an.[120] Das bestärkt zugleich die Annahme, dass das Strafrecht nicht zwingend auf die indeterministische, i.S.e. im Bewusstsein agierenden Willensfreiheit abstellt, sondern vielmehr dem Streit gegenüber neutral ist.[121]

Dass uns unser Gehirn hinsichtlich der Rolle des Bewusstseins als Letztentscheidungsinstanz hinters Licht führen mag, ist letztlich irrelevant für die Frage nach Verantwortung und Freiheit, wenn wir Gehirn und Person nicht trennen, sondern als Einheit begreifen. Wenn wir es also vermeiden, den Gehirn-Person/Selbst-Dualismus (bzw. Leib-Seele-Dualismus) zu postulieren[122] und das Unterbewusstsein als Unterstützer unseres Selbst anerkennen. Das Unbewusste ist ebenso Teil des Menschen wie das Bewusste.[123]

II. Nichts als Illusion – und doch mehr

1. Das Konstrukt eines initiierenden Willens

Dass der Wille keine psychische Kraft – keine spezifische Instanz für bewusst gewolltes Verhalten sei, ist Auffassung der Psychologen und Neurowissenschaftler *Daniel M. Wegner* und *Thalia Wheatley*.[124] 1999 publizierten sie ein Experiment, mit dem sie die Voraussetzungen für das subjektive Empfinden einer Kausalbeziehung zwischen Wille und

---

119 Dennoch bleibt die Abgrenzung bezüglich Vorsatz und Fahrlässigkeit anhand des Bewusstseins auch im Determinismus möglich, sodass für das Strafrecht hierbei keine Änderungen notwendig sind.

120 Der Verlust des Bewusstseins ist nicht strafbegründend, man denke an Patienten mit apallischem Syndrom. Das *Verhalten* an sich muss vom Bewusstsein zumindest latent begleitet sein, weil dies für das Gefühl der Autorenschaft unerlässlich ist – nicht dagegen die *Folge* bzw. der *strafrechtliche Erfolg*, wenn Fahrlässigkeit strafbar ist (vgl. Kapitel 5 III 3.2.2.2).

121 Siehe dazu Kapitel 5 I.

122 Siehe auch NK-*Schild*, StGB, § 20 Rn. 7 f.

123 So bspw. auch *Schiemann*, Unbestimmte Schuldfähigkeitsfeststellungen, S. 160;

124 *Wegner*, The Illusion of Conscious Will, S. 318.

Handlung untersuchen.[125] In ihrem Experiment sorgten sie dafür, dass die Probanden die Handlungen nicht selbst initiierten – ohne deren Kenntnis. Es sollte die Frage beantwortet werden, welche Bedingungen erfüllt sein müssen, damit sich Personen Handlungen als *ihre* eigenen, gewollten und *selbstinitiierten* zuschreiben, obwohl sie sie objektiv gar nicht verursacht haben. Sie kamen zu folgen drei Bedingungen[126]:

(1) Der Wille und das Geschehen müssen übereinstimmen.
(2) Das bewusste Wollen muss in einem bestimmten zeitlichen Abstand dem Handeln vorgehen.
(3) Andere plausible Ursachen, wie andere Personen, die als Handelnde in Frage kommen, müssen ausgeschlossen werden können.

Auch wenn keine vom Probanden verursachte Handlung vorliegt, kann das Empfinden einer *selbst*-initiierten Handlung manipulativ erzeugt werden. Das führt zu dem Schluss, dass das Gefühl der *Autorschaft* ein Konstrukt ist, das bei Vorliegen bestimmter Voraussetzungen entsteht, ohne nach der tatsächlichen, objektiven Kausalbeziehung zu fragen. Es genügt, dass der Wille in einem engen zeitlichen Zusammenhang mit der erfolgten Handlung übereinstimmt – ohne die Möglichkeit der Einbindung von Alternativverursachern.

Dass aber auch das zugrunde liegende Gefühl, eine Handlung *gewollt* zu initiieren, trügen kann, verdeutlichen andere Experimente[127]: Im Rahmen von Operationen unter Lokalanästhesie am offenen Gehirn von Epilepsiepatienten wurden von dem Neurochirurgen *Wilder Panfield* seit den 1930er Jahren Gehirnzentren elektrisch stimuliert, sodass z.B. bei Reizung des somatosensorischen Cortex vor der Zentralfurche ein Kribbeln zu spüren war, bei Reizung des primären motorischen Cortex ein Zucken einzelner Muskeln oder Muskelgruppen erfolgte und schließlich bei Reizung des prämotorischen und supplementärmotorischen Cortex ganze Bewegungen von Gliedmaßen aus-

---

125 *Wegner/Wheatley*, Apparent Mental Causation, American Psychologist 54 (1999), 480 (480 ff.); *Wegner*, The Illusion of Conscious Will, S. 64, 74 ff.; vgl. auch *Vierkant*, in: *Buchheim/Pietreck* (Hrsg.), Freiheit auf Basis von Natur, S. 69 (81).

126 Vgl. dazu auch *Detlefsen*, Grenzen der Freiheit, S. 323 f.

127 Dazu *Roth*, Fühlen, Denken, Handeln, S. 515 f.; *Wegner*, The Illusion of Conscious Will, S. 45 ff.

gelöst wurden.[128] Die Patienten berichteten von dem Gefühl aufgedrängter Bewegungen. Dagegen führte die Reizung am Fuß der Zentralfurche im Übergang zur sylvischen Furche zuverlässig zu gewollten Bewegungen einzelner Gliedmaßen, wie Händen oder Füßen.[129] Dass der Wille also durch Manipulation des Gehirns hervorgerufen werden kann, bestätigten für die elektrische Stimulation *José Delgado*[130] und für die transkranielle Magnetstimulation *Joaquim Brasil-Neto*[131].[132] Die Probanden *Delgados* gaben sogar noch für die nicht von ihnen ausgelösten, aber als freiwillig empfundenen Bewegungen Erklärungen ab, wie „ich schaue gerade nach meinen Pumps" oder „ich habe ein Geräusch gehört".[133] *Delgado* ging noch davon aus, dass die Möglichkeit bestünde, das Verhalten werde nicht einfach nur nachträglich mit Sinn gefüllt (sog. Konfabulation), sondern dass Halluzinationen ausgelöst wurden, auf die die Probanden einfach nur reagierten.[134] Heute weiß man jedoch, dass es normal ist, zu konfabulieren[135]:

> *„Obwohl die meisten mentalen Prozesse unbewusst sind, antworten viele Menschen nicht mit ‚ich weiß nicht', wenn sie Entscheidungen erklären sollen, sondern geben Begründungen für ihre Handlungen und Präferenzen an, die ‚konfabuliert' sind"*[136].

Sämtliches Verhalten wird vom Gehirn mit (ggf. falschen) Erklärungen interpretiert, die den Großteil unseres Bewusstseins ausmachen. Das ist dem Bestreben geschuldet, „Wahrnehmungen und Handlungen einen Sinn zu verleihen", was „dem Verhalten Beständigkeit und dem Individuum das Gefühl von Kausalität und Stabilität verleiht".[137] Ge-

128 *Penfield*, The Excitable Cortex in Conscious Man, 1958, zit. nach *Roth*, Fühlen, Denken, Handeln, S. 515.

129 *Penfield/Rasmussen*, The Cerebral Cortex of Man, 1950, zit. nach *Roth*, Fühlen, Denken, Handeln, S. 516.

130 *Delgado*, Physical Control of the Mind, 1969.

131 *Brasil-Neto/Pascual-Leone/Valls-Solé/Cohan/Hallett*, Focal Transcrinal Magnetic Stimu-lation and Response Bias in a Forced-Choice Task, J Neurol Neurosurg Psychiatry 55 (1992), 964 (964 ff.).

132 Siehe auch *Wegner*, The Illusion of Conscious Will, S. 45 ff.; *Roth*, Fühlen, Denken, Handeln, S. 516.

133 *Delgado*, Physical Control of the Mind, S. 115 f.

134 *Delgado*, Physical Control of the Mind, S. 116.

135 Siehe dazu auch *Hirstein*, Brain Fiction, 2005.

136 *Heidler*, Fortschr Neurol Psychiat 78 (2010), 256 (256).

137 *Heidler*, Fortschr Neurol Psychiat 78 (2010), 256 (256).

danken und Erinnerungen sind daher konstruiert und können mit der objektiven Wirklichkeit divergieren.[138] Darin liegt die Bedeutung der viel zitierten Worte des Psychologen und Kognitionswissenschaftlers *Wolfgang Prinz*:

> *„Wir tun nicht, was wir wollen, sondern wir wollen, was wir tun"*[139].

Für den Willen würde dies bedeuten, dass er sozusagen ein „add-on"[140] ist. Er scheint nämlich nicht stark in die Mechanismen der Handlungserzeugung involviert zu sein, was die These bestätigt, dass auch er nachtäglich konstruiert wird.[141]

Prinz zufolge unterliegt nicht nur die Wahrnehmung von Physischem einem „realistischen Konstruktivismus", sondern auch die Wahrnehmung von Mentalem. Realistisch meint dabei, dass sich die Wahrnehmung auf real existierende Sachverhalte bezieht und konstruktivistisch, dass der Wahrnehmungsinhalt das Ergebnis von konstruktiven Prozessen ist, z.B. selektiver Repräsentation, inhaltlicher Fokussierung, autonomer Organisation und kategorialer Überformung.[142] Dieser Konstruktivismus findet unbewusst, also „subpersonal" statt („submentale Maschinerie").[143] Die Ergebnisse subpersonaler Prozesse werden mit Hilfe des alltagspsychologischen Common Sense zu personalen (mentalen) Prozessen rekonstruiert.[144] Handlungsentscheidungen werden so

---

138 Vgl. *K. A. Braun/Ellis/Loftus*, Make My Memory: How Advertising Can Change Our Memories of the Past, Psychology & Marketing 23 (2002), 1 (1 ff.); *Loftus*, Our Changeable Memories: Legal and Practical Implications, Nature Reviews Neuroscience 4 (2003), 231 (231 ff.).

139 *Prinz*, in: *v. Cranach/Foppa* (Hrsg.), Freiheit des Entscheidens und Handelns, S. 86 (87).

140 *Wegner*, The Illusion of Conscious Will, S. 47.

141 *Wegner*, The Illusion of Conscious Will, S. 47.

142 *Prinz*, in: *v. Cranach/Foppa* (Hrsg.), Freiheit des Entscheidens und Handelns, S. 86 (93 ff.).

143 *Prinz*, in: *v. Cranach/Foppa* (Hrsg.), Freiheit des Entscheidens und Handelns, S. 86 (96 f.).

144 *Prinz*, in: *v. Cranach/Foppa* (Hrsg.), Freiheit des Entscheidens und Handelns, S. 86 (97).

> *„in subpersonalen Prozessen fabriziert und dann, nachdem sie vorliegen, als Ergebnis personaler Entscheidungsprozesse interpretiert“*[145].

Aus dem Zusammenspiel von unbewussten Prozessen und sozialer Alltagspsychologie entsteht *Prinz* zufolge sozusagen Personalität in Form von gewollter Autorschaft.

2. Die Illusion eines immateriellen Selbst – wie das Gefühl einer unabhängigen Entscheidungsinstanz entsteht

Neben dem Willen und dem Gefühl der Bewusstseins-Initiierung einer Handlung wird auch das menschliche Selbstgefühl als solches, also das Gefühl vom Selbst, von der Konstruktivismusthese erfasst.[146] Dass es keine materielle oder auf dualistischen Annahmen beruhende immaterielle Instanz innerhalb bzw. außerhalb unseres Gehirns gebe, die in Willensfreiheit Verhalten steuert, ist unter Naturwissenschaftlern eine gängige These. Das Selbst ist

> *„eine psychologische Funktion, die auf ganz konkreten, empirisch erforschbaren neuronalen Grundlagen beruht“*[147].

Vor allem *Singer* hat sich näher mit der Frage befasst, wie es entsteht. Wie kommt es also dazu, dass Menschen ihr Selbst als Entscheidungs- und Verhaltensinstanz wahrnehmen? Ausgehend von zwei der wichtigsten Funktionen des Nervensystems, der Aufnahme von Informationen aus der Umwelt und der Erkennung von Gesetzmäßigkeiten, die für die überlebenswichtige Verhaltensanpassung ausschlaggebend sind, erklärt er als Ursache die von Natur aus beschränkte Wahrnehmungsleistung des Menschen:

---

145 *Prinz*, in: *v. Cranach/Foppa* (Hrsg.), Freiheit des Entscheidens und Handelns, S. 86 (98).

146 Siehe zu einer neurophilosophischen Theorie, wie die Erfahrung vom Selbst entsteht, *Metzinger*, in: *C. Herrmann/M. Pauen/Rieger/Schicktanz* (Hrsg.), Bewusstsein, S. 242 (242 ff.): Wir unterliegen einem „naiv-realistischen Selbstmissverständnis“, weil wir nicht in der Lage sind, unser Selbstmodel als Selbstmodell zu erkennen (ebda S. 261).

147 *H. Walter*, in: *Newen/Vogeley* (Hrsg.), Selbst und Gehirn, S. 265 (265).

> *„Die exekutiven Funktionen der Nervensysteme [haben sich] an diesen schmalen Ausschnitt der Welt angepasst"*[148].

Die Beschränkung der Wahrnehmung auf den kleinen Ausschnitt der Welt, die sich darin äußere, dass wir nur lineare Systeme verstehen könnten, weil wir evolutionsbiologisch gar nicht in der Lage seien, nicht-lineare Systeme, wie beispielsweise chaotische Systeme, zu begreifen, führe sozusagen zu einer beschränkten Wahrnehmung unseres Inneren:

> *„Es gab vermutlich keinen Selektionsdruck für die Ausbildung kognitiver Funktionen zur Erfassung nichtlinearer dynamischer Prozesse. [...] Weil wir Linearität annehmen, uns und unser Gegenüber als kreativ und intentional erleben"*, erklärt Singer, *„kommt unsere Intuition zu dem falschen Schluss, in unserem Gehirn müsse es eine übergeordnete, lenkende und autonome Instanz geben, welche die vielfältigen verteilten Prozesse koordiniert, Impulse für Neues gibt und den neuronalen Prozessen vorgängig über deren zukünftige Ausrichtung entscheidet"*[149].

Diese Instanz verbinden wir mit unserem Selbst und können nicht aus dem eigenen Erleben begreifen, dass beispielweise Intentionalität, Entscheidungsfähigkeit und Kreativität Eigenschaften sind

> *„die unsere Gehirne aus sich heraus entwickeln können, ohne einer intentionalen Instanz zu bedürfen, die von neuronalen Prozessen unabhängig ist"*[150].

Unser Gehirn, das nicht linear organisiert ist, sei damit für die Erste-Person-Perspektive nicht fassbar. Aus diesem Defizit erklärten sich letztlich die Illusionen, die von und über uns entstehen.

Dennoch: Die Evolution hat das Gefühl der Autorschaft, welches auf dem Selbstgefühl fußt, hervorgebracht, was die Annahme zulässt, dass das Gefühl vom Selbst eine Funktion inne hat.

---

148 *Nida-Rümelin/W. Singer*, in: *Bonhoeffer/Gruss* (Hrsg.), Zukunft Gehirn, S. 253 (262).

149 *Nida-Rümelin/W. Singer*, in: *Bonhoeffer/Gruss* (Hrsg.), Zukunft Gehirn, S. 253 (263).

150 *Nida-Rümelin/W. Singer*, in: *Bonhoeffer/Gruss* (Hrsg.), Zukunft Gehirn, S. 253 (264).

3. Der Nutzen der Illusion vom Selbst-Autor als Überbauphänomen

Der Mensch besitzt das Gefühl, sein Selbst habe sich entschieden und verhalten und damit eine bestimmte Konsequenz ausgelöst. Dieses „man selbst" entspricht dem Gefühl von Urheber- bzw. Autorschaft.[151] Aus evolutionsbiologischer Sicht müssen diese Konstruktionen, auch wenn sie illusorisch sein sollten, einen Nutzen haben, wenn sie sich auf so lange Sicht beim Menschen etabliert haben.

3.1. Die Bedeutung in der sozialen Kommunikation

Das Gefühl der Autorschaft bzw. der Selbstzuschreibung von bestimmten Handlungen erlangt *Roth* zufolge Bedeutung für die soziale Kommunikation.[152] *Wegner* sieht darin die Funktion der Abgrenzung zwischen Vorgängen, die einer Beeinflussung durch den Menschen zugänglich sind und jenen, die es nicht sind.[153] Das fügt sich in ein systemisches Determinismusverständnis ein: Danach existieren nämlich direkte und indirekte Einflussnahmen eines bestimmten Menschen auf das ihn umgebende System, sowie Dinge bzw. Verläufe, auf die der Mensch keinerlei Einfluss hat, wie etwa auf den Wechsel von Ebbe und Flut – er kann dafür keine Determinante sein. Der Mensch kann durch Interaktion mit anderen Menschen diese in ihren Einsichten und damit in ihrem Verhalten prägen und beeinflussen. Er ist damit selbst Faktor für das Verhalten eines anderen Menschen[154] und im Zusammenschluss mit anderen Faktoren selbst Faktor einer ganzen Gesellschaft. Er ist nicht nur Etwas, auf das eingewirkt wird, sondern er wirkt selbst auf seine Umgebung[155].

Dieses Wissen um Einfluss, um das „in den Händen halten"[156] bestimmter Verläufe, führt zum Gefühl der Autorschaft. Der Mensch wägt ab – bewusst und unbewusst. Und in diesen Abwägungsprozess

151 *Wegner*, The Illusion of Conscious Will, S. 327.
152 *Roth*, Fühlen, Denken, Handeln, S. 517.
153 *Wegner*, The Illusion of Conscious Will, S. 327.
154 Er ist natürlich auch Faktor für die Entwicklung der Natur, man denke an das Artensterben und an umweltschädigende Immissionen.
155 Zum Fatalismus-Einwand siehe Kapitel 4 III 1.2.2.1.
156 Das erfährt unter einem systemisch-multikausalen Determinismus gegenüber einem Indeterminismus eine Abschwächung. Es meint hier, eine relevante Deter-

wirkt die soziale Kommunikation ein, die dem Menschen immer wieder, beispielweise durch Verantwortungszuschreibungen im gesellschaftlichen Miteinander (z.B. durch soziale Kontrolle und Strafrecht)[157], seine beeinflussende Kraft ins Gedächtnis ruft – wiederum bewusst und unbewusst. Im Bewusstsein laufen die Alternativen in den Entscheidungssituationen und deren Handlungsfolgen assoziativ, gekoppelt an unbewusste Prozesse, vor dem „geistigen Auge“ ab.[158] Beim Abwägen anhand der durch Antizipation ermittelten Alternativen spielen Gefühle, die mitunter für die unbewusste Vorauswahl von Alternativen sorgen[159], Erfahrungen, Assoziationen, gedachte und vorgestellte rationale Konsequenzen des sozialen Umfeldes, der eigene Charakter, die eigenen Fähigkeiten, die eigene Zuversicht in sich selbst, Stimmungen, etc. eine Rolle und bilden das Netz des Menschen im Geflecht mit seiner (sozialen und biologischen) Umwelt.

Indem Ziele und Konsequenzen antizipiert werden, können geeignete Wege zu dessen Erreichung erdacht werden. Dadurch kann dem Psychologen *Thomas Goschke* zufolge der Mensch aktuelle Bedürfnisse für ein höheres, längerfristiges Ziel aufschieben.[160] Darin kann zwar nicht, entgegen *Goschke*, ein Freiwerden von äußeren und inneren Determinanten erblickt werden[161], aber eine Abkehr von linearer Kausalität zu etwas, was man durchaus einen Gewinn an Freiheit nennen kann – zwar keine indeterministische Willensfreiheit, aber sozusagen eine deterministische Freiheit aufgrund von Komplexität.[162]

3.2. Die Wirkung als Überbauphänomen

Unabhängig von der Frage nach der Illusion, Fiktion bzw. Konstruktion hatte bzw. hat das Gefühl vom autonom handelnden Selbst Einfluss auf den Menschen und weist damit zumindest einen Realitätsbezug auf. Es wirkt auf das Verhalten zurück. *Klaus-Jürgen Grün* hat das mit

---

minante zu sein, anstatt die Fähigkeit, etwas völlig Neues beginnen zulassen. Ohne bzw. mit dem menschlichen Einfluss wäre der Kausalverlauf anders gewesen.

157 Vgl. dazu auch Kapitel 5 III 2.

158 Siehe bereits oben Kapitel 3 I 2.4.

159 *H. Walter*, in: *Newen/Vogeley* (Hrsg.), Selbst und Gehirn, S. 265 (279).

160 *Goschke*, Psychologische Rundschau 55 (2004), 186 (189).

161 *Goschke*, Psychologische Rundschau 55 (2004), 186 (189, 191).

162 Siehe zur deterministisch verstanden Freiheit Kapitel 5 V.

der Vorstellung vom sog. Überbauphänomen umschrieben. Es handelt sich dabei um mentale Substrate, die aus dem Materiellen hervorgehen und einem „vorgaukeln", dass es von primärer Natur ist, obwohl es von sekundärer ist.[163] Zum Beispiel wirkt der geistige Überbau von Religiösität derart auf das Verhalten von Menschen ein, dass sie sich zu Selbstmordattentätern entwickeln oder Religionskriege führen können.[164] Ein mentales Konstrukt kann daher einen Realitätsbezug aufweisen. Das Farbsehen wird in unserem Gehirn konstruiert, um für den Menschen Orientierung in der Welt zu schaffen – und dennoch vermag das Konstrukt Farbe beim Anblick in der Lieblingsgestalt Freude auszulösen, die sich in der Stimmung niederschlägt, die wiederum auf das soziales Umfeld wirkt.

> *„Obgleich das autonome und einheitliche Ich ebenso wie das Gefühl der Willensfreiheit[165] eine Illusion sein können, haben sie recht massiven Einfluss auf das Handeln der Menschen"*[166].

So hat auch das Gefühl vom Selbst sowie das Gefühl der Autorschaft[167] Wirkung in der Realität. Die Gesellschaft reagiert wiederum darauf und begründet in einem Zuschreibungsprozess Verantwortung[168], die für die Einhaltung sozialer Regeln, die vom Recht erfasst werden, von Bedeutung ist. Zusammenfassend lässt sich also kurz und prägnant sagen: Konstruktionen bzw. Illusionen, wie etwa das Gefühl der Autorschaft oder das Gefühl vom Selbst, entfalten auch unter einem deterministischen Menschenbild Wirkung, sodass sie nicht funktionslos sind.

163 *Grün*, in: *Roth/ders.* (Hrsg.), Das Gehirn und seine Freiheit, S. 29 (40).

164 *Grün*, in: *Roth/ders.* (Hrsg.), Das Gehirn und seine Freiheit, S. 29 (40).

165 Dazu konkret Kapitel 4 II 1.2.4.

166 *Grün*, in: *Roth/ders.* (Hrsg.), Das Gehirn und seine Freiheit, S. 29 (40).

167 Autorschaft und Verantwortungsgefühl sind voneinander zu trennen: So kann ein Delinquent sich durchaus als Autor sehen und trotzdem kein Verantwortungsgefühl haben.

168 Dazu genauer Kapitel 5 IV 3.2.

III. Geschädigtes Gehirn – krankes Selbst?

Seit jeher versuchen Menschen ihren Mitmenschen anzusehen, ob sie einem wohlgesinnt oder ob sie gefährlich und böswillig sind. Die von *Josef Gall* (1756-1828)[169] Ende des 18. Jahrhunderts begründete Phrenologie, wonach von der menschlichen Schädelform auf die Charaktereigenschaften des Menschen geschlossen wurde, faszinierte weltweit die Menschen jener Zeit.[170] *Gall* glaubte, dass im Gehirn spezifische Organe für unterschiedliche Deliktsarten existieren würden, beispielsweise einen Raufsinn, einen Mord- und Würgesinn oder einen moralischen Sinn.[171] Besonders ausgeprägte Gehirnbereiche würden mehr Platz benötigen und ließen sich daher durch Wölbungen am Schädel ertasten.[172] Die heutige Hirnforschung versucht ebenfalls Moral, Charaktereigenschaften, Sozialverhalten (z.B. dissoziale Persönlichkeitsstörung, insbes. Psychopathie), Suchtverhalten und sogar delinquentes Verhalten ausfindig zu machen.[173] Zwar erfolgt dies nicht mehr unter Zuhilfenahme des Schädeläußeren, dafür aber unter Zuhilfenahme des Schädelinneren, was ihr oftmals den Vergleich mit der Phrenologie und zugleich mit ihrem Scheitern einbringt. Die Phrenologie prägte auch den „Vater" der wissenschaftlichen Kriminologie, *Cesare Lombroso* (1835-1909)[174], der von körperlichen Merkmalen auf den Verbrecher schloss. Nicht nur am Schädel (fliehende Stirn, riesiger Unterkiefer, Asymmetrie des Gesichts, große Augenhöhlen) könne man den Verbrecher erkennen, sondern auch anhand der Gangart, dem Körperbau und sogar an der Gestalt der Finger.[175]

Dass Sozialverhalten, Gewalttätigkeit und Delinquenz von der physischen Beschaffenheit des Gehirns abhängt, sollen den Hirnforschern zufolge eine Vielzahl von Fällen und Studien beweisen. Zugetragene Hirnläsionen, also Schädigungen bzw. Verletzungen der phy-

169 *Gall*, Sur les fonctions du cerveau et sur celles de chacune de ses parties, 1822-1825.

170 Einen kleinen Exkurs zur Phrenologie gibt *A. Damásio*, Descartes' Irrtum, S. 39 ff.

171 *Schwind*, Kriminologie, § 4 Rn. 27.

172 Siehe dazu *Carter*, Das Gehirn, S. 10.

173 Siehe bereits den Titel des Buches von *Hans Markowitsch* „Tatort Gehirn", 2007.

174 *Lombroso*, Der Verbrecher in anthropologischer, ärztlicher und juristischer Beziehung, 1887.

175 Siehe dazu *Schwind*, Kriminologie, § 4 Rn. 15 ff.

siologischen Struktur bestimmter Hirnareale, sollen mit teilweise sehr gravierenden Persönlichkeitsveränderungen einhergehen, die wiederum Auswirkungen auf das Sozialverhalten haben und mitunter sogar mit strafbarem Verhalten einhergehen können. Dabei steht vor allem die Region des Stirnhirns, der orbitomediale bzw. ventromediale präfrontale Cortex (OMPFC/VMPFC), der in erster Linie mit der Steuerung und Kontrolle von Persönlichkeitsfaktoren in Zusammenhang gebracht wird[176], im Mittelpunkt der Suche nach delinquentem Verhalten.

Die Leukotomie bzw. Lobotomie[177], die durch den Neurologen und Nobelpreisträger *Egas Moniz*[178] um 1950 populär war,[179] verdeutlicht den Zusammenhang zwischen Gehirn und Wesenszügen eines Menschen. Mit einem Messer bzw. einem Eispickel wurden die Nervenbahnen der weißen Substanz zwischen frontalem Cortex und Thalamus in der Hoffnung durchtrennt, psychotische Symptome wie Schizophrenie, Angststörungen, Zwangsstörungen und Erregung zu lindern. Die Schädigung der weißen Substanz führte zu einer drastischen Reduzierung von Gefühlen[180] und damit einhergehend auch zu einer Charakteränderung. Diese Art der Psychochirurgie geriet alsbald in Verruf, weil mit ihr oftmals irreversibel der Verlust von Trauer- oder Freudeempfindungen einherging. Anstatt starker Angst trat starke Ruhe auf und anstatt gesteigerter Emotionalität und Erregung waren Emotionslosigkeit und Gefühlskälte die Folge.[181] Diese chirurgischen Eingriffe zeigen auf, dass es Zusammenhänge zwischen Gehirn und Persönlichkeit gibt. Doch weder Deterministen noch Indeterministen

176 *Birbaumer/Schmidt*, in: *Schmidt/Thews/Lang* (Hrsg.), Physiologie des Menschen, S. 159 (266 f.); *Markowitsch*, Z. Neuropsychol. 20 (2009), 169 (171); zu Läsionen der Amygdala siehe *Jänig/Birbaumer*, in: *Schmidt/Lang/Heckmann* (Hrsg.), Physiologie des Menschen, S. 218 (224).

177 Vgl. *A. Damásio*, Descartes' Irrtum, S. 93 ff.; *Freeman/Watts*, Psychochirurgie, S. 106 ff.; *Sabbatini*, The History of Psychosurgery, *Brain and Mind* v. 14.06.1997, http://www.cerebromente.org.br/n02/historia/psicocirg_i.htm (Stand: 07.04.2018).

178 *Moniz*, Die präfrontale Leukotomie, Eur Arch Psychiatry Clin Neurosci 181 (1949), 591 ff. *Moniz* begann bereits 1936, diesen chirurgischen Eingriff zu erforschen.

179 *Carter*, Das Gehirn, S. 11.

180 *A. Damásio*, Descartes' Irrtum, S. 96.

181 Zu den Folgen einer Lobotomie siehe *Freeman/Watts*, Psychochirurgie, S. 146 ff.

würden dies bestreiten. Einige Hirnforscher haben in der Diskussion weitere Beispiele angeführt, die die Abhängigkeit des Charakters, des Selbst bzw. der Persönlichkeit vom Gehirn aufzeigen sollen.

1. Vier sich widersprechende Fälle

1.1. Der Fall Phineas P. Gage

Als Paradebeispiel für den Zusammenhang zwischen Gehirn und Persönlichkeit eines Menschen[182] und als „Meilenstein“[183] in der Geschichte der Hirnforschung gilt der Fall des 25jährigen nordamerikanischen Eisenbahnarbeiters Phineas P. Gage, dem bei einem Arbeitsunfall am 13. September 1848 eine ca. 6,5 Kilogramm schwere, etwas über einen Meter lange und 3 cm dicke Eisenstange aufgrund einer unachtsam selbstausgelösten Fehlsprengung beim Bau von Eisenbahnschienen durch den Kopf schoss.[184] Die Eisenstange trat unterhalb des linken Wangenknochens in den Kopf ein und durchbrach dabei die Schädelknochen, verletzte sein linkes Auge, passierte den Frontallappen des Gehirns, trat aus der vorderen Schädeldecke wieder aus und flog danach noch mehrere Meter weiter.[185] Diesen Unfall überlebte

---

182 Neurowissenschaftler, Philosophen, aber auch Rechtswissenschaftler bedienen sich gern an dem Fall, z.B. *Beckermann*, in: *Saimeh* (Hrsg.), Zukunftswerkstatt Maßregelvollzug, S. 15 (23); *Birbaumer/Schmidt*, in: *Schmidt/Thews/Lang* (Hrsg.), Physiologie des Menschen, S. 259 (266); *Carter*, Das Gehirn, S. 139; *Damásio*, Descartes‘ Irrtum, S. 25 ff.; *Detlefsen*, Grenzen der Freiheit, S. 313; *Markowitsch/R. Merkel*, in: *Bonhoeffer/Gruss* (Hrsg.), Zukunft Gehirn, S. 224 (224); *Markowitsch*, Z. Neuropsychol. 20 (2009), 169 (170); *J. L. Müller*, Forensische Psychiatrie und Psychotherapie 13 (2006), 95 (102); *Schiltz/Witzel/Bausch-Hölterhoff/Bogerts*, Forensische Psychiatrie und Psychotherapie 14 (2007), 65 (73); *H. Walter*, in: *Schleim/Spranger/ders.* (Hrsg.), Von der Neuroethik zum Neurorecht, S. 67 (87).

183 *H. Walter/Herbold*, in: *J. L. Müller* (Hrsg.), Neurobiologie forensisch-relevanter Störungen, S. 304 (306).

184 Vgl. zum Fall Phineas P. Gage *Schleim*, Die Neurogesellschaft, S. 75 ff.; *H. Damásio/Grabowski/ Frank/Galaburda/A. Damásio*: The Return of Phineas Gage: Clues About the Brain from the Skull of a Famous Patient; Science 264 (1994), S. 1102 (1102); *Harlow*, Passage of an Iron Rod Through the Head, Boston medical and surgical journal 39 (1848), 389 (389).

185 *Hanna Damásio* und Kollegen fotografierten und röntgten 1994 den Schädel, der im Warren Anatomical Medical Museum der Harvard-Universität aufbewahrt wird (https://www.countway.harvard.edu/chom/about-collections, Stand:

Gage ohne Beeinträchtigung seines Intellekts, seiner Wahrnehmung, seiner motorischen und sensorischen Fähigkeiten und seines Sprachvermögens. Nur sein linkes Auges wurde irreversibel geschädigt. Bereits nach zwei Monaten wurde er wieder für gesund erklärt.

Man könnte zu dem Ergebnis kommen, dass der Unfall doch nicht so folgenlos blieb, wenn man die Sekundärliteratur über den Fall Gage liest. In der Literatur wird von der auffälligen Persönlichkeitsveränderung Gages berichtet: „früher ein ordentlicher und gerechter Vorarbeiter, war er jetzt mürrisch, launisch und unstet“[186]; vormals charakterstark, geschäftstüchtig und beliebt und nun launisch und respektlos gegenüber seinen Mitmenschen, ungeduldig, halsstarrig und wankelmütig[187]; anfangs besonnen, freundlich und ausgeglichen und am Ende ungeduldig und planungsunfähig[188]. „He is no longer Gage“, sollen die ehemaligen Arbeitskollegen Gage beschrieben haben. Gage erzähle Geschichten, „die, allein seiner Phantasie entsprungen, jeder Grundlage entbehrten“[189]. Seine Ausdrucksweise soll sogar so gemein und abscheulich geworden sein, dass man den Frauen in Gages Umgebung riet, ihn zu meiden.[190]

Diese Beschreibungen seiner Charakteränderung stützen sich allesamt auf die Darstellung des Neurologen und Psychologen *António R. Damásio*s, der den Fall 1994 in seinem Buch „Descartes‘ Error“ ausführlich schilderte.[191] Seiner Darstellung zufolge wurde aus einer vorbildlichen, sozial anerkannten Person ein konventionsloser Vagabund,

07.04.2018), um ein Modell zu entwickeln, dass das Ausmaß der Schädigung aufzeigen kann (*H. Damásio/Grabowski/Frank/Galaburda/A. Damásio*: *The Return of Phineas Gage: Clues About the Brain from the Skull of a Famous Patient; Science 264* (1994), S. 1102 (1102 ff.)). Daneben rekonstruierten *Peter Ratiu* und *Ion-Florin Talos* in einer computerbasierten 3D Animation den Schädel Gages (*Ratiu/Talos*, The Tale of Phineas Gage, Digitally Remastered, *New England Journal of Medicine 351 (2004);* e21 = http://www.nejm.org/doi/full/10.1056/NEJMicm031024 (Stand: 07.04.2018)).

186 *Markowitsch/R. Merkel*, in: *Bonhoeffer/Gruss* (Hrsg.), Zukunft Gehirn, S. 224 (224); *Markowitsch*, Z. Neuropsychol. 20 (2009), 169 (170).

187 *Detlefsen*, Grenzen der Freiheit, S. 313.

188 *Beckermann*, in: *Saimeh* (Hrsg.), Zukunftswerkstatt Maßregelvollzug, S. 15 (23).

189 *Damásio*, Descartes‘ Irrtum, S. 32, 35.

190 *Damásio*, Descartes‘ Irrtum, S. 31; siehe auch *Detlefsen*, Grenzen der Freiheit, S. 313.

191 *Damásio*, Descartes‘ Irrtum, S. 25 ff.

der Kurzzeitjobs annahm, Lügen erzählte und der Ähnlichkeiten zu einem Psychopathen aufweise; mit dem Unfall wurde aus dem sozialen Vorbild sozusagen ein Quasi-Psychopath.[192] Rückzuführen sei dies laut *Damásio* auf den durch den Unfall ausgelösten Verlust der Fähigkeit zur Verknüpfung einer aktuellen Entscheidung mit biografisch gemachten Erfahrungen bezüglich negativer und positiver Folgen einer Handlung. Die Hirnverletzung soll danach knapp formuliert den Verlust der Antizipationsfähigkeit erworbener Erfahrungen verursacht haben.[193] Der Philosoph *Ansgar Beckermann* schließt daraus, dass die

> „*Zerstörung eines Teils insbesondere des präfrontalen Kortex [...] bei Gage also zu einer deutlichen Beeinträchtigung der für Freiheit und Verantwortung entscheidenden Fähigkeiten [führte] – der Fähigkeit zur Impulskontrolle, der Fähigkeit sein Handeln vernünftig zu planen, sowie der Fähigkeit, sein Handeln an sozialen Normen auszurichten*“[194].

Die Neurowissenschaftlerin *Rita Carter* betont als Ursache der Charakteränderung die Zerstörung des beschädigten Hirnareals, das mit moralischem Empfinden im Zusammenhang steht.[195]

Gegen die oftmals dramatisierte Darstellung der Charakterveränderung Gages wendet sich der Neurophilosoph *Stephan Schleim*, der den Fall näher untersuchte und die historischen Berichte, darunter die der behandelnden Ärzte Edward Williams, John Harlow und Henry

---

192 Daneben schätzen die führenden Neuroforensiker *Adrian Raine* und *Yaling Yang* Gage als „pseudopsychopathisches Individuum“ ein, der nach dem Unfall gewissenlos, unzuverlässig und unverantwortlich gewesen sei (*Raine/Yang*, in: *Patrick* (Hrsg.), Handbook of psychopathy, S. 278 (287 f.); vgl. die Darstellung bei *Schleim*, Die Neurogesellschaft, S. 77, 79 f.; dass die Symptomatik der von „Psychopathy“ gleiche, vertritt auch *J. L. Müller*, Forensische Psychiatrie und Psychotherapie 13 (2006), 95 (102), der von der „Acquired Psychopathy“ also der „erworbenen Psychopathie“ spricht; ebenso *Schiltz/Witzel/Bausch-Hölterhoff/Bogerts*, Forensische Psychiatrie und Psychotherapie 14 (2007), 65 (73); *H. Walter*, in: *Schleim/Spranger/ders.* (Hrsg.), Von der Neuroethik zum Neurorecht, S. 67 (87). Zur „Acquired Psychopathy“, *H. Walter/Herbold*, in: *J. L. Müller* (Hrsg.), Neurobiologie forensisch-relevanter Störungen; S. 304 (304 ff.)).

193 *Damásio*, Descartes‘ Irrtum, S. 277 ff.

194 *Beckermann*, in: *Saimeh* (Hrsg.), Zukunftswerkstatt Maßregelvollzug, S. 15 (24).

195 *Carter*, Das Gehirn, S. 139.

Bigelow, [196] las und Folgendes feststellte: Die geschilderten Auswirkungen auf die Psyche und den Charakter sind in der Literatur „oft übertrieben, zum Teil sogar frei erfunden"[197]. In den Berichten „lassen sich", so *Schleim*, „erstaunlich wenige Hinweise auf Persönlichkeitsveränderungen finden"[198]. Gleichzeitig rückt er die Ursachen der Charakterveränderung in ein anderes Licht: Keiner hatte geglaubt, dass Gage den Unfall überleben werde, sodass man bereits seinen Sarg anfertigen ließ. Zudem konnte man sich vor rund 167 Jahren noch weniger als heute vorstellen, dass solch ein Fremdkörper das Gehirn durchdringen kann, ohne den Menschen dabei umzubringen oder schwerste körperliche Schäden zu verursachen. In einer Zeit, in der man von heutigen Hygienestandards weit entfernt war, steckten gleich mehrere Personen, darunter der Hotelbesitzer sowie Harlow selbst, ihre Finger in die Wunde, um zu überprüfen ob sie sich tatsächlich in der Mitte trafen.[199] Das bald darauf eine Pilzinfektion im feuchten Klima des Gehirns ausgelöst wurde, die alsbald auf das Gehirn übergriff, ist denkbare Folge. Erst nach der Heilung der Infektion stellte man die ersten Persönlichkeitsveränderungen fest: Gage konnte nicht mehr richtig Geldbeträge einschätzen. In Harlows Bericht, verfasst 20 Jahre nach dem Unfall und 8 Jahre nach dem Tod Gages infolge eines epileptischen Anfalls, lassen sich deutlichere Hinweise auf oben beschriebene Persönlichkeitsveränderungen finden: Die Arbeitgeber lehnten die Wiederaufnahme der Arbeit Gages ab, denn er sei respektlos, ungeduldig, launenhaft und in seinem Verhalten unvorhersehbar und stur, das Gleichgewicht zwischen seinem Intellekt und seinen Trieben sei gestört. Andererseits berichtet die Mutter Gages, dass er eine große Vorliebe für Kinder und Tiere gehabt habe und gern Geschichten erzählte – entgegen *Damásio* keine Lügen – sondern frei erfundene Geschichten zur

196 *Harlow*, Passage of an Iron Rod Through the Head, Boston Medical and Surgical Journal 39 (1848), 389 ff.; *ders.*, Recovery After Severe Injury to the Head, Bulletin of the Massachusetts Medical Society 2 (1868), 3 ff.; *Bigelow*, Dr. Harlow's Case of Recovery From the Passage of an Iron Bar Through the Head, American Journal of the Medical Sciences July 1950, 13 ff.

197 *Schleim*, Die Neurogesellschaft, S. 76.

198 *Schleim*, Die Neurogesellschaft, S. 77.

199 *Harlow*, Passage of an Iron Rod Through the Head, Boston Medical and Surgical Journal 39 (1848), 389 (390); *ders.*, Recovery after Severe Injury to the Head, Bulletin of the Massachusetts Medical Society 2 (1868), 3 (6).

Unterhaltung der Nichten und Neffen.[200] Als mögliche Ursachen für die Persönlichkeitsveränderung benennt *Schleim* den Schock nach dem Unfall, das psychische Trauma, ausgelöst durch das Umfeld, dass ihn bereits als verstorben abschrieb, die andauernden Blutungen und Infektionen.[201] Auch *Roths* übertriebene auf *Damásios* Einschätzung[202] beruhende Schlussfolgerung, Gage habe die Fähigkeit verloren, Handlungsabläufe zu wählen, die für sein Überleben am günstigsten waren mit der Folge der völligen Lebensunfähigkeit[203], lässt sich nach genauerer Untersuchung der historischen Berichte nicht aufrechterhalten. Schließlich war Gage fähig, mehrere Jahre nach dem Unfall, wie *Schleim* anmerkte, durch Amerika zu reisen. Auch *Beckermanns* obige Schlussfolgerung ist nach alledem fraglich. Es gibt zu wenige Informationen zu den Persönlichkeitsveränderungen, um solch bedeutende Schlussfolgerungen über die fehlende Verantwortungsfähigkeit aufstellen zu können.[204]

1.2. Der Fall E.V.R.

In einem anderen Fall geht es um den Patienten E.V.R., besser bekannt unter dem Pseudonym „Elliot", bei dem durch eine Entfernung eines Hirntumors große Teile des orbitomedialen präfrontalen Cortex (OMPFC) sowie des dorsomedialen präfrontalen Cortex (DMPFC) mit entfernt wurden.[205] Vor der Operation war er privat und beruflich erfolgreich, nach der Operation unfähig, seinen Tagesablauf sinnvoll zu organisieren, sodass ihm gekündigt wurde. Er investierte seine gesamten Ersparnisse in ein Unternehmen, das kurz darauf Bankrott ging. Nach 17 Jahren Ehe reichte die Frau die Scheidung ein und verließ ihn mit

200 *Harlow*, Recovery after Severe Injury to the Head, Bulletin of the Massachusetts Medical Society 2 (1868), 3 (13 f.).
201 *Schleim*, Die Neurogesellschaft, S. 79.
202 *Damásio*, Descartes' Irrtum, S. 43, 63.
203 *Roth*, Das Gehirn und seine Wirklichkeit, S. 211.
204 Siehe sogleich Kapitel 3 III 1.4.
205 *Saver/Damásio, A.*, Preserved Access and Processing of Social Knowledge in a Patient With Acquired Sociopathy Due to Ventromedial Frontal Damage, Neuropsychologia 29 (1991), 1241 (1241 ff.); *Eslinger/Damásio, A.*, Severe Disturbance of Higher Cognition After Bilateral Frontal Lobe Ablation, Neurology 35 (1985), 1731 (1731 ff.); *A. Damásio*, Descartes' Irrtum, S. 64 ff. Von einem ähnlichen Fall neuerer Zeit berichten *Klos/Deike*, Z. Neuropsychol. 17 (2006), 249 ff.

zwei Kindern. Die zweite Ehe hielt lediglich zwei Jahre.[206] *Damásio* entdeckte, dass E.V.R. wenig bis kaum Emotionen zeigte; er war darin weit gemäßigter als vor seiner Tumorentfernung. E.V.R. hatte normale Kenntnis über soziale Konventionen, konnte das Wissen aber nicht in den Alltag umsetzen. Deswegen vermutete *Damásio*, dass die reduzierte Emotionalität bzw. Gefühlsarmut zu den gestörten Entscheidungsprozessen führte.[207] Der heutige Stand der Neurobiologie über die Rationalität der Entscheidung ist, dass „rationale Entscheidungen" stark emotional gefärbt sind bzw. es sogar sein müssen, weil es ohne die emotionale Komponente zu Entscheidungsfehlabläufen kommt.[208] Es gebe „keine rein rationalen Entscheidungen", wie *Roth* ausführt, „sondern immer nur rationale Entscheidungen im Rahmen emotionaler Vorgaben".[209] Entgegen der bisherigen und in der Gesellschaft noch weit verbreiteten Meinung, soll die Beteiligung „des Herzens" bzw. „des Bauches" zu angemessenen Entscheidungen führen.

Damásio und *Eslinger* zufolge läge eine erworbene Soziopathie vor, die erst im Erwachsenenalter auftritt.[210]

1.3. Keine Dissozialität und sogar die Aufhebung von Dissozialität durch Hirnläsionen

In anderen Fällen, ähnlich Gage und „Elliot", standen die Betroffenen diagnostisch besser da:

Ein Fall ereignete sich während des Spanischen Bürgerkrieges (1936-1939). Bei der Flucht durch ein Fenster an einem Rohr hinab stürzte ein 21jähriger Mann auf ein mit Eisenspitzen bestücktes Tor. Der Eisenpfahl drang in seinen Kopf und verletzte den orbitomedialen präfrontalen Cortex (OMPFC) sowie den dorsomedialen präfrontalen

206 Siehe dazu *Schleim*, Die Neurogesellschaft, S. 80 f.

207 *Damásio*, Descartes' Irrtum, S. 77 f.

208 So z.B. *A. Damásio*, Descartes' Irrtum, S. 262; *T. Fuchs*, in: *Buchheim/Pietrek* (Hrsg.), Freiheit auf Naturbasis, S. 101 (110); *Northoff/Witzel/Bogerts*, Nervenarzt 77 (2006), 5 (5); *Northoff/Heinzel/Bermpohl/Niese/Pfennig/Pascual-Leone/Schlaug*, Human Brain Mapping 21 (2004),202 (202 ff.).

209 *Roth*, Diskussion zum Vortrag von Prof. Roth, in: *Gestrich/Wabel* (Hrsg.), Freier oder unfreier Wille, S. 48 (51).

210 *Eslinger/Damásio, A.*, Severe Disturbance of Higher Cognition After Bilateral Frontal Lobe Ablation, Neurology 35 (1985), 1731 (1731 ff.)

Cortex (DLPFC). Im Gegensatz zu Gage attestierte man dem „spanischen Gage“[211] keine antisoziale Persönlichkeitsstörung, sondern ein stabiles Familienleben, ein stabiles Berufsleben und eine gute gesellschaftliche Integration. Es ist möglich, dass gerade das stabile, ihn unterstützende und an ihn glaubende soziale Umfeld (seine Frau wollte ihn auch nach dem Unfall noch heiraten, er konnte im Familienbetrieb weiter arbeiten, auch wenn er dabei durch den Unfall einige Probleme mit der Ausführung bekam) dazu führte, dass es zu keiner gravierend negativen Persönlichkeitsveränderung kam.[212] Obwohl auch er ähnliche Verletzungen wie Gage erlitt, zeigt der Fall, dass nicht jedwede Verletzung in bestimmten Hirnarealen zu einer antisozialen, psychopathischen bzw. soziopathischen Persönlichkeitsdiagnose führt.

Dies wird durch einen anderen Fall bestätigt: Ein 33 jähriger Mann wollte sich das Leben nehmen und schoss sich dazu mit einem Pfeil in den Mund und durch den ventromedialen präfrontalen Cortex (VMPFC).[213] Vor dem Suizidversuch habe er gewaltbereites Verhalten aufgewiesen; jedoch nach dem Suizidversuch war er wie ausgewechselt: fügsam, gleichgültig in Bezug auf seine Situation und übertrieben gut gelaunt.[214] Demnach kann es sogar vorkommen, dass entgegen der Fallbeispiele Gage und E.V.R., Schädigungen im VMPFC zu einer entgegengesetzten Persönlichkeitsveränderung führen können. Unter Bezugnahme auf Gage hätte eine Schädigung in diesem Bereich eigentlich gerade zu dissozialem Verhalten bzw. sogar zu einer verstärkten Gewalttätigkeit führen müssen. Da dem aber nicht so war, vermuten *Ellenbogen* und *Kollegen*, dass der Mann bereits vorher eine Fehlfunktion gehabt haben muss, die durch die Schädigung geheilt worden sei.[215] Der Behauptung, dass eine Fehlfunktion durch eine weitere Schädigung zur Gesundung führen kann, steht *Schleim* kritisch gegenüber.[216] Jedenfalls sei betont, dass die These von der Vorschädigung

211 *Schleim*, Die Neurogesellschaft, S. 83.

212 *Schleim*, Die Neurogesellschaft, S. 84.

213 *Ellenbogen/Hurford/Liebeskind/Neimark/Weiss*, Ventromedial Frontal Lobe Trauma, Neurology 64 (2005), 757; *Schleim*, Die Neurogesellschaft, S. 84 f.

214 *Ellenbogen/Hurford/Liebeskind/Neimark/Weiss*, Ventromedial Frontal Lobe Trauma, Neurology 64 (2005), 757; *Schleim*, Die Neurogesellschaft, S. 84 f.

215 *Ellenbogen/Hurford/Liebeskind/Neimark/Weiss*, Ventromedial Frontal Lobe Trauma, Neurology 64 (2005), 757.

216 *Schleim*, Die Neurogesellschaft, S. 85.

nur eine These bleibt, die in diesem Fall wohl nicht bewiesen werden kann. Es zeigt sich in all den vier Fällen, dass eine Schädigung im präfrontalen Cortex einerseits zu Dissozialität und anderseits zu Sozialkonformität führen kann.[217]

1.4. Die Schlussfolgerung aus allen vier Fällen

Zu beachten ist, dass es sich bei all den Fällen um seltene Ausnahmen handelt, die nicht verallgemeinert werden können. Gerade die letzten beiden Fälle verdeutlichen, dass aufgrund bestimmter Hirnläsionen nicht ohne Weiteres auf eine (Pseudo-)Psychopathie, Soziopathie bzw. antisoziale Persönlichkeitsstörung, ja einem „Verbrecher-Hirn" schlechthin zu schließen ist. Dass Läsionen im präfrontalen Cortex nicht zwingend mit einer negativen Charakterveränderung, sozusagen einer „Charakterverschlechterung" einhergehen müssen, belegt der vierte Fall des „nicht-mehr-Dissozialen". Somit ist es unmöglich, *allein* von Hirnläsionen in spezifischen Hirnarealen auf antisoziales oder gar delinquentes Verhalten und damit auf die Gefährlichkeit einer Person zu schließen. Betont sei noch, in keinem der dargestellten Fälle wurde aus einem Betroffenen ein Straftäter.[218]

Die Diagnosen, bei Gage eine quasi-Psychopathie und bei E.V.R. eine erworbene Soziopathie, sind mit Vorsicht zu genießen. Bei einer Soziopathie fehlt den Betroffenen bereits das theoretische Wissen um soziale und moralische Normen. Sie können im Gespräch oder beim Lösen einer moralischen Aufgabe nicht das angemessene Verhalten nennen, wozu E.V.R. aber im Stande war.[219] Im Fall Gage lassen die Berichte zu wenig Rückschlüsse auf eine sichere Diagnose zu, weil es an umfangreichen, detaillierten Beschreibungen über seine Persönlichkeit vor dem Unfall fehlt. Anhand weniger Zeilen in einem Bericht, der erst 20 Jahre nach dem Unfall und 8 Jahre nach dem Ableben Gages verfasst wurde, eine so gewichtige Diagnose zu stellen, ist deshalb problematisch, weil nicht auszuschließen ist, dass in diesem langen Zeitraum zwischen Unfall und Ableben u. a. das soziale Umfeld mitprägend war.

---

217 *J. L. Müller*, in: *Roth/Hubig/Bamberger* (Hrsg.), Schuld und Strafe, S. 59 (62).
218 Vgl. *Schleim*, Die Neurogesellschaft, S. 82.
219 *Schleim*, Die Neurogesellschaft, S. 81.

Trotz aller Kritik ist es aber nicht von der Hand zu weisen, dass es zu Veränderungen in der Persönlichkeit aller vier Personen kam. Es bleibt möglich, dass nicht allein die Hirnschädigung zur Veränderung führte, sondern das soziale Umfeld entscheidend mitwirkte, unbeachtet wie stark und in welchem Umfang dies geschah. Die (negativen) Auswirkungen von Hirnläsionen könnten mit Hilfe eines stabilen sozialen Gefüges des Betroffenen (Familie, Beruf, gesellschaftliches Umfeld) im gewissen Grad aufgefangen werden oder sich bei ihrem Fehlen verstärken.

Diese Annahme wird durch die moderne deterministische These gestützt, wonach Umwelt und Hirnphysiologie zwei sich gegenseitig beeinflussende Faktoren für die Bildung und die Entwicklung des Charakters eines Menschen sind. Bei aller Kritik lässt sich eine Beziehung zwischen Gehirn und Charakter einer Person ausmachen[220], unabhängig davon, welche Intensität man ihr beimisst, die jedoch nicht ohne die Umwelt zu betrachten sind. Auch die epigenetische Forschung weist darauf hin, dass die Gene nicht losgelöst von der Umwelt sind, sondern erst durch die Umwelt aktiviert und deaktiviert werden. Die genetische Ausstattung ist durch das komplexe Wechselspiel mit den Umwelteinflüssen flexibel.[221]

Trotzdessen bleibt Raum für die indeterministische These. In ihrer relativierten Form geht sie grundsätzlich davon aus, dass der Mensch sich in einem bestimmten Rahmen bewege, in welchem ein Alternativismus möglich sei. Dieser Rahmen könne entweder größer oder kleiner ausfallen: Bei Gage oder E.V.R. verkleinere er sich und beim „nicht-mehr-Dissozialen" vergrößere er sich. Ein Willensfreiheitsrahmen, der trotz Hirnläsionen grundsätzlich ein Anders-Können ermögliche, auch wenn man ihn bei Gage oder E.V.R verneinen möge, bleibe noch immer bei anderen Personen mit und ohne *einschränkende* Hirnläsionen, möglich. Dass Hirnläsionen den Charakter und das Verhalten beeinflussen können, davon gehen auch Indeterministen aus. Für sie stellt sich die Frage, ab wann die Hirnläsion das Anders-Können ausschließt.

220 Vgl. auch *Detlefsen*, Grenzen der Freiheit, S. 314.

221 *Klein/Gasser*, Nervenarzt 84 (2013), 1 (1); *Markowitsch/R. Merkel*, in: *Bonhoeffer/Gruss* (Hrsg.), Zukunft Gehirn, S. 224 (231); *Markowitsch*, Z. Neuropsychol. 20 (2009), 169 (172).

2. Drei „Verbrechertypen" unter besonderer Beobachtung der Hirnforschung

Die Entwicklung moderner bildgebender Verfahren (Neuroimaging) wie der Positronen-Emissions-Tomographie (PET), der Single-Photon-Emissionscomputertomographie (SPECT) und im Besonderen der statischen Magnetresonanztomographie sowie der funktionellen Magnetresonanztomographie (MRT/fMRT) führten zu einer rasanten Zunahme von Untersuchungen über das Gehirn (Gehirnfunktion, Gehirnstoffwechsel, Gehirnstruktur, Gehirnmorphologie). Sie führten ebenfalls zu einer Zunahme von Untersuchungen über den Zusammenhang von Gehirn und delinquentem Verhalten. Besondere Aufmerksamkeit erhielten dabei die Psychopathie, die Gewaltdelinquenz und die Pädophilie.[222] Anhand der Fälle E.V.R. u. a. kann allenfalls die ganz allgemeine Verbindung zwischen Gehirn und Charakter aufgezeigt werden, jedoch nicht die Verbindung zwischen Gehirn und delinquentem Verhalten, weil es an den verwirklichten Straftaten fehlt. Einigen Hirnforschern zufolge sollen stattdessen bestimmte Delinquenzarten bzw. „Tätertypen" aufzeigen, wie abhängig der Menschen von seinem Gehirn ist und ihn deshalb keine Schuld treffe.

2.1. Pädophilie

Pädophilie, deren Diagnosekriterien von ICD-10 (Internationale Klassifikation der Krankheiten und verwandter Gesundheitsprobleme) und DSM-IV-TR (Diagnostic and Statistical Manual of Mental Disorders) erfasst sind, ist eine

> *„psychiatrische Erkrankung, die sich durch vorwiegende oder ausschließliche sexuelle Fixierung auf Personen vor der Geschlechtsreife auszeichnet. Hierdurch kann es in der Folge von starken Sexualfantasien zu sexuellen Handlungen von Erwachsenen gegenüber minderjährigen Personen kommen"*[223].

222 Vgl. *Markowitsch/R. Merkel*, in: *Bonhoeffer/Gruss* (Hrsg.), Zukunft Gehirn, S. 224 (227).

223 *Wiebking/Northoff*, in: *J. L. Müller* (Hrsg.), Neurobiologie forensisch-relevanter Störungen, S. 386 (386).

Pädophilie ist nicht gleichzusetzen mit sexuellem Missbrauch von Kindern gem. §§ 176, 176a und 176b StGB.[224] Nicht jeder Täter, der ein Kind sexuell missbraucht, ist pädophil.[225] Umgekehrt muss Pädophilie nicht zu sexuellem Missbrauch führen.[226] Pädophilie als sexuelle Triebstörung fällt unter das Eingangsmerkmal der „schweren anderen seelischen Abartigkeit" von §§ 20, 21 StGB[227]. Wegen neuerer Studien der Hirnforschung, die insbesondere die Frage nach einer krankheitsbedingten Exkulpierung aufwerfen, steht eine Einordnung unter das Merkmal „krankhafte seelische Störung" im Raum.[228]

In Bezug auf Pädophilie berichteten *Jeffrey Burns* und *Russell Swerdlow* von einem Lehrer und Familienvater aus den USA, der sich plötzlich seiner vorpubertären Stieftochter gegenüber pädophil verhielt.[229] Seit seiner Jugend hatte er ein starkes Interesse an Pornografie. Mit 40 Jahren begann er vermehrt, pornografische Zeitschriften zu sammeln und auf pornografischen Internetseiten zu surfen, wobei er anfing, heimlich auch kinderpornographisches Material zu sammeln. Alsbald begann er seine Stieftochter sexuell zu belästigen. Am Vorabend seines Haftantritts litt er an heftigen Kopfschmerzen. Bei der anschließenden MRT-Aufnahme wurde ein tennisballgroßer Tumor im rechten orbitofrontalen und dorsolateralen präfrontalen Cortex zusammen mit einer Zyste entdeckt. Nach der Entfernung des Tumors verschwand das Verhalten zunächst und er schloss ein Rehabilitationsprogramm erfolgreich ab. Die These, dass das Verhalten mit dem Hirntumor im Zusammenhang steht, wird vom weiteren Verlauf be-

224 Neben dem sexuellen Missbrauch von Kindern gem. §§ 176, 176a und 176b StGB kommt als Straftat auch die Verbreitung pornographischer Schriften gem. § 184 StGB in Betracht.

225 *Fagan/Wise/Schmidt/Berlin*, Pedophilia, JAMA 288 (2002), 2458 (2459).

226 *Fagan/Wise/Schmidt/Berlin*, Pedophilia, JAMA 288 (2002), 2458 (2460).

227 *Fischer*, StGB § 20 Rn. 36, 41.

228 Vgl. für die „Psychopathy" *Schwerdtner/J. L. Müller*, in: *J. L. Müller/Hajak* (Hrsg.), Willensbestimmung zwischen Recht und Psychiatrie, S. 135 (139).

229 *Burns/Swerdlow*, Right Orbitofrontal Tumor With Pedophilia Symptom and Constructional Apraxia Sign, Arch Neurol 60 (2003), 437 ff.; siehe auch: *Beckermann*, in: *Saimeh* (Hrsg.), Zukunftswerkstatt Maßregelvollzug, S. 15 (24), *Markowitsch/R. Merkel*, in: *Bonhoeffer/Gruss* (Hrsg.), Zukunft Gehirn, S. 224 (226), *Markowitsch/Reemtsma*, Neuronen sind nicht böse, DER SPIEGEL, v. 30.07.2007, S. 117 (117 ff.); *R. Merkel*, G&G Dossier 2008/1, Zukunft des Gehirns, 56 (58); *Schleim*, Die Neurogesellschaft, S. 85 ff.

kräftigt: Einige Monate später fing er erneut an, heimlich pornografisches Material zu sammeln. Eine anschließende Untersuchung ergab, dass der Tumor wieder gewachsen war, sodass eine weitere Operation durchgeführt wurde, auf die das Verhalten wiederum verschwand.[230]

Nach *Markowitsch* und *R. Merkel* verdeutlicht der Fall, dass das Gehirn das Verhalten bestimme: Veränderungen im Gehirn führen zu Änderungen im Verhalten.[231] Es wird vermutet, dass die Kontrolle über sexuelles Verhalten vom präfrontalen Cortex ausgeht[232] , was mit der Annahme übereinstimmt, dass der präfrontale Cortex generell an der Selbstkontrolle beteiligt sei[233].

Bei Menschen mit pädophiler sexueller Ausrichtung existieren verschiedene neuronale Korrelate, die sich von Korrelaten nicht-pädophiler Probanden unterscheiden. *Fagan* und Kollegen berichten über Störungen der Wahrnehmung und Bewertung von Reaktionen eines Kindes: Signale des Kindes und die Folgen eines sexuellen Missbrauchs werden missgedeutet.[234] Diese Defizite könnten mit abweichenden neuronalen Aktivierungsmustern korrelieren.[235] Der orbitofrontale Cortex wird der kognitiven Komponente in der sexuell-emotionalen Verarbeitung zugeordnet.[236] *Dreßing* und Kollegen[237] fanden abwei-

230 In einem ähnlichen Fall belästigte ein Mann seine Stieftochter sexuell, sodass es immer wieder zum Konflikt mit seiner Ehefrau kam, bis er diese eines Tages im Bett erdrosselte und anschließend die Stieftochter vergewaltigte. Im Prozess wurde er für schuldfähig befunden und zu einer Gefängnisstrafe verurteilt. Da der Mann im Gefängnis berichtete, Stimmen zu hören, wurde eine kranielle Magnetresonanztomographie durchgeführt, um organische Ursachen auszuschließen. Sie zeigte jedoch eine große Defektzone im linken frontotemporalen Übergang (siehe dazu *Schiltz/Witzel/Bausch-Hölterhoff/Bogerts*, Forensische Psychiatrie und Psychotherapie 14 (2007), 65 (75)).

231 *Markowitsch*, Z. Neuropsychol. 20 (2009), 169 (171); *ders./R. Merkel*, in: *Bonhoeffer/Gruss* (Hrsg.), Zukunft Gehirn, S. 224 (226).

232 *Fromberger/Stolpmann/Jordan/J. L. Müller*, Neurobiologische Forschung bei Pädophilie, Z. Neuropsychol 20 (2009), 193 (196).

233 *Knoch*, Z. Neurophsychol 18 (2007), S. 183 (183 f.); s.o.

234 *Fagan/Wise/Schmidt/Berlin*, Pedophilia, JAMA 288 (2002), 2458 (2460).

235 *Wiebking/Northoff*, in: *J. L. Müller* (Hrsg.), Neurobiologie forensisch-relevanter Störung-en, S. 386 (390).

236 *Wiebking/Northoff*, in: *J. L. Müller* (Hrsg.), Neurobiologie forensisch-relevanter Störung-en, S. 386 (390).

237 *Dreßing/Obergriesser/Tost/Kaumeier/Ruf/Braus*, Fortschr Neurol Psychiat 69 (2001), 539 (539 ff.).

chende Aktivierungsmuster in diesem Bereich sowie in der Amygdala, welche mit der emotionalen Komponente in Zusammenhang steht. Das Amygdalavolumen sei nach einer Studie von *Schiltz* und Kollegen reduziert.[238] Weiterhin entdeckten sie während der sexuellen Verarbeitung neuronale Abweichungen im dorsolateralen präfrontalen Kortex und während der emotionalen Verarbeitung neuronale Abweichungen im dorsomedialen präfrontalen Cortex und im Amygdala-Hippokampus-Komplex. *Schiffer* und Kollegen fanden ein vermindertes Volumen der grauen Substanz im orbitofrontalen Cortex[239] sowie funktionelle Unterschiede während der sexuellen Verarbeitung im orbito- und dorsolateralen Cortex[240]. Die Palette von Auffälligkeiten, Abweichungen bzw. Abnormalitäten ist also groß[241] und ließe sich noch weiter fortführen[242].

Bisher existieren aber keine übereinstimmenden Hinweise auf ein einheitliches, spezifisches Aktivierungsprofil, woran Pädophilie diagnostiziert werden könnte[243]. Würden dagegen spezifische Aktivierungsprofile von Pädophilie entdeckt werden, könnten Neuroimaging-

238 Schiltz/Witzel/Northoff/Zierhut/*u.a*, Brain Pathology in Pedophilic Offenders, Arch Gen Psychiatry 64 (2007), 737 (737 ff.).

239 *Schiffer/Peschel/Paul/Gizewski/u.a.*, Structural Brain Abnormalities in the Frontostriatal System and Cerebrellum in Pedophilia, J Psychiatr Res 41 (2007), 753 (753 ff.).

240 *Schiffer/Paul/Gizewski/Forsting/Leygraf/u.a.*, Functional Brain Correlates of Heterosexual Paedophilia, Neuroimage 41 (2008), 80 (80 ff.).

241 Aufzählung von *Wiebking/Northoff*, in: *J. L. Müller* (Hrsg.), Neurobiologie forensisch-relevanter Störungen, S. 386 (390 f.).

242 Siehe weitere Befunde sowie deren Kritik bei *Döhnel/Sommer/Hajak/J. L. Müller*, in: *J. L. Müller/Hajak* (Hrsg.), Willensbestimmung zwischen Recht und Psychiatrie, S. 144 (145 ff.); *Fromberger/Stolpmann/Jordan/J. L. Müller*, Neurobiologische Forschung bei Pädophilie, Z. Neuropsychol 20 (2009), 193 (193 ff.); *Schiltz/Witzel/Bogerts*, Forensische Psychiatrie und Psychotherapie 13 (2006), 59 (59 ff.).

243 *Ponseti/Granert/Jansen/Wolff/u.a.*, Assessment of Pedophilia Using Hemodynamic Brain Response to Sexual Stimuli, Arch Gen Psychiatry 69 (2012), 187 (188). *Ponseti* und Kollegen untersuchten mit Hilfe des fMRT, ob Pädophilie bei Betrachtung sexueller Stimuli anhand spezifischer Hirnaktivitäten identifiziert werden könnte. Die Reaktionsmuster auf bestimmte sexuelle Stimuli (unbekleidete Kinder und Erwachsene sowie deren Genitalien für eine Präsentationsdauer von einer Sekunde) könnten anhand des „Blood-oxygenation-level-dependent" (BOLD-Signal) Aufschluss auf die sexuelle Ausrichtung geben. 24 Männer mit Diagnose Pädophilie (DSM-IV-R) und 32 männliche Kontrollprobanden nahmen an der Studie teil. Der Vorhersagewert für die Diagnose Pädophilie aufgrund der

Diagnosen dank ihrer Suggestivwirkung[244] dazu verleiten, Pädophilie prinzipiell als exkulpierendes Krankheitsbild aufzufassen.[245] Dagegen spricht jedoch, dass die Subsumtion unter das Merkmal der „krankhaften seelischen Störung“ i.S.d. § 20 StGB nicht per se schuldausschließend wirkt. Die Prüfung erfolgt zweistufig: Neben dem Eingangsmerkmal darf der Täter nicht fähig sein, das Unrecht der Tat einzusehen oder nach dieser Einsicht zu handeln.

Kritik erfährt die neurowissenschaftliche Pädophilie-Forschung wegen ihrer geringen Zahl an Studien, die keine sicheren Rückschlüsse auf funktionelle und strukturelle Störungen im Gehirn zulassen, weil „die bisherige Datenlage noch widersprüchlich“[246] ist. Zudem weisen die meisten Studien über Pädophilie Probleme bezüglich der Anzahl der Probanden auf. Die Stichproben sind zu klein und lassen keine Rückschlüsse auf die Gesamtheit pädophiler Straftäter zu. Zudem wird die Probandengruppe oftmals nicht ausreichend definiert. Dazu lassen sich gemittelte Gruppenergebnisse nicht so einfach auf einzelne Personen übertragen.[247] Weiterhin ist die Abgrenzung zu anderen Verhaltensauffälligkeiten anhand von Hirnbildern problematisch, denn die hirnphysiologischen Veränderungen sind auch bei anderen Störungs-

---

Aktivierungsmuster auf sexuell spezialisierte Reize (die Wahrscheinlichkeit, dass ein Proband tatsächlich an Pädophilie leidet) läge bei einer Prävalenz für eine pädophile *Akzentuierung* in der Bevölkerung von ca. 10 % zwischen lediglich 19 und 100 Prozent: „Eine für den Einzelfall valide Diagnose einer Pädophilie mithilfe bildgebender Verfahren [lässt sich] also nicht stellen“ (*König*, Forens Psychiatr Psychol Kriminol 6 (2012), 62 (63)). Ungewiss bleibt, ob die Hirnaktivierungen tatsächlich als pädophile sexuelle Erregung zu werten sind. Vielmehr könnte es sich um Korrelate von Schamgefühl und Leidensdruck handeln, wie der forensische Psychiater *Andrej König* ausführt. Bei den Probanden handelt es sich um Personen, die freiwillig an dem ambulanten Hilfsangebot „Kein Täter werden“ teilnehmen, sodass bei ihnen ein starkes Schamgefühl sowie ein hoher Leidensdruck vorliegen könnten (*König*, Forens Psychiatr Psychol Kriminol 6 (2012), 62 (62)).

244 Vgl. *Tebartz v. Elst*, DIE ZEIT v. 16.08.2007; *J. L. Müller*, in: *ders./Hajak* (Hrsg.), Willensbestimmung zwischen Recht und Psychiatrie, S. 131 (131).

245 Vgl. *Kalus*, Forens Psychiatr Psychol Kriminol 6 (2012), 41 (47 f.). Kritisch dazu unten Kapitel 3 IV 2.

246 *Fromberger/Stolpmann/Jordan/J. L Müller*, Neurobiologische Forschung bei Pädophilie, Z. Neuropsychol 20 (2009), 193 (197).

247 *Fromberger/Stolpmann/Jordan/J. L. Müller*, Neurobiologische Forschung bei Pädophilie, Z. Neuropsychol 20 (2009), 193 (200), m.w.N.

bildern zu finden. Es mangelt an der Spezifität für die pädophile Störung.[248] Die Frage, ob es moderierende Variablen gibt, die entscheiden, wann hirnstrukturelle Veränderungen zu sexueller Devianz führen,[249] ist bis heute nicht einmal im Ansatz geklärt. Die Pädophilie-Forschung ist daher bislang nicht aussagekräftig genug, um weitreichende Folgen einer einzelnen Tätergruppe oder gar aller Straftäter für das Schuldstrafrecht zu veranlassen.

2.2. Gewalttäter (Mehrfach- und Intensivtäter)

Da Läsionen im präfrontalen Cortex mit Persönlichkeitsveränderungen und sogar mit kriminellem Verhalten in einer gewissen Verbindung stehen können und weil diesem Gehirnbereich zudem die Steuerung von Gefühlen, die Regulation aggressiven Verhaltens, die Selbstkontrolle und Impulsivität sowie ethisch-moralische Bewertungsprozesse zugeschrieben wird[250], liegt es nicht fern, im Gehirn eine mögliche Ursache für weiteres delinquentes Verhalten zu suchen. Insbesondere *Roth* beruft sich zur Untermauerung seiner Thesen auf die Gewaltdelinquenz.[251]

Bei Personen, die Gewaltstraftaten begangen haben, finden sich oftmals strukturale und funktionale Abweichungen in Gehirnbereichen, die mit der Emotions- und Gedächtnisverarbeitung sowie der Emotionskontrolle im Zusammenhang stehen: dem medialen und lateralen temporalen Cortex (Schläfenlappen) sowie den bereits schon vielfach genannten präfrontalen Cortex.[252] Aus Beobachtungen bei Patienten mit neurodegenerativen Erkrankungen, wie der fronto-tempo-

248 *Fromberger/Stolpmann/Jordan/J. L. Müller*, Neurobiologische Forschung bei Pädophilie, Z. Neuropsychol 20 (2009), 193 (197); vgl. für Serotonin und Dopamin auch *Lackinger*, Newsletter IGF Wien 2007/02, S. 7 (8).

249 *Fromberger/Stolpmann/Jordan/J. L. Müller*, Neurobiologische Forschung bei Pädophilie, Z. Neuropsychol 20 (2009), 193 (197); vgl. für Serotonin und Dopamin auch *Lackinger*, Newsletter IGF Wien 2007/02, S. 7 (8).

250 *Kalus*, Forens Psychiatr Psychol Kriminol 6 (2012), 41 (44).

251 Siehe *G. Merkel/Roth*, in: *Grün/Friedman/Roth* (Hrsg.), Entmoralisierung des Rechts, S. 54 (68); *G. Merkel/Roth*, in: *Stompe/Schanda* (Hrsg.), Der freie Wille und die Schuldfähigkeit, S. 143 (151); *Roth*, Information Philosophie 2004, 14 (14 f.).

252 *Piefke/Markowitsch*, in: *Grün/Friedman/Roth*, Entmoralisierung des Rechts, S. 96 (96); *J. L. Müller*, Forensische Psychiatrie und Psychotherapie 13 (2006), 95 (99);

ralen Demenz, zeigte sich, dass bei Patienten mit Degeneration des fronto-temoralen Netzwerkes auf der linken Seite Sprachveränderungen auftraten, wohingegen sich bei Patienten mit Degeneration der rechten Seite aggressive, asoziale und andere sozial unerwünschte Verhaltensweisen (Taktlosigkeit, Unzuverlässigkeit bis hin zu kriminellen Handlungen) sowie verminderte Empathie zeigten.[253]

2.2.1. Drei medial bekannte „Opfer" ihrer „aggressiven Hirnbiologie"

Der Neuropathologe und Hirnforscher *Jürgen Pfeiffer* und der Psychiater und Hirnforscher *Bernhard Bogerts* untersuchten das Gehirn von Ulrike Meinhof, seit 1970 Führungsmitglied der „Rote Armee Fraktion" (RAF), die am 9. Mai 1976 in der Haftanstalt Stuttgart-Stammheim Suizid beging. *Pfeiffer* entdeckte Abweichungen in der für Emotionen zuständigen Hirnregion, eine Folge der Tumoroperation aus dem Jahr 1962, als Ulrike Meinhof 27 Jahre alt war. Der gutartige Tumor in Nähe der Amygdala wurde zwar nicht entfernt, jedoch abgeklemmt.[254] In den basalen Teilen des rechten Schläfenlappens, insbesondere im limbischen Bereich und speziell in dem Bereich, der die Amygdala umgibt, wurden Schädigungen festgestellt.[255] Es stehe zweifelsohne fest, so *Bogerts*, dass eine derartige Schädigung der Hirnsubstanz zu erheblichen psychischen Störungen und zu erhöhter pathologischer Aggressivität führe. Das Abgleiten in den Terror sei durch die Hirnerkrankung mit zu erklären.[256] Dass sich ihre gesteigerte Aggressivität gerade im Terrorismus ausdrückte, müsse im Zusammenhang mit dem damaligen politischen Zeitgeschehen und der eigenen Biografie betrachtet werden.[257] Die Ziehmutter, Renate Katharina Riemeck,

---

Northoff/ Bermpohl, Trends in Cognitive Sciences 8 (2004), 102 (104 f.); *Roth*, Information Philosophie 2004, 14 (14 f.).

253 *Knoch*, Z. Neurophsychol 18 (2007), S. 183 (184, 189); siehe auch *Markowitsch/R. Merkel*, in: *Bonhoeffer/Gruss* (Hrsg.), Zukunft Gehirn, S. 224 (229).

254 *Förster*, Wer war Ulrike Meinhof?, Berliner Zeitung v. 09.11.2002; *Kalus*, Forens Psychiatr Psychol Kriminol 6 (2012), 41 (46).

255 *Bogerts*, in: *F. Schneider* (Hrsg.), Entwicklungen der Psychiatrie, S. 335 (341).

256 *Bogerts*, RAF-Terroristin Ulrike Meinhof litt unter Hirnschädigung, FAZ v. 12.11.2002.

257 *Bogerts*, RAF-Terroristin Ulrike Meinhof litt unter Hirnschädigung, FAZ v. 12.11.2002.

bestätigte Persönlichkeitsveränderungen – eine Art „Selbstentfremdung“, wie sie es beschrieb. Klaus Rainer Röhl, der geschiedene Ehemann, war bereits 1970 der Meinung, dass die Operation den Weg in den Terrorismus ebnete, weil Ulrike Meinhof erst infolge dieser so gefühllos geworden sei.[258]

In einem weiteren Beispiel tötete der Lehrer Ernst August Wagner 1913 seine Frau und seine vier Kinder mit einem Messer, erschoss acht männliche Einwohner des Dorfes Mühlhausen und verletzte weitere zwölf schwer; zudem beging er Brandstiftung.[259] Wegen Paranoia wurde er für unzurechnungsfähig erklärt. Im Gehirn wurde ein Rindendefekt entdeckt, der als Hirnentwicklungsstörung einzustufen war. Dieser Defekt lag in unmittelbarer Nähe der Amygdala, einer Region, die für die emotionale Wahrnehmung und die Realitätsbewertung von grundlegender Bedeutung ist.[260]

Auch der Amoklauf von Charles Whitman im Jahre 1966[261] ist ein Beispiel für die Annahme einer Beziehung zwischen hirnorganischer Läsion und kriminellen Verhaltens. Er wandte sich an einen Psychiater, weil er von gewalttätigen Gedanken heimgesucht wurde. Dieser konnte ihm jedoch nicht helfen. In einem Brief bat er für den Fall seines Todes um eine Autopsie, weil er selbst eine hirnphysiologische Ursache vermutete. Er erstach anschließend seine Frau und seine Mutter und schoss von einem Turm der Universität Texas aus mit einem Gewehr auf vorbeikommende Passanten und tötete dabei 14 von ihnen und verletzte 38 weitere, bevor er sich selbst erschoss. Man fand einen walnussgroßen, schnellwachsenden Hirntumor im Bereich der rechten Amygdala, der die Funktion im limbischen Hirnareal beeinträchtigte, das für die Emotions- und Aggressionskontrolle bedeutend ist.[262]

---

258 *Förster*, Wer war Ulrike Meinhof?, Berliner Zeitung v. 09.11.2002.

259 Vgl. *Blom*, Bestellt mich zum Exekutor, SZ v. 28.07.2011, http://www.sueddeutsche.de/kultur/2.220/paranoider-hass-parallelfall-von-bestellt-mich-zum-exekutor-1.1125523 (Stand: 07.04.2018).

260 *Bogerts*, in: *F. Schneider* (Hrsg.), Entwicklungen der Psychiatrie, S. 335 (338 f.); *Kalus*, Forens Psychiatr Psychol Kriminol 6 (2012), 41 (46).

261 Fahrenbach, Der Amokläufer, der ein Militärbegräbnis bekam, Die Welt v. 31.07.2016, https://www.welt.de/vermischtes/article157413098/Der-Amoklaeufer-der-ein-Militaerbegraebnis-bekam.html (Stand: 07.04.2018).

262 Vgl. *Bogerts*, in: *F. Schneider* (Hrsg.), Entwicklungen der Psychiatrie, S. 335 (342); *Kalus*, Forens Psychiatr Psychol Kriminol 6 (2012), 41 (46).

2.2.2. Hirnphysiologische, biochemische und genetische Abweichungen

Nicht nur Schädigungen bzw. Fehlfunktionen im präfrontalen, orbitofrontalen und anterioren cingulären Cortex stehen also im Verdacht, delinquentes Verhalten zu verursachen bzw. zu fördern[263], sondern auch andere Hirnareale: das limbische System, bestehend u. a. aus der Amygdala.[264] *Roth* bezeichnete es als „emotionales Erfahrungsgedächtnis", das Emotionen „steuere" und „kontrolliere".[265] Schädigungen der Amygdala beeinträchtigen die emotionale Verarbeitung, sodass ihre Überaktivität zu unkontrollierten Gefühlsausbrüchen führen könnte.[266] Hirnschädigungen können damit „das adäquate Erfassen und Bewerten sozialer Situationen beeinträchtigen".[267] Verletzungen oder Fehlentwicklungen des Frontalhirns würden zu erhöhter Risikobereitschaft und zu gesteigerter Impulsivität[268] führen.[269] Zum Verhältnis Großhirnrinde und limbisches System bei einem impulsiven Gewalttäter führt *Roth* aus:

> *„Das limbische System ist um Jahre früher ausgereift als die Großhirnrinde (zum Teil 10-15 Jahre). […] Was die Amygdala in früher Jugend erlernt, vergisst sie offenbar ein Leben lang nicht. Wir können cortical vergessen – die Amygdala vergisst an Traumatisierungen nichts. Die Großhirnrinde ist der Ort des schnellen Lernens, Umlernens und Entscheidens. Unsere Persönlichkeit entwickelt sich im limbischen System Jahre, bevor unsere den-*

263 *G. Merkel/Roth*, in: *Grün/Friedman/Roth* (Hrsg.), Entmoralisierung des Rechts, S. 54 (68); *G. Merkel/Roth*, in: *Stompe/Schanda* (Hrsg.), Der freie Wille und die Schuldfähigkeit, S. 143 (150).

264 Vgl. etwa *Bogerts*, in: *F. Schneider* (Hrsg.), Entwicklungen der Psychiatrie, S. 335 (337): „Eine Struktur- oder Funktionspathologie des Mandelkerns, des Hypothalamus sowie der paralimbischen kortikalen Areale […] sowie eine Unterfunktion des serotonergen Systems [disponieren] zu einem stark erhöhten Risiko aggressiv-delinquenten Verhaltens".

265 vgl. *G. Merkel/Roth*, in: *Grün/Friedman/Roth* (Hrsg.), Entmoralisierung des Rechts, S. 54 (68).

266 *Markowitsch*, Z. Neuropsychol. 20 (2009), 169 (171); *ders./R. Merkel*, in: *Bonhoeffer/ Gruss* (Hrsg.), Zukunft Gehirn, S. 224 (228).

267 *Markowitsch/R. Merkel*, in: *Bonhoeffer/Gruss* (Hrsg.), Zukunft Gehirn, S. 224 (229).

268 Impulsives Verhalten wird verstanden als „Verhalten, das nicht genügend reguliert ist und das einem spontanen Impuls entspringt", *Knoch*, Z. Neurophsychol 18 (2007), S. 183 (183).

269 *G. Merkel/Roth*, in: *Grün/Friedman/Roth* (Hrsg.), Entmoralisierung des Rechts, S. 54 (68), m.w.N.

kende vernünftige Großhirnrinde sich entwickelt – und sie versucht dann einen mäßigenden, zügelnden Einfluss auf dieses limbische System auszuüben [...] Und alle Fälle starken impulsiven gewalttätigen Verhaltens sind – neben vielen anderen Ursachen – immer auf eine Schwäche dieser Zügelung durch das Stirnhirn zurückzuführen [...] Die Großhirnrinde kann nichts alleine entscheiden. Sie kann beraten, mitwirken, aber inwieweit ihre Beratung, ihre Mitwirkung respektiert wird, entscheidet das limbische System"[270].

Impulsives Verhalten sei danach Folge von fehlender Selbstkontrolle, für die der präfrontale Cortex zuständig sei.[271] Daneben würden sich auch Volumenveränderungen in Teilen des Gehirns abzeichnen und dies bereits während der kindlichen Entwicklung.[272]

In einer randomisierten Doppelblindstudie in acht niederländischen Gefängnissen führte die zusätzliche Gabe von Spurenelementen, Vitaminen und essenziellen Fettsäuren für die Experimentalgruppe zu einer Reduktion der besonderen Vorkommnisse um 34 Prozent und bei der Placebogruppe zu einem Anstieg um 14 Prozent. Bezüglich besonderer Vorkommnisse speziell bei aggressivem und regelwidrigem Verhalten ergab sich ebenfalls eine Reduktion bei der Experimentalgruppe.[273] Damit gewinnt der Ausspruch des Philosophen und Anthropologen *Ludwig Andreas Feuerbach* (1804-1872) „der Mensch ist, was er isst", neue Bedeutung. Weiterhin soll ein hoher Testosteronspiegel zu Aggressivität beitragen.[274]

Daneben zieht man Verbindungen zur Genetik. Ganz allgemein wird die Vererbbarkeit aggressiven Verhaltens mit 50 bis 75 Prozent

270 *Roth*, Diskussion zum Vortrag von Prof. Roth, in: *Gestrich/Wabel* (Hrsg.), Freier oder unfreier Wille, S. 48 (51); vgl. auch *G. Merkel/Roth*, in: *Grün/Friedman/Roth* (Hrsg.), Entmoralisierung des Rechts, S. 54 (68).

271 *Knoch*, Z. Neurophsychol 18 (2007), S. 183 (184); Beispiele und weitere Quellen über die Beeinträchtigung der Kontrolle limbischer Areale durch präfrontale Areale siehe *Schiltz/Witzel/Bausch-Hölterhoff/Bogerts*, Forensische Psychiatrie und Psychotherapie 14 (2007), 65 (69 ff.).

272 *Markowitsch/R. Merkel*, in: *Bonhoeffer/Gruss* (Hrsg.), Zukunft Gehirn, S. 224 (230).

273 *Zaalberg/Nijman/Bulten/Stroosma/van der Staak*, Effects of Nutritional Supplements on Aggression, Rule-Breaking, and Psychopathology Among Young Adult Prisoners, Aggr Behav 36 (2010), 117 (117 ff.); *König*, Forens Psychiatr Psychol Kriminol 4 (2010), 280 (280 f.), m.w.N.

274 *Markowitsch/R. Merkel*, in: *Bonhoeffer/Gruss* (Hrsg.), Zukunft Gehirn, S. 224 (232).

angegeben.[275] Eine bedeutende Rolle spielt dabei das sog. MAO-A-Gen. Es beeinflusst die Produktion des Enzyms Monoaminoxidase A, das verschiedene Neurotransmitter und Hormone wie Serotonin, Dopamin, Noradrenalin und Adrenalin im Gehirn spaltet.[276] Serotonin habe einen beruhigenden und angstmindernden Effekt und spiele bei der Impulskontrolle eine bedeutende Rolle, sodass ein Mangel gewalttätiges Verhalten begünstige.[277] Serotonin habe daher eine hemmende Wirkung auf impulsiv-aggressives Verhalten.[278] *Roth* gesteht jedoch ein, dass die Bedeutung im Zusammenspiel mit anderen Faktoren noch „unklar" ist.[279] Nicht nur die Genetik habe Einfluss auf den Serotoninhaushalt, sondern auch (soziale) Umwelteinflüsse. Damit wird wieder auf die neueren Erkenntnisse der Epigenetik verwiesen.

Die Delmenhorster Studie[280] untersuchte, welche Merkmale Gewalttäter charakterisieren. Sie bestätigte, dass die Bedingungen, die zu Gewaltdelinquenz führen, multifaktoriell sind: Hyperaktivität, mangelnde Impulshemmung, niedrige Frustrationstoleranz, Defizite im Erlernen sozialer Regeln, Aufmerksamkeits- und Konzentrationsschwächen, Mangel an Empathie und verminderte Intelligenz. Ursachen dafür seien Geschlecht, Alter, hirnanatomische und -physiologische Störungen, gestörte frühkindliche Bindungserfahrung, frühkindliches Trauma, Vernachlässigung, körperliche Misshandlung, sexueller Missbrauch, ungünstige soziale Bedingungen wie Armut, Familiengeschichte, Gewalt im sozialen Umfeld.[281]

---

275 *Piefke/Markowitsch*, in: *Grün/Friedman/Roth* (Hrsg.), Entmoralisierung des Rechts, S. 96 (97).

276 *Schleim*, Die Neurogesellschaft, S. 112.

277 *G. Merkel/Roth*, in: *Grün/Friedman/Roth* (Hrsg.), Entmoralisierung des Rechts, S. 54 (68); *G. Merkel/Roth*, in: *Stompe/Schanda* (Hrsg.), Der freie Wille und die Schuldfähigkeit, S. 143 (151).

278 *J. L. Müller*, in: *ders.* (Hrsg.), Neurobiologie forensisch-relevanter Störungen, S. 127 (129).

279 *G. Merkel/Roth*, in: *Grün/Friedman/Roth* (Hrsg.), Entmoralisierung des Rechts, S. 54 (69); *G. Merkel/Roth*, in: *Stompe/Schanda* (Hrsg.), Der freie Wille und die Schuldfähigkeit, S. 143 (150).

280 *Lück/Strüber/Roth*, Psychobiologische Grundlagen aggressiven und gewalttätigen Verhaltens, Oldenburg 2005 = http://oops.uni-oldenburg.de/509/1/luepsy05.pdf (Stand: 07.04.2018).

281 *G. Merkel/Roth*, in: *Grün/Friedman/Roth* (Hrsg.), Entmoralisierung des Rechts, S. 54 (66 f.); *G. Merkel/Roth*, in: *Stompe/Schanda* (Hrsg.), Der freie Wille und die Schuldfähigkeit, S. 143 (149 f.).

Es muss aber nicht zu gewalttätigem Verhalten kommen, weil kompensatorische Hirnentwicklungen und günstige soziale Umstände dem entgegenwirken können.[282] Umgekehrt muss gewalttätiges Verhalten aber auch nicht zwangsläufig eine hirnpathologische Ursache haben.[283]

2.3. „Psychopathy"

Neben der Erforschung von extremen Gewalttätern hat sich die Hirnforschung nun auch gezielt die Untersuchung von „Psychopathy" zur Aufgabe gemacht. Dabei lassen sich Gewalttäter und psychopathische Persönlichkeiten nicht immer klar voneinander trennen. Oftmals sind Gewalttäter nämlich auch psychopathisch[284] – andererseits wird nicht jeder Psychopath gewalttätig oder gar delinquent. So ist es sogar möglich, dass sich psychopathische Persönlichkeiten in sozial erfolgreichen Positionen, beispielweise als Börsenmarkler, Banker oder gar Psychiater, tätig sind, wie der Psychiater *Hervey Cleckley* herausfand.[285]

Die sog. „Psychopathy"[286] ist eine besondere Form der dissozialen Persönlichkeitsstörung (ICD-10)[287] und zeichnet sich dadurch aus, dass bei Betroffenen die Emotionsverarbeitung und die soziale Inter-

---

282 *G. Merkel/Roth*, in: *Grün/Friedman/Roth* (Hrsg.), Entmoralisierung des Rechts, S. 54 (70); *G. Merkel/Roth*, in: *Stompe/Schanda* (Hrsg.), Der freie Wille und die Schuldfähigkeit, S. 143 (152).

283 *Bogerts*, in: *F. Schneider* (Hrsg.), Entwicklungen der Psychiatrie, S. 335 (344).

284 *Bogerts*, in: *F. Schneider* (Hrsg.), Entwicklungen der Psychiatrie, S. 335 (335).

285 *Cleckley*, The Mask of Sanity, S. 193 ff.

286 Aus dem angloamerikanischen Sprachgebrauch; zur Begriffsentwicklung siehe *J. L. Müller*, in: *ders.* (Hrsg.), Neurobiologie forensisch-relevanter Störungen, S. 314 (315 f.). Zu welchen Taten psychopathische Persönlichkeiten im Extremfall fähig sein können, zeigt der Fall Jeffrey Dahmer, der mindestens 17 Männer zerstückelte. Bereits im Kindesalter weidete er Hunde und Katzen aus und hatte seit dem 14. Lebensjahr sexuelle Gewaltphantasien (*Kringiel*, Leben mit dem Menschenfresser, SPIEGEL v. 15.02.2012, http://einestages.spiegel.de/external/ShowTopicAlbumBackground/a24364/l17/l0/F.html#featuredEntry (Stand: 07.04.2018); siehe zu seiner Biografie und den Taten *Dvorchak/Holewa*, Wer ist Jeffrey Dahmer). Einigen seiner Opfer bohrte er zunächst Löcher in den Kopf, um Säure hineinzugeben und sie dadurch in willenlose Sexsklaven zu verwandeln (*Thadeusz*, Programmiert auf Unheil, SPIEGEL 16/2010, S. 134 (137)).

287 *J. L. Müller*, Forensische Psychiatrie und Psychotherapie 13 (2006), 95 (96); *Schwerdtner/J. L. Müller*, in: *J. L. Müller/Hajak*, Willensbestimmung zwischen Recht und Psychiatrie, S. 135 (136); *J. L. Müller/Sommer/Wagner/Lange/Taschler/*

aktionsfähigkeit dahingehend gestört ist, dass sie gewissenlos sind und es ihnen an Empathie fehlt, also ein Mangel an emotionaler Beteiligung, Einfühlungsvermögen und Mitgefühl aufweisen, und die Fähigkeit beeinträchtigt ist, aus negativen gesellschaftlichen und staatlichen Sanktionen zu lernen. Weiterhin sind sie egoistisch und besitzen ein manipulatives Wesen und weisen einen oberflächlichen Charme auf, der zur Durchsetzung der eigenen Ziele genutzt wird. Nicht selten führen diese Defizite bei der „Entwicklungspsychopathie", die sich vom Kindesalter an entwickelt, zur instrumentellen Aggression[288] und bei der „erworbenen Psychopathie", die im Laufe des Lebens eines gesunden Menschen durch Läsionen im präfrontalen Cortex entsteht, zur reaktiven Aggression[289].[290] In Studien zeigte sich, dass sie in Entscheidungsfindungen, im Umlernen und im Verlernen von Verhaltensweisen sowie im Erkennen emotionaler Gesichtsausdrücke ein Defizit aufweisen.[291] Ihr Gefahrerkennungssystem ist zudem gestört, sodass sog. „Fight or Flight"[292] Reaktionen aufgrund von Angstfreiheit vermindert

u.a., Biol Psychiatry 54 (2003), 152 (153); *H. Walter*, Nervenarzt 76 (2005), 557 (557). Oftmals wird der Begriff Psychopathie bzw. psychopathische Persönlichkeitsstörung auch synonym mit der dissozialen Persönlichkeitsstörung verwendet (vgl. *Jäncke*, Z. Neuropsychol. 19 (2008), 41 (42); *Bogerts*, in: *F. Schneider* (Hrsg.), Entwicklungen der Psychiatrie, S. 335 ff.; siehe zu den Begriffsverwirrungen in der juristischen Literatur, *Schiemann*, Unbestimmte Schuldfähigkeitsfeststellungen, S. 287). Die „Psychopathy" hat mehr gemeinsam mit der dissozialen Persönlichkeitsstörung (ICD-10) als mit der antisozialen Persönlichkeitsstörung (DSM-IV-TR) (*J. L. Müller*, in: *ders.* (Hrsg.), Neurobiologie forensisch-relevanter Störungen, S. 314 (320)); siehe zu den Merkmalen der ICD-10 und der DSM-IV-TR und der PLC *Saimeh*, Differentielle Konzepte zur Dissozialität, https://www.lwl.org/527-download/pdf/Saimeh_Differentielle_Konzepte_zur_Dissozialitaet.pdf, S. 3 (Stand: 07.04.2018); *P. Fiedler/Herpertz*, Persönlichkeitsstörungen, S. 299 f.).

288 Aggression wird als Mittel zur Zielerreichung genutzt und muss nicht mit einer emotionalen Beteiligung einhergehen. Siehe auch *Schiltz/Witzel/Bausch-Hölterhoff/Bogerts*, Forensische Psychiatrie und Psychotherapie 14 (2007), 65 (69).

289 Aggression erfolgt spontan und mit hoher emotionaler Beteiligung als Reaktion auf frustrierende und bedrohliche Ereignisse aus der Umwelt.

290 Zur Unterscheidung Entwicklungspsychopathie und erworbener Psychopathie *H. Walter/Herbold*, in: *J. L. Müller* (Hrsg.), Neurobiologie forensisch-relevanter Störungen, S. 304 (304 ff.).

291 *H. Walter/Herbold*, in: *J. L. Müller* (Hrsg.), Neurobiologie forensisch-relevanter Störungen, S. 304 (305 f.), m.w.N.

292 Es handelt sich hierbei um ein Furchtverhalten, bei dem sich der Angegriffene entweder aktiv wehrt oder die Flucht ergreift.

sind.[293] Ihre Angstschwelle ist erhöht[294], was förderlich für die Begehung von Straftaten ist[295]. Wird ihnen stimulierendes bzw. angstauslösendes Adrenalin oder Amphetamin verabreicht, normalisiert sich ihr vermindertes Bestrafungslernen.[296]

Der kanadische Psychologe *Robert D. Hare*, der die sog. „Psychopathy-Checklist" zur Erkennung der „Psychopathy" erstellt hat[297], schätzt, dass etwa 25 Prozent der männlichen Gefängnisinsassen psychopathisch sind und dass etwa 50 Prozent der schweren Delikte von Psychopathen begangen werden.[298] Das ist beachtlich und führt zu Erklärungsversuchen, wie etwa dem von *G. Merkel*, anhand von Psychopathen und impulsiven Gewaltverbrechern zu verdeutlichen, dass ihr

293 *J. L. Müller*, Forensische Psychiatrie und Psychotherapie 13 (2006), 95 (98); *Schwerdtner/ J. L. Müller*, in: *J. L. Müller/Hajak* (Hrsg.), Willensbestimmung zwischen Recht und Psychiatrie, S. 135 (136); *J. L. Müller/Sommer/Wagner/Lange/ Taschler/u.a.*, Biol Psychiatry 54 (2003), 153 (153); *H.-L. Kröber*, in: ders./*H.-J. Albrecht* (Hrsg.), Verminderte Schuldfähigkeit und psychiatrische Maßregel, S. 33 (47, 58); *Rasch*, Forensische Psychiatrie, S. 265 f.

294 *H. Walter*, Nervenarzt 76 (2005), 557 (558).

295 *Saimeh*, Differentielle Konzepte zur Dissozialität, https://www.lwl.org/527-download/pdf/Saimeh_Differentielle_Konzepte_zur_Dissozialitaet.pdf, S. 8 (Stand: 07.04.2018).

296 *H. Walter*, Nervenarzt 76 (2005), 557 (558).

297 Diese „Psychopathy-Checklist" (PCL) dient der Definition und Diagnose der psychopathischen Persönlichkeitsstörung mit Hilfe eines semistrukturierten Interviews (*Hare/Hart/Harpur*, J Abnorm Psychol 100 (1991), 391 (393 ff.)). Daneben existiert eine revidierte Version, die „Psychopathy-Checklist-revised Version" (PCL-R), die zur Diagnose die Informationen aus dem semistrukturierten klinischen Interview, aus der Selbsteinschätzung des Betroffenen, aus der Verhaltensbeobachtung durch den Untersuchenden sowie zusätzliche Informationen aus Akten und anderen Quellen verwendet (vgl. *Schwerdtner/J. L. Müller*, in: *J. L. Müller/Hajak* (Hrsg.), Willensbestimmung zwischen Recht und Psychiatrie, S. 135 (137); *H. Walter*, Nervenarzt 76 (2005), 557 (557)).

298 *Thadeusz*, Programmiert auf Unheil, SPIEGEL 16/2010, S. 134 (135); 20 bis 30 Prozent laut *Saimeh*, Differentielle Konzepte zur Dissozialität, https://www.lwl.org/527-download/pdf/Saimeh_Differentielle_Konzepte_zur_Dissozialitaet.pdf, S. 4 (Stand: 07.04.2018). In einer kanadischen Gefängnispopulation erfüllten 28 % der Insassen die Kriterien der PCL-R (*Widiger/Hare/Rutherford/Alterman/ Corbitt/u.a.*, J Abnorm Psychol 105 (1996), 3 (9)), in einer schwedischen forensisch-psychiatrischen Population 25 % (*Stålenheim/Von Knorring*, Acta Psychiatrica Scandinavica 94 (1996), 217 (217 ff.), in einer britischen Gefängnispopulation 26 %, (*Hobson/Shine*, Brit J Criminol 38 (1998), 504-515; siehe dazu auch *H.-L. Kröber*, in: *ders./H.-J. Albrecht* (Hrsg.), Verminderte Schuldfähigkeit und psychiatrische Maßregel, S. 33 (58)).

(geschädigtes) Gehirn sie zu den jeweiligen Straftaten gedrängt hat und von Schuld daher keine Rede mehr sein könne.[299]

Hirnorganische Störungen könnten die Annahme von Schuldunfähigkeit untermauern[300], womit die Hirnforschung ein neues Licht auf psychopathische Persönlichkeitsstörungen wirft. Es wurde festgestellt, dass psychopathische Persönlichkeiten eine veränderte Erregbarkeit neuronaler Netzwerke im Frontallappen und im limbischen System aufweisen, die die klinische Symptomatik, also den Empathie- und Gefühlsmangel, das selbstsüchtige Verhalten und die Unfähigkeit aus Bestrafung zu lernen, erklären könnten.[301] Eine Minderaktivität der Amygdala sei Ausdruck verminderter Angst.[302] *J. L. Müller* und Kollegen kommen deswegen zu dem Schluss, dass eine gestörte Interaktion zwischen „top-down"-Kontrolle präfrontaler Areale und „bottom-up"-Signalen limbischer Areale Auslöser sein können.[303] Weiterhin wurde eine Minderaktivität im rechtstemporalen Cortex, der mit Einfühlungsvermögen in Verbindung gebracht wird, festgestellt.[304] Auch beim Psychopathen entdeckten morphometrische Studien eine Volumenreduktion der grauen Substanz des präfrontalen Cortex sowie des Hippokampus.[305] Zudem lassen sich weitere hirnbiologische Auffälligkeiten entdecken.[306]

299 *G. Merkel*, in: FS Herzberg, S. 3 (20).
300 Vgl. *Fischer*, StGB, § 20 Rn. 46.
301 *Schwerdtner/J. L. Müller*, in: *J. L. Müller/Hajak* (Hrsg.), Willensbestimmung zwischen Recht und Psychiatrie, S. 135 (138).
302 *Schiltz/Witzel/Bausch-Hölterhoff/Bogerts*, Forensische Psychiatrie und Psychotherapie 14 (2007), 65 (69).
303 Vgl. zum Top-Down- und Bottom-Up-Mechanismus *Jäncke*, Z. Neuropsychol. 19 (2008), 41 (43).
304 *J. L. Müller*, in: *ders.* (Hrsg.), Neurobiologie forensisch-relevanter Störungen, S. 127 (134 f.).
305 *J. L. Müller*, in: *ders.* (Hrsg.), Neurobiologie forensisch-relevanter Störungen, S. 314 (322, 324); m.W.N.
306 Eine gute Zusammenfassung der aktuellen Befunde gibt *J. L. Müller*, in: *ders.* (Hrsg.), Neurobiologie forensisch-relevanter Störungen, S. 314 (320).

IV. Zusammenfassende kritische Betrachtung

1. Der Mensch als materielles Wesen

Die Mindesterkenntnis aus all den bisher dargestellten Experimenten, Fallbeispielen und forensisch-psychiatrischen Delinquenzformen ist, dass wir materielle Wesen sind, deren spezifische Eigenschaften mit der Physiologie, der Chemie, der Genetik und letztlich dem Gehirn verflochten sind. In Studien zwischen „normalen“ Personen auf der einen und psychopathischen, aggressiven und pädophilen Personen auf der anderen Seite haben Hirnforscher mittels bildgebender Verfahren sowie der Läsionsforschung Unterschiede im Gehirn bei der Emotionsverarbeitung, der Selbstkontrolle sowie der Wahrnehmung entdeckt. Innerhalb der einzelnen Gruppen finden sich dagegen vergleichbare Aktivierungsmuster, die die Frage aufwerfen,

> *„inwieweit die zugrunde liegenden neurobiologischen Prozesse Motivation, Handlung, Tat und letztlich Täterverhalten in einer Weise festlegen, sodass ein individuelles, frei bestimmtes Verhalten reine Fiktion wird.“*[307]

Die Antwort, die letztlich den Menschen an sich betrifft, lautet: Auch wenn die unbewussten neurobiologischen Prozesse deterministisch sein sollten, ist nicht das Individuum eine Fiktion, weil es weiterhin von anderen Individuen abgrenzbar und unterscheidbar bleibt (und dadurch auch das von ihm ausgehende Verhalten), sondern allenfalls das Selbst, *wenn* es als dualistisches, von weltlichen Einflüssen unabhängiges Ding verstanden wird. Ein in diesem Sinne „frei bestimmbares Verhalten“ wäre eine Fiktion, zumindest sei „der Geist“, in den Worten *G. Merkels*, „alles andere als unabhängig“[308].

> *„Es ist unbestritten, dass jede subjektive Erfahrung, jeder Gefühlszustand und jede Wahrnehmung auf neurobiologische Prozesse zurückzuführen sind“*[309].

Ein (materiell verursachtes) Selbst ist bei einem deterministischen Menschenbild dann keine wirkungslose und überflüssige Fiktion,

---

307 *J. L. Müller*, in: *ders./Hajak* (Hrsg.), Willensbestimmung zwischen Recht und Psychiatrie, S. 131 (132).

308 *Detlefsen*, Grenzen der Freiheit, S. 301.

309 *Maier/Helmchen/Saß*, Nervenarzt 76 (2005), 543 (544).

wenn man es als Gefühl der Autorschaft im Sinne eines Überbauphänomens versteht, das Wirkung auf bewusste sowie unbewusste Prozesse hat und dadurch auch Wirkung in der Außenwelt entfaltet. Beispielweise das Gefühl der Verantwortung, der Schuld bzw. der Reue für *sein* Tun hat im Sinne des Überbauphänomens rückwirkende Kraft auf das Verhalten, weil es ein wichtiger Faktor für rechtstreues Verhalten ist[310].[311] Die Wirkung in der Außenwelt ist vorhanden, aber nicht unabhängig von unbewussten Prozessen. Das ist grundsätzlich nicht schädlich, wenn man Bewusstsein und Unbewusstsein als zwei sich gegenseitig ergänzende Mechanismen sieht. Eine Trennung zwischen „freien" bewussten Prozessen und „unfreien" unbewussten Prozessen ist eine dualistische Aufspaltung, die wegen ihrer wechselseitigen Einflussnahme nicht aufrechterhalten werden kann.

2. Hirnfunktionelle und hirnphysiologische „Störungen", „Dysfunktionen", „Abnormalitäten" und „Abweichungen" als nicht alleiniger Anknüpfungspunkt von Schuldunfähigkeit gem. §§ 20, 21 StGB

2.1. Der „normale" Delinquent

Die dargestellten Untersuchungen zu den hirnbiologischen Ursachen vertypter Delinquenten mögen (allenfalls nur teilweise) spezifische Formen von Delinquenz erklären können. Die Untersuchungen erwecken den Anschein, dass sich die Hirnforscher nur die extremen Delinquenten herauspicken, um bei ihnen Anomalien zu entdecken, die beweisen sollen, dass sie sozusagen „krank"[312] und bereits deswegen willensunfrei und schuldunfähig sind, um dann von ihnen auf alle an-

310 Vgl. für die limitierende Wirkung von Mitleid, Schuld und Reue bei Gewaltdelinquenz, *H. Walter*, Nervenarzt 76 (2005), 557 (560).

311 Darin liegt ein Grund, dass Verantwortungszuschreibung mittels strafrechtlicher Schuld auch bei Annahme des Determinismus nicht abgeschafft werden sollte. Siehe zum daraus resultierenden Gefühl der Verantwortlichkeit Kapitel 5 IV 2.2.

312 Der Krankheitsbegriff in der Psychiatrie ist selbst umstritten, vgl. *Heinz*, in: *Herrmann/M. Pauen/Rieger/Schicktanz* (Hrsg.), Bewusstsein, S. 407 (407 ff.); *Schramme*, in: *Herrmann/M. Pauen/Rieger/Schicktanz* (Hrsg.), Bewusstsein, S. 383 (383 ff.). Auf eine nähere Auseinandersetzung wird hier verzichtet, weil auch bei

deren Delinquenten schließen zu können.[313] Es werden die Extremfälle herausgesucht, weil bei ihnen am ehesten deutliche Unterschiede zu rechtstreuen Personen zu erwarten sind. Für die Untermauerung der These über die Abschaffung der Schuld mithilfe der Viktimisierung der Delinquenten wird sich zudem der Suggestivwirkung der bunten Bilder, vor allem des fMRT[314], bedient. Nach *Roth* gilt das Unvermögen, die aktuellen Umstände willentlich zu überdeterminieren (Anders-Können),

> „*für alle Straftäter [...] und nicht nur für Gewalttäter. Bei letzteren treten die Zweifel nur besonders deutlich hervor, weil sich die empirischen Bedingen für das Zustandekommen ihrer Taten recht gut erforschen lassen*"[315]. „*Die Kritik am alternativistischen Willensfreiheitsbegriff darf nicht auf Gewaltkriminelle begrenzt werden*"[316]. „*Je schwerer die Straftat und die ‚moralische Schuld' im Lichte des herrschenden Strafrechts, desto deutlicher erkennbar ist die psychische Zwangssituation der Täter*"[317].

Damit gilt seine Determinismusannahme hinsichtlich jedes Delinquenten: vom kleinen Gelegenheitsdieb über den Totschläger bis hin zum großen Wirtschaftskriminellen. Der Auffassung über die Schuld-

der Einstufung einer Abweichung als krankhaft die Schuldfrage eine Wertungsfrage bleibt, wie noch aufzuzeigen sein wird.

313 Vgl. *Gschwend*, in: *Senn/Puskás* (Hrsg.), Gehirnforschung und rechtliche Verantwortung, S. 147 (147), der auch auf die Einseitigkeit der neurowissenschaftlichen Forschung hinweist.

314 Mithilfe des fMRT wird der Blutfluss im Gehirn gemessen. Dem liegt die These zugrunde, dass arbeitende vermehrt Sauerstoff und Glucose benötigen, welche über das Blut in die jeweilige Region transportiert wird. Vermehrter Blutfluss bedeute vermehrtes Arbeiten der Synapsen der jeweiligen Gehirnregion. Es wird also nicht die neuronale Aktivität direkt gemessen, sondern vielmehr lediglich der Stoffwechsel. Die Grundlagenforschung zum Messgegenstand und zur Aussagekraft ist aber noch keineswegs abgeschlossen (vgl. dazu, *Bor*, G&G 2011/6, 14 (15); *Schleim*, Die Neurogesellschaft, S. 154 ff.; *Tebartz v. Elst*, DIE ZEIT, 16.08.2007; *Zilles*, in: *Barton* (Hrsg.), "...weil er für die Allgemeinheit gefährlich ist!", S. 49 (56); *Monyer/Rösler/Roth/Scheich/Singer/u.a.*, G&G 2004/6, 30 (33): „Das ist etwa so, als versuchte man die Funktionsweise eines Computers zu ergründen, indem man seinen Stromverbrauch misst.").

315 *G. Merkel/Roth*, in: *Stompe/Schanda* (Hrsg.), Der freie Wille und die Schuldfähigkeit, S. 143 (155).

316 *G. Merkel/Roth*, in: *Stompe/Schanda* (Hrsg.), Der freie Wille und die Schuldfähigkeit, S. 143 (159).

317 *Roth*, in: BBAW, Zur Freiheit des Willens, S. 63 (68).

fähigkeit von Personen, die Recht und Unrecht unterscheiden können und dennoch Unrecht verwirklichen, widersprechen *Roth* zufolge

> *„neuere Ergebnisse der Neurowissenschaften, dass nämlich zwei unterschiedliche Hirnsysteme mit den zwei Fähigkeiten befasst sind, das dorsolaterale Stirnhirn für das Erkennen der Normen und das orbitofrontale Stirnhirn für das Handeln nach Normen, und beide können unabhängig voneinander ausfallen. Das Erkennen von Normen kann aufgrund eines intakten dorsolateralen präfrontalen Cortex intakt sein: der Täter kann durchaus wissen, dass das, was er zu tun beabsichtigt, Unrecht ist. Gleichzeitig kann aber aufgrund einer Fehlentwicklung, Verletzung oder Erkrankung des orbitofrontalen Cortex die Fähigkeit, nach dieser Einsicht zu handeln, beeinträchtigt sein. Dies ist insbesondere insofern interessant, als dem orbitofrontalen Cortex eine hemmende Funktion gegenüber impulsiv-egoistischen Strukturen (z.B. der Amygdala und dem mesolimbischen System) unterstellt wird. Diese ‚niederen' Antriebe können sich dann gegen die im orbitofrontalen Cortex verankerte Tendenz, normgerecht zu handeln, durchsetzen. Nun kann niemand für eine Fehlentwicklung, Erkrankung, oder Schädigung seines orbitofrontalen Cortex verantwortlich gemacht werden – wenn ich als gesetzestreuer Mensch handle, dann habe ich eben ‚Glück' gehabt, dass ich ein normal funktionierendes Gehirn habe“*[318].

Ungeachtet der Frage nach dem allgemeinen indeterministischen Alternativismus könnten die „Abweichungen“, die bisher bei den dargestellten Delinquenten entdeckt wurden, zur Annahme verleiten, dass zumindest diese Delinquenten allein wegen der hirnfunktionalen, hirnchemischen, hirnphysiologischen bzw. hirnmorphologischen Abweichungen schuldunfähig sein müssten. Die Bezeichnungen „Dysfunktion“, „Störungen“, „Abnormalitäten“ etc., wie sie vielfach in den Studien verwendet werden, suggerieren eine krankhafte Ursache für das strafbare, abweichende Verhalten. Würde man dann später bei allen anderen Tätern auch Hirnabweichungen finden, müsste dieser Gedanke spätestens dann auch auf sie übertragen werden. Nach aktueller Rechtslage ist das Vorliegen einer kranhaften Ursache für die Annahme von Schuldunfähigkeit gem. § 20 StGB allein nicht ausreichend.

Es besteht jedoch die Gefahr der „Neutralisierung“ der Tat sowie der „Neutralisierung“ von Verantwortung durch Wissenschaft und Gesellschaft[319], sollten sich die aus den wissenschaftlichen Erkenntnissen resultierenden Thesen über Schuldunfähigkeit durchsetzen. In der

318 *Roth*, in: *Gestrich/Wabel* (Hrsg.), Freier oder unfreier Wille, S. 37 (46 f.).
319 Anstatt der Neutralisierung allein durch den Delinquenten.

Mitte der sechziger Jahre des letzten Jahrhunderts führten nämlich neue Erkenntnisse von psychiatrischen Kliniken zur gehäuften Attestierung von Schuldunfähigkeit bzw. verminderter Schuldfähigkeit durch forensische Psychiater.[320]

Die „biologisch-progressive" Position, deren Vertreter argumentieren, die veränderten Hirnfunktionen und Hirnstrukturen seien als biologische Ursachen zu betrachten, die ähnlich dem Tourette-Syndrom oder der Epilepsie nicht mehr kontrollierbar seien, würde wohl zu diesem Ergebnis führen.[321] Jedoch scheitert die Hirnforschung bisher am Schluss von der Hirnauffälligkeit auf das spezifische Erscheinungsbild von Delinquenz. So sind die Forschungsergebnisse hinsichtlich pädosexueller Straftäter und psychopathischer Persönlichkeiten nicht reliabel[322], valide[323] und stabil (weil bisher nicht repliziert). Von einer sol-

---

320 *Koepsel*, in: FS Rasch, S. 139 (140).

321 Vgl. *H. Walter*, Nervenarzt 76 (2005), 557 (566). Die „biologieskeptisch-liberale" Position nimmt zwar hin, dass die Hirnforschung Krankheitsmechanismen aufdeckt, sie sieht aber darin die Gefahr begründet, dass man die Dysfunktionen als unveränderlich, nicht therapierbar oder unheilbar einstuft, mit der Folge des Therapieabbaus zum Nachteil der Delinquenten. Sie würden nach diesem Szenario lediglich „weggesperrt" werden – ohne klar definierte Dauer (*H. Walter*, Nervenarzt 76 (2005), 557 (566)). Diese Gefahr ist aber nur dann begründet, betrachtete man die „Hirndysfunktionen" als unumkehrbar, was aber keineswegs aufgrund der neuronalen Plastizität der Fall sein muss. Bereits heute sind psychische Erkrankungen trotz Verweis auf die Biologie bzw. Biochemie (vgl. *Holsboer*, G&G 2011, 36 (37)) heilbar oder zumindest linderungsfähig. Die Versuche der Neurowissenschaft, erfolgreiche Therapiekonzepte zu entwickeln, verdeutlichen zudem, dass die (ggf.) krankhaften Zustände selbst von ihrer Seite nicht als aussichtslos betrachtet werden. Die „antibiologisch-konservative" Position bemängelt gerade die Ergebnisse als Krankheit im engeren Sinn zu verstehen und verweist zudem auf die Gefahr von Exkulpationsversuchen seitens des Delinquenten (*H. Walter*, Nervenarzt 76 (2005), 557 (566)). Sie ähnelt der in der Kriminologie durch *Sykes* und *Matza* begründeten Neutralisierungstechnik der „Ablehnung der Verantwortung", bei der delinquente Jugendliche ihre Taten in ein anderes, neutraleres Licht zu rücken versuchen, um sich so der Verantwortung vor sich selbst und vor anderen zu entledigen und Tadel von sich abzuwenden (*Sykes/Matza*, in: *Sack/König*, Kriminalsoziologie, S. 360 ff.).

322 Bezeichnet die Wiederholbarkeit der Ergebnisse (vgl. *Schleim*, Die Neurogesellschaft, S. 172).

323 Behandelt die Frage, ob ein Verfahren das misst, was es messen soll und betrifft damit die inhaltliche Aussagekraft hinsichtlich einer spezifischen Frage (vgl. *Schleim*, Die Neurogesellschaft, S. 172).

chen Datenlage ist die Hirnforschung noch weit entfernt.[324] Obwohl beispielsweise Gewaltdelinquenz mit einer statistisch belegten, signifikanten Erhöhung von Gehirnschädigungen einhergeht[325], ist es denkbar, dass auch rechtskonforme Personen vergleichbare Gehirnschäden aufweisen könnten.

2.2. Über die Normalität der Unterschiede und über die Schuld als Wertungsfrage

Die Ergebnisse bzw. Befunde wurden im gruppenstatistischen Vergleich gewonnen. Sie müssen daher nicht zwangsläufig auf jeden einzelnen Probanden bzw. Täter zutreffen. Das Einzelergebnis kann sich erheblich vom Gruppenergebnis unterscheiden.[326] Die Aufnahmen via fMRT sind statistische Mittelwerte aus tausenden Aufnahmen.[327] Vom Gehirnbild auf die Delinquenz zu schließen oder von der Delinquenz auf das neurobiologische Korrelat, ist daher wenig aussichtsreich. Abgesehen von möglichen Übereinstimmungen sind also auch Abweichungen im Gehirn nicht nur zwischen Delinquenten und Nicht-Delinquenten, sondern auch zwischen Delinquenten (aber auch Nicht-Delinquenten) untereinander normal. Die sog. „neuronale Plastizität“[328], wonach das Gehirn dauerhaft veränderbar ist[329], führt dazu, dass kein Gehirn mit einem anderen identisch ist[330]. So wie der Mensch ist auch sein Gehirn individuell und einzigartig.[331] Die funktionalen Strukturen unterscheiden sich von Mensch zu Mensch und –

---

324 *J. L. Müller*, in: *ders.* (Hrsg.), Neurobiologie forensisch-relevanter Störungen, S. 71 (75).

325 *G. Merkel*, in: FS Herzberg, S. 3 (20).

326 *J. L. Müller*, in: *ders.* (Hrsg.), Neurobiologie forensisch-relevanter Störungen, S. 71 (74); vgl. auch *Markowitsch/R. Merkel*, in: *Bonhoeffer/Gruss* (Hrsg.), Zukunft Gehirn, S. 224 (248).

327 *Markowitsch/R. Merkel*, in: *Bonhoeffer/Gruss* (Hrsg.), Zukunft Gehirn, S. 224 (248 f.).

328 Die Entdeckung geht zurück auf den Psychologen *Donald Olding Hebb*, The Organization of Behavior, New York 1949 (sog. „Hebbsche Lernregel“).

329 Vgl. Kapitel 1 I 3.3.3. Fn. 173.

330 Vgl. *Schleim*, Die Neurogesellschaft, S. 162, siehe dazu die Abbildung 3 im Buchrücken.

331 Siehe die Beispiele bei *Grawe*, Neuropsychotherapie, S. 83 f.; *Maguire/Gadian/Johnsrude/Good/Ashburner/u.a.*, Navigation-Related Structural Change in the Hippocampi of Tax Drivers, Proc. Natl Acad. Sci. USA 97 (2000), 4398 (4398 ff.).

aufgrund individueller Lebensgeschichte – ändert sich das Gehirn ständig.[332] Individualität beginnt also schon in der Physiologie, Morphologie und Chemie des Gehirns. Es spiegelt in neurowissenschaftlichen Untersuchungen das wider, was wir mitunter als Charakter bezeichnen, sodass es möglich ist, die besagten Anomalien auch als Charakterausprägungen, die den Menschen individualisieren, aufzufassen. Schließlich müssen sich unterschiedliche Charaktere ja auch im Gehirn zeigen, wenn dieses die Grundlage für unser Selbst bildet. Es erstaunt daher nicht, dass die neuronalen Korrelate von normalen Probanden und Probanden mit „Psychopathy" voneinander abweichen. Man denke nur, dass eine Unterscheidung zwischen homosexuellen und heterosexuellen Frauen und Männern anhand von Aktivitäten in bestimmten Gehirnregionen möglich sein könnte[333], ohne es als pathologisch zu bewerten sowie die Verantwortungsfähigkeit zu bezweifeln. Sexuelle Orientierung kann nämlich die Aktivität bestimmter Gehirnregionen beeinflussen.[334] Wenn individuelles Verhalten sich unterscheidet, müssen sich auch die ihnen zugrunde liegenden Gehirnkorrelate voneinander unterscheiden.[335]

Hinzu kommt die Möglichkeit, dass Hirnauffälligkeit und die jeweilige Persönlichkeitsausprägung wie Gewaltbereitschaft oder Pädophilie in keinem ursächlichen Zusammenhang zueinander stehen müssen und lediglich zufällig zusammen auftreten können. Es ist unklar, ob die neurobiologischen Korrelate ursächlich z.B. für Pädophilie

332 *Rösler*, G&G 2004/6, 32.

333 Vgl. *Fromberger/Stolpmann/Jordan/J. L. Müller*, Neurobiologische Forschung bei Pädophilie, Z. Neuropsychol 20 (2009), 193 (203).

334 *Fromberger/Stolpmann/Jordan/J. L. Müller*, Neurobiologische Forschung bei Pädophilie, Z. Neuropsychol 20 (2009), 193 (203).

335 Dagegen ist es nicht abwegig, dass anstatt Unterschieden zwischen Delinquenten und Nicht-Delinquenten auch Gemeinsamkeiten im Gehirn zu entdecken sind. Wenn Nicht-Delinquente vergleichbare, wenn nicht sogar die gleichen oben beschriebenen Anomalien aufwiesen, würde die Spezifizität von Gehirnauffälligkeiten auf einen Tätertyp entfallen. Dies hätte zwar keine Auswirkung auf die allgemeine deterministische Annahme des Nicht-Anders-Könnens, aber Auswirkung auf die Bewertung einer krankhaften Störung im Rahmen der normativen Beurteilung über die Schuld.

sind.[336] Prinzipiell sind Korrelate keine Ursachen.[337] Es handelt sich dabei lediglich um begleitende Aktivierungsmuster, die nicht zwingend etwas über den Auslöser, das Hervorbringen, dem Erzeugen der Phänomene, wie etwa Wut oder Zufriedenheit sagen müssen[338] (aber ggf. könnten). Korrelate können also vielmehr mit einer Spiegelung als mit einer Ursache verglichen werden. Ursachen, die zu einer neuronalen Aktivierung im Gehirn führen, können vielfältig sein; sie können sowohl im sozialen als auch im biologischen Kontext stehen: Ein Mensch verliebt sich nicht einfach nur deswegen, weil sein Gehirnkorrelat aufleuchtet. Biologisch betrachtet verliebt er sich beispielsweise deswegen, weil er sein Gegenüber gut riechen kann, da unbewusst das Sinneszentrum Nase bereits das Immunsystem über den Haupthistokompatibilitätskomplex (MHC) abgeglichen hat, um eine Ähnlichkeit zu vermeiden und damit die Widerstandsfähigkeit des Nachwuchses gegen Krankheiten zu steigern.[339] Der Partner wird hierbei also u. a. nach seiner optimalen genetischen Andersartigkeit ausgesucht.[340] Auch andere Faktoren, etwa soziale Gegebenheiten, spielen hierbei eine Rolle. Das passiert unbewusst in unseren Gehirnen, aber zeigt, dass die Ursachen multifaktoriell in einem Netz miteinander verwoben sind, sodass die aufleuchtenden Korrelate nur das Arbeiten des Gehirns an sich widerspiegeln.

Alles in Allem legen die Forschungsergebnisse zwar nahe, dass Charaktereigenschaften, Charakteranomalien, Vorlieben und Angewohnheiten neurobiologisch verankert sind[341], beinhalten aber als solche nicht das Ergebnis der Wertung über Schuldfähigkeit und Schuld-

336 *König*, Forens Psychiatr Psychol Kriminol 6 (2012), 62 (63).

337 *Bunge*, Kausalität, S. 49; *Maier/Helmchen/Saß*, Nervenarzt 76 (2005), 543 (544); *K. Fiedler/Kliegl/Lindenberger/Mausfeld/Mummendey/Prinz*, G&G 2005, 56 (60); *Hoppe*, in: *Sokol* (Hrsg.), Die Gedanken sind frei, S. 10 (12); *H. Walter*, in: *Schleim/Spranger/ders.* (Hrsg.), Von der Neuroethik zum Neurorecht, S. 67 (83).

338 Vgl. *Bunge*, Kausalität, S. 49 f.

339 Vgl. *Beck*, Biomax 20 (Herbst 2006), Der Duft der Gene – was bei der Partnerwahl wirklich entscheidet, S. 1 (1), https://www.max-wissen.de/263124/Biomax20-Web.pdf (Stand: 07.04.2018).

340 Vgl. *Beck*, Biomax 20 (Herbst 2006), Der Duft der Gene – was bei der Partnerwahl wirklich entscheidet, S. 1 (4), https://www.max-wissen.de/263124/Biomax20-Web.pdf (Stand: 07.04.2018).

341 *J. L. Müller*, in: *ders./Hajak* (Hrsg.), Willensbestimmung zwischen Recht und Psychiatrie, S. 131 (132).

unfähigkeit. Die Frage nach der Schuldunfähigkeit betrifft nicht in erster Linie die Unterscheidung zwischen normal und anormal, sondern, ob diese Unterscheidungen es rechtfertigen, bestimmte Tätergruppen zu exkulpieren. Das ist eine Wertungsfrage.

Die Psychiater *Wolfgang Maier*, *Hanfried Helmchen* und *Henning Saß* haben betont, dass bei psychiatrischen Krankheitsbildern, auch wenn man Aktivierungsmuster im Gehirn entdecken würde, das „klinische Erfahrungswissen [bestünde], dass einige Patienten ihren befehlenden Stimmen folgen, andere wiederum nicht".[342] Die *primäre* Frage für das Strafrecht lautet daher nicht, ob die Straftaten Folge der Abweichungen war, sondern ob die *Kontrolle* über das strafbare Verhalten durch den Hirndefekt gestört bzw. eingeschränkt war (Steuerungsfähigkeit). § 20 StGB verlangt nicht nur das Vorliegen eines Eingangsmerkmals, wie einer „krankhaften psychischen Störung" oder einer „anderen seelischen Abartigkeit", sondern darüber hinaus, dass das Eingangsmerkmal die Einsichtsfähigkeit und die Steuerungsfähigkeit beeinträchtigt. Die Psychopathie beispielsweise fällt als Persönlichkeitsstörung zwar unter das Eingangsmerkmal der „anderen seelischen Abartigkeit" gem. § 20 StGB[343], der „alle den Persönlichkeitskern berührenden psychischen Dispositionen, Abweichungen und Störungen unterfallen, die nicht ‚krankhaft'"[344] i.S.d. der anderen Eingangsmerkmale sind[345], die überwiegende Zahl psychopathischer bzw. persönlichkeits-gestörter Straftäter gilt aber derzeit weitestgehend als schuldfähig[346]. Es wird nicht allein aus der Erfüllung einer Diagnose oder Symptombeschreibung, beispielsweise der Klassifikationssysteme ICD-10 oder DSM IV[347], auf das Vorliegen von §§ 20, 21 StGB ge-

342 *Maier/Helmchen/Saß*, Nervenarzt 76 (2005), 543 (545).

343 *Fischer*, StGB, § 20 Rn. 36, 41; *Rasch*, Forensische Psychiatrie, S. 259 f.; *Schwerdtner/J. L. Müller*, in: *J. L. Müller/Hajak* (Hrsg.), Willensbestimmung zwischen Recht und Psychiatrie, S. 135 (137).

344 *Fischer*, StGB, § 20 Rn. 39.

345 Vgl. auch BGHSt 34, 22 (24).

346 *H.-L. Kröber*, in: *ders./ H.-J. Albrecht* (Hrsg.), Verminderte Schuldfähigkeit und psychiatrische Maßregel, S. 33 (59, 60 f.); *Saß*, in: FS Lampe, S. 183 (190 f.): allenfalls eine verminderte Schuldfähigkeit i.S.d. § 21 StGB wird angenommen.

347 In den offiziellen Diagnosesystemen fällt der Begriff „Psychopathie" nicht. Beide beschreiben vielmehr nur die der Psychopathie übergeordneten dissoziale Per-

schlossen.[348] So kann bei jedem zweiten Bürger eine psychiatrische Störung in Übereinstimmung mit den Diagnosesystemen festgestellt werden,[349] ohne dass er forensisch auffällig wird[350] und ohne dass sie nach geltendem Recht die Verantwortungsfähigkeit für das eigene Handeln im Rechtsleben beeinträchtig oder gar ausschließt. § 20 StGB verlangt neben dem Vorliegen eines Eingangsmerkmals mit einer gewissen Ausprägungsstärke die Einsichts- und Steuerungsfähigkeit. Ausgehend davon, dass die dargestellten Delinquenten grundsätzlich wissen, dass das Verhalten unrecht ist, wird auf die Einsichtsfähigkeit an dieser Stelle nicht näher eingegangen. Die Steuerungsfähigkeit im Tatzeitpunkt wird zumeist bejaht, weil psychopathische Persönlichkeiten oftmals emotional nicht überstürzt, sondern bedacht, kaltblütig und zudem planvoll und sorgfältig[351] vorgehen, zudem die Ausführung der Tat abwarten können sowie das Entdeckungsrisiko zu minimieren suchen.[352] Ein Täter, der weiß was er tut, intelligent ist und eine normale Auffassungsgabe hat, gilt als schuldfähig. In der Praxis gelten antisoziale Verhaltensweisen und damit inbegriffen psychopathische Persönlichkeiten deswegen als charakterliche Normabweichungen, für die eine Person Verantwortung zu tragen hat.[353] Die Fähigkeit

---

sönlichkeitsstörung bzw. antisoziale Persönlichkeitsstörung. Am meisten ähnelt die ICD-Diagnose der Psychopathie. Eine kurze Gegenüberstellung der Diagnosekriterien PCL-R, ICD-10, DSM-IV findet sich bei *H. Walter*, Nervenarzt 76 (2005), 557 (558).

348 Vgl. auch BGH NStZ 1999, 630 (631).

349 *J. L. Müller*, in: *ders.* (Hrsg.), Neurobiologie forensisch-relevanter Störungen; S. 71 (75 f.), m.W.N.: Die Prävalenz psychiatrischer Störungen liegt zwischen 50 und 80 Prozent, *vgl. Meyer/Rumpf/Hapke/Dilling/John*, Nervenarzt 71 (2000), 535 (538).

350 Vgl. *H.-L. Kröber*, in: *ders./ H.-J. Albrecht* (Hrsg.), Verminderte Schuldfähigkeit und psychiatrische Maßregel, S. 33 (57): Es gibt daher keinen Automatismus zwischen Persönlichkeitsstörung und Delinquenz.

351 Zielstrebigkeit und ein planvolles Vorgehen schließt jedoch die erhebliche Verminderung der Steuerungsfähigkeit nicht *zwingend* aus (BGHSt 24, 22 (26); BGH StV 2000, 17; *Fischer*, StGB, § 20 Rn. 46a).

352 *Schwerdtner/J. L. Müller*, in: *J. L. Müller/Hajak* (Hrsg.), Willensbestimmung zwischen Recht und Psychiatrie, S. 135 (137). Vgl. zu den Tatsachen, die gegen eine Beeinträchtigung der Schuldfähigkeit sprechen *Fischer*, StGB, § 20 Rn. 46a.

353 Vgl. *H.-L. Kröber*, in: *ders./ H.-J. Albrecht* (Hrsg.), Verminderte Schuldfähigkeit und psychiatrische Maßregel, S. 33 (61); *Schwerdtner/J. L. Müller*, in: *J. L. Müller/ Hajak* (Hrsg.), Willensbestimmung zwischen Recht und Psychiatrie, S. 135 (137 f.). Der BGH geht bei Persönlichkeitsstörungen oftmals von einer „Spielart des menschlichen Wesens“ aus (BGH StV 1997, 630 (630)).

zur Verhaltenskontrolle bei Psychopathen bestreiten aber einige Hirnforscher.[354] Hierbei legen Sie für die Steuerungsfähigkeit bzw. Kontrollfähigkeit im Rahmen der Schuldfrage den indeterministischen Alternativismus zugrunde.

Diagnose und deren Beurteilung im Rahmen von §§ 20, 21 StGB sind strikt voneinander zu trennen. Eine abnorme Persönlichkeit, also eine Abweichung von der kulturellen Norm[355], die sich durchaus und ganz bestimmt in den Gehirnstrukturen zeigt, muss nicht zwangsläufig in dem Sinne „krank" sein, dass der Person die Verantwortung abgesprochen wird. Die neurowissenschaftliche Forschung zeigt die Verbindung Mensch, Person, Persönlichkeit, Selbst zum Gehirn auf sowie die Verbindung Gehirn zu seiner Umwelt. Die Frage nach der Schuld kann sie aber nicht klären. Die Frage, die sich in Bezug auf Hirnabweichungen stellt, ist vielmehr, was ist pathologisch und was ist derart pathologisch, dass es zum Verlust von Kontrolle[356] führt (z.B. ein Hirntumor)[357] und was ist stattdessen lediglich Ausdruck bzw. Korrelat des (ggf. „abnormen") Charakters? Persönlichkeitsstörungen führen nicht zwingend zum Kontrollverlust und können Ausdruck eines aggressiven, impulsiven Charakters sein. Abweichungen sind nicht per se pathologisch. Es gibt cholerische, leichtgläubige, manipulative, impulsive, unnahbare, egozentrische, altruistische, strebsame etc. Menschen. Die Feststellung, was dabei „normal" ist, bereitet bereits Schwierigkeiten. Eine gewisse Enthemmung, die zur Begehung delinquenten Verhaltens erforderlich ist, muss sich im Gehirn als Korrelation wiederfinden, bei-

354 Z.B. *H. Walter/Herbold*, in: *J. L. Müller* (Hrsg.), Neurobiologie forensisch-relevanter Störungen; S. 304.

355 *Saimeh*, Differentielle Konzepte zur Dissozialität, https://www.lwl.org/527-download/pdf/Saimeh_Differentielle_Konzepte_zur_Dissozialitaet.pdf, S. 2 (Stand:07.04.2018).

356 Der Begriff „Kontrolle" muss dabei nicht i.S.e. indeterministischen Anders-Könnens verstanden werden. Siehe dazu Kapitel 4 IV und Kapitel 5 III 3.

357 *Schiltz/Witzel/Bausch-Hölterhoff/Bogerts*, Forensische Psychiatrie und Psychotherapie 14 (2007), 65 (77 f.): Es „erscheint offensichtlich, dass die freie Willensbestimmung der betroffenen Täter gegenüber gesunden Personen erheblich durch eine hirnstrukturelle, also biologische Ursachen beeinträchtigt war und dass dies im Rahmen der Strafprozesse offensichtlich nicht in ausreichender Form in die Entscheidungsfindung eingegangen war." Daher plädieren sie für die Implementierung neurowissenschaftlicher Verfahren in den Strafprozess, um derartige offensichtliche pathologische Befunde vor Verurteilung zu erkennen.

spielsweise in der verminderten Aktivierung des präfrontalen Cortex oder der verminderten Angsterregung der Amygdala.

Das bloße Vorliegen einer Abweichung besagt also erst einmal nichts. Auch wenn diese Abweichung zu delinquentem Verhalten führt, ist damit noch nichts über die Schuldfähigkeit gesagt. Vielmehr bedarf es einer Wertung. Dabei kann Relevanz entfalten, was pathologisch, was normal, was unter Kontrolle zu verstehen ist, wann ein Kontrollverlust vorliegt, etc.

Dass Aggressivität und ggf. auch Delinquenz nicht zwingend die Bewertung „abnorm" oder gar „krank" nach sich ziehen, belegen schon die berühmten Milgram-Experimente, wonach fast jeder Mensch zu Gewaltverhalten verleitet werden kann, wenn sein Verhalten von außen als richtig bewertet und ihm die Verantwortung abgenommen wird.[358] Das hat nichts mit krankhafter oder unnormaler Störung zu tun. „Normale" Menschen können, wenn soziale Normen es zulassen, gewalttätig werden.[359] Kriege beispielsweise können zu extremer Gewalt führen[360]. Aggressives Verhalten, das sich gegen die eigene Spezies richtet, ist dem Menschen sogar eigen und kann im Krieg zu einem Selektionsvorteil führen.[361] Dem Neuropsychologen *Thomas Elbert* zufolge zeige sich aus Urzeiten, dass ein „Blutrausch" (Killermodus, Jagdrausch), ähnlich wie er heute noch im Krieg in Erscheinung tritt, Erfolg bei der Jagd bedeute, was wiederum eine Belohnung im Gehirn ausgelöst haben muss. Unter Umständen bereitete Gewalt damit Freude.[362]

---

358 Vgl. *Jäncke*, Z. Neuropsychol. 19 (2008), 41 (44), m.W.N. Die Versuchsteilnehmer müssen aber dazu gedrängt werden und ein Teil bleibt dennoch standfest (*J. Bauer*, Das koorperative Gen, S. 154).

359 *Schiltz/Witzel/Bausch-Hölterhoff/Bogerts*, Forensische Psychiatrie und Psychotherapie 14 (2007), 65 (66); vgl. auch *H.-L. Kröber*, Töten ist menschlich, DIE ZEIT v. 11.10.2012.

360 Vgl. dazu *Kröber*, Töten ist menschlich, DIE ZEIT v. 11.10.2012.

361 *Schiltz/Witzel/Bausch-Hölterhoff/Bogerts*, Forensische Psychiatrie und Psychotherapie 14 (2007), 65 (66).

362 *Elbert* in der Fernseh-Dokumentation auf Arte „Das Böse – Warum Menschen Menschen töten"; *ders.* im Interview mit *Skalli*, ZEIT Online v. 18.08.2011, „Du darfst nicht immer töten", http://www.zeit.de/wissen/2011-08/thomas-elbert-interview (Stand: 07.04.2018); *Luther*, Wie der Krieg Lust aufs Töten macht, ZEIT online v. 21.06.2012, http://www.zeit.de/politik/ausland/2012-06/syrien-kinder-gewalt-psychologie (Stand: 07.04.2018).

> *„Die Bereitschaft zu töten, war damals keine [seltene] psychopathologische Erscheinung"*, sondern die Regel.[363]

Dass wir heute weniger töten, obwohl sich unsere Biologie kaum verändert hat, ist *Elbert* zufolge eine „kulturelle Errungenschaft". Das stimmt mit der Aussage von *Wolfgang Prinz* überein:

> *„Menschen sind aber das, was sie sind, nun einmal nicht nur durch ihre Natur, sondern vor allem auch durch ihre Kultur"*[364].

Zu dieser Errungenschaft zählt auch, dass wir mit Hilfe des Strafrechts den Menschen zum Zwecke eines friedlichen Miteinanders[365] zur Verantwortung ziehen – trotz unserer menschlichen Biologie. Die Frage nach der Schuld und Verantwortung ist damit abhängig von unserer kulturellen Wertung. Diese kulturelle Wertung, vermittelt über das Strafrecht, ist selbst wiederum ein Überbauphänomen, dass auf das Verhalten der Rechtsgemeinschaft im gewissen Rahmen zurückwirkt[366] – und im besten Fall prosoziales, rechtstreues Verhalten hervorruft.

Die hiesigen Ausführungen zur Normalität von Gewalt sollen sie nicht bagatellisieren. Sie zeigen aber, dass die Wertung „krankhaft" und „unverantwortlich" nicht einfach vom Hirnbild aus zumachen ist. Es soll dagegen aber auch nicht ausgeschlossen werden, dass neuronale Strukturen pathologisch zu einer fehlenden bzw. fehlerhaften Kontrolle führen können, die letztlich die Schuldfähigkeit tangieren und aus-

---

363 *Luther*, Wie der Krieg Lust aufs Töten macht, ZEIT online v. 21.06.2012, http://www.zeit.de/politik/ausland/2012-06/syrien-kinder-gewalt-psychologie (Stand: 07.04.2018).

364 *Prinz*, G&G 2004/6, 34 (35).

365 Vgl. *Schiemann*, Unbestimmte Schuldfähigkeitsfeststellungen, S. 152 ff.: Schuld erlangt für das geordnete Zusammenleben eine motivierende und regulierende Funktion. Es gibt Studien, die belegen, dass prosoziales anstatt egoistisches Verhalten sich auf lange Sicht auszahlen. Strafe dient dann dazu, den Menschen zur Kooperation zu motivieren (vgl. für das „tit for tat"-Prinzip („wie du mir, so ich dir") *Axelrod*, Die Evolution der Kooperation, S. 124, vgl. für Fairness und Gerechtigkeit *Fetchenhauer/Bierhoff*, Altruismus aus evolutions-theoretischer Perspektive, ZFSP 35 (2004), 131 (131 ff.); vgl. zum Ganzen *Svec*, Existiert echter Altruismus?, in: Sociology in Switzerland, http://socio.ch/health/t_bsvec.pdf, S. 1 ff. (Stand: 07.04.2018); S. *Klein*, Wie kommt das Gute in die Welt, DIE ZEIT v. 22.12.2009).

366 Wegen multifaktorieller Einflussnahmen nicht in einer linearen, monokausalen Weise.

schließen. Die Entscheidung über Schuldfähigkeit und Schuldunfähigkeit fällt an anderer Stelle – nämlich auf normativer Ebene. Auch ein deterministisches Menschenbild schließt normative Entscheidungen nicht per se aus. Worin genau Kontrolle und damit Verantwortung im Rahmen eines deterministischen Menschenbilds besteht, soll erst an späterer Stelle betrachtet werden.[367]

3. Fazit

Die Forschungsergebnisse sind kritisch zu betrachten. Es spricht Vieles dafür, dass wir vom Gehirn nicht derart losgelöst sind, wie man glauben mag. Veränderungen im Gehirn können Veränderungen im Verhalten bewirken. Veränderungen in der Umwelt können Veränderungen in unserem Gehirn bewirken. Wir sind eingebettet in Umwelt und Gene und unser Gehirn reagiert darauf. Alles befindet sich in einem vernetzten Wechselspiel.

Der Indeterminismus wurde nicht widerlegt, wie auch der Determinismus nicht bewiesen wurde. Nur eine gewisse indizielle Wirkung für den Determinismus lässt sich von den Befunden der Neurowissenschaften ableiten. *Roth* und *Singer* gestehen selbst, dass die Hirnforschung

> *„erst begonnen [hat], die Welt der Gefühle zu erforschen“*[368].

> *„Wir sind auf einer höheren Ebene wieder ganz am Anfang“*[369].

> *„Ob das alles genauso abläuft, wie ich geschildert habe, bleibt der weiteren Forschung überlassen“*[370].

Auch im berühmten Manifest von elf führenden Neurowissenschaftlern über Gegenwart und Zukunft der Hirnforschung aus dem Jahr 2004 wird formuliert:

> *„Zweifellos wissen wir[...] heute sehr viel mehr über das Gehirn als noch vor zehn Jahren. Zwischen dem Wissen über die obere und untere Organisati-*

367 Siehe Kapitel 5 III.
368 *Roth*, zit. nach *Hillenkamp*, in: *Gestrich/Wabel* (Hrsg.), Freier oder unfreier Wille, S. 72 (83).
369 *Singer*, Ein neues Menschenbild, S. 23.
370 *Roth*, Fühlen, Denken, Handeln, S. 493.

> *onsebene des Gehirns klafft aber nach wie vor eine große Erkenntnislücke. Über die mittlere Ebene – also das Geschehen innerhalb kleinerer und größerer Zellverbände, das letztlich den Prozessen auf der oberen Ebene [der Ebene, die Funktionen von Hirnarealen, wie dem limbischen System erklärt] zu Grunde liegt – wissen wir noch erschreckend wenig*"[371].

Wie aktuelle Wahrnehmung und frühere Erfahrung miteinander verschmelzen und wie es dazu kommt, dass Verhalten als „eigenes" erlebt wird und wie Aktionen genau geplant werden, „all dies verstehen wir nach wie vor nicht einmal in Ansätzen"[372]. Seitdem – immerhin schon fast 15 Jahre her – sind keine derart neuen Erkenntnisse hinzugekommen, dass mittlerweile der Indeterminismus widerlegt oder der Determinismus bewiesen wäre. Die Neurowissenschaft reiht sich damit als weitere Position nur zur Indizbekräftigung deterministischer Positionen neben die Psychologie, Psychiatrie, Evolutionsbiologie, aber auch Philosophie des Determinismus ein. Sie regt auf Strafrechtsseite an, sich zumindest mit den neuen Erkenntnissen zu altbekannten Delinquenzformen zu befassen und der Frage nachzugehen, ob die ggf. als krankhaft zu bewertenden Anomalien unter §§ 20, 21 StGB fallen. Es wird dabei bleiben, dass dies nur im Wege einer Einzelfallbetrachtung erfolgen kann.

Die Gefahr, die von der Hirnforschung ausgeht, besteht in der Suggestivwirkung ihrer Hirnbilder und dem Streben nach Uniformität auf ein menschliches Ideal in der Gesellschaft. Die Dichotomie zwischen gesundem Bürger und krankem Kriminellen ist aufzuheben, denn auch psychisch gesunde, normal sozialisierte und angepasste Personen begehen Straftaten.[373] Kriminalität geht durch alle sozialen Schichten hindurch.[374] Und selbstverständlich unterscheiden und gleichen sich die Menschen in ihren Gehirnen.

Die Klärung, was unter Schuld zu verstehen ist und die Darlegung, dass der überwiegende Teil der heutigen Strafrechtswissenschaft bei der Schuldfrage auf einen Alternativismus abstellt, obwohl das Strafrecht jenen Alternativismus nicht verlangt, wird Aufgabe der nächsten Kapitel sein.

---

371 Monyer/Rösler/Roth/Scheich/Singer/u.a., G&G 2004/6, 30 (31).

372 Monyer/Rösler/Roth/Scheich/Singer/u.a., G&G 2004/6, 30 (33).

373 Vgl. *Dölling*, in: FS Roxin II, S. 1901 (1905).

374 *Dölling*, in: FS Roxin II, S. 1901 (1905).

Kapitel 4 Der Indeterminismus als das aktuell herrschende Schuldverständnis der Strafrechtswissenschaft

> *„Je mehr man über Schuld nachdenkt, desto mehr kann es einem so vorkommen, als gäbe es sie gar nicht wirklich, als schwebe sie im Raum über den Köpfen der Menschen, die ratlos wie [...] Kinder mit etwas wie Äußerem und doch Eigenem konfrontiert sind, mit dem sie fertig werden müssen, schwankend zwischen Abwehr und Anerkennung von etwas Vagem, Unbestimmten. Und in der Tat bedarf Schuld, um sich zu manifestieren, einer Instanz, die sie definiert und auch den Schuldigen selbst als solchen bezeichnet“*[1].

Wer sich in den vielzähligen strafrechtlichen Schuldbegriffen auskennt, wird überrascht sein, dass durch die Kapitel-Überschrift vermittelt wird, ein Indeterminismus sei immer noch vorherrschend. Die Fülle an Schuldansätzen sei doch vielmehr agnostisch ausgerichtet, als dass indeterministische Willensfreiheit noch zugrunde gelegt werde. So gibt es nicht wenige Wissenschaftler, die behaupten, der durch die Neurowissenschaften neu aufgerollte Indeterminismus-Determinismus-Streit sei für das Strafrecht ein Scheinproblem.[2] *Björn Burkhardt*

1 *M. Hirsch*, Schuld und Schuldgefühl, S. 30.

2 *Kornhuber/Deecke*, SANP 159 (2008), 133; *B. Burkhardt*, Bemerkungen zu den revisionistischen Übergriffen der Hirnforschung auf das Strafrecht, http://burkhardt.uni-mannheim.de/lehrstuhlinhaber/bemerkungen/wznrw090708.pdf, S. 14 (Stand: 06.06.2013); *Günther* (Den Schuldbegriff nicht aufgeben!, DIE WELT online v. 16. Mai 2007, http://www.welt.de/debatte/kommentare/article6068860/Den-Schuldbegriff-nicht-aufgegeben.html (Stand: 07.04.2018)) vertrat, dass diejenigen, die das deutsche Strafrecht herausfordern, nur eine Chimäre attackieren; vgl. bereits

behauptet in diesem Zusammenhang, die Neurowissenschaftler würden einen „Pappkameraden in Form eines indeterministischen Willensfreiheitsbegriffs" aufstellen, auf den sie mit schweren Kalibern feuerten, der aber nicht die „tragende Säule unseres Schuldstrafrechts" sei.[3] Sollte sich diese Behauptung als wahr erweisen, ist jede Diskussion über die Existenz der Willensfreiheit im Strafrecht überflüssig. Sofern jedoch im Rahmen der Schuld auf einen Indeterminismus bzw. auf ein Anders-Handeln-Können abgestellt wird, handelt es sich dagegen nicht um ein Scheinproblem. Und tatsächlich ist es so, dass Strafrechtler innerhalb des Schuldbegriffs auf die objektiv-empirische Realexistenz des Indeterminismus abstellen, daneben etwa auch der BGH.

Dieses Kapitel möchte zudem aufzeigen, dass es nicht nur klassische indeterministische Schuldbegriffe gibt, sondern auch Ansätze, die den Willensfreiheitsstreit dahingestellt sein lassen wollen, aber dennoch Schuldkomponenten postulieren, die letztlich auf dem Indeterminismus beruhen oder auf ihn verweisen.[4] Der Streit ist in der Strafrechtswissenschaft daher immer noch aktuell. Auch innerhalb der agnostischen Strömungen, die aufgrund des *„non liquet"*[5] die Schuld losgelöst von der Frage der objektiven Realexistenz der Willensfreiheit sehen und eine Freiheitsfiktion annehmen oder Willensfreiheit als subjektiv-gesellschaftliche Realität postulieren,[6] ist die Frage nach dem Indeterminismus und dem Determinismus weiterhin relevant. Zwar nicht mehr auf empirischer Ebene, aber auf normativer Ebene. Was geschieht aber, wenn sich die These des Determinismus durch die Indizien immer weiter erhärtet oder sogar bewiesen werden würde und nach

den Titel bei *Mosbacher*, Naturwissenschaftliche Scheingefechte um die Willensfreiheit, JR 2005, 61 f.; *Reemtsma*, Das Scheinproblem „Willensfreiheit", 2008.

3 *B. Burkhardt*, Bemerkungen zu den revisionistischen Übergriffen der Hirnforschung auf das Strafrecht, http://burkhardt.uni-mannheim.de/lehrstuhlinhaber/bemerkungen/wznrw-090708.pdf, S. 14 (Stand: 06.06.2013); auch *Kornhuber/Deecke*, SANP 159 (2008), 133, die 1964 das sog. Bereitschaftspotential entdeckten, sehen in den Äußerungen bestimmter Neurowissenschaftler einen Angriff auf einen selbst erbauten Pappkameraden.

4 Eine kurze Auflistung findet sich bei *Spilgies*, ZIS 2007, 155 (155 ff.).

5 *Engisch*, Die Lehre von der Willensfreiheit in der strafrechtsphilosophischen Doktrin der Gegenwart, S. 37.

6 Siehe zur Einteilung Kapitel 4 III.

und nach in das gesellschaftliche Bewusstsein tritt bzw. bereits getreten ist[7]?

I. Die historische Entwicklung – vom psychologischen zum normativen Schuldbegriff

Um den Grundcharakter unseres heutigen Schuldbegriffs zu verstehen, werden in einem kurzen Abriss die verschiedenen Schuldbegriffe in ihrer historischen Entwicklung dargestellt.

Bis zum Anfang des 20. Jahrhunderts war in der deutschen Strafrechtslehre ein *psychologischer Schuldbegriff* vorherrschend[8], wonach Schuld die subjektive bzw. psychische Beziehung des Täters zur Tat bezeichnete und dabei Vorsatz und Fahrlässigkeit umfasste.[9] Dieses Verständnis resultierte aus dem klassischen Verbrechensbegriff des Positivismus, der streng zwischen objektiven und subjektiven Bestandteilen des Verbrechens unterschied.[10] Die objektive Tatseite fand allein im Tatbestand und in der Rechtswidrigkeit ihren Ausdruck, die subjektive Tatseite in der Schuld. Der Tatbestand erfasste nur das Handlungsgeschehen, die Rechtswidrigkeit die juristische Würdigung nach objektiven Kriterien und die Schuld hingegen alle geistigen und seelischen Vorgänge des Täters, wobei die beiden Schuldarten Vorsatz und Fahrlässigkeit die psychische Beziehung zwischen Täter und Tat beschrieben.

Problematisch am psychologischen Schuldbegriff ist: Er kann nicht erklären, warum Geisteskranke nicht schuldhaft handeln, wenn auch sie die Tat mit Wissen und Wollen, also mit Vorsatz begehen[11], warum der entschuldigende Notstand trotz Vorsatz exkulpiert[12] und

---

7 Vgl. dazu Kapitel 4 III 1.2.3.

8 *v. Buri*, Ueber Causalität und deren Verantwortung, S. 13 ff; *v. Liszt*, Lehrbuch des Deutschen Strafrecht, § 37 III. Vgl. zu den Einzelheiten sowie weiterer Nachweise *Weber*, in: *Baumann/ders./Mitsch* (Hrsg.), Strafrecht AT, § 18 Rn. 9 ff.; *Gropp*, Strafrecht AT, § 6 Rn. 8 ff.; *H. J. Hirsch*, ZStW (106) 1994, 746 (746 f.), *Jescheck/Weigend*, Strafrecht AT, S. 202 f.; *Roxin*, Strafrecht AT I, § 19 Rn. 10 ff.

9 *Beling*, Die Lehre vom Verbrechen, S. 179; *Jescheck*, RECPC 2003, 1 (2) m.w.N.

10 *Jescheck/Weigend*, Strafrecht AT, S. 202 f.

11 *R. Frank*, in: *ders.* (Hrsg.), FS für die juristische Fakultät in Giessen, S. 1 (8).

12 *R. Frank*, in: *ders.* (Hrsg.), FS für die juristische Fakultät in Giessen, S. 1 (6).

warum die unbewusste Fahrlässigkeit[13] zur Strafbarkeit führt, obwohl keinerlei psychische Beziehung zwischen Täter und Tat besteht.

Mit seiner Abhandlung „Über den Aufbau des Schuldbegriffs“ aus dem Jahr 1907 ändert *Reinhard Frank*[14] das Strafrecht maßgeblich und legt den Grundstein für das heutige Schuldverständnis.[15] Er erkannte, dass die Schuld nicht nur aus der psychischen Beziehung des Täters zur Tat besteht, sondern darüber hinaus aus der normalen geistigen Beschaffenheit des Täters und der normalen Beschaffenheit der Umstände, unter welchen der Täter handelt.[16] Die Schuld des Täters liegt nach *R. Frank* in der pflichtwidrigen Willensbildung[17]:

> *„Schuld ist Vorwerfbarkeit [...]: ein verbotenes Verhalten ist jemanden dann zur Schuld zuzurechnen, wenn man ihm einen Vorwurf daraus machen kann, daß er es eingeschlagen hat“*[18].

Die Aussage, Schuld bedeute Vorwerfbarkeit, bildet die normative Komponente in der Schuldkonzeption, die *R. Frank* mithilfe der Kriterien der normalen geistigen Beschaffenheit des Täters und der normalen Beschaffenheit der Umstände mit Inhalt füllte. Dieser *psychologisch-normative Schuldbegriff*[19] konnte nunmehr auch die Schuldlosigkeit psychisch Kranker aufgrund fehlender normaler psychischer Beschaffenheit und den entschuldigenden Notstand aufgrund außergewöhnlicher Umstände trotz vorhandenem Vorsatz erklären. Der Fahrlässigkeits-Vorwurf richtet sich gegen die Unaufmerksamkeit als Sorgfaltspflichtverletzung.[20] Mit Hilfe *R. Franks* wurde der Weg für ein nor-

---

13 Im Rahmen der bewussten Fahrlässigkeit hat der Täter die Vorstellung, dass ein Erfolg eintreten könnte, aber vertraut darauf, dass dies nicht geschehen wird. Bei der unbewussten Fahrlässigkeit macht sich der Täter keinerlei Gedanken über ein eventuelles Eintreten des Erfolges, weswegen hier keinerlei psychische Beziehung zwischen Täter und Tat besteht.

14 *R. Frank*, in: *ders.* (Hrsg.), FS für die juristische Fakultät in Giessen, S. 1 ff.

15 *Duru*, ZJS 2012, 734 (736).

16 *R. Frank*, in: *ders.* (Hrsg.), FS für die juristische Fakultät in Giessen, S. 1 (12); *Roxin*, Strafrecht AT, § 19 Rn. 12.

17 *Jescheck/Weigend*, Strafrecht AT, S. 207; vgl. auch *Brauneck*, GA 1959, 261 (261 ff.); Sch/Sch-*Lenckner/Eisele*, Vorbem. § 13 Rdnr. 118; *Duru*, ZJS 2012, 734 (737); krit. dazu *Tiemeyer*, GA 1986, 203 (203).

18 *R. Frank*, in: *ders.* (Hrsg.), FS für die juristische Fakultät in Giessen, S. 1 (11).

19 Vgl. *Gropp*, Strafrecht AT, § 6 Rn. 15 ff. mit Verweis auf *Mezger*, Strafrecht, 3. Auflage 1949, S. 247ff.

20 *Jescheck/Weigend*, Strafrecht AT, S. 207.

matives Verständnis von Schuld geebnet, sodass Schuld nunmehr als eine Wertungsstufe des Delikts betrachtet wird[21], die die Frage klären soll, ob dem Täter Bildung und Betätigung des Willens zu einem strafbaren Verhalten vorgeworfen werden kann.[22] Im Mittelpunkt steht daher der Begriff der Vorwerfbarkeit der Tat, den auch der BGH in seinem berühmten Beschluss vom 18. März 1952 verwendet hat:

> *„Schuld ist Vorwerfbarkeit“*[23].

In dieser Formulierung steckt zugleich die Schwierigkeit des Begriffs der Schuld, weil *Frank* den Begriff „Vorwerfbarkeit“ nicht näher erläuterte.[24] Vielmehr empfand er die Begriffswahl sogar als unglücklich gewählt:

> *„Der Ausdruck ist nicht schön, aber ich weiß keinen besseren“*[25].

Er erkannte zwar, dass eine nicht normale geistige Beschaffenheit sowie außergewöhnliche Umstände den Vorwurf entfallen lassen können, enthielt sich jedoch einer näheren Begründung. Sein Verdienst liegt in der Abkehr der Strafrechtswissenschaft vom psychologischen und der Hinwendung zum normativen Schuldbegriff.[26] Damit bleibt bis heute streitig, wann die Tat dem Täter vorwerfbar ist und worin *der Grund* für die Exkulpation des Täters liegt. Die Beantwortung hat zu vielzähligen Variationen des heute noch vorherrschenden normativen Schuldbegriffs geführt, sodass dieser sog. materielle Schuldbegriff über

21 *Osterkorn*, Zum Paradox von Ideologie und Pragmatik der §§ 20, 21 StGB, S. 31.

22 So LK-*Hirsch*, Vor § 32 Rn. 183; LK-*Jescheck*, Vor § 13 Rn. 17; LK- *Walter*, Vor § 13 Rn. 164; Sch/Sch-*Lenckner/Eisele*, Vorbem. § 13 Rn. 113 ff.; *Osterkorn*, Zum Paradox von Ideologie und Pragmatik der §§ 20, 21 StGB, S. 31.

23 BGHSt 2, 194 (200). Der BGH setzt damit Schuld mit Vorwerfbarkeit gleich, was bei Teilen der Literatur auf Kritik stößt: Die Vorwerfbarkeit kann nur Folge von Schuld sein (*Sch/Sch-Lenckner/Eisele*, Vorbem. §§ 13 ff. Rn. 113 f.; vgl. *Gropp*, Strafrecht AT, § 6 Rn. 45 ff.; *Arthur Kaufmann*, Das Schuldprinzip, S. 179; *Stratenwerth*, in: Evangelische Theologie 18 (1958), 337 (338): „Denn nicht darin, daß man dem Schuldigen einen Vorwurf machen kann besteht die Schuld, sondern umgekehrt kann man ihm nur deshalb einen Vorwurf machen, weil und wenn er schuldig ist“; *Mezger*, Strafrecht, S. 132: „Schuld ist der Inbegriff der Voraussetzungen, die aus der Straftat einen persönlichen Vorwurf gegen den Täter begründen“). Näher zur Auffassung des BGH zur Willensfreiheit Kapitel 4 III 1.1.1.1.

24 *Duru*, ZJS 2012, 734 (737).

25 *R. Frank*, in: *ders.* (Hrsg.), FS für die juristische Fakultät in Giessen, S. 1 (11).

26 *Duru*, ZJS 2012, 734 (738).

die inhaltlichen Voraussetzungen der Vorwerfbarkeit[27] höchst umstritten ist[28], denn weder in der Verfassung noch im Strafgesetzbuch findet sich hierzu eine Legaldefinition. Das Strafgesetzbuch normiert lediglich Ausnahmegründe in § 17 (Verbotsirrtum), § 19 (Strafrechtsunmündigkeit), § 20 (Schuldunfähigkeit), § 21 (verminderte Schuldfähigkeit), § 35 (entschuldigender Notstand).

II. Die Reaktion der Strafrechtswissenschaft auf die Thesen aus den Neurowissenschaften – ein allgemeiner Überblick

1. Ein kurzer Rückblick auf die historische Diskussion

Die neu geführte Diskussion des „Ewigkeitsproblems"[29] Schuld und Willensfreiheit wecken Erinnerungen an die längst vergangene Diskussion zur großen Strafrechtsreform der 1950er und 1960er Jahre.[30] Erstaunlicherweise wurde bisher kaum die Brücke zu den Grundlagen dieser Diskussion geschlagen, an deren Spitze *Franz v. Liszt*[31], *Adolf Merkel*[32] und *Karl Binding*[33] den großen Schulenstreit an der Wende vom 19. zum 20. Jahrhundert entfachten und die große Strafrechtsreform der 1960er und 1970er Jahre wesentlich mitprägten.

Die Vertreter der klassischen Schule um *Binding*[34] hielten am klassischen Verständnis von Schuld und Willensfreiheit fest: Die Strafe sei Vergeltung für Schuld und setze deshalb Vorwerfbarkeit voraus, die aber nur anzunehmen sei, wenn sich der Täter unrechtmäßig verhal-

27 Der formelle Schuldbegriff behandelt die Funktion (Vorwerfbarkeit) und der materielle Schuldbegriff die Voraussetzungen (Inhalt) (*Neumann*, in: *Lüderssen* (Hrsg.), Aufgeklärte Kriminalpolitik, S. 391 (396)). Siehe auch *Roxin*, Strafrecht AT I, § 19 Rn. 19.

28 Vgl. *Weber*, in: *Baumann/ders./Mitsch* (Hrsg.), Strafrecht AT, 18 Rn. 7.

29 Sch/Sch-*Lenckner/Eisele*, Vorbem. §§ 13 Rn. 109.

30 So beispielsweise bei *Hassemer*, in: *Roth/Hubig/Bamberger* (Hrsg.), Schuld und Strafe, S. 7 (7); *Hillenkamp*, JZ 2005, 313 (313).

31 *Franz von Liszt*, 1851–1919, Strafrechtslehrer.

32 *Adolf Merkel*, 1836–1896, Strafrechtslehrer und Rechtsphilosoph.

33 *Karl Binding*, 1841–1920, Strafrechtslehrer und Historiker.

34 *Binding*, Die Normen und ihre Übertretung II, S. 3 ff.; *siehe hierzu Engisch*, Die Lehre von der Willensfreiheit in der strafrechtsphilosophischen Doktrin der Gegenwart, S. 7.

ten hat, obwohl er sich hätte rechtmäßig verhalten können. Dabei wurde das reale Anders-Handeln-Können zugrunde gelegt. Um das Problem des Zufalls im indeterministischen Verständnis nicht aufkommen zu lassen, wurde in der Persönlichkeit des Handelnden die unbedingte Ursache für die Handlung gesehen.

v. Liszt zufolge darf nur der empirische Mensch vor den Strafrichter gestellt werden[35] und dieser empirische Mensch sei determiniert:

> *„Das Verbrechen ist […], wie jede menschliche Handlung, das notwendige Ergebnis aus der teils angeborenen, teils erworbenen Eigenart des Täters einerseits, der ihm im Augenblicke der Tat umgebenden gesellschaftlichen, insbesondere wirtschaftlichen Verhältnisse anderseits“*[36].

Ein Anders-Handeln-Können und damit einhergehend eine Vergeltungsstrafe dürfe also nicht zur Grundlage gemacht werden, sondern müsse zu Gunsten einer Zweckstrafe aufgegeben werden. Dennoch hielt er am Begriff der Schuld fest und passte sie seinem deterministischen Strafrechtsverständnis an.[37]

Neben dieser modernen Schule und der klassischen Schule stand die vermittelnde Schule *A. Merkels*.[38] Auch sie ging von einem deterministischen Verständnis aus, hielt aber eine Vergeltungsstrafe mit einem deterministischen Freiheits- und Schuldverständnis für vereinbar.

Ohne inhaltlich näher darauf einzugehen, zeigt uns der historische Streit, dass es bereits in der Geschichte der Strafrechtswissenschaft Ansätze gibt, in denen Determinismus und Schuld vereinbar sind, sich also gerade nicht kontradiktorisch gegenüberstehen. Alle drei Schulen, ob indeterministisch oder deterministisch, traten für ein Schuldstrafrecht ein. Ein deterministischer Schuldansatz ist dem Strafrecht daher

---

35 *v. Liszt*, Die deterministischen Gegner der Zweckstrafe, 1893, in: *ders.* (Hrsg.) Strafrechtliche Vorträge und Aufsätze II, 1905, S. 24 (39).

36 *v. Liszt*, Die deterministischen Gegner der Zweckstrafe, 1893, in: *ders.* (Hrsg.), Strafrechtliche Vorträge und Aufsätze II, S. 24 (65).

37 Siehe Kapitel 4 III 2.3.1. und Kapitel 5 II 1.

38 *A. Merkel*, Lehrbuch des deutschen Strafrechts, S. 72 ff.; siehe hierzu *Engisch*, Die Lehre von der Willensfreiheit in der strafrechtsphilosophischen Doktrin der Gegenwart, S. 10 f.

nicht fremd und hat sich später auch in der Charakterschuldlehre geäußert, die heute wieder von *Rolf Dietrich Herzberg* vertreten wird[39].

2. „Das Schuldstrafrecht retten" – darin besteht fast Einigkeit

In der medial geführten Diskussion wird der Eindruck vermittelt, dass bei Bejahung des Determinismus ein Schuldstrafrecht ausgeschlossen sei, weil Verantwortung nur auf Willensfreiheit gegründet werden könne. Die Strafrechtswissenschaft jedoch plädiert heute fast übereinstimmend für die Beibehaltung des Schuldstrafrechts – sowohl aus indeterministischer und agnostischer als auch aus deterministischer Sicht[40]. Der „Frontalangriff auf das Menschenbild" hat in der Strafrechtswissenschaft bisher keine Umstrukturierungsprozesse in Richtung Abschaffung des Schuldstrafrechts hervorgerufen. Vielmehr hat sich der Großteil der Strafrechtswissenschaftler, wohl vor dem Hintergrund des Alters und der damit einhergehenden bisherigen Ergebnislosigkeit der Diskussion sowie der Vorteilhaftigkeit des Schuldprinzips als Schutzinstrument des Täters gegenüber dem Staat[41], mit der Unbeweisbarkeit der Willens(un)freiheit und der Schuldproblematik arrangiert. So verwundert es nicht, dass *Hillenkamp* formuliert:

> „*Ich möchte das Schuldstrafrecht retten*"[42].

Ein Schuldstrafrecht bleibt auch bei einem Determinismusverständnis möglich. Diese These geht vor allem in der medialen Diskussion unter. In der wissenschaftlich geführten Diskussion ist dieser Standpunkt eher von untergeordneter Rolle. Indeterministen und Agnostiker bil-

39 *Herzberg*, Willensunfreiheit und Schuldvorwurf, 2010; *ders.*, in: FS Achenbach, S. 157 (157ff.); wohl auch *Herdegen*, in: FS Richter II, S. 233 (244); siehe dazu Kapitel 5 II 3.

40 Außer *G. Merkel*: *G. Merkel/Roth*, in: *Stompe/Schanda* (Hrsg.), Der freie Wille und die Schuldfähigkeit, S. 143 (155ff.); *dies.*, in: *Grün/Friedman/Roth* (Hrsg.), Entmoralisierung des Rechts, S. 54 (80ff.); vgl. dazu Kapitel 2 III 5.

41 Vgl. Kapitel 2 III.

42 *Hillenkamp*, JZ 2005, 313 (318); *ders.*, in: *ders.* (Hrsg.), Neue Hirnforschung – neues Strafrecht?, S. 85 (101); vgl. auch den Titel des Kommentars von *Günther*, Den Schuldbegriff nicht aufgeben, DIE WELT online v. 16.05.2007, http://www.welt.de/debatte/kommentare/article606886o/Den-Schuldbegriff-nicht-aufgegeben.html (Stand: 07.04.2018).

den die großen Strömungen in der Strafrechtswissenschaft.[43] Bei der deterministischen Strömung, die die Schuld auf deterministische Grundlage stellen möchte, handelt es sich um eine Minderheit. Deterministen in der aktuellen strafrechtlichen Literatur finden sich heute eher vereinzelt.[44] Sogenannte „weiche Deterministen", also Kompatibilisten, sind bemüht, eine deterministische Schuldlösung zu finden, um ebenfalls das Schuldstrafrecht zu retten.[45] In der aktuellen Diskussion vertritt niemand, die Abschaffung der Strafe und damit des Strafrechts, um es gegen ein reines Maßregelrecht einzutauschen[46]. Die Thesen der in der Nachkriegszeit entstandenen Bewegung der *„défense sociale"*, einer radikalen Strömung von Deterministen und Agnostikern, die für die Abschaffung des Strafrechts[47] und die Einführung eines schuldunabhängigen Maßregelrechts eintraten (sog. harte Deterministen und Inkompatibilisten), finden heute in der strafrechtlichen Diskussion kaum noch Beachtung.

3. Der Inhalt der strafrechtlichen Diskussion

Die strafrechtliche Diskussion dreht sich also nicht so sehr um das „Ob", sondern vielmehr um das „Wie" der Schuld. Die Berechtigung der Schuld*idee* bzw. des Schuld*prinzips* wird kaum angezweifelt.

Bei aller Notwendigkeit und Vorteilhaftigkeit des Schuldprinzips behält das Schutzinstrument nur dann seine Berechtigung, wenn der Schuldbegriff überhaupt mit Inhalt gefüllt werden kann. Sonst bliebe die Schuld eine leere Hülse, die allein ihre Berechtigung durch den Zweck erhielte. Die Vorteile der Schuld begründen bzw. beweisen nicht

43 Siehe dazu sogleich Kapitel 4 III.

44 Siehe dazu Kapitel 5 II.

45 Aktuell vertritt etwa *Herzberg*, dass bei einer deterministischer Sicht ein Verantwortlichmachen möglich bleibt (Willensunfreiheit und Schuldvorwurf, 2010; *ders.*, in: FS Achenbach, S. 157 ff.). Auch die hiesige Arbeit versteht sich als ein derartiger Ansatz.

46 Auch *Herdegen* möchte es nicht abschaffen, es aber hin zu einem Besserungsrecht fortentwickeln, in der die Unterscheidung Strafe und Maßregel von dem Besserungs- bzw. dem Sicherungsinteresse abhängt, (in: FS Richter II, S. 233 (244)). Der Täter werde für sein Sosein zur Verantwortung gezogen.

47 Vgl. den Titel von *Plack*: „Plädoyer für die Abschaffung des Strafrechts", 1974.

ihre Existenz. Nur wenn die Schuld einen Inhalt aufweist, der geeignet ist, Verantwortung zu begründen, kann sie ihrer Schutzwirkung gerecht werden, denn wie *Hillenkamp* treffend formulierte, kann das Strafrecht nicht an eine Illusion[48], hier die Illusion der Verantwortungsbegründung, knüpfen.

4. Novellierung des Strafrechts bzw. der Schuld?

Bezüglich der Frage nach einer Novellierung des Strafrechts lassen sich die strafrechtlichen Reaktionen grob einteilen in konservative, die Willensfreiheit verteidigende Positionen und novellierende Positionen, die zumindest ein Neuüberdenken des bisherigen Schuldkonzepts fordern. Es soll an dieser Stelle nur ein kurzer Einblick gegeben werden.

4.1. Konservative Reaktionen[49]

Mehrheitlich stimmt die Strafrechtswissenschaft mit der hier vertretenen Auffassung vom fehlenden Beweis des Determinismus überein. Einige sind deshalb versucht, die Realexistenz der Willensfreiheit zu beweisen. Beispielsweise meint der Psychologe und Rechtswissenschaftler *Kurt Guss*, aus dem Evidenzerlebnis des Willensfreiheitsgefühls – vermeintlich eines jeden Menschen – den empirischen Beweis erbringen zu können.[50]

Demgegenüber geht es *Björn Burkhardt* nicht darum, Willensfreiheit im Sinne der Realität der Hirnforscher aus der Dritte-Person-Perspektive empirisch zu beweisen, sondern darum, auf die Realität des Subjekts aus der Erste-Person-Perspektive zu verweisen. Gefühle sind real und damit auch die gefühlte Willensfreiheit. Der klassische

48 *Hillenkamp* bezog diese Aussage auf die Hypothese, die Neurowissenschaftler würden bei ihrer empirischen Determinismusthese Recht behalten. Dann dürfe das Strafrecht auch mit einer Fiktion nicht auf einer Lüge aufbauen (JZ 2005, 313 (320)).

49 Vgl. *Ruske*, Ohne Schuld und Sühne, S. 210 ff.

50 *Guss*, Willensfreiheit, S. 102.

Schuldbegriff wird damit zu einem subjektiven Schuldbegriff, der seine Legitimation aus dem subjektiven Willensfreiheitsgefühl ableitet.[51]

Klaus Lüderssen kommt zu dem Schluss, es stehe einem frei, ob man sich aufgrund des Unbekannten und Unwillkommenen zur Freiheit aufgerufen fühle.[52] Hierin mag u. a. ein Grund liegen, warum sich die Strafrechtswissenschaft eher weniger mit einem deterministischen Schuldbegriff auseinandersetzt und Lösungen für den denkbaren Fall sucht, dass der Determinismus wahr wäre. *Lüderssen* sieht die Lösung in der Schuld als Zuschreibung bzw. als „staatsnotwendige Fiktion", die vor willkürlicher Verurteilung schütze. Dabei geht *Lüderssen* wohl von einem Willensfreiheitsbegriff aus, der einen selbstinitiierenden, bewussten Willen verlangt, weil dieser in einem Bewusstsein liege, „das nicht nur Folge körperlicher Vorgänge ist"[53]. Danach handelt es sich um eine Fiktion, Konstruktion bzw. Zuschreibung von indeterministisch verstandener Schuld.

4.2. Novellierende Reaktionen

Neben den Strafrechtlern, die eine Novellierung des Strafrechts aufgrund der Determinismusthesen aus den Neurowissenschaften ablehnen, gibt es auch vereinzelt Stimmen, die eine solche anregen.

Anja Schiemann erhofft sich aus dem Streit die „positive Nebenwirkung", dass sich das deutsche Strafrecht den neuen Erkenntnissen gegenüber öffne und die strafrechtliche Schuldzuschreibung und Verantwortlichmachung neu überdenke.[54] Nur Wenige behandelten die Frage der Verantwortungslegitimation[55] – ohne sich zu sehr in der Beweisfrage zu verlieren. *Schiemann* sieht in den bestehenden Gedanken-

51 *B. Burkhardt*, in: FS Lenckner, S. 3 ff.; *ders.*, Düsseldorfer Thesen zum Kongress „Neuro2004: Hirnforschung, Willensfreiheit und Strafrecht" am 17.11.2004, http://burkhardt.uni-mannheim.de/lehrstuhlinhaber/thesenpapier/duesseldorferthesen.pdf (Stand: 09.06.2013). Näher zu der Strömung, die die Willensfreiheit als subjektive bzw. gesellschaftliche Realität auffasst, siehe Kapitel 4 III 1.2.

52 *Lüderssen*, in: *Geyer* (Hrsg.), Hirnforschung und Willensfreiheit, S. 98 (101), *ders.*, Wir können nicht anders, FAZ v. 04.12.2003.

53 *Lüderssen*, in: *Geyer* (Hrsg.), Hirnforschung und Willensfreiheit, S. 98 (99); *ders.*, Wir können nicht anders , FAZ v. 04.12.2003.

54 *Schiemann*, NJW 2004, 2056 (2059).

55 Vor allem *G. Merkel*, *R. Merkel* und *Herzberg* haben intensivere Auseinandersetzungen bemüht, die viele neue Aspekte aufwarfen.

gebäuden die Gefahr, sich der Lebenswirklichkeit zu verschließen und sich von ihr zu entfernen.[56] Wie *Schiemann* sieht auch *Gunnar Spilgies* in der Hirnforschung die Chance eines neu erwachsenden Problembewusstseins sowie einer Neudiskussion.[57] Er moniert, dass die bisherige Diskussion in die falsche Richtung laufe. Es fände vornehmlich eine Immunisierung des alten Schuldbegriffs statt[58], anstatt einer Weiterentwicklung.

Grischa Merkel (geb. *Detlefsen*) hat zusammen mit *Roth* bereits konkrete Reformbemühungen des Sanktionensystems unter Aufgabe der Schuld erarbeitet.[59] Die Rechtswissenschaftler müssen

> „*die Grundannahmen des Rechtssystems, die im Bereich der strafrechtlichen Schuld vom subjektiven Erleben der Handlungszuschreibung stark beeinflusst sind, in Anbetracht der Erkenntnisse der Neurowissenschaft kritisch hinterfragen*“[60].

Bereits getan haben dies etwa *Reinhard Merkel*, *Rolf Dietrich Herzberg* und *Gerhard Herdegen*. *R. Merkel*, der sich selbst als Agnostiker einordnet, schließt sich *Roxins* Schuldbegriff an.[61] Dagegen lässt *Herzberg*[62] die Charakterschuldlehre wieder aufleben, die als letztes[63] von *Figueiredo Dias*[64] in den 1980er Jahren vertreten wurde. Danach sei der Mensch für seinen Charakter, für sein So-Sein verantwortlich.[65] Abzugrenzen ist die deterministische Charakterschuldlehre von der sog. Lebensführungsschuld[66], wonach der Mensch für seine Lebensart

56 *Schiemann*, NJW 2004, 2056 (2059).
57 *Spilgies*, HRRS 2005, 43 (45).
58 *Spilgies*, Die Bedeutung des Determinismus-Indeterminismus-Streits für das Strafrecht, S. 36.
59 Kritisch dazu Kapitel 2 III 5 und Kapitel 5 IV 4.
60 *Detlefsen*, Grenzen der Freiheit, S. 303.
61 *R. Merkel*, Willensfreiheit und rechtliche Schuld; *ders.*, in: *Roth/Hubig/Bamberger* (Hrsg.), Schuld und Strafe, S. 39 (39 ff.); *ders.*, in: FS Roxin I, S. 737 (737 ff.).
62 *Herzberg*, Willensunfreiheit und Schuldvorwurf, S. 113 ff.; siehe näher dazu Kapitel 5 II 3.
63 So die Einschätzung von *Schiemann*, Unbestimmte Schuldfähigkeitsfeststellungen, S. 132.
64 *Figueiredo Dias*, ZStW 95 (1983), 220 (220 ff.). Andere Vertreter sind, zurückgehend auf *Schopenhauer* und *Adolf Merkel*, *Engisch*, Die Lehre von der Willensfreiheit in der strafrechtsphilosophischen Doktrin der Gegenwart, S. 14; *Heinitz*, ZStW 63 (1951), 57 (57 ff.), *Dohna*, ZStW 66 (1954), 505 (505 ff.).
65 Kritisch dazu Kapitel 5 II 3.
66 Z.B. *Mangakis*, ZStW 75 (1963), 499 (531 ff.); siehe näher dazu Kapitel 5 II 2.

die Verantwortung zu tragen hat. Dabei handelt es sich letztlich um eine indeterministische Theorie, die davon ausgeht, dass der Mensch, wenn zwar nicht in der konkreten Tatsituation, dafür aber früher, sozusagen an Lebensführungsentscheidungspunkten, sich anders hätte entscheiden können, sodass es niemals zu dem Lebensstil gekommen wäre, der nun unausweichlich zur Tat geführt hat. *Herdegen* dagegen plädiert für die Fortentwicklung des Strafrechts hin zu einem Besserungsrecht durch eine sozialisierende Strafe, die die der Motivation zugrunde liegenden Determinanten stärkt oder neu erschafft.[67] Als Sanktionsspuren blieben weiterhin bestehen: die Strafe, die jedoch allein der Besserung dient, sowie die Maßregel, die der Sicherung dient.

Dass bisher die Reaktionen überwiegen, die an der Willensfreiheit festhalten – unabhängig in welcher Form, könnte damit zusammenhängen, dass bisher wenig klare Lösungen oder Novellierungsvorschläge entwickelt wurden[68]. Zudem werden die bestehenden Schuldbegriffe nicht dahingehend hinterfragt, ob sie überhaupt geeignet sind, Verantwortung zu begründen.

III. Die indeterministischen Strömungen der Strafrechtswissenschaft

Klassischerweise wird der strafrechtliche Schuldbegriff in einen indeterministischen, subjektiven, sozialen, agnostischen und funktionalen eingeteilt, wobei es zu Überschneidungen der jeweiligen Positionen kommen kann. Diese Einteilung erfolgt aus dem Bemühen heraus, die Unterschiede der Ansätze hervorzuheben: Die einen nehmen eine subjektive Betrachtung ein, die anderen eine funktionale und wiederum andere betrachten die Schuld aus dem *non-liquet*-Standpunkt heraus.

In der hier vorzunehmenden Einteilung soll dagegen der umgekehrte Weg beschritten und die Gemeinsamkeit betont werden, die schließlich auch der gemeinsame Kritikpunkt sein wird: das indeterministische Anders-Können. Diese Schuldbegriffe reichen von der Annahme des Anders-Handeln-Könnens als reale Seinskonzeptionen bis hin zur Setzung einer Fiktion des Anders-Handeln-Können aus agnos-

67 *Herdegen*, in: FS Richter II, 233 (244).
68 Vgl. *Ruske*, Ohne Schuld und Sühne, S. 212.

tischen Erwägungen.[69] Ihre Gemeinsamkeit führt zur Einordnung unter den Oberbegriff der indeterministischen Schuldbegriffe. Daher nimmt diese Arbeit folgende Einteilung der Schuldbegriffe vor:

(1) Seinskonzeptionen des Indeterminismus:

- real-indeterministisch-objektiv bzw. -empirisch
- real-indeterministisch-gesellschaftlich,
- real-indeterministisch-subjektiv

(2) Agnostizismuskonzeptionen des Indeterminismus:

- agnostisch-indeterministisch-sozial,
- agnostisch-indeterministisch-fiktiv,
- agnostisch-indeterministisch-funktional.[70]

Diese Einteilung ist nicht zwingend. *B. Burkhardt* fasst dagegen unter den Indeterminismusbegriff allein die real-indeterministisch-objektive Annahme des Anders-Könnens, also die Annahme der realen Existenz aus empirischer, etwa naturwissenschaftlicher Sicht. Die agnostischen Postulats- bzw. Fiktionstheorien fasst er dagegen unter den strafrechtlichen Kompatibilismus.[71] Daher gelangt er zu der erwähnten Auffassung, die Neurowissenschaftler würden ein Scheinproblem bekämpfen, weil im Strafrecht der Indeterminismus allenfalls noch von einer Minderheit vertreten werde. Die hiesige Untersuchung stellt stattdessen in den Vordergrund, dass auch agnostische Theorien indeterministische sind, wenn sie das alternativistische Anders-Können fingieren bzw. postulieren. Es macht keinen Unterschied, ob der Indeterminismus als objektive Realität vertreten wird oder aufgrund des Beweisproblems

69 Vgl. *Tiemeyer*, ZStW 105 (1993), 483 (484).

70 Die indeterministischen Schuldbegriffe sind von den deterministischen abzugrenzen. Auch diese lassen sich einteilen in eine Seinskonzeption und eine Agnostizismuskonzeption. Eine weitere Unterteilung entsprechend der indeterministischen Strömungen ist jedoch nicht möglich.

71 *B. Burkhardt,* Bemerkungen zu den revisionistischen Übergriffen der Hirnforschung auf das Strafrecht, http://burkhardt.uni-mannheim.de/lehrstuhlinhaber/bemerkungen/wznrw090708.pdf, S. 5 Fn. 7, 8 (Stand: 06.06.2013). Der in dieser Arbeit vertretene Kompatibilismus meint stattdessen die Vereinbarkeit von Determinismus, Verantwortung, Schuld und Freiheit, wobei unter Freiheit nicht die indeterministische Willensfreiheit zu verstehen ist, die zum Unter-Den-Selben-Bedingungen-Anders-Können befähigt. Vielmehr wird Freiheit davon abweichend definiert.

lediglich als objektiv gegebene Realität postuliert bzw. fingiert wird. Gemeinsam ist die Anknüpfung an das Ander-Können und damit an den Indeterminismus.

1. Die real-indeterministischen Strömungen

Innerhalb der Seinskonzeption kann der Indeterminismus nochmals unterteilt werden in Willensfreiheit als objektiv-empirische Realität[72] und in Willensfreiheit als subjektive bzw. gesellschaftliche Realität[73]. Hierbei gibt es zwei unterschiedliche Anknüpfungspunkte: Während die erste Seinskonzeption an die empirische Realität der Dritten-Person-Perspektive anknüpft, Willensfreiheit existiere danach objektiv, stellt die zweite allein auf die Realität der Ersten-Person-Perspektive ab, Willensfreiheit existiere real durch die subjektive Sicht des Individuums bzw. der Gesellschaft.

72 Im Folgenden auch als „objektiver Indeterminismus" bzw. „objektive Seinskonzeption" bezeichnet. Vertreter sind z.B. *Dreher*, Die Willensfreiheit, S. 380 ff.; *Griffel*, ARSP 84 (1998), 517 (517 ff.); *ders.* GA 1996, 457 (457 ff.); *Kohler*, Moderne Rechtsprobleme, 2. Aufl. 1913, S. 23 ff.; *Rath*, Aufweis der Realität der Willensfreiheit, 2009. In der Kriminologie geht man mehrheitlich „von einem durch freie und verantwortliche Selbstbestimmung ausgezeichneten Menschenbild aus. Man kann sich bewusst zwischen Recht und Unrecht entscheiden, wenn man die Handlungsalternativen kennt und wenn die freie, rationale Willensentscheidung nicht ausnahmsweise durch bestimmte Faktoren beeinflusst, eingeschränkt oder ausgeschlossen wird" (*Bannenberg/Rössner*, Kriminalität in Deutschland, S. 50; dagegen *Dölling*, Forens Psychiatr Psychol Kriminol 1 (2007), 59 (61): die Kriminologie hat sich nicht festgelegt.) Zu den einzelnen Kriminalitätstheorien und ihr Verhältnis zur Willensfreiheitsfrage siehe *Dölling*, in: *T. Fuchs/ Schwarzkopf* (Hrsg.), Verantwortlichkeit – nur eine Illusion, S. 378 (378 ff.). Gegenbeweise zu einer allein deterministisch ausgerichteten Kriminologie werden angeführt von *Lange*, ZStW 100 (1988), S. 81 (90 ff.).

73 Im Folgenden auch als „subjektiver Indeterminismus" bzw. „subjektive Seinskonzeption" bezeichnet. Vgl. bereits die Bezeichnung von *Schünemann* „Theorie der gesellschaftlichen Realität der Willensfreiheit", *Schünemann*, in: FS Lampe, S. 537 (544); vgl. *ders.* in: *ders.* (Hrsg.), Grundfragen des modernen Strafrechtssystems, S. 153 (163).

Die Begründungen sind vielgestaltig. Seinskonzeptionisten wie *Dreher*[74] und *Griffel*[75] ziehen beispielweise eine psychologische Begründung heran, dagegen verwenden *Lange*[76] und *Grasnick*[77] eine anthropologische Argumentation. *B. Burkhardt*[78] stellt auf die subjektive Legitimität ab, während *Schünemann*[79] eine gesellschaftlich-sprachwissenschaftliche[80] Begründung heranzieht.[81] *Rath* leitet die reale Existenz der Willensfreiheit von einem performativen Widerspruch ab[82]. Bevor auf die verschiedenen Begründungsansätze der Literatur näher eingegangen wird, erfolgt zuvörderst die Darstellung der indeterministischen Position der Rechtsprechung.

1.1. Der Indeterminismus als objektiv-empirisch gegebene Seinskonzeption der Dritten-Person-Perspektive

1.1.1. Die Rechtsprechung

1.1.1.1. Der Bundesgerichtshof

Die indeterministische Ansicht zeigt sich im vielmals zitierten Grundlagenbeschluss des Großen Strafsenats des BGH vom 18. März 1952:

> *„Schuld ist Vorwerfbarkeit. Mit dem Unwerturteil der Schuld wird dem Täter vorgeworfen, daß er sich nicht rechtmäßig verhalten, daß er sich für das Unrecht entschieden hat, obwohl er sich rechtmäßig verhalten, sich für das Recht hätte entscheiden können. Der innere Grund des Schuldvorwurfs liegt*

---

74 *Dreher*, Die Willensfreiheit; *ders.*, in: FS Spendel, S. 13 ff.

75 *Griffel*, ARSP 84 (1998), 517 (517 ff.); *ders.*, GA 1989, 193 (193 ff.); *ders.*, ZStW 98 (1986), 28 (28 ff.).

76 *Lange*, ZStW 100 (1988), S. 81 (81 ff.); *ders.*, ZStW 97 (1985), S. 121 (121 ff.); *ders.*, in: FS Bockelmann, S. 261 (261 ff.).

77 *Grasnick*, JR 1991, 364 (364 ff.).

78 *B. Burkhardt*, in: FS Lenckner, S. 3 (3 ff.); *ders.*, Bemerkungen zu den revisionistischen Übergriffen der Hirnforschung auf das Strafrecht, http://burkhardt.uni-mannheim.de/ lehrstuhlinhaber/bemerkungen/wznrw090708.pdf, S. 1 (10 ff.) (Stand: 06.06.2013).

79 *Schünemann*, in: *ders.* (Hrsg.), Grundfragen des modernen Strafrechtssystems, S. 153 (153 ff.); *ders.*, in: FS Lampe, S. 537 (537 ff).

80 *Haddenbrock* spricht von einer nominalistischen (Soziale und forensische Schuldfähigkeit, S. 152) und *Tiemeyer* von einer grammatikalischen Herleitung (ZStW 105 (1993), 483 (484)).

81 Vgl. *Tiemeyer*, ZStW 105 (1993), 483 (484).

82 *Rath*, Aufweis der Realität der Willensfreiheit, 2009. Dazu Kapitel 4 III 1.1.3.3.

darin, daß der Mensch auf freie, verantwortliche, sittliche Selbstbestimmung angelegt und deshalb befähigt ist, sich für das Recht und gegen das Unrecht zu entscheiden, sein Verhalten nach den Normen des rechtlichen Sollens einzurichten und das rechtliche Verbotene zu vermeiden, sobald er die sittliche Reife erlangt hat und solange die Anlage zur freien sittlichen Selbstbestimmung nicht durch die in § 51 StGB genannten krankhaften Vorgänge vorübergehend gelähmt oder auf Dauer zerstört ist"[83].

Der damalige § 51 StGB entspricht dem heutigen § 20 StGB. Die Entscheidung dient aus historischer Sicht der Abgrenzung zum Nationalsozialismus, der das Strafrecht für seine Interessen pervertierte. Die Strafe sollte nie wieder bloßes Instrument reiner Zweckverfolgung im Dienste eines politischen Systems sein, sodass man sich auf naturrechtliche Gedankengänge zurückbesann.[84] Mit dieser Entscheidung ist der BGH größtenteils der indeterministischen Theorie *Hans Welzels* gefolgt:

„*Die Schuld [...] begründet den persönlichen Vorwurf gegen den Täter, dass er die rechtswidrige Handlung nicht unterlassen hat, obwohl er sie unterlassen konnte. Das Verhalten des Täters ist nicht so, wie das Recht es von ihm verlangt, obwohl er den Sollensforderungen des Rechts hätte nachkommen können: Er hätte sich normgemäß motivieren können.*"[85]

Die Schuld begründet hierbei den persönlichen Vorwurf, dass der Täter die rechtswidrige Handlung nicht unterlassen hat, obwohl er sie real-objektiv hätte unterlassen können bzw. die Handlung nicht vorgenommen hat, obwohl er sie hätte vornehmen können. Dabei geht es nicht um die allgemeine Fähigkeit, dass die alternative Handlung *generell* in einer *ähnlichen* Situation vom Täter vorgenommen bzw. unterlassen werden kann, sondern um seine Fähigkeit im Zeitpunkt der Tat in der konkreten Situation. Der BGH stellt also ganz offensichtlich auf

83 BGHSt 2, 194 (200 f.).

84 Siehe dazu genauer *Arthur Kaufmann*, Jura 1986, 225 (225); *Lackner*, in: FS Kleinknecht, S. 245 (246), m.w.N; *Murmann*, in: *Koriath/Krack/Radtke/Jehle* (Hrsg.), Grundfragen des Strafrechts, Rechtsphilosophie und die Reform der Juristenausbildung, S. 189 (192); dies wird auch deutlich in der Begründung zum E 1962, S. 96.

85 *Welzel*, Das deutsche Strafrecht, 11. Auflage, S. 138. Dass der Mensch auf freie, sittliche Selbstbestimmung angelegt sei, beschreibt *Welzel* nur wenige Seiten weiter (Das deutsche Strafrecht, 11. Aufl. 1969, S. 142 ff.). Dazu näher *Pothast*, Die Unzulänglichkeit der Freiheitsbeweise, S. 327 f.; *Tiemeyer*, ZStW 100 (1988), 527 (527); *Herdegen*, in: FS Richter II, 2006, 233 (234).

einen im menschlichen Verhalten und Entscheiden „angelegten“[86] Alternativismus ab, denn der Täter hätte sich „rechtmäßig verhalten, sich für das Recht [...] entscheiden können“. Nur unter dieser Prämisse könne der Vorwurf des „Dafür-Könnens“ gegen den Täter erhoben werden. Der BGH hat sich mit diesem Urteil zu einem objektiv-indeterministischen Verständnis von Willensfreiheit i.S.v. „Du sollst, denn du kannst“ bekannt, wonach der Wille derart frei ist, dass sich der Betroffene im konkreten Zeitpunkt t anders, also rechtstreu entscheiden kann und erhebt diese Seinsaussage zur Voraussetzung von Schuld.[87] Der BGH folgt hierbei dem relativen Indeterminismus.[88]

Die Formulierung des BGH, wonach der Mensch auf „freie, verantwortliche, sittliche Selbstbestimmung angelegt“ sei, stieß damals[89]

---

86 Dabei wird nicht deutlich, woher das Angelegtsein stammt (dazu genauer *Pothast*, Die Unzulänglichkeit der Freiheitsbeweise, S. 322 f.).

87 So auch die mehrheitliche Einschätzung der Entscheidung, vgl. *Duttge*, in: *ders.* (Hrsg.), Das Ich und sein Gehirn, S. 13 (35); *Griffel*, ZStW 98 (1986), 28 (31); *Günther*, KJ 39 (2006), 116 (123); *ders.*, in: *Schleim/Spranger/H. Walter* (Hrsg.), Von der Neuroethik zum Neurorecht, S. 214 (224); *Hillenkamp*, in: *T. Fuchs/Schwarzkopf* (Hrsg.), Verantwortlichkeit – nur eine Illusion?, S. 391 (400): Die Aussage des BGH hat deswegen eine starke Relevanz, weil es das höchste Fachgericht ist und weil der Gesetzgeber dazu schweigt, was positiv unter Schuld zu verstehen ist (*ders.*, in: *Gestrich/Wabel* (Hrsg.), Freier oder unfreier Wille, S. 72 (78 f.)); *Koller*, in: *J. L. Müller* (Hrsg.), Neurobiologie forensisch-relevanter Störungen, S. 26 (43); *Lindemann*, in: *Barton* (Hrsg.), "...weil er für die Allgemeinheit gefährlich ist!", S. 343 (345 f.): Der BGH hat die Aussage der BVerfGE 20, 323 (weiterhin BVerfGE 41, 121 8125); 45, 187 (259); 50, 125 (133); 95, 96 245 (249)) zu einem konsequent indeterministischen Begründungsmodell des staatlichen Strafanspruchs ausgebaut; *ders.*, in: *Krüper* (Hrsg.), Grundlagen des Rechts, § 13 Rn. 4; *G. Merkel/Roth*, in: *Grün/Friedman/Roth* (Hrsg.), Entmoralisierung des Rechts, S. 54 (56); *dies.*, in: *Stompe/Schanda* (Hrsg.), Der freie Wille und die Schuldfähigkeit, S. 143 (145); *Murmann*, in: *Koriath/Krack/Radtke/Jehle* (Hrsg.), Grundfragen des Strafrechts, Rechtsphilosophie und die Reform der Juristenausbildung, S. 189 (191 f.); *Osterkorn*, Zum Paradox von Ideologie und Pragmatik der §§ 20, 21 StGB, S. 35; *Pothast*, Die Unzulänglichkeit der Freiheitsbeweise, S. 322; LK-*Schöch*, 12. Aufl., § 20 Rn. 16: spricht von einem Bekenntnis zum „schrankenlosen Indeterminismus“; *Schiemann*, ZJS 2012, 774 (774); *Schreiber/Rosenau*, in: *Venzlaff/Forster* (Hrsg.), Psychiatrische Begutachtung, S. 53 (55 f.); MüKo-*Streng*, § 20 Rn. 52. Anders dagegen *B. Burkhardt*, in: *Tröger* (Hrsg.), Wie frei ist unser Wille, S. 87 (95 f.).

88 Vgl. *Lackner*, in: FS Kleinknecht, S. 245 (248).

89 Vgl. *Günther*, Den Schuldbegriff nicht aufgeben, DIE WELT online v. 16.05.2007, http://www.welt.de/debatte/kommentare/article606886o/Den-Schuldbegriff-nicht-aufgegeben.html (Stand: 07.04.2018).

und stößt auch heute noch[90] auf Kritik. Ob der BGH in Anbetracht der Kritik und der Erkenntnisse aus den empirischen Wissenschaften die Schuld heute noch so formulieren würde, bezweifelt *B. Burkhardt.*[91] *Hans-Heinrich Jescheck* ist der Ansicht, dass die obige Formulierung des BGH jedenfalls in ihrem Inhalt wohl immer noch der unausgesprochene Leitsatz unserer heutigen Praxis sei.[92]

1.1.1.2. Das Bundesverfassungsgericht

Bis auf den Hinweis, dass Schuld Vorwerfbarkeit bedeute, sowie die Verankerung des Schuldprinzips „nulla poena sine culpa" in der Verfassung durch das Rechtsstaatsgebot und die Menschenwürde,[93] findet man in älteren Entscheidungen des höchsten Gerichts der Bundesrepublik keine Ausführungen zum näheren Inhalt der Schuld, also wann eine Tat einem Täter vorgeworfen werden darf. Zwar bezieht sich das Bundesverfassungsgericht (BVerfG) auch auf die Entscheidung des BGH, aber allein auf die Aussage, dass das Schuldprinzip „unantastbarer Grundsatz allen Strafens" ist[94], und beruft sich zudem auf die „Eigenverantwortung" des Menschen[95]. Dabei geht es immer nur um die Legitimation des Schuldprinzips, nicht um den Inhalt[96]. Erst im Jahr 2009, in einer für das Schuldprinzip unscheinbaren Entscheidung zum Vertrag von Lissabon, konkretisiert das BVerfG den Inhalt der Schuld:

> *„Das Strafrecht beruht auf dem Schuldgrundsatz. Dieser setzt die Eigenverantwortung des Menschen voraus, der sein Handeln selbst bestimmt und sich kraft seiner Willensfreiheit zwischen Recht und Unrecht entscheiden kann. Dem Schutz der Menschenwürde liegt die Vorstellung vom Menschen als einem geistig-sittlichen Wesen zu Grunde, das darauf angelegt ist, in*

---

90 *Kubink* und *Söffing* verstehen die Entscheidung des BGH als neoklassischen Höhepunkt der Schuldidee und als eine metaphysische Persönlichkeitserklärung, durch die der BGH eine Art Ewigkeitsgarantie des Schuldprinzips geschaffen habe. Darin liege eine „idealistische Überhöhung" (*Kubink/Söffing* in: *Barton* (Hrsg.), "...weil er für die Allgemeinheit gefährlich ist!", S. 37 (43)).

91 So *B. Burkhardt*, in: *Tröger* (Hrsg.), Wie frei ist unser Wille, S. 87 (96).

92 *Jescheck*, RECPC 2003, 1 (5).

93 BVerfGE 20, 323 (331); 25, 269 (285); 41, 121 (125); 45, 187 (228); 50, 125 (133); 95, 96 (140).

94 BVerfGE 20, 323, 332 f.

95 BVerfGE 45, 187 (259).

96 Siehe auch *Schiemann*, Unbestimmte Schuldfähigkeitsfeststellungen, S. 102.

> *Freiheit sich selbst zu bestimmen und sich zu entfalten. Der Grundsatz, dass jede Strafe Schuld voraussetzt, hat seine Grundlage damit in der Menschenwürdegarantie des Art. 1 I GG"*[97].

Selbstbestimmung und Eigenverantwortung setzt also auch das BVerfG mit Willensfreiheit gleich und erhebt sie zugleich zur Voraussetzung von Schuld. Ein solches Verständnis ist demnach aus der Sicht des BVerfG zulässig, wodurch die Auffassung des BGH vom Menschen als geistig sittliches Wesen, das dazu befähigt ist, im Anders-Können zwischen Recht und Unrecht zu entscheiden, bestätigt wird.

1.1.2. Die strafrechtliche Literatur und das Verhältnis des relativen Indeterminismus zum Determinismus

Im Gegensatz zum BGH und zum BVerfG gibt die strafrechtliche Literatur Aufschluss über die Ausgestaltung des objektiv-empirischen Indeterminismus in seiner relativierten Form[98], wonach die Welt zwar deterministisch, aber nicht umfassend festgelegt sei und sog. „Inseln der Indeterminiertheit" existieren:

> *„Dem Determinismus verdanken wir hierbei die Erkenntnis, daß jedes menschliche Verhalten durch Antriebe bedingt ist, durch Kausalfaktoren, die dem Menschen einen Anreiz zu bestimmtem handeln vermitteln, – dem Indeterminismus dagegen, das Verständnis dafür, daß der Mensch in bestimmtem Umfange fähig ist, nicht nur Wert oder Unwert dieses Handelns zu erkennen, zu dem er durch seine Impulse getrieben wird, sondern auch seinen Willen gemäß der gewonnen Wertvorstellung aktiv in der Richtung des als ‚gut' Empfundenen zu steuern […]"*[99].

Der menschliche Wille wäre zwar nicht abgeschottet von Bedingtheiten, sei aber dennoch in dem Sinne frei, dass der Mensch ihn lenken könne. Dem Täter wird daher die „fehlerhafte Willensbildung"[100] vorgeworfen: Er habe seinen Willen in den Freiheitsräumen nicht anders gebildet und gesteuert bzw. habe sich nicht von Bedingtheiten gelöst, um entsprechend der rechtlichen Verhaltensnormen handeln zu können. Ein deterministischer Einfluss wird damit grundsätzlich bejaht,

97 BVerfG NJW 2009, 2267 (2289); vgl. auch BVerfGE 45, 187 (227).
98 Vgl. dazu bereits Kapitel 1 I 2.2.
99 *Maurach/Zipf*, Strafrecht AT, § 36 I Rn. 10.
100 Sch/Sch-*Lenckner/Eisele*, Vorbem. § 13 Rn. 118.

doch könne der Mensch unter Vorrang des indeterministischen Alternativismus aus seiner geistigen Konzentration heraus unter den ihn beeinflussenden Reizen neue handlungsleitende Motive setzen oder einen Reiz in unbeeinflusster Wahl zum handlungsleitenden Motiv erheben.[101] Die einbezogenen Bedingtheiten verlieren ihren zwingenden Charakter, denn der Mensch könne die Notwendigkeit durchbrechen und die Motive beeinflussen bzw. lenken und damit das Kausalgeschehen steuern bzw. durchbrechen.[102] *Wessels*, *Beulke* und *Satzger* zufolge sei bei rückschauender Betrachtung die Handlung zwar Folge von Anlage und Umweltbedingungen, sicher sei aber, dass der Mensch diesen Antrieben nicht einfach ausgeliefert sei: Er besitzt die Möglichkeit der Verhaltenssteuerung, die auf der Fähigkeit beruhe, die „anlage- und umweltbedingten Antriebe zu kontrollieren und seine Entscheidung nach sozialethisch verpflichtenden Normen und Wertvorstellungen auszurichten“[103].

Über das Verhältnis Determinismus bzw. Bedingtheit und Indeterminismus zueinander existieren in der Rechtswissenschaft grob drei verschiedene Vorstellungen.

1.1.2.1. Die Spielraumtheorie

Die erste Position geht davon aus, dass etwa Erbanlagen und Umwelteinflüsse menschliches Verhalten bestimmen, aber zugleich einen Spielraum beließen, innerhalb dem freie Entscheidungen möglich blie-

---

101 Vgl. *Tiemeyer*, ZStW 100 (1988), 527 (532).

102 Vgl. bspw. *Günther*, in: *Schleim/Spranger/H. Walter* (Hrsg.), Von der Neuroethik zum Neurorecht, S. 214 (225); *Rudolphi*, in: *Schünemann* (Hrsg.), Grundfragen des modernen Strafrechtssystems, S. 69 (76). Versteht man Willensfreiheit lediglich darin, sich vom kausalen Zwang zu lösen, so würde der indeterministischen Prämisse zufolge eine Loslösung zur Verantwortlichkeit führen und eine Nichtloslösung zu Verantwortungslosigkeit. Ein guter Wille wäre ein freier Wille und ein böser ein unfreier (so gegen die Lehre *Welzels Nass*, Der Mensch und die Kriminalität I, S. 38). Dies wiederum würde implizieren, jeder Straftäter konnte sich nicht vom kausalen Zwang lösen und sei damit schuldunfähig; der Rechtschaffende hingegen wäre immer frei. Ein solches Verständnis führt jedoch zu einer Verkürzung des relativen Indeterminismus. Grob gesagt geht der relative Indeterminismus davon aus, dass sich der Mensch in Freiheit entscheiden kann, ob er den Antrieben verhaftet bleibt oder nicht, oder ob er andere Motive und Antriebe stärker bewertet oder abschwächt.

103 *Wessels/Beulke/Satzger*, Strafrecht AT, § 13 Rn. 614.

ben. Die deterministischen Faktoren bilden dann die Grenzen des menschlichen Verhaltens. Innerhalb der Grenzen habe der Mensch echte Alternativen indeterministischer Freiheit. *Martin Hochhuth* hat dies anschaulich an einem Klavierspieler verdeutlicht:

> *„Das biologische Gehirn mit seinen Eiweißen und elektronischen Spannungsunterschieden ist sozusagen das Klavier. [...] Der Pianist ist frei, welche Melodie er auf dem Klavier spielt. Er kann aber keine Tonhöhe erreichen oder keine Tontiefe, die durch die Tasten nicht möglich ist. Hier liegen Determinanten vor, einen Rahmen, den er nicht übersteigen kann. Und bräche jemand bei einem Klavier die fünf untersteten Tasten heraus, so wäre dieser Pianist in seinen Möglichkeiten anders determiniert als die übrigen, nämlich noch enger beschränkt*“[104].

Tonio Walter zufolge ist es für den Indeterministen völlig hinnehmbar, wenn Teile der Persönlichkeit dem gestaltenden Zugriff des Menschen entzogen seien und aus Genen oder frühkindlicher Prägung hervorgingen, solange *diese* Teile Spielräume für indeterminierte Entscheidungen zuließen.[105]

Es lässt sich kritisch fragen, wie indeterminierte Entscheidungen noch möglich sein sollen, wenn *diese* Teile dem gestaltenden Zugriff des Menschen entzogen sind. Vielmehr scheint gemeint zu sein, dass beispielsweise die Genetik eines Menschen nicht immer verhaltenswirksam wird.[106] So führt die genetische Disposition des Alkoholismus nicht zwingend zum Alkoholismus des Betroffenen, oder Gewalt und sexueller Missbrauch in der Kindheit nicht zwingend zu delinquentem Verhalten. Menschen, die aufgrund einer Vielzahl kriminogener Faktoren delinquent werden müssten, werden es nicht. Bestimmte Faktoren führen nicht zwingend zu kriminellem Verhalten.[107]

Unter einem linearen Determinismusverständnis fehlt es an der erforderlichen Notwendigkeit. Jedoch wird in Bezug auf menschliches Verhalten dieser klassische lineare bzw. monokausale Determinis-

---

104 *Hochhuth*, JZ 2005, 745 (751).

105 *T. Walter*, in: FS Schroeder, S. 131 (134 f.).

106 Wodurch sich nur Wahrscheinlichkeitsangaben (dazu bereits Kapitel 1 I 3.2.1.) für das zukünftige Verhalten machen lassen (vgl. *T. Walter*, in: FS Schroeder, S. 131 (136); *Retz*, in: *J. L. Müller* (Hrsg.), Neurobiologie forensisch-relevanter Störungen, S. 96 (103)).

107 *Bannenberg/Rössner*, Kriminalität in Deutschland, S. 50; *Dölling*, Forens Psychiatr Psychol Kriminol 1 (2007), 59 (61). Vgl. Kapitel 1 I 3.2.1.

mus[108] von Deterministen nicht mehr vertreten. Hinzukommende Faktoren verändern Teile des (genetischen) Charakters längerfristig oder situativ und führen damit zu einer Dynamik. Die Epigenetik zeigt, dass es der Umwelteinflüsse bedarf, um (Charakter-) Gene „an-" oder „abzuschalten".[109] Sie entfalten also nicht anhand ihrer bloßen Existenz Wirkung, sondern hängen von zahlreichen anderen Faktoren ab. So könnte es sich auch mit gemachten negativen Erfahrungen verhalten. Sie würden nicht linear-kausal zu immer dem gleichen (z.B. delinquenten) Verhalten führen, sondern differente Zusammenstellungen multikausaler Faktoren in einem (chaotischen[110]) netzartigen System würden zu verschiedenen Verhaltensweisen der einzelnen Personen führen. Diese vermeintlich indeterminierten Spielräume lassen sich auch deterministisch auffassen: Das Verhalten unterliegt dann nicht einem Spielraum, der den Menschen dazu befähigt, im bestimmten Rahmen unter den gleichen Bedingungen anders zu handeln, sondern einer Art „Spielraum", in dem das jeweilige Verhalten der einzelnen Person davon abhängt, welche Faktoren durch eine gegenseitige, system-dynamische Beeinflussung vorliegen. Sozusagen führe ein „multifaktorieller Cocktail" aus Genetik, Umwelt (biologisch und sozial) und Gehirn, in welchem die aktuellen Verhaltensoptionen eingehen und gegeneinander abgewogen werden, zu dem ganz bestimmten Verhalten (ohne Anders-Können), was jedoch als indeterministischer Alternativismus (fehl)gedeutet werden könnte. Mit anderen Worten, das Vorhandensein *denkbarer* Verhaltensoptionen könnte zu der (Fehl-)Annahme führen, dass am Ende des Entscheidungsprozesses immer noch beide gewählt und umgesetzt werden könnten. Die Möglichkeiten im *Denken* (mindestens zwei Alternativen *denken* zu können) werden mit den Möglichkeiten im *Verhalten* (mindestens zwei Handlungen *umsetzen* zu können) und im *Entscheiden* (sich für beide gleichfalls *entscheiden* zu können) gleichgesetzt. Zwar kann der Mensch mehrere Optionen denken (determiniert) – aber schließlich nur eine wählen und umsetzen (determiniert). Ex post betrachtet hätte

108 Siehe dazu Kapitel 1 I 3.1.

109 Dazu wie die Umwelt die Gene beeinflusst siehe *J. Bauer*, G&G 2007, 58 (58 ff.); vgl. auch *Canli*, G&G 2007, 52 (57). Siehe bereits Kapitel 3 III 1.4.

110 Chaotische Systeme sind deterministische Systeme (siehe Kapitel 1 I 3.2.1).

die Entscheidung unter den gleichen Umständen nie anders ausfallen können.

Auch wenn sich der Spielraum also sowohl indeterministisch als auch deterministisch auffassen lässt, so ist bisher unbewiesen, ob der Spielraum indeterministisch oder deterministisch *ist*,– beide Deutungen bleiben möglich.[111]

1.1.2.2. Der Dualismus

Eine andere, von *Dreher*[112] vertretene Position nimmt an, dass der Geist (die Psyche, das Selbst, das Mentale, das Ich, der freie Wille) die dominierende und der „neuronale Apparat" die dienende Rolle inne habe. Die Psyche sei danach gegenüber der Materie selbstständig und könne diese beeinflussen, ohne selbst determiniert zu sein. Damit sei der neuronale Apparat zwar kausal für das Verhalten des Menschen, aber er determiniere es nicht, weil er vom Geist bzw. der Psyche bestimmt werde.

Solch dualistische Annahmen unterliegen dem philosophischen Problem „Dualismus": Wie können zwei getrennte Welten, Sphären bzw. Bereiche aufeinander einwirken[113] – ohne die Mechanismen der anderen Welt zu beherrschen? Anders formuliert, wie kann das Immaterielle auf materielle Mechanismen bzw. Abläufe einwirken, wenn es nicht die Beschaffenheit des Materiellen aufweist?[114]

Zudem vermischen derartige interagierende bzw. interaktionistische dualistische Konzepte die Ebenen Determinismus und Indeterminismus mit der Folge, dass eine Ebene ihre Eigenschaften verlieren müsste bzw. diese nie wirklich besessen hat. Wenn die indeterminierte

---

111 Ob bei einer deterministischen Auffassung der Begriff „Spielraum" angemessen ist, bleibt eine terminologische Frage, der hier nicht näher nachgegangen wird.

112 *Dreher*, Willensfreiheit, S. 332, 335.

113 *H. Walter*, Neurophilosophie der Willensfreiheit, S. 80 f. Zur Kritik an *Descartes* Dualismus vgl. *Beckermann*, in: *Schmidinger/Sedmak* (Hrsg.), Der Mensch – ein freies Wesen?, S. 111 (114 f.); mit weiteren Einwänden *Singer*, in: *Schmidinger/ Sedmak* (Hrsg.), Der Mensch – ein freies Wesen?, S. 135 (140 f.).

114 Siehe auch *Günther*, in: *Schleim/Spranger/H. Walter* (Hrsg.), Von der Neuroethik zum Neurorecht, S. 214 (232); zum Problem der Verursachung unter Betrachtung des Energieerhaltungssatzes siehe *Singer*, in: *Petzold/Sieper* (Hrsg.), Der Wille, die Neurobiologie und die Psychotherapie I, S. 197 (203); *R. Merkel*, Willensfreiheit und rechtliche Schuld, S. 69 f.

Welt (Geist) auf die determinierte (Körper) Einfluss nehmen kann, hebt der Dualismus im Ergebnis die Determination in dem jeweiligen Bereich auf. Denn sobald das Element der Notwendigkeit dem Determinismus in „seiner Welt“ entzogen und dadurch dem Indeterminismus Raum gegeben wird, entfällt die Grundlage für den Determinismus. Wenn dies für einen bestimmten Bereich generell möglich ist, dann konnte dieser nie deterministisch gewesen sein. Damit existieren für diese Bereiche nicht zwei Welten mit unterschiedlichen Eigenschaften (z.B. hinsichtlich der Notwendigkeit).

Der Determinismus schließt bereits terminologisch die Einflussnahme durch den Indeterminismus aus: Determinismus und *In*determinismus stehen sich kontradiktorisch gegenüber.[115] Wenn nun aber behauptet wird, dass die immaterielle, indeterminierte Welt auf Teile der materiellen, determinierten Welt eingreifen kann, behauptet man streng genommen bereits die Indetermination der anderen Welt bzw. Teile davon – den Determinismus gibt es dann insoweit nicht. Eingewirkt wird dann also nur auf bereits indeterminierte Bereiche. Damit hebt sich der Dualismus selbst auf. Aus deterministischer Sicht kann die indeterminierte Welt nicht auf die determinierte Welt bzw. determinierte Bereiche einwirken, wenn diese deterministisch *ist* bzw. *sind*.[116]

1.1.2.3. Die Lehre von der Überdetermination

Einem dritten Verständnis zufolge könne der Mensch direkt in das Kausalgefüge eingreifen, wodurch sich ein Spielraum zur Kausalbeeinflussung ergebe. Die Lehre von der Überdetermination[117] geht von der Fähigkeit des Menschen zur Überdetermination kausaler Determinanten aus: Der Mensch sei in der Lage, dem Kausalverlauf eine eigene Determinante hinzuzufügen, um den Kausalverlauf lenkend in der Hand zu halten. Überdetermination bedeute *Arthur Kaufmann* zufolge das

---

115 Vgl. *Spilgies*, HRRS 2005, 43 (48).

116 *H. Walter*, Neurophilosophie der Willensfreiheit, S. 81.

117 *Arthur Kaufmann*, Jura 1986, 225 (226 f.); *ders.*, Das Schuldprinzip, S. 280 f.; *Gropp*, AT § 6 Rn. 55 f.; *Hochhuth*, JZ 2005, 745 (747); Sch/Sch-*Lenckner/Eisele*, Vorbem §§ 13 ff. Rn. 108.

> *„Hinzufügen einer eigenen Determinante besonderer Art, einer Determinante, die nicht aus dem Kausalgefüge der Welt stammt, sondern aus ihrem Sinngefüge“*[118].

Es handelt sich hierbei scheinbar um eine deterministische Lehre, weil sie terminologisch von der Existenz „eigener Determinanten“ ausgeht. Der Kausalverlauf werde durch andere Determinanten fortgeführt und widerspreche damit nicht dem Kausalprinzip, denn mit *Nicolai Hartmann* lasse das Kausalitätsprinzip nur kein Minus an Determination zu, aber sehr wohl ein Plus. Nicht die Aufhebung der Determination zeichne den sittlichen Willen aus, sondern das Hinzufügen einer Neuen.[119] Den Eindruck einer deterministischen Lehre verstärkt *Kaufmann* noch, denn es gilt

> *„zu bedenken, daß die Freiheit des Menschen, die das Schuldprinzip voraussetzt, nicht die Freiheit des Indeterminismus ist“*[120].

Der Mensch werde im Indeterminismus zum „Spielball des Zufalls“[121]. Dabei wendet sich *Kaufmann* allein gegen den absoluten Indeterminismus.[122] Er vertritt jedoch seine Relativierung.[123] Denn mit dem Hinzufügen einer neuen, vom ursprünglichen Kausalverlauf nicht erfassten Determinante besitzt der Mensch die Fähigkeit, den Kausalverlauf zu überdeterminieren und damit in *kontrakausaler* Selbstbestimmung[124] zu steuern. Durch das Hinzufügen einer eigenen Determinante wird der ursprüngliche deterministische Kausalverlauf geändert,

---

118 *Arthur Kaufmann*, JZ 1967, 553 (560); *ders.*, Jura 1986, 225 (226).

119 *Hartmann*, Ethik, Das Problem der Willensfreiheit, S. 621 (766 ff.).

120 *Arthur Kaufmann*, Jura 1986, 225 (226), vgl. auch *ders.*, Das Schuldprinzip, S. 280.

121 *Arthur Kaufmann*, Jura 1986, 225 (226).

122 *Arthur Kaufmann*, Jura 1986, 225 (226).

123 Gleiche Einordnung von *Tiemeyer*, ZStW 105 (1993), 483 (488 f.).

124 *Pothast*, JA 1993, 104 (107).

125 Freiheit soll bereits bei der *Möglichkeit* zur Überdetermination kausaler Antriebe bestehen und erfasst damit auch das Unterlassen des Hinzufügens einer Determinante (*Arthur Kaufmann*, Schuldprinzip, S. 281 Fn. 76). Damit wendet sich *Arthur Kaufmann* gegen *Welzel*, der meint, dass Freiheit „der Akt der Befreiung vom kausalen Zwang“ ist (Welzel, Das deutsche Strafrecht, S. 148). Vgl. Kapitel 4 III 2.3.2.

unterbrochen und somit aufgehoben.[125] Zudem versteht *Kaufmann*, angelehnt an *Ernst A. Wolff*, Freiheit als

> *„das Vermögen 'etwas nach eigenem Sinn ins Werk zu setzen'"*[126],

was stark an die Formulierung von *Kant*[127] erinnert, wonach der Mensch fähig ist, etwas von selbst hervorzubringen. Schließlich wird in den Kausalverlauf etwas eingefügt, dass aus sich selbst – dem Menschen – heraus entspringt: „Eine Determinante besonderer Art".

Das „Wie" der menschlichen Beeinflussung von Anlage und Umweltbedingungen erklärt die Lehre nicht. Wie entstehen die Determinanten eigener Art, wenn nicht wiederum aus den determinierenden Erfahrungen, Idealen, aktuellen Stimmungen, biografisch und genetisch gewachsenen Charaktereigenschaften u. a.? Wie nehmen die Determinanten eigener Art Einfluss auf das Kausalgefüge und vor allem wie erhalten sie kausale Wirkung, falls sie in ihrem Entstehen akausal zur kausalen Welt stehen? Und was ist das Sinngefüge der Welt?

Die „eigenen Determinanten besonderer Art" müssten neuronale Mechanismen, Umweltfaktoren, genetische und epigenetische Einflüsse steuern, durchbrechen bzw. aufheben können, sollen sie sie überdeterminieren. Sie müssten dazu unabhängig von den ursprünglich determinierenden Faktoren sein. Das führt aber wiederum zu einer dualistischen Vorstellung, denn *Hochhuth* zufolge entstehe Willensfreiheit nach *Nicolai Hartmann* durch das Vorliegen einer akausalen und personalen Determinante; der Mensch greife in den Kausalnexus der Natur ein.[128] Der Mensch steht damit nicht in Mitten des Kausalnexus, sondern akausal außerhalb – er befindet sich sozusagen auf einer anderen Ebene.

Wie Indeterminismus und Determinismus in einem relativen Indeterminismus zu vereinbaren sind, ist nicht geklärt. Die einzelnen Annahmen stoßen auf zu viele ungeklärte Fragen, etwa wie ein indeterminierter Spielraum in Bereichen, die deterministisch sind, entstehen soll. Die Lehre von der Überdetermination kann nicht erklären, was Determinanten eigener Art sind, wie sie entstehen und auf den de-

126 *Arthur Kaufmann*, Schuldprinzip, S. 280; *ders.*, JZ 1967, 553 (560); *E. A. Wolff*, Kausalität von Tun und Unterlassen, 1965, S. 57, zit. nach *Arthur Kaufmann*.

127 Vgl. Kapitel 4 IV 2.

128 *Hochhuth*, JZ 2005, 745 (747).

terministischen Kausalverlauf Einfluss nehmen können sollen, ohne an dualistische Grenzen zu stoßen. Der Dualismus wiederum ist unzähligen Problemen ausgesetzt. Bereits die Frage, wie ein mentaler Wille nichtmentale Hirnmechanismen steuern können soll, bleibt unklar.

1.1.2.4. Der relative Indeterminismus – keine Position der Vereinigung von Determinismus und Indeterminismus

Abgesehen von dem Problem über das Verhältnis Indeterminismus zum Determinismus muss der Anschein des relativen Indeterminismus, er sei eine ausgleichende, vermittelnde Position zwischen den zwei Extremen, absoluter Indeterminismus und harter Determinismus, korrigiert werden. Er kombiniert insoweit beide Positionen, dass die Möglichkeit eines völlig voraussetzungslosen Handelns als auch die vollständige Determination abgelehnt und stattdessen eine teilweise Determination unter Unabhängigkeitserwägungen des Willens bejaht wird. Es wird der absolute Indeterminismus als eine Extremposition abgelehnt.[129] So wendet sich *Arthur Kaufmann* gegen den absoluten Indeterminismus:

> *„Diese Freiheit ist eben nicht die Freiheit des Indeterminismus, sie ist nicht Nichtbedingtheit, nicht ursachenloses und motivloses Wollen […] Das wäre ja [ansonsten] völlige Beziehungslosigkeit, Losgelöstheit, Isoliertheit, Verlorenheit, Weltlosigkeit […] und würde darum sittliches Handeln, Verantwortlichkeit und Schuld a limine ausschließen“*[130]

Letztlich handelt es sich um eine indeterministische Position, die jedoch zu keiner echten Vereinigung beider Positionen führt. Der Determinismus und der Indeterminismus stehen sich kontradiktorisch gegenüber: Sobald die Existenz indeterministischer Freiheitsräume, in denen bzw. durch die ein Anders-Können möglich ist, erklärt wird, findet in diesen Räumen eine Verneinung des Determinismus statt. Es

129 So z.B. *Hochhuth*, JZ 2005, 745 (747), dem es bei der Frage der Willensfreiheit nicht darum geht, dass keine Motive den Menschen bestimmen bzw. die Situationen den Menschen beeinflussen, sondern, dass der Mensch innerhalb einer Situation sich dieser beugen oder widersetzen könne.

130 *Arthur Kaufmann*, Jura 1986, 225 (226). Vgl. auch Kapitel 1 I 2.1.

gibt keine unvollständige Determiniertheit.[131] Für das endgültige Verhalten bedeutet dies: Entweder kann man anders oder nicht. Determinismus und Indeterminismus können daher nicht im relativen Indeterminismus vereint werden.

Exkurs: Bedingende Faktoren oder determinierende Faktoren

Das Problem scheint sich mit der Behauptung aufzulösen, *determinierende* Faktoren gebe es nicht, sondern nur *bedingende*[132], die keine notwendige Wirkung im Entscheiden und Verhalten des Menschen haben. Das führt dazu, dass sich nicht Determinismus und Indeterminismus gegenüberstehen. So verstanden versucht der relative Indeterminismus nicht den Determinismus und den Indeterminismus zu vereinen, weil er erst gar nicht den Determinismus in seine Position mit einfließen lässt. Vielmehr *beeinflussen* lediglich Faktoren – ohne Notwendigkeit[133] – und sind zugleich einer Beeinflussung durch den Handelnden zugänglich. Der Determinismus mit seinem Prinzip der Notwendigkeit wird schlichtweg bestritten. Die Frage nach der Vereinbarkeit von Determinismus und Indeterminismus stellt sich somit nicht. Als eine objektiv-empirische Position stellt sich die Frage, wie sie sich in eine Welt, die dem Menschen prinzipiell deterministisch erscheint, eingliedert.

---

131 *Spilgies*, HRRS 2005, 43 (48).

132 Z.B. *Falkenburg*, Mythos Determinismus, S. 388; Sch/Sch-*Lenckner/Eisele*, Vorbem. §§ 13 ff. Rn. 109; *Rath*, Aufweis der Realität der Willensfreiheit, S. 23; *T. Walter*, in: FS Schroeder, S. 131 (134 f.); vgl. auch Kapitel 1 I 2.2.

133 Diese Form des Indeterminismus stimmt im gewissen Grad auch mit einem modernen Determinismusbegriff überein, wonach ein einzelner Faktor in einem komplexen System nicht linear zu immer derselben Folge, z.B. Delinquenz führt, weil der Faktor in das jeweilige Netz eingebunden ist. Der Unterschied besteht in der Bejahung bzw. der Verneinung des Anders-Könnens (vgl. Kapitel 1 II; Kapitel 1 I 3.2.4 a.E.; Kapitel 1 I 3.2.1 a.E.). Eine Entscheidung zwischen den kontradiktorischen Positionen Determinismus oder Indeterminismus bleibt daher weiterhin bestehen.

1.1.3. Das Beweisproblem

Wie beim Determinismus stellt sich auch beim relativen Indeterminismus das Beweisproblem[134]. Ein Zurückdrehen der Zeit bzw. die Wiederholung der Ausgangsbedingungen ist unmöglich.[135] Damit ist die Fähigkeit zum (Nicht-)Anders-Können zum Zeitpunkt t keiner Überprüfung zugänglich, weswegen sich der überwiegende Teil der Strafrechtswissenschaft bisher nicht für den Indeterminismus als objektive Seinskonzeption entschieden hat, sondern vielmehr für eine agnostische Position.

1.1.3.1. Freiheitsbeweis: Die Quantenphysik

Dennoch gibt es vereinzelt Positionen, die behaupten, den Beweis für den objektiven Indeterminismus im menschlichen Verhalten führen zu können. Für eine physikalische Begründung zugunsten des Indeterminismus wird vielfach die Quantenphysik[136] herangezogen. Es gebe in der Physik undeterminierte Prozesse, so Vertreter der Realannahme des Indeterminismus. Die meisten Physiker und Wissenschaftsphilosophen seien heute der Auffassung, für den mikrophysikalischen (atomaren und subatomaren) Bereich deuteten die Resultate der modernen Physik auf einen Indeterminismus hin, sodass der Indeterminismus bezogen auf die menschliche Willensfreiheit zumindest möglich sei.[137]

---

134 So z.B. auch *Engisch*, Die Lehre von der Willensfreiheit in der strafrechtsphilosophischen Doktrin der Gegenwart, S. 37 f.; siehe auch *H. J. Hirsch*, ZIS 2010, 62 (63).

135 Vgl. *Engisch*, Die Lehre von der Willensfreiheit, 1965, S. 21 ff.; *Neufelder*, GA 1974, 289 (294). Vgl. Kapitel 1 I 3.2.2.

136 Entdeckt durch den Physiker *Max Planck*, Vom Wesen der Willensfreiheit und andere Vorträge.

137 *Falkenburg*, Mythos Determinismus, S. 398; *Kornhuber/Deecke*, in: *Petzold/Sieper* (Hrsg.), Der Wille, die Neurobiologie und die Psychotherapie I, S. 77 (142 f.); *R. Merkel*, Willensfreiheit und rechtliche Schuld, S. 21; *Trommsdorff*, in: *v. Cranach/Foppa* (Hrsg.), Freiheit des Entscheidens und Handelns, S. 302 (309). Beispiele im Gehirn wären die Wirkung von Mikrotubuli, die Vesikelentleerung durch Quanteneffekte, der Isotopenzerfall (vgl. dazu näher *Reischies*, in: *Heinze/T. Fuchs/ders.* (Hrsg.), Willensfreiheit – eine Illusion, S. 103 (107), m.w.N; *H. Walter*, Neurophilosophie der Willensfreiheit, S. 203 ff., m.w.N.).

Die Quantentheorie, die Heisenberg'sche Unschärferelation[138] und die Erkenntnisse der Wellenmechanik[139] sprächen eher für die Existenz indeterminierter Bereiche.[140] Das führt im Ergebnis zu der These, der mikroweltliche Indeterminismus nehme Einfluss auf den makroweltlichen Determinismus und hebe ihn damit zugleich auf, mit der Folge, dass auch die Makrowelt zumindest in Teilen indeterminiert sei.

Jedenfalls scheint, wenn man dieser Ansicht folgt, der universelle Determinismus widerlegt zu sein.[141] Das schließt jedoch keinen partiellen Determinismus in Bezug auf spezifisch menschliches Verhalten und Entscheiden aus, wenn die Trennung zwischen Makro- und Mikrowelt berücksichtigt wird. Das bedeutet, auch wenn es stimmen sollte, dass die Mikroebene indeterministisch ist, muss sie noch keine relevante Wirkung auf die Makroebene des menschlichen Verhaltens haben.[142] Die Quantenphysik ist allseits, sodass sich in der Makrowelt, auch fernab des Menschen, indeterminierte Ereignisse zeigen müssten,

---

138 *Heisenberg*, Zeitschrift für Physik 43 (1927), 172 (172 ff.); *Griffel*, ZStW 98 (1986), 28 (39). Verständlich erklärt bei *Bunge*, Kausalität, S. 364 f.; *Detlefsen*, Grenzen der Freiheit, S. 36 Fn. 47; *P. Frank*, Das Kausalgesetz und seine Schranken, S. 210 ff.; *Mezger*, Über Willensfreiheit, in: Sitzungsberichte der Bayrischen Akademie der Wissenschaften 1944/46, S. 1 (18); *Ravn*, Chaos, Quarks und schwarze Löcher, S. 91. Beim Verweis auf die Heisenberg'sche Unschärferelation wird übersehen, dass zwar der Ort eines einzelnen Elektrons nicht bestimmbar ist, es aber möglich bleibt, Wahrscheinlichkeiten anzugeben (*Detlefsen*, Grenzen der Freiheit, S. 36). Wahrscheinlichkeiten widersprechen nicht dem Determinismus. Auf Wahrscheinlichkeiten verweist auch *Libet*, Mind Time, S. 194.

139 Dazu *P. Frank*, Das Kausalgesetz und seine Schranken, S. 214 ff.

140 *Reinelt*, NJW 2004, 2792 (2793 f.); *T. Walter*, in: FS Schroeder, S. 131 (133); *T. Fuchs*, in: *ders./Schwarzkopf* (Hrsg.), Verantwortlichkeit – nur eine Illusion?, S. 203 (216); *Griffel*, ZStW 98 (1986), 28 (39).

141 So jedenfalls für den universellen Determinismus annehmend *R. Merkel*, Willensfreiheit und rechtliche Schuld, S. 26; ähnlich auch schon *Engisch*, Die Lehre von der Willensfreiheit in der strafrechtsphilosophischen Doktrin der Gegenwart, S. 20. Jedoch ist selbst dies umstritten. Die heutige Physik betont, die statistischen Gesetze der Quantenphysik gelten auch gesetzmäßig (*Roth*, Fühlen, Denken, Handeln, S. 506; siehe auch *T. Herrmann*, in: *v. Cranach/Foppa* (Hrsg.), Freiheit des Entscheidens und Handelns, S. 56 (61)). Die Annahme eines universellen Determinismus, wonach *alle* Phänomene im Universum der *umfassenden* Determination unterliegen, ist eine unüberprüfbare These.

142 So schon *Engisch*, Die Lehre von der Willensfreiheit in der strafrechtsphilosophischen Doktrin der Gegenwart, S. 19.

wenn makrophysikalische Kausalprozesse durch die Quantenphysik durchbrochen werden würden. Aber so geschieht es offensichtlich nicht. Dass die einzige Ausnahme der menschliche Wille sein soll, scheint eher unwahrscheinlich zu sein. Laut *Roth* gebe es

> *„bisher keinen überzeugenden Hinweis dafür, dass es im menschlichen Gehirn auf der für die Verhaltenssteuerung relevanten Ebene nicht kausal-determiniert zuginge. Diejenigen neuronalen Ereignisse, die von Quanteneffekten beeinflusst sein könnten (z.B. die Ausschüttung eines einzelnen so genannten Transmittervesikel an der Synapse oder das Öffnen und Schließen einzelner Ionenkanäle), laufen um viele Größenordnungen unterhalb der verhaltensrelevanten Ebene ab und mitteln sich aus"*[143].

Henrik Walter führt dazu aus:

> *„Sie [die Quantenphänomene; Anm. der Verf.] zeigen sich nur in isolierten Systemen bzw. in einer Umgebung, die nicht durch makrophysikalische Objekte ‚verunreinigt' ist. [...] Die Wechselwirkung von Quantenereignissen mit normalen makrophysikalischen Objekten bewirkt, daß Quantenereignisse im thermodynamischen Rauschen untergehen und keine Wirkung entfalten"*.[144]

Damit kommt *Walter* zu dem Schluss, dass

> *„die Plausibilität für die Wirksamkeit lokaler (indeterministischer) Quantenereignisse im Gehirn verschwindend gering ist"*[145].

Es könnte demnach sein, dass die mikroweltlichen Phänomene keine Wirkung auf der Makroebene – der Ebene des menschlichen Verhaltens – derart entfalten, dass man von indeterministischen Entscheidungen sprechen kann. Sie könnten sogar für die Makrowelt gänzlich ohne Wirkung sein. Hätten sie Wirkung, müssten auch Tieren indeterminierte Freiheit durch Quantenprozesse zugestanden werden, was Indeterministen jedoch nicht behaupten.[146]

Bereits auf mikrophysikalischer Ebene ist keinesfalls der physikalische Diskurs, ob es sich bei den Quantenphänomenen tatsächlich um

---

143 *Roth*, Willensfreiheit und Schuldfähigkeit aus Sicht der Hirnforschung, http://tu-dresden.de/die_tu_dresden/fakultaeten/philosophische_fakultaet/fak/zit/lehre/sose_2010/Willensfreiheit%20Roth.pdf (Stand: 07.06.2013); vgl. *ders.*, Fühlen, Denken, Handeln, S. 509 ff.

144 *H. Walter*, Neurophilosophie der Willensfreiheit, S. 202 f.

145 *H. Walter*, Neurophilosophie der Willensfreiheit, S. 205.

146 So auch *Herzberg*, Willensfreiheit und Schuldvorwurf, S. 35.

einen Indeterminismus handelt, sicher entschieden.[147] Es existieren innerhalb und über die Quantenphysik zahlreiche Theorien.[148] Vielmehr scheint Umgekehrtes der Fall zu sein: In einem Quantensystem ist die kausale Entwicklung der Zustände determiniert.[149] Die Quantenebene ist durch Gleichungen der Quantenphysik strikt determiniert. Sie unterliegt ihrer statistischen Gesetzmäßigkeit.[150] Indeterminiertheit gibt es allenfalls nur dann, wenn es zu Wechselwirkungen mit der Ebene der klassischen Physik kommt.[151] Deterministisch sind danach jeweils die Quantenebene sowie die klassisch-physikalische Ebene und es existieren, wenn überhaupt, nur in Bereichen des Übergangs wenige Ausnahmen.[152] Wie einflussreich diese eventuellen Ausnahmen sind, ist keinesfalls erforscht.[153] *Uwe an der Heiden* hält es für möglich, dass quantenmechanische Phänomene durch den deterministischen Verstärkungsmechanismus, also dem Schmetterlingseffekt, großen Einfluss auf die makroskopische Entwicklung haben könnten.[154] Den Behauptungen von *Roth* und *Walter* zufolge scheinen sie dagegen eher eine untergeordnete Rolle in der Makrowelt zu spielen.

Jedenfalls soll sich der Indeterminismus in der Unberechenbarkeit der Quantenprozesse, die lediglich Wahrscheinlichkeitsangaben zulas-

147 Vgl. *an der Heiden*, Chaos und Ordnung, Zufall und Notwendigkeit, in: *Küppers* (Hrsg.), Chaos und Ordnung, 97 (117 f.); *Reischies*, in: *Heinze/T. Fuchs/ders.* (Hrsg.), Willensfreiheit – eine Illusion, S. 103 (107). Nach *Ravn* scheint es vielmehr so zusein, dass der klassische Determinismus vorläge (Chaos, Quarks und schwarze Löcher, S. 186). Die Kopenhager Auffassung erkennt das Kausalprinzip an, verzichtet aber auf die Vorhersagbarkeit (*Petzold/Sieper*, in: *dies.* (Hrsg.), Der Wille, die Neurobiologie und die Psychotherapie I, S. 253 (266); vgl. *Ravn*, Chaos, Quarks und schwarze Löcher, S. 127).

148 *Reischies*, in: *Heinze/T. Fuchs/ders.* (Hrsg.), Willensfreiheit – eine Illusion, S. 103 (107).

149 *Mainzer*, Quanten, Chaos und Selbstorganisation, in: *ders./Schirmacher* (Hrsg.), Quanten, Chaos und Dämonen, S. 21 (25).

150 *Roth*, Aus Sicht des Gehirns, 2009, S. 184; *Reischies*, in: *Heinze/T. Fuchs/ders.* (Hrsg.), Willensfreiheit – eine Illusion, S. 103 (108).

151 *Reischies*, in: *Heinze/T. Fuchs/ders.* (Hrsg.), Willensfreiheit – eine Illusion, S. 103 (108).

152 *Reischies*, in: *Heinze/T. Fuchs/ders.* (Hrsg.), Willensfreiheit – eine Illusion, S. 103 (108).

153 *an der Heiden*, Chaos und Ordnung, Zufall und Notwendigkeit, in: *Küppers* (Hrsg.), Chaos und Ordnung, 97 (119).

154 *an der Heiden*, Chaos und Ordnung, Zufall und Notwendigkeit, in: *Küppers* (Hrsg.), Chaos und Ordnung, 97 (118).

sen, äußern.[155] Ob es sich in diesem Teilbereich nicht doch um determinierte Prozesse handelt, hängt vielmehr davon ab, was unter Determinismus verstanden wird.[156] Wenn nur noch die Angabe von Wahrscheinlichkeiten möglich ist, ist zuvörderst ein klassisch-(mechanisch-)physikalischer Determinismusbegriff nach *Newton*[157] bzw. *Laplace*[158], wonach die Vorhersagbarkeit ein Kriterium des Determinismus ist, widerlegt[159]. Letztlich ging es *Bernhard Rensch* zufolge bei der *Heisenberg´schen* Unschärferelation

> *„nicht um den Erweis einer ‚Akausalität', sondern es ist damit nur die Unfähigkeit festgestellt worden, bei allen subatomaren Vorgängen die Kausalität zu ermitteln und entsprechend Voraussagen zu machen"*[160].

Die Quantenphänomene sind zudem beliebig und unterliegen keiner Steuerung durch den Menschen, sodass mit dem mikroweltlichen Indeterminismus nicht mehr als der bloße Zufall, der die strafrechtliche Verantwortungszuschreibung verhindert, gewonnen werden kann.[161] *Herzberg* weist daraufhin, dass in der gerichtlichen Praxis kein Richter davon ausgeht, dass der Entschluss zur Notwehr oder zu einem ge-

155 *an der Heiden*, Chaos und Ordnung, Zufall und Notwendigkeit, in: *Küppers* (Hrsg.), Chaos und Ordnung, 97 (118), der deswegen „zumindest" einen praktischen Indeterminismus annimmt; *T. Herrmann*, in: *v. Cranach/Foppa* (Hrsg.), Freiheit des Entscheidens und Handelns, S. 56 (61); *Reischies*, in: *Heinze/T. Fuchs/ders.* (Hrsg.), Willensfreiheit – eine Illusion, S. 103 (108); *T. Fuchs*, in: *ders./ Schwarzkopf* (Hrsg.), Verantwortlichkeit – nur eine Illusion?, S. 203 (216).

156 *Bunge*, Kausalität, S. 15. Vgl. z.B. den klassischen physikalischen Determinismusbegriff bei *Falkenburg*, Mythos Determinismus, der ihrer gesamten Arbeit zugrunde liegt. Auch *Kornhuber/Deecke*, in: *Petzold/Sieper* (Hrsg.), Der Wille, die Neurobiologie und die Psychotherapie I, S. 77 (142 f.) beziehen sich explizit auf das Determinismusverständnis von *Newton*. Zufall wird i.S.d. Unvorhersagbarkeit verstanden. Diese erweitert den Spielraum der menschlichen Phantasie, was zu Innovation führt. Darin liegt ein Teil Freiheit nach *Kornhuber* und *Deecke*.

157 Alle physikalischen Prozesse lassen sich auf Ortsveränderungen zurückführen.

158 Vgl. Kapitel 1 I 3.1.

159 *Bunge*, Kausalität, S. 16 f., 18.

160 *Rensch*, Gesetzlichkeit, psychophysischer Zusammenhang, Willensfreiheit und Ethik, S. 102 f., siehe auch *Rosenberger*, Determinismus und Freiheit, S. 175.

161 Vgl. auch *R. Merkel*, Willensfreiheit und rechtliche Schuld, S. 29; *ders.*, in: *Roth/ Hubig/Bamberger* (Hrsg.), Schuld und Strafe, S. 39 (45); *Roth*, Willensfreiheit und Schuldfähigkeit aus Sicht der Hirnforschung, http://tu-dresden.de/die_tu_dresden/fakultaeten/philosophische_fakultaet/fak/zit/lehre/sose_2010/Willensfreiheit%20Roth.pdf (Stand: 07.06.2013); *ders.*, Aus Sicht des Gehirns, 2009, S. 185.

planten Racheakt aus einem „kausalen Vakuum" der Mikrowelt und damit aus dem Nichts entspringe.[162]

Ungeachtet dessen wird vermutet, dass sich mit Hilfe des Indeterminismus besser Kreativität, Ideenreichtum, Mutation, Neuerschaffungen, etc. erklären ließen.[163] Angenommen, es entstünden durch quantenphysikalische Prozesse (neuartige) Einfälle, die den Optionenraum erhöhen bzw. zu „Gedankenmutationen"[164] führen, dann ließe sich der damit einhergehende Zufall nur dadurch verhindern bzw. abfedern, dass diese „spontanen"[165] Einfälle wieder in den makrophysikalisch-deterministischen Prozess einer Entscheidung integriert würden. Solche quantenphysikalisch bedingten „Neuerschaffungen" bzw. „Varianzen" ließen sich etwa in ein dynamisch-komplexes deterministisches System einbetten. Ob sich ein Mensch auf den neuen unbekannten Weg begibt, man denke nur an spontane, ungewöhnliche Eingebungen, hinge von deterministisch wirkenden Persönlichkeitseigenschaften ab: ist die Person für Neues offen und hat den Mut, abseits des Konventionellen und abseits von negativen Beurteilungen oder der Angst vor Fehltritten dem Neuen nachzugehen oder bewegt sie sich lieber auf bekannten, sicheren Pfaden?[166] Solch indeterminierte Zufäl-

162 *Herzberg*, in: FS Achenbach, S. 157 (169).

163 *Reischies*, in: *Heinze/T. Fuchs/ders.* (Hrsg.), Willensfreiheit – eine Illusion, S. 103 (114 f.). Der Indeterminismus ist hierfür jedoch nicht zwingend Voraussetzung. Auch die Systemdynamik im Determinismus kann Kreativität, Gedankeneinfälle, etc. erklären. Geht man anstatt einer Summierung der einzelnen Ursachen, bei der jeder einzelne Faktor so bleibt wie er ist und es dadurch lediglich zu einer quantitativen Änderung kommen würde, von einer Synthese aus, deren Ursachen sich gegenseitig in Wechselwirkung verändern, sodass sie als Ganzes mit spezifischen Eigenschaften wirken (vgl. Kapitel 1 I 3.2.4.; siehe zum Unterschied von kausaler Synthesen und kausaler Addition, *Bunge*, Kausalität, S. 185 ff., 192), dann lässt sich daraus auch die Schaffung von Neuem erklären. Passend hierzu geht *Roth* auf der Ebene des Gehirns davon aus, dass aufgrund der schnellen Umverknüpfung der Großhirnrinde das Zusammenfügen neuer Wahrnehmungsinhalte mit alten Gedächtnisinhalten zu neuen Informationen, also auch neuen Einfällen führen kann (*Roth*, Aus Sicht des Gehirns, 2009, S. 141 f.).

164 *Reischies*, in: *Heinze/T. Fuchs/ders.* (Hrsg.), Willensfreiheit – eine Illusion, S. 103 (112 f., 117).

165 Spontan in dem Sinne, dass sie von nichts abhängen würden, weil sie durch mikrophysikalische Prozesse ausgelöst würden. Unbewusste Motive, die blitzartig ins Bewusstsein steigen sind hiermit also nicht gemeint.

166 Vgl. *Reischies*, in: *Heinze/T. Fuchs/ders.* (Hrsg.), Willensfreiheit – eine Illusion, S. 103 (116).

ligkeiten würden mit dem Netz der Determinanten verwoben und zugleich deterministisch überlagert werden. Dadurch würden die Auswirkungen der Zufallsmomente eingegrenzt werden, aber das Prinzip der alternativen Handlungsmöglichkeiten, also man hätte auch anders handeln können, würde auch mit quantenphysikalisch hervorgebrachten Indeterminiertheiten nicht realisiert werden können. Derartige „Lücken" brächten zwar Neues hervor, vielleicht erklären sie Evolution und Mutation, sie widersprechen aber dem, was unter einer indeterministischen Willensfreiheit verstanden wird. Sie würden nur bestätigen, dass der klassische Determinismus, wonach die Kausalketten von Anbeginn des Universums (und wohl auch von Anbeginn eines sog. Multiversums) bis in alle Ewigkeit feststünden und bei Kenntnis aller Faktoren vorhersagbar wären, nicht haltbar ist. Für die menschliche, indeterministische Willensfreiheit bzw. Schuld würde die Mikrophysik dennoch wenig beitragen. Der Mensch würde auch mit derartigen „Lücken" zum Zeitpunkt t nicht anders können, auch wenn sich sein Optionenraum quantenphysikalisch, also zufällig, geweitet hätte.

Außerdem stellt sich die Frage, ob bei einer quantenphysikalisch getroffenen Entscheidung zu der Begehung einer Straftat, diese überhaupt verantwortungsbegründend sein kann, weil sie vielmehr auf dem Zufall[167] basieren würde. Es bedarf jedenfalls mehr als einen quantenphysikalischen Indeterminismus, um dem Menschen Verantwortung zuschreiben zu dürfen.

1.1.3.2. Freiheitsbeweis: Die neuronale Plastizität

Anknüpfend an neuere neurowissenschaftliche Erkenntnisse, möchte *Hochhuth*[168] den Indeterminismus beweisen. Dabei stützt er sich auf die neuronale Plastizität, die die Veränderbarkeit des Gehirns bezeichnet. Das Gehirn ist in der Lage, im gewissen Rahmen neue Synapsen zu bilden, neuronale Verschaltungen zu verändern und sich umzuor-

167 *Clemens Cording* zufolge würde es bei derlei zufälligen und dysfunktionalen Entscheidungen an ein Wunder grenzen, dass sich die Menschheit bisher nicht ausgelöscht hat (vgl. *ders*, in: *Heinze/T. Fuchs/ders.* (Hrsg.), Willensfreiheit – eine Illusion, S. 223 (225)).

168 *Hochhuth*, JZ 2005, S. 745 (751).

ganisieren.[169] Bis 1998 ging man noch davon aus, dass dies nur im Kindesalter möglich sei, doch heute ist erwiesen, dass die Fähigkeit bis ins hohe Alter erhalten bleibt, sich jedoch abschwächt.[170]

Bezogen auf das Klaviersinnbild von der indeterministischen Spielraumtheorie *Hochhuths*, bei dem das Klavier mit seinen den Klavierspieler beschränkenden Tasten das Gehirn darstellt, der Klavierspieler aber frei in der Melodie- bzw. Tastenwahl bleibt[171], bedeutet die neuronale Plastizität, dass das Klavier durch den Pianisten formbar ist[172]. Veränderungen kommen durch verändertes Verhalten und Denken zustande.[173] Tasten, die der Klavierspieler (in seiner freien Wahl) anschlägt vergrößern sich, andere Tasten verkleinern sich und wiederum andere Tasten bleiben gleich.[174] Das bedeutet anders formuliert: Die Tasten, die den Klavierspieler durch ihre Anzahl deterministisch begrenzen, können durch die freie Melodie- und Tastenwahl des Klavierspielers ihre Ausprägung verändern. Dadurch ändert sich der Pianist in freier Wahl selbst – aber im gewissen deterministischen Rahmen. Das Geistige verändere damit das Physische.[175] Daraus schließt *Hochhuth*, dass die Rechtsordnung jedem zumuten könne und müsse, sich frei über Kausaldeterminanten hinwegzusetzen, um den Versuchungen des Rechtsbruchs zu widerstehen. [176]

Neurowissenschaftlern zufolge unterliegt die neuronale Plastizität jedoch selbst der Determination und entsteht nicht in freier Wahl, da sie den chemischen und physikalischen Prozessen des Gehirns unter-

---

169 Vgl. *Grawe*, Neuropsychotherapie, S. 53 f., 55; *Braus*, in: *Amberger/Roll* (Hrsg.), Psychiatriepflege und Psychotherapie, S. 224 (226); *A. K. Braun/Bogerts*, Nervenarzt 72 (2001), 3 (3). Siehe bereits Kapitel 1 I 3.3.3. Fn. 177.

170 *Grothe*, in: *Hillenkamp* (Hrsg.), Neue Hirnforschung, S. 47. Es entstehen darüber hinaus noch neue Nervenzellen (*Eriksson/Perfilieva/Björk/Alborn/Nordborg/Peterson/Gage*, Neurogenesis in the Adult Human Hippocampus, Nature Med 4 (1998), 1313 (1313 ff.)). Siehe auch *Grawe*, Neuropsychotherapie, S. 151; *Kornhuber/Deecke*, in: *Petzold/Sieper* (Hrsg.), Der Wille, die Neurobiologie und die Psychotherapie I, S. 77 (102 f., 145); *Monyer/Rösler/Roth/Scheich/Singer/u.a.*, G&G 2004/6, 30 (33).

171 Siehe Kapitel 4 III 1.1.2.1

172 *Hochhuth*, JZ 2005, S. 745 (752).

173 *Hochhuth*, JZ 2005, S. 745 (751).

174 *Hochhuth*, JZ 2005, S. 745 (752).

175 *Hochhuth*, JZ 2005, S. 745 (752).

176 *Hochhuth*, JZ 2005, S. 745 (752).

liegt. Sie betonen gleichzeitig die multidimensionale, komplexe, dynamische und nicht lineare Natur der Gehirnvorgänge.[177] Das Gehirn ist offen für Entwicklungen und für Veränderungen, was *Hochhuth* aufgreift. Mit jeder neuen Erfahrung, mit jedem neuen Lernen ändert sich auch das Gehirn[178], sodass sich prinzipiell auch ein Delinquent ändern kann. *Hochhuth* stellt aber nicht die entscheidende Frage, ob sich die Person über die neuronale Veränderung des Gehirns hinwegsetzen kann: Ich lege die Verschaltungen meines Gehirns in Willensfreiheit selbst fest. Hierfür mangelt es bereits daran, dass der Mensch die im Gehirn ablaufenden Prozesse grundsätzlich nicht in Selbstreflexion wahrnehmen kann.[179] *Hochhuth* zufolge könne durch die freie Melodiewahl das deterministische Klavier geändert werden. Doch wie entsteht die Melodiewahl? Aus welchen Motiven wählt der Pianist ein Stück von Beethoven und nicht von Mozart? *Hochhuth* sieht, dass das geänderte Verhalten und Denken beispielweise durch einen Therapeuten geleitet sein kann, berücksichtigt aber nicht, dass dieser selbst ein determinierender Faktor sein könne.

Aus deterministischer Sicht zeigt sich in der neuronalen Plastizität die hohe Anpassungsfähigkeit des Menschen an ein wechselhaftes, dynamisches und hochkomplexes Umfeld: Der Mensch ist nicht starr und unveränderlich, sondern sogar „höchst formbar“[180] . Genetik und Umwelt beeinflussen sich gegenseitig (Epigenetik) und greifen so auf das Gehirn verändernd ein. Der Mensch mit seinem Gehirn ist auch aus komplexer deterministischer Sicht nicht festgefahren, sondern

177 Vgl. z.B. *Singer*, in: *Geyer* (Hrsg.), Hirnforschung und Willensfreiheit, S. 30 (35); vgl. *ders.*, Ein neues Menschenbild, S. 70 f.

178 *Taubert/Draganski/Anwander/Muller/u.a.*, Dynamic Properties of Human Brain Structure: Learning-Related Changes in Cortical Areas and Associated Fiber Connections, J Neurosci 30 (2010), 11670 ff.; vgl. auch *Braus*, in: *Amberger/Roll* (Hrsg.), Psychiatriepflege und Psychotherapie, S. 224 (227 f.).

179 Die Methode des Neuro-Feedback ermöglicht dies im gewissen Rahmen. Nun ist es aber so, dass die wenigsten Menschen Zugang zu dieser Methode haben und in Zukunft haben werden.

180 Vgl. *Villringer*, Forschungsperspektiven der Max-Planck-Gesellschaft 2010, 90 (90); *Singer*, Ein neues Menschenbild, S. 23: „…auch die kulturelle Umwelt determiniert. Das Gehirn ist ein offenes, prägbares System“.

kann sich charakterlich ändern.[181] Wie dies im Einzelnen erfolgt, ist jedoch wissenschaftlich nicht geklärt.

Exkurs: Der Sinn der neuronalen Plastizität im Determinismus

Welchen Sinn hat jedoch solch ein dynamisches System, wenn alles festgelegt ist[182]? Warum muss sich das Gehirn wandeln und anpassen, wenn alles mit Notwendigkeit geschieht, wenn also alles von Anfang an festgelegt ist? Dies führt zu der Frage, warum der Mensch und andere Lebewesen überhaupt noch eines Gehirns bedürfen.[183]

---

181 Dadurch können spezialpräventive und generalpräventive Strafzwecke im Determinismus Erfolg haben. Vielfach wird Letzteres von Indeterministen bestritten. Präventive Strafzwecke seien nur im Indeterminismus möglich, denn nur willensfreie Menschen können sich ändern und wären damit einer Verhaltensbeeinflussung zugänglich (so *Czerner*, Archiv für Kriminologie 2006, 129 (130); *Lenckner*, in: *Göppinger/Witter* (Hrsg.), Handbuch der forensischen Psychiatrie, S. 3 (20)). Der Resozialisierungsgedanke gründe in der Idee der Freiheit (so *Arthur Kaufmann*, Schuldprinzip, S. 280; *Bockelmann*, Schuld und Sühne, S. 19). Vgl. zum Problem im Zusammenhang mit der Theorie vom psychologischen Zwang (*Feuerbach)* bereits *Kohlrausch*, in: FS Güterbock, S. 3 (18). Wenn der Weltenverlauf festgelegt wäre, seien Straftaten nicht vermeidbar und der Täter nicht resozialisierbar. Diese Annahme gründet in der Fatalismusdeutung des Determinismus (dazu genauer Kapitel 4 III 1.2.2.1; vgl. dazu auch *Spilgies*, Die Bedeutung des Determinismus-Indeterminismus-Streits, S. 78 ff.). Damit wird jedoch die Flexibilität des modernen Determinismus verkannt. Interaktion und ein wandlungsfähiger Charakter sind auch unter einem modernen Determinismusverständnis möglich. *Spilgies* hat stattdessen ausgeführt, dass präventive Strafzwecke im Indeterminismus nicht verfolgbar seien, weil der Mensch sich immer anders entscheiden könne, sofern er dies möchte. Dann habe Resozialisierung keinen Sinn (*Spilgies*, Die Bedeutung des Determinismus-Indeterminismus-Streits, S. 59 ff.; siehe Kapitel 5 IV 2).

182 Man kann mehrere Systeme voneinander getrennt betrachten: das System Gehirn, das System Umwelt, das System Umwelt-Mensch-Beziehung, etc. Letztlich stehen die Systeme in Wechselwirkung zueinander und bilden ein Gesamtsystem.

183 Der Hirnforscher *Ernst Pöppel* weist darauf hin, dass bei einem linearen Determinismus ein Gedächtnis überflüssig ist. Das Lebewesen benötigt in diesem Fall nur feste Programme, also Reflexe, um auf seine Umwelt zu reagieren und sein Verhalten zu steuern (*Pöppel*, Grenzen des Bewußtseins, S. 101 f.). Daraus zieht er den Schluss, dass der Determinismus nicht wahr sein könne. Für den linearen Determinismusbegriff (vgl. Kapitel 1 I 3.1.; Kapitel 1 I 3.2.1.) mag dies zutreffen, nicht aber für den dynamisch-systemischen Determinismus.

Die Antwort könnte lauten, dass in einer dynamischen, chaotischen Welt, der Mensch ebenso ein dynamisches, wandelbares, chaotisches Gehirn benötigt, das sich der aktuellen Situation durch Umorganisation anpasst, um den aktuellen, sich wandelnden situativen Gegebenheiten entsprechen zu können. Eine gesteigerte Anpassungsfähigkeit an eine sich wandelnde Umwelt erfordert die Wandlungsfähigkeit der steuernden Systeme der darin lebenden Lebewesen.[184] Neuronale Plastizität in einem deterministischen System verdeutlicht, dass nicht Stillstand die Folge sein muss. Ein soziales Lebewesen ist darauf angewiesen, sich an seine soziale Gemeinschaft[185] in Interaktion anzupassen. Am Ende dieser Fragen steht der Sinn nach Leben und Evolution: Warum existieren Lebewesen nach einfachen Reflexen und warum existieren Lebewesen wie der Mensch mit komplexen Reaktionsmustern; die Beantwortung dieser Fragen kann diese Arbeit nicht leisten.

1.1.3.3. Freiheitsbeweis: Der performative Widerspruch

Um die Willensfreiheit als objektiv existent zu beweisen, stützt sich *Rath* auf das Aufweisverfahren des performativen Widerspruchs aus der transzendentalen Metaphysik. *Rath* kündigt an, dass die Aufdeckung des performativen Widerspruchs „vernichtende Konsequenzen“[186] für den Determinismus habe.

Ein performativer Widerspruch ist dann gegeben, wenn sich eine Aussage zu den Voraussetzungen des Vollzugs dieser Aussage im Wi-

---

184 Im evolutionären Wettbewerb der Tiere (denen man Willensfreiheit abspricht) wird nicht bezweifelt, dass das Vorhandensein eines Verhaltensrepertoires, das eine gute Anpassungsmöglichkeit an sich verändernde äußere Bedingungen ermöglicht, bessere Chancen bietet (*Singer*, in: *Petzold/Sieper* (Hrsg.), Der Wille, die Neurobiologie und die Psychotherapie I, S. 197 (200)). So gestaltet es sich auch mit einem veränderbaren, sich anpassenden Gehirn. Man nimmt bei einem Tier, dessen Gehirn ebenfalls neuronale Plastizität aufweist, Determiniertheit an (vgl. *Singer*, in: *Petzold/Sieper* (Hrsg.), Der Wille, die Neurobiologie und die Psychotherapie I, S. 197 (201)). Auch wenn sie determiniert und damit willensunfrei sind, haben sie ein (veränderbares, anpassbares) Gehirn.

185 Diese kann bspw. ein Kreis rechtschaffender Bürger sein, aber auch ein kriminelles Milieu (Banden), oder im Rahmen der sog. White-Collar-Kriminalität ggf. das Arbeitsumfeld.

186 *Rath*, Aufweis der Realität der Willensfreiheit, S. 82.

derspruch befindet.[187] An einem einfachen von *Rath* selbst gewählten Beispiel erklärt, besteht ein Widerspruch zwischen der Aussage „Es gibt keine Wahrheit" und der Wahrbehauptung dieser Aussage, die mit ihrem Vollzug einhergeht. Anders formuliert, wenn die Behauptung aufgestellt wird, es gibt keine Wahrheit, diese Behauptung für sich selbst jedoch Wahrheit beansprucht, ist die Aussage widersprüchlich und letztlich falsch, weil das Gegenteil in ihrem Vollzug demonstriert wird. Die These von *Rath* ist, dass die Wahrbehauptung des Determinismus im präpositionalen Gehalt eines Aussagesatzes zwingend die Willensfreiheit und deren Affirmation im Vollzug desselben Aussagesatzes voraussetze[188].

Wenn ein Wissenschaftler nach Wahrheit sucht, etwa in Bezug auf die Willensfreiheitsfrage, lege er dabei durchweg zugrunde, dass er auch über diejenige Willensfreiheit verfügt, die einzelnen Schritte seines Forschungsprozesses auf die Wahrheitserkenntnis hin steuern zu können. Wenn er den Forschungsprozess nicht zur Wahrheit hin lenken könne, hätte die Frage nach der Existenz der Willensfreiheit keinen Sinn, denn Forschung wäre nutzlos, wenn das eine Mal zufällig durch Kausalfaktoren die Wahrheit entdeckt und ein anderes Mal die Wahrheit wiederum kausal bedingt nicht entdeckt werde:

> *„Wer mit der Abzielung auf wahre Erkenntnis nach der Willensfreiheit fragt bzw. forscht, setzt die Realexistenz der Willensfreiheit bereits als notwendiges (Sinn-)Konstitutivum seines Fragens bzw. des von ihm betriebenen Forschungsprozesses voraus, vollzieht mithin notwendig die Realität der Willensfreiheit schon in dieser Fragestellung affirmativ"*[189].

Weil die Forschung auf die Wahrheitserkenntnis abzielt, setzte der Forscher bzw. Fragende diese Freiheit schon mit dem Vollzug der Erforschung im Wege eines Steuerungsprozesses voraus. Darüber hinaus ginge der Forscher bereits in der Fragestellung davon aus, die Willensfreiheit selbst zu besitzen, sich in seinem weiteren Forschungsverhalten nach der einmal erlangten wahren Erkenntnis richten zu können, die Wahrheit also seinem zukünftigen Wirken zugrunde legen zu können.

187 *Rath*, Aufweis der Realität der Willensfreiheit, S. 73 ff.
188 *Rath*, Aufweis der Realität der Willensfreiheit, S. 88 ff.
189 *Rath*, Aufweis der Realität der Willensfreiheit, S. 91.

> *Wer die Unfreiheit im Willen als wahre Erkenntnis behauptet, vollzieht notwendig in dieser Behauptung die Realexistenz der Willensfreiheit affirmativ*"[190].

Zudem ginge der Forscher davon aus, dass sein Empfänger sich an der Behauptung der Wahrheit des Determinismus orientieren könne, diese also in Freiheit aufnehmen und seine Meinungen der Behauptung in Freiheit anpassen könne; wäre der Empfänger dazu nicht fähig, sei eine Wahrbehauptung ihm gegenüber nicht mehr sinnvoll.[191]

Hiergegen lässt sich einwenden, dass Deterministen davon ausgehen, dass auch der Empfänger determiniert ist und aufgrund determinierender Faktoren entweder ihrer These folgen kann oder nicht. Ob für den Aussageempfänger eine Wahrbehauptung plausibel ist und ob er deswegen der Aussage folgt, hängt von seinen gemachten Erfahrungen, seinen Idealen und der aktuellen Situation ab. Jemand, der beispielsweise stark dazu neigt, das Verhalten der Menschen in seiner Umgebung laienpsychologisch zu erklären, wird wohl eher der Determinismusthese folgen können, als beispielweise jemand, der aufgrund seines religiösen Glaubens an immaterielle Substanzen wie eine unerklärliche und wissenschaftlich nicht auffindbare Seele, die die übernatürliche Kraft besitzt, auf die natürlichen Kausalprozesse einzugreifen, glauben kann.

Rath zufolge sei ein deterministischer Dialog vergleichbar mit dem gleichzeitigen Abspielen zweier Schallplatten; die Gespräche würden nebeneinander herlaufen.[192] Hierin zeigt sich *Raths* enges Verständnis von einem Determinismus, in welchem Person A und Person B jeweils einer eigenen, in sich geschlossenen Determinismuskette unterlägen, die nicht in Interaktion zu der anderen trete und daher auch nicht auf die andere einwirke. *Rath* reduziert den Determinismus in ein altes, mechanisches System aus dem 19. Jahrhundert. Unter einem modernen Determinismusverständis ist dieser derart multikausal, dass die

---

190 *Rath*, Aufweis der Realität der Willensfreiheit, S. 92 f.

191 In dieselbe Richtung geht der Einwand von *M. Walter*, der *Roth* und *G. Merkel* vorwirft, die Leser mithilfe ihrer Aufsätze überzeugen zu wollen – durch Einsicht und in freier Abwägung der Argumente, weswegen sie letztendlich doch von einem Alternativismus ausgingen (*M. Walter*, Verantwortungslose Neurowissenschaft, Franfurter Rundschau v. Juli 2010).

192 *Rath*, Aufweis der Realität der Willensfreiheit, S. 99 f.

miteinander vernetzten Determinanten sich gegenseitig beeinflussen. Ein deterministischer Dialog bzw. die menschliche Kommunikation basiert auf Ansichten, die in vielfältigen multikausal vernetzten Faktoren ihre Ursache haben. Die gegenseitig ausgetauschten Argumente werden zu beeinflussenden Faktoren im dynamischen Netz. Ob die Argumente schließlich überzeugen und eine Meinungsänderung herbeiführen, unterliegt vielfältigen, deterministischen Faktoren. Ein multikausaler, systemisch-dynamischer Determinismus schließt Interaktion nicht aus, sondern er besteht förmlich daraus. Die Annahme, beide Gesprächspartner sind determiniert, führt gerade nicht dazu, dass jeder allein und für sich unter einer abgeschlossenen Glaskuppel sitzt und nur das aufgetragene Programm durchspielt – ohne Interaktion.

Weiterhin geht der Determinist auch davon aus, dass seine Methodenwahl für die Erlangung der Wahrheit deterministisch zustande kommt: Dabei gewinnen nicht irgendwelche beliebigen Determinanten, wie *Rath* zu glauben scheint, die Oberhand. Der Wille zur Wahrheitserkenntnis ist seinerseits durch eine Vielzahl an Faktoren determiniert. Auch die gewonnenen Erkenntnisse nimmt sich der Forscher auf deterministischer Grundlage an, gerade weil er nach Wahrheit sucht und meint die (Teil-) Wahrheit gefunden zu haben. Der Determinismus würde dazu führen, dass sich das Motiv der Wahrheitsfindung auch im Erkenntnisfortschritt fortsetzt.[193] Wenn der Forscher seine gewonnenen Erkenntnisse neu überdenkt, drückt sich darin nicht indeterministische Willensfreiheit, sondern das deterministische Wahrheitsstreben aus; Anlass mag der Zweifel sein, dass etwas am Ergebnis nicht stimmen kann.

Raths Auffassung lässt sich in die sogenannten Self-Defeating Argumente[194] einordnen, wonach die Thesen eines Deterministen keine echten Thesen seien, wenn er glaubt, in seiner Erkenntnis determiniert zu sein, weil Erkenntnis zwingend indeterministische Freiheit voraus-

193 Man könnte, bezogen auf dem Indeterminismus, zu der Auffassung gelangen, dass die gewonnene Erkenntnis nicht angenommen werde, weil der Wissenschaftler immer anders handeln und entscheiden könne.

194 Vgl. dazu *R. Merkel*, Willensfreiheit und rechtliche Schuld, S. 36 f.

setzen müsse[195]. Kein Determinist bestreitet ernsthaft, dass seine Thesen determiniert zustande kommen. Das aber widerspricht, wie eben gezeigt, nicht der Wahrheitsfindung. Gerade das Motiv der Wahrheitsfindung treibt ihn an, nach Erkenntnis zu suchen. Zudem widerlegt das Argument den Determinismus nicht, denn wenn Wahrheit die Übereinstimmung von Urteil und Tatsache ist, kann auch ein determiniertes Urteil Wahrheit beanspruchen.[196]

Zum performativen Widerspruchs *Raths* lässt sich zusammenfassend sagen, es liegt kein Widerspruch vor, weil die Wahrheitsfindung im Vollzug keinen Indeterminismus voraussetzt. Ein Streben nach Wahrheit ist auch im Determinismus möglich. Der Determinismus führt durch seine deterministische Zielsetzung (die Wahrheitsfindung) dazu, dass der Wissenschaftler seine Erkenntnisse im Findungsprozess mit einfließen lässt. Ein indeterminiertes Wahrheitsstreben genießt also nicht mehr Vertrauen als ein determiniertes – beide können schließlich zu Wahrheit oder Unwahrheit führen.

1.1.3.4. Zusammenfassung

Es lässt sich feststellen, dass der Indeterminismus der Dritten-Person-Perspektive, der Perspektive der Beobachter, aber auch die der Naturwissenschaftler weiterhin nicht bewiesen ist. Weder Quantenphysik bzw. mikroweltliche Einflüsse noch die neuronale Plastizität der Neuronen oder ein performatorischer Widerspruch widerlegen den Determinismus und beweisen zugleich den Indeterminismus bezüglich der menschlichen Entscheidungsfindung und des menschlichen Verhaltens. Der objektiv-empirische Indeterminismus aber auch der Determinismus bleiben lediglich Glaubenssätze; beide sind denkbar möglich.

195 *Arthur Kaufmann*, Schuldprinzip, S. 282: „Schon das In-Frage-stellen-können von Freiheit setzt Freiheit voraus“; *Pothast*, Die Unzulänglichkeit der Freiheitsbeweise, S. 251 ff.; *Murmann*, in: *Koriath/Krack/Radtke/Jehle* (Hrsg.), Grundfragen des Strafrechts, Rechtsphilosophie und die Reform der Juristenausbildung, S. 189 (192 f.); *J. Braun*, JZ 2004, 610 (611 f.); *Welzel*, Das deutsche Strafrecht, 11. Aufl. 1969, S. 147.

196 *H. Walter*, Neurophilosophie der Willensfreiheit, S. 83.

1.2. Der Indeterminismus als subjektiv- bzw. gesellschaftlich-empirisch gegebene Seinskonzeption der Erste-Person-Perspektive

Weil der Indeterminismus objektiv bisher nicht bewiesen werden konnte, wird bildlich in das „Herz" des Einzelnen und der Gesellschaft geblickt: in das Empfinden. Der Freiheiterfahrung wird große Bedeutung zugemessen. Sowohl Vertreter der Realannahme des Indeterminismus als auch Agnostiker gehen wie selbstverständlich davon aus, dass jeder (gesunde) Mensch die indeterministische Freiheit *erfahre.*[197] So wird von Vertretern der real-empirischen Willensfreiheit mit Hilfe der Freiheitserfahrung des Menschen versucht, entweder die reale Existenz der Willensfreiheit abzuleiten[198] oder zumindest ihr Postulat zu begründen[199]. Es erfolgt mit Hilfe der Freiheitserfahrung der Brückenschlag zur objektiv-empirischen Willensfreiheit. Dabei muss jedoch der Versuch, vom subjektiven Erleben auf das objektive Können zu schließen, scheitern, denn dem subjektiven Erleben fehlt die Beweiseignung für den Indeterminismus. Wenn in der Ersten-Person-Perspektive ein indeterministisches Menschenbild vorherrscht, wäre es hingegen möglich, dass in der Dritten-Person-Perspektive ein deterministisches vorherrscht. Beide Ebenen können auseinanderfallen. Das indeterministische Freiheitserlebnis mag in seiner mentalen Form als Gefühl real sein, es sagt jedoch über das tatsächliche Anders-Können nichts aus, denn es besteht kein Zusammenhang zwischen dem Freiheitserleben der Ersten-Person-Perspektive und der Beobachtung aus

197 Siehe z.B. *Kühl*, Strafrecht AT, § 10 Rn. 4; *Griffel*, ZStW 98 (1986), 28 (35, 39); *ders.*, GA 1996, 457 (459) behauptet, dass das Erlebnis des-unter-den-selben-Bedingungen-auch-Anders-Könnens von keinem Deterministen bestritten wird. Siehe dagegen Kapitel 4 III 1.2.3. Grundlage ist der geistig gesunde Mensch, der keiner psychischen Störung unterliegt. Die Entscheidungsfreiheit kann dort seine Grenze finden (vgl. *H. J. Hirsch*, ZIS 2010, 62 (67)).

198 *Dölling*, Forens Psychiatr Psychol Kriminol 1 (2007), 59 (61); *Dreher*, Die Willensfreiheit, S. 5, 380 ff.; *Gössel*, JA 1975, 91 (93); *Griffel*, ZStW 98 (1986), 28 (39, 41): „Wirkliche Freiheit des Wollens ist [...] die einzig mögliche Grundlage für die unstreitig von uns allen immer erlebte Verantwortlichkeit [i.S.d. indeterministischen Freiheit] für unser Wollen und Handeln"; *ders.* ARSP 1994, 96 (103).

199 *Dölling*, Forens Psychiatr Psychol Kriminol 1 (2007), 59 (61); Sch/Sch-*Lenckner/Eisele*, Vorbem. §§ 13 Rn. 110; *Hochhuth*, JZ 2005, 745 (748). Auch Fiktionen werden über die Freiheitserfahrung zu legitimieren versucht, so bspw. *Roxin*, Strafrecht AT, § 19 Rn. 37, 41; *Jescheck/Weigend*, Strafrecht AT, § 37.

der Dritten-Person-Perspektive, mag der Inhalt des Freiheitserlebnisses auch als Wahrheit empfunden werden.[200]

Wessels und *Beulke*[201] zufolge müsse sich aufgrund des Beweisproblems

> „*das Strafrecht mit der Erkenntnis zufrieden geben, dass das Prinzip der Verantwortlichkeit des sittlich reifen und seelisch gesunden Menschen eine unumstößliche Realität unserer sozialen Existenz ist*"[202], weswegen die „*Fähigkeit des Menschen, seine anlage- und umweltbedingten Antriebe kontrollieren und seine Entscheidung nach sozialethisch verpflichtenden Normen und Wertvorstellen [ausrichten zu können]*"[203]

als objektiv existent zu postulieren sei. Hier mischen sich also objektiv-empirische Freiheitsannahme und gesellschaftlich-soziale Realität. Das Freiheitsbewusstsein des Einzelnen sei ein „unleugbares empirisch-an-

200 Vgl. *Tiemeyer*, GA 1986, 203 (205); *ders.*, ZStW 105 (1993), 483 (505 f.); *Otto*, GA 1981, 481 (487); vgl. entsprechend für das Schuldgefühl *Schroth*, FS Roxin I, S. 705 (712). Dass die subjektive Erlebensrealität und die objektive Beobachterrealität auseinanderfallen können, veranschaulichen die bereits vorgestellten Experimente von *Panfield* und *Wegner/Wheatley* (Kapitel 3 II 1.), sowie Hypnose (siehe dazu *Tiemeyer*, ZStW 105 (1993), 483 (506)). Ein Blick in die Entwicklungsgeschichte des Menschen verdeutlicht ebenfalls das Auseinanderfallen: Die Menschen glaubten, dass beim Sonnenuntergang die Sonne ins Meer taucht oder die Sonne um die Erde kreist – der subjektive Eindruck stimmt nicht mit der objektiven Wahrheit überein (vgl. *H. Walter*, Neurophilosophie der Willensfreiheit, S. 72). Alltagsintuitionen können irreführend sein und sind vom jeweiligen kulturellen und individuellen Wissensstand abhängig, sodass sie sich in kultureller Evolution wandeln können (vgl. *H. Walter*, Neurophilosophie der Willensfreiheit, S. 72). Bspw. existierte ein Fatalismus im archaischen Götterglaube zur Zeit der Antike (*Rosenberger*, Determinismus und Freiheit, S. 11 ff.). Das Freiheitsbewusstsein bringt lediglich den Beweis, dass zur Zeit der Handlung oder Entscheidung das Gefühl der Freiheit besteht, nicht aber, dass es sich dabei um eine objektiv wahre Tatsache handelt; es garantiert nicht die objektive Richtigkeit. Vgl. auch *Detlefsen*, Grenzen der Freiheit, S. 41; *Hoyer*, in: FS Roxin I, S. 723 (730); *Klippel*, Determinismus und Strafe, ZStW 10 (1890), S. 534 (539); *Mezger*, Über Willensfreiheit, in: Sitzungsberichte der Bayrischen Akademie der Wissenschaften 1944/46, S. 1 (5); *Neufelder*, GA 1974, 289 (299).

201 *Wessels/Beulke*, Strafrecht AT, 38. Aufl., § 10 Rn. 397.

202 *Wessels/Beulke*, Strafrecht AT, 38. Aufl., § 10 Rn. 397.

203 *Wessels/Beulke*, Strafrecht AT, 38. Aufl., § 10 Rn. 397; *Wessels/Beulke/Satzger*, Strafrecht AT, § 13 Rn. 614.

thropologisches Phänomen", so *Björn Burkhard*, das in der Erfahrung bestünde, so oder auch anders entscheiden zu können.[204]

Auch Neurowissenschaftler bestreiten dieses Alltagsverständnis nicht. So formuliert *Roth*:

> *„Wir fühlen uns bei einer bestimmten Klasse von Handlungen [...], sowie bei unserem Wünschen, Wollen, Planen, Vorstellen, Denken und Erinnern frei. Dieses Gefühl ist im Wesentlichen durch drei Inhalte bestimmt: (1) die Gewissheit, diese Tätigkeit werde von und bzw. unserem Willen erzeugt und gelenkt, wir bzw. unser Wille seien der Verursacher unserer Handlungen; (2) die Überzeugung, wir könnten auch anders handeln oder hätten im Rückblick auch anders handeln können, wenn wir nur wollten bzw. gewollt hätten; (3) wir fühlen uns für diese Handlungen verantwortlich [...]"*[205].

Prinz beschreibt die Freiheitsintuition wie folgt:

> *„Wir sind davon überzeugt, dass wir in fast allen Lebenslagen auch immer anders handeln könnten als wir es tatsächlich tun – wenn wir nur wollten [...] Die Entscheidungen [...] mögen durch eine Reihe von Umständen mitbestimmt sein [...]. Dennoch liegt die endgültige Entscheidung darüber, was wir tun, bei uns selbst"*[206].

Und auch *Singer* formuliert, der Mensch wäre der Überzeugung, unabhängig von der dinglichen Welt zu sein[207]:

> *„Wir erfahren uns als freie und folglich als verantwortende, autonome Agenten. [...] Wir begreifen uns also als beseelte Wesen, die an immateriellen geistigen Sphäre teilhaben.[...] Wir erfahren unsere Gedanken und unseren Willen als frei. [...] Wir empfinden uns in der Lage [...] uns über diese Handlungsdeterminanten hinwegzusetzen"*[208].

---

204 *B. Burkhardt*, in: FS Lenckner, S. 3 (3); vgl. auch *Haddenbrock*, Soziale und forensische Schuldfähigkeit, S. 86 f.

205 *Roth*, Fühlen, Denken, Handeln, S. 495.

206 *Prinz*, in: *Hillenkamp* (Hrsg.), Neue Hirnforschung – Neues Strafrecht?, S. 51 (53); *ders.*, in: *v. Cranach/Foppa* (Hrsg.), Freiheit des Entscheidens und Handelns, S. 86 (89) .

207 *Singer*, in: *Petzold/Sieper* (Hrsg.), Der Wille, die Neurobiologie und die Psychotherapie I, S. 197 (202); *ders.*, in: *Schmidinger/Sedmak* (Hrsg.), Der Mensch – ein freies Wesen, S. 135 (139).

208 *Singer*, in: *Schmidinger/Sedmak* (Hrsg.), Der Mensch – ein freies Wesen, S. 135 (137, 139).

Der Physiker *Eginhart Biedermann* kommt zu dem Schluss, dass die Erfahrung der eigenen Willensfreiheit aus naturwissenschaftlicher Sicht ein unbestreitbares Faktum sei.[209]

Im Folgenden werden zwei Ansätze näher vorgestellt, die im subjektiven bzw. gesellschaftlichen Gefühl den Anknüpfungspunkt für den materiellen Schuldbegriff erblicken, ohne auf die objektiv-empirische Willensfreiheit zu verweisen. Willensfreiheit werde durch das subjektive bzw. kollektive Gefühl zur subjektiven Realität. Die objektive Realität bleibe dahingestellt. An das Selbstverständnis des Menschen habe das Strafrecht anzuknüpfen; allein an das Empfinden von Freiheit – nicht an die Freiheit selbst. Es erfolgt damit die völlige Emanzipierung der subjektiven bzw. gesellschaftlichen von der objektiv-empirischen Ebene.

1.2.1. Das subjektiv-indeterministische Freiheitsbewusstsein als Anknüpfungspunkt für Verantwortung und Schuld (subjektiv-empirische Seinskonzeption)

Björn Burkhardt zufolge kann Schuld allein auf das subjektive Freiheitsempfinden des Individuums gegründet werden. Strafrechtliche Schuld setze nach seiner „Lehre von der Maßgeblichkeit subjektiver Freiheit“[210] keine Willensfreiheit im (objektiv-empirisch) indeterministischen Sinn voraus[211], sondern die Begehung der rechtswidrigen Tat im Bewusstsein des Anders-Könnens beim Täter.[212] Den Beschluss des BGH formuliert *Burkhardt* deswegen wie folgt um: Dem Täter werde vorgeworfen,

209 *Biedermann*, ZphF 45 (1991), S. 585 (586); so auch *Griffel*, ZStW 98 (1986), 28 (35).

210 *B. Burkhardt*, Bemerkungen zu den revisionistischen Übergriffen der Hirnforschung auf das Strafrecht, http://burkhardt.uni-mannheim.de/lehrstuhlinhaber/bemerkungen/ wznrw090708.pdf, S. 11 (Stand: 06.06.2013).

211 *B. Burkhardt*, Düsseldorfer Thesen zum Kongress „Neuro2004: Hirnforschung, Willensfreiheit und Strafrecht“ am 17.11.2004, http://burkhardt.uni-mannheim.de/ lehrstuhlinhaber/thesenpapier/duesseldorferthesen.pdf (Stand: 09.06.2013).

212 So schon *Jellinek*, Die sozialethische Bedeutung von Recht, Unrecht und Strafe, S. 64 ff. Er vertrat, dass auf das subjektive Freiheitsbewusstsein als Anknüpfungspunkt von Schuld abzustellen wäre (ebda.). Auch *H. J. Hirsch* greift diesen Ansatz auf (siehe Kapitel 4 III 1.2.3).

„daß er sich nicht rechtmäßig verhalten, daß er sich für das Unrecht entschieden hat, obwohl es ihm aus seiner Sicht möglich war, sich für das Recht und gegen das Unrecht zu entscheiden“[213].

Der Mensch sei darauf angelegt, im Bewusstsein der Freiheit zu handeln.[214] Die subjektive Freiheit bzw. die Erfahrung des Anders-Könnens existiere real im Bewusstsein des Individuums und sei „Grundbestandteil des allgemeinmenschlichen Daseinserlebens“ – auf den objektiven Beweis käme es nicht an. *Burkhardt* verzichtet damit auf den Versuch, mit Hilfe der Freiheitserfahrung Schuld real i.S.e. objektiv-empirischen Gegebenheit zu beweisen und stellt stattdessen vielmehr auf das subjektive Erleben als solches ab. Freiheit wird also nicht in der „Außenwelt“, der Außenperspektive, in der mikrophysikalischen Welt der Quanten, in dualistischen Fremdwelten oder mit Blick in das Gehirn gesucht, sondern in der „Innenwelt“ des subjektiven Erlebens, der Innenperspektive der einzelnen Person. Es sei danach irrelevant, ob man empirisch frei ist, solange der Mensch das intersubjektive Freiheitsgefühl besitzt. Damit Normen den Adressaten erreichen, müsse das Strafrecht den Menschen so nehmen wie dieser sich selbst versteht.[215]

213 *B. Burkhardt*, Düsseldorfer Thesen zum Kongress „Neuro2004: Hirnforschung, Willensfreiheit und Strafrecht“ am 17.11.2004, http://burkhardt.uni-mannheim.de/ lehrstuhlinhaber/thesenpapier/duesseldorferthesen.pdf (Stand: 09.06.2013); *ders.*, Bemerkungen zu den revisionistischen Übergriffen der Hirnforschung auf das Strafrecht, http://burkhardt.uni-mannheim.de/lehrstuhlinhaber/bemerkungen/wznrw090708.pdf, S. 11 (Stand: 06.06.2013); dem schließt sich *H. J. Hirsch* mit dem folgenden Formulierungsvorschlag an: „Mit dem Unwerturteil der Schuld wird dem Täter vorgeworfen, dass er sich nicht rechtmäßig verhalten [...] hat, obwohl es ihm nach menschlichem Selbstverständnis möglich war, sich für das Recht zu entscheiden. Der innere Grund des Schuldvorwurfs liegt darin, dass der Mensch darauf angelegt ist, im Bewusstsein der Freiheit zu handeln“ (*H. J. Hirsch*, ZIS 2010, 62 (67)).

214 *B. Burkhardt*, Düsseldorfer Thesen zum Kongress „Neuro2004: Hirnforschung, Willensfreiheit und Strafrecht“ am 17.11.2004, http://burkhardt.uni-mannheim.de/ lehrstuhlinhaber/thesenpapier/duesseldorferthesen.pdf (Stand: 09.06.2013).

215 *B. Burkhardt*, Düsseldorfer Thesen zum Kongress „Neuro2004: Hirnforschung, Willensfreiheit und Strafrecht“ am 17.11.2004, http://burkhardt.uni-mannheim.de/ lehrstuhlinhaber/thesenpapier/duesseldorferthesen.pdf (Stand: 09.06.2013); so auch *H. J. Hirsch*, ZIS 2010, 62 (65); vgl. *Kühl*, Strafrecht AT, § 10 Rn. 3 f.

1.2.2 Das gesellschaftlich-indeterministische Freiheitsbewusstsein als Anknüpfungspunkt für Verantwortung und Schuld (gesellschaftlich-empirische Seinskonzeption)

Bernd Schünemann stellt in seiner „Theorie der gesellschaftlichen Realität der Willensfreiheit" auf das gesellschaftliche Verständnis ab. Einer Fiktion bedürfe es nicht[216], weil die Willensfreiheit real existiere, nicht in der Dritte-Person-Perspektive, sondern in der Erste-Person-Perspektive der Gesellschaft:

> *„Für eine Erkenntnistheorie, die die gesellschaftliche Realität als eine durch Sprache ermöglichte Konstruktion von Sinn begreift, liegt es [...] auf der Hand, daß das subjektiv-individuelle Freiheitserlebnis keine subjektive Laune des Einzelnen, sondern eine in der Sprache und damit in der gesellschaftlichen Realität unausweichlich vorgeprägte Wirklichkeitsebene ist, die weder der Einzelne verlassen kann noch irgendeine gesellschaftliche Institution, in der es um die durch Sprache konstituierte gesellschaftliche Realität geht"*[217].

Das individuelle und damit gesellschaftliche indeterministische Freiheiterlebnis als *Real*erlebnis gibt dem Recht den indeterministischen Rahmen für die Schuld vor; das Recht habe sich diesem Verständnis anzupassen[218] und müsse gar nicht nach einer anderen Realität suchen als die der Ersten-Person-Perspektive. Die indeterministische Willensfreiheit sei damit empirisch durch einen jeden selbst in der subjektiven Erfahrung bewiesen. Damit sei Willensfreiheit *Schünemann* zufolge kein bio-physikalisches Faktum, sondern Realität durch die Gesellschaft.

1.2.2.1. Determinismus und Fatalismus

Das indeterministische Verständnis der Gesellschaft begründet *Schünemann* sprachwissenschaftlich[219]. Sprachliche Eigenheiten der Gesell-

216 *Schünemann*, in: *ders.*(Hrsg.), Grundfragen des modernen Strafrechtssystems, S. 163.

217 *Schünemann*, in: FS Lampe, S. 537 (547).

218 *Schünemann*, in: FS Lampe, S. 537 (547).

219 Auch sprachwissenschaftlich, aber auf einer anderen Ebene argumentiert *Dreher* für den Beweis der gesellschaftlichen Verankerung des Indeterminismus: Die Begriffe freiwillig, unfreiwillig, willkürlich, unwillkürlich, Lob, Belohnung, Tadel, Vorwurf, Gewissen, Sühne, Schuld, Strafe, Verantwortung setzen voraus, dass „dem Menschen sein Verhalten im Positiven und Negativen zugerechnet wird,

schaft (z.B. Grammatik der Sprache, Konstruktion der Sätze: das Subjekt handelt, ein Objekt erleidet die Handlung, Unterteilung in aktiv und passiv)[220] offenbarten eine indeterministische Welt-Sicht:

> *„In unserer durch Sprache konstituierten [...] Realität steht die Freiheit eines normalen Menschen, sich in einer normalen Situation so oder so und damit auch rechtskonform zu verhalten, [...] nicht als bloße Fiktion oder normative Setzung, sondern als Teil der gesellschaftlichen Realität fest, so daß das soziale Subjekt [...] geradezu eine Inkarnation von Immanuel Kants ‚intelligiblem Ich' darstellt"*[221].

Dagegen wendet sich *Herzberg*: Der Glaube an Willensfreiheit deute sich keinesfalls in der Satzkonstruktion sowie in der Unterscheidung zwischen Aktiv und Passiv an; unsere Sprache sei hinsichtlich dieser Frage neutral.[222] Die Aussage „die Metastasen zerfressen ihn" enthalten, trotz der Aktivkonstruktion, keinerlei Hinweis auf die Willensfreiheit – weder der Metastase noch des Menschen.[223] *Andreas Hoyer* kritisiert, dass *Schünemann* „wohl die realitätskonstituierende Bedeutung bloßer Kommunikationsstrukturen" überschätzt. Sonst müsste man, trotz *Kopernikus,* die geozentrische Weltsicht (Ptolemäisches Weltbild), die sich in heute noch gebrauchten Wendungen wie „der Mond ist auf-

und zwar deshalb, weil er sich anders hätte verhalten können, als er es getan hat, und als Herr seiner Handlungen gelobt und getadelt, gerühmt und gestraft werden kann" (*Dreher,* Willensfreiheit, S. 384). Im Determinismus hätten all diese Begriffe keinen Sinn und sie hätten gar nicht entstehen können. Dagegen ist einzuwenden, dass in der Antike u.a. ein Fatalismusglaube bestand und Menschen zu jener Zeit trotzdessen bestraft wurden – trotz deterministisch-fatalistischem Weltbild. Der Fatalismusglaube bei *Homer* wandelt sich bei *Sophokles* in Selbstbestimmung durch Besinnung, die man z.B. durch Strafe und Sühne erlernt – ohne dass es auf einen Indeterminismus ankäme. Auch die Wahl des Lebensschicksals bei *Platon* (Politeia) ist letztlich nicht losgelöst: Die Wahl erfolgt nach den im früheren Leben gemachten Erfahrungen: Ging es dem Wählenden im vergangenen Leben gut, wählt er sorglos und unbedacht (vgl. zur antiken griechischen Philosophie, *Rosenberger,* Determinismus und Freiheit, S. 11 ff.). Ein Determinismus schließt Verantwortung nicht aus (dazu Kapitel 5 III). Lob und Tadel haben ebenfalls im Determinismus ihren Sinn: Sie sind Determinanten im multifaktoriellen Netz.

220 *Schünemann,* in: FS Lampe, S. 537 (547); *ders.*, in: *ders.* (Hrsg.), Grundfragen des modernen Strafrechtssystems, 153 (164).

221 *Schünemann,* in: FS Lampe, S. 537 (549).

222 *Herzberg,* in: FS Achenbach, S. 157 (163).

223 *Herzberg,* in: FS Achenbach, S. 157 (163).

gegangen" oder „die Sonne scheint auf die Erde herab" als gesellschaftliche Verbindlichkeit postulieren.[224]

Schünemann bezieht sich auf das Aktiv in der Sprache, das geprägt ist von Bewegung und Fortschritt des handelnden Subjekts – kurzum: Aktivität und „Handlungsfreiheit"[225]. Im Umkehrschluss versteht *Schünemann* den Determinismus als Passivität; jeder Mensch sei kein Subjekt, sondern bloßes Objekt, dem alles widerfahre.[226] Darin spiegelt sich letztlich die Fatalismus(fehl)deutung des Determinismus wieder.[227] *Hermann Roeder*[228] zufolge führe jeder Determinismus zwingend zum Fatalismus, worin die empfindlichste Stelle eines jeden Deterministen liege, der darum bemüht sei, den Fatalismus vergeblich abzuwehren. Denn ein Fatalismus führe zu *Passivität*[229], die es verbiete *Sollens*anforderungen an den Menschen zu stellen[230]. Bedeute Determinismus wirklich Fatalismus, wäre *Schünemann* zuzustimmen, dass ein solcher aus der Sprache der Gesellschaft herausfalle, denn der Mensch sieht sich oftmals als aktiven Autor des eigenen Verhaltens und der daraus resultierenden Folgen. Im Fatalismus ist der Mensch Spielball seiner Faktoren und erfährt sich

> *„als fremdbestimmt, hin- und hergeworfen in den Wogen des Fatum, des Schicksals, das er doch in keinster Weise selbst beeinflussen kann. Das Bestimmende liegt außerhalb des menschlichen Zugriffs"*[231].

Fatalismus bedeutet *blinde* Herrschaft, der ein jeder ausgesetzt sei.[232] Der Mensch sei bloßer Transformator blindkausaler Kräfte, die sich nach Maßgabe seiner Anlagen in ein Parallelogramm der Kräfte um-

---

224 *Hoyer*, in: FS Roxin I, S. 723 (730).

225 *Schünemann*, in: *ders.* (Hrsg.), Grundfragen des modernen Strafrechtssystems, 153 (164), der unter Handlungsfreiheit die Willensfreiheit versteht, siehe zum terminologischen Problem bereits Kapitel 1 I 1.1.

226 So versteht den Determinismus auch *Griffel*, ARSP 84 (1998), 517 (526).

227 Auf den Fatalismus berufen sich auch *Maier/Helmchen/Saß*, Nervenarzt 76 (2005), 543 (544).

228 *Roeder*, Willensfreiheit und Strafrecht, S. 54 f.

229 Auch *Hörnle/v. Hirsch*, GA 1995, 261 (276) sind der Auffassung, dass eine aktivgestaltende Einflussnahme im Determinismus unmöglich sei.

230 Zu Sollensforderungen des Strafrechts unter dem Determinismus siehe Kapitel 5 IV 3.

231 *Rosenberger*, Determinismus und Freiheit, S. 12.

232 *Bunge*, Kausalität, S. 113.

setzen und den Täter zwängen, so zu handeln, wie er schließlich handelt.[233] Ein so verstandener Fatalismus widerspricht jedoch bereits dem deterministischen Kausalitätsprinzip, wenn das Fatum *blind*, also entgegen bestehender, notwendig wirkender Kausalitäten bzw. Faktoren in das Geschehen *eingreifen* könne[234], was schließlich zu Unbedingtheit führen würde. Bereits deswegen ist Fatalismus nicht mit Determinismus gleichzusetzen.

Ein moderner, vielschichtiger, systemischer Determinismus bedeutet keinesfalls Passivität und Resignation, in der einem das Leben lediglich widerfährt. Der Determinist zeichnet keine „willenlose Marionette“[235] einer blinden, schicksalhaften Macht. Die Notwendigkeit des Fatalismus unterscheidet sich von der des Determinismus[236]: Die fatalistische Notwendigkeit bedeutet Unabänderlichkeit in dem Sinne, dass aufgrund des Eingreifens des Fatums *unabhängig* von den konkreten Umständen bzw. Bedingungen der Vergangenheit und Gegenwart sich etwas ereignet (unbedingte Notwendigkeit). Dagegen ist die Notwendigkeit im Determinismus *abhängig* von den jeweiligen Umständen bzw. Faktoren (bedingte Notwendigkeit), was zu einer gewissen Abänderlichkeit der Folge führt, aber nicht im Sinne eines Indeterminismus. Der Mensch entscheidet nicht im Wege eines einfachen, linearen Ursache-Wirkungs-Mechanismus, vergleichbar mit einem bloßen Reflex, sondern in einem Faktorenkomplex. Ein Faktor hat für sich genommen nicht notwendig eine hinreichende Wirkung dergestalt, dass bei seinem Vorliegen nur noch eine einzige Folge möglich ist, was bedeutet, dass jeder einzelne Faktor offen für andere bleibt. Jeder Faktor bzw. jeder Faktorenkomplex kann durch das Hinzutreten anderer oder dem Wegfallen gegebener Faktoren in seiner endgültigen Wirkung beeinflusst werden. Das Abwägen, auch wenn determiniert, führt damit zu Veränderbarkeit. Andere Faktoren und Gewichtungen führen zu anderen Folgen. Das Schicksal hingegen wäre davon völlig unberührt, würde „blind“ eingreifen und wäre damit immer losgelöst von den Eigenheiten des Menschen mit seinem individuellen Charakter und seinen Vorlieben. Die Offenheit des Determinismus im Gegensatz zum

233 *Maurach/Zipf*, Strafrecht AT, § 36 Rn. 7.
234 Vgl. *Bunge*, Kausalität, S. 113.
235 So aber beschrieben, z.B. bei *Falkenburg*, Mythos Determinismus, S. 388.
236 Vgl. dazu *Bunge*, Kausalität, S. 114.

Fatalismus umschreibt der Philosoph und Physiker *Mario Bunge* wie folgt:

> *„Darüberhinaus betrachtet ein Allgemeiner Determinismus nichts als unbedingt und hat dementsprechend keine andere Unausweichlichkeit zur Folge, als eine, die sich aus dem gesetzmäßigen Zusammenwirken und Wechselspiel von Prozessen ergibt, bei denen unter Umständen auch das menschliche Bewußtsein eine Rolle spielt. Dabei zeigt uns dieser Allgemeine Determinismus, daß der Komplex von Gesetzen, der uns instand setzt, dem Lauf der Ereignisse entgegenzuwirken oder ihn wenigstens abzuändern und damit eine andere Zukunft zu erreichen, viel reicher ist, als sich das der einfache Kausalismus ursprünglich vorgestellt hat"*[237].

Der Willkür eines Fatums ist der Mensch im Determinismus nicht ausgesetzt. *Er* muss sich entscheiden, weil er die Zukunft nicht kennt. Die Einsicht in das Entscheiden-Müssen und der dadurch vonstattengehende Abwägungsprozess führen zu aktiven Gestaltungen menschlichen Lebens und das unabhängig davon, ob diese dem Determinismus unterliegen. Er wird am Ende handeln und entscheiden müssen, möchte er negative Konsequenzen vermeiden (was prinzipiell ein Grundziel menschlichen Daseins ist); und es werden durch die Verbindung zu seinen persönlichen Erfahrungen und Wertungen, etc. letztlich *seine* Entscheidungen und *seine* Handlungen sein. Diese Zweckrichtung der menschlichen, wenn auch determinierten Entscheidung im Wege einer Abwägung widerspricht der Vorstellung eines *blind* wirkenden Fatums.

Im Determinismus wäre der Mensch ebenfalls aktiver Teil im Netz der Welt, der Dinge bewirkt und den Fortlauf der Welt und seines Lebens bestimmt. In ihm vereinigen sich die Fäden der Welt – er ist sozusagen Knotenpunkt, der durch sein individuelles Sein mit all den dazugehörenden Faktoren, die den Charakter bilden, die Fäden (determiniert) weiterspinnt. Die Person ist gewachsen durch Umwelt, Gene, gemachte eigene Erfahrungen, Bewertungen, die ihn ausmachen – die ihn zum Individuum, zum Subjekt machen. Die Komplexität aller Faktoren macht aus ihm etwas Neues, etwas Eigenes – ein *„emergentes Wesen"* – das in der Gesamtheit seiner Faktoren (auch seiner Empfindungen) wiederum Einfluss in der Welt ausübt. Er wäre passiv, aber

---

237 *Bunge*, Kausalität, S. 116.

auch aktiv, er handelt und ihm widerfährt gleichsam.[238] Die Aktivität in der Sprache lässt sich daher durchaus mit dem modernen Determinismus vereinbaren, denn der Mensch bleibt auch im Determinismus handelndes, aktives Wesen. Seine Wertungen (für oder gegen ein bestimmtes Verhalten), die in ihm als Ausdruck seiner Selbst entstehen, bewirken den Fortlauf seiner persönlichen Geschichte. Menschliche Aktivität und Autorschaft liegen daher nicht zwingend allein im indeterministischen Anders-Können begründet.

Mit der Fatalismusdeutung geht die Angst einher, wer überzeugt ist, ohnehin keine Wahl zu haben, weil alles seinen zwingenden Verlauf nimmt, werde auch keine (bewussten) Abwägungsprozesse mehr anstellen, um herauszufinden, welche von mehreren Alternativen gewählt werden soll. Folge daraus seien falsche Entscheidungen und ein unangemessenes Verhalten.[239] Dieser Gedanke würde letztlich in Lethargie enden. Diese Annahme verkennt, dass auch im Determinismus der Mensch Entscheidungen trifft und dazu Abwägungen in unterschiedlichem Umfang je nach Situation anstellt – auch wenn dies wiederum determiniert erfolgen würde. Bereits die Entscheidung, keine Abwägungsprozesse mehr anzustellen, um dem Determinismus seinen Lauf zu lassen, wäre eine, wenn auch determinierte Entscheidung.[240] Auch der determinierte Mensch muss sich am Ende entscheiden und abwägen, um Nachteile zu vermeiden, weil ihm die Zukunft unbekannt ist.[241] Die deterministischen Möglichkeiten („Wenn-Optionen"[242]) wären für ihn im determinierten Abwägungsprozess als denk-

238 Dies entspricht dem Empfinden des Menschen als „selbstwirksam". Dieses Erlebnis wirkt aktivierend, im Gegensatz zum Passivitätserleben einer Depression (*Mundt*, in: *Tröger* (Hrsg.), Wie frei ist unser Wille, 59 (75)). Es ändert sich mit diesem Empfinden die Art der Teilnahme im Netz der Verhaltensoptionen. Innerhalb der Determination existiert damit ein Unterschied zwischen Aktiv- und Passivitätsempfinden, sodass das Empfinden selbst wiederum system-determinierend wirkt.

239 So die Philosophin *Walde*, Willensfreiheit und Hirnforschung, S. 203; *Rath*, Aufweis der Realität der Willensfreiheit, S. 95 f.; 99 f., der bestreitet, dass sinnvolle Dialoge und sinnvolle Meinungsbildung möglich wären.

240 Darauf weist auch *Detlefsen*, Grenzen der Freiheit, S. 37 hin.

241 So auch *Pothast*, JA 1993, 104 (107, 109); *R. Merkel*, Willensfreiheit und rechtliche Schuld, S. 34.

242 Siehe dazu sogleich Kapitel IV 1.2.3.3.

bar vorhanden[243] – nur nicht in der Umsetzung als Anders-Können. Eine deterministische Sicht führt keinesfalls zu weniger Abwägung und daraus resultierenden Fehlentscheidungen. Natürlich können Fehlentscheidungen oder unangemessenes Verhalten drohen – aber das liegt nicht am Fatalismus oder am Determinismus. Auch ein Indeterminismus kann die Gefahr falscher Entscheidungen nicht nehmen: Entscheidungen entgegen der gewonnen Erfahrung könnten negative Konsequenzen mit sich bringen. Der Glaube an die Willensfreiheit und die Motivation, einen Beweis ihrer Existenz zu erbringen, können ebenfalls zu gewollt falschen, voreiligen, mit schweren negativen Konsequenzen belasteten Entscheidungen führen.[244] Diese Gefahren bestehen unabhängig davon, ob der Mensch determiniert, fatalistisch oder indeterminiert ist.

1.2.2.2. Zusammenfassung

Schünemann ist zuzustimmen, dass sich (strafrechtliche) Verantwortung in den Strukturen unserer gesellschaftlichen Kommunikation zeigt. Jedoch steht dem ein Kompatibilismus bestehend aus Determinismus, Verantwortung, aktiver Autorschaft[245] und (deterministischer) Freiheit der sprachlichen „Wirklichkeit“ nicht entgegen, wenn Determinismus nicht als Fatalismus fehlgedeutet wird[246]. Im modernen Determinismus bleibt der Mensch Subjekt und wird nicht zum Objekt eines fremden Fatums. Aus den sprachlichen Eigenheiten unserer Gesellschaft ist daher nicht zwingend auf ein indeterministisches Verständnis der Gesellschaft zu schließen. Aus deterministischer Sicht gestaltet der Mensch über seine individuellen Entscheidungen, gewonnen aus der Synthese hochkomplexer, multikausaler Faktoren, die wiederum seine Individualität ausmachen, seine Umwelt mit – er übt dadurch selbst Einfluss aus.

243 Dazu sogleich mehr Kapitel 4 III 1.2.3.2. und Kapitel 5 III 3.2.1.1.
244 *Herzberg*, Willensunfreiheit und Schuldvorwurf, S. 50.
245 Davon zu trennen sind die Begriffe Autonomie im kantianischen Sinn und Urheberschaft i.S.v. Selbstgesetzgebung. Siehe näher dazu Kapitel 5.
246 Auch *Spilgies* verweist auf diese Fehldeutung, *Spilgies*, HRRS 2005, 43 (47).

1.2.3. Die Freiheitserfahrung – eine indeterministische?

Nimmt man die subjektive Sicht (abstellend auf die subjektive Freiheitserfahrung) als selbstständigen Anknüpfungspunkt oder zieht sie als Legitimationsgrundlage für einen indeterministischen Schuldbegriff heran, wird etwas vorausgesetzt, das erst noch hinterfragt werden muss: das indeterministische Willensfreiheitsgefühl. Von den Befürwortern der indeterministisch geprägten Alltagserfahrung wird, bis auf *Schünemanns* sprachwissenschaftlichen Versuch, kein Beweis für ihre Behauptung angeführt, was wohl daran liegt, dass dieses Erlebnis so evident zu sein scheint, dass es jedem in der Selbsterfahrung zugänglich sein müsse[247] und es keiner Hinterfragung bedürfe.

Hirsch zufolge[248] käme es, Selbst wenn der Determinismus bewiesen sein sollte und der Mensch sich „umprogrammieren" ließe, immer auf die Erste-Person-Perspektive, auf das Selbstverständnis des Menschen an, willensfrei handeln zu können. Dabei sei allgemein zu beobachten, dass der Mensch im Normalfall davon ausginge, sein Handeln selbst zu entscheiden und zu steuern und er sich dabei als frei empfinde[249], denn der Mensch hat Schuldgefühle und Gewissensbisse[250]. Für die Rechtsordnung sei allein entscheidend, welche Vorstellung bzw. was für ein Weltbild in einer Gesellschaft herrscht.[251]

Das freiheitliche Selbstverständnis des Menschen sei *Hirsch* zufolge biologisch angelegt, denn es ist bisher keine Kultur oder Volksstamm bekannt, die konsequent deterministisch lebe und die Strafe abgeschafft hätte, selbst wenn sie einen deterministischen Hintergrund (Religion, Kult) hätte.[252] *Hirsch* schließt von der Existenz der Strafe,

---

247 *Griffel* zufolge bestreite selbst kein Determinist dieses Gefühl, ZStW 98 (1986), 28 (35); *Gössel*, JA, 1975, 91 (93) setzt aufkommenden Zweifeln an der Möglichkeit des Anders-Handeln-Könnens die alltägliche Erfahrung entgegen, die jeder selbst machen könne.

248 *H. J. Hirsch*, ZIS 2010, 62 (67).

249 *H. J. Hirsch*, ZIS 2010, 62 (64), s.o.

250 *H. J. Hirsch*, ZIS 2010, 62 (66 f.); diese zieht auch *Griffel*, ARSP 84 (1998), 517 (518) heran.

251 *H. J. Hirsch*, ZStW 106 (1994), 746 (764).

252 *H. J. Hirsch*, ZIS 2010, 62 (66); so auch *Kornadt*, in: *v. Cranach/Foppa* (Hrsg.), Freiheit des Entscheidens und Handelns, S. 21 (24). Zudem verweist *H. J. Hirsch* als Beleg für die biologische Veranlagung des Selbstverständnisses beim Menschen auf Primaten, die genauso wie der Mensch missbilligtes Verhalten mit

die Rückschlüsse auf eine Art inneres Verantwortungsgefühl in der Kultur zulassen, auf ein freiheitliches Selbstverständnis und verkennt dabei, dass auch ohne *indeterministische* Freiheit zu erfahren, gestraft werden kann.[253] Es ermangelt dann nicht an einem konsequenten Determinismus, nur weil gestraft wird. Determinismus bedeutet nicht zwangsläufig Verantwortungs- und Sanktionslosigkeit. Strafe und *indeterministisches* Freiheitsgefühl sind nicht zwangsläufig miteinander verknüpft – ebenso wenig indeterministisches Freiheitsgefühl und Verantwortungsgefühl. *Hirsch* empfindet es dagegen als Widerspruch, einen Determinismus zu behaupten und gleichzeitig auf das Verantwortungsgefühl abzustellen.[254]

Verantwortung muss jedoch nicht an einen Indeterminismus gebunden sein. Verantwortungsgefühl und indeterministisches Freiheitsgefühl sind nicht dasselbe. So ist es durchaus denkbar, dass Kulturen ein deterministisches Verantwortungs- und Strafkonzept zugrunde legen, das dem subjektiven Verantwortungsgefühl entspricht – ohne dass dieses indeterministisch erfahren wird. Möglich wäre es, dass der Mensch ein deterministisches Verantwortungs- und Freiheitsgefühl erfahre. Es kommt nicht selten zu dem Irrtum, dass Verantwortungsgefühl mit indeterministischer Entscheidungsfreiheit für identisch erachtet wird.[255] Die Existenz eines *indeterministischen* Willensfreiheitgefühls muss hinterfragt werden. Möglicherweise hat die (kulturelle) Evolution ein mit dem Determinismus verträgliches Verantwortungs- und Freiheitsgefühl hervorgebracht.

Sanktionen ahnden. Wenn man nun der Auffassung ist, Tiere seien nicht willensfrei, sondern determiniert, dann widerlegt dieses Beispiel nicht die Strafe im Determinismus, sondern bekräftigt sie noch. Umgekehrt, lässt das Strafverhalten der Primaten möglicherweise darauf schließen, dass auch diese das Selbstverständnis von der Willensfreiheit teilen? Müsste man dann nicht zwangsläufig davon ausgehen, dass auch sie sich willensfrei fühlen?

253 So auch *Wuketits*, in: *Petzold/Sieper (Hrsg.)*, Der Wille, die Neurobiologie und die Psychotherapie I, S. 57 (67, 71): Der Glaube an einen freien Willen ist nicht bindend für Kulturen mit einem Bekenntnis zum „Schicksal" und mit Moralvorstellungen.

254 *H. J. Hirsch* ZIS 2010, 62 (66) mit Verweis auf *Roth*, Fühlen, Denken, Handeln, S. 536 ff., 554.

255 Vgl. auch *Herzberg*, Willensunfreiheit und Schuldvorwurf, S. 37.

1.2.3.1. Das indeterministische Willensfreiheitsgefühl oder das deterministische Freiheits- und Verantwortungsbewusstsein

Als erstes gilt es zwischen dem Gefühl der Handlungsfreiheit und dem der Willensfreiheit zu unterscheiden. Das Gefühl der Handlungsfreiheit existiert unbestreitbar. Die (Un)Freiheit, die wir spüren, betrifft zumeist die Handlungs(un)freiheit, d.h. (nicht) unserem Willen gemäß entscheiden und handeln zu können.[256] Das Alltagsverständnis differenziert nicht zwischen Handlungs- und Willensfreiheit. Es existiert zwar ein allgemeines Freiheitsgefühl, dieses muss jedoch nicht der indeterministischen Willensfreiheit entsprechen. Das Willensfreiheitsgefühl läge dann vor, wenn die Person meint, im jeweiligen Zeitpunkt t unter *denselben* Bedingungen und dem *selben* situativen Kontext auch anders entscheiden bzw. handeln zu können bzw. auch anders gekonnt zu haben.

Viele Menschen würden auf die spontan gestellte Frage nach ihrem Freiheitsempfinden antworten, sie könnten anders handeln, wenn sie nur anders wöllten.[257] Dieses Gefühl sagt jedoch noch nichts darüber aus, ob man auch anders hätte wollen können.[258] Bei der Fragestellung wird nicht berücksichtigt, ob ein Anders-Können unter *denselben* oder nur unter *anderen* Umständen möglich wäre. Jedenfalls wenn andere Motive vorgelegen hätten, hätte man wahrscheinlich anders gewollt und dementsprechend auch anders gehandelt.[259] Diese Motive bzw. Umstände würden aus Zielen, Erfahrungen, biografisch gewachsenen Idealen, dem situativen Kontext, aktuellen Stimmungen, etc. resultieren. Die Konkretisierung der Freiheitserfahrung auf den Aspekt des „unter-den-gleichen-Bedingungen-anders-Könnens" ist für die Klärung notwendig, ob das Freiheitsgefühl ein indeterministisches ist

256 Bereits *Engisch* wies daraufhin, dass sich das Freiheitsbewusstsein in erster Linie als das Bewusstsein über seine Handlungsfreiheit herausstellt, weswegen es zum Problem der Willensfreiheit nichts beweist (Die Lehre von der Willensfreiheit in der strafrechtsphilosophischen Doktrin der Gegenwart, S. 63). *Schlick* betont, dass das Bewusstsein der Freiheit darin bestehe, so handeln zu können, wie man es sich wünsche (*Schlick*, Fragen der Ethik, Kap. VII, S. 164)

257 *Herzberg* bezeichnet diesen „Alltagsindeterminismus" als „oberflächlich und labil", *Herzberg*, Willensunfreiheit und Schuldvorwurf, S. 67.

258 *Schlick*, Fragen der Ethik, Kap. VII, S. 163.

259 *Schlick*, Fragen der Ethik, Kap. VII, S. 163.

oder ob es sich dabei möglicherweise sogar um ein deterministisches Freiheitsgefühl handeln könnte.

Es existieren alltägliche Erfahrungen, die Zweifel am indeterministischen freien Willen aufkommen lassen. Die Alltagserfahrung besteht oftmals darin, dass viele Entscheidungen so frei gar nicht sind und dass einem beispielsweise auch die sog. „Spielräume der Freiheit" nicht zur Verfügung stehen.[260]

Im bewussten Entscheidungsprozess spürt man oft, dass es nicht in der eigenen Hand liegt, was für Gedanken kommen und gehen mögen. Da gibt es die quälenden, die nicht gehen möchten oder die hilfreichen, die einem nicht einfallen mögen, konzentrierte man sich auch noch so stark. Hätte man die Fähigkeit, den Willen und das Bewusstsein in Willensfreiheit zu steuern, dann dürfte man damit strenggenommen wenig Schwierigkeiten haben. In diesen Momenten hat der Mensch ein starkes Gefühl der Unfreiheit darüber, dass er nicht einfach anders denken oder anders wollen kann.

Bezüglich des Aspekts der „anderen Umstände" ist dem Menschen oftmals im Nachhinein der Entscheidung bzw. Handlungsausführung bewusst, dass er anders gekonnt hätte, *wenn* er in einer anderen Situation gewesen wäre bzw. er ein anderer gewesen wäre, mit anderen Charaktereigenschaften[261] und anderen Voraussetzungen und Umständen.

Indiz dafür, dass es sich bei dem Freiheitsgefühl nicht um ein indeterministisches handelt ist, dass die Menschen sich gegenseitig alltags- bzw. laienpsychologisch analysieren. Für das Verhalten anderer Personen werden Erklärungen in Kindheitserfahrungen, im Charakter, in den gemachten Erfahrungen, in der Erziehung, im kulturellen Hintergrund, in der Sozialisation und in der aktuellen (Lebens-)Situation gesucht. Eine Untersuchung der Psychologin *Ulrike Rangel*[262] kommt zu dem Ergebnis, dass der Glaube an einen sozialen Determinismus bei

---

260 Vgl. auch *Kempermann*, in: *Geyer* (Hrsg.), Hirnforschung und Willensfreiheit, S. 235 (235); *Herzberg*, Willensunfreiheit und Schuldvorwurf, S. 39.

261 *Schopenhauer*, Über die Freiheit des menschlichen Willens, in: *ders.* (Hrsg.), Die beiden Grundprobleme der Ethik, S. 60, 134; *Engisch*, Die Lehre von der Willensfreiheit in der strafrechtsphilosophischen Doktrin der Gegenwart, S. 22, 46. Zur Charakterschuldlehre Kapitel 5 II 3.

262 *Rangel*, Was macht Menschen zu dem, was sie sind, 2009.

der Frage, was einen Menschen zu dem macht, was er ist, in der Bevölkerung vorherrschend ist. Wenn sich Personen auf die Eigenschaften anderer beziehen, greifen sie oft, neben genetischen Erklärungen, auf den Determinismus durch Sozialisation, Erziehung, soziale und kulturelle Herkunft zurück, die „die fundamentale Wesensart einer Person nachhaltig prägen“[263]. Dabei steht der Glaube an den sozialen Determinismus komplementär zum Glauben an einen genetischen Determinismus.[264] Sichtbarkeit entfaltet dies an der Stereotypisierung und Vorurteilsbildung, die ein jeder macht[265]. Der Mensch ist ein „Erklärungssucher“: Die Ursachenforschung ist notwendig, um Handlungsmotive des Gegenübers im zukünftigen Verhalten einschätzen zu können und geeignete Verhaltens- und Reaktionskonzepte im sozialen Umgang zu entwickeln bzw. auszuwählen.[266] Beobachtbares Verhalten wird rasch auf zugrundeliegende Dispositionen zurückgeführt und zukünftiges Verhalten des Gegenübers wird bei Kenntnis der Persönlichkeitsmerkmale vorherzusagen versucht.[267] Würden die Menschen entgegen der hiesigen These subjektiv davon ausgehen, dass sich ihr soziales Gegenüber beliebig konträr zum Charakter verhalten könnte, wenn er nur wollte, wäre der Aufwand von Prognosen in einer Kosten-Nutzen-Betrachtung zu groß.[268] Warum der große Aufwand, nach gefestigten Charaktereigenschaften und Verhaltensweisen zu suchen und dabei deterministische Laientheorien heranzuziehen, wenn man zugleich davon ausgeht, dass sich das Gegenüber indeterministisch immer ge-

263 *Rangel*, Was macht Menschen zu dem, was sie sind, Zusammenfassung, S. 70 m.w.N, 170 f.

264 *Rangel*, Was macht Menschen zu dem, was sie sind, Zusammenfassung, S. 72 f., 171.

265 Siehe beispielsweise zu anerzogenen Vorurteilen bei Kindern *Rhodes/Leslie/Tworek*, Cultural Transmission of Social Essentialism, PNAS 109 (2012), 13526 (13526 ff.)

266 Vgl. *Rangel*, Was macht Menschen zu dem, was sie sind, S. 1, 56, m.w.N. *Schlick* verwies bereits darauf, dass der Mensch sich im Allgemeinen gut darauf verstehe, „die Ursachen von Handlungen im Charakter [der] Mitmenschen aufzudecken und die so gewonnene Erkenntnis zur Voraussage ihres künftigen Verhaltens zu benutzen“. (*Schlick*, Fragen der Ethik, Kap. VII, S. 165); vgl. bereits Kapitel 1 I 2.1.

267 *Rangel*, Was macht Menschen zu dem, was sie sind, S. 33, m.w.N.

268 Bereits *Hume* führte an, dass wir im gesellschaftlichen Leben untereinander Beobachtungen anstellen, die wir unserem künftigen Entscheiden und Verhalten zugrunde legen, was ohne Notwendigkeit nicht von Nutzen wäre (Eine Untersuchung über den menschlichen Verstand, Abschnitt VIII, Teil I Rn. 9).

gen die ihn determinierenden Faktoren entscheiden bzw. diese überdeterminieren könne, sofern er gesund ist und keine außergewöhnlichen Umstände vorliegen. Das entgegengesetzte Wollen könne bei Zugrundelegung des Indeterminismus beim Gegenüber immer und beliebig erfolgen. Auch etwa die Spielraumtheorie hilft hierüber nicht hinweg, denn auch wenn es einen deterministischen Rahmen gebe, der es erklären könnte, dass ein sozialer Determinismus bei der Suche nach Prognosen über das menschliche Verhalten herangezogen wird, könne das Gegenüber aufgrund der indeterministischen Lücken in *derselben* Situation zum Zeitpunkt t anders Handeln, wenn er wöllte.

1.2.3.2. Die deterministische Möglichkeit

Aber worin liegt nun genau das Gefühl des Anders-Könnens, das man verspürt und das auch in dieser Arbeit nicht bestritten wird. Zu unterscheiden ist ein indeterministisches und ein deterministisches Anders-Können. Unterscheidungsmerkmal ist der Alternativismus unter *denselben* bzw. unter *anderen* Umständen. Das Gefühl würde aus deterministischer Sicht dadurch entstehen, dass im Entscheidungsprozess die möglichen Alternativen abgewogen und dabei mit Hilfe des Bewusstseins (im Prozess der Redetermination[269]) realistisch durchgespielt werden.[270] Das führt dazu, dass die Alternativen in gewisser Weise erfahrbar werden, wodurch gleichzeitig das Gefühl der Möglichkeit zur Begehung der jeweiligen Alternativen entsteht. Dieses Gefühl der Möglichkeit meint aber nicht das indeterministische Können. Es ist dem vielmehr vorgelagert. *Anton Griffel* hat das Gefühl der Möglichkeit bzw. des Könnens, dort wo Determinismus eindeutig feststellbar ist, anhand eines Beispiels verdeutlicht:

> *„Der lose Dachziegel kann bei einer bestimmten Windstärke nicht nach seinem Belieben liegen bleiben oder herunterfallen, sondern er fällt mit unausweichlicher Notwendigkeit herunter. Wenn der Straßenpassant den losen Ziegel beobachtet und sagt: es ist möglich, dass er herunterfällt – so meint er nicht, daß es im Belieben des Ziegels liegt, sondern nur, daß er nicht weiß,*

269 Siehe dazu Kapitel 1 I 3.2.3.

270 Vgl. Kapitel 3 II 3.

ob der Wind stark genug ist, um den Ziegel mit Notwendigkeit herunterzufegen"[271].

So verhält es sich auch mit dem individuellen Gefühl des eigenen Anders-Könnens: Vor einer Entscheidung weiß der Entscheidende nicht, wie er sich entscheiden wird, weswegen für ihn alle Alternativen bis zum Entscheidungsmoment t denkbar möglich bleiben, auch wenn am Ende die Wahl determiniert ist und nur *eine* im Zeitpunkt t unter den gleichen Bedingungen möglich bleibt und keine andere an ihre Stelle hätte treten können. Die „Offenheit"[272] der Zukunft, die aus der fehlenden Fähigkeit des Menschen zu Vorhersagen in komplexen Systemen resultiert, belässt ihm die gedachte Möglichkeit des Eintritts einer Alternative – aber keine Alternative im indeterministischen Sinn[273]. Beim Indeterminismus sind dagegen *alle* Alternativen auch im Zeitpunkt t unter den gleichen Umständen realiter möglich, also austauschbar. Danach wird die Person befähigt, realiter alle gedachten Alternativen im Zeitpunkt t alternativ und austauschbar auch wählen und ausführen zu können.

Es bleibt damit möglich, dass die Alltagserfahrung der Verantwortung und Freiheit[274] nicht indeterministisch, sondern sogar determi-

271 *Griffel*, ARSP 80 (1994), 96 (98).

272 Sie ist keine echte Offenheit im Sinne des Indeterminismus. Die Unwissenheit über die Zukunft lässt Möglichkeiten in dem hier verwendeten Sinn entstehen. Siehe auch zur Offenheit der Zukunft im Zusammenhang mit dem Fatalismus Kapitel 4 III 1.2.2.1.

273 Weswegen hier auch nicht der Begriff des „epistemischen Indeterminismus" verwendet wird. Der „epistemische Indeterminismus" geht davon aus, dass die objektive Welt (Außenwelt) deterministisch ist, stellt jedoch auf die Offenheit der Zukunft i.S. ihrer nicht Vorhersagbarkeit ab. Fehlende Vorhersagbarkeit bedeute Indeterminismus. Dabei wird verkannt, dass es beim Determinismus nicht auf das Element der Vorhersagbarkeit ankommt (vgl. Kapitel 1 I 3.2.1.). Vgl. zum „epistemischen Indeterminismus" *Detlefsen*, Grenzen der Freiheit, S. 43; *Dörner*, in: *v. Cranach/Foppa* (Hrsg.), Freiheit des Entscheidens und Handelns, S. 125 (127), der ihn als „Kryptodeterminismus" bezeichnet; *Vollmer*, Information Philosophie 33 (2005), 58 (67) ordnet ihn vielmehr dem Determinismus zu. Dieser Freiheitsbegriff ist nicht geeignet, die Schuldfrage zu klären, weil er eine normale, schuldfähige Person von einer psychisch kranken, schuldunfähigen Person nicht abzugrenzen vermag, denn für beide gestaltet sich die Zukunft als offen.

274 Man mag auch von Freiheit in einem übergeordneten Sinn sprechen, ohne dass damit spezifisch die Willens- oder Handlungsfreiheit gemeint ist. Dann meint Freiheit lediglich (verständig) selbstbestimmte Verantwortung. Diese ist auch im Determinismus möglich (siehe Kapitel 5 III 3).

nistisch ist – im Sinne eines Kompatibilismus des weichen Determinismus, der Determiniertheit, Freiheit und Verantwortung für vereinbar hält. [275] Sie resultiert aus der Handlungsfreiheit und der sog. deterministischen „Wenn-Option." Damit bleibt im Ergebnis die Freiheit „in den gesellschaftlichen Anerkennungs- und Verantwortungsverhältnissen praktische Realität (Wirklichkeit), die wir selbst immer wieder erfahren und zugleich konstruieren"[276] – auch unter einem Determinismus.

1.2.3.3. Die deterministische Wenn-Option

Wenn die Person nach der Entscheidung bzw. nach dem Verhalten darüber selbstreflektiert, weiß sie zumeist, unter welchen Bedingungen die Entscheidung eine andere geworden wäre. Dann sind ihr oftmals die deterministischen „Wenn-Optionen" bekannt. Im Gefühl des Anders-Könnens schwingen deterministische „Wenn-Optionen" mit, die jene Bedingungen bezeichnen, die eine Entscheidung oder ein Verhalten unter einer hypothetischen Betrachtung verändert hätten. Diese *Wenn-Optionen* sind im Indeterminismus irrelevant, weil hiernach ein Anders-Handeln-Können bzw. Anders-Entscheiden-Können unter *denselben Umständen* möglich sein muss. Die Wenn-Optionen ändern aber in einer hypothetischen Betrachtung diese Umstände ab. Zudem: Auch bei veränderten Umständen blieben die Optionen gleich möglich (im indeterministischen Verständnis): Wenn also die Arbeitnehmerin C vor die Wahl gestellt wird, ihren sicheren Arbeitsplatz für eine unsichere Zukunft aufzugeben, dann kann sie es, wenn sie nur wollte. Das Vorhandensein oder Nicht-Vorhandensein von Existenzängsten ändert nichts an der indeterministischen Fähigkeit zum Anders-Können – mit und ohne Existenzängste könnte C beide Optionen in freier Wahl treffen. Dagegen wendet der Determinist ein, dass C die Jobaufgabe dann nicht wollen und wählen kann, *wenn* etwa für sie keine vorteil-

275 Dabei ist es unschädlich, dass die Menschen den Terminus Determinismus nicht verwenden. Auch wenn sie die Unterteilung in indeterministisch, deterministisch, kompatibilistisch, etc. nicht vornehmen und deswegen immer von (Willens-)Freiheit sprechen, ist es möglich, dass sie vielmehr eine deterministische Verantwortlichkeit bzw. deterministische Freiheit erfahren. Um eine Erfahrung zu haben, muss sie nicht wissenschaftlich korrekt bezeichnet werden.

276 NK-*Schild*, StGB, § 20 Rn. 17.

haftere oder zumindest vergleichbare Lage eintreten würde und ihre Existenzängste damit bestehen blieben. Sind die Umstände andere, kann[277] auch die Entscheidung eine ganz andere sein, weil der Prozess der Redetermination anders verlaufen würde. Nur unter anderen Umständen, so die deterministische „Wenn-Option" („Hätte ich das nur gewusst", „Wäre ich an dem Tag nicht so schlecht gelaunt gewesen", „Wäre ich nicht so müde gewesen"), hätte sich der Mensch anders verhalten und entschieden.

Dagegen könnten Indeterministen einwenden, dass Indeterminismus nicht motivloses Wollen voraussetze. Dann würde sich die Frage stellen, wie und woraus die jeweiligen Motive im Indeterminismus entstehen und welche Bindungswirkung sie entfalten. Zudem setzt der Indeterminismus voraus, dass eine Person sich, wenn sie anderes können soll, sich auch von den jeweiligen Motiven wiederum lösen können muss. Dies setzt Gegenmotive voraus. Soll die Wahl nicht willkürlich sein, muss es wiederum Motive für die Letztentscheidung und den endgültigen Entscheidungsvollzug geben. Motive resultieren aus verschiedenen Faktoren, wie etwa Erinnerungen, Lernerfahrungen und Zielvorstellungen, die letztlich im Gehirn gespeichert, verändert[278], gebildet und repräsentiert werden.

Dass der Mensch unter einem Determinismus einzelne Motive als nicht zwingend erlebt[279], könnte damit zusammenhängen, dass sie im Kontext zu einer Vielzahl anderer Faktoren und Motive stehen, weil ein einfach linearer Determinismus nicht im Entscheidungsprozess wirkt. Das „Immer-wenn-dann-Prinzip" als Ausdruck von Zwang, ist nicht Inhalt des modernen komplexen Determinismus.[280] Der Mensch empfindet sich grundsätzlich[281] nicht von einer einzelnen Erfahrung,

277 Diese Relativierung entsteht, weil der Determinismus nicht ausschließt, dass trotz anderer Determination das gleiche Resultat Folge sein kann.

278 Erinnerungen unterliegen vielfältigen Veränderungen durch unser Gehirn und sind täuschungsanfällig: Sie werden modifiziert, hinzugedichtet und vergessen (vgl. *K. A. Braun/Ellis/Loftus*, Make My Memory: How Advertising Can Change Our Memories of the Past, Psychology & Marketing 2002, 1 (1 ff.); *Loftus*, Our Changeable Memories: Legal and Practical Implications, Nature Reviews Neuroscience, 2003, 231 (231 ff.)).

279 *B. Burkhardt*, in: *Tröger* (Hrsg.), Wie frei ist unser Wille, S. 87 (103 f.).

280 Vgl. Kapitel 1 I 3.2.1.

281 Im Fall von psychischer Krankheit kann das natürlich anders sein.

von einem einzelnen Motiv oder von seinem Charakter *genötigt*, sondern erfährt sie als Teil bzw. als Ausdruck seiner selbst, seiner Individualität, das aus einem dynamischen und daher variablen Geflecht besteht. Daraus entsteht schließlich das Gefühl der Autorschaft.[282]

1.2.3.4. Ein indeterministisches Postulat bei deterministischem Freiheitsgefühl?

Auch *B. Burkhardt* beschreibt den *Inhalt* der Freiheitserfahrung als mit dem Determinismus vereinbar. Nach ihm besteht es aus dem Wissen um die Handlungsfreiheit, der doxastischen Offenheit der Zukunft, den als nicht zwingend erfahrenen Motiven sowie der Erfahrung der Autorenschaft.[283] Sein Verständnis vom Inhalt der Freiheitserfahrung deckt sich mit dem hier entwickelten deterministischen Freiheitsgefühl: Handlungsfreiheit als Teil der empfundenen Freiheit und die Offenheit der Zukunft, die aus der Unvorhersagbarkeit des Menschen resultiert sowie dem Wissen darum, dass der einzelne Faktor nicht linear-kausal zu einem bestimmten Verhalten zwingt. Auch das Gefühl der Autorschaft („ich bin es, der entscheidet und sich verhält")[284], also die Identifikation mit sich selbst und seinem Verhalten, kollidiert nicht mit dem hiesigen Verständnis.[285]

Dennoch ist *B. Burkhardt* nicht vollends zuzustimmen, wenn er trotz des *Inhalts* dieses Freiheitsgefühls – gerade weil er ihm nicht zwangsläufig einen indeterministischen, kontrakausalen *Gehalt* beimisst[286] – die Konsequenz zieht, dass

> *„ich so entscheiden muss, als ob ich in einem indeterministischen, kontrakausalen Sinne frei wäre"*[287].

Danach soll der Mensch aus dem Freiheitserlebnis, das kein indeterministisches sein muss, sondern vielmehr mit einem deterministischen Verständnis konform geht, so entscheiden, als ob er objektiv-empirisch indeterminiert wäre.

282 Dazu näher Kapitel 5.
283 *B. Burkhardt*, in: *Tröger* (Hrsg.), Wie frei ist unser Wille, S. 87 (99, 102 f., 107).
284 *B. Burkhardt*, in: *Tröger* (Hrsg.), Wie frei ist unser Wille, S. 87 (105).
285 Dazu Kapitel 3 II.
286 *B. Burkhardt*, in: *Tröger* (Hrsg.), Wie frei ist unser Wille, S. 87 (107).
287 *B. Burkhardt*, in: *Tröger* (Hrsg.), Wie frei ist unser Wille, S. 87 (107 f.).

Dieser Schluss ist deswegen fraglich, weil der Mensch, wie eben gesehen, um deterministische „Wenn-Optionen" weiß. Er weiß, auch wenn u. U. latent, dass der Verlauf oftmals nur dann ein anderer gewesen wäre, *wenn* die Umstände andere gewesen wären. Es ist nicht ersichtlich, warum konträr zum Inhalt des Freiheitserlebens etwas postuliert werden sollte. Vor allem dann nicht, wenn das Freiheitserlebnis eigentlich die Grundlage für die Annahme des Indeterminismus bilden soll. Dadurch verliert das Postulat des Indeterminismus im Rahmen der subjektiven Schuldkonzeptionen, die gerade auf das Freiheitserleben der Erste-Person-Perspektive abstellen, seine Grundlage.

Unabhängig hiervon sieht *Hillenkamp* im subjektiven Ansatz, wenn die These der Hirnforscher wahr sein sollte und uns das Gefühl trügt, eine Illusion der Willensfreiheit, an die das Strafrecht nicht anknüpfen dürfe, da anderenfalls das Strafrecht auf einer Lüge aufbaue. Eine Illusion dürfe und könne sich nicht halten.[288] Die Rechtsordnung muss bei der Aufstellung von Regeln einen scharfen Blick auch auf die faktischen Fähigkeiten und Bedürfnisse derer werfen, die sie betreffen und die durch sie beeinflusst werden sollen, sonst gehen sie an der Wirklichkeit vorbei und verlieren über kurz oder lang ihre tatsächliche Geltung.[289]

1.2.3.5. Die Erste-Person-Perspektive oder die Dritte-Person-Perspektive

Neben dem Freiheitserlebnis selbst stellt sich schließlich die Frage, ob ein subjektives Freiheitserlebnis überhaupt primärer oder gar alleiniger Anknüpfungspunkt von Schuld sein kann. *Hirsch* führt an, dass der Mensch auf die Erste-Person-Perspektive hin angelegt sei und das Ordnungs- und Wertesystem deswegen daran anzuknüpfen habe.[290] Das subjektive Empfinden ist jedoch trügerisch und täuschungsanfäl-

---

288 *Hillenkamp*, JZ 2005, 313 (320); *ders.*, in: *T. Fuchs/Schwarzkopf* (Hrsg.), Verantwortlichkeit – nur eine Illusion?, S. 391 (412); *ders.*, in: *Gestrich/Wabel* (Hrsg.), Freier oder unfreier Wille, S. 72 (87 f.); zustimmend *Duttge*, in: *ders.* (Hrsg.), Das Ich und sein Gehirn, S. 13 (37); *T. Walter*, in: FS Schroeder, S. 131 (142 f.); *Schiemann*, NJW 2004, 2056 (2058).

289 *Hillenkamp*, JZ 2005, 313 (320); *ders.*, in: *T. Fuchs/Schwarzkopf* (Hrsg.), Verantwortlichkeit – nur eine Illusion?, S. 391 (412). Der subjektive Ansatz würde sinnlos werden (vgl. *T. Walter*, in: FS Schroeder, S. 131 (142 f.)).

290 *H. J. Hirsch*, ZIS 2010, 62 (67).

lig, was der Sozialpsychologe *Daniel Wegner*, wie bereits erwähnt[291], überzeugend dargestellt hat: Der Mensch kann sich darüber täuschen, ob er eine Handlung freiwillig ausführt. *Holk Cruse* hat das Ergebnis von Forschungen am offenen Gehirn wie folgt beschrieben:

> *„Man kann Menschen in bestimmten Gehirnbereichen, im sogenannten Thalamus, künstlich so reizen, daß sie einen Finger bewegen. Befragt danach, ob sie diese Bewegung geplant und gewollt haben, verneinen sie dies erwartungsgemäß. Man kann in einem weiteren Experiment die Fingerbewegung auch durch Reizung in einem anderen Gehirnbereich, dem motorischen Kortex, auslösen. In diesem Experiment behaupten die Versuchspersonen erstaunlicherweise, daß sie die Bewegung willentlich durchgeführt hätten. Hier liegt also das Erleben einer freien Entscheidung vor, die in diesem Falle aber nachweislich von außen ausgelöst wurde"*[292].

Das subjektive Gefühl entfaltet z.B. keine Relevanz bei der Schuldfrage in dem Fall, dass eine schizophrene Person davon überzeugt ist, sie folgte der Stimme im Kopf freiwillig. Unter Umständen verneinen wir dennoch die Schuldfähigkeit und bejahen die Anwendung der §§ 20, 21 StGB.[293] Wenn wir den Blick von der geistig gesunden auf die geistig gestörte Person wenden, wird eines deutlich: Allein das subjektive Freiheitsgefühl kann nicht ausschlaggebend für Verantwortung sein. Die geistig gestörte Person kann sich als noch so frei und verantwortlich in ihren Gedanken und ihrem Verhalten fühlen und dennoch wird man ihr je nach Krankheit und Ausprägung weniger Freiheit zu sprechen oder ihr gar die Schuldunfähigkeit attestieren. Daraus folgt, dass subjektive Schuldansätze nicht die vom Gesetz geforderte Abgrenzung zwischen schuldunfähig und (vermindert) schuldfähig gem. §§ 20, 21 StGB zu leisten vermögen, ohne letztlich auf externe, objektive Kriterien der Dritte-Person-Perspektive zurückzugreifen. Dann fragt sich, was subjektive Theorien bei der Schuldfrage fähig sind zu leisten.

---

291 Kapitel 3 II 1.

292 *Cruse*, in: *Geyer* (Hrsg.), Hirnforschung und Willensfreiheit, S. 223 (224). Die elektrische Reizung bestimmter Hirnareale führt zu dem Gefühl, eine Handlung ausführen zu wollen (dazu *Roth*, in: *T. Fuchs/Schwarzkopf* (Hrsg.), Verantwortlichkeit – nur eine Illusion?, S. 147 (165 f.); *Desmurget/Reilly/Richard/Szathmari/Mottolese/Sirigu*, Movement Intention After Parietal Cortex Stimulation in Humans, Science 324 (2009), 811 (811 ff.)).

293 Vgl. *G. Merkel*, in: FS Herzberg, S. 3 (12); *dies./Roth*, in: *Grün/Friedman/Roth* (Hrsg.), Entmoralisierung des Rechts, S. 54 (66).

Wir attestieren Schuldunfähigkeit, obwohl sich die Betroffenen frei und verantwortlich wähnen, wir attestieren dagegen aber auch Schuldfähigkeit, obwohl sich die Betroffenen unfrei wähnen. Danach liegt es wohl so, dass es bei der Zuschreibung nicht auf die subjektive Sicht ankommt, sondern auf die objektive. Dies kann auch gar nicht anders sein, wenn die strafrechtliche Schuldfeststellung eine Zuschreibung von außen ist: Die Schuld als subjektive Zurechnung ist keine Selbstzuschreibung, sondern eine Fremdzuschreibung von Verantwortung. *B. Burkhardts* Ansatz würde dagegen im Ergebnis zu einer Selbstzuschreibung führen.[294] Zwar fällt es leichter, einem gesunden Menschen, der sich frei fühlt, Schuld zu attestieren, wie auch umgekehrt – aber sobald die objektive Perspektive von der subjektiven abweicht, setzen wir uns über die subjektive hinweg und schreiben das normativ zu, was das Urteil aus der Dritte-Person-Perspektive (ggf. mit Hilfe von Sachverständigen) rät.

1.2.3.6. Zusammenfassung

Das subjektive Gefühl des Anders-Könnens ist näher zu hinterfragen und muss konkretisiert werden. Das subjektive Freiheits- und Verantwortungsgefühl bezieht sich entgegen der überwiegenden Meinung nicht zwingend auf den Indeterminismus, sondern könnte durchaus in Bezug auf das Abgrenzungskriterium des „unter-denselben-Bedingungen-Anders-Könnens" deterministisch sein. Dann wäre entgegen *Max Ernst Mayer*[295] und *B. Burkhardt*[296] die Menschheit nicht zum Indeterminismus determiniert. Aufgrund seines deterministischen Bezugs schließt das subjektive Gefühl nicht die Annahme des Determinismus aus, sondern lässt dagegen deterministische Freiheit und Verantwortung zu[297]. Wird objektiv vom Determinismus oder Agnostizismus ausgegangen, plädiert jedoch wegen des subjektiven Willensfreiheitsempfindens für das Postulat des Indeterminismus[298], entfällt die

294 So auch *Spilgies*, HRRS 2005, 43 (45 Fn. 17); vgl. auch *G. Merkel*, in: FS Herzberg, S. 3 (12).
295 *Mayer*, Der Allgemeine Teil des deutschen Strafrechts, S. 471.
296 *B. Burkhardt*, in: *Tröger* (Hrsg.), Wie frei ist unser Wille, S. 87 (108).
297 Hierzu Kapitel 5 III und Kapitel 5 V.
298 Dies gilt entsprechend für den Legitimationsversuch einer Fiktion des Indeterminismus mit Hilfe des subjektiven Freiheits- und Verantwortungsempfinden.

Grundlage, wenn das subjektive Freiheitsempfinden stattdessen deterministisch wäre.

Unabhängig hiervon, ob das Freiheits- und Verantwortungsgefühl, das man empfindet, deterministisch oder indeterministisch ist, eignet es sich nicht als alleiniger Anknüpfungspunkt und Beurteilungsmaßstab von Schuld, weil die Verantwortungszuschreibung eine Zuschreibung von außen ist. Dennoch ist mit *Wolfgang Schild* die Freiheit erfahrene Realität, die in den gegenseitigen gesellschaftlichen Anerkennungs- und Verantwortungsverhältnissen Relevanz entfaltet.[299] Daher handelt es sich bei der Freiheit und Schuld nicht allein um normative Zuschreibungen.[300]

1.2.4. Der Konstruktivismus als Versuch der Legitimation des Indeterminismus

Ein interessanter Ansatz, eine indeterministische Seinskonzeption als Anknüpfungspunkt von Schuld zu etablieren, hat seine Grundlage in der Konstruktivismusannahme der Wahrnehmungspsychologie, wonach der Mensch sich seine eigene Welt konstruiert[301]. Man erlebt sozusagen nur eine Weltillusion des eigenen Gehirns, dem man ausgeliefert ist und dem man nicht vermag, zu entkommen. Bereits *Eduard Dreher* verwies darauf, dass unser gesamtes Erleben bzw. all unsere Erlebnisse und Wahrnehmungen nur nach unseren Bedürfnissen ausgerichtet und entwickelt sind[302]; was bedeutet, dass man nicht die Wirk-

299 NK-*Schild*, StGB, § 20 Rn. 17.

300 NK-*Schild*, StGB, § 20 Rn. 17.

301 Siehe dazu *Cruse*, in: *Geyer* (Hrsg.), Hirnforschung und Willensfreiheit, S. 223 (223 f.); *Kircher/Leube*, in: *C. Herrmann/M. Pauen/Rieger/Schicktanz* (Hrsg.), Bewusstsein, S. 270 (271); *Mausfeld*, in: *Elsner/Lüer* (Hrsg.), »...sind eben alles Menschen«, S. 47 (50 ff., 53 ff.); *Singer*, in: *Petzold/Sieper* (Hrsg.), Der Wille, die Neurobiologie und die Psychotherapie I, S. 197 (197 f.); *Schild*, in: *Buchheim/Pietrek* (Hrsg.), Freiheit auf Naturbasis, S. 155 (170). Auch das Selbst bzw. die Selbsterfahrung ist konstruiert (so *Metzinger*, in: *C. Herrmann/M. Pauen/Rieger/Schicktanz* (Hrsg.), Bewusstsein, S. 242 (261 ff.)). Beispielweise nehmen wir die Welt nur sehr selektiv war (*Wuketits*, in: *Petzold/Sieper* (Hrsg.), Der Wille, die Neurobiologie und die Psychotherapie I, S. 57 (60)).

302 Das bestätigt auch *Singer*, der zudem die hohe Selektivität der Sinnesorgane betont (in: *Petzold/Sieper* (Hrsg.), Der Wille, die Neurobiologie und die Psychotherapie I, S. 197 (197)). So kann der Mensch einen Regenbogen sehen, der für andere Lebewesen, die nicht die biologischen Voraussetzungen besitzen, inexistent ist.

lichkeit sieht, sondern nur das Abbild, wie es im eigenen Gehirn produziert wird.[303] Daraus ergeben sich zwei Optionen. Entweder schließt man daraus, nichts ist Wirklichkeit, oder man kommt zusammen mit *Dreher* zu dem Schluss: „Unser Erleben ist unsere Wirklichkeit"[304]. Die Entscheidung sei hier dahingestellt.

Der neue Aspekt liegt nicht darin, dass die Willensfreiheit dieser subjektiven Wirklichkeit entspringe, denn darauf stellen die bereits vorgestellten Ansätze ab, sondern dass auch der Determinismus aus ihr resultiere. Auf *Hume* berufend führt *Hochhuth* aus, dass wir Ursächlichkeit und Kausalität nicht beobachten können.[305] Wir sehen ihr Wirken, aber nicht ihr Vonstattengehen; das *Wie* der Kausalität bleibt uns verborgen. Und dennoch zweifelt niemand an ihr; es zweifelt niemand daran, dass die Sonne den Stein erhitzt, auf den sie scheint.[306] Bereits *Kant* war der Ansicht, dass Kausalität nur unserem Denkvermögen entspringt.[307] Kausalität ist damit eine Kategorie unseres Gehirns, mit deren Hilfe es die Welt um uns herum versucht zu ordnen.

Willensfreiheit sei, wie auch Kausalität, ein Entwurf unserer Wahrnehmung.[308] Nun folgt daraus: Wenn wir Kausalität bzw. Determinismus grundsätzlich als unsere objektive Realität annehmen[309], obwohl sie konstruiert ist, können wir das ebenfalls mit der Willensfreiheit

Andererseits nehmen man nur einen Bruchteil des elektromagnetischen Spektrums visuell wahr. Gleichzeitig unterliegt man vielfachen sog. Sinnestäuschungen (vgl. *Borst/Grothe*, in: *Bonhoeffer/Gruss* (Hrsg.), Zukunft Gehirn, S. 37 (49 ff.)). Wir sind in unserer Wahrnehmung begrenzt. Dementsprechend könnten wir auch darin begrenzt sein, die Willensfreiheit wahrzunehmen, oder zu erkennen, dass wir determiniert sind.

303 *Dreher*, Willensfreiheit, S. 382.

304 *Dreher*, Willensfreiheit, S. 383.

305 *Hochhuth*, JZ 2005, 745 (749).

306 *Hochhuth*, JZ 2005, 745 (749).

307 Vgl. *Kant*, Prolegomena zu einer jeden künftigen Metaphysik, § 27, S. 91. *Kant* selbst war der Meinung, dass hinter der Welt unserer Wahrnehmung noch eine zweite unserer Erkenntnis verborgene Welt existiert, in der Willensfreiheit existent ist. Eine sehr verständliche und kritische Auseinandersetzung mit dieser Annahme *Kants* findet sich bei *Traeger*, Wille, Determinismus, Strafe, S. 102 ff.

308 *Hochhuth*, JZ 2005, 745 (749); *Rosenberger*, Determinismus und Freiheit, S. 205.

309 Hier bezieht sich die objektive Realität nicht auf die Welt, die der Mensch nicht wahrnehmen kann, sondern auf die Dritte-Person-Perspektive. Diese wäre in einem konsequent gedachten Konstruktivismus letztlich auch rein subjektiv.

bzw. dem Indeterminismus.[310] Damit wird die indeterministische Willensfreiheit als Konstrukt der subjektiven Wahrnehmung in die objektive Welt, wie auch die Kausalität, überführt.

Diese Ansicht verkennt, dass zwei Konstruktionsebenen voneinander zu unterscheiden sind: die objektive Ebene der *Beobachtung* externer Ereignisse und Zustände und die subjektive Ebene der *Empfindung* interner Ereignisse und Zustände. Die Gemeinsamkeit besteht darin, dass beide Ebenen im Inneren ablaufen, also im Subjektiven, und dem Konstruktivismus unterliegen. Jedoch zielt die eine Ebene als bloße *Beobachtung* von Abläufen in die Außenwelt und die andere dagegen in die Innenwelt in Form der *Empfindung*. Auf objektiver Ebene beobachten wir, dass auf eine Ursache eine Wirkung folgt. Wir beobachten, dass die Sonne, wenn sie auf einen Stein scheint, diesen in Notwendigkeit erwärmt. Wir können im Gegensatz dazu aber keine Willensfreiheit *beobachten*. Wir können nur beobachten, dass bestimmte Faktoren zu einem bestimmten Verhalten geführt haben, beispielweise zu einem Diebstahl. In Bezug auf den Indeterminismus wird lediglich versucht, von der Ebene der subjektiven *Empfindung* auf die Ebene der objektiven *Beobachtung* zu schließen. Der Schluss von der subjektiv beobachtbaren Kausalität auf die subjektive Empfindung der Willensfreiheit scheitert deswegen, weil *Beobachtung* und *Empfindung* nicht miteinander vergleichbar sind.

Deswegen stellt sich letztlich auch hier die Frage, die in Bezug auf alle subjektiv- bzw. gesellschaftlich-indeterministischen Ansätze zu stellen ist, auf welche Betrachtungsebene abzustellen ist: auf die subjektive Empfindung[311] oder auf die objektive Beobachtung – seien auch beide in unserem Gehirn konstruiert.

2. Die agnostisch-indeterministischen Strömungen

Mit Hilfe agnostischer Positionen versucht ein Großteil der Strafrechtswissenschaftler dem Beweisproblem aus dem Weg zu gehen.

310 *Rosenberger*, Determinismus und Freiheit, S. 205.

311 Wobei wiederum zu hinterfragen wäre, ob die subjektive Empfindung eher einen indeterministischen Gehalt hat oder eher einen deterministischen.

Willensfreiheit und auch die Willensunfreiheit sind empirisch nicht zu erfassen und werden es nach Meinung etlicher Vertreter wohl auch niemals sein. Das wäre aber nicht schädlich, denn Schuld sei von der Frage der Willensfreiheit unabhängig. Agnostische Positionen, wie die von *Jürgen Baumann*, wollen den Streit um die Willensfreiheit dahingestellt sein lassen. Doch ist festzustellen, dass die Willensfreiheit immer wieder Eingang findet:

> „*Auch das philosophische Problem der Willensfreiheit [...] spielt für die Frage der sozialen Verantwortlichkeit keine Rolle. Es mag dahingestellt bleiben, ob das menschliche Handeln im philosophischen Sinn determiniert ist oder nicht*"[312]. Der Gesetzgeber habe „*über den jeweiligen Bereich praktischer sozialer Handlungs- und Willensfreiheit [zu bestimmen]. Seine Aufgabe ist es, darauf zu achten, daß nur Erfüllbares verlangt wird*"[313].

Hier steckt ein Widerspruch zwischen sozialer Willensfreiheit und der Erfüllbarkeit des Menschen. Bereits die Formulierung zeigt, dass sich *Baumann* nicht vom Begriff der Willensfreiheit lösen kann. Nun ist es möglich, dass unter Willensfreiheit nicht der indeterministische Alternativismus gefasst wird. Angenommen die Terminologie „soziale Willensfreiheit" bezeichnet lediglich einen noch inhaltsleeren Begriff, der vom Gesetzgeber auszufüllen wäre, dann stellt sich die Frage, an was der Gesetzgeber anzuknüpfen hat. *Baumann* zufolge an Erfüllbares. An dieser Stelle knüpft *Baumann* schließlich wieder an die objektiv-empirische Willensfreiheit an:

> „*Auch ein rein strafrechtlicher (und vom sittlichen Begriff getrennter) Schuldbegriff [kann] nicht ohne Freiheit konstruiert werden. Wenn soziale = rechtliche Schuld soziale und rechtliche Verantwortlichkeit bedeutet, so gilt auch hier (wie im sittlichen Bereich), daß ein Andershandeln nur dann gefordert werden kann, wenn das Können dazu besteht. [...] Wer sich nicht anders verhalten konnte, dem kann auch kein sozialer und rechtlicher Vorwurf gemacht werden*"[314].

Agnostische Ansätze verzichten nicht auf die Willensfreiheit per se. Worauf sie verzichten ist lediglich der Beweis, also ihre empirisch-ob-

312 *Baumann*, in: *ders.* (Hrsg.), Strafrecht im Umbruch, S. 13 (23).
313 *Baumann*, in: *ders.* (Hrsg.), Strafrecht im Umbruch, S. 13 (23 f.).
314 *Baumann*, in: *ders.* (Hrsg.), Strafrecht im Umbruch, S. 29 (30). Der Gesetzgeber bzw. die Gesellschaft habe über das Maß sozialer Verantwortlichkeit und damit über das Maß der Willensfreiheit beim Sozialverhalten zu bestimmen.

jektive Existenz[315]; die Elemente des Indeterminismus tauchen dennoch immer wieder auf: als Fiktion der Willensfreiheit, bei sozial-vergleichenden Unterstellungen über das jeweilige Können des Täters sowie des Dritten, als auch im Begriff der Motivierbarkeit. Es handelt sich letztlich um eine Position mit Bezug zum Indeterminismus, was im Folgenden näher aufgezeigt werden soll. Sie leugnet die Erkennbarkeit der Realität, nicht aber deren Existenz.[316]

2.1. Der sozial vergleichende Schuldbegriff (sozial-pragmatisch)

Hans-Ludwig Schreiber zufolge darf der Gesetzgeber aufgrund der fehlenden wissenschaftlichen Beweisbarkeit normativ die Freiheit i.S.d. Anders-Könnens vorauszusetzen[317]. Seinem sozialen-pragmatischen Schuldbegriff zufolge sei Schuld der

> „*Fehlgebrauch eines Könnens, das wir uns wechselseitig praktisch zuschreiben*“[318] – das Anders-Können: „*Es meint nur, dass ein durchschnittlich anderer in einer solchen äußeren und inneren Situation generell anders, d. h. normgemäß hätte handeln können, dass ihm nach unserer Erfahrung Handlungsspielräume zur Verfügung standen*“[319]. „*Gegenstand [...] eines Schuldvorwurfs ist danach lediglich, dass der Täter in seiner Situation in dem Sinne anders hätte handeln können, als nach allgemeiner praktischer Erfahrung man an seiner Stelle unter den konkreten Umständen anders hätte handeln können*“[320]. „*Es umfasst nur das Zurückbleiben hinter seinen für den Durchschnittsfall aufgestellten Anforderungen zum Vorwurf*“[321].

315 Siehe z.B. *Roxin*, Strafrecht AT § 3 Rn. 55: Die Anerkennung menschlicher Schuld „hänge nicht von ihrer empirischen oder erkenntnistheoretischen Beweisbarkeit ab“.

316 *Rath*, Aufweis der Realität der Willensfreiheit, S. 112, m.w.N.

317 *Schreiber*, Jahrbuch für Wissenschaft und Ethik 2005, 23 (23).

318 *Schreiber*, Nervenarzt 48 (1977), 242 (245); *ders.* Jahrbuch für Wissenschaft und Ethik 2005, 23 (30).

319 *Schreiber/Rosenau*, in: *Foerster/Dreßing* (Hrsg.), Venzlaff/Foerster, Psychiatrische Begutachtung, S. 77 (81).

320 *Schreiber/Rosenau*, in: *Foerster/Dreßing* (Hrsg.), Venzlaff/Foerster, Psychiatrische Begutachtung, S. 77 (81).

321 *Schreiber/Rosenau*, in: *Foerster/Dreßing* (Hrsg.), Venzlaff/Foerster, Psychiatrische Begutachtung, S. 77 (81).

Das Anders-Können sei nicht im indeterministischen Sinn gemeint, wie *Schreiber* betont[322]; und dennoch geht sein Vermittlungsversuch spätestens dann fehl, wenn er wenige Zeilen später schreibt:

> „*Totaler Indeterminismus übergibt die Welt dem Zufall und löst das verantwortliche Subjekt auf. Es muss aber im determinierten System Spielräume geben*“[323].

Damit bezieht *Schreiber* Stellung zum Willensfreiheitsstreit, lehnt den klassischen Indeterminismus ab – aber bekennt sich zu seiner Relativierung. Er unterscheidet, angelehnt an die philosophische Debatte, zwischen den der Natur unterliegenden *Ursachen* (physikalisch, neurobiologisch) und immateriellen *Gründen*, die einer mentalen Kraft entspringen[324], wobei letztere die Kraft zur Intervention haben – die „Überdetermination durch Sinn“.[325]

> „*Es muss ausgedrückt in den Programmierungen des Gehirns Interaktionen von Geist und Gehirn geben*“.[326]

Aufgrund des Beweisproblems hinsichtlich seines vorausgesetzten Anders-Könnens des Einzelnen, weicht *Schreiber* auf ein analoges Verfahren[327] aus, wonach

> „*festgestellt wird, daß der Täter seinen Willen nicht so bestimmt hat, wie es ein ‚maßgerechter Mensch‘ (Nowakowski), ein durchschnittlich Normaler getan hätte*“[328].

---

322 *Schreiber*, Jahrbuch für Wissenschaft und Ethik 2005, 23 (30).

323 *Schreiber*, Jahrbuch für Wissenschaft und Ethik 2005, 23 (31).

324 Diese Unterscheidung hat zum Ziel, den Neurowissenschaftlern und Deterministen einen unzulässigen Kategorienfehler zu unterstellen, weil sie nicht ordnungsgemäß zwischen Mentalem (Gründe) und Physischem/Physikalischem (Ursachen) trennen und beide Welten vermeintlich unzulässig miteinander vermischen oder gar als identisch betrachten (sog. Identitätstheorien) würden (vgl. *H. Walter*, in: *Barton* (Hrsg.), "...weil er für die Allgemeinheit gefährlich ist!", S. 309 (317), vgl. auch Kapitel 5 IV 2.2. Fn. 200).

325 *Schreiber*, Jahrbuch für Wissenschaft und Ethik 2005, 23 (30 f.).

326 *Schreiber*, Jahrbuch für Wissenschaft und Ethik 2005, 23 (31). Bezugnehmend auf die Einteilung *Kants* in eine Welt des Intelligiblen und eine Welt der Erscheinungen weiß er um das große Problem einer Verknüpfung beider dualistisch getrennt zueinander stehenden Welten, stört sich aber nicht daran.

327 *Lindemann*, in: *Barton* (Hrsg.), "...weil er für die Allgemeinheit gefährlich ist!", S. 343 (350).

328 *Schreiber*, Nervenarzt 48 (1977), 242 (245).

Sein Schuldansatz lässt sich also in zwei Teile untergliedern: Im *theoretischen* Teil knüpft *Schreiber* an die indeterministische Willensfreiheit an und weicht im *praktischen* Teil auf eine vergleichende Feststellung des Anders-Könnens aus. Unabhängig vom theoretischen Teil unterliegt der praktische Teil seines Schuldbegriffs vielfachen Problemen. Zwei gewichtige seien näher vorgestellt:

Der Schuldbegriff, auch wenn er auf ein objektiv empirisches Anders-Können zu verzichten scheint, kann sich nicht von der objektiv-empirischen Willensfreiheitsfrage lösen. Außerdem verstößt er gegen die Funktion der Schuld als *subjektive* Zuschreibung. Als Beleg der beiden Thesen dient eine Betrachtung des Anders-Könnens des Durchschnittsmenschen, das auf zweierlei Weise verstanden werden kann[329]:

(1) Der Durchschnittsmensch muss mit genau *denselben* biografisch und situationsbedingt gewachsenen seelischen Gegebenheiten wie beim Täter in *derselben* Situation des Täters anders entscheiden und handeln können.

(2) Beim Durchschnittsmenschen liegen vom Täter *abweichende* seelische Gegebenheiten in *derselben* Situation vor.

Im ersten Fall kann dem *Täter* nur ein Anders-Können unterstellt werden, wenn die (gedachte) *Vergleichsperson* die Fähigkeit zum Anders-Können besaß – sich also von ihren (die gleichen wie beim Täter) seelischen und situativen Gegebenheiten lösen konnte. Damit verlagert sich die Willensfreiheitsfrage lediglich auf den Durchschnittsmenschen und somit schließlich auf den Menschen an sich – und bleibt damit weiterhin bestehen.[330] Zudem würde der Durchschnittsmensch niemals die gleichen biografischen Gegebenheiten wie der Täter aufweisen, anderenfalls wäre es keine andere Person, sondern der Täter selbst, wodurch sich ein Vergleich erübrige.

Die Willensfreiheitsfrage im zweiten Verständnis zu erkennen, ist etwas schwieriger. In dieser Deutung wird der Durchschnittsmensch, weil ihm andere seelische Gegebenheiten zugrunde liegen, nicht nur unter der Prämisse des Indeterminismus, sondern auch unter deterministischer Prämisse anders handeln, was dem Täter dann analog als seine Fähigkeit unterstellt wird. Indeterminismus und Determinismus

---

329 Vgl. die Unterscheidung auch bei *Mangakis*, ZStW 75 (1963), 499 (513).

330 So auch *Schiemann*, ZJS 2012, 774 (775).

kämen zum gleichen Ergebnis und der Streit scheint hinfällig zu sein. Nun muss man diesen Gedanken einmal umkehren: Ausgehend vom Indeterminismus ist anzunehmen, die Vergleichsperson ist willensfrei, dann könnte sie, trotz unterschiedlichem Charakter, genauso gut *so handeln wie der Täter*. Das Erfordernis des Anders-Handelns würde in diesem Fall nicht bedient werden. Das Anders-Handeln eines Dritten könnte dann aber auch kein Anknüpfungspunkt für Schuld sein, weil nicht sicher ist, ob die Vergleichsperson nicht doch aufgrund ihrer Willensfreiheit *genauso* wie der Täter gehandelt hätte. Dagegen könnte angeführt werden, es käme nur darauf an, dass die Vergleichsperson anders *gekonnt* und nicht darauf, ob sie auch gleich gehandelt hätte. Nun offenbart sich aber gerade hierin die Willensfreiheitsfrage in der Vergleichsperson: Ist sie derart willensfrei, dass sie so bzw. nicht so wie der Täter handeln konnte, also die Fähigkeit besaß, beides zu tun? Auch wenn die Vergleichsperson so wie der Täter handeln würde, könnte sie die Tat gleichsam unterlassen? Eine deterministische Betrachtung schließt dagegen beim Gleich-Handeln die reale Fähigkeit zum Anders-Können aus. Um die Wahrscheinlichkeit des Gleich-Handelns zu reduzieren müsste sogar vielmehr ein Determinismus zugrunde gelegt werden, weil danach die Wahrscheinlichkeit höher ist, dass ein Mensch, der anders determiniert ist, sich auch anders verhalten würde.[331]

So sind beide Auslegungen über das Können des Dritten nicht unabhängig von der Frage nach der *realen* Willensfreiheit und ihrer Wirkung. Letztlich kann von einem agnostischen Standpunkt aus mangels Beweisbarkeit die Vermeidemöglichkeit i.S.d. Indeterminismus nur postuliert werden, worauf *Gunnar Duttge* hinweist.[332] Durch ein Postulat wird der Verweis auf eine Vergleichsperson überflüssig.

Es bleibt jedoch noch eine dritte Lesart übrig, die danach fragt, wie denn eine unserer Gesellschaft zugehörige typische Person in der Situation des Täters aller Wahrscheinlichkeit nach gehandelt hätte:

331 Wobei das nicht zwingend ist, denn in einem multikausalen systemischen Determinismus könnten mehrere verschiedene Faktorenkomplexe zur gleichen oder ähnlichen Handlung führen, sodass die Betonung auf der Wahrscheinlichkeit liegt. Die konkrete Art der Ausführung eines Delikts würde sich jedoch nach dem Charakter richten, sodass nicht von derselben Tat gesprochen werden würde.

332 *Duttge*, in: *ders.* (Hrsg.), Das Ich und sein Gehirn, S. 13 (37).

> *„der Täter hätte in der Situation, in der er sich befand, in dem Sinne anders handeln können, als er unserer Erfahrung mit gleichliegenden Fällen ein anderer an seiner Stelle bei Anspannung der Willenskraft, die dem Täter möglicherweise gefehlt hat, unter den konkreten Umständen anders gehandelt hätte*"[333].

Es kommt hierbei nicht auf die Fähigkeit an, alle Alternativen *gleichsam* ausführen zu können, sondern nur auf die jeweilige Entscheidung bzw. auf das jeweilige Verhalten. Der Unterschied zur zweiten Lesart besteht darin, dass nicht ein Anders-*Können*, sondern ein Anders-*Handeln* gefordert wird. Dann ist es in der Tat egal, ob der Täter oder die Durchschnittsperson anders hätte handeln können. Dem Täter würde das, was die Vergleichsperson in der (äußeren) Situation des Täters getan *hätte* (nicht: hätte *können*), als eigenes Anders-*Können* unterstellt werden. Hierin liegt der zweite Kritikpunkt am pragmatisch-sozial-vergleichenden Schuldansatz: Kann man das hypothetische Verhalten eines Durchschnittsmenschen (nicht: die bloße Fähigkeit i.S.d. indeterministischen Könnens) als ein „hätte können" dem Täter normativ (ggf. als reale Fähigkeit) unterstellen? Anders formuliert, kann das Anders-Können jemandem unterstellt werden, obwohl es von der Vergleichsperson nicht verlangt wird? Das wurde bisher in dieser Deutlichkeit noch nicht thematisiert. Vom Anders-Handeln kann nicht auf ein Anders-Können geschlossen werden, weil sich beide Anknüpfungspunkte zu stark voneinander unterscheiden. Der Schluss ginge nur in eine Richtung: von der Fähigkeit des Anders-Könnens auf das Anders-Handeln, aber nicht umgekehrt. Dann müsste aber wiederum der Mensch an sich diese Fähigkeit besitzen und die Willensfreiheitsfrage würde sich auch hier auf empirisch-objektiver Ebene stellen.

Damit können alle Lesarten *Schreibers* sozialen Schuldbegriffs das Beweisproblem im Rahmen der Schuld nicht ausklammern. Hinzukommt, dass mit sozial vergleichenden Schuldbegriffen, die auf einen Dritten verweisen, kein *subjektiver* Vorwurf bzw. eine *subjektive* Zuschreibung erfolgen kann.[334] Die physische, seelische und geistige Wirklichkeit des Täters, kurzum seine Persönlichkeit würde nicht

---

333 *Jescheck/Weigend*, Strafrecht AT, S. 411.

334 Siehe dazu genauer: MüKo-*Freund*, Vor §§ 13 Rn. 219: „Ein Vorwurf einer individuellen Person kann nicht auf Eigenschaften gestützt werden, die andere Personen vielleicht haben, die jedoch dem konkreten Menschen gerade fehlen" (so

mehr interessieren. Dadurch wird die Bindung der Schuld an die Persönlichkeit des Täters zweifelhaft[335] und erfährt eine Verobjektivierung[336]. § 20 StGB verlangt entsprechend seiner Formulierung „*wer* bei Begehung der Tat" ein Abstellen auf den jeweiligen Täter und nicht auf einen Dritten. Damit ist unklar, wie ein solcher Schuldbegriff mit dem Rechtsstaatsprinzip zu vereinbaren ist, wenn ohne Feststellung der individuellen Vorwerfbarkeit gestraft werde.[337]

Zudem bietet dieser Schuldbegriff keine ausreichende Abgrenzung zu Schuldunfähigen, denn ein gedachter Durchschnittsmensch könne immer anders. Würde man auf einen vergleichbaren Tätertyp abstellen, ist nicht klar, wie ähnlich sie sich sein müssen, welche Eigenschaften zieht man heran und welche nicht? Wo sind die Grenzen? Könnte der schuldfähige Täter nicht fragen, warum man bestimmte (biografisch gewachsene) Eigenschaften dem Dritten nicht unterstellt hat und schließlich sagen, wenn der Dritte „wie ich gewesen wäre, hätte er genauso gehandelt". Wie viel Gleichheit und wie viel Ungleichheit erlaubt man in einem analogen Verfahren?

Letztlich handelt es sich bei diesem Ansatz um ein Postulat bzw. eine Fiktion der Willensfreiheit in Gestalt des Durchschnittsmenschen. Es kommt nicht auf das *Können*, sondern vielmehr auf das *Sollen* an.[338]

---

wohl auch *Cerezo Mir,* ZStW 108 (1996), 9 (19); *Roxin*, Strafrecht AT I, § 19 Rn. 22. Sch/Sch-*Lenckner/Eisele*, Vorbem §§ 13 ff. Rn. 109a: „Was eigentlich dazu berechtigt, jemand dafür verantwortlich zu machen und zu bestrafen, dass andere in seiner Lage richtig gehandelt hätten, wird nicht beantwortet", vgl. *Lindemann*, in: *Krüper* (Hrsg.), Grundlagen des Rechts, § 13 Rn. 10). Die Legitimation für einen individualethischen Tadel gegen den Täter entfalle, wenn darauf abgestellt wird, dass andere richtig gehandelt hätten (Sch/Sch-*Lenckner/Eisele*, Vorbem. §§ 13 ff. Rn. 109a; *Schiemann*, ZJS 2012, 774 (775); MüKo-*Streng*, § 20 Rn. 57; *Duttge*, in: *ders.* (Hrsg.), Das Ich und sein Gehirn, S. 13 (37)).

335 *Figueiredo Dias*, ZStW 95 (1983), 220 (234).

336 *Neufelder*, GA 1974, 289 (295, 305).

337 Vgl. BVerfG NJW 1998, 2585 (2586); *B. Burkhardt*, Bemerkungen zu den revisionistischen Übergriffen der Hirnforschung auf das Strafrecht, http://burkhardt.uni-mannheim.de/lehrstuhlinhaber/bemerkungen/wznrw090708.pdf, S. 10 Fn. 14 (Stand: 06.06.2013).

338 Wohl auch Engisch, Die Lehre von der Willensfreiheit in der strafrechtlichen Doktrin der Gegenwart, S. 20: Die Fähigkeit des Menschen kann nicht einfach aus dem Sollen gezogen werden getreu „du kannst, denn du sollst". Zum Problem des Verstoßes gegen das Analogieverbot siehe *Schiemann*, Unbestimmte Schuldfähigkeitsfeststellungen, S. 129. Aufgrund ihrer Vielzahl an Problemen haben die sozi-

2.2. Der Indeterminismus als Fiktion

Fiktionen im Indeterminismus-Determinismus-Streit über die strafrechtliche Schuld führen dazu, dass normative Freiheit dort gesetzt wird, wo sie vom Recht gefordert wird: Du kannst, denn du sollst. Vor allem Agnostiker fingieren die Willensfreiheit im Rahmen der Schuld.[339] Der Gesetzgeber gehe, unabhängig von dem empirischen Beweis der indeterministischen Freiheit, davon aus, dass der Normalbürger frei sei. Besonders *Eduard Kohlrausch* traf die Grundhaltung dieser strafrechtlichen Strömung mit folgenden Worten:

> *„So ist das generelle Können tatsächliche Voraussetzung jedes Zurechnungsurteils, das individuelle Können aber wird zu einer staatsnotwendigen Fiktion"*[340].

Willensfreiheit im individuellen Verhalten wird aus Nützlichkeitserwägungen[341] fingiert. Wie bereits oben erwähnt, greifen Vertreter dieser Strömung vielfach auch auf das (vermeintliche) subjektive Freiheitsempfinden zurück, um die Fiktion der indeterministischen Willensfreiheit zu legitimieren.[342] Dabei könnten sie sich das Sozialkonzept von *Prinz* zunutze machen, wonach der gesellschaftlich-psychologische Common Sense die Willensfreiheit als politisches Konzept bzw. als strafrechtliche Fiktion in der Gesellschaft etablieren würde:

> *„Daß wir uns frei fühlen, auch wenn wir nicht frei sind, verdanken wir den Interpretationskonstrukten des in modernen Gesellschaften verbreiteten psychologischen Common Sense. Dieser Common Sense und der mit ihm ein-*

---

al-vergleichenden Schuldansätze, die auf den Vergleich mit dem vermeintlichen Können bzw. Tun eines gedachten Durchschnittsmenschen abstellen, die Wertung „Scheinlösung" (*Lindemann*, in: Krüper (Hrsg.), Grundlagen des Rechts, § 13 Rn. 11), „Leerformel" (*Frister*, MschrKrim 77 (1994), 316 (318)), „Formelkompromiss" (*Lindemann*, in: Barton (Hrsg.), "...weil er für die Allgemeinheit gefährlich ist!", S. 343 (351)) und „Verlegenheitslösung" (*Duttge*, in: ders. (Hrsg.), Das Ich und sein Gehirn, S. 13 (38); Schünemann, in: FS Lampe, S. 537 (546)) erhalten.

339 So etwa *Haft*, Strafrecht AT, S. 117.

340 *Kohlrausch*, in: FS Güterbock, S. 3 (26).

341 Beispielsweise Schuld als Schutzinstrument oder für ein funktionierendes gesellschaftliches Miteinander.

342 So etwa *Rengier*, Strafrecht AT, 4. Aufl., § 24 Rn. 2; *ders.*, Strafrecht AT, § 24 Rn. 2 *Mosbacher*, JR 2005, 61 (61 f.); aber auch *Roxin* lässt sich unter die Fiktionalisten einordnen (vgl. Kapitel 4 III 2.3.2.1).

hergehende Handlungsjargon sind die Vehikel, über das Strukturmerkmale der Gesellschaft in das Seelenleben ihrer Akteure zu diffundieren. Die Idee der Willensfreiheit ist danach ein politisches Konzept, das in den Diskursen von Moral und Recht psychologische Wirksamkeit entfaltet“[343].

Für *Prinz* wird die Illusion Willensfreiheit zum Konstrukt der Gesellschaft. Seine Ansicht, bezogen auf die Negation der *objektiv-empirischen* Willensfreiheit, stieß zwar ebenso wie *Roths*, *Singers* und *Markowitschs* Auffassungen auf wissenschaftlichen Protest, sie stimmt jedoch hinsichtlich der gesellschaftlichen Legitimation der *Freiheitsfiktion* mit der agnostisch-indeterministischen strafrechtlichen Strömung überein. Heutige Agnostiker nehmen im Gegensatz zu *Prinz* zur objektiv-empirischen Frage keine Stellung und vertreten allein die Fiktion der Willensfreiheit. *Prinz* geht es nicht nur darum, den gesellschaftlichen Common Sense bezüglich des Freiheitserlebens zu behaupten, sondern die *Illusion* der Willensfreiheit gesellschaftlich als positives Instrument in Form eines Konstrukts bzw. einer Fiktion zu etablieren, um den Einzelnen für die Gemeinschaft juristisch verfügbar zu machen. Jedoch könnte es hierfür bereits am Common Sense über die indeterministische Willensfreiheit in der Gesellschaft fehlen[344]. Hinsichtlich der objektiv-empirischen Nichtexistenz der Willensfreiheit würde seine Position in keinem Widerspruch zum Freiheitsempfinden der Gesellschaft und zum Common Sense der Verantwortungszuschreibung stehen, wenn die Gesellschaft in ihrem Freiheitsempfinden letztlich vielmehr Determinist als Indeterminist wäre. Das Freiheitserleben als Legitimationsgrundlage für eine indeterministische Willensfreiheitsfiktion würde entfallen.

2.3. Die Zurechnungsfähigkeit mit Hilfe der Motivierbarkeit des Menschen

Agnostische Strömungen, die die Zurechnungsfähigkeit ohne Bezugnahme auf die objektiv-empirische Willensfreiheit bzw. das indeterministische Anders-Können zu begründen suchen, weichen auch auf die „Motivierbarkeit“ aus: „normale Motivierbarkeit durch soziale Nor-

343 *Prinz*, in: *Cranach/Foppa* (Hrsg.), Freiheit des Entscheidens und Handelns, S. 98.
344 Kapitel 4 III 1.2.3.

men"[345], „Motivierbarkeit durch das Recht"[346], „normative Ansprechbarkeit"[347], „Fähigkeit zur normgemäßen Motivation"[348]. Sie vermitteln den Eindruck eines gemeinsamen Nenners einer herrschenden[349] Ansicht. So sah *Armin Kaufmann* in der Fähigkeit, sich von der Rechtspflicht zum rechtsgemäßen Handeln bestimmen zu lassen den „Generalnenner", auf dem die moderne Schuldlehre beruhe.[350]

Der Begriff „Motivierbarkeit" ist jedoch entgegen allem Anschein nicht eindeutig und einheitlich festgelegt. Er besitzt eine unüberschaubare Weite.[351] Begrifflich mag ein Konsens vorliegen, inhaltlich jedoch nicht. Auch wenn die Wendung den Eindruck vermittelt, auf Willensfreiheit werde nicht abgestellt, mischen sich indeterministische und deterministische Verständnisse unter die Terminologie.

2.3.1. Deterministische Lesart

Ursprünglich prägte *v. Liszt* den Begriff als einen deterministischen. Nach *v. Liszt* ist

> *„das Verbrechen […], wie jede menschliche Handlung, das notwendige Ergebnis aus der teils angeborenen, teils erworbenen Eigenart des Täters einerseits, der ihm im Augenblicke der Tat umgebenden gesellschaftlichen, insbesondere wirtschaftlichen Verhältnisse anderseits.[352] Für das Strafrecht gibt es keine andere Grundlage als den Determinismus"*[353].

v. Liszt hat für die Zurechnungsfähigkeit auf die Motivierbarkeit durch die Strafandrohung und -verhängung abgestellt.[354] Die normale Bestimmbarkeit durch Motive betrifft ihm zufolge den Durchschnitts-

345 *Lackner/Kühl*, StGB, Vor § 13 Rn. 23.
346 *Ebert*, Strafrecht AT, S. 95.
347 *Roxin*, Strafrecht AT I, § 19 Rn. 36.
348 *Armin Kaufmann*, in: FS Eb. Schmidt, S. 319 (320).
349 So die Einschätzung von *Lackner*, in: FS Kleinknecht, S. 245 (249); *Tiemeyer*, ZStW 100 (1988), 527 (535).
350 *Armin Kaufmann*, in: FS Eb. Schmidt, S. 319 (320).
351 Vgl. *Tiemeyer*, ZStW 100 (1988), 527 (534).
352 *v. Liszt*, Die deterministischen Gegner der Zweckstrafe, 1893, in: Strafrechtliche Vorträge und Aufsätze II, S. 25 (65).
353 *v. Liszt*, Die deterministischen Gegner der Zweckstrafe, 1893, in: Strafrechtliche Vorträge und Aufsätze II, S. 25 (39).
354 *v. Liszt*, Die deterministischen Gegner der Zweckstrafe, 1893, in: Strafrechtliche Vorträge und Aufsätze II, S. 25 (43).

menschen. Derjenige, der nicht auf Motive normal reagiert, sei nicht zurechnungsfähig.[355] Dabei solle die Abweichung, die psychologisch und psychiatrisch zu bestimmen wäre, eine gewisse Erheblichkeit haben. Auf das Strafrecht bezogen bedeute Zurechnungsfähigkeit die Empfänglichkeit für die durch Strafe bezweckte Motivsetzung.[356] Nur der geistig Gesunde soll demnach für seine Tat strafrechtlich zur Verantwortung gezogen werden. *v. Liszt* bezeichnete mit der Bestimmbarkeit durch Motive die Möglichkeit determinierender Einflussnahme durch die Sollensforderungen des Rechts.[357]

2.3.2. Indeterministische Lesarten

Der Begriff „Motivierbarkeit" erfuhr jedoch einen Wandel hin zum Indeterminismus, so beispielsweise bei *Armin Kaufmann*:

> *„Die Bejahung der Willensfreiheit - mindestens in dem Sinne, daß der Mensch sich von wertwidrigen Antrieben zu lösen vermag[358] - ist in der Tat in einem spezifischen Sinne ‚Voraussetzung' der Schuld: Nur unter der Voraussetzung, daß eine, wenn auch begrenzte, freie Selbstbestimmung dem Menschen möglich ist, gibt es überhaupt 'Schuld', kann die Fähigkeit, den Willen entsprechend der Rechtspflicht zu bilden, als Kriterium der Vorwerfbarkeit angesehen werden […] Die konkrete Willensfreiheit aber ist mit der Fähigkeit zur normgemäßen Motivation identisch"*[359].

Für *Hans-Joachim Rudolphi* ist Schuld Willensschuld, die sich auf die fehlerhafte Bildung des Willens Seitens des Täters gründet.[360] Der Täter muss fähig gewesen sein,

> *„seinen Willen durch die Einsicht in das Unrechtmäßige seines Verhaltens zu motivieren".*

Selbstbestimmung versteht er als Fähigkeit, das Antriebsgeschehen zu steuern und die Entscheidungen an den Sollensnormen auszurich-

355 *v. Liszt*, Die deterministischen Gegner der Zweckstrafe, 1893, in: Strafrechtliche Vorträge und Aufsätze II, S. 25 (43 f.).
356 v. *Liszt*, Die deterministischen Gegner der Zweckstrafe, 1893, in: Strafrechtliche Vorträge und Aufsätze II, S. 25 (45).
357 Vgl. *Detlefsen*, Grenzen der Freiheit, S. 49.
358 Vgl. *Welzel*, Strafrecht, 7. Aufl., S. 128.
359 *Armin Kaufmann*, in: FS Eb. Schmidt, S. 319 (322) Fn. 13.
360 *Rudolphi*, in: FS Henkel, S. 199 (200).

ten.[361] *Rudolphi* vermeidet zwar den Begriff „Willensfreiheit", doch ist nichts anderes gemeint, wenn er zur Bejahung der Schuld die Fähigkeit zur „normativen Regulation seines Antriebsgeschehens" und damit der Fähigkeit das „rechtswidrige Verhalten [...] zu vermeiden"[362] und individuell anders handeln zu können[363] verlangt. Dies erfolge durch die Ausrichtung des Willensentschlusses an der strafrechtlichen Verhaltensnorm, weil der Mensch zur „Beherrschung des Kausalgeschehens" fähig ist.[364]

Schon *Hans Welzel* verband mit der normgemäßen Motivation den Indeterminismus:

> *„Die Schuld [...] begründet den persönlichen Vorwurf gegen den Täter, daß er die rechtswidrige Handlung nicht unterlassen hat, obwohl er sie unterlassen konnte. Das Verhalten des Täters ist nicht so, wie das Recht es von ihm verlangt, obwohl er den Sollensforderungen des Rechts hätte nachkommen können: Er hätte sich normgemäß motivieren können"*[365].

Die Straftat ist für *Welzel* das Verhaftetbleiben an den determinierenden Antrieben. Freiheit liege allein im Akt der Befreiung vom kausalen Zwang durch Überdetermination. Daher beinhalte Schuld das Verhaftetbleiben von wertwidrigen Antrieben einer Person, die sich befreien kann.[366] Ein Delinquent ist für *Welzel* bei Tatbegehung zwar unfrei, aber hätte frei sein können. Den Nichtgebrauch von Freiheit, also die fehlende Motivation, sich von den Antrieben zu lösen, obwohl der Tä-

361 *Rudolphi*, in: FS Henkel, S. 199 (200).

362 *Rudolphi*, in: FS Henkel, S. 199 (201).

363 *Rudolphi*, in: *Schünemann* (Hrsg.), Grundfragen des modernen Strafrechtssystems, S. 69 (83)

364 *Rudolphi*, in: *Schünemann* (Hrsg.), Grundfragen des modernen Strafrechtssystems, S. 69 (73, 76).

365 *Welzel*, Das deutsche Strafrecht, S. 138.

366 *Welzel*, Das deutsche Strafrecht, S. 138, 149; *ders.*, ZStW 60 (1941), 428 (456). „Freiheit besteht in der Überdetermination der pathischen Antriebslage durch spontane Steuerungsakte. Gegenstand des Schuldvorwurfs ist das Verfehlen von Aufgaben (Sollensforderungen), infolge unzulänglichen Einsatzes von Steuerungsakten in die pathische Antriebslage" (*ders.*, ZStW 60 (1941), 428 (457)). Für *Arthur Kaufmann* besteht dagegen Freiheit nicht nur in der tatsächlichen Überdetermination, sondern bereits in der Möglichkeit zu einer solchen (*Arthur Kaufmann*, Das Schuldprinzip, S. 281 Fn. 76). Siehe zur Überdetermination Kapitel 4 III 1.1.2.3.

ter dies kann, erhebt er zum Schuldvorwurf. Wie die Loslösung genau erfolgen soll, lässt auch er offen:

> *„Wie dieser Einsatz der Spontaneität in die pathische Antriebslage erfolgt, ist […] das eigentliche, uns in den Akten des Sichzusammennehmens vertraute 'Geheimnis' der Willensfreiheit, das im Wesensbegriff des Menschen als weltoffenen und antriebsüberschüssigen Wesens notwendig begründet liegt“*[367].

2.3.2.1. Roxin: Die Willensfreiheitsfiktion als Folge der empirisch erfassbaren normativen Ansprechbarkeit

Einem Willensfreiheits- und Schuldverständnis, das empirisch die Möglichkeit des Anders-Könnens zum Inhalt hat, steht *Roxin* aufgrund des Beweisproblems sowie des „in dubio pro reo“-Grundsatzes agnostisch gegenüber.[368] Statt einen objektiv-empirischen Alternativismus zu fordern, stellt er für die Schuldfrage[369] auf das „unrechte Handeln trotz normativer Ansprechbarkeit“[370] ab:

> *„Der Täter handelt schuldhaft, wenn er strafrechtliches Unrecht verwirklicht, obwohl er in der konkreten Situation von der Appellwirkung der Norm (noch) erreicht werden konnte und eine hinreichende Fähigkeit zur Selbststeuerung besaß, so dass eine rechtmäßige Verhaltensalternative ihm psychisch zugänglich war“*[371].

Anders formuliert ist der Täter normativ ansprechbar, wenn er

> *„bei der Tat seiner geistigen und seelischen Verfassung nach für den Anruf der Norm disponiert war, wenn ihm 'Entscheidungsmöglichkeiten zu normorientierten Verhalten' psychisch (noch) zugänglich waren, wenn die (sei es frei, sei es determinierte) psychische Steuerungsmöglichkeit, die dem gesun-*

367 *Welzel*, ZStW 60 (1941), 428 (456).

368 *Roxin*, Strafrecht AT I § 19 Rn. 21.

369 Er benennt die dritte Deliktsstufe von „Schuld“ in „Verantwortlichkeit“ um und ordnet ihr die Schuld sowie die präventive Strafnotwendigkeit zu (*Roxin*, Strafrecht AT I, § 19 Rn. 3). Die präventive Strafnotwendigkeit soll klären, ob und inwieweit das Strafbedürfnis bei einem prinzipiell mit Strafe bedrohten Verhalten infolge irregulärer Umstände entfallen könnte. Damit hängt ein Teil der Verantwortlichkeit von spezial- und generalpräventiven Erwägungen ab, was hier nicht näher interessieren soll.

370 *Roxin*, Strafrecht AT I, § 19 Rn. 9.

371 *Roxin*, Strafrecht AT I, § 19 Rn. 3.

> *den Erwachsenen in den meisten Situationen gegeben ist, im konkreten Fall vorhanden war*"[372].

Die normative Ansprechbarkeit besteht damit aus zwei objektiv-empirischen Komponenten: die Erreichbarkeit der „Appellwirkung der Norm" und die Fähigkeit zur „Selbststeuerung". Wenn die beiden Komponenten und mit ihnen die normative Ansprechbarkeit gegeben sind, wird der Täter „als frei behandelt"[373]. Auch wenn *Roxin* sich nicht konkreter zu der „Appellwirkung der Norm" äußert, so liegt es nahe, darunter das Erfassen des Norminhalts zu verstehen, was letztlich der Einsichtsfähigkeit gem. § 20 StGB entspricht.[374] Der Täter muss wissen (können[375]), dass eine Verbots- bzw. eine Gebotsnorm für die jeweilige Tatsituation besteht und was ihr zufolge unterlassen bzw. getan werden soll. Diese Komponente ist sowohl mit einem Determinismus als auch mit einem Indeterminismus kompatibel.

Zu dem Inhalt der Selbststeuerung, also was unter der Fähigkeit zur Selbststeuerung zu verstehen ist, enthält sich *Roxin* einer näheren Erläuterung, obwohl dies gerade zur Vorbeugung von Missverständnissen sinnvoll wäre. Der Begriff „Selbststeuerung" suggeriert nämlich eine Verbindung zum Alternativismus und damit zum Determinismus-Indeterminismus-Streit. Es wird daher eingewendet, dass sich der Begriff „Steuerungsfähigkeit" nicht von der Willensfreiheit unterscheiden lasse.[376] Jedenfalls genügt *Roxin* der „erfahrungswissenschaftlich[e] Befund" jedes verantwortlichen Menschen, der von seiner Steuerungsfähigkeit ausgehe[377]. Die Steuerungsfähigkeit ist neben der Erreichbarkeit durch die Appellwirkung der Norm die empirisch feststellbare Komponente im empirisch-normativen Schuldbegriff *Roxins*.[378] Jedoch kann man, wie *G. Merkel* einwendet, nur die Verhaltensänderung *feststellen*, nicht aber die prinzipielle Fähigkeit zur Selbststeuerung.[379] Auf diese wird vielmehr indirekt durch Anhalts-

372 *Roxin*, Strafrecht AT I, § 19 Rn. 36.
373 *Roxin*, Strafrecht AT I, § 19 Rn. 37.
374 Vgl. *R. Merkel*, in: FS Roxin I, S. 737 (754).
375 Für den Verbotsirrtum § 17 StGB.
376 So *Frister*, MschrKrim 77 (1994), 316 (318); *ders.*, Die Struktur des "voluntativen Schuldelements", S. 99 ff.
377 *Roxin*, Strafrecht AT I, § 19 Rn. 36, 38.
378 *Roxin*, Strafrecht AT I, § 19 Rn. 42.
379 *Detlefsen*, Grenzen der Freiheit, S. 52, Fn. 123.

punkte, wie Zielgerichtetheit und ein planvolles Vorgehen geschlossen. Auch wenn jeder verantwortliche Mensch von seiner Steuerungsfähigkeit ausginge und diese verspüre, so bedeutet das – unter dem Aspekt der Illusionen und Selbsttäuschungen – nicht sein objektiv-empirisches Vorhandensein. Das Gefühl als subjektiv-empirische Realität muss nicht mit der objektiv-empirischen Realität übereinstimmen. Gefühle bestätigen nicht zwingend das objektive Vorhandensein, sodass sie nicht als objektiv-empirischer Beweis für die Steuerungsfähigkeit im Sinne *Roxins* angeführt werden kann.

Auch wenn *Roxin* es explizit dahingestellt sein lässt, ob er die Steuerungsfähigkeit deterministisch oder indeterministisch versteht, bedarf es einer inhaltlichen Erläuterung. Er möchte den *empirischen* Willensfreiheitsstreit dahingestellt sein lassen und vertritt einen agnostischen Schuldansatz, der auf die *empirische* Steuerungsfähigkeit verweist, und kann diese jedoch lediglich mit dem *subjektiven* Gefühl belegen. Dann scheint er letztlich nichts anderes, als die Willensfreiheit unter die Steuerungsfähigkeit zu fassen, wodurch sich letztlich der Streit in die objektiv-empirische Steuerungsfähigkeit verschiebt. Er erklärt die Zulässigkeit deterministisch verstandener Steuerungsfähigkeit, erläutert aber nicht, wie man unter einem Determinismus die Steuerungsfähigkeit zu verstehen hätte.

Roxin enthält sich dem empirischen Willensfreiheitsstreit, verschiebt ihn aber letztlich auf die agnostische Ebene in die empirische Steuerungsfähigkeit, wo er die empirische Feststellung der Steuerungsfähigkeit als gegeben erklärt und deswegen auf eine nähere inhaltliche Erläuterung verzichtet, weil die Steuerungsfähigkeit subjektiv-erfahrungswissenschaftlich begründet sei[380]. *Roxin* enthält sich daher im Ergebnis einer Erläuterung, woran empirisch zu unterscheiden ist, ob jemand schuldig ist oder nicht. Der empirische Gehalt der „normativen Ansprechbarkeit" bleibt offen.

Roxins Schuldtheorie besteht aus zwei Schritten: Im ersten Schritt wird die normative Ansprechbarkeit empirisch festgestellt und im zweiten Schritt, bei Vorliegen selbiger, das Anders-Können fingiert[381],

380 *Roxin*, Strafrecht AT I, § 19 Rn. 38.

381 An verschiedenen Stellen seines Lehrbuches findet sich auch konkret der Hinweis auf ein Anders-Können: *Roxin*, Strafrecht AT I, § 7 Rn. 71, § 3 Rn. 55; § 22 Rn. 4.

also die indeterministische Willensfreiheit normativ gesetzt[382], sodass sie keines Beweises bedarf. Dadurch bezieht er letztlich zumindest Stellung auf agnostischer Ebene: Das Strafrecht müsse von Willensfreiheit ausgehen, auch wenn sie nicht beweisbar ist[383]:

> *„Ihr sollt den Bürger als freien, verantwortungsfähigen Menschen behandeln[384]. [Der Täter wird] bei intakter Steuerungsfähigkeit und damit gegebener normativer Ansprechbarkeit als frei behandelt"*[385].

Auch wenn der Täter zwar ein

> *„schwacher, der sozialtherapeutischen Einwirkung dringend bedürftiger Mensch"* sei, müsse er *„andererseits aber auch als der Idee eines freien und verantwortlichen Menschen entsprechend gedacht werden"*[386].

Roxins „normative Freiheitsauffassung"[387] verzichtet damit nicht auf den Indeterminismus, weil er fingiert wird.[388] Schließlich ist festzustellen, dass *Roxin* durch seine zwei Ebenen eine doppelte bzw. dreifache Fiktion annimmt: Die indeterministische Freiheits-Fiktion infolge der normativen Ansprechbarkeits-Fiktion bei Annahme bzw. Fiktion der Steuerungsfähigkeit auf subjektiver Basis. Damit wird er seinem Anspruch darüber, einen Ersatz auf empirisch-normativer Ebene zu liefern, nicht vollends gerecht.

2.3.2.2. Schreiber: Die Motivierbarkeit als Element seines sozial-vergleichenden Schuldbegriffs

Neben den Theorien, die spezifisch auf die Motivierbarkeit abstellen, existieren schließlich noch solche, die die Motivierbarkeit in ihre indeterministische Schuldtheorie als zusätzliches Element hineinziehen. So stellt *Schreiber*[389] neben der Feststellung des Anders-Könnens anhand

382 *Roxin*, Strafrecht AT I, § 3 Rn. 55.
383 *Roxin*, Strafrecht AT I, § 19 Rn. 41.
384 *Roxin*, ZStW 96 (1984), 641 (650).
385 *Roxin*, Strafrecht AT I § 19 Rn. 37.
386 *Roxin*, JuS 1966, 377 (387). Dies entspricht *Kant*, wonach nur unter der Idee der Freiheit gehandelt werden könne.
387 *Roxin*, ZStW 96 (1984), 641 (651).
388 Im Ergebnis auch *Albuquerque*, ZStW 110 (1998), 640 (641); *Figueiredo Dias*, ZStW 95 (1983), 220 (235); *Frister*, MschrKrim 77 (1994), 316 (318); *Schiemann*, Unbestimmte Schuldfähigkeitsfeststellungen, S. 140 .
389 Siehe zu dem sozial-pragmatischen Schuldbegriff, Kapitel 4 III 2.1.

eines gedachten Durchschnittsmenschen[390] auch auf die Motivierbarkeit durch soziale Normen ab[391]. Die Motivierbarkeit werde, wie auch die Willensfreiheit, lediglich vom Recht vorausgesetzt[392]. Normen können den Täter motivieren, sich entsprechend den Anforderungen zu verhalten, woraus sich jedenfalls die darauf gerichtete Erwartung des Staatsbürgers ergibt, die durch die Tat enttäuscht wird; was sich wiederum im strafrechtlichen Vorwurf ausdrücke. Die Wendung kann indeterministisch dahin verstanden werden, dass vom Recht angenommen wird, der Täter könne (in Willensfreiheit) steuern, ob er motiviert wird oder nicht:

> *„Wir setzen voraus, daß jeder durchschnittliche normale Staatsbürger vor einer auf Rot schaltenden Ampel anhalten kann"*[393].

Die Wendung kann aber auch so verstanden werden, dass sie einen neuen Inhalt erhält: Gewöhnlich („normal") ist es so, dass der Mensch durch soziale Normen beeinflusst, bestimmt bzw. motiviert wird, weswegen bestimmtes Verhalten von der Gesellschaft verlangt werden kann. Jedoch hat *Schreiber* seinen indeterministischen Standpunkt sehr deutlich gemacht: „Es gibt wohl Spielräume, unser Verhalten läuft nicht nur ab"[394]. Damit ist *Arthur Kaufmann* im Ergebnis zuzustimmen, wenn er meint, mit dieser Redeweise habe man der Freiheit nur einen anderen Namen gegeben.[395]

2.3.3. Zusammenfassung

Zusammenfassend lässt sich mit *Helmut Frister*[396] sagen, dass es sich bei der „Motivierbarkeit" lediglich um eine Umformulierung des Problems handelt. Die Terminologie ist eine

---

390 Vgl. bereits oben zu *Schreibers* sozial-pragmatischem Schuldbegriff, Kapitel 4 III 2.1.

391 *Schreiber*, Jahrbuch für Wissenschaft und Ethik 2005, 23 (32); *ders./Rosenau*, in: *Foerster/Dreßing* (Hrsg.), Venzlaff/Foerster, Psychiatrische Begutachtung, S. 77 (81); *ders.*, Nervenarzt 48 (1977), 242 (242).

392 *Schreiber*, Nervenarzt 48 (1977), 242 (245).

393 *Schreiber*, Nervenarzt 48 (1977), 242 (245).

394 *Schreiber*, Jahrbuch für Wissenschaft und Ethik 2005, 23 (32).

395 *Arthur Kaufmann*, in: FS Lange, S. 29; *ders.*, Jura 1986, 225 (227).

396 *Frister*, MschrKrim 77 (1994), 316 (318).

„Leerformel, die der Strafrechtswissenschaft nur dazu dient, ihre eigene Ratlosigkeit zu überspielen: Mit der Verwendung dieser Formulierung vermeidet man allzu offensichtliche Anklänge an den Gedanken eines 'Anderswollenkönnens', ohne sich über die begriffliche Struktur des sogenannten voluntativen Schuldelements wirklich Rechenschaft ablegen zu müssen"[397].

Letztlich ist die Vorstellung eines indeterministischen Anders-Könnens vorherrschend, sodass die heutigen Ansätze mit Verweis auf die Motivierbarkeit des Täters lediglich Scheinlösungen darstellen, sofern sie sich dem Willensfreiheitsstreit enthalten sollen.[398] Auch wenn vom deterministischen Verständnis der Motivierbarkeit, wie es *v. Liszt* seiner Zeit getan hat, nicht mehr viel übrig geblieben ist, bleibt eine solche Lesart durchaus in dem Sinne möglich, dass der Täter die geistigen Fähigkeiten besitzt, um den Appell der Norm zu verstehen bzw. um ihn sich aus dem kulturellen Wissen herleiten zu können (notfalls mit Hilfe)[399], sodass sie unter normalen Umständen Eingang in den deterministischen Abwägungsprozess finden kann – bewusst, mitbewusst und unbewusst.[400]

Da der Begriff, wie aufgezeigt, keinen Generalnenner darstellt und viele Lesarten ermöglicht, die vor allem indeterministisch geprägt sind, würde die Verwendung in einer heutigen deterministischen Schuldtheorie wohl mehr Missverständnisse erzeugen, als aus der Welt räumen.

2.4. Günther Jakobs: Der funktionale Schuldbegriff

Nachdem alle bisherigen Schuldbegriffe an die Willensfreiheit anknüpfen, vertritt *Günther Jakobs* einen klaren Standpunkt:

---

397 *Frister*, MschrKrim 77 (1994), 316 (318).

398 *Frister*, MschrKrim 77 (1994), 316 (316).

399 Damit ist die Vermeidungsfähigkeit i.S.d. § 17 StGB (Verbotsirrtum) gemeint. Es ist unschädlich, wenn der Täter die Rechtswidrigkeit seines Verhaltens nicht kannte und auch keine weiteren Erkundungsversuche bemühte, solange er die geistigen Grundlagen für das Verstehen eines Verbots bzw. Gebots besaß und den Normappell (ggf. mit Erkundungsbemühungen) hätte wissen können. Dieses Wissen-Können bezieht sich auf die deterministische Möglichkeit in der Art, dass die Werkzeuge bereitstanden; es kommt nicht darauf an, dass er sie hätte real-indeterministisch verwenden können i.S.e. kontrakausalen Wissens-, Willens- und Handlungslenkung.

400 Vgl. dazu Kapitel 5 III 3.2.1.

„Das Strafrecht kennt die Kategorie nicht, in die das Problem der Willensfreiheit gehört“[401].

Er bezeichnet die „Anhänger des Dogmas von der Zusammengehörigkeit von Schuld und Willensfreiheit“ als hartnäckig[402] und vertritt einen rein „funktionalen Schuldbegriff“. Schuld bedarf keiner indeterministischen Willensfreiheit[403], unabhängig, ob als Postulat oder als Fiktion in einer agnostischen Position[404]. Stattdessen will *Jakobs* die Schuld durch den Bezug auf die Präventionszwecke der Strafe festere Konturen geben.[405] Schuld wird aus den Bedürfnissen der Gesellschaft nach Normbestätigung, nach Normvertrauen und schlussendlich nach Gesellschaftsstabilisierung (positive Generalprävention) hergeleitet und nicht aus der Unterstellung des Anders-Könnens[406], womit die Schuld vielmehr von der Frage abhängt, ob zur Zweckerreichung eine Bestrafung notwendig ist oder nicht.[407] Die durch den Normbruch erfolgte Enttäuschung der gesellschaftlichen Erwartung soll mit der Schuldzurechnung kompensiert werden.[408] Die Schuld geht damit gänzlich im Begriff der positiven Generalprävention auf: *Jakobs* sieht sie nicht als etwas objektiv Gegebenes an, sondern schreibt sie letztendlich nach dem Maßstab dessen zu, was zur „Einübung in die Rechtstreue“ sowie zur „Wiederherstellung des Normvertrauens“ erforderlich ist, zu.[409] Die Schuld wird damit allein vom Strafzweck her bestimmt.[410] Sie wird, wie *Jakobs* sie selbst bezeichnet, zum „Derivat der

401 *Jakobs*, in: *Henrich* (Hrsg.), Aspekte der Freiheit, S. 69 (80).

402 *Jakobs*, in: *Henrich* (Hrsg.), Aspekte der Freiheit, S. 69 (80).

403 *Jakobs*, Strafrecht AT, S. 476 ff; *Jakobs*, in: *Schleim/Spranger/H. Walter* (Hrsg.), Von der Neuroethik zum Neurorecht, S. 243 (259).

404 *Jakobs*, Strafrecht AT, S. 484 f.

405 *Schünemann*, FS *Lampe*, S. 537 (539).

406 *Jakobs*, in: *Schleim/Spranger/H. Walter* (Hrsg.), Von der Neuroethik zum Neurorecht, S. 243 (259).

407 *Lindemann*, in: *Barton* (Hrsg.), "...weil er für die Allgemeinheit gefährlich ist!", S. 343 (352); *ders.*, in: *Krüper* (Hrsg.), Grundlagen des Rechts, § 13 Rn. 13.

408 *Stübinger*, KJ 26 (1993), 33 (36).

409 *Roxin*, Strafrecht AT I, § 7 Rn. 30.

410 Es soll in dieser Arbeit nicht die Herleitung des Schuldbegriffs aus generalpräventiven Strafzwecken, also seine Wurzel in der Funktionalität kritisiert werden (siehe dazu *Frister*, Schuldprinzip, S. 17; *Arthur Kaufmann*, Jura 1986, 225 (226); *Lindemann*, in: *Krüper* (Hrsg.), Grundlagen des Rechts, § 13 Rn. 14 f.; *M. Pauen*,

Generalprävention"[411]. Schuld ist für ihn die Zuständigkeit für einen Konflikt.[412]

Die Verantwortungsübernahme ist ein Handel zwischen institutionalisierter Freiheit und Individuum: Wer Selbstverwaltung beansprucht, muss mit Normtreue zahlen; wer sich frei organisieren möchte, womit *Jakobs* wohl meint, dass sowohl der Staat als auch die Gesellschaft jedem einzelnen (Handlungs-)Freiheit zu gesteht, muss seine Zuständigkeit, sprich Verantwortung dafür akzeptieren.[413] Wer dagegen keine Normtreue leistet, nimmt sich etwas auf Kosten der anderen heraus, das wieder ausgeglichen werden muss – eine Art „Schadensersatz".[414] Damit soll rechtlich nicht von Willensfreiheit, sondern von Organisationsfreiheit gesprochen werden.[415]

Jakobs lässt zwar den Begriff der Willensfreiheit zu, aber ausschließlich in der Bedeutung, die die Kommunikation innerhalb der Gesellschaft für die konstruierte Zurechnung hervorgebracht hat.[416] Er unterscheidet zwischen der normativen Welt mit der Person als Teil einer normativen Gesellschaft und der empirischen Welt mit dem determinierten Individuum. Innerhalb der normativen Welt erfolgt eine gesellschaftliche Bewertung, welche die Zuständigkeit mit Hinweis auf den freien Willen begründet, auch wenn sich jemand auf seine neurologische Verfasstheit berufen sollte.[417] Die Fähigkeit zur Normbefolgung wird der Person zugeschrieben; sie gilt als frei[418]. Damit wird die Willensfreiheit normativ konstruiert.[419]

Illusion Freiheit, S. 238; *Roxin*, Strafrecht AT I, § 19 Rn. 33 f.; Stübinger, KJ 26 (1993), 33 (39 ff.); *Wessels/Beulke*, Strafrecht AT, 38. Aufl., § 10 Rn. 408a; *Wessels/Beulke/Satzger*, Strafrecht AT, § 13 Rn. 612a).

411 *Jakobs*, Schuld und Prävention, S. 31.

412 *Jakobs*, ZStW 117 (2005), 247 (255 Fn. 35).

413 *Jakobs*, in: *Schleim/Spranger/H. Walter* (Hrsg.), Von der Neuroethik zum Neurorecht, S. 243 (260).

414 *Jakobs*, ZStW 117 (2005), 247 (261).

415 *Jakobs*, in: *Schleim/Spranger/H. Walter* (Hrsg.), Von der Neuroethik zum Neurorecht, S. 243 (260).

416 *Jakobs*, ZStW 117 (2005), 247 ff.

417 *Jakobs*, ZStW 117 (2005), 247 (258).

418 *Jakobs*, ZStW 117 (2005), 247 (260).

419 Er beruft sich dabei auf *Kelsen*, Reine Rechtslehre, 1960, S. 95; *Jakobs*, ZStW 117 (2005), 247 (260 Fn. 43).

Für das Strafrecht soll dagegen nicht Willensfreiheit als Nicht-Kausalität ausschlaggebend sein, sondern Freiheit als Organisationszuständigkeit.[420] Willensfreiheit bleibt damit nur noch eine Metapher für das Fehlen außergewöhnlichen Zwangs.[421]

Auch *Jakobs* Schuldbegriff weist indeterministische Elemente auf. Die Willensfreiheitsfrage ist in seiner Theorie nicht völlig unerheblich, denn sie tritt in der gesellschaftlichen Vorstellung in Erscheinung.[422] Die Willensfreiheit wird dadurch durch die Hintertür hineingelassen.[423] Soll Strafe generalpräventiv wirken, die Norm in ihrer Geltung bestätigen und Vertrauen in die Rechtsordnung schaffen, muss auch Strafe nach der Vorstellung der Gesellschaft gerecht sein. Schuld als Gerechtigkeitselement muss dann mit der Vorstellung der Rechtsgemeinschaft übereinstimmen. *Jakobs* sieht jedoch den Indeterminismus in der gesellschaftlichen Vorstellung, also der normativen Welt, verwirklicht. Demnach müsste die Gesellschaft den Indeterminismus als Voraussetzung eines gerechten Schuldvorwurfs erachten. Spräche sich dagegen in der Gesellschaft herum, dass der Richter die Strafe so verhängt, wie er es zur Wiederherstellung des Norm- und Rechtsvertrauens für nötig erachtet, anstatt ihre Vorstellung zu berücksichtigen, könnte dies vielmehr Beunruhigung und Angst vor Willkür hervorrufen, als eine Stabilisierung.[424] Die Strafe (in Ob, Art und Dauer) muss der Vorstellung der Gesellschaft, die nach *Jakobs* eine indeterministische ist, übereinstimmen, soll sie das Vertrauen in das Recht stärken und dazu führen, dass sich die Gesellschaft zum Großteil weiterhin an

---

420 *Jakobs*, in: *Schleim/Spranger/H. Walter* (Hrsg.), Von der Neuroethik zum Neurorecht, S. 243 (260).

421 *Jakobs*, ZStW 117 (2005), 247 (262).

422 Vgl. Sch/Sch-*Lenckner/Eisele*, Vorbem. § 13 Rn. 109 a; *Tiemeyer*, ZStW 100 (1988), 527 (551).

423 Vgl. auch *Lindemann*, in: *Barton* (Hrsg.), "...weil er für die Allgemeinheit gefährlich ist!", S. 343 (353).

424 *Roxin*, Strafrecht AT I, § 19 Rn. 34. *Stübinger* deutet an, dass die Willensfreiheitsfrage bereits in *Jakobs* Handlungsbegriff, der ebenfalls der Zurechnung dient, auftauche (KJ 26 (1993), 33 (48)). Seine dafür erforderliche Vermeidbarkeit des Verhaltens, also das Anders-Verlaufen-Sein, läge dann vor, wenn alles anders verlaufen wäre, wenn nämlich der Delinquent anders motiviert gewesen wäre, wenn also andere Motive seine Entscheidung dominiert hätten, *Jakobs*, Strafrecht AT, 6 Rn. 27.

das Recht hält. Damit ist letztlich der Indeterminismus aus der Gesellschaft in die Schuldtheorie von *Jakobs* zu ziehen.

Deutlicher tritt jedoch die Willensfreiheitsprämisse in der Aussage *Jakobs* zu Tage, dass *Eduard Kohlrauschs* „Staatsnotwendige Fiktion", dahin abzuwandeln sei, dass das „Können, so man darauf abstellen will, eine normative Konstruktion ist." Eine Verhaltensalternative werde bei Fehlen einer Organisationsalternative dem Täter zugeschrieben und der Nichtgebrauch ihm angelastet.[425] Bedeutet nicht die Zuschreibung der Verhaltensalternative die Zuschreibung des Konstrukts des Anders-Könnens?

3. Zusammenfassung

Zusammenfassend lässt sich feststellen, dass alle bisher vorgestellten strafrechtlichen Schuldansätze nicht auf das indeterministische Anders-Können verzichten. Nach alledem kristallisiert sich heraus, dass der überwiegende Teil der gesamten Strafrechtswissenschaft, sowohl Rechtsprechung als auch Literatur, von der Verbindung zwischen Willensfreiheit, Schuld und Strafe ausgehen. So meint *Ernst-Joachim Lampe:*

> *„Denn ohne Willensfreiheit gibt es [...] keine Schuld (im herkömmlichen Sinne), und ohne Schuld lässt sich Bestrafung (im herkömmlichen Sinne) [...] nicht rechtfertigen"*[426].

Bewiesen wurde er, wie auch der Determinismus, bis heute nicht: weder durch Quantenphysik, noch mit Hilfe eines performativen Widerspruchs. Wenn indeterministische Willensfreiheit nicht postuliert wird, dann zumindest vom agnostischen Standpunkt aus fingiert, wodurch lediglich auf den Beweis des Indeterminismus verzichtet wird, aber nicht auf diesen selbst. Sofern man von einem indeterministischen Freiheitsbild in der Gesellschaft ausgeht, kommt auch ein funktionaler Schuldbegriff, der auf die positive Generalprävention abstellt, nicht ohne Willensfreiheit aus.

---

425 *Jakobs*, Strafrecht AT, 17 Rn. 23.

426 *Lampe*, ZStW 118 (2006), 1 (2).

Es scheint sich mit den subjektiven und agnostisch-indeterministischen Schuldbegriffen der Eindruck *Friedrich Nietzsches* zu bewahrheiten, dass erst das gesellschaftliche Bedürfnis nach Verantwortungszuschreibung und Strafe zu der Lehre des freien Willens in der Schuld geführt haben:

> *„Die Lehre vom (freien) Willen ist wesentlich erfunden zum Zweck der Strafe, d.h. des Schuldig-finden-Wollens […]. Die Menschen werden frei gedacht, um gerichtet, um gestraft werden zu können"*[427].

Zum Zwecke der Straflegitimierung wird sich des Postulats bzw. der Fiktion Willensfreiheit bedient. Damit behält auch *Hans Kelsen* mit seiner Aussage recht:

> *„Dem Menschen wird nicht darum zugerechnet, weil er frei ist, sondern der Mensch ist frei, weil ihm zugerechnet wird"*[428].

Willensfreiheit ist damit selbst eine Form der Zuschreibung. Als normatives Subjekt sei der Mensch willensfrei.[429]

IV. Der Indeterminismus als Verantwortungsausschluss

Sofern zur Schuldbegründung auf die indeterministische Freiheit abgestellt wird, ist zu hinterfragen, ob sie überhaupt Verantwortung und Schuld begründen kann. Die These, dass alle indeterministischen Schuldbegriffe keine Verantwortung begründen können, ist nicht neu. Bereits *v. Liszt* wendete sich gegen die strafrechtliche Schuldbegründung mit Hilfe des Indeterminismus.[430] In seinem Lehrbuch betont er, dass nur unter dem Determinismus eine rechtliche-soziale Missbilligung der Tat und des Täters zu erheben sei, denn nur er

> *„vermag die einzelne Tat zu der ganzen psychologischen Persönlichkeit des Täters in Beziehung zu setzen"*[431].

---

427 *Nietzsche*, Götzendämmerung, 1955, S. 977.

428 *Kelsen*, Reine Rechtslehre, S. 102.

429 *Engisch*, Die Lehre von der Willensfreiheit in der strafrechtsphilosophischen Doktrin der Gegenwart, S. 38.

430 *v. Liszt*, Die deterministischen Gegner der Zweckstrafe, 1893, in: Strafrechtliche Vorträge und Aufsätze II, 1905, S. 42.

431 *v. Liszt*, Lehrbuch des Deutschen Strafrechts, S. 158.

Auch *Bockelmann* betont, dass der Indeterminismus bzw. die Wahlfreiheit den Schuldvorwurf geradezu ausschließe anstatt begründe. Jeder Schuldbegriff, der in welcher Form auch immer auf ein (relativ) indeterministisches Anders-Können verweise, sei als Verantwortungsbegründung ungeeignet.[432]

1. Verantwortung als Oberbegriff von Schuld

Die Schuldfrage ist die Frage nach der Verantwortung[433] des Täters:

> *„Die Schuld ist die Verantwortlichkeit für die begangene rechtswidrige Handlung“*[434].

Auf die Frage, wann der Täter zur Verantwortung gezogen werden darf, stellen alle obigen Ansätze auf den relativen Indeterminismus ab. Ist man der Auffassung, Schuld bedarf der Freiheit, muss zuvor gefragt werden, welches Freiheitsverständnis es rechtfertigt, einen Menschen mittels Strafe zur Verantwortung zu ziehen. Der Oberbegriff ist demnach nicht Freiheit, sondern Verantwortung. Insofern ist die (Willens-)Freiheitsfrage zweitrangig. Die primäre Frage lautet: Wann muss sich ein Mensch vor der Gemeinschaft *verantworten*?

Nicht jede Art von Freiheit begründet Verantwortung. Zu trennen ist etwa zwischen Handlungsfreiheit und indeterministischer Willensfreiheit. Davon wiederum zu trennen ist die deterministische Freiheit. Zudem muss zwischen verschiedenen Verantwortungsarten differenziert werden. So gibt es die Schuld-Verantwortung, die ein Täter mit der Strafe übernimmt – aber auch diejenigen, denen diese abgesprochen wird, verantworten im gewissen Sinne ihr Verhalten.[435] Im Rahmen eines negativen Verantwortungsbegriffs stellt sich die Frage, was Schuld-Verantwortung *nicht* begründet. So kann Handlungsfreiheit für sich genommen diese nicht vollumfassend begründen, weil beispielsweise psychisch kranke Personen ihrem Willen gemäß handeln und

432 *Bockelmann*, ZStW 75 (1963), 372 (385), wobei er jedoch die Frage offen lässt, ob es determinationslose Spielräume gibt.

433 Siehe zum Begriff der Verantwortung Kapitel 5 III.

434 *v. Liszt*, Lehrbuch des Deutschen Strafrechts, S. 157.

435 Siehe hierzu Kapitel 5 III.

dennoch schuldunfähig sein können.[436] Daraus lässt sich schließen, nicht jede Form von Freiheit führt zur Verantwortungszuschreibung bezüglich der strafrechtlichen Schuld. Es ist deswegen zu hinterfragen, ob indeterministische Willensfreiheit strafrechtliche Verantwortung begründen kann.

2. Der Indeterminismus und das Zufalls-Problem

Dass eine nichtdeterminierte, also freie Handlung von Verantwortung freistellen könnte, bezeichnet *Hans-Ludwig Kröber* als einen kühnen Gedanken.[437] Denkbar ist jedoch, dass die Zurechnung einer Handlung zu einer Person durch indeterministische Unterbrechungen vereitelt wird.[438] Dies tangiert die Intelligbilität. Intelligibilität als bedeutendes Merkmal von Verantwortung besagt: Nur wenn die Tat *verständlich* auf den Täter zurückgeführt werden kann, kann er verantwortlich gemacht werden.[439] Der Indeterminismus setzt an dem Merkmal der Verständlichkeit an, weil er im gewissen Grad die Verbindung zu den Erfahrungen bzw. zu den personalen Bestimmungsfaktoren unterbrechen vermag, etwa im Rahmen der indeterministischen Spielräume, wodurch die Person von ihnen losgelöst wird. Fehlt es daran, dass das Verhalten durch die Persönlichkeit im aktuellen und historischen Umfeld bestimmt wird, ist Zufall die Folge wodurch sich eine Verantwortungszurechnung verbiete.[440] Dadurch fehlt es nämlich an der Verbindung zwischen Tat und der Person des Täters. Zufall kann zu keiner verantwortungsbegründenden Freiheit führen. Was den absoluten Indeterminismus betrifft, besteht diesbezüglich Einigkeit.[441]

436 Kapitel 1 I 1.1.

437 *Kröber*, in: *ders./ H.-J. Albrecht* (Hrsg.), Verminderte Schuldfähigkeit und psychiatrische Maßregel, S. 33 (50).

438 *E. Maurer*, in: *Gestrich/Wabel* (Hrsg.), Freier oder unfreier Wille, S. 94 (98).

439 Vgl. *Pauen*, Illusion Freiheit, S. 62; *H. Walter*, Neurophilosophie der Willensfreiheit, S. 24, 52; Siehe zum Begriff Intelligibilität bereits Kapitel 1 I 1.3.

440 So auch schon *Hume*, Ein Traktat über die menschliche Natur, S. 149; *ders.*, Eine Untersuchung über den menschlichen Verstand, Abschnitt VIII, Teil II Rn. 30; *Günther*, in: *Schleim/Spranger/H. Walter* (Hrsg.), Von der Neuroethik zum Neurorecht, S. 214 (225, 231 f.).

441 Siehe Kapitel 1 I 2.1. und Kapitel 4 III 1.1.2.1.

Für die Lösung des Zufall-Problems wird auf die Relativierung des klassischen Indeterminismus abgestellt: Die Faktoren verlieren ihren zwingenden Charakter, weil der Mensch die Notwendigkeit durchbrechen sowie die Motive beeinflussen bzw. lenken könne und damit das Kausalgeschehen steuere.[442] Der Zufall entfällt deswegen, weil der *Mensch* es ist, der sich loslöst und das Geschehen lenkt. Der Kausalverlauf werde durch *ihn* gesteuert.

Wird sich mit der sog. „Akteurskausalität" beholfen, von *Pothast* umschrieben als nicht-kausale Selbstbestimmung[443], geht die Handlung kausal auf den Handelnden zurück, der selbst nicht kausal determiniert ist. Die Entscheidung habe nur in der Person selbst ihren Ursprung. Nach *Kant* sei der Mensch fähig

> *„unabhängig von [den] Naturursachen [...] etwas hervorzubringen [...], mithin eine Reihe von Begebenheiten ganz von selbst anzufangen"*[444].

Der Wille des Menschen wird zum „unbewegten Beweger"[445], der zwar unabhängig von Kausalfaktoren ist, aber mit kausaler Wirkung in das Weltgeschehen eingreifen könne. Die strafrechtliche Lehre von der Überdetermination[446], die den Anknüpfungspunkt von Verantwortung in der Fähigkeit des Menschen erblickt, dem Kausalverlauf eine Determinante sui generis hinzuzufügen, um ihn umzulenken, ähnelt diesem Ansatz. Bei der „Akteurskausalität" handelt es sich um etwas, das innerhalb einer Person eine Art Bewegung in Gang zu setzen vermag, die selbst ohne Ursache erfolge und dabei ihre eigene Richtung bestimme sowie auf andere Geschehnisse eingreifen und sie lenken könne.[447] Löst sich der Mensch von seinen Bedingtheiten, wirken sie nicht mehr auf ihn ein.

---

442 Vgl. *Günther*, in: *Schleim/Spranger/H. Walter* (Hrsg.), Von der Neuroethik zum Neurorecht, S. 214 (225); *Rudolphi*, in: *Schünemann* (Hrsg.), Grundfragen des modernen Strafrechtssystems, S. 69 (76).

443 *Pothast*, JA 1993, 104 (107). Vgl. Kapitel 4 III 1.1.2.

444 *Kant*, Kritik der reinen Vernunft, A 534/B 562; zu diesem Zitat bekennt sich *Hillenkamp*, in: *Gestrich/Wabel* (Hrsg.), Freier oder unfreier Wille, S. 72 (88).

445 Vgl. zur Terminologie *Bieri*, in: *Gestrich/Wabel* (Hrsg.), Freier oder unfreier Wille, S. 20 (24f.).

446 Siehe Kapitel 4 III 1.1.2.3.

447 Vgl. *Pothast*, JA 1993, 104 (107).

Wie ist es möglich, dass er sich davon lösen kann? Wie und mit welchen Mitteln entscheidet sich der Mensch für das eine oder das andere Motiv, das er seiner Entscheidung frei zugrunde legen möchte? Wie erfolgt die Gewichtung der Motive? Wenn dem nichts zugrundeliegt, wäre Beliebigkeit die Folge. Das Ergebnis dieses Gedankens wäre eine unendliche Kette von Losgelöstheit: Stehen die Wahl und die Gewichtung der Motive im Belieben der Person, müssen die dieser Wahl bzw. Gewichtung zugrunde liegende Wahl und die Bewertung wiederum im Belieben stehen, u.s.w. Die Loslösung an der Oberfläche ist dann nicht möglich ohne zumindest teilweiser Loslösung in der Tiefe. Resultat wäre ein weit umfangreicherer relativer Indeterminismus, der sich immer mehr in Richtung absoluter Indeterminismus bewegt. Die Beliebigkeit würde einer *persönlichen* Entscheidung im Weg stehen. Da der Akteurskausalität[448] selbst keinerlei kausale Ursache unterliegt, scheint es, als ob sie über den Menschen hereinbricht. Dadurch kann auch sie letztlich nicht den Zufall ausschließen.

Auch wenn das Verhalten nur durch kleine Freiräume der unbeeinflussten, beliebigen Wahl bestimmt sei, mischen sich in die *persönliche* Entscheidung *unpersönliche,* von nichts abhängende Faktoren. Die entstehende Beliebigkeit in jedem Wahlmoment und der mit ihr einhergehende Zufall bewirkt die fehlende Intelligibilität der Entscheidung. Jeder noch so winzige indeterministische Freiraum führt zur Entfernung und Loslösung des Menschen von *seiner* Entscheidung und *seinem* Verhalten, das sich durch das aktuelle Selbst mit seiner persönlichen Geschichte bildet.

Nicht nur der absolute Indeterminismus schließt die Intelligibilität aus, sondern auch ein relativer Indeterminismus, wonach eine Entscheidung in gewissen (ggf. deterministischen) Grenzen immer losgelöst von gemachten Erfahrungen und personalen Bestimmungsfaktoren gefällt werden könne, sofern dies der Handelnde wünscht und beispielsweise bei der Spielraumtheorie der indeterministische Spielraum

448 Mit der Akteurskausalität wird der Mensch zu einem gottähnlichen oder gottgleichen Wesen erhoben (so *Pothast*, JA 1993, 104 (107); vgl. auch *Tugendhat*, in: *Tröger* (Hrsg.), Wie frei ist unser Wille, 9 (22) unter Verweis auf *Chisholms* „agent causality" (Akteurskausalität)).

vorliegt[449]. Er führt den Täter weg von *seiner* Entscheidung bzw. *seinem* Verhalten.[450] Aus diesem Grund sieht *Herzberg* den Indeterminismus nicht als Lösung des Schuldproblems:

> *„Mit Entscheidungen, die sich aus der Zwangsherrschaft des Kausalgesetzes lösen und es durchbrechen, ist die Schuldidee gerade nicht vereinbar“*[451].

Im Ergebnis besteht der einzige Unterschied zwischen relativem Indeterminismus und dem absoluten Indeterminismus, wie *Ludwig Traeger* schon 1895 formulierte, darin:

> *„Nach dem sogenannten absoluten Indeterminismus würde der Wille einer unbeschwerten, im Gleichgewicht befindlichen Wage gleichen, deren nie belastete Schalen [weil jeder Beeinflussung entrückt] sich dennoch zu senken und zu heben vermögen kraft ihrer selbst; nach dem relativen Indeterminismus aber würde die Wage zwar beschwert werden, Vorstellungen und Gefühle können sich auf die Schalen legen, aber dennoch hat die Wage in sich selbst die Kraft, die mehr beschwerte Schale emporschnellen und die entgegengesetzte, weniger belastete hinabzudrücken“*[452].

Das Problem des Zufalls liegt beiden Positionen inne. Die Relativierung hat nicht zur Auflösung des Problems geführt, sondern weitere unlösbare Fragen geschaffen: wer oder was, warum und unter welchem Maßstab und auf welchem Weg bewegt die Waage und entscheidet über das Verhalten – ohne dass Beliebigkeit die Folge ist? Die Abhängigkeit von Faktoren, die nicht aus sich heraus entspringen, vermeidet Beliebigkeit und Zufall. Der individuelle Mensch entscheidet – mit allem, was ihn zu dem macht – was und wer er ist. Der Determinismus verbindet Personalität, Individualität und Subjektivität mit dem Verhalten und kann deswegen Grundlage für individuelle Zurechnung und Verantwortung sein. Persönliche Verantwortung ist nicht möglich, wenn es an dieser Verbindung fehlt. Zufall und Beliebigkeit als Folge des Indeterminismus können eine solche nicht aufbauen.

---

449 Gebe es diesen Spielraum nicht, könnte der Täter nicht anders Handeln und Willensfreiheit sowie Schuld lägen nicht vor.

450 Vgl. auch *Herzberg*, in: FS Achenbach, S. 157 (176).

451 *Herzberg*, in: FS Achenbach, S. 157 (174).

452 *Traeger*, Wille, Determinismus, Strafe, S. 67.

3. Die Konsequenz für alle indeterministischen Schuldbegriffe

Wenn bereits die Realannahme bzw. das Postulat Verantwortung nicht begründen kann, dann auch keine Fiktion indeterminierter Freiheit. Ebenso verhält es sich mit dem Verweis auf das Anders-Können eines Dritten, weil das indeterministische Anders-Können mit seiner Grundlage im Loslösen-Können mangels Verbindung zur Personalität wegen Beliebigkeit und Zufall keinen Anknüpfungspunkt von subjektiver Verantwortung bildet. Der Indeterminismus ist zwar unbestreitbar ein Freiheitsbegriff, aber keiner der Verantwortung im Rahmen eines *subjektiven* Schuldbegriffs begründen kann.

Die Rettung indeterministischer Schuldbegriffe wäre allenfalls die Fiktion der Verantwortungsbegründung. Man würde fingieren, dass der Indeterminismus verantwortungsbegründend ist. Das führe bei den fiktionalen Schuldbegriffen dazu, dass neben der Fiktion der indeterministischen Willensfreiheit die Fiktion der Verantwortungsbegründung treten würde, was auf eine Fiktion innerhalb einer Fiktion, also auf eine „Doppelfiktion", hinauslaufen würde. Die Fiktion der Verantwortungsbegründung ist abzulehnen, weil Fiktionen im Strafrecht nur bei Sachverhalten angenommen werden sollten, die der Vorstellung zugänglich, also denkbar sind. Dass Zufall Verantwortung begründet, ist jedoch nicht denkbar.

V. Zusammenfassung und die Beweislastfrage

Weder Indeterminismus noch Determinismus sind bewiesen. Wenn wir die Natur beobachten erscheint uns unsere Welt kausal. Von dem, was wir sehen und beobachten, wissen wir, dass zumindest in unserer makrophysikalischen Welt nichts aus dem Nichts herrührt, dass nichts unverursacht ist. Der Mensch nimmt seine Umgebung kausalverursacht wahr. Bereits Babys im Alter von sieben Monaten sind in der Lage, Ursache und Wirkung zu erfassen, also ihre Welt kausalistisch zu begreifen.[453] Wissenschaften wie die Physik, die Biologie, die Neurowissenschaften, die Psychologie, die Soziologie und auch die Krimino-

453 *S. Pauen*, G&G 2013/9, 48 (48).

logie suchen allesamt nach Ursachen für bestimmte Phänomene und Ereignisse.[454] Oftmals bringen sie jedoch in Bezug auf unsere (soziale) Umwelt und in Bezug auf die einzelne Person lediglich Wahrscheinlichkeitsangaben hervor. Vorhersagen zu treffen, bereitet deswegen Schwierigkeiten, weil aufgrund der hohen Komplexität der Faktoren in einem dynamischen System niemals die gleichen Anfangsbedingungen vorliegen werden[455]: die jeweiligen Faktoren, ihre jeweilige Stärke und die Art und Weise ihrer gesamten Vernetzung untereinander.[456] Dieselbe bereits vergangene Situation kann nicht wiederhergestellt werden, weil der Mensch seinerseits einem ständigen Wandel unterliegt[457], der durch die neuronale Plastizität seines Gehirns ermöglicht wird. Ein Beweis des Determinismus ist deswegen nicht möglich. Es existiert jedoch ein Indiz durch Annäherung: Je ähnlicher die vorausgehenden Umstände sind und umso ähnlicher die Folgen ausfallen, desto eher besteht die Annahme, dass bei gleichen Umständen gleiche Folgen eintreten würden[458]. Gestützt auf kriminologische, soziologische, psychiatrische und neurowissenschaftliche Forschung weist ein erheblicher Teil von Delinquenten vergleichbarer Delikte ähnliche Biografien, ähnliche neurobiologische „Auffälligkeiten“ und ähnliche genetische Dispositionen auf[459], die dieses Indiz stützen. Eine gewisse Ähnlichkeit, aber auch die jeweilige Individualität einer jeden Person in ihrer eigenen spezifischen „Vernetzung“ sprechen indiziell für die Annahme des Determinismus. Dabei könnten besondere individuelle Merkmale und Erfahrungen Delinquenz vorbeugen, was erklären würde, dass nicht jede Person mit einer ähnlichen Biografie delinquent wird. Es bleibt lediglich bei Wahrscheinlichkeiten, die mit einem multikausalen Determinismus vereinbar sind.

Der Mensch lebt in einer Welt, die ihm kausal und deterministisch verursacht erscheint, er sucht in seiner Umgebung nach deterministischen Kausalerklärungen, aber bei sich selbst werden plötzlich Unter-

---

454 In allen Disziplinen findet sich auch das Determinismus-Indeterminismus-Problem wieder.

455 Vgl. Kapitel 1 I 3.2.2.

456 Vgl. *Vollmer*, Information Philosophie 33 (2005), 58 (60).

457 So schon *Engisch*, Die Lehre von der Willensfreiheit in der strafrechtsphilosophischen Doktrin der Gegenwart, S. 23.

458 *Traeger*, Wille, Determinismus, Strafe, S. 92, der darin einen Beweis sieht.

459 Vgl. auch *Schroth*, FS Roxin I, S. 705 (709, 711).

schiede gemacht: Der Mensch unterfiele nicht vollständig dem kausalen System bzw. hätte ein eigenes kausales Wirken, etwa im Sinne einer Selbstverursachung. Es drängten sich hierbei die Fragen auf, warum und wie sich der Mensch aus der Geltung des Kausalprinzips gelöst bzw. wie, wo und warum der Indeterminismus Platz im Menschen gefunden haben sollte.[460] Offen ist, wann der Mensch evolutionsbiologisch betrachtet die Fähigkeit erlangte, einen Indeterminismus für sich zu nutzen.[461] Je näher der Mensch in der Entwicklungsstufe dem Affen steht, desto eher würden Indeterministen ihn wegen seiner Tierähnlichkeit als unfrei und determiniert betrachten. Doch, wann und wie die Lücken des Indeterminismus entstanden, die Fähigkeit in die Kausalkette einzugreifen oder sie zu überdeterminieren, ist nicht klar. Dass der Mensch evolutionsbiologisch betrachtet im Laufe der Jahrtausende große Fortschritte gemacht hat, dass sich sein Gehirn zum reflektierten Denken entwickelt hat[462] und dass eine kulturelle Evolution stattfindet, sind keine Beweise und keine Erklärungen für indeterminierte Willensentscheidungen/-handlungen.[463] Sie lassen sich ebenfalls mit einem modernen Determinismusverständnis verbinden. Die Wahrheit des Indeterminismus oder des Determinismus lässt sich auch nicht mit Verweis auf unsere gesellschaftlichen Vorstellungen, unseren sozialen Praktiken, unserer Sprachkultur oder unserem Freiheitsgefühl beweisen.[464]

---

460 So auch LK-*Jähnke*, 11. Aufl., § 20 Rn. 8.

461 Vgl. auf den Dualismus bezogen *Singer*, in: *Geyer* (Hrsg.), Hirnforschung und Willensfreiheit, S. 31 (37 f.).

462 Das Gehirn hat sich evolutionsbiologisch vom Australopithecus afarensis (385 g) über den Homo erectus (900 g) zum modernen Homo sapiens (1350 g) stark vergrößert. Es zeigt strukturelle und funktionelle Fort- und Rückentwicklungen in einzelnen Teilen (genauer dazu *Zilles*, in: *Barton* (Hrsg.), "...weil er für die Allgemeinheit gefährlich ist!", S. 49 (61 f.); *Singer*, in: *Geyer* (Hrsg.), Hirnforschung und Willensfreiheit, S. 31 (39 ff.)). Vgl. zur Willensfreiheit aus evolutionsbiologischer Sicht *Wuketits*, in: *Petzold/Sieper* (Hrsg.), Der Wille, die Neurobiologie und die Psychotherapie I, S. 57 ff.

463 Vielmehr verdeutlicht die Weiterentwicklung des Gehirns und die dadurch zunehmenden Fähigkeiten des Menschen eine kausale Abhängigkeit zwischen Entwicklung des Gehirns und menschlicher Fähigkeiten, denn hätte sich das Gehirn nicht weiterentwickelt, hätte der Mensch seine heutigen Fähigkeiten nicht erlangt.

464 Zudem ist auch nicht auf das subjektive Gefühl, unabhängig ob indeterministisch oder deterministisch, abzustellen, weil es fehlerhaft und manipulierbar sein kann (vgl. Kapitel 4 III 1.2.3.5).

Hinsichtlich der Begutachtungspraxis vor Gericht stellten *Siegfried Haddenbrock*[465] und *Günther Ellscheid/Winfried Hassemer*[466] in den 1960er und 1970er Jahren fest: Der Richter bedient sich eines Sachverständigen (aus Psychologie, Psychiatrie, ggf. Neurobiologie), der ihm die sachlichen Kriterien, die den Täter zur Tat veranlasst haben, schildert, mit der Folge, dass sich ein eventueller Freiheitsspielraum rapide verkleinert und zudem mit der Aufdeckung von immer weiteren Faktoren immer zweifelhafter erscheint.

Ohne den metaphysischen Streit aus objektiv-empirischer Perspektive entscheiden zu können – wird hier eine agnostisch-deterministische Position vertreten. Agnostisch deswegen, weil der Streit objektiv auf der Seinsebene nicht zu entscheiden ist. Damit löst sich der Streit jedoch nicht auf, sondern verlagert sich aufgrund der kontradiktorischen Stellung beider Positionen zueinander sowie des Verantwortungsproblems auf eine andere Ebene. Auf normativer Ebene stellt sich die Frage, was vermutet bzw. fingiert werden sollte: Der Indeterminismus oder der Determinismus. Aufgrund des makroweltlichen Determinismus liegt die „Beweislast", sofern man sie so bezeichnen möchte, zuvörderst beim Indeterminismus.[467] Mit *Herzberg* lässt sich sagen:

465 *Haddenbrock*, Nervenarzt 32 (1961), 145 (145); *ders.*, JZ 1969, 121 (124).

466 *Ellscheid/Hassemer*, Civitas IX 1970, 27 (29).

467 Dagegen: *T. Fuchs*, in: *ders./Schwarzkopf* (Hrsg.), Verantwortlichkeit – nur eine Illusion?, S. 203 (204): Wer die Möglichkeit menschlicher Freiheit leugnet trage dafür die Beweislast wegen der „Inkonsistenz von praktischer Erfahrung und theoretisch gewonnener Überzeugung"; *Hartmann*, Ethik, Das Problem der Willensfreiheit, S. 621 (722 ff., 728 f., 733 f.): Der Determinismus müsse den Schein des Indeterminismus beweisen, da er sich gegen das Freiheitsbewusstsein, das Schuldbewusstsein und die festgewurzelte Tradition wendet. Ob es dagegen so etwas wie „Beweislast" in der Wissenschaft gibt, wird kritisch betrachtet: vgl. *Mezger*, Über Willensfreiheit, S. 23; *Engisch*, Die Lehre von der Willensfreiheit in der strafrechtsphilosophischen Doktrin der Gegenwart, S. 39. *Engisch* meint aber, dass nichts näher liegt, als die Beweisbelastung des Indeterminismus aufgrund der Vermutung durch das Kausalprinzip (Die Lehre von der Willensfreiheit in der strafrechtsphilosophischen Doktrin der Gegenwart, S. 39; so auch *Klippel*, ZStW 10 (1890), 534 (564): Der Mensch ist Teil der Natur und ihrer Gesetzmäßigkeit). Wer die Willensfreiheit behauptet, behauptet, dass der Mensch von dieser Gesetzmäßigkeit abweicht, wodurch die Kausalität unterbrochen wird. Wer die Ausnahme von einem Gesetz behauptet, muss dies darlegen. Das lässt sich auf den relativen Indeterminismus übertragen, der annimmt, dass sich der Mensch nicht im luftleeren Raum befindet und Faktoren auf ihn einwirken. Dann muss die Ausnahme von der Grundannahme dargelegt werden.

„Weil das Anderskönnen nicht beweisbar ist, müssen wir zugunsten des Täters von seinem Nichtanderskönnen ausgehen“[468].

In einer Negativbetrachtung, was Verantwortung nicht ist bzw. wann eine Verantwortungszuschreibung nicht legitimiert werden kann, ist festzustellen, dass der Indeterminismus, auf den alle bisher vorgestellten Schuldtheorien abstellen, ungeeignet ist. Wenn schon der objektiv-empirische Indeterminismus und mit ihm das Anders-Können zum Zufall führt, dann führt auch jedes Postulat, jede Fiktion, jede Begründung aus einem vermeintlichen Gefühl zum Zufall und damit zur fehlenden Verantwortung. Ohne Verantwortung gibt es keine Schuld. Wenn nicht der Indeterminismus Verantwortung begründen kann, möglicherweise kann dies der Determinismus – wie mehrfach bereits in dieser Arbeit angeklungen. Er könnte etwa hinsichtlich der Intelligibilität eine Verantwortungszuschreibung erklären. Dieser und anderer Fragen im Zusammenhang mit einem deterministischen Schuldbegriff widmet sich das folgende Kapitel.

---

468 *Herzberg*, in: FS Achenbach, S. 157 (171).

Kapitel 5 Der agnostisch-deterministische Schuldbegriff

> *„Niemand kann den Determinismus beweisen, aber es ist sicher, daß wir sein Bestehen in allem unseren praktischen Verhalten voraussetzen, und daß wir insbesondere den Begriff der Verantwortlichkeit auf das menschliche Handeln nur insoweit anwenden können, als das Kausalprinzip für die Willensprozesse gilt.“*[1]

Herzberg spottete unter Bezugnahme auf *Hans Achenbach*, dass die Willensfreiheit auf ewig eine „unerweisliche Hypothese“ bleiben werde, weil es diese Freiheit nicht gebe.[2] Obwohl die Forschungsergebnisse der Hirnforschung dazu verleiten, eine biologische Fundierung von Verhaltensweisen als Beleg des „Nicht-Anders-Könnens“ anzunehmen, bleibt ein tatsächlicher Beweis des Determinismus, wie gesehen, ebenfalls aus. Auch wenn sowohl Determinismus als auch Indeterminismus nicht bewiesen sind, muss das Strafrecht bereits jetzt funktionieren.

In Bezug auf das Verantwortungsproblem bleibt die Möglichkeit übrig, soll das Strafrecht weiterhin die Selbstbestimmung des Menschen achten und berücksichtigen, dass ein anderes Verantwortungsverständnis, als der Indeterminismus, strafrechtliche Zuschreibung begründet. Die Lösung könnte im Determinismus liegen, denn er knüpft die Verbindung zwischen Person und Verhalten. Aber wie soll Verantwortung entstehen, wenn der Mensch gar nicht anders konnte? Wie kann einer Person ihr Verhalten vorgeworfen werden, wenn das Verhalten „aufgezwungen“ und die Person scheinbar nicht eigenständig ist?[3] Darüber hinaus: Wie soll das Strafrecht mit seinen Normen exis-

1 *Schlick*, Fragen der Ethik, Kap. VII, S. 166.
2 *Herzberg*, in: FS Achenbach, S. 157 (166).
3 *Tugendhat*, in: *Tröger* (Hrsg.), Wie frei ist unser Wille, 9 (11).

tenzberechtigt sein, wenn der Mensch gar nicht die Wahl hat, sie zu befolgen oder sich gegen sie zu wenden? Der Gedanke, dass Determinismus mit Freiheit und Verantwortung vereinbar ist, ist wie gesehen gar nicht so ungewöhnlich, wie es scheinen mag.[4]

I. Die Zulässigkeit deterministischer Ansätze als Grundlage für die strafrechtliche Schuld nach dem Gesetzgeberwillen

Bevor näher auf den Inhalt des hier vertretenen deterministischen Schuldansatzes eingegangen wird, stellt sich die Frage, auch wenn der Determinismus für die strafrechtliche Verantwortung übrig bleiben mag darf er überhaupt gegenwärtig *de lege lata* dem Strafrecht zugrunde gelegt werden, oder muss *de lege ferenda* auf die Zukunft verwiesen werden, etwa auf eine Gesetzes- oder gar Verfassungsänderung. Die Frage dreht sich also darum, ob unsere heutige Rechtsordnung nur einen Indeterminismus erlaubt.

1. Der Wille des Verfassungsgesetzgebers

Die Verfassung ist eine freiheitliche und garantiert zumindest die Handlungsfreiheit[5]. Fraglich ist, ob sie Willensfreiheit zwingend voraussetzt, um das Schuldstrafrecht zu legitimieren.

Die Auffassung, Willensfreiheit sei verfassungsrechtlich verankert, stützt sich zumeist auf die vom BVerfG grundgesetzlich hergeleitete Garantie des Schuldprinzips[6]. Das Schuldprinzip und mit ihm „die Willensfreiheit *als dessen Voraussetzung* [wird] zum Bestandteil des Rechtsstaatsprinzips erhoben“ und zugleich im Menschenwürdegrundsatz verankert, zudem unter den Schutz von Art. 79 Abs. 3 GG gestellt

4 Vgl. Kapitel 4 II 1. und Kapitel 4 III 2.3.1. Auch die heutige Philosophie vertritt mehrheitlich kompatibilistische Ansätze, denen zufolge Verantwortung und Freiheit mit einem Determinismus zu vereinbaren sind (vgl. *Vierkant*, in: *Buchheim/Pietrek*. (Hrsg.), Freiheit auf Naturbasis, S. 69 (70); *Petzold/Sieper*, in: *dies.* (Hrsg.), Der Wille, die Neurobiologie und die Psychotherapie I, S. 253 (277)).

5 Siehe dazu Kapitel 1 I 1.1.

6 Zur Herleitung des nulla-poena-sine-culpa-Grundsatz siehe Kapitel 2 I.

und von der „staatsrechtliche[n] Literatur weithin widerspruchslos akzeptiert".[7] Eine Herleitung in strenger Verbindung zwischen Willensfreiheit und Schuld folgt aus dem Gedanken, dass Schuld nicht ohne Willensfreiheit begründet werden dürfe. Damit erfolgt der zweite Schritt vor dem ersten: Die Willensfreiheit wird als verfassungsrechtliches Erfordernis *aus der Schuld* abgeleitet. Erst durch die Schuld wird die Willensfreiheit Bestandteil der Verfassung. Es ist dagegen aber gerade fraglich, ob Willensfreiheit für die Schuld überhaupt notwendiger Bestandteil ist. Die Frage ist nämlich vielmehr, ob ein indeterministisches Schuldprinzip verfassungsrechtlich gefordert wird oder ob ein deterministisches Schuldprinzip genauso vor der Verfassung Bestand hat.

Wie bereits oben dargelegt, bestätigt das BVerfG die indeterministische Auffassung des BGH.[8] Das Gericht hält indeterministische Schuldbegriffe verfassungsrechtlich für zulässig. Das heißt aber nicht zugleich, dass der Verfassungsgesetzgeber bzw. das Grundgesetz die Rechtswissenschaft dazu verpflichtet, dem Strafrecht einen indeterministischen Schuldbegriff zugrunde zu legen. Denkbar ist nämlich, die strenge Verbindung zwischen Schuld und Willensfreiheit aufzuheben. Ob dies zulässig ist, hängt davon ab, ob die (indeterministische) Willensfreiheit von Verfassungswegen vorausgesetzt wird. Nur dann kann sie verfassungsrechtlich zur zwingenden Voraussetzung von Schuld gemacht werden.

Ausgehend vom verfassungsrechtlich verankerten Schuldprinzip liegt der Schluss auf den materiellen Schuldbegriff weiterhin nahe. Anstatt die Willensfreiheitsprämisse mit dem verfassungsrechtlichen *Bestand*, also dem Schuldprinzip per se zu begründen, könnte sie aus der dem Schuldprinzip zugrunde liegenden verfassungsgerichtlichen *Begründung* erfolgen – mit Hilfe der Menschenwürde, der Eigenverantwortlichkeit und der freien menschlichen Persönlichkeit gem. Art. 1 Abs. 1 und Art. 1 Abs. 1 i.V.m. 2 Abs. 1 GG.[9] Das führt zur Frage, ob

7 *Heun*, JZ 2005, 853 (856), m.w.N (Hervorhebung durch Verf.).

8 Siehe Kapitel 4 III 1.1.1.2.

9 BVerfGE 20, 323 (331); 25, 269 (285); 41, 121 (125); 45, 187 (228); 50, 125 (133); 95, 96 (140), BVerfG NJW 2009, 2267 (2289), vgl. Kapitel 2 I. Gegen die Ableitung der „freien Selbstbestimmung" (i.S.v. Willensfreiheit) von der Handlungsfreiheit spricht,

der Menschenwürde ein indeterministisches Menschenbild zugrunde liegt. *Heinrich Amadeus Wolff* zufolge müsse dies bejaht werden[10]:

> *„Die Willensfreiheit [...] ist die Geschäftsgrundlage des Verfassungsgebers bei der Normierung der Menschenwürde und der allgemeinen Handlungsfreiheit gewesen"*[11].

Unter Verweis auf die Epoche der Aufklärung sieht dies *Christoph Möllers* ebenso:

> *„Moderne Verfassungen, also Verfassungen, die in der Tradition der demokratischen Revolutionen des 18. Jahrhunderts stehen, verstehen sich ganz dezidiert als Verfassungen der Freiheit, und zwar nicht nur in Umsetzung einer empirischen Erkenntnis individueller Freiheit, sondern auch als politische Entscheidung zu Freiheit. Individuelle Freiheit erscheint in diesem Kontext als ein wechselseitiges Versprechen der Bürger, sich als willensfreie und vernunftfähige Wesen anzuerkennen; diese Anerkennung mündet in den institutionell sanktionierten Respekt in individueller Freiheit durch die Einführung von Grundrechten und in die Einrichtung demokratischer Selbstbestimmungsprozeduren. [...] Der von der Verfassung gegenüber der übrigen Rechtsordnung beanspruchte Vorrang weist dem Verfassungsrecht eine besondere Rolle für die Rechtspraxis der Willensfreiheit zu"*[12].

Dagegen widerspricht *Roxin* einem objektiv-empirischen Indeterminismusbekenntnis der Verfassung:

> *„Wenn unsere Verfassung von den Grundsätzen der Menschenwürde und der freien Entfaltung der Persönlichkeit ausgeht, dann greift sie damit nicht in den Streit zwischen Determinismus und Indeterminismus ein – wozu sie auch gar nicht in der Lage wäre [...]".*

---

dass die allgemeine Handlungsfreiheit aus Art. 2 Abs. 2 GG vielmehr im Sinne einer „allgemeinen Verhaltensfreiheit" zu verstehen ist (*Sachs*, Verfassungsrecht II, Kap. 14 Rn. 5) und damit die Handlungsfreiheit bezeichnet, die von der Willensfreiheit abzugrenzen ist (vgl. dazu bereits Kapitel 1 I 1.1).

10 Siehe auch *Laufs*, MedR 2011, 1 (4): „Wer Schuld in Ermangelung von Willensfreiheit, wer Anders-Handeln-Können, wer Eigenverantwortlichkeit für illusorisch erklärt, zerstört das Menschbild des Grundgesetzes und die daraus folgende Begründung und Begrenzung der Strafe"; *Lagodny*, Strafrecht vor den Schranken der Grundrechte, S. 389.

11 *H. A. Wolff*, JZ 2006, 925 (927).

12 *Möllers*, in: *Lampe/M. Pauen/Roth* (Hrsg.), Willensfreiheit und rechtliche Ordnung, S. 250 (258 f.).

Anstatt ein Bekenntnis in jeder Hinsicht auszuschließen, legt er den Verfassungswillen entsprechend seiner agnostischen Schuldtheorie von der Willensfreiheitsfiktion bei normativer Ansprechbarkeit[13] aus:

> *„[…]sondern sie erteilt der Legislative, der Exekutive und der rechtsprechenden Gewalt den Befehl: Ihr sollt den Bürger als freien, verantwortungsfähigen Menschen behandeln! Es geht also bei der Annahme menschlicher Entscheidungsfreiheit nicht um eine Seinsaussage, sondern um ein rechtliches Regelungsprinzip"*[14].

Gegen die Ableitung der Willensfreiheit aus der Menschenwürde lässt sich zunächst einwenden, dass der Menschenwürdebegriff selbst umstritten ist. So wird die Menschenwürde oftmals mit dem „Eigenwert des Menschen an sich" umschrieben[15], ohne dass dies einen Verweis auf die Schuldfähigkeit oder die Willensfreiheit beinhalten muss. Die Würde des Menschen lässt sich auch mit der Annahme verbinden, der Mensch werde durch mehrere Faktoren, darunter durch Motive zu seinem Verhalten determiniert.[16] Wenn dies zum Eigenwert des Menschen zählt, weil es seine Natur ist, dann liegt in der Achtung dessen gleichzeitig die Achtung der Menschenwürde. Die Menschenwürde darf nicht einem Wesensaspekt – nämlich der Naturgebundenheit – des Menschen widersprechen.[17]

Wenn tatsächlich die Willensfreiheit „Geschäftsgrundlage" des Menschenwürdebegriffs ist, wovon *Wolff* ausgeht, dann führt das zur Frage, ob Menschen, die unter einer willensfreiheits- und folglich schuldausschließenden psychischen Störung leiden, keine Menschenwürde besitzen.[18] Das BVerfG führt dazu aus, dass jeder Mensch – unabhängig von seinen Eigenschaften, seinem körperlichen oder geisti-

---

13 Siehe oben Kapitel 4 III 2.5.

14 *Roxin*, ZStW 96 (1984), 641 (650).

15 BVerfGE 30, 1 (26); vgl. *Sachs*, Verfassungsrecht II, Kap. 13 Rn. 8.

16 *Dreher*, Die Willensfreiheit, S. 17; ebenso kritisch *Detlefsen*, Grenzen der Freiheit, S. 104: Die Verzahnung von Schuld und Menschenwürde erzeugt vielmehr Unstimmigkeiten, als dass Art. 1 Abs. 1 GG eine Legitimation für die Schuldstrafe bilde.

17 Das schließt nicht aus, dass die Menschenwürde auch seine Kulturgebundenheit erfasst. Der Mensch ist ein Natur- und Kulturwesen, was sich beispielsweise in seiner biologischen, aber auch in seiner kulturellen Evolution zeigt. Hier geht es jedoch gerade um den Naturaspekt der Determination.

18 Vgl. zur Problematik, ob das Kriterium der freien Selbstbestimmung als Attribut der Menschenwürde dazu führt, dass Schuldunfähigen die Menschenwürde verlo-

gen Zustand, seinem sozialen Status oder seinen Leistungen – Menschenwürde besitzt.[19] Auch ein Mensch, dem die Schuldfähigkeit aufgrund einer psychischen Störung oder die Selbstbestimmungsfähigkeit in gewissen Lebensbereichen abgesprochen wird, besitzt Menschenwürde.[20] Daraus lässt sich schließen, dass sie nichts mit der indeterministischen Willensfreiheit und dem Anders-Können zu tun hat. Anderenfalls würde sie jenen Personen den Schutz verwehren, die im besonderen Maße auf ihn angewiesen sind. Im Anschluss an die deutsche Geschichte nach 1945 hatte der Gesetzgeber gerade das Anliegen, diesem Personenkreis, dem auch behinderte und geistig kranke Menschen unterfallen, Menschenwürde zuzusprechen, um einen Schutz vor der „Vernichtung" der von den Nationalsozialisten als „lebensunwerten Lebens"[21] erachteten Menschen zu gewährleisten.[22] Es entstünde ein Wertungswiderspruch, werde versucht, ein indeterministisches Schuldprinzip aus der Menschenwürde herzuleiten, die gerade auch Schuldunfähige besitzen.[23] Ein Mensch mit einer Geisteskrankheit, wegen der ihm die „freie" Selbstbestimmungsfähigkeit abgesprochen wird, besitzt Menschenwürde. Damit verlangt Menschenwürde für die Gewährung von Schutz keine Willensfreiheit oder Selbstbestimmungsfähigkeit. Das schließt aber umgekehrt nicht aus, dass Selbstbestimmung und Eigenverantwortlichkeit von Menschen, die dazu fähig sind, vom Schutz der Menschenwürde umfasst sind.[24] Insoweit ist die Entscheidung des BVerfG missverständlich, wonach der Menschenwürde und der freien menschlichen Persönlichkeit

> *„die Vorstellung vom Menschen als einem geistig sittlichen Wesen zugrunde [liege], das darauf angelegt ist, in Freiheit sich selbst zu bestimmen und sich zu entfalten"*[25].

ren geht, *Detlefsen*, Grenzen der Freiheit, S. 100 ff.; *Roth/G. Merkel*, Haltet den Richter, Frankfurter Rundschau v. 26.06.10; kritisch dazu *M. Walter*, Unzulässige Überinterpretation, Frankfurter Rundschau v. 05.07.2010.

19 BVerfGE 96, 375 (399).

20 Vgl. für Geisteskrankheit im Allgemeinen *Maunz/Dürig*, GG Art. 1 I Rn. 20.

21 Im Nationalsozialismus berief man sich auf *Binding/Hoche*, Die Freigabe der Vernichtung lebensunwerten Lebens, 1920.

22 Vgl. *Schreiber*, in: *Thomas* (Hrsg.), Schuld, S. 61 (64).

23 Vgl. *Schiemann*, Unbestimmte Schuldfähigkeitsfeststellungen, S. 104.

24 *Sachs*, Verfassungsrecht II, Kap. 13 Rn. 9.

25 BVerfGE 45, 187 (227).

Aus der freien Entfaltung der Persönlichkeit lässt sich ebenfalls kein Bekenntnis zur Freiheit des Willens ableiten, denn sie garantiert lediglich den persönlichen Freiraum des Menschen,[26] bei dem es vielmehr um die von außen ungestörte Entwicklung des Individuums geht[27]. Sie bezeichnet ein So-Sein-Dürfen wie man ist und wie man sein will und verbirgt als nähere Ausgestaltung des allgemeinen Persönlichkeitsrechts das Recht, seine Identität selbst zu bestimmen,[28] was durchaus determiniert erfolgen könnte.

Daneben trägt auch nicht der Verweis auf die Betonung der Willensfreiheit in der Zeit der Aufklärung. Ideengeschichtlich existiert eine Strömung, die auf die Willensfreiheit verweist, etwa *Kant*. Wie *Heun*[29] zutreffend belegt, lässt sich jedoch einwenden, dass es eine eindeutige Bejahung der Willensfreiheit auch zu dieser Zeit nicht gab. Ganz im Gegenteil gab es viele Deterministen, wie etwa die französischen Materialisten *La Mettrie*[30] und der Baron *von Holbach*[31]. Zudem geht das Konzept der negativen Freiheit wesentlich auf *Hobbes* zurück, der ein Willensfreiheitskritiker war und, ebenso wie *Hume*, die Handlungsfreiheit in den Mittelpunkt rückte[32].[33] Die Menschenwürde wurde erst später zum Schutz vor totalitären Unrechtstaaten aufgrund der Erfahrungen aus dem Dritten Reich in das Grundgesetz aufgenommen[34], sodass eine Verknüpfung von Aufklärung und Menschenwürde

26 Vgl. *Dreher*, Die Willensfreiheit, S. 17.
27 *Neufelder*, GA 1974, 289 (298).
28 *Pieroth/Schlink*, Staatsrecht II, Rn. 392; *Schiemann*, Unbestimmte Schuldfähigkeitsfeststellungen, S. 105.
29 *Heun*, JZ 2005, 853 (854).
30 *La Mettrie*, L'Homme machine, 1747, Der Mensch eine Maschine, dt. Ausgabe 2015.
31 *d'Holbach*, Système de la nature ou des loix du monde physique et du monde moral, 1770, dt. Ausgabe, System der Natur oder von den Gesetzen der physischen und moralischen Welt, 1978.
32 *Hobbes*, Leviathan, Kapitel XXI, S. 177 f.; *ders.*, The Questions Concerning Liberty, Necessity, and Chance, 1654, in: *Molesworth* (Hrsg.), The English Works of Thomas Hobbes, Vol. 5, S. 71: „A man is free to do if he will, which I deny not. He ought to prove he is free to will, which I deny". Dem entspricht auch, dass die grundgesetzlich verbürgten Freiheitsrechte überwiegend die Handlungsfreiheit schützen. Vgl. bereits Kapitel 1 I 1.1.
33 *Heun*, JZ 2005, 853 (854), m.w.N.
34 Vgl. *Heun*, JZ 2005, 853 (854); *Schreiber*, in: *Thomas* (Hrsg.), Schuld, S. 61 (64).

nicht derart gebildet werden kann, dass sie sich zur Begründung einer aufklärerischeren Willensfreiheit eignet.

Überdies führt *Kants* Willensfreiheit zu etlichen Widersprüchen in Bezug auf die Menschenwürde, weil er nach genauerem Hinsehen *allein* dem der menschlichen Erkenntnis entzogenen „homo noumenon" Menschenwürde zuspricht[35]:

> *„Der Mensch im System der Natur (homo phaenomenon, animal rationale) ist ein Wesen von geringerer Bedeutung und hat mit den übrigen Tieren, als Erzeugnissen des Bodens, einen gemeinsamen Wert (pretium vulgare). […] Allein der Mensch als Person betrachtet, d. i. als Subjekt einer moralisch-praktischen Vernunft, ist über allen Preis erhaben; denn als ein solcher (homo noumenon) ist er nicht bloß als Mittel zu anderer ihren, ja selbst zu seinen eigenen Zwecken, sondern als Zweck an sich selbst zu schätzen, d. i. er besitzt eine Würde (einen absoluten inneren Wert), wodurch er von allen anderen vernünftigen Weltwesen Achtung für ihn abnötigt, sich mit jedem anderen dieser Art messen und auf den Fuß der Gleichheit schätzen kann. Die Menschheit in seiner Person ist das Objekt der Achtung, die er von jedem anderen Menschen fordern kann"*[36].

Der Mensch nach *Kant* existiert einerseits als kausaldeterminiertes Wesen, als „homo phaenomenon", und andererseits als willensfreies Vernunftwesen, als „homo noumenon", welches sich frei selbst bestimmen kann (Autonomie). Eine Person, die wegen einer geistigen Störung schuldunfähig ist, wäre dementsprechend zur Willensfreiheit unfähig, was in der Konsequenz dazu führt, dass sie nur ein „homo phaenomenon" sein kann, das keine menschliche Würde besäße.[37] Willensunfreiheit würde damit zu Würdelosigkeit führen, was mit Art. 1 Abs. 1 GG kollidiert, wonach dem Willen des Verfassungsgebers entsprechend allen Menschen Menschenwürde zukommt – den geistig Gesunden wie den geistig Kranken, den Schuldfähigen wie den Schuldunfähigen.

---

35 *Ruske*, Ohne Schuld und Sühne, S. 92, 94.

36 *Kant*, Metaphysik der Sitten, Tugendlehre § 11 A 91, 92, 93, 94, S. 503 (568 f.).

37 Ähnlich *P. Tiedemann*, Menschenwürde als Rechtsbegriff, S. 169 f., 173, 175: Dem Menschen käme nach *Kant* nur insoweit Würde zu, wie er moralisch handelt und ein vernünftiges Wesen ist. Komatöse Menschen würden wohl keine praktische Vernunft besitzen. Danach kann bei Menschen, denen man Willensfreiheit abspricht nach *Kant* keine Menschenwürde begründet werden. Dem sich anschließend *Ruske*, Ohne Schuld und Sühne, S. 95.

Die Verfassung berücksichtigt, dass der Mensch sowohl ein Natur- als auch ein Kulturwesen ist; sie hat sich nicht im Streit um das Menschenbild entschieden, sondern steht beiden Positionen neutral gegenüber. Die Menschenwürde steht somit einem Schuldbegriff mit deterministischem Menschenbild nicht entgegen.

2. Der Wille des Strafgesetzgebers

Auch wenn die Verfassung deterministische Schuldansätze zulässt, könnte dagegen *de lege lata* der Strafgesetzgeber deterministische Schuldansätze ausgeschlossen haben. *Dreher* hat in seiner Monografie „Die Willensfreiheit" versucht aufzuzeigen, dass unser derzeitiges Strafrecht nur ein indeterministisches sein kann[38]:

> *„Unser Strafrecht hat sich für den Indeterminismus entschieden"*[39].

Schöch zufolge sei mit der Entscheidung des Gesetzgebers „die Freiheitsfrage für das geltende Recht – rechtstheoretisch – nicht offen". Willensfreiheit gelte dadurch als „praktisches Postulat".[40]

2.1. Der Gesetzgeber und der objektiv-empirische Indeterminismus

Eine erste Vermutung für ein *objektiv-empirisches* indeterministisches Verständnis liegt in der Reform des Strafgesetzbuches in den 50er bis 70er Jahren des letzten Jahrhunderts. Der Standpunkt des BGH[41] entspricht eindeutig dem der sog. Großen Strafrechtskommission, die für die grundlegende Umgestaltung des deutschen Strafgesetzbuches (Große Strafrechtsreform 1969-1975) in den Jahren zwischen 1954 und 1959 tagte. Sie erarbeitete den Entwurf eines neuen Strafgesetzbuches von 1962 (E 1962)[42], aus dem deutlich wird:

> *„Die Schuld wird [...] als Vorwerfbarkeit derjenigen Willensbildung verstanden, die zur rechtswidrigen Tat geführt hat. Die Vorwerfbarkeit erfor-*

38 *Dreher*, Die Willensfreiheit, S. 18 ff., 29; *ders.*, FS Spendel, S. 13 (13).
39 *Dreher*, in: FS Spendel, S. 13 (13).
40 LK-*Schöch*, 12. Aufl. § 20 Rn. 30.
41 Kapitel 4 III 1.1.1.1.
42 *Roxin*, Strafrecht AT I, § 4 Rn. 16.

dert, daß der Täter zur Tatzeit fähig war, die bestimmte tatverwirklichende Willensbildung zu vermeiden“[43].

Das umschreibt die Fähigkeit, seinen Willen i.S.d. Anders-Könnens bilden und lenken zu können[44]. Ausgangspunkt des E 1962 ist also ein Menschenbild, wonach der Mensch in Freiheit befähigt ist, sein Verhalten den rechtlichen Regeln i.S.e. nicht-kausalen Beeinflussung des eigenen Willens durch sich selbst anzupassen.

Ob der historische Gesetzgeber letztlich dem BGH und der Großen Strafrechtskommission gefolgt ist und sich auf einen Indeterminismus festgelegt hat, ist fraglich. Er hat sich nicht explizit mit Hilfe einer Legaldefinition dazu geäußert, was unter Schuld zu verstehen ist. Vielmehr hat er ein Regel-Ausnahme-Modell geschaffen, das das Vorliegen von Schuld für den Großteil der Bevölkerung unterstellt und nur bei gewissen Ausnahmen (Schuldunfähigkeit gem. §§ 19, 20 StGB, Irrtum gem. § 17 StGB, außergewöhnliche Tatumstände gem. § 35 StGB, verständliche Gefühlsausbrüche gem. § 33 StGB, Unzumutbarkeit bei Pflichtenkollision bei Unterlassungsdelikten) entfallen lässt.[45]

Werden die §§ 20, 21 StGB ganz unvoreingenommen gelesen, scheinen sie tatsächlich den objektiv-empirischen Indeterminismus zu bestätigen, wenn sie im Umkehrschluss neben der Fähigkeit, „das Unrecht der Tat einzusehen“ (sog. „Unrechtseinsicht“) im Regelfall von der Fähigkeit des Menschen ausgehen, entsprechend der Unrechtseinsicht (eingeübt durch die gesetzlich festgelegten Verhaltensnormen) handeln zu können.[46] In dieser sog. „Steuerungsfähigkeit“ spiegele sich das Erfordernis des Anders-Könnens wider[47], wovon auch *Roth* aus-

---

43 Begründung zum E 1962, BT-Drucks. IV/650, S. 137.

44 Vgl. auch die zeitgenössische Einschätzung *Jescheck*, Das Menschenbild unserer Zeit, S. 20; *H. Kaufmann*, JZ 1967, 139 (142); *Schörcher*, ZStW 77 (1965), 240 (240 ff.); *Schultz*, JZ 1966, 113 (114).

45 Dazu ausführlicher *Günther*, in: *Schleim/Spranger/H. Walter* (Hrsg.), Von der Neuroethik zum Neurorecht, S. 214 (216 ff.). *G. Merkel* betont die objektiv-empirische Sichtweise des Gesetzgebers in Übereinstimmung mit dem BGH von der Existenz der indeterministischen Willensfreiheit, die sich in § 20 StGB ausdrücke, die es aber nicht festzustellen gilt (*G. Merkel*, in: FS Herzberg, S. 3 (4, 15)).

46 Die Zurechnungsfähigkeit nach obiger Formulierung taucht auch in § 3 JGG auf.

47 *Dreher*, in: FS Spendel, S. 13 (15): Das Gesetz verlange, dass sich der Täter nach seiner Unrechtskenntnis steuern kann – entweder für oder gegen das Recht im indeterministischen Sinn; *Duttge*, in: *ders.* (Hrsg.), Das Ich und sein Gehirn, S. 13

geht[48]. Dementsprechend stellt der überwiegende Teil der Strafrechtswissenschaft auf das Element des Anders-Handeln-Könnens ab – jedoch nicht zwingend in Form der objektiv-empirischen Seinskonzeption.[49] Nicht alle Ansätze verstehen § 20 StGB dahingehend, dass der Einzelne dazu befähigt sein muss, tatsächlich anders zu können. Wie

---

(35, 51); *Frister*, MschrKrim 77 (1994), 316 (317), belegt das mit psychologischen Erkenntnissen; *ders.* Strafrecht AT, Kap. 18 II Rn. 10 sieht in der gesetzlichen Formulierung zur Steuerungsfähigkeit nur einen anderen Ausdruck für die Idee der Willensfreiheit; Griffel, GA 1996, 457 (470); *Guss*, Willensfreiheit, S. 25; *Haddenbrock*, MSchrKrim 77 (1994), 44 (45): Steuerungsfähigkeit sei nur eine andere Bezeichnung für den Gedanken der Willensfreiheit; *Hillenkamp*, Diskussion zum Vortrag von Prof. Hillenkamp, in: *Gestrich/Wabel* (Hrsg.), Freier oder unfreier Wille, S. 90 (90, 92); *Hochhuth*, JZ 2005, 745 (748); *Arthur Kaufmann*, Jura 1986, 225 (227); *Kühl*, Strafrecht AT, § 10 Rn. 4 mit Verweis auf §§ 17, 20 StGB; *Lagodny*, Strafrecht vor den Schranken der Grundrechte, S. 323, 369; *Lenckner*, in: *Göppinger/Witter* (Hrsg.), Handbuch der forensischen Psychiatrie I, S. 3 (95): Das Gesetz gehe von einem relativen Indeterminismus aus; *Lindemann*, in: *Krüper* (Hrsg.), Grundlagen des Rechts, § 13 Rn. 4, 22; *ders.*, in: *Barton* (Hrsg.), "...weil er für die Allgemeinheit gefährlich ist!", S. 343 (356): der Wortlaut ließe sich nicht anders verstehen als Paraphrasierung des überkommenen Verständnisses im Sinne eines Anders-Handeln-Könnens; *Maurach/Zipf*, Strafrecht AT I, § 36 Rn. 5: In § 20 verkörpere sich der Appell des Gesetzgebers an den Menschen, durch seine Entschluss- oder Willensfreiheit, sein Verhalten selbst zu bestimmen; *G. Merkel*, in: FS Herzberg, S. 3 (15); *dies./Roth*, in: *Stompe/Schanda* (Hrsg.), Der freie Wille und die Schuldfähigkeit, S. 143 (144); *R. Merkel*, G&G 2008/1, Dossier Zukunft des Gehirns, 56 (57); *ders.*, Willensfreiheit und rechtliche Schuld, S. 134, 136; der gerade deswegen den „Bemühungen um eine Rechtfertigung der Schuldstrafe eine dunkel bleibende Grenze“ gezogen sieht; *Renzikowski*, NJW 1990, 2905 (2908): § 20 beziehe sich auf die menschliche Entscheidungsfreiheit, auf das Sich-Anders-Besinnen-Können; *Schreiber*, Jahrbuch für Wissenschaft und Ethik 2005, 23 (24); *Spilgies*, Die Bedeutung des Determinismus-Indeterminismus-Streits, S. 54; *T. Walter*, in: FS Schroeder, S. 131 ff.; *Weber*, in: *Baumann/ders./Mitsch*, § 18 Rn 39.

48 Vgl. *M. Pauen/Roth*, Freiheit, Schuld und Verantwortung, S. 135; *G. Merkel/Roth*, in: *Grün/Friedman/Roth* (Hrsg.), Entmoralisierung des Rechts, S. 54 (55).

49 *Dreher*, Willensfreiheit, S. 385, 383; *Ebert*, Strafrecht AT, S. 94; *Fischer, StGB, Vor § 13 Rn. 8; Griffel*, ARSP 84 (1998), 517 (518); *Gropp*, Strafrecht AT, § 6 Rn. 51; *Haft*, Strafrecht AT, S. 117; *H. J. Hirsch*, ZStW 106 (1994), 746, (749); *Jescheck/Weigend*, Strafrecht AT, S. 23; LK-*Jescheck*, 11. Auflage, Vor § 13 Rn. 73; *Krey/Esser*, Strafrecht AT, Rn. 266 f., 689; *Kühl*, Strafrecht AT, § 10 Rn. 3 f.; *Sch/Sch-Lenckner/Eisele*, Vorbem. §§ 13, Rn. 108; Rn. 110, 118; *Lackner/Kühl*, StGB, Vor § 13 Rn. 23; *Mangakis*, ZStW 75 (1963), 499 (499 f.); *Maurach/Zipf*, Strafrecht AT, § 30 I Rn. 7 ff.; *Meier*, Strafrechtliche Sanktionen, S. 168; *Neufelder*, GA 1974, 289 (295, 297 f.), der jedoch meint, das Gesetz sage nichts dazu, wie die Willensbildung bei Gesunden erfolge, aber wegen des Sühnecharakters und der Zweispurigkeit des Sanktionensystems sehe der Gesetzgeber die Willensfreiheit im Sinne des Anders-

gezeigt, begründen etwa Vertreter des sozialen Schuldbegriffs das Anders-Handeln-Können über einen Vergleich mit dem Können eines Dritten bzw. gedachten Durchschnittsmenschen; andere wiederum fingieren die erforderliche Fähigkeit. § 20 StGB muss also keineswegs objektiv-indeterministisch ausgelegt werden.

Anderenfalls „wäre er eine schlimme Fehlleistung des Gesetzgebers“[50], so *Herzberg*. Dem Richter werde die Pflicht auferlegt, dem Täter sein Anders-Können nachzuweisen, was im Ergebnis bedeuten würde, Unmögliches zu fordern: die Feststellung der Unwahrheit des Determinismus und der Wahrheit der Wahlfreiheit des Willens im Tatzeitpunkt.[51] Vom Psychiater werde damit verlangt, das Freiheitsproblem, das schon theoretisch bisher nicht entschieden werden konnte, in der Praxis zu lösen.[52]

Auch wenn die Große Strafrechtskommission eindeutig vom Gedanken des Indeterminismus getragen war, bedeutet das nicht zwingend, dass sich letztlich auch der Gesetzgeber für eine bzw. diese Position entschieden hat. Das Wissen um die Möglichkeit der objektiv-empirischen Existenz beider sich antagonistisch gegenüberstehenden Positionen hatte der Gesetzgeber.[53] Er wollte den empirischen Streit dahingestellt sein lassen und lediglich nach einer praxistauglichen Lösung streben, bei der er die nähere Ausgestaltung der *Schuldidee* der Literatur und Gerichtsbarkeit überließ. Ein solches Vorgehen hat den Vorteil, die Weiterentwicklung der geistigen Grundlagen der Schuld durch die empirischen Wissenschaften, aber auch durch die Geistes-

---

Handeln-Könnens als einen anthropologischen Grundbefund, wenn sie nicht durch äußere Umstände oder innere-psychologische Anomalien ausgeschlossen ist; *Otto*, Grundkurs Strafrecht, § 12 Rn. 9, 16-24; *Roxin*, Strafrecht AT, § 3 Rn. 55, § 19 Rn. 36 f.; SK-*Rudolphi*, § 20 4a; *Schreiber*, Jahrbuch für Wissenschaft und Ethik 2005, 23 (30); *Schünemann*, in: *ders.* (Hrsg.), Grundfragen des modernen Strafrechtssystems, S. 153 ff.; *Weber*, in: *Baumann/ders./Mitsch* (Hrsg.), Strafrecht AT, § 18 Rn. 23, 38; *Wessels/Beulke*, Strafrecht AT, 38. Aufl., Rn. 397, 400 f.; *Wessels/Beulke/Satzger*, Strafrecht AT, § 13 Rn. 615a.

50 *Herzberg*, Willensunfreiheit und Schuldvorwurf, S. 104.

51 *Herzberg*, Willensunfreiheit und Schuldvorwurf, S. 105.

52 *Bockelmann*, ZStW 75 (1963), 372 (380).

53 *Herzberg*, Willensunfreiheit und Schuldvorwurf, S. 107. Dass der Gesetzgeber Kenntnis von dem Problem gehabt haben muss, zeigt auch der gesetzesgeschichtliche Überblick bei *Haddenbrock*, Soziale oder forensische Schuldfähigkeit, S. 129 ff.

wissenschaften nicht zu hemmen oder gar zu blockieren. Strafrechtspolitik muss nämlich

> „*vor allem Planung für die Zukunft und den Fortschritt des Soziallebens sein*“[54]

und damit eben auch zukunftsorientiert. Nachdem 1933 mit dem „Gesetz gegen gefährliche Gewohnheitsverbrecher und über Maßregeln der Sicherung und Besserung“ explizit die Formulierung „freie Willensbestimmung“ aus § 51 RStGB[55] (dem heutigen § 20 StGB) gestrichen wurde, um zu verdeutlichen, kein Bekenntnis zur Willensfreiheit geben zu wollen[56], hatte der Gesetzgeber in der Großen Strafrechtsreform diese Formulierung nicht wieder in das Strafgesetzbuch eingeführt. Bereits vor der Formulierungsänderung von 1933 war mit der

54 *K. Tiedemann*, Strafrechtspolitik und Dogmatik in den Entwürfen zu einem dritten Strafrechtsreformgesetz, S. 5.

55 § 51 Reichsstrafgesetzbuch vom 15.05.1871 enthält folgende Regelung: „Eine strafbare Handlung ist nicht vorhanden, wenn der Thäter zur Zeit der Begehung der Handlung sich in einem Zustande von Bewusstlosigkeit oder krankhafter Störung der Geistesthätigkeit befand, durch welchen seine freie Willensbestimmung ausgeschlossen war“.

56 Der „Entwurf eines Allgemeinen Deutschen Strafgesetzbuch“ von 1927 (Reichstag, III. Wahlperiode, 1924/27, Drucks. Nr. 3390) lag der Neufassung zugrunde, in dem es zu § 13 heißt: „Als psychisches Merkmal der Zurechnungsfähigkeit bezeichnet das geltende Recht den Ausschluß der freien Willensbestimmung. Die Verwendung dieses Begriffs ist lebhaft angefochten, weil er *den Anschein* erweckt, als nähme der Gesetzgeber in dem philosophischen Streit über die Willensfreiheit Stellung. Der Entwurf hat daher […] das Merkmal des Ausschlusses der freien Willensbestimmung ersetzt durch das Merkmal der Unfähigkeit, das Unrechtmäßige der Tat einzusehen oder nach dieser Einsicht zu handeln.“, zit. nach *Herzberg*, Willensunfreiheit und Schuldvorwurf, S. 107 Fn. 168 (Hervorhebung durch Verf.); vgl. weiterhin *Bockelmann*, ZStW 75 (1963), 372 (380 f.); *B. Burkhardt*, in: *Tröger* (Hrsg.), Wie frei ist unser Wille, S. 87 (90 f., 93); *Frister*, MSchKrim 77 (1994), 316 (317 Fn. 9); *ders.* Strafrecht AT, Kap. 18 I Rn. 8; *Haddenbrock*, Soziale oder forensische Schuldfähigkeit, S. 134; *Krümpelmann*, ZStW 88 (1976), 6 (11); *Schiemann*, ZJS 2012, 774 (774 f.). Das Reichsgericht hielt dennoch am indeterministischen Willensbegriff fest (RGSt 64, 353). Viele Strafrechtswissenschaftler sind der Auffassung, dass die Umformulierung nichts am Streit geändert hätte, weil auch sie nur die Willensfreiheit bezeichne (*B. Burkhardt*, in: *Tröger* (Hrsg.), Wie frei ist unser Wille, S. 87 (91); Nachweise bei *Frister*, Die Struktur des "voluntativen Schuldelements", S. 19 f., 99 f.).

„freien Willensbestimmung"[57] nicht der philosophische Begriff der Willensfreiheit gemeint, wie *Siegfried Haddenbrock*, ausführt.[58] Aus der amtlichen Gesetzesbegründung zu § 51 RStGB von 1871 geht hervor, dass sich die Formulierung vielmehr auf den

> *„Zustand geistiger Gesundheit"* bezieht, *„dem die Rechtsanschauung des Volkes die strafrechtliche Verantwortlichkeit tatsächlich zuschreibt"*.[59]

> *„Es darf namentlich nicht befürchtet werden, dass dadurch die verschiedenen metaphysischen Anschauungen über die Freiheit des Willens im philosophischen Sinne in die Kriminalverhandlungen gezogen werden"*[60].

Die spätere Formulierungsänderung hinsichtlich der „freien Willensbestimmung" sollte dieser Lesart Rechnung tragen.[61] Das wiederum passt in das Konzept des Gesetzgebers von der fehlenden Legaldefinition der Schuld.

Der Gesetzgeber hatte also in seiner Gesetzgebungsgeschichte bewusst auf die positive inhaltliche Festlegung in Form einer Legaldefinition der Schuld verzichtet, eine Formulierung, die eindeutig auf die Willensfreiheit abstellte, gestrichen und nicht wieder eingeführt und schließlich der Schuld bloße Ausnahmeregelungen belassen. Das alles deutet auf den Enthaltungswillen des Gesetzgebers hinsichtlich einer

57 Diese Formulierung taucht auch im BGB in § 104 Nr. 2 und § 827 S. 1 auf, das nach dem Reichsstrafgesetzbuch am 01.01.1900 in Kraft trat. Aus den Gesetzesmaterialien zum BGB geht hervor, dass diese Fassungen im Anschluss an § 51 RStGB 1871 gewählt wurden und damit ebenfalls nicht die indeterministische Willensfreiheit gemeint ist (*B. Burkhardt*, in: *Tröger* (Hrsg.), Wie frei ist unser Wille, S. 87 (91)).

58 *Haddenbrock*, Soziale oder forensische Schuldfähigkeit, S. 133. Siehe auch *Lammel*, in: *Kröber/ H.-J. Albrecht* (Hrsg.), Verminderte Schuldfähigkeit und psychiatrische Maßregel, S. 87 (92).

59 Dennoch hält *Haddenbrock*, bezugnehmend auf *Lenckner*, es für möglich, dass darin lediglich „eine beschwichtigende Geste der im Gesetzgebungsprozeß siegreichen Indeterministen gegenüber Andersgläubigen" liege könnte (*Haddenbrock*, Soziale oder forensische Schuldfähigkeit, S. 133).

60 *Schubert*, Strafgesetzbuch für den Norddeutschen Bund, S. 56.

61 *Lammel*, in: *Kröber/ H.-J. Albrecht* (Hrsg.), Verminderte Schuldfähigkeit und psychiatrische Maßregel, S. 87 (92); so auch *B. Burkhardt*, in: *Tröger* (Hrsg.), Wie frei ist unser Wille, S. 87 (91).

problematischen Antwort auf eine problematische empirische Frage hin.[62]

2.2. Der Gesetzgeber und der normative Indeterminismus

Trotzdessen[63] ist es eine weit verbreitete Meinung, dass sich der Gesetzgeber zwar nicht zum objektiven Indeterminismus bekenne und die empirisch-philosophische Frage unbeantwortet ließ, aber im Wege der normativen Setzung der Vermeidefähigkeit des Täters[64] letztlich doch von einer indeterministischen Schuldauffassung ausgehe, mit der Folge des Ausschlusses deterministischer Positionen:

> *„Unter dem Dach dieses non liquet hat sich der Gesetzgeber für die Annahme von Freiheit entschieden. Das steht dem Gesetzgeber frei"*[65].

Auch wenn die Freiheit wissenschaftlich nicht exakt beweisbar ist und er sich deswegen nicht auf objektiv-empirischer Ebene äußern wollte, sei es dem Gesetzgeber möglich, normativ von der persönlichen Verantwortlichkeit des Menschen auszugehen und die Freiheit vorauszusetzen[66]. Die Anerkennung und Geltung rechtlicher Werte hänge nicht von der exakten Beweisbarkeit ab.[67] *Lenckner/Eisele* zufolge darf die indeterministische Freiheit vom Gesetz deswegen fingiert werden, weil

62 Siehe im Ergebnis auch *Günther*, in: *Schleim/Spranger/H. Walter* (Hrsg.), Von der Neuroethik zum Neurorecht, S. 214 (217).

63 Vgl. *Dreher*, in: FS Spendel, S. 13 (21): „Die Strafrechtler atmeten auf, als 1933 nach vergeblichen Entwürfen endlich gelang, das Wort Willensfreiheit aus dem Text des damaligen § 51 StGB zu entfernen. Man wiegte sich in dem Glauben, den prekären Begriff damit in die Philosophie abgeschoben zu haben. Welch ein Irrtum. Meine These zeigt nun, daß das Strafrecht sehr wohl zu dem scheinbar ominösen Begriff Stellung nimmt, zwar nicht ausdrücklich, aber konkludent und deutlich genug und eindeutig im Sinn des Indeterminismus".

64 Vgl. *Herzberg*, Willensunfreiheit und Schuldvorwurf, S. 109; *Rengier*, Strafrecht AT, 4. Aufl., § 24 Rn. 2; *Roxin*, Strafrecht AT I, § 19 Rn. 37; *R. Merkel*, Willensfreiheit und strafrechtliche Schuld, S. 134.

65 *Hillenkamp*, in: *ders.* (Hrsg.), Neue Hirnforschung – Neues Strafrecht, S. 85 (110); so auch *Dölling*, in: *T. Fuchs/ Schwarzkopf* (Hrsg.), Verantwortlichkeit – nur eine Illusion, S. 378 (384): das Strafrecht beruhe auf dem Postulat der Willensfreiheit; LK-*Jähnke*, 11. Aufl., § 20 Rn. 12; *Schreiber*, Jahrbuch für Wissenschaft und Ethik 2005, 23 (24); LK-*Schöch*, 12. Aufl., § 20 Rn. 30.

66 *Schreiber*, in: FS Laufs, S. 1069 (1069); *ders.* Jahrbuch für Wissenschaft und Ethik 2005, 23 (24).

67 *Lenckner*, in: *Göppinger/Witter* (Hrsg.), Handbuch der Psychiatrie I, S. 3 (97).

die Frage, von welchem Menschenbild das Gesetz ausgeht, primär eine normative Frage ist. Das Recht komme nicht umhin,

> *„eine Gemeinschaftsordnung auch nach solchen Maximen, Zielvorstellungen und Wertentscheidungen zu gestalten, für deren Richtigkeit es keinen Beweis im strengen Sinn gibt".*

„Non liquet"-Situationen bedürfen, wenn es um die Sicherung der Funktionsfähigkeit des Rechts geht, einer Entscheidung, notfalls in Form einer Fiktion. Diese muss begründet werden, soll sie nicht willkürlich sein. Gerade im eingriffsintensiven Strafrecht muss sie zwar nicht bewiesen, aber plausibel[68] sein. Die Argumente für einen Determinismus wären: die Determiniertheit der Makrowelt, deterministische chaotische Systeme, der soziale Alltagsdeterminismus und schließlich die fehlende Verantwortungsbegründung eines (relativen) Indeterminismus aufgrund des Zufallsproblems. In Bezug auf die objektive Realexistenz unterliegt der Indeterminismus auch durch die Psychologie, Psychiatrie und Evolutionsbiologie einem größeren Zweifel als der dynamisch-multikausale Determinismus.

Aus pragmatischer Sicht spräche für die Fiktion des Indeterminismus die Gefahr von Dammbrüchen, etwa die Gefahr der Kriminalitätssteigerung aufgrund erklärter fehlender Willensfreiheit. Die Begründung hierfür wäre: Die Gesellschaft baue auf einem Indeterminismus auf[69] bzw. der Mensch habe das Gefühl der Willensfreiheit, die sich daher im sozialen Leben als Realität erweist[70]. Willensfreiheit sei ein so immanenter Bestandteil der menschlichen Wertesphäre, dass sie im Bereich des Rechts nicht bewiesen werden brauche.[71]

Wie an anderer Stelle deutlich geworden, kann das Freiheitsgefühl auch deterministisch gedeutet werden, wenn man von deterministischer Freiheit ausgeht. Sieht man Freiheit und Verantwortung als mit einem Determinismus kompatibel, sodass es sich mit dem subjektiven Freiheits- und Verantwortungsempfinden vereinbaren lässt, entfallen die Dammbruchgefahren. Die Fiktion des Indeterminismus ergibt sich wohl aus der Annahme heraus, nur indeterministische Willensfreiheit

68 Vgl. *Roth*, in: *T. Fuchs/Schwarzkopf* (Hrsg.), Verantwortlichkeit – nur eine Illusion, S. 147 (151).

69 Sch/Sch-*Lenckner/Eisele*, Vorbem §§ 13 ff. Rn. 110.

70 LK-*Schöch*, 12. Aufl., § 20 Rn. 30.

71 So *Dreher/Tröndle*, StGB, 42. Aufl. 1985, Vor § 13 Fn. 28.

könnte Schuld und Verantwortung begründen. Es besteht ein großes „Vorurteil“[72], dass strafrechtliche Schuld in irgendeiner Form von Willensfreiheit ausgehen müsse.

Es findet vielmehr eine Überinterpretation des Gesetzgeberwillens statt, wenn behauptet wird, er fingiere oder postuliere in einer normativen Setzung Willensfreiheit in Form des indeterministischen Anders-Könnens. Bereits die oben angeführten Argumente im Rahmen der Gesetzgebungsgeschichte zu § 20 StGB sprechen gegen einen solchen Willen des Gesetzgebers, sondern vielmehr für eine neutrale Haltung. Der Wortlaut von § 20 StGB lässt zudem nicht zwingend Rückschlüsse auf eine agnostisch-indeterministische Lesart zu. Historisch betrachtet stammt die 1933 erfolgte Formulierungsänderung aus der Feder der Strafrechtsprofessoren *Kahl, v. Lilienthal, Goldschmidt* und *v. Liszt*, die im Jahr 1911 einen Gesetzentwurf mit selbiger Formulierung vorlegten.[73] Der heutige § 20 StGB hat damit seine Wurzeln in diesem Gesetzentwurf sowie in der großen Strafrechtsreform, als die Streichung der Formulierung „freie Willensbestimmung“ beibehalten und nicht wieder eingeführt wurde. Vor allem *v. Liszt* war der Ansicht, dass sich das Strafrecht nur auf den Determinismus berufen dürfe, unabhängig davon, ob man außerhalb der empirischen Welt (nach *Kant* die intelligible Welt) an einen Indeterminismus glaubt[74]:

> *„[...] für unser Erkennen gibt es keine Wirkung ohne Ursache, ganz ebenso gut wie keine Ursache ohne Wirkung. [...] Nur für die Welt der unserem Erkennen zugänglichen Erscheinungen gilt das Kausalgesetz. Darüber hinaus beginnt das Gebiet des Glaubens. [...] Für das Recht aber kommt nur die Welt der Erscheinungen in Betracht. Nur der ‚empirische‘ Mensch kann vor den Strafrichter gestellt, verurteilt, eingesperrt oder geköpft werden. Niemals der ‚intelligible‘ Charakter. Ob dieser endlich oder unsterblich, ob er frei oder unfrei ist, das wissen wir nicht und können es niemals wissen, mögen wir auch gerade deshalb das eine oder das andere um so zuversichtlicher glauben. [...] Der Verbrecher, der vor uns steht als Angeklagter oder als Verurteilter, ist also für uns Menschen unbedingt und uneingeschränkt unfrei; sein Verbrechen die notwendige, unvermeidliche Wirkung der gegebenen Be-*

72 *Herzberg*, Willensunfreiheit und Schuldvorwurf, S. 64.
73 *Frister*, Strafrecht AT, Kap. 18 I Fn. 17; NK-*Schild*, StGB, § 20 Rn. 43.
74 Vgl. Kapitel 4 II 1.; Kapitel 4 III 2.3.1.; Kapitel 5 II 1.

dingungen. Für das Strafrecht gibt es keine andere Grundlage als den Determinismus"[75].

Die Formulierung eines bekennenden Deterministen in einem Gesetzentwurf ist zumindest neutral zu verstehen – derart, dass sie beide Lesarten zulässt, also auch deterministische: So versteht *Paul Bockelmann* die §§ 20, 21 StGB pragmatisch dahingehend, dass gewisse Krankheiten, die einen gewissen Erheblichkeitsgrad erreicht haben, die Zurechnungsfähigkeit ausschließen und den Menschen von einer durch die Strafe stigmatisierenden Verantwortungsübernahme freisprechen.[76] Es genügt also nicht allein die Feststellung irgendeiner Störung (krankhafte seelische Störung, tiefgreifende Bewusstseinsstörung, Schwachsinn oder einer schweren anderen seelischen Abartigkeit als biologische Kriterien), sondern es muss etwas hinzukommen, dass die Störung gravierender macht. An die biologisch-empirische Stufe fügt sich demnach eine rein normative Stufe an. Ist die Störung zwar erheblich, hat aber das Ausmaß von § 20 StGB nicht erreicht, ist die Schuld gem. § 21 StGB nur vermindert.

Bockelmann kann jedoch nicht erklären, warum der Gesetzgeber in seiner Lesart gleich zweimal die Erheblichkeit im Gesetz betonen muss: Zum einen in der Festlegung der biologischen Kriterien selbst („tiefgreifend", „schweren") und zum anderen in der Formulierung der Unfähigkeit „das Unrecht der Tat einzusehen oder nach dieser Einsicht zu handeln."

Eine andere deterministische Lesart vertritt *Herzberg*, der die Betonung auf die Formulierung „wegen" in § 20 StGB legt. Verteidigt sich der Dieb, dass er *wegen* Armut nicht der Unrechtseinsicht entsprechend handeln konnte, so verurteilt ihn dennoch der Richter – mag dieser von der Aussage über die Unfähigkeit zum Anders-Handeln auch noch so überzeugt sein.[77] Es kommt auf die im Gesetz genannten biologischen Ausschlusskriterien an. Liegt der Grund für das (determinierte) Verhalten außerhalb der gesetzlich festgelegten Kriterien (biologische Eingangsmerkmale), muss der Täter für sein Verhalten die

75 *v. Liszt*, Die deterministischen Gegner der Zweckstrafe, 1893, in: Strafrechtliche Vorträge und Aufsätze II, 1905, S. 38 f. = in: *Vormbaum* (Hrsg.), Texte zur Strafrechtstheorie der Neuzeit, S. 188.

76 *Bockelmann*, ZStW 75 (1963), 372 (381).

77 *Herzberg*, Willensunfreiheit und Schuldvorwurf, S. 108.

Verantwortung übernehmen. So verstanden kann die Steuerungsfähigkeit nicht die Fähigkeit im Zeitpunkt der Tat unter den *gleichen* Bedingungen anders zu können bezeichnen, sondern lediglich die Feststellung, dass das geforderte Verhalten, das ein anderes gegenüber dem realisierten Verhalten ist, nicht in die Tat umgesetzt wurde. Von einem deterministischen Standpunkt aus überzeugt die Hervorhebung der Gesetzesformulierung „wegen". § 20 StGB erschöpft sich jedoch nicht allein in der biologischen Komponente.

Als zweite Stufe stellt die „psychische Komponente" die Verbindung zwischen biologischem Eingangsmerkmal und der normativen Beurteilung über die Auswirkung der Störung auf die Art und Weise des Entscheidungsprozesses her.[78] Erst wenn die Art und Weise der Entscheidungsbildung[79] durch das biologische Eingangsmerkmal derart gestört ist, dass eine „verständige"[80] Beurteilung bzw. ein „verständiges" Verhalten durch den Handelnden[81] nicht mehr möglich ist,

78 *Frister* meint, dass ein indeterministisches Verständnis von der Steuerungsfähigkeit wegen erkenntnistheoretischer Unfassbarkeit nur deswegen Bestand hat, weil sie als bloße Begründungskonvention gehandhabt wird: „Nicht die Subsumtion unter die Begriffe Einsichts- und Steuerungsfähigkeit entscheidet darüber, ob der Betroffene als schuldfähig angesehen wird, sondern die intuitiv nach anderen Kriterien getroffene Entscheidung über die Schuldfähigkeit bestimmt, ob der Betroffene als einsichts- und steuerungsfähig definiert wird" (Strafrecht AT, Kap. 18 II, Rn. 11).

79 Vgl. dazu genauer das deterministische Entscheidungskonzept des Psychologen *Dörner*, siehe Kapitel 1 I 3.2.3.

80 Nicht zu verwechseln mit der Intelligibilität. Intelligibilität im Sinne von „Verständlichkeit" meint, dass die Entscheidung und das Verhalten auf die Person des Täters zurückführbar sein muss und durch ihn, aufgrund seiner Wesenszüge und gemachten Erfahrungen (und dadurch entstehenden Motive), erklärbar werden (vgl. Kapitel 4 IV 2). „Verständig" meint dagegen, dass der Täter die Appellwirkung der Norm verstehen können muss (vgl. Kapitel 4 III 2.3.2.2. a.E.; Kapitel 5 III 3.3.) und zudem im Abwägungsprozess Bedeutung und Tragweite der zur Verfügung stehenden und zu bedenkenden Alternativen (besonders der gewählten und ausgeführten) zu überblickten fähig ist (vgl. Kapitel 5 III 3.2.).

81 Es kommt nicht darauf an, ob die Entscheidung durch Dritte nachvollziehbar ist, sondern, dass der Betroffene nach seinen eigenen individuellen Maßstäben abgewogen hat und dabei fähig war zu wissen, dass sein Verhalten Unrecht verwirklichen wird. Es kommt zudem nicht darauf an, dass der Täter jedes Für und Wider abgewogen hat, sondern dass er dazu prinzipiell in der Lage ist, denn auch ein Verzicht auf eine gründliche Abwägung, kann „verständig" erfolgen. Der richterlichen und sachverständlichen Beurteilung der „Verständigkeit" liegt aber dennoch ein normatives Moment inne.

schließt die Störung die Verantwortungszuschreibung aus.[82] Es kommt also auf den gesetzlich normierten Ausschlussgrund mit seiner Einwirkung auf die Art und Weise des Entscheidungsprozesses an. Anliegen des Gesetzgebers war mit der Formulierung der Einsichts- und Steuerungsfähigkeit gem. §§ 20, 21 StGB, dass sie unter Berücksichtigung der Eingangsmerkmale so ausgelegt werden,

> *„dass sie die psychischen Voraussetzungen für die Zuerkennung von Selbstbestimmungsfähigkeit in unserer sozialen Welt zutreffend beschreibt"*[83].

Selbstbestimmungsfähigkeit kann jedoch sowohl indeterministisch als auch deterministisch verstanden werden. Die gesetzliche Regelung ist damit eine pragmatisch-normative. Dem Gesetzgeber war zudem bewusst, dass seelische Störungen auf körperlichen Störungen beruhen können, ohne dass sie zugleich schuldausschließend wirken müssen, als er die „krankhafte seelische Störung" ins Gesetz aufnahm.[84] Der Gesetzgeber blieb damit dem gesamten Streit gegenüber neutral.

Das bestätigen auch andere Gesetzesbestimmungen. Beim entschuldigenden Notstand gem. § 35 StGB gerät jemand in eine existenzielle Not, die nicht durch Notrechte gerechtfertigt ist. Eine Entschuldigung kann dennoch greifen. § 35 zeigt, dass es für die Frage der Schuld und der strafrechtlichen Verantwortung nicht auf die Willensfreiheit ankommt. Würde die Frage nach der Schuld Willensfreiheit voraussetzen, müsste bei § 35 StGB angenommen werden, dass die Person in jeder Lage immer anders entscheiden könnte und damit die Schuld bejaht werden. § 35 greift aber gerade dann, wenn der Täter aus indeterministischer Sicht anders hätte handeln können bzw. die Schuld vermindert war[85]. Der Gesetzgeber hat sich stattdessen entschieden, die Willensfreiheit nicht als Kriterium für die Schuldzuschreibung zu verlangen. Schuld wird deswegen nicht zugeschrieben, weil eine Ausnahmesituation vorliegt und normativ keine Strafnotwendigkeit besteht.[86] Bei dem bereits in der Antike diskutierten Gedankenexperiment eines Schiffbrüchigen, der einem anderen Schiffbrüchigen die

---

82 Vgl. *Frister*, Strafrecht AT, Kap. 18 II, Rn. 12; vgl. dazu genauer Kapitel 5 III 3.
83 *Frister*, Strafrecht AT, Kap. 18 II, Rn. 11.
84 Vgl. *Schild*, in: *Buchheim/Pietrek* (Hrsg.), Freiheit auf Naturbasis, S. 155 (174).
85 Vgl. *Roxin*, Strafrecht AT I, § 22 Rn. 4, 70 f.
86 *Roxin*, Strarecht AT I, § 22 Rn. 4.

Holzplanke entreißt, sodass dieser ertrinkt, er aber selbst überlebt (Brett des Karneades)[87], würde man aus indeterministischer Sicht dem Schiffbrüchigen grundsätzlich Willensfreiheit attestieren und damit die Fähigkeit zum Anders-Können – auch wenn er den anderen Schiffsbrüchigen tötet, um selbst zu überleben. Trotz Willensfreiheit und der Fähigkeit zum Anders-Können, wird ihm jedoch die Schuld für die Tat abgesprochen. Es lag eine Ausnahmesituation vor, in der von ihm nicht verlangt wird, sich seiner Fähigkeit zum Anders-Können zu bedienen, auch wenn er es prinzipiell könnte. Die Frage nach einem Anders-Können ist für §§ 35 und 33 irrelevant. Vielmehr hat sich der Gesetzgeber entschieden, ein Schuldsystem zu normieren, das durch normative Ausnahmeregelungen geregelt wird.

In § 33 StGB, der zwischen sthenischen und asthenischen Affekten unterscheidet, zeigt sich, dass der Gesetzgeber davon ausgeht, dass das Handeln durch Affekte bestimmt sein kann, von denen nicht jeder eine Entschuldigung legitimiert. Nach § 33 StGB wird nämlich eine Person trotz rechtswidriger Tat nur dann nicht bestraft, wenn sie „die Grenzen der Notwehr aus Verwirrung, Furcht oder Schrecken", also wegen asthenischer Affekte, überschreitet. Andere Gründe, die aus indeterministischer Sicht die Willensfreiheit sogar einschränken würden, bleiben unberücksichtigt.[88] Auch hier bildet die Willensfreiheit kein Kriterium für die Beurteilung der Schuldfrage.

3. Zusammenfassung

Weder aus der Verfassung noch aus dem Strafgesetzgeberwillen bzw. aus dem Strafgesetz lässt sich der Ausschluss des Determinismus ableiten. Wichtig war dem Gesetzgeber, festzulegen, dass der Mensch grundsätzlich schuldfähig i.S.e. Verantwortungszurechnung ist, von der es normative Ausnahmen gibt. Ein Bekenntnis zum Indeterminismus, gleichgültig ob als objektiv-empirische oder subjektive Realität oder als agnostische Fiktion, wollte und hat der Gesetzgeber nicht ge-

87 *Koriath*, JA 1998, 250 (250 ff.); *Roxin*, Strafrecht AT I, § 22 Rn. 16.

88 Affekte können aber ab einem gewissen Schweregrad („tiefgreifend") die Schuldfähigkeit mindern bzw. ausschließen. § 33 StGB erfasst asthenische Affekte mit niedrigerem Schweregrad, anderenfalls wäre er überflüssig.

geben. Vielmehr hat er lediglich, wie auch die Verfassung auf die Selbstbestimmungsfähigkeit des Täters verwiesen. Der Gesetzgeber wollte dem Determinimus-Indeterminimus-Streit gegenüber neutral bleiben, sodass er im Umkehrschluss der Auffassung war, dass Schuldfähigkeit keine indeterministische Willensfreiheit voraussetzt[89], wodurch er zugleich auch deterministische Schuldkonzepte zu ließ.

Bei all der berechtigten Kritik an der Formulierung von § 20 StGB[90] ist positiv zu erwähnen, dass § 20 StGB so formuliert wurde, dass er sowohl deterministische als auch deterministische Lesarten zulässt. Dies lässt ebenfalls auf eine neutrale Haltung des Gesetzgebers schließen.

II. Schuldkonzepte deterministischer Strafrechtler

1. Die normative Ansprechbarkeit (v. Liszt)

v. Liszt vertrat einen Schuldbegriff, der auf die normative Ansprechbarkeit fußt. Seine deterministische Schuldlehre wurde bereits bei den Schuldsansätzen, die auf die Motivierbarkeit durch Normen abstellen, gestreift.[91] Ging es dort in erster Linie um die vorherrschenden indeterministischen Verständnisse, soll an dieser Stelle näher auf *v. Liszts* deterministische Ausrichtung eingegangen werden.

v. Liszt unterscheidet zwei Zurechnungsebenen: die Zurechnungsfähigkeit des Täters und die Zurechnungsfähigkeit der Tat. Letztere liegt vor,

> „*wenn der Täter die antisoziale Bedeutung seines Verhaltens gekannt hat oder wenn er sie hätte kennen können und sollen*“[92].

Dies entspricht der heutigen Unrechtseinsicht bzw. der Einsichtsfähigkeit. Die Zurechnungsfähigkeit des Täters, die heutige Steuerungsfähigkeit,

---

89 So auch *B. Burkhardt*, in: *Tröger* (Hrsg.), Wie frei ist unser Wille, 87 (94).

90 Vgl. dazu *Frister*, Strafrecht AT, Kap. 18 I Rn. 8 ff. Die zugestanden indeterministisch erscheint – aber nicht so gelesen werden muss.

91 Siehe Kapitel 4 III 2.3.1.

92 *v. Liszt*, Lehrbuch des Deutschen Strafrechts, S. 158.

> *„ist gegeben mit jenem psychischen Zustand des Täters, der ihm die Möglichkeit sozialen Verhaltens gewährleistet, also mit seiner Determinierbarkeit durch die Normen des sozialen Verhaltens"*[93].

Es kam *v. Liszt* nicht darauf an, dass die Normen den Täter realiter zu sozial- und rechts*konformem* Verhalten determinieren, worauf sich dagegen oftmals die Kritik richtete, jeder Täter beweise durch seine Tat, dass er nicht durch die Norm motiviert bzw. determiniert wurde[94], sondern vielmehr auf die Möglichkeit im Sinne einer Disposition hierzu (bei Tatbegehung). Der Begriff Schuld

> *„verlangt nichts als die unbestreitbare und unbestrittene Voraussetzung, daß alles menschliche Verhalten durch Vorstellungen, mithin auch durch die allgemeinen Vorstellungen der Religion, der Sittlichkeit, des Rechts usw. bestimmt (determiniert) und bestimmbar sei"*[95]. *„Wo die soziale Anpassungsfähigkeit völlig fehlt, hat es keinen Sinn mehr, durch die in Strafdrohung und Strafvollzug enthaltene Motivsetzung motivieren zu wollen"*[96].

Zurechnungsfähigkeit ist die Empfänglichkeit für die durch Strafe bezweckte Motivsetzung.[97] Die normale Bestimmbarkeit durch Motive ist die Eigenschaft des Menschen, auf die *v. Liszt* die Schuldfähigkeit gründet.[98] Im Strafrecht bezieht sich die Motivierbarkeit, die die normale Determinierbarkeit voraussetzt[99], auf die Strafandrohung und den Strafvollzug.[100] Motivierbarkeit meint die Möglichkeit determinierender Einflussnahme seitens der Sollensforderungen durch das Recht.[101]

---

93 *v. Liszt*, Lehrbuch des Deutschen Strafrechts, S. 158.

94 So etwa *Detlefsen*, Grenzen der Freiheit, S. 52.

95 *v. Liszt*, Lehrbuch des Deutschen Strafrechts, S. 158.

96 *v. Liszt*, Lehrbuch des Deutschen Strafrechts, S. 162.

97 *v. Liszt*, Die deterministischen Gegner der Zweckstrafe, 1893, in: Strafrechtliche Vorträge und Aufsätze II, S. 25 (45).

98 *v. Liszt*, Die strafrechtliche Zurechnungsfähigkeit, 1893, in: Strafrechtliche Vorträge und Aufsätze II, S. 214 (219).

99 *v. Liszt*, Lehrbuch des Deutschen Strafrechts, S. 163. Es kommt darauf an, dass der Täter über einen bestimmten Reichtum an Vorstellungen verfügt und die Verknüpfung von Vorstellungen in normaler Weise und mit normaler Geschwindigkeit erfolgt (ebda. S. 162).

100 *v. Liszt*, Die deterministischen Gegner der Zweckstrafe, 1893, in: Strafrechtliche Vorträge und Aufsätze II, S. 25 (43); *ders.*, Die strafrechtliche Zurechnungsfähigkeit, 1893, in: Strafrechtliche Vorträge und Aufsätze II, S. 214 (220).

101 Vgl. *Detlefsen*, Grenzen der Freiheit, S. 48.

Vor dem Hintergrund der breiten Begriffsverwendung wäre es besser, die Terminologie Motivierbarkeit fallen zu lassen[102] und stattdessen von normaler Determiniertheit zu sprechen. Für die Beurteilung kommt es auf den Zeitpunkt der Tat an. Beispielsweise kann ein Täter vor und nach der Tat durchaus normal determiniert sein, im Zeitpunkt der Tat dagegen nicht. Eine Person, die sich bisher immer rechtskonform verhalten hat und plötzlich aufgrund einer zeitweisen schizophrenen Psychose delinquent wird, ist prinzipiell normativ motivier*bar*. Vielmehr kommt es auf (determinierte) spezifische Fähigkeiten der Person im Tatzeitpunkt an.

Unabhängig vom Terminologieproblem findet der Schuldansatz von *v. Liszt* in unserem heutigen Strafrechtssystem und auch in der Gesellschaft keine Entsprechung. *v. Liszt* zufolge ist der unverbesserliche Täter (Gewohnheitsverbrecher) nicht zurechnungsfähig, weil ihm die normale Bestimmbarkeit durch Motive und somit die Empfänglichkeit für die durch Strafe bezweckte Motivsetzung fehlt.[103] Hiervon wären etwa Mehrfach- und Intensivtäter erfasst, die nicht zu rechtskonformen Verhalten zu bewegen sind. Durch ihre kriminelle Karriere zeige sich, dass es an ihrer Motivierbarkeit mangelt. Strafandrohung und Strafvollzug vermögen nicht, motivatorisch auf den Täter einzuwirken. *v. Liszt* wollte das Problem der fehlenden Zurechenbarkeit mit dem Hinweis dahingestellt sein lassen, dass die Sicherungsstrafe, bei der es allein um den Sicherheitsaspekt geht, auf das Setzen von Motiven beim Täter verzichtet:

> „*Die Unterscheidung zwischen der Sicherungsstrafe gegen unverbesserliche Verbrecher und der Verwahrung gemeingefährlicher Geisteskranker ist nicht nur praktisch im Wesentlichen undurchführbar, sie ist auch grundsätzlich zu verwerfen*“[104].

Das Vorhaben, die Gleichsetzung zwischen unverbesserlichem Straftäter und gemeingefährlichem Geisteskranken, würde, was *v. Liszt* auch

102 Da mit dem Terminus Motivierbarkeit oftmals die indeterministische Willensfreiheit gemeint ist, wird an dieser Stelle eine solche Terminologie vermieden (Kapitel 4 III 2.3.3).

103 *v. Liszt*, Die strafrechtliche Zurechnungsfähigkeit, 1893, in: Strafrechtliche Vorträge und Aufsätze II, S. 214 (226 f.).

104 *v. Liszt*, Die strafrechtliche Zurechnungsfähigkeit, 1893, in: Strafrechtliche Vorträge und Aufsätze II, S. 214 (227).

sieht[105], auf Ablehnung stoßen, sowohl beim Straftäter[106] als auch innerhalb unserer Gesellschaft. Im heutigen Strafrechtssystem kann der Strafzweck Sicherung nur dann verfolgt werden, wenn die Voraussetzungen der Strafe, mithin die Schuld, gegeben sind. Auch die Sicherungsverwahrung, wenn sie als Maßregel neben der Strafe, also schuldunabhängig, angeordnet wird, bedarf gem. § 66 Abs. 1 StGB vorheriger Verurteilungen wegen jeweils genannter vorsätzlicher Straftaten. Das bedeutet, dass bei der vorgelagerten *Straf*verurteilung die Schuld festgestellt werden muss. *v. Liszt* zufolge fehlt es jedoch bei den „unverbesserlichen Gewohnheitsverbrechern" an der Motivierbarkeit, was konsequent zu Ende gedacht bedeutet, dass die Schuld (notfalls rückwirkend[107]) verneint werden müsse. Das würde für jede Straftatbegehung gelten, denn entweder ist ein unverbesserlicher Täter schuldfähig oder nicht; hier müsste er unter der Lehre der Motivierbarkeit als schuldunfähig gelten. Fehlt es nun aber an einer rechtmäßigen Strafverurteilung mangels Schuld, dann fehlt es auch an der Voraussetzung für die Maßregel der Sicherungsverwahrung neben der Strafe. § 66 Abs. 1 StGB wäre überflüssig. Genau hierin liegt der Kritikpunkt im Ansatz von *v. Liszt*: Er kann Gewohnheitsverbrecher, die im heutigen Strafrecht als (ggf. vermindert) schuldfähig gelten, nicht als schuldfähig erfassen. Ein Täter, der aus idealistischen Gründen (z.B. ein Überzeugungstäter) immer ein bestimmtes Delikt begeht, muss deswegen nicht schuldunfähig sein, nur weil er wiederholend deliktisch handelt.

Dieses Problem stellt sich nicht, wenn es gar nicht auf die Motivierbarkeit ankommt, sondern auf das, was eigentlich dahinter steht, nämlich die Art und Weise der Determination. Die Frage der Schuld-

105 Aufgrund des Volkswillens weist er den Gesetzgeber an, sich nicht nach dieser Erkenntnis zu richten (*v. Liszt*, Die strafrechtliche Zurechnungsfähigkeit, 1893, in: Strafrechtliche Vorträge und Aufsätze II, S. 214 (228)).

106 Vgl. bereits Kapitel 2 III 6.

107 Stünde der unverbesserliche Gewohnheitsverbrecher erstmalig vor Gericht, wäre für den Richter gar nicht feststellbar, dass er ein unverbesserlicher Täter und damit nicht motivierbar ist. Hält der Richter den Täter für schuldfähig und stellt sich später durch die Begehung weiterer Straftaten im Anschluss an die abgeleistete Strafe heraus, dass es an der Motivierbarkeit fehlte, wäre auch die vorherige Schuldfeststellung an und für sich fehlerhaft gewesen – sie müsste aufgehoben werden. Hierin zeigt sich, dass bereits die Feststellung der Motivierbarkeit großen Problemen unterliegt. Ihr anfängliches Postulat wäre durch spätere Straftaten empirisch widerlegt. Das würde zu Rechtsunsicherheit führen.

fähigkeit lautet daher: Ist der Täter derart determiniert gewesen, dass er Bedeutung und Tragweite seines Verhaltens erkannt hat oder hätte erkennen können (i.S.v. Dispositionen) und ihm Alternativverhalten geistig zugänglich war, sodass es Eingang in seinem deterministischen Abwägungsprozess gefunden hat (bewusst oder unbewusst) bzw. hätte können? Es ist dabei unschädlich, wenn ihn die Kenntnis um die Strafbarkeit und die Verfolgbarkeit nicht abgeschreckt haben. Sie hätte ihn unter der deterministischen Möglichkeit jedoch abschrecken können. Bevor spezifischer auf den soeben angedeuteten Ansatz deterministischer Schuld eingegangen wird[108], sollen noch zwei andere deterministische Schuldansätze vorgestellt werden.

2. Die Lehre von der Lebensführungsschuld

Einen anderen Weg suchte die mittlerweile nicht mehr vertretene Lehre von der Lebensführungsschuld[109]. Sie gründete den strafrechtlichen Vorwurf auf die verfehlte Lebensgestaltung.[110] Ihr Schuldvorwurf gründete nicht auf das Anders-Können, sondern auf die Lebensführung des Täters. Für diese müsse er einstehen, weil er sich durch seine Lebensweise schuldhaft in eine geistige Situation gebracht habe, in der er für die Gebote des Gewissens und die Befehle der Bestimmungsnorm nicht mehr ansprechbar gewesen sei.[111]

Es handelt sich bei der Lebensführungsschuld um keine allein deterministische Anschauung, sondern um einen Kompromiss zwischen Determinismus und Indeterminismus: der Mensch sei in seinem Tatverhalten unfrei, dagegen in der Ausbildung der zur Tat führenden Kausalfaktoren frei.[112] Damit erfolgt eine Trennung zwischen unvermeidbarer und vermeidbarer Lebensgestaltung.[113] Kritik erfährt diese Lehre über ihren Anknüpfungspunkt an der Lebensführung vor der

108 Die normale Determinierbarkeit wird durch die Art und Weise des Entscheidungsprozesses konkretisiert, Kapitel 5 III 3.

109 Z.B. *Mangakis*, ZStW 75 (1963), 499 (531 ff.).

110 *Jakobs*, Strafrecht AT, 17. Abschnitt, Rn. 34.

111 *Weber*, in: *Baumann/ders./Misch* (Hrsg.), Strafrecht AT, § 18 Rn. 29.

112 *Weber*, in: *Baumann/ders./Misch* (Hrsg.), Strafrecht AT, § 18 Rn. 29.

113 *Jakobs*, Strafrecht AT, 17. Abschnitt, Rn. 34.

Tat, der nicht zu dem im Gesetz verankerten Tatschuldprinzip passt, wonach es gem. § 20 StGB auf den Zeitpunkt der Tatbegehung ankommt. Das führt zu der Frage, warum man dem Vorwurf eine Zeit zugrundelegt, in der er nicht rechtswidrig gehandelt hat.[114] Es entsteht ein nicht aufzulösendes Gerechtigkeitsproblem. Aber nicht nur der Verstoß gegen das Tatschuldprinzip macht diese Auffassung problematisch, sondern auch das weiterhin bestehende Willensfreiheitsproblem: Warum könne der Täter vor der Tat anders und während der Tatbegehung nicht? Die Willensfreiheitsfrage verlagert sich lediglich auf einen früheren Zeitpunkt. Nach deterministischer Auffassung erfolgt jede Lebensentscheidung charakter- und situationsbedingt und daher willensunfrei.[115] Wegen der Kritik gehört die Lebensführungsschuld nur noch zur Strafrechtsgeschichte und wird heute nicht mehr vertreten.

3. Die Lehre von der Charakterschuld

Davon zu unterscheiden ist die sog. Charakterschuldlehre von *Alexander Graf zu Dohna*[116], *Karl Engisch*[117], *Ernst Heinitz*[118] und *Jorge de Figueiredo Dias*[119]. Lange Zeit war es auch um sie ruhig geworden. Seit 2010 wird die Lehre wieder von *Herzberg* aufgegriffen.[120] Im Sinne *Arthur Schopenhauers* hätte der Täter nur dann anders gehandelt, wenn er ein anderer gewesen wäre.[121] Dem Täter selbst stehen damit keine echten Entscheidungs- und Handlungsalternativen offen. Auf

114 *B. Schünemann*, FS Lampe, S. 539.

115 Vgl. *F. Bauer*, Das Verbrechen und die Gesellschaft, S. 29.

116 *Dohna*, ZStW 66 (1954), 505 (505 ff.).

117 *Engisch*, Die Lehre von der Willensfreiheit in der strafrechtsphilosophischen Doktrin der Gegenwart, 1963; *ders.*, MschrKrim 50 (1967), 108 (108 ff.).

118 *Heinitz*, ZStW 63 (1951), 57 (57 ff.).

119 *Figueiredo Dias*, ZStW 95 (1983), 220 (220 ff.).

120 *Herzberg*, Willensunfreiheit und Schuldvorwurf, 2010; *ders.*, in: FS Achenbach, S. 157 ff. Auch *Herdegen* scheint in diese Richtung zu tendieren, wenn er den Täter für sein Sosein zur Rechenschaft ziehen möchte (*Herdegen*, in: FS Richter II, S. 233 (244). Kritisch zu *Herzbergs* Ansatz *R. Merkel*, in: FS Roxin I, S. 737 (739 ff.)).

121 *Schopenhauer*, Über die Freiheit des menschlichen Willens, in: *ders.* (Hrsg.), Die beiden Grundprobleme der Ethik, S. 41 (60, 134); *Engisch*, Die Lehre von der Willensfreiheit in der strafrechtsphilosophischen Doktrin der Gegenwart, S. 22.

das Anders-Können kommt es der Charakterschuldlehre aber auch gar nicht an, sondern auf den darin zum Ausdruck kommenden Verweis auf den Charakter als Anknüpfungspunkt eines strafrechtlichen Vorwurfs:

> *„Vorgeworfen wird dem Übeltäter, nach Maßgabe seiner einzelnen Tat, ein Wesenszug, ein charakterliches Defizit, sei es sein Leichtsinn oder, welchen Grades auch immer, seine Bosheit“*[122].

Damit knüpft sie, anders als die Lebensführungsschuld, an die konkrete Anlasstat und die darin zum Ausdruck kommende charakterliche Ausprägung an. Zum Schutz vor Willkür eines nachpräventiven Sicherheitsstrafrechts gibt erst die Tat den Anlass der Bestrafung und nicht das Sicherheitsbedürfnis[123], sodass ein Verstoß gegen das Tatschuldprinzip nicht vorliegt.[124]

Nicht das einzelne Verhalten werde vorgeworfen, sondern das So-Sein bzw. das So-geworden-Sein.[125] Und darin liegt auch gleichfalls die Kritik: Die Tat macht den Täter. Delinquenz entsteht, weil der Gesetzgeber festlegt, welches rechtsgutsverletzende Verhalten unerwünscht und mit Strafe zu belegen ist. Das Gesetz knüpft in seinen Rechtsnormen an ein Verhalten an, nicht an den Charakter.

Zudem muss der Totschläger nicht zwingend durch und durch „böse“ sein. Die Frau, die zum Messer greift, um sich von ihrem sie misshandelnden Haustyrannen zu befreien und ihn im Schlaf tötet, muss keinen „verwerflichen“ Charakter haben, den man ihr zum Vorwurf macht. Der Täter ist primär wegen seiner begangen Tat zu bestrafen – eines Urteils über den Charakter enthält sich das Gesetz.[126] Der

---

122 *Herzberg*, in: FS Achenbach, S. 157 (184).

123 Vgl. dazu bereits Kapitel 2 III 2.

124 Insbesondere *Engisch* wehrte sich entschieden gegen die Gleichsetzung mit der Lebensführungsschuld. Er kritisiert, dass mit der Zurückführung der Charakterschuld auf die Lebensführung die Idee der Charakterschuld selbst preisgegeben wird, da die Charakterschuld auf der Tatschuld gründe (*Engisch*, Die Lehre von der Willensfreiheit in der strafrechtsphilosophischen Doktrin der Gegenwart, S. 49). Der sich in einzelnen Taten manifestierende Charakter trägt die strafrechtliche Verantwortung (ebda. S. 52).

125 *Herzberg*, in: FS Achenbach, S. 157 (184); *Herdegen*, in: FS Richter II, S. 233 (244).

126 Das Strafrecht ist jedoch nicht völlig frei von personalen Bewertungen, etwa bei Rückfall- und Kriminalitätsprognosen oder beim Maßnahmerecht. Letztlich

Person, die in Gedanken verloren eine Passantin anrempelt,[127] würde *Herzberg* ihre Unkonzentriertheit, Unachtsamkeit und Gedankenverlorenheit als Ausdruck ihres Charakters zum Vorwurf machen. Unbestreitbar liegen in der Person Ursachen für das Zustandekommen des missbilligten Verhaltens.

Ein derartiger Vorwurf wird vom Strafrecht jedoch nicht erhoben. Das Strafrecht ist pragmatisch. Sofern Rechtsgutsverletzungen erfolgen, ohne dass spezifische Ausnahmesituationen vorliegen, wie in den Schuldvorschriften des StGB normiert, wirkt es mittels Strafe auf den Täter ein.

Man mag sich möglicherweise Charakteränderungen wünschen, jedoch kann dies der Staat nicht mithilfe von Zwang durchsetzen, etwa durch Zwangstherapien.[128] Vielmehr genügen Anpassungen auf der Verhaltensebene. So soll das Strafrecht durch Einwirkung auf den Täter in seiner spezialpräventiven Ausrichtung diesen zu zukünftiger Normtreue bewegen – dies zielt jedoch nicht auf eine Charakteränderung ab, sondern lediglich auf das gewünschte Verhalten. Aufgrund des Neutralitätsgebots, welches jedem die Motive belässt, aus denen eine Norm befolgt wird, genügt es, dass der Täter von weiteren Taten, etwa aus Angst vor erneuter Strafverfolgung und -verurteilung und nicht aus innerer, charakterlicher Überzeugung ablässt.[129] Der zwangsweise Zugriff auf die Gesinnung, also auf die inhaltliche, innere (Nicht-)Akzeptanz strafrechtlicher Gebote und Verbote des Bürgers („Idealbildung“), ist unserem Staat verwehrt.[130] Jeder Person wird ihr individueller Charakter mit ihren individuellen Anschauungen belas-

kommt es aber auf die Wahrscheinlichkeit der Tatwiederholung bei der Gefährlichkeitsprognose an und nicht auf den verwerflichen Charakter.

127 Siehe Kapitel 3 I 2.4.

128 So sind charakterverändernde Zwangstherapien unzulässig (vgl. Kapitel 2 III 5 Fn. 122). Es existiert durch die Individualität eines jeden Menschen ein unantastbarer Kern: Unser Innerstes besteht aus unseren Gedanken und Charaktereigenschaften. Hierin darf nicht zwangsweise eingegriffen werden, anderenfalls wäre der zwangsweise Eingriff ein Eingriff in die Menschenwürde.

129 Vgl. *Gropp*, Strafrecht AT, § 1 Rn. 196; *Kindhäuser*, in: FS Schroeder, S. 81 (87); *Kröber*, Forens Psychiatr Psychol Kriminol 4 (2010), 32 (35); *Kölbel*, in: FS Roxin II, S. 1913 (1926); *Huster*, Die ethische Neutralität des Staates, S. 273.

130 *Huster*, Die ethische Neutralität des Staates, S. 273.

sen – gleichgültig ob „gut" oder „schlecht".[131] Dementsprechend wirft das Strafrecht das Verhalten vor – jedoch nicht den Charakter. Nicht wegen seines Charakters wird der Täter bestraft, sondern wegen seiner Tat, auch wenn sich in ihr der Charakter manifestieren möge. Ein Recht, das lediglich darauf angelegt ist, das Verhalten der Bürger untereinander zu regeln, entzieht sich einem Urteil über den Charakter einer Person.

Auch aus dem Charakter der Schuld als *subjektive* Zurechnung ergibt sich nicht die Charakterschuldlehre. Mit der Schuld findet zwar eine subjektiv-individuelle Zurechnung der Tat zum Täter statt. Dadurch erfolgt jedoch lediglich die Verbindung zwischen objektiv verursachtem Ereignis und persönlicher Verantwortung[132]. Sie ist zwar subjektiv gefärbt und orientiert sich an der konkreten Person, sie geht aber nicht soweit, dass sie den Charakter zum Gegenstand des Vorwurfs macht. Moralische Schuld mag, wovon *Herzberg* ausgeht[133], am Charakter ansetzen, sie hat aber keine zwingende Wirkung auf die strafrechtliche Schuld.

Soll der Täter ein Verhalten annehmen, dann muss sein Fehlverhalten in den Mittelpunkt des Vorwurfs rücken und nicht sein Charakter, der oftmals mit einer gewissen Stabilität assoziiert wird[134]. Rückte man den Charakter in den Mittelpunkt, könnte die Vorstellung vom angeblich gesetzten bzw. konstanten Charakter, von dem noch *Schopenhauer* ausging[135], begünstigt werden und damit zur Fehlannahme des Täters über sich selbst verleiten, dass das So-Sein nicht änderbar

131 Vgl. in Bezug auf Gewissensbeeinflussungen *Kölbel*, in: FS Roxin II, S. 1913 (1925 f.).

132 *Hassemer*, Warum Strafe sein muss, S. 213.

133 *Herzberg* sieht den Vorwurf des „schlechten" Charakters als einen moralischen an, der beim Täter Gewissensbisse verursachen und zur Erkenntnis des Täters führen kann, dass man „moralisch verpflichtet ist, so nicht zu sein". Er erhebt damit schließlich einen moralischen Vorwurf zur Grundlage des strafrechtlichen Schuldvorwurfs (vgl. *Herzberg*, in: FS Achenbach, S. 157 (186)).

134 Einer psychologischen Definition zufolge ist Persönlichkeit „die mehr oder weniger stabile, überdauernde Organisation einer Person hinsichtlich Charakter, Temperament, Intellekt und Physis, die deren einzigartige Anpassung an die Umwelt bestimmt (*Eysenck/Eysenck*, Personality and Individual Differences, 1985, zit. nach *Saß*, in: FS Lampe, S. 183 (184)).

135 *Schopenhauer*, Über die Freiheit des menschlichen Willens, in: *ders.* (Hrsg.), Die beiden Grundprobleme der Ethik, S. 41 (89): „Der Mensch ändert sich nie".

wäre. Dieses Fehlverständnis würde Neutralisierungstechniken begünstigen und gerade die innere Einsicht verhindern. Zudem könnte die Wertung „du *bist* böse“[136] als persönliche Stigmatisierung bzw. Etikettierung den Täter in diese Rolle drängen. Er könnte sich die durch die Charakterschuldlehre zugewiesene Rolle annehmen.

Gleichzeitig fragt sich, wie im Rahmen der Charakterschuldlehre die Differenzierung zwischen schuldfähigen und schuldunfähigen Tätern vorzunehmen ist. *Herzberg* verweist auf die in § 20 StGB genannten mentalen Defekte: Dass der Täter der Versuchung zur Begehung einer Straftat nicht widerstehen konnte, läge nicht an einer seelischen Störung i.S.d. § 20 StGB, sondern an seinem Charakter.[137] Es wird deutlich, dass *Herzberg* zwischen Charakter und psychischem Defizit bzw. Krankheit differenziert. Fraglich ist, ob man Charakter und Krankheit immer voneinander unterscheiden kann, wie es die Feststellung der Schuldfähigkeit verlangen würde. Krankheiten könnten ab einem gewissen Punkt, etwa der Stetigkeit eines bestimmten Defizits, der Persönlichkeit angehören. *Roxin* kritisiert daher, dass die Charakterschuldlehre nicht

> *„plausibel machen kann, warum der Geisteskranke oder sonst Zurechnungsunfähige nicht schuldhaft handelt, da auch er nur gemäß seiner gegebenen Wesensbeschaffenheit tätig wird“*[138].

Herzberg zufolge dürfe der Charakter nicht alles erfassen. Nur der Wesenskern sei relevant und hierzu zähle eine Geisteskrankheit nicht.[139] Dennoch ermangelt es an einem Kriterium, welches wiederum den Wesenskern kennzeichnet. *R. Merkel* erkennt zutreffend, dass die Unterscheidung zwischen „Krankheit vs. Charakter“ „zu grob“ ist.[140] Der Krankheitsbegriff schließt zu viel ein und erweitert damit § 20 StGB im erheblichen Maße. Im Fall des Lehrers, der aufgrund eines Gehirntumors pädophile Neigungen entwickelt,[141] stellt *R. Merkel* die Frage, was einen tumorbedingten Gehirnzustand, der zu Pädophilie führt, von einem lebensgeschichtlich entstandenen Gehirnzustand mit glei-

136 *Herzberg*, in: FS Achenbach, S. 157 (184).
137 *Herzberg*, Willensunfreiheit und Schuldvorwurf, S. 105 f.
138 *Roxin*, Strafrecht AT I, § 19 Rn. 31.
139 *Herzberg*, Willensunfreiheit und Schuldvorwurf, S. 114.
140 *R. Merkel*, in: FS Roxin I, S. 737 (747).
141 Siehe Kapitel 3 III 2.1.

cher Folge unterscheidet.[142] *Herzberg* zufolge ist der Tumor krankhaft und daher allein deswegen schuldausschließend.[143] *R. Merkel* verweist dagegen spitzfindig auf den Wortlaut von § 20 StGB, der von „krankhaft“ und nicht „krankheitsbedingt“ spricht. Die Pädophilie muss krankhaft sein – nicht ihre Ursache. Auch wenn die Ursachen Krankheitswert besitzen, müssen das die Folgen nicht zwangsläufig. Ein krankheitsbedingter Zustand, der zur Begehung einer Straftat führt, genügt daher nicht, wenn der Zustand selbst nicht krankhaft ist, womit die Ursache, hier der Gehirntumor, in den Hintergrund rückt. „Ursachen geben ihre Eigenschaften [hier: das Krankhafte] nicht notwendig an ihre Folgen weiter“[144]: Auch wenn das Schamgefühl, verursacht durch eine krankhafte, entstellende Hautkrankheit, krankheitsbedingt ist, so muss das Schamgefühl selbst nicht krankhaft sein.[145] Dementsprechend: Ein Schmerzpatient, der aufgrund seiner pathologischen Schmerzen Hass auf Ärzte entwickelt und seinen behandelnden Arzt körperlich angreift, weil er ihn nicht von seinen Schmerzen befreien kann, ist nicht wegen seiner Krankheit, die ihm Schmerzen verursacht, schuldunfähig. Relevant ist einzig, wie der Hass zu beurteilen ist. Dass der Hass für sich betrachtet krankhaft ist, ist eher zweifelhaft. *Herzberg* dürfte zudem den krankheitsbedingten Hass nicht zum Charakter zählen, sodass er dem Täter nicht die Charakterschuld auferlegen kann. Als Wesenskern scheidet der Hass aufgrund seiner krankhaften Ursache aus. Die Charakterschuldlehre bietet daher keine geeignete Abgrenzung zwischen schuldfähig und schuldunfähig. Es müssen also andere Kriterien die Unterscheidung tragen. Diese Anknüpfungspunkte von Schuldfähigkeit sind vielmehr bestimmte Fähigkeiten eines Menschen, wie noch gezeigt wird.[146]

142 *R. Merkel*, in: FS Roxin I, S. 737 (748).

143 *Herzberg*, Willensunfreiheit und Schuldvorwurf, S. 109.

144 Das schließt nicht aus, dass krankhafte Ursachen auch krankhafte Folgen, also eine krankhafte seelische Störung hervorrufen – sie müssen es aber nicht.

145 *R. Merkel*, in: FS Roxin I, S. 737 (748).

146 Es bleibt möglich, dass bestimmte Krankheiten die schuldfähigkeitsbegründenden Fähigkeiten ausschließen können – sie müssen es aber nicht. Das entspricht § 20 StGB: Nicht jede (krankhafte) Einschränkung der Geistestätigkeit führt zur Schuldunfähigkeit.

III. Die Begründung von Schuld und Verantwortung im Wege der Zurechnung

Die Schwierigkeit einer deterministischen Sicht auf den Menschen ist die Begründung von Verantwortung bei gleichzeitiger Annahme von Notwendigkeit. Wenn das Verhalten des Menschen so, wie erfolgt, erfolgen musste und in seiner Durchführung nicht anders geschehen konnte, als geschehen, auch wenn die davor liegenden Prozesse noch so dynamisch und komplex sind, wie kann dann der Mensch für sein Verhalten zur Verantwortung gezogen werden? Wie kann man ihn dann als mündigen Bürger verstehen, der schuldig werden kann? Wie kann ihn Schuld treffen?

Schon *Kohlrausch* hat das Problem angedeutet: Ein Determinismus scheint einer Abgrenzung zwischen Schuldfähigkeit und Schuldunfähigkeit entgegenzustehen, weil *alle* Menschen determiniert sind. Ein Geisteskranker sei dann höchstens eine Steigerung zum normalen Täter, aber kein anderer. Zwischen beiden muss es dagegen eine gewisse Verschiedenheit geben, die es rechtfertigt, zwei unterschiedliche staatliche Sanktionen gegen sie zu verhängen.[147]

Zuvörderst bietet sich der Blick auf die Semantik an: Schuldfähigkeit bezeichnet im wörtlichen Sinn die „Fähigkeit, schuldig werden zu können".[148] Schuld bedeutet altgermanisch die rechtliche Verpflichtung zu einer Leistung.[149] Dies ist der Fall, wenn der Mensch für sein Verhalten die Verantwortung übernehmen muss, er also sein Verhalten zu verantworten hat bzw. er dafür verantwortlich ist.[150] Verantwortung ist die Verpflichtung für etwas einzutreten, also die Folgen zu tragen.[151] Terminologisch beinhaltet „Verantworten" die „Antwort"[152] auf ein

147 *Kohlrausch*, in: FS Güterbock, S. 1 (15).

148 *Frister*, Strafrecht AT, § 18 Rn. 1.

149 Duden, Herkunftswörterbuch, Bd. 7, Stichwort: Schuld.

150 Duden, Bedeutungswörterbuch, Bd. 10, Stichwort: Schuld; vgl. *Neumann*, in: *Lüderssen* (Hrsg.), Aufgeklärte Kriminalpolitik, S. 391 (396 f.).

151 Duden, Herkunftswörterbuch, Bd. 7, Stichwort: Verantwortung; Duden, Bedeutungs-wörterbuch, Bd. 10, Stichwort: verantworten.

152 *Lampe*, ZStW 79 (1967), 476 (494); Duden, Herkunftswörterbuch, Bd. 7, Stichwort: verantworten: ursprünglich bezog sich der Begriff „verantworten" darauf, vor dem Gericht zu antworten, eine Frage zu beantworten. Später auf das sich-rechtfertigen oder für-etwas-einstehen.

vorgehaltenes Verhalten im Wege eines Echos, das auf eine Gegenleistung gerichtet ist.

Einer Person Verantwortung für ein Verhalten oder für einen tatbestandlichen Erfolg aufzuerlegen, erfolgt im Wege der Zuschreibung bzw. der Zurechnung.[153] Die Strafe betreffend muss bei der Verantwortungsübernahme etwas hinzutreten, das wir Schuld nennen, denn auch Schuldunfähige verantworten im gewissen Sinne ihr Verhalten, indem sie eine Maßregel antreten[154], etwa die Unterbringung in einem psychiatrischen Krankenhaus gem. § 63 StGB. Es entscheidet sich im Rahmen der Zuschreibung, *wie* der Täter sein Verhalten zu verantworten hat, sodass es einen Unterschied geben muss zwischen Straf-Verantwortung (Schuld-Verantwortung) und Maßregel-Verantwortung (Unschuld-Verantwortung).[155] Der Unterschied zwischen beiden Verantwortungsarten liegt, vorwegnehmend, in der Art ihrer Selbstbestimmungsfähigkeit, die an bestimmte Voraussetzungen geknüpft ist. Strafrechtliche Schuld ist daher primär

> *„keine psychisch-empirische Eigenschaft der Person, sondern eine wertende Zuschreibung von Verantwortung“*[156].

Es wird nicht lediglich die innere Verantwortlichkeit festgestellt, sondern der Täter wird von außen verantwortlich gemacht.[157] Verantwortung ist damit eine Relation zwischen einer Person, ihrem Verhalten

153 *Achenbach*, in: *Schünemann* (Hrsg.), Grundfragen des modernen Strafrechtssystems, S. 135 (138); *Birnbacher*, in: *Schleim/Spranger/H. Walter* (Hrsg.), Von der Neuroethik zum Neurorecht, S. 22 (34); *Friedman*, in: *Grün/ders./Roth* (Hrsg.), Entmoralisierung des Rechts, S. 142 (159); *Jakobs*, Strafrecht AT, 17. Abschn. Rn. 4; *Neumann*, in: *Lüderssen* (Hrsg.), Aufgeklärte Kriminalpolitik, S. 391 (396 f.); *Schild*, in: *Buchheim/Pietrek* (Hrsg.), Freiheit auf Naturbasis, S. 155 (171); *Schreiber*, Nervenarzt 48 (1977), 242 (245); Müko-*Streng*, § 20 Rn. 26; *Wolfslast*, JA 1981, 464 (468 f.); *Volckart*, Maßregelvollzug, S. 1.

154 *Lampe*, ZStW 79 (1967), 476 (506); *Maurach/Zipf*, Strafrecht AT I, § 30 Rn. 31; *Schreiber*, Der Nervenart 48 (1977), 242 (244), der zudem darauf hinweist, dass der Therapiefortschritt von der Verantwortlichkeit des Einzelnen abhängt.

155 Aus indeterministischer Perspektive liegt der Unterschied im Alternativismus i.S.d. indeterministischen Anders-Könnens, das zu einem „Dafür-Können“ führt, der den Eingriff der Strafe in die menschliche (Handlungs-) Freiheit rechtfertigt.

156 *Fischer*, StGB, § 20 Rn. 45a.

157 So in aller Deutlichkeit *Achenbach*, in: *Schünemann* (Hrsg.), Grundfragen des modernen Strafrechtssystems, S. 135 (138); vgl. auch *Neumann*, in: *Lüderssen* (Hrsg.), Aufgeklärte Kriminalpolitik, S. 391 (396).

und der in sozialer Kommunikation auferlegten Konsequenz. Genauer gesagt, entsteht Verantwortung nur im Zusammenspiel dreier Komponenten: der Verantwortlichgemachte, der Verantwortlichmachende und das Zurechnungsobjekt (das Verhalten ggf. im Zusammenhang mit einem Taterfolg).[158]

1. Die Zurechnung

„Zurechnen“ bedeutet ursprünglich in einer wirtschaftlich-rechnerischen Betrachtung „jemandem etwas anrechnen“; im kaufmännischen Sinn: „jemand-buchmäßig-belasten“.[159]

Allgemein ist Zurechnung (faktische oder psychische Zurechnung)

> *„das Urteil, daß ein Mensch infolge eines bestimmten körperlichen Verhaltens Urheber einer sinnlich wahrnehmbaren Veränderung in der Außenwelt, im besonderen einer vom Strafgesetz bedrohten Tat geworden ist“*[160].

Der Beobachter muss damit entscheiden, ob er ein Ereignis der Person oder der Situation zuordnet.[161] Als Zurechnungsbasis fungiert im Indeterminismus die Akteurskausalität, die den Täter zum Anders-Können befähigt.[162] Unter einem Determinismus begründen andere Faktoren bzw. Kriterien als die Fähigkeit, den Kausalverlauf unterbrechen oder umlenken zu können, die Zurechnungskette zur Person.

---

158 Vgl. *Peter Janich* in seinem Vortrag „Die Sprache der Hirnzauberlehrlinge – Über den Sitz der Verantwortung“ auf dem Symposium der „turmdersinne“, Nürnberg 2011 zu „Verantwortung als Illusion? Moral, Schuld, Strafe und das Menschenbild der Hirnforschung“. In diesem Rahmen der sozialen Gemeinschaft können durchaus Verantwortungs- bzw. Schuldgefühle entstehen (siehe hierzu Kapitel 5 IV 2.2).

159 *Roeder*, Willensfreiheit und Strafrecht, S. 159.

160 *Roeder*, Willensfreiheit und Strafrecht, S. 160.

161 *Günther*, in: *Lüderssen* (Hrsg.), Aufgeklärte Kriminalpolitik, S. 319 (321 f.), der dies als „binäre Codierung“ bezeichnet.

162 Kritisiert wird von Seiten der Indeterministen, dass der Determinismus, der den Menschen als Produkt seiner Umwelt sieht, nicht den Zugriff auf den Menschen erklären kann; der Mensch werde willkürlich aus der Kausalkette herausgegriffen (*Rath*, Aufweis der Realität der Willensfreiheit, S. 14; *Jakobs*, ZStW 117 (2005), 247 (252)).

Die Zuschreibung von Verantwortung erfolgt in zwei Schritten.[163] Im ersten Schritt werden die Rahmenbedingungen für eine Zurechnung festgelegt. Wer ist taugliches „Zurechnungssubjekt", welcher Sachverhalt („Zurechnungsobjekt") ist zurechnungsfähig und besteht eine zurechnungsfähige Beziehung bzw. Verbindung (ein gewisses Näheverhältnis) zwischen Zurechnungssubjekt und Zurechnungsobjekt[164], die „Zurechnungsverbindung". Diese Stufe der Zurechnung richtet sich ganz allgemein darauf, ob Tiere oder nur Menschen grundsätzlich zurechnungsfähig sind, ob Naturgewalten Gegenstand einer Zurechnung sein können, wann beispielsweise ein herunterfallender Dachziegel, der einen Menschen verletzt, derart mit dem Verhalten eines anderen Menschen in Verbindung steht, dass eine Zurechnungsverbindung besteht oder wann das Anstecken eines anderen mit einer Krankheit einen zurechnungsfähigen Sachverhalt begründet. Hier fließen Fragen ein, die sich im Deliktsaufbau nicht erst auf der Schuldebene stellen, sondern bereits auf der Unrechtsebene oder bei vortatbestandlichen Fragen, z.B. beim strafrechtlichen Handlungsbegriff. Daher kann sie auch als Zurechnung im weiten Sinne[165] bezeichnet werden. Dieser Schritt kann als Rahmen für die Zurechnung im nun folgenden zweiten Schritt verstanden werden.

Im zweiten Schritt der Zuschreibung geht es um die Bewertung des Sachverhalts als Einheit mit dem Menschen. Schuld ist ein negatives Urteil über *die* Tat *des* Täters und beinhaltet damit die *individuelle* Zurechenbarkeit. Ist auf der ersten Stufe klargestellt, dass das Zurechnungssubjekt und das Zurechnungsobjekt für sich betrachtet prinzipiell zurechnungsfähig sind und die erforderliche Beziehung bzw. das er-

163 Ähnlich *Frister*, Die Struktur des „voluntativen Schuldelements", S. 23.

164 Es ist denkbar, dass zwischen Zurechnungsobjekt und Zurechnungssubjekt keinerlei Beziehung besteht. Das ist der Fall, wenn A in Skandinavien auf den Tisch schlägt und bei B in Deutschland auf seinem Tisch ein Glas mit Wasser umkippt. Es besteht zwischen A und dem Umfallen des Glases keinerlei (Kausal-)Beziehung. Anders ist es z.B. der Fall bei den Eltern eines Täters, die ihn gezeugt, geboren und erzogen haben. Hier stellt sich die Frage, ob ihnen die Tat ihres Kindes zugerechnet werden könnte. Eine Beziehung besteht zwar, jedoch erfüllt sie nicht die erforderliche Nähequalität. Die Kausalkette ist bereits zu lang und zu vernetzt als dass die Tat noch als „ihre" bewertet werden kann. Es findet hierbei eine normative Betrachtung statt.

165 Vgl. etwa auch *Roxin*, Strafrecht AT I § 19 Rn. 16.

forderliche Näheverhältnis zueinander, die Zurechnungsverbindung, besteht, wird nun im zweiten Schritt das rechtswidrige Verhalten und die Person des Täters als Bewertungseinheit einer näheren Betrachtung unterzogen. Zugrechnet wird die Tat als Verhalten, „durch die der Betreffende die Welt nach seinem Entwurf gestaltet hat und die deshalb sein Verhalten ist".[166] Es handelt sich hierbei um die Zurechnung im engen Sinne.

Während Indeterminismus und Determinismus deskriptive Begriffe sind, die bestimmte Annahmen der Welt bezeichnen, ist hingegen Verantwortung ein askriptiver Begriff, der auf gesellschaftlichen Wertsetzungen beruht.[167] Die Festlegung der Kriterien, wann die Voraussetzungen der Zuschreibung erfüllt sind, erfolgt demnach im Wege der Wertung.[168]

Die Zuschreibungskriterien bedürfen aber wiederum gewisser empirischer Grundlagen und Grundannahmen, die als Grenzen dienen, um nicht der Willkür preisgegeben zu sein. Denn wie *Schreiber* und *Rosenau* richtig feststellen, eröffnet eine vollständige Normativierung der Schuld beliebige Zuschreibungen und Zugriffe auf den Einzelnen zu nicht begrenzten Zwecken staatlicher Normbekräftigung.[169] Normativität kann also eine Bedrohung der Schutzfunktion der Schuld vor willkürlicher Strafverhängung sein. Schließlich unterliegt die Normativität immer der Gefahr einer willkürlichen Festlegung der Beurteilungs- bzw. Schuldausschließungskriterien, z.B. in totalitären Regimen. Deswegen können und müssen Fortschritte der empirischen Wissenschaften bezüglich psycho-physischer Fähigkeiten mit in die Wertung

166 NK-*Schild*, StGB, § 20 Rn. 3.

167 Birnbacher, in: *Schleim/Spranger/H. Walter*, Von der Neuroethik zum Neurorecht, S. 22 (34); vgl. auch *Neumann*, in: *Lüderssen* (Hrsg.), Aufgeklärte Kriminalpolitik, S. 391 (396).

168 Kritisch zu der Schuldfeststellung als etwas Normatives siehe *Puppe*, JA 1989, 345 (364): „Die Juristen reden heute gern von Wertung, wenn sie keine Rechenschaft darüber ablegen können, was sie tun"; *Frister*, MschrKrim 77 (1994), 316 (316) betrachtet normative Erklärungen prinzipiell als Scheinlösung, sie seien nebulös.

169 Bezogen auf den funktionalen Schuldbegriff, *Schreiber/Rosenau*, in: *Foerster/Dreßing* (Hrsg.), Venzlaff/Foerster, Psychiatrische Begutachtung, S. 77 (83).

einfließen.[170] So können etwa mit Hilfe der Neurowissenschaften neue Krankheiten entdeckt werden, die ggf. die Zurechnungsfähigkeit i.e.S. tangieren. Für die Schuldunfähigkeit lautet dann die Frage weiterhin: „Ab welchem Grad der Beeinträchtigung durch eine psychische Störung […] wird von bestehenden Pflichten entbunden“[171]. Das ändert nichts am normativen Teil der Zurechnung. Normative Kriterien beruhen auch auf empirischen Daten, beinhalten aber einen Teil der Wertung. Die Kriterien müssen im gewissen Sinne auf die Empirie verweisen. Nur ein Zusammenspiel beider Komponenten führt zu einer angemessenen Zuschreibung.

2. Die Zuschreibung als normatives, gesellschaftliches Regularium

Das Strafrecht ist ein gesellschaftliches Regularium zur Schaffung von Rechtsfrieden und Rechtsgüterschutz. Dafür muss Strafe für die Gesellschaft verständlich und nachvollziehbar sein. Die Zurechnungskriterien der Verantwortung bzw. Schuld als Instrument der Umsetzung der Idee gerechter Strafe müssen an den Gerechtigkeitsvorstellungen der Gesellschaft bzw. Rechtsgemeinschaft ausgerichtet werden.[172] Doch oft kommt es innerhalb einer Gesellschaft zu einer willkürlichen Zuschreibung des Mächtigen an den Unterlegenen und damit schließlich auch zu ungerechter Stigmatisierung. Das Recht soll diese Willkür verhindern und Kriterien aufstellen, die von allen Mitgliedern der Gesellschaft bzw. Rechtsgemeinschaft anerkannt werden können.[173]

Die Gesellschaft empfindet Strafe als gerecht, wenn der Täter für ein Verhalten oder einen Erfolg die Verantwortung trägt. Die Verantwortungszuschreibung ist ein Akt gesellschaftlicher Kommunikation[174]. Kommunikation ist gleichzeitig ein Mittel, das sich die Gesell-

170 Vgl. *Schreiber/Rosenau*, in: *Foerster/Dreßing* (Hrsg.), Venzlaff/Foerster, Psychiatrische Begutachtung, S. 77 (83). Dies ist bereits im Gesetz durch die Eingangsmerkmale in §§ 20, 21 StGB umgesetzt. §§ 20, 21 StGB öffnen die strafrechtliche Bewertung gegenüber (neuen) Erkenntnissen der empirischen Wissenschaften.

171 *J. L. Müller*, in: *ders.* (Hrsg.), Neurobiologie forensich-relevanter Störungen, S. 71 (75).

172 Vgl. *Frister*, Die Struktur des "voluntativen Schuldelements", S. 25. f.

173 *Schild*, in: *Buchheim/Pietrek* (Hrsg.), Freiheit auf Naturbasis, S. 155 (172).

174 Siehe auch Kapitel 3 II 3.1.

schaft zur Einflussname auf den Einzelnen im Wege direkter aktiver Gespräche, die Teilnahme an der Ideal- und Wertebildung (bspw. durch passive Vorbildwirkung) und schließlich der sozialen Kontrolle bedient. Das Strafrecht beteiligt sich hierbei an der gesellschaftlichen Kommunikation (positive und negative Generalprävention) und an der Kommunikation mit dem Täter durch Strafandrohung, Strafverfolgung, Strafverhängung und Strafvollzug (negative und positive Spezialprävention). Die Gesellschaft schreibt bereits durch Wertsetzungen u. U. dem Kind Verantwortung zu, vermittelt durch Eltern sowie dem sozialen Umfeld im Wege von Lob und Tadel. Bereits hier beginnt der kommunikative Vorgang zwischenmenschlicher Bewertung[175], von dem das Kind die allgemeine „soziale Spielregel"[176], dass es für bestimmtes Verhalten verantwortlich gemacht wird, erlernt. Die Verantwortungszuschreibung ist ein unserer Gesellschaft so immanenter Bestandteil, dass sie nicht einfach aufgegeben werden kann. Verantwortung liegt deshalb nicht vorzugsweise im Gehirn, sondern in der gesellschaftlichen Zuschreibung, vermittelt durch Kommunikation, deren Ausprägung in Form von staatlicher Strafe erfolgen kann.

Im Normalfall entwickeln sich die Kriterien der Verantwortungszuschreibung im Laufe der Zeit aus Meinungsbildern heraus und werden durch Übung in der Gesellschaft bestätigt und können sich, wie die Gesellschaft selbst, verändern. Damit unterliegen die Kriterien der Verantwortungszuschreibung einem zeitlichen Wandel, der an das Fortschreiten der kulturellen Evolution[177] gebunden ist. Das Strafrecht (Legislative und Judikative) und die Gesellschaft sind in einen gegenseitigen Kommunikationsprozess eingebunden und beeinflussen sich gegenseitig. Wohin uns neue Erkenntnisse aus anderen Wissenschaftsdisziplinen hinführen werden, ist offen. Wie im Gehirn, gibt es auch

175 Vgl. auch *Peter Janich* in seinem Vortrag „Die Sprache der Hirnzauberlehrlinge – Über den Sitz der Verantwortung" auf dem Symposium der „turmdersinne", Nürnberg 2011 zu „Verantwortung als Illusion? Moral, Schuld, Strafe und das Menschenbild der Hirnforschung".

176 Diese Formulierung stammt von *Roxin*, MschrKrim 56 (1973), 316 (319); *ders.*, Strafrecht AT § 3 Rn 55, der jedoch die Fiktion des indeterministischen Anders-Könnens als soziale Spielregel versteht.

177 Über die Zusammenhänge zwischen biologischer und kultureller Evolution informiert *Wuketits*, in: *Oehler* (Hrsg.), Der Mensch – Evolution, Natur und Kultur, S. 25 (25 ff.); *Eccles*, Die Evolution des Gehirns, S. 355 (355 ff.).

hier keinen „intelligenten Planer“[178]. Nur die Einzelergebnisse sind zielgerichtete Prozesse[179] und in diesem Rahmen haben die strafrechtliche Literatur, die Rechtsprechung und der Gesetzgeber bereits in Anlehnung an diesen Kommunikationsprozess die normativen Kriterien der Zuschreibung für das Strafrecht festgelegt. Den ersten Schritt der Zuschreibung (s.o.) haben vor allem Literatur und Rechtsprechung geprägt und den zweiten Schritt (s.o.) hat der Gesetzgeber durch Ausnahmeregelungen festgelegt. Den Maßstab für diese normative Festlegung bilden gewisse Fähigkeiten des Menschen sowie bestimmte Ausnahmesituationen. Diese Festlegungen stimmen mit der in der Gesellschaft aktuellen vorherrschenden Vorstellung überein, dass Verantwortung derjenige zu übernehmen hat, dem Möglichkeiten[180] offen stehen und der bestimmte Fähigkeiten[181] besitzt.

3. Die Verantwortungszuschreibung mit Hilfe der Selbstbestimmungsfähigkeit

Oberbegriff dieser Fähigkeiten ist die Selbstbestimmungsfähigkeit. Allein aus dem Umstand, dass Verantwortungszuschreibung ein unserer Gesellschaft immanenter Bestandteil ist, kann nicht die Legitimation von Schuld und Strafe abgeleitet werden. Zuschreibung wird nicht um der Zuschreibung willen legitimiert. Die Strafe, die jemandem durch die Schuldzuschreibung auferlegt werden kann, ist ein derart schwerer Grundrechtseingriff, dass es darüber hinaus eines Grundes bedarf, der das Strafrecht und die Gesellschaft dazu berechtigt, jemandem die Verantwortung aufzuerlegen. Die Zuschreibung ist eine subjektive Zuschreibung zwischen Tat, Täter und Konsequenz, sodass Anknüp-

178 *Wuketits*, in: *Oehler* (Hrsg.), Der Mensch – Evolution, Natur und Kultur, S. 25 (35).

179 *Wuketits*, in: *Oehler* (Hrsg.), Der Mensch – Evolution, Natur und Kultur, S. 25 (35).

180 Diese Möglichkeit ist nicht indeterministisch zu verstehen, siehe Kapitel 4 III 1.2.3.2.

181 Unter einem Determinimus fällt darunter nicht die Fähigkeit zum Anders-Können.

fungspunkt und Legitimation die Selbstbestimmungsfähigkeit des Täters bildet.

Schuldfähigkeit ist eine Form *rechtlicher* Selbstbestimmungsfähigkeit[182], die unser gesamtes Rechtssystem durchzieht und sich neben der Schuldfähigkeit in der Einwilligungsfähigkeit, der Testierfähigkeit, der Geschäftsfähigkeit, der Deliktsfähigkeit und der Grundrechtsmündigkeit äußert.[183] Erfolgt das Verhalten selbstbestimmt, muss der Handelnde grundsätzlich die Konsequenzen tragen – ob sie positiv als Lob und Anerkennung ausfallen oder negativ als Tadel und Zurechtweisung.

3.1. Selbstbestimmung anstatt Selbst-Bestimmung

Der Begriff Selbstbestimmung wird oftmals mit Autonomie[184] gleichgesetzt und damit mit indeterministischer Selbstgesetzgebung.[185] Dabei negiert der Begriff der Autonomie die Abhängigkeit des Menschen von seiner Natur und seiner gesellschaftlichen Einbindung.[186] Nach *Kant* ist der vernunftbegabte Mensch zur Selbstgesetzgebung in den Grenzen des kategorischen Imperativs fähig.[187] Weil das Verhalten nach *Kant* zweckfrei sein muss, wird dadurch ein modernes Verständnis von Selbstbestimmung erschwert. Verhalten folgt zumeist einem Motiv, das weltliche Zwecke verfolgt, unabhängig von der Bejahung eines Motivdeterminismus.

182 *Frister*, Strafrecht AT, Kap. 3 Rn. 6 ff., Kap. 18 Rn. 1; vgl. auch *Jescheck/Weigend*, Strafrecht AT, S. 433; *Armin Kaufmann*, in: FS Eb. Schmidt, S. 319 (322) Fn. 13; *Köhler*, Strafrecht AT, S. 350 f.; *Pothast*, JA 1993, 104 (107); *Rudolphi*, in: FS Henkel, S. 199 (200); *ders.* in: *Schünemann* (Hrsg.), Grundfragen des modernen Strafrechtssystems, S. 69 (73); NK-*Schild*, StGB, § 20 Rn. 2; *Tiemeyer*, ZStW 100 (1988), 527 (562); *Welzel*, Das deutsche Strafrecht, S. 148.

183 *Frister*, Strafrecht AT, Kap. 18 Rn. 1; NK-*Schild*, StGB, § 20 Rn 2.

184 Siehe zu den vielfältigen Bedeutungen *Pauer-Studer*, in: *Schmidinger/Sedmak* (Hrsg.), Der Mensch – ein freies Wesen, S. 183 (183 ff.).

185 *Wunder*, EthikMed 2008, 17 (17).

186 *Wunder*, EthikMed 2008, 17 (17).

187 Vgl. *Christen*, in: *Senn/Puskás* (Hrsg.), Gehirnforschung und rechtliche Verantwortung, S. 141 (141).

Der Begriff Selbstbestimmung im hier verstandenen Sinn ist „bescheidener“[188] als der der Autonomie bzw. Urheberschaft, der metaphysische Elemente der kantianischen Vernunft beinhaltet.[189]

Indeterministisch wird Selbstbestimmung als „sich selbst bestimmen“ verstanden.[190] Urheberschaft werde nur dann begründet.[191] Dementsprechend stellt *Armin Kaufmann* für die Schuld auf die „freie Selbstbestimmung“ ab.[192] Nur darunter habe der Mensch die Fähigkeit, den eigenen Willen entsprechend der Rechtspflicht zu bilden. *Hans Welzel* setzt Willensfreiheit und „sinngemäße Selbstbestimmung“ gleich. Sie sei aber nicht die Freiheit des (absoluten) Indeterminismus, sondern die „Fähigkeit, sinngemäß sich bestimmen zu können“; Freiheit sei der „Akt der Befreiung vom kausalen Zwang der Antriebe zu sinngemäßer Selbstbestimmung“.[193] Der Mensch könne durch die Selbstbestimmungsfähigkeit sich selbst und damit seinen Willen bestimmen und erlange dadurch die Fähigkeit zum Anders-Können, nämlich zum rechtstreuen Verhalten. Hierfür bedarf es eines steuernden „Selbst-Zentrums“, welches jedoch neurophysiologisch

188 *Wunder*, EthikMed 2008, 17 (17).

189 Anders *Roth*, der vielmehr den Begriff Autonomie verwenden möchte, weil es kein Selbst gebe, das handlungsleitend ist: „Worum es letztlich geht, ist die Autonomie menschlichen Handelns, nicht Willensfreiheit. Autonomie ist die Fähigkeit unseres ganzen Wesens, innengeleitet, aus individueller Erfahrung heraus zu handeln, und zwar gleichgültig, ob bewusst oder unbewusst. Gerade dies würde durch die Willensfreiheit, die sich außerhalb des limbischen Bewertungssystems und damit gegen die Erfahrung stellt, verhindert. Autonomie im starken Sinne ist mit Willensfreiheit unverträglich“ (*Roth*, Fühlen, Denken, Handeln, S. 533 f.). Zum „Selbst“ sogleich.

190 Bspw. *Griffel*, ARSP 84 (1998), 517 (519): „Der Mensch erlebt sich […] nicht als bloßes Objekt wirkender Kräfte, sondern – im Unterschied von allen instinktbeherrschten Lebewesen außer ihm – als von sich aus bewusst in der Entscheidung zwischen richtig und falsch, Recht und Unrecht, wie im ganzen sinnbewußten Lebensvollzug sich selbst bestimmendes Subjekt alles Überlegens, Wollens und Handelns“; *Heun*, in: *Lampe/M. Pauen/Roth* (Hrsg.), Willensfreiheit und rechtliche Ordnung, S. 276 (281) weist auf die existierende „Idee freier, nicht zuletzt in der Willensfreiheit begründeter Selbstbestimmung“ hin.

191 Vgl. Kapitel 1 I 1.3.

192 *Armin Kaufmann*, in: FS Eb. Schmidt, S. 319 (322) Fn. 13.

193 *Welzel*, Das deutsche Strafrecht, S. 148.

nicht vorhanden ist.[194] Selbstbestimmung bezeichnet so verstanden eine Zirkelbestimmung *von* sich *auf* sich.

Das BVerfG wählte in einer Entscheidung aus dem Jahr 1977 zur Menschenwürde und zur freien menschlichen Persönlichkeit – dem BGH folgend[195] – diese Worte:

> „*Dem liegt die Vorstellung vom Menschen als einem geistig-sittlichen Wesen zu Grunde, das darauf angelegt ist, in Freiheit sich selbst zu bestimmen*"[196].

Selbstbestimmung bedeutet danach „ich bestimme mich selbst". Wie das geschieht, wird oftmals als ein Kampf vom Selbst oder einer vergleichbaren Instanz (bspw. mentales Agens) mit den eigenen Motiven und Antrieben beschrieben.[197]

> „*So wie der Mensch über eine bestimmte Muskelkraft verfügt, die er einsetzen kann, um Handlungen vorzunehmen, die er vornehmen will, so verfügt er [...] mit dem Hemmungsvermögen über eine bestimmte Willenskraft, deren Einsatz es ihm ermöglicht, diejenigen Antriebe zu unterdrücken, die er nicht verwirklichen will*"[198].

Es kommt sodann auf das „Hemmungsvermögen" der Antriebe an, also darauf, sich von ihnen lösen zu können. Unter dieser Vorstellung läuft der Entscheidungsprozess in zwei Phasen ab: In der ersten Phase findet die Entscheidung über das „wirkliche" Wollen statt und in der zweiten über die Durchsetzung dieses „wahren" Willens, also der eigentliche Kampf, in dem das Selbst den endgültigen handlungsleitenden Willen bestimmt.[199] Selbstbestimmung wäre danach gegeben, wenn sich das Selbst (erste Phase: die Bestimmung des eigentlichen

---

194 Vgl. *Singer*, Ein neues Menschenbild, S. 42 f.; 56. Er weist auf das Fehlen eines singulären Koordinationszentrums zu Gunsten einer distributiven, dezentralen Organisation des Gehirns hin (vgl. auch Kapitel 3 II 2 hinsichtlich unseres Selbstgefühls).

195 BGHSt 2, 194, 200: der Mensch sei auf „freie, verantwortliche, sittliche Selbstbestimmung angelegt".

196 BVerfGE 45, 187 (227).

197 Z.B. BGH 14, 30 (32 f.); 23, 176 (190); *Fischer*, § 20 Rn. 44b; *H. Kaufmann*, JZ 1962, 193 (198); LK-*Jähnke*, 11. Aufl., § 20 Rn. 8; *Jescheck/Weigend*, Strafrecht AT, S. 436, 442; *Weber*, in: *Baumann/ders./Mitsch* (Hrsg.), Strafrecht AT, § 19 Rn. 22.

198 *Frister*, Die Struktur des "voluntativen Schuldelements", S. 105.

199 *Frister*, Die Struktur des "voluntativen Schuldelements", S. 105.

Willens) in der zweiten Phase, dem Kampf gegen die Triebe und andere Motive, durchsetzt.[200]

Doch handelt es sich bei dem „Sich-Selbst-Bestimmen“ um einen dualistischen Trugschluss, sofern zwei Entitäten angenommen werden. Die aktuelle neurowissenschaftliche Forschung bestreitet die Existenz einer selbstständigen rein mentalen Instanz, sozusagen eines Selbst-Homunkulus im Kopf, der auf das Ich und seinem Willen Einfluss nehmen und ihn steuern kann: Ein cartesianisch verstandenes Ich bzw. Selbst wird von *Singer* und *Roth* angegriffen, wenn die Rede ist von

> *„Nicht das Ich, sondern das Gehirn hat entschieden“*[201] oder *„Das Ich ist nicht der ‚Herr im Hause‘, sondern ein Konstrukt“*[202].[203]

Die Existenz des Selbst[204] bzw. Ichs soll hier nicht in Abrede gestellt werden. Es bildet sich aus unseren positiven und negativen Charaktereigenschaften, Idealen, Erfahrungen, Ansichten, u.v.m. Es ist nur nicht zweigeteilt oder losgelöst vom Körper, wie etwa ein Homunkulus oder ein geistiges Agens, sondern als „ein Ganzes“, ein „Einheitliches“ unter Einbeziehung der Materie zu verstehen.[205] „Ein Ganzes“ mit seinen physiologischen und mentalen „Eigenschaften“ und „Wirkmechanismen“, auch wenn diese auf körperlichen Prozessen beruhen. Hierzu gehört auch die Veränderbarkeit epigenetischer Dispositionen durch Umwelteinflüsse. Das Selbst erscheint wie eine feste Konstante. Es verändert und entwickelt sich ständig fort durch die Vernetzung in der Welt, beispielsweise durch Kommunikation und Interaktion, die auf einen einwirken. Das Selbst wirkt jedoch wiederum in Wechselwir-

200 Dieser Annahme liegt zugrunde, dass die Entscheidungsfindung oft als innerlicher Kampf empfunden wird. Auch unter einem multikausalen-systemischen Determinismus muss der Mensch abwägen, weil er seine Zukunft nicht kennt und deshalb diese sich ihm gegenüber als offen generiert. Die Entscheidung wird im multikausalen Netz, das man teilweise durch Reflexion bewusst erfährt, getroffen. *Dörner* sieht die Freiheit in der Selbstreflexionsfähigkeit (G&G 2004/7, 36 (36, 38)).

201 *Roth*, in: *Geyer* (Hrsg.), Hirnforschung und Willensfreiheit, S. 66 (77).

202 *Roth*, Forschung und Lehre 7 (2000), 249 (251).

203 Siehe auch *Singer*, Vom Gehirn zum Bewusstsein, S. 24 f.; *ders.*, Der Beobachter im Gehirn, S. 65 ff., 144.

204 Vgl. dazu Kapitel 3 II.

205 Ähnlich *Schild*, der es als „sinnlos“ bezeichnet, „nach einer Instanz zu suchen[...], die aus sich heraus das Handlungsgeschehen bestimmt und in Gang setzt.“ (NK-*Schild*, StGB, § 20 Rn. 9 f.).

kung auf die Umwelt ein. Die Fähigkeit des Menschen zur Reflexion führt zur Annahme, Akzeptanz oder Ablehnung u. a. von Eigenschaften und inneren Überzeugungen. Reflexion ist ohne umweltbedingte Erfahrungen nicht möglich. Das Selbst stellt ein *Gesamtbild* verschiedenster Faktoren in einem bestimmten Zeitfenster dar. Es ist nicht auf ein einzelnes neuronales Korrelat oder auf das Gehirn schlechthin reduzierbar – es ist aber auch nicht von ihm zu trennen.[206]

Der Begriff Selbstbestimmung erfährt unter einem systemischen-multikausalen Determinismus eine Loslösung von dualistischer Metaphysik hin zu einer Naturalisierung, bei der der Mensch als Ganzheit betrachtet wird. Mit Selbstbestimmung ist vielmehr gemeint: „Ich bestimme selbst"[207]. Das Selbst als Einheit, als „Ganzes", zeigt sich im Willen und im Verhalten. Der Wille und das Verhalten sind Ausdruck der eigenen Persönlichkeit – dem Selbst.

3.2. Die Selbstbestimmungsfähigkeit des Menschen

Ist der Mensch determiniert, fragt sich, ob er überhaupt zu Selbstbestimmung fähig ist. Wäre er es nicht, würde die Verantwortungszuschreibung bereits auf der ersten Stufe an dem geeigneten Zurechnungssubjekt scheitern. Unter einem deterministischen Menschenbild beinhaltet die Selbstbestimmungsfähigkeit des Menschen – verstanden als „ich bestimme selbst" – etwas anderes als die indeterministische Autonomie bzw. Urheberschaft im Sinne eines „Sich-Selbst-Bestimmens". *Ansgar Beckermann* formulierte treffend, dass

> *„für Verantwortlichkeit [...] nicht entscheidend [ist], dass unsere Handlungen nicht neuronal determiniert sind, sondern dass wir über ein intaktes Gehirn verfügen, das uns mit den nötigen Fähigkeiten ausstattet"*[208].

Es kommt für die Selbstbestimmungsfähigkeit auf die dispositionellen Fähigkeiten der jeweiligen Person an. Welche Fähigkeiten das sind, wird im Folgenden behandelt.

---

206 Gegen eine Trennung von Ich und Gehirn bspw. auch *Beckermann*, in: *Köchy/Stederoth* (Hrsg.), S. 389 (290 f.); vgl. auch NK-*Schild*, StGB, § 20 Rn. 7 f. Das Gehirn dient dabei als Kommunikationsorgan (vgl. *T. Fuchs*, Das Gehirn – ein Beziehungsorgan, 2013).

207 Vgl. *Wunder*, EthikMed 2008, 17 (17).

208 *Beckermann*, in: *Saimeh* (Hrsg.), Zukunftswerkstatt Maßregelvollzug, S. 15 (15).

3.2.1. Selbstbestimmung als Form von Kontrolle

Selbst*bestimmung* impliziert Kontrolle. Wenn aber der Mensch nicht anders kann, weil die Vergangenheit und der situative Kontext festlegt, was in der Gegenwart notwendig geschieht, scheint es, als ob der Mensch Kontrolle verliert und folglich auch Selbstbestimmung. Wie der Philosoph *Peter Bieri* richtig feststellt, hat dieser Gedanke den Hintergrund, dass es einen Regisseur in unserem Kopf geben muss, der unsere Gehirnprozesse steuert.[209] Diese Art Kontrolle ist hier nicht gemeint.

Kontrolle setzt einmal voraus, dass die Welt ähnlich verläuft, wie es sich die Person vorgestellt hat oder aber womit sie aller Erfahrung nach zumindest gerechnet hat oder als dispositionelle Fähigkeit hätte rechnen können und müssen, sodass sie sich in Folge dessen darauf eingestellt hat bzw. unter der deterministischen Wenn-Option[210] hätte einstellen können. Das Einstellen-Können, meint hierbei lediglich, dass die prognostizierbaren, möglichen Verläufe im Abwägungsprozess der Entscheidung Eingang gefunden haben oder hätten Eingang finden können, sofern die Person die körperlichen und geistigen dispositionellen Fähigkeiten hierzu besaß. Dabei bezieht sich das Können, also die Prognostizier*barkeit* und die Berücksicht*barkeit*[211], auf die deterministische Möglichkeit sowie die Fähigkeit i.S. sog. Dispositionsprädikate[212]. Dispositionsprädikate bezeichnen Eigenschaften der jeweiligen Objekte, auf die sie sich beziehen: Eine Vase ist zerbrechlich, wenn bestimmte Umstände eintreten. Auf den Straftäter bezogen bedeutet dies, dass der Täter im Moment der Entscheidung bzw. seines Verhaltens die Disposition hat, Prognosen anzustellen und diese in den Entscheidungsprozess einfließen zu lassen, unabhängig davon, ob er das am Ende auch getan hat oder im Sinne des indeterministischen Anders-Könnens realiter hätte tun können. Vielmehr sind diese dispositionellen Fähigkeiten dem Anders-Können vorgelagert.

---

209 Vgl. *Bieri*, Diskussion zum Vortrag von Prof. Bieri, in: *Gestrich/Wabel* (Hrsg.), Freier oder unfreier Wille, S. 32 (35 f.).

210 Vgl. Kapitel 4 III 1.2.3.3.

211 Dieser Begriff ist der deutschen Sprache fremd, aber nur so ist es möglich, die dispositionelle Eigenschaft hervorzuheben.

212 Hierzu *R. Merkel*, in: FS Roxin I, S. 737 (752 f.); *Tugendhat*, in: *Cramer/Fulda/Horstmann/Pothast* (Hrsg.), S. 373 (384).

Nun könnte man einwenden, dass sich die Schuld nicht auf Dispositionen bezieht, die *allgemein* vorhanden sind, sondern auf das *spezifische* Handeln-Können nach der Unrechtseinsicht im Zeitpunkt der Tat (verstanden i.S.d. Anders-Könnens), wie § 20 StGB verdeutliche.[213] Dieser Einwand übersieht, dass es auch bei dem hier vertreten Schuldansatz nicht lediglich auf eine ganz allgemeine Disposition ankommt, etwa der Täter war bisher immer gefasst und besonnen und plötzlich im Zeitpunkt der Tat impulsiv, sondern auf die spezifische Disposition zum Zeitpunkt der Tat.

§ 20 StGB steht dem Abstellen auf bestimmte dispositionelle Fähigkeiten im Zeitpunkt der Tat nicht entgegen, weil auch er terminologisch von der *Fähigkeit* („unfähig ist") ausgeht. Ein solches Schuldverständnis lässt sich zudem mit der unbewussten Fahrlässigkeit und dem Verbotsirrtum gem. § 17 StGB vereinbaren. Danach ist Unkenntnis hinsichtlich des Unrechts oder eines Erfolgseintritts für die Frage der Schuld unschädlich, wenn der Täter die Rechtswidrigkeit hätte kennen können (beim Verbotsirrtum: weil vermeid*bar*) oder wenn ihm die Folgen aus seinem Verhalten vorherseh*bar* waren, wenn er also die dispositionelle Fähigkeit zur Kenntniserlangung (Erkennbarkeit) zum Zeitpunkt der Tat besaß. Es kommt hierbei darauf an, ob zum Tatzeitpunkt bestimmte Kriterien bzw. Eigenschaften, die die dispositionelle Fähigkeit begründen, vorhanden waren.

Kontrolle unter einem Determinismus bedeutet, dass der Mensch die dispositionelle Fähigkeit besitzt, Prognosen über Wirkungen von Verhalten sowie über Reaktionen und Konsequenzen anstellen zu können. Voraussagen bedürfen auch hier nicht der hundertprozentigen Sicherheit. Die Wahrscheinlichkeitsprognosen müssen nicht korrekt beurteilt werden: Meint etwa der Täter, die Verfolgungswahrscheinlichkeit seiner Tat tendiert gegen Null, und es wird entgegen seiner Prognose die Verfolgung aufgenommen, so ist dies unschädlich für seine Schuldfähigkeit. Es kommt vielmehr auf die Art und Weise des Abwägungsprozesses an.[214] Prognostizierbarkeit und Berücksichtbarkeit

213 So wohl *Detlefsen*, Grenzen der Freiheit, S. 52.

214 Ebenfalls auf die Art und Weise des Zustandekommens der Entscheidung abstellend *Frister*, Strafrecht AT, Kap. 18 Rn. 12; *Tiemeyer*, ZStW 105 (1993), 483 (522) stellt auf die Beschaffenheit des individuellen Determinationsgefüge ab. Im Rah-

sind u. a. die dispositionellen Fähigkeiten, die auch Relevanz bei dem Gefühl der Autorschaft haben.

3.2.1.1. Das Denken alternativen Verhaltens

Für Verantwortung kommt es, anstatt auf das Anders-Können zum Zeitpunkt t, im Wege einer normativen Betrachtung vielmehr auf die Art und Weise des Entscheidungsprozesses an. Voraussetzung ist, dass der Mensch überhaupt in der Lage ist, abzuwägen. Abwägen kann man mindestens zwei alternative Handlungsmöglichkeiten: die des Tuns und die des Nicht-Tuns (Unterlassen) einer Handlung. Dass der Mensch die Fähigkeit besitzt, zwischen Verhaltensweisen abzuwägen, liegt darin begründet, dass er sich der jeweiligen Situation anpassen muss, um auf seine Umwelt adäquat reagieren zu können. Er kennt nicht die Zukunft, sondern nur mögliche Verläufe. Eine Reaktion kann auf verschiedene Weise erfolgen. Die sich gegenseitig ausschließenden Handlungsalternativen dürfen aber nicht so missverstanden werden, dass sie beide zum selben Zeitpunkt t *realisiert* werden könnten; sie können dagegen nur *gedacht* werden. Hierzu genügt bereits die Disosition. Die Denk*barkeit* ist Voraussetzung für eine durchdachte, selbstbestimmte Entscheidung über ein Verhalten, da sie wichtig für die Abwägung ist – auch wenn diese determiniert erfolgt. Voraussetzung ist also, dass der Mensch die dispositionelle Fähigkeit besitzt, eine oder mehrere Alternativen gedanklich als für prinzipiell möglich zu erfassen.[215] Dabei geht es nicht darum, jedwede Möglichkeit anzudenken bzw. dispositionell andenken zu können, sondern nur jene, die auch prinzipiell gedacht realisierbar ist, falls die Entscheidung am Ende auf sie fallen würde. Damit werden als Alternativen solche ausgeschlossen, die niemals in die Tat umgesetzt werden können. Ein Mensch, dessen Handgelenke hinter dem Rücken an einem Pfahl gefesselt sind, ist unfähig, ein klingelndes Telefon zu betätigen. In diesem Fall ist er hand-

---

men der Art und Weise des Entscheidungsprozesses kommt es auf die individuelle Beschaffenheit des Determinismusgefüges an.

215 So prinzipiell auch *T. Fuchs*, in: *Heinze/ders./Reischies* (Hrsg.), Willensfreiheit – eine Illusion, S. 49 (52). Er definiert den Begriff der Entscheidung als einen Raum der denkbaren Möglichkeiten. Zur realen Umsetzbarkeit beider Möglichkeiten ist dabei aber noch nichts gesagt. Wie bereits an anderer Stelle dargelegt, geht *T. Fuchs* vom realen Alternativismus aus (Kapitel 1 II).

lungsunfrei. Er kann es zwar andenken – es aber nicht denkbar real in die Tat umsetzen. Der Mensch kann also nur für solche Entscheidungen zur Verantwortung gezogen werden, deren Alternative er denkbar real umsetzen kann. Die Strafrechtswissenschaft kennt diese Voraussetzung bereits im Rahmen der „Zumutbarkeit normgemäßen Verhaltens“: Ein Mensch der nicht schwimmen kann, braucht erst gar nicht die Möglichkeit anzudenken, selbst ins Wasser zu springen, um das ertrinkende Kind zu retten. Er kann aber die Möglichkeit andenken, Hilfe zu holen. Ist er geistig, z.B. wegen einer geistigen Behinderung, erst gar nicht dazu in der Lage, ist sein Entscheidungsprozess derart gestört, dass er für sein Verhalten nicht zur Verantwortung gezogen werden kann. Ihm fehlen bereits die dispositionellen geistigen Fähigkeiten hierzu.

3.2.1.2. Die Unrechtseinsicht und die Realitätswahrnehmung

Um mögliche Konsequenzen vorhersagen zu können, setzt Kontrolle voraus, dass der Täter die Fähigkeit besitzt, sein Verhalten einschätzen bzw. bewerten zu können. Das entspricht der Unrechtseinsicht aus § 20 StGB (Einsichtsfähigkeit), wonach der Täter wissen (können)[216] muss, dass sein Verhalten Unrecht verwirklicht und ihm negative Konsequenzen drohen können, etwa in Form von Strafe. Er muss also den Norminhalt bzw. den Normbefehl kennen (können). Dazu muss er auch seine aktuelle Situation kennen und wissen (können), ob sie dem Normbefehl unterzuordnen ist. Denn nur so kann er die möglichen Konsequenzen zu seinen zur Auswahl stehenden Verhaltensalternativen ermitteln und in seinen Abwägungsprozess mit einfließen lassen. Die Person muss also über sich und ihre Umwelt reflektieren können (Reflexionsfähigkeit). Dazu muss sie ihre Begierden und Wünsche überdenken und bewerten können.[217] Dass er sie auch zu Gunsten von Rechtskonformität einsetzt, ist dagegen nicht notwendig. Das Können bezieht sich wiederum lediglich auf die dispositionelle Fähigkeit. Die Person muss also die geistigen Fähigkeiten hierzu besitzen, unabhän-

216 Damit wird die Vermeid*barkeit* beim Verbotsirrtum gem. § 17 StGB erfasst.
217 Vgl. NK-*Schild*, StGB, § 20 Rn. 4.

gig davon, ob sie hiervon Gebrauch gemacht hat oder i.S.d. Anderskönnens hätte realiter tun können.

Das setzt wiederum einen Sinn für Realität zum Zeitpunkt der Tat voraus[218]. Die Fähigkeit zur Realitätswahrnehmung und/oder Realitätsprüfung hinsichtlich der Verhaltensalternativen und der drohenden Konsequenzen können durch Störung der basalen Denkfunktionen beeinträchtigt sein. Der „Optionenraum" der subjektiven Vorstellung, der im Normallfall durch Fähigkeit und Persönlichkeit entsteht[219], wird unnormal, etwa durch Krankheit eingeschränkt. Daher führen z.B. Wahn, Demenz und Paranoia zu Schuldunfähigkeit, was der forensisch-psychiatrischen Begutachtungspraxis entspricht.[220] Bei schizophrenen Psychosen kann durch Beeinträchtigung formaler Denkstrukturen oder durch Wahnvorstellung der Abwägungsprozess erheblich gestört sein.[221]

Der Sinn zur Realitätswahrnehmung muss jedoch derart heruntergesetzt sein, dass dies als Kontrollverlust zu bewerten ist. Dies bedeutet im Umkehrschluss, dass kleine, nicht schwerwiegende Beeinträchtigungen nicht zwingend zum Kontrollausschluss führen, weil dieses Kriterium immer mit Blick auf der Bewertung als kontrollausschließend (schuldunfähig) oder kontrollmindernd (verminderte Schuldfähigkeit) zu berücksichtigen ist. Um schuldfähig zu sein, bedarf es also eines bestimmten Minimums an Realitätswahrnehmung.[222] Diese wertende Einschränkung findet sich auch in § 20 StGB, der eine „*schwere* andere seelischen Abartigkeit" oder „eine *tiefgreifende* Bewusstseinsstörung" normiert, sodass nur eine gewisse Erheblichkeit zum Verantwortungsausschluss führt.

Persönlichkeitsmängel hingegen schließen die Schuldfähigkeit nicht zwangsläufig aus, sondern mindern sie allenfalls. Ist die Reali-

218 Vgl. auch *Kröber*, in: *Elsner/Lüer* (Hrsg.), »…sind eben alles Menschen«, S. 243 (253); *R. Merkel*, in: FS Roxin I, S. 737 (754 f.), der Kriterien für die normative Ansprechbarkeit unter Anlehung an *Roxin* aufstellt.

219 Vgl. *Reischies*, in: *Heinze/T. Fuchs/ders.* (Hrsg.), Willensfreiheit – eine Illusion, S. 103 (104).

220 *Kröber*, in: *Stompe/Schanda* (Hrsg.), Der freie Wille und die Schuldfähigkeit, S. 223 (226).

221 *Küchenhoff*, in: *Heinze/T. Fuchs/Reischies* (Hrsg.), Willensfreiheit – eine Illusion, S. 195 (202).

222 Vgl. *R. Merkel*, in: FS Roxin I, S. 737 (754)

tätswahrnehmung nicht oder nicht erheblich gestört, so gilt ein Täter mit Persönlichkeitsstörung, wie etwa mit Psychopathie, als schuldfähig. Dass die Abwägung vom individuellen Menschen abhängt, also von seinen gemachten Erfahrungen, Idealen, Charaktereigenschaften, etc. (mit der individuellen neuronalen Korrelation) und damit prinzipiell von jedem anderen Menschen verschieden ist, ist Voraussetzung für Intelligibilität. Wie nicht jedwede Charakterabweichung automatisch zu Selbstbestimmungs- und Verantwortungslosigkeit führt, so führt nicht jedwede Hirnanomalie bzw. Hirnabweichung automatisch zu Schuldlosigkeit.

3.2.2. Selbstbestimmung als Äußerung des Selbst

3.2.2.1. Das individuelle Selbst

Neben der Kontrolle bedarf es für Selbstbestimmung, dass man es selbst ist, der bestimmt. Selbstbestimmung ist nur einem Individuum möglich. Nur ein Individuum ist Zurechnungssubjekt von Verantwortung, was der Menschenwürde entspricht. Selbstbestimmung als Bestimmung eines Individuums mit eigener Identität erfordert eine gewisse Festigkeit im Charakter, der aber auch im bestimmten Rahmen Veränderungen zugänglich ist. Eine Entscheidung ist nur dann die eines Subjekts, „wenn sie durch die Identität des Subjektes bestimmt“[223] ist. Eine Identität ergibt sich durch eingeschliffene Verhaltensweisen, durch den Charakter sowie durch eine gewisse Berechenbarkeit der Person[224], die aus dem individuellen Netzwerk an multikausalen Faktoren resultieren, bestehend aus Erfahrungen, dem sozialem Umfeld, der Genetik und der Epigenetik, biochemischen Prozessen und schließlich auch aus der aktuellen Hirnvernetzung. Der Mensch bleibt dabei durch die neuronale Plastizität wandlungsfähig. Diese Wandlungsfähigkeit ist wiederum Teil des Selbst. Das persönliche, biographisch gewachsene Wertgefüge mit seinen emotional unterschiedlich

---

223 *Frister*, Die Struktur des "voluntativen Schuldelements", S. 24.

224 Auch *Schild* sieht Selbstbestimmung vereinbar mit einem Nicht-Anders-Können: Eine Gesetzmäßigkeit bzw. die Ausbildung eines Charakters führt zu Berechenbarkeit und zu Verlässlichkeit (in: *Buchheim/Pietrek* (Hrsg.), Freiheit auf Naturbasis, S. 155 (169)).

bewerteten Handlungsbereitschaften und Strebungen ist eine wesentliche Vorbedingung des an Individualität ausgerichteten Entscheidungsprozesses.[225] Es macht die individuelle Entscheidung aus und ist notwendig für Schuld, denn Schuld dient der Zurechnung der individuellen Tat zum *individuellen* Täter.

Ein selbstbestimmter bzw. selbstbestimmender Mensch entsteht durch zahlreiche Faktoren von unbewussten vorgeburtlichen Einflüssen über Lebenserfahrungen, Bildung der Selbsterfahrung (Selbstbewusstsein), aktuellen bewussten und unbewussten Faktoren. Der Mensch begreift sich selbst als handelnde Person: In seiner biografisch gewachsenen Person gestaltet er sein Leben mit – durch seine individuellen Entscheidungen, die er als *er selbst* fällt sowie durch sein Verhalten.

Er weiß um seine Impulsivität, seine Schüchternheit, seine Begeisterungsfähigkeit, seine Introvertiertheit, seine Extrovertiertheit, seine Naivität, seine Unzuverlässigkeit, seine Zuverlässigkeit – er identifiziert sich mit seinen Eigenschaften. Mögen manche „negative" Charaktereigenschaften, die genetisch oder umweltbedingt entstanden sind, eine Last sein, empfindet er diese doch als zu seinem Selbst gehörig. Und auch Dritte erkennen ihn als eine individuelle Person an. Das Selbstempfinden führt zu der subjektiven Erfahrung des Selbstbestimmens[226], sofern Handlungsfreiheit gegeben ist.

3.2.2.2. Das Gefühl der Autorschaft

Die subjektive Erfahrung der Selbstbestimmung setzt voraus, dass sich der Täter als Autor auffasst, als derjenige, der gehandelt hat und es stattdessen keine fremde Macht war, die ihn treibt. Daran fehlt es häufig bei Personen z.B. mit Schizophrenie, mit Tourette-Syndrom oder mit Alien-Hand-Syndrom[227]. Es geht hierbei nicht darum, dass die

225 *Janzarik*, Strukturdynamische Grundlagen der Psychiatrie, S. 71 ff.; zit. nach *Habermeyer/Saß*, MedR 2003, 543 (534, 546).

226 Vgl. auch *Köhler*, Strafrecht AT, S. 359.

227 Bei dieser Krankheit liegt eine Schädigung im vorderen, medialen Teil des prämotorischen Areals der Hirnrinde vor. Die Betroffenen fühlen, dass sie die Handlung nicht verursachen und eine Fremdbewegung vorliegt. So ist es möglich, dass die linke Hand eine Tasse Tee ergreifen soll und die rechte dies ungewollt zu vereiteln versucht (vgl. hierzu *Wegner*, The Illusion of Conscious Will, S. 4 ff.).

Person das Gefühl hat, unter den gleichen Umständen auch realiter anders gekonnt zu haben. Es ist möglich, dass eine Identifikation mit dem verfügbaren Verhalten stattfindet und das Gefühl der Autorschaft[228] besteht, auch wenn keine für das Individuum denkbaren und als möglich erachteten Alternativen existierten. Dazu muss sie nicht das Verhalten und die Konsequenzen gewollt haben. Es geht lediglich um das Grundgefühl, dass sie selbst es war.

Die Identifikation muss sich *primär* auf das eigene Verhalten richten, nicht auf die daraus resultierenden Folgen. So liegt bei der Fahrlässigkeit ein vom Willen getragenes Verhalten vor, bei dem die Konsequenzen ungewollt sind. Der unbeabsichtigte Tritt auf den Fuß wird als eigene Autorschaft über die Handlung empfunden; die Kenntnis von der Kausalität führt mittelbar, also sekundär zum Gefühl der Autorschaft über die Schmerzen, muss es aber nicht, wenn etwa die Kausalkette ein bestimmtes Ausmaß erreicht und Dritte dazwischen treten. Wenn A als mittelbarer Täter B dazu bringt C zu töten und B einem error in persona unterliegt, sodass er anstatt C den D tötet, so kann zwar das Gefühl der Autorschaft zur Tötung des D bei A fehlen, weil sich B geirrt hat und nicht er selbst, aber das Gefühl der Autorschaft besteht hinsichtlich *seines Verhaltens* als mittelbarer Täter und ihm wird die Verantwortung für die Tötung des D im Wege der Schuldbewertung zugerechnet, unabhängig, ob man bezüglich A eine aberratio ictus oder einen unbeachtlichen error in persona annimmt[229]. Er empfindet sich als Autor seines Verhaltens und ihm wird der Erfolg, die Tötung des D, je nachdem welcher Ansicht man folgt, entweder als vollendete Vorsatztat oder als Fahrlässigkeit (in Tateinheit mit versuchter Tötung des C) zugerechnet, sofern die weiteren Voraussetzungen der Selbstbestimmung vorliegen.

Dem Gefühl der Autorschaft kommt lediglich ein indizieller Charakter zu, da subjektive Empfindungen prinzipiell täuschen können. Es gibt nicht zwingend Rückschluss auf die Verantwortlichkeit einer Person. Fühlt eine Person, eine Handlung nicht von sich stammend, so besteht lediglich der Verdacht, dass Selbstbestimmung nicht vorliegen

228 Zu unterscheiden von der indeterministischen Urheberschaft.

229 Vgl. zum error in persona bei der mittelbaren Täterschaft *Weber*, in: *Baumann/ders./Mitsch* (Hrsg.), Strafrecht AT, § 21 Rn. 15; § 29 Rn. 158; *Jescheck/Weigend*, Strafrecht AT, S. 671 f.

könnte, wie etwa beim Alien-Hand-Syndrom. Das Gefühl, Autor zu sein, kann der objektiven Beobachtung entgegenstehen[230], sodass in diesen Fällen die objektive Betrachtung Vorrang hat. Daneben spielt es lediglich eine Rolle, wenn es um die innere Einsicht des Täters geht – die jedoch, wie gesehen, nicht vom Staat erzwungen werden kann.

3.3. Der verständig Selbstbestimmte als Anknüpfungspunkt von Schuldunfähigkeit

Dem Menschen, der im faktischen Sinne entscheidungsfähig ist[231], ist Selbstbestimmung in einem *natürlichen Sinn* zuzusprechen. So wird bei einwilligungsunfähigen bzw. geschäftsunfähigen Personen im gewissen Rahmen der natürliche Wille berücksichtigt. Damit können auch sie in diesem Rahmen selbstbestimmt entscheiden. Die Frage nach der verantwortungsbegründenden Selbstbestimmungsfähigkeit ist nicht nur eine empirische, sondern auch eine normative Frage.

Das Recht und ihre Rechtsfortbildung haben bereits normativ Kriterien entwickelt, bei deren (Nicht-)Vorliegen die Person als nicht *verantwortet-selbstbestimmt* angesehen wird. Im Strafrecht führt das dazu, dass Menschen mit gewissen Defiziten keine Einwilligung in bestimmte rechtsgutsverletzende Handlungen (z.B. Körperverletzung im Wege eines ärztlichen Heileingriffs) erteilen können. So kann etwa nicht jedes Kind aufgrund seiner geringen Lebenserfahrung und der damit einhergehenden fehlenden bzw. eingeschränkten Folgenabschätzung in lebensgefährdende oder lebenseinschneidende Behandlungen einwilligen. Die Reife, Bedeutung und Tragweite

> *„der Einwilligung zu erkennen und das Für und Wider verständig abzuwägen“*[232],

230 Siehe Kapitel 3 II 1.

231 Entscheidungsfähigkeit im faktischen Sinne meint hier, die Fähigkeit überhaupt entscheiden zu können – unabhängig irgendwelcher spezifischen Anforderungen. An der Entscheidungsfähigkeit fehlt es z.B. bei Patienten mit apallischem Syndrom. Dies entspricht wohl der „kleinen Willensfreiheit“ *Herzbergs*, die die Fähigkeit bezeichnet, dass man überhaupt ungehemmt seinen Willen bilden kann (*Herzberg*, Willensunfreiheit und Schuldvorwurf, S. 37, 58, 110).

232 BGHSt 4, 88 (90); 12, 379 (382).

entscheidet darüber, ob und in welchem Maße der Selbstbestimmungsfähigkeit Raum gegeben wird. Dieser Gedanke lässt sich im Rahmen der Schuldfähigkeit auf die Art und Weise des Zustandekommens der Entscheidung für ein Verhalten, das rechtswidrig ist bzw. im Rahmen der Fahrlässigkeit zu einer rechtswidrigen Tat führt, übertragen. Für die Strafbarkeit normiert das Gesetz, dass Minderjährige bis zum Alter von 13 Jahren als unwiderleglich schuldlos vermutet werden. Ist Schuld Ausdruck der Selbstbestimmung so hat der Gesetzgeber unwiderleglich vermutet, dass Kinder unter 14 Jahren nicht befähigt sind, derart Bedeutung und Tragweite zu erfassen, dass die Abwägung „vernünftig“ [233] bzw. „verständig“[234] erfolgen kann, wie es für die rechtsgutseinschneidende Strafe bedürfe. Für Erwachsene wird sie vermutet und für Jugendliche entscheidet die persönliche Reife.[235]

Das stimmt auch mit neuen neurobiologischen Erkenntnissen überein. Die intellektuelle Entwicklung des Kindes vollzieht sich in strenger Parallelität mit der Reifung bestimmter Hirnregionen.[236] Den Neurowissenschaftlern zufolge befindet sich das Frontalhirn, das für die Willensbildung und die Selbstkontrolle zuständig ist, bis zur Pubertät in einer wesentlichen Entwicklung.[237] Laut *Roth* kommt die Fähigkeit zur Empathie und zur Konsequenzbeurteilung erst nach der Pubertät zu einem gewissen Abschluss. Der orbitofrontale Cortex, der mit Vernunft, sozialem Handeln und der Erfassung ethisch-moralischer Aspekte in Zusammenhang gebracht wird, ist im Wesentlichen erst nach der Pubertät ausgereift.[238] Daraus schließt er:

233 „Vernünftig“ bezieht sich hier nicht auf die Vernunft im kantianischen oder hegelschen Sinn.

234 Diesen Begriff hebt *Frister*, Strafrecht AT, Kap. 18 Rn. 12 f. unter Verweis auf BGHSt 4, 88 (90); 12, 379 (382) hervor. Auch *Köhler* stellt zusammen mit der Vernünftigkeit auf die Verständigkeit ab (Strafrecht AT, S. 376).

235 Man spricht von „bedingter Schuldfähigkeit“ des Jugendlichen (*Weber*, in: *Baumann/ders./Mitsch* (Hrsg.), Strafrecht AT, § 19 Rn. 9).

236 *Roth*, in: *Gestrich/Wabel* (Hrsg.), Freier oder unfreier Wille, S. 37 (44); vgl. auch *Knoch*, Z. Neurophsychol 18 (2007), S. 183 (184).

237 Erst zu dieser Zeit werden bedeutende Fortschritte in den Leistungen bei Frontalhirntests erzielt (*Kornhuber/Deecke*, in: *Petzold/Sieper* (Hrsg.), Der Wille, die Neurobiologie und die Psychotherapie I, S. 77 (129)).

238 *Roth*, in: *Gestrich/Wabel* (Hrsg.), Freier oder unfreier Wille, S. 37 (44); vgl. auch *Saimeh*, Differentielle Konzepte zur Dissozialität, https://www.lwl.org/527-downl

„Was innerhalb der Entwicklung eines Jugendlichen zunimmt oder zumindest zunehmen sollte, ist die Fähigkeit, Handlungsgründe abzuwägen und zu den eigenen persönlichen Neigungen in gewisse Distanz zu treten, aber nicht irgendeine Form von Freiheit im herkömmlichen Sinn“[239].

Es bedarf demnach bestimmter Reifungsprozesse, die bereits durch die Psychologie und die eigene Alltagserfahrung vonstattengegangen sind und eine Bestätigung im Gehirn erfahren. Diesen Reifungsprozessen hat der Gesetzgeber bereits durch die unterschiedliche Behandlung (Schuldunfähigkeit, Jugendstrafrecht) des Menschen in seinen Entwicklungsphasen zum Erwachsenwerden Rechnung getragen.

Personen, die in ihrer psychischen Reife derart eingeschränkt sind, wie etwa § 20 StGB für Personen annimmt, die unter das Eingangsmerkmal Schwachsinn fallen, dass man ihnen die Fähigkeit abspricht, sich verständig zu entscheiden und zu verhalten, sind im Wege der normativ-empirischen Zuschreibung schuldunfähig. Die (Schuld-) Strafe ehrt so verstanden den Täter nicht als Vernünftigen im Sinne *Hegels*[240], sondern als verständig-Selbstbestimmten.[241] Die Zuschreibung als Schuldunfähiger führt dagegen dazu, dass er als unverständig-Selbstbestimmter gehandelt hat, *sofern* man von Selbstbestimmung im natürlichen Sinn ausgeht. Es handelt sich hierbei um eine andere Qualität von Selbstbestimmung.

Im Ergebnis bedeutet das, wenn ein Täter zwar Unrechtskenntnis besitzt, aber nicht die Fähigkeit, verständig abzuwägen, wie etwa bei einem Kind, das zwar weiß, dass ein bestimmtes Verhalten verboten

---

oad/pdf/Saimeh_Differentielle_Konzepte_zur_Dissozialitaet.pdf, S. 11 (Stand: 07.04.2018).

239 *Roth*, Willensfreiheit und Schuldfähigkeit aus Sicht der Hirnforschung, http://tu-dresden.de/die_tu_dresden/fakultaeten/philosophische_fakultaet/fak/zit/lehre/sose_2010/Willensfreiheit%20Roth.pdf (Stand: 07.06.2013).

240 *Hegel*, Rechtsphilosophie, zu § 100. Laut *Hegel* möchte der Verbrecher als vernünftiges Wesen einen vernünftigen Willen. Der vernünftige Wille richte sich nach verallgemeinerbaren Regeln, was bei einem deliktischen Willen nicht der Fall sei. Damit gerät der Delinquent in einen Konflikt mit sich selbst, der durch die Strafe gelöst wird: Diese Negation des Verbrechers kann nur durch die Negation der Negation der Tat durch Strafe aufgehoben werden. Es geht letztlich um die Wiederherstellung des vernünftigen Willens durch die Strafe, sodass der Täter als vernünftiger geehrt wird (*P. Tiedemann*, Menschenwürde als Rechtsbegriff, S. 469 f.).

241 Vgl. auch schon Kapitel 2 III 6.

ist, ihm aber die Fähigkeit fehlt, in einem qualifizierteren Sinn Für und Wider verständig zu erfassen und abzuwägen, gilt er als schuldunfähig. Fehlt dagegen die Unrechtskenntnis zum Zeitpunkt der Tat, aber die Fähigkeit zum verständigen Abwägen ist vorhanden, so kommt es gem. § 17 StGB auf die Vermeidbarkeit der Unkenntnis an. Fehlt die Fähigkeit, bezüglich eines bestimmten Verhaltens das Unrecht zu erfassen, weil die kognitiven Fähigkeiten hierzu fehlen, so ist die Schuldfähigkeit mangels Unrechtskenntnis zu verneinen.

3.4. Zusammenfassung

Subjektive Verantwortung beruht auf der Selbstbestimmungsfähigkeit, die objektiv und normativ anhand von empirischen Kriterien beurteilt wird. Hierbei kann das subjektive Gefühl der Autorschaft Indizien geben; eine weitergehende Bedeutung im Rahmen der Schuldfeststellung kommt ihm nicht zu. Selbstbestimmungsfähigkeit beruht auf kognitiven Fähigkeiten, der entwicklungsbedingten Verfassung des Täters sowie dem individuell-biografisch gewachsenen Wertgefüge.[242] Schuldfähigkeit verlangt einen gewissen Realitätssinn sowie die Prognosefähigkeit, die es der Person ermöglicht, verständige Entscheidungen zu treffen (und auch im Sinne der Handlungsfreiheit umzusetzen). Verständige Entscheidungen liegen vor, wenn die Person Bedeutung und Tragweite ihres Verhaltens erfassen kann. Dazu muss sie auch die Fähigkeit zur Unrechtseinsicht besitzen. Es kommt nicht darauf an, dass die Person Verhaltensalternativen realiter in die Tat umsetzen konnte, sondern dass sie die dispositionelle Fähigkeit zum Zeitpunkt der Tat besaß, Alternativen als möglich anzudenken – unabhängig davon, ob sie es auch getan hat.[243] Die einzelnen Fähigkeiten beziehen sich auf dispositionelle Eigenschaften der Person zum Tatzeitpunkt. Die Beur-

242 Vgl. für die freie Willensbestimmung annehmend *Habermeyer/Saß*, MedR 2003, 543 (546).

243 Eine Erkrankung kann die Berücksichtigung persönlicher Wertvorstellungen verhindern, indem sie kognitive Voraussetzungen der Intentionsbildung stört. Motivationale Voraussetzungen der Willensbildung können verändert werden, wenn Erkrankungen den Zugang zu Wertvorstellungen verstellen oder das Wertgefüge sowie die Grundlagen von Entscheidungsprozessen verformen (ausführlicher hierzu *Habermeyer/Saß*, MedR 2003, 543 (544); *Habermeyer/Saß*, Fortschr Neurol Psychiat 70 (2002), 5 (5 ff.)).

teilungskriterien setzten damit noch vor dem Kriterium des indeterministischen Anderskönnens an.

4. Das Entfallen der Verantwortung durch Entschuldigungsgründe

Erwähnt werden sollen schließlich noch die Entschuldigungsgründe, die in der aktuellen Diskussion um Determinismus, Schuld und Freiheit aufgrund der §§ 20, 21 StGB vernachlässigt werden. Auch Entschuldigungsgründe sind der Deliktsstufe Schuld zuzuordnen.[244]

Die Schuld als Oberbegriff ist wie gesehen eine Zuschreibungsebene. Schuldfähigkeit setzt eine bestimmte Form der Selbstbestimmungsfähigkeit voraus. Wenn der Täter selbstbestimmt im obigen Sinne handelt, kann ihm Schuld zugeschrieben werden – muss es aber nicht. Denn die Schuldfähigkeit ist nicht das einzige Element der Schuld. Es ist die Grundvoraussetzung für Zuschreibung. Fehlt es infolge fehlender Selbstbestimmung bzw. verständiger Selbstbestimmungsfähigkeit an der Schuldfähigkeit als notwendiges Element von Schuld, entsteht erst gar keine Schuld.

Da die Schuldebene eine normative ist, kann der Gesetzgeber in Übereinstimmung mit der Gesellschaft Ausnahmen von der Schuldzuschreibung festlegen. So normiert er sog. Entschuldigungsgründe[245], etwa in §§ 35, 33 StGB. Das Gesetz stellt den Bürger in bestimmten Grenzen von Verantwortung frei, auch wenn er selbstbestimmt handelt und sich rechtswidrig verhalten hat, weil die Situation einen Ausnahmecharakter aufweist. Es handelt sich um eine objektiv, durch den Gesetzgeber getroffene Bewertung.[246] Der Entscheidungsprozess kann, trotz der Ausnahmesituation, als ein selbstbestimmter gewertet werden.

Die Deliktsstufe Schuld besteht damit aus der Schuldfähigkeit sowie aus Haftungsgrenzen[247]. Die Schuldfähigkeit und mit ihr die ver-

---

244 Vgl. die ausführliche Auseinandersetzung mit den Erklärungsmodellen zu den Entschuldigungsgründen *Frister*, Die Struktur des "voluntativen Schuldelements", S. 206 ff.

245 Siehe hierzu *Jescheck/Weigend*, Strafrecht AT, S. 476 f.; *Gropp*, Strafrecht AT, § 6 Rn. 58 f., 123 f.

246 Vgl. *Frister*, Die Struktur des "voluntativen Schuldelements", S. 211.

247 Terminologie von *Maurach/Zipf*, Strafrecht AT I, 1992, § 30 Rn. 39.

ständige Selbstbestimmungsfähigkeit bildet die Grundlage für die subjektive Zuschreibung von Verantwortung. Sie ist notwendige Voraussetzung, muss aber keine hinreichende sein, sofern die normativ festgesetzten Haftungsgrenzen überschritten werden. Die Deliktsstufe Schuld bilden daher ein Schuldfähigkeitsbegriff sowie die von ihm zu trennende Normierung von Haftungsgrenzen, anstatt eines gemeinsamen materiellen Schuldbegriffs. Auch wenn also eine Person verständig selbstbestimmt gehandelt hat, ist es möglich, dass infolge eines Entschuldigungsgrundes die Schuld verneint wird. Die subjektive Verantwortungsfähigkeit bleibt unberücksichtigt bzw. tritt hinter der Haftungsgrenze zurück und die Person wird nicht in Anspruch genommen. Das Zur-Verantwortung-Ziehen wird fallen gelassen.

IV. Die Rolle von Normen und Sanktionen in einem deterministischen Strafrecht

1. Der Zweck einer Schuldstrafe in einem deterministischen Strafrecht

Der Staat hat die Aufgabe, das friedliche Miteinander innerhalb seiner Rechtsgemeinschaft zu regeln. Das Zivilrecht regelt das Verhältnis zwischen Bürger und Bürger; das Strafrecht dagegen das Verhältnis zwischen Bürger und Bürger (Rechtsgüterschutz) mit Eingriffs- bzw. Sanktionsbefugnissen des Staates (Strafen und Maßregeln). Aufgabe des Strafrechts ist es das Zusammenleben der Menschen untereinander vor Angriffen zu schützen.[248] Werden die durch den Gesetzgeber gesetzten Schranken übertreten, muss das Recht durchgesetzt werden, damit für die Zukunft die Täter sowie potentielle Täter abgeschreckt werden und sich zum Schutz der institutionalisierten Freiheitsrechte der Anderen an das Recht halten (negative Generalprävention, negative Spezialprävention). Um eine Abschreckungswirkung zu erzielen, muss die Reaktion des Staates belastend sein, was in unserem aktuellen Sanktionenrecht mittels Übelszufügung durch Strafe erfolgt. Untätigkeit würde hingegen zur Erschütterung von Normgeltung und Norm-

248 *Rudolphi*, in: *Schünemann* (Hrsg.), Grundfragen des modernen Strafrechtssystems, S. 69 (70 f.).

vertrauen führen, was zu verhindern ist (positive Generalprävention).[249] Im Strafvollzug steht die (Re)Sozialisierung des Täters im Vordergrund (positive Spezialprävention). Es finden zuvorderst präventive Straftheorien Eingang in die Legitimation von Strafe in einem deterministischen Reaktionssystem.

Die Gesellschaft hat ein Gerechtigkeitsempfinden, welches sich empirisch sogar schon im Alter von 15 Monaten bei einem Baby nachweisen lassen soll.[250] Damit die positive Generalprävention funktioniert, muss die Reaktion des Staates gerecht sein, was in unserer aktuellen Rechtskultur durch die Schuld gewahrt wird. Wie *Frister* feststellt, beruht die positive Generalprävention auf der Vergeltungsvorstellung als psychologische Regung des Menschen. Nur aufgrund der Vergeltungsvorstellung der Gesellschaft[251] wird die belastende Reaktion des

---

249 Vgl. in Anlehnung an *Jakobs*, *G. Merkel*, in: FS Herzberg, S. 3 (31).

250 *M. Schmidt/Sommerville*, Fairness Expectations and Altruistic Sharing, PLoS ONE 11 (2011), 1 (1 ff.); *Bauer*, Das kooperative Gen, S. 154 f.: Menschen haben einen neurobiologisch verankerten Sinn für soziale Fairness.

251 Diese lässt sich auch neurowissenschaftlich nachweisen: Im sog. Vertrauensspiel, bei dem ein Mitspieler entscheiden muss, ob er dem anderen Mitspieler Geld überweist oder ob er es für sich selbst behält. Wenn der faire Mitspieler einen Schmerzreiz erhielt, war im Mitspieler ebenfalls die Schmerzmatrix aktiviert, was auf eine Empathie-Reaktion schließen lässt. Beim unfairen Spieler hingegen war sie beim Durchschnitt der männlichen Probanden nicht aktiviert (anders bei weiblichen Probanden), sondern dagegen im Stratium, einem Gehirnareal, das mit der Verarbeitung von Belohnungen im Zusammenhang steht. Diese Aktivität korrelierte mit den Rachebedürfnissen. Gegenüber dem unfairen Spieler wurde also die Empathie durch die Schadensfreude bzw. Genugtuung ersetzt, sodass sich zeigen lässt, dass Menschen Genugtuung empfinden, wenn Gerechtigkeit und Strafe ausgeübt werden (dazu *Frevert/T. Singer*, in: *Bonhoeffer/Gruss* (Hrsg.), Zukunft Gehirn, S. 121 (139 f.; 144)). Auch die sog. altruistische Bestrafung, wonach Probanden bereit sind, ihr gesamtes, in vorherigen Runden erspieltes Geld wieder zu verlieren, damit Trittbrettfahrer, die sich nicht an Fairness halten (Nichtkooperation), bestraft werden, obwohl sie nicht zwangsläufig davon profitieren, lässt sich in Verhaltensexperimenten nachweisen. Durch die Bestrafung erhöhte sich die Kooperationsbereitschaft in Populationen mit zu vielen Trittbrettfahrern (siehe dazu *Frevert/T. Singer*, in: *Bonhoeffer/Gruss* (Hrsg.), Zukunft Gehirn, S. 121 (140 f.)). Das legt die Vermutung nahe, dass Vergeltungsbedürfnisse und die Regulierung von unkooperativem Verhalten mit dem Straf- und Normbekräftigungsbedürfnis im Zusammenhang stehen. Man könnte sogar daraus schließen, dass es sich bei den Rachebedürfnissen und die bei deren Entsprechung ausgelöste Reaktion im Belohnungszentrum um natürliche Ordnungsmechanismen han-

Staates als Bewährung der Rechtsnorm empfunden.[252] Bereits *Arthur Kaufmann* war der Ansicht:

> *„das, was die Gesellschaft angesichts eines als unangemessen empfundenen Freispruchs oder einer als zu milde erachteten Bestrafung destabilisiert, [ist] nichts anderes, als die Störung des urtümlichen Bedürfnisses nach Gleichmaß […] ein Bedürfnis, das man früher schlicht "Vergeltungsbedürfnis" nannte, das man heute aber, da man sich des Ausdrucks "Vergeltung" schämt, als "Stabilisierungsbedürfnis" bezeichnet".*[253]

Schuldzuschreibung und Schuldausgleich sind derart immanenter Bestandteil der Gesellschaft, dass sie schließlich wieder im Rahmen der positiven Generalprävention als wesentlicher Bestandteil zur Sicherung ihrer Funktionsfähigkeit Eingang finden.

Der Schuldausgleich als Bestandteil des Gerechtigkeitsverlangens, richtet sich unter einem komplexen, deterministischen Verantwortungsbegriff auf regelwidriges, *verständig zu verantwortendes* Verhalten. Das führt dazu, dass die absolute Straftheorie der Vergeltung hinsichtlich des Erfordernisses der indeterministischen Willensfreiheit eine Wandlung zum deterministischen Verantwortungsbegriff erfährt und in der positiven Generalprävention aufgeht.

Zudem ist Schuld im Rahmen der Spezialprävention in ihrer Begrenzungsfunktion nicht mehr wegzudenken. Sie behält, wie bereits dargelegt, im deterministischen Strafrecht ihre Berechtigung und Notwendigkeit.[254]

2. Relative Strafzwecke im Determinismus

In der Willensfreiheitsdebatte kam die These auf, dass wenn der Mensch unter einem Determinismus nicht anders kann, die präventiven Straftheorien, insbes. die Resozialisierung und Abschreckung, auf-

delt. Für die Selbstüberwachung von Gesellschaften hat sich das sogenannte „Tit for Tat"-Prinzip („wie du mir, so ich dir") bewährt. Abweichendes Verhalten wird dadurch unattraktiv gemacht, dass man es bestraft. Diese Strafe muss garantiert werden, weil sonst Mitglieder lernen, unkooperatives Verhalten zahle sich aus (*Axelrod*, Die Evolution der Kooperation, S. 124).

252 *Frister*, Schuldprinzip, S. 22.

253 *Arthur Kaufmann*, Jura 1986, 225 (226).

254 Dazu Kapitel 2 III.

gegeben werden müssten, weil Strafe keine abschreckende Wirkung haben könne und der Täter zudem keiner Resozialisierungsmaßnahmen, wie etwa Therapien, zugänglich wäre.[255] Abschreckung, Therapien und andere resozialisierende Maßnahmen hätten keine Wirkung, wenn alles festgelegt sei. Dies betrifft die Frage nach der Vereinbarkeit von Präventionszweck und Determinismus.

2.1. Die Veränderbarkeit des Menschen mit Hilfe der neuronalen Plastizität

Vorausgesetzt allen psychischen Prozessen liegen neuronale Prozesse zugrunde, dann liegen *veränderten* psychischen Prozessen veränderte neuronale Prozesse zugrunde.[256] Eine Veränderung ist möglich, denn das Gehirn ist ein dynamisches System. Es hat die Fähigkeit zur neuronalen Plastizität und damit zur ständigen Umgestaltung seiner neuronalen Verknüpfungen während *jeder* Interaktion mit seiner Umwelt und mit sich selbst. Das Gehirn passt sich damit der Umwelt an und kann grundsätzlich auf die Umwelt reagieren. Strafen und Therapien können als Umweltfaktoren genauso auf das Gehirn einwirken, wie alle anderen Umwelteinflüsse – neuronale Prozesse und Strukturen können verändert werden. Das Gehirn ist demgegenüber prinzipiell offen.[257] Die Plastizität, also die neuronale Wandelbarkeit des Gehirns, macht es möglich, dass durch Strafen und durch Therapien ausgelöste Selbstreflexionen[258] auf den Menschen einwirken können. Sie zeigt, dass das Gehirn eines Menschen keine starren, wandlungsunfähigen Strukturen hat, sondern Dynamik aufweist – trotz Determination. Jede

255 Siehe etwa *Czerner*, Archiv für Kriminologie 2006, 129 (130); *Lenckner*, in: *Göppinger/Witter* (Hrsg.), Handbuch der forensischen Psychiatrie, S. 3 (20); *Arthur Kaufmann*, Schuldprinzip, S. 280; *Bockelmann*, Schuld und Sühne, S. 19; *M. Walter*, Unzulässige Überinterpretation, Frankfurter Rundschau v. 05.07.2010. Zu der Frage, ob präventive Strafzwecke in einem Determinismus überhaupt verfolgbar sind siehe bereits Kapitel 4 III 1.1.3.2 Fn. 181.

256 *Grawe*, Neuropsychotherapie, S. 18.

257 Vgl. *Grawe*, Neuropsychotherapie, S. 18; *Markowitsch/R. Merkel*, in: *Bonhoeffer/Gruss* (Hrsg.), Zukunft Gehirn, S. 224 (231); *Piefke/Markowitsch*, in: *Grün/Friedman/Roth* (Hrsg.), Entmoralisierung des Rechts, S. 96 (114 f.); *Roth*, Diskussion zum Vortrag von Prof. Roth, in: *Gestrich/Wabel* (Hrsg.), Freier oder unfreier Wille, S. 48 (50); *Singer*, Ein neues Menschenbild, S. 23.

258 *Dörner*, G&G 2004/7, 36 (36, 38) sieht in der Selbstreflexionsfähigkeit die Freiheit.

einzelne Einflussnahme ist wiederum selbst Determinante im multikausalen System.

Der normale Mensch ist fähig, sich selbst aus der subjektiven Perspektive heraus zu beobachten und sich vorzustellen, was andere über ihn denken und was sie von einem erwarten könnten („Theory of Mind")[259]. Verhaltensanforderungen bzw. Verhaltenserwartungen einzelner Personen, einer Gesellschaft sowie eines Staates können dadurch im Inneren des Täters berücksichtigt werden. Eine Berücksichtigung führt aber nicht linear kausal zum Entsprechen von Verhaltenserwartung und Täterverhalten. Es kann im Zusammenhang mit anderen Faktoren zu einem der Erwartung konträren Verhalten kommen. Dennoch ist nicht der Verlust an Zweckeignung die Folge. Wichtig ist im Strafvollzug, dass die Wertigkeit bzw. Bedeutung von Erwartungen, die sich in Sollensforderungen des Rechts ausdrücken, im Täter erhöht und das Verständnis für gesellschaftliche Normen vertieft und gefestigt werden. Erzwungen kann dies jedoch nicht werden.[260]

Der Mensch kann ein anderer sein – zwar nicht bei Tatbegehung, aber für die Zukunft. Bestrafung von vergangenem Verhalten bezweckt die Änderung von zukünftigem Verhalten.[261]

259 Das Konstrukt der „Theory of Mind" (ToM) bezeichnet die Fähigkeit des Menschen zur Perspektivenübernahme, d.h. Personen schreiben anderen Personen die Fähigkeit zu z.B. Gefühle, Gedanken und Erwartungen zu haben und können daraus folgern, was in dem anderen vor sich geht (siehe dazu *Förstl*, in: *ders.* (Hrsg.), Theory of Mind, S. 3 ff.; *C. Fuchs*, Theory of Mind, S. 17 ff.; *Kircher/Leube*, in: *C. Herrmann/M. Pauen/Rieger/ Schicktanz* (Hrsg.), Bewusstsein, S. 270 (277 ff.); *Holter*, Neuronale Aktivierungsmuster der Belief Attribution, S. 1 (1 ff.); *Denker*, Bindung und Theory of Mind, S. 107 ff.; *Singer*, in: *Petzold/Sieper* (Hrsg.), Der Wille, die Neurobiologie und die Psychotherapie I, S. 197 (212)). Empathie bezeichnet hingegen das Hineinfühlen-Können. Es geht also nicht nur darum, *was* in dem anderen vorgeht (ToM), sondern um subjektive Annahmen darüber *wie* der andere sich fühlt (Empathie). Bei Schizophrenie ist diese Fähigkeit zur ToM gestört (siehe dazu genauer *C. Fuchs*, Theory of Mind bei akut- und postpsychotischer paranoider Schizophrenie, 2011, https://edoc.ub.uni-muenchen.de/21712/1/Fuchs_Christina.pdf (Stand: 07.04.2018).

260 Vgl. Kapitel 2 III 5 Fn. 123 und Kapitel 5 II 3 Fn. 128.

261 *Lagodny*, Strafrecht vor den Schranken der Grundrechte, S. 377.

2.2. Verantwortlichkeit durch Verantwortungszuschreibung

Strafe, Strafandrohung und Strafvollzug vermögen ein Verantwortungsgefühl im Täter, aber auch in potentiellen Tätern zu wecken oder zu verstärken. Aus Gefühlen wie dem Freiheits-, Verantwortungs- und dem Schuldgefühl sowie dem Gefühl der Autorschaft lassen sich wie gezeigt keine Zuschreibung per se ableiten, da Gefühle oftmals mit der objektiven Bewertung bzw. der objektiven Beobachtung divergieren können.[262] Schuld und Schuldgefühl sind daher keinesfalls gleichzusetzen.

Verantwortung und Verantwortlichkeit sind voneinander zu unterscheiden. Die von außen zugeschriebene Verantwortung muss der Täter übernehmen – ob er will oder nicht und ob er es einsieht oder nicht. Verantwortlichkeit hingegen ist ein innerer Prozess: Der Täter versteht sich selbst als Verantwortlicher, er fühlt sich verantwortlich und ist auch bereit, von sich aus die Konsequenzen zu tragen.[263] Im Idealfall liegen Verantwortlichkeit und Verantwortung zugleich vor, wenn sich der Täter für sein Verhalten verantwortlich fühlt und dieses Gefühl mit der äußeren Bewertung übereinstimmt. Durch Regelsetzung, Regeldurchsetzung und schließlich Regelanwendung soll die Regel verinnerlicht und im besten Fall das Verantwortungsgefühl sowie das Gewissen hervorgerufen werden.[264]

Dass das soziale Verantwortungsgefühl eine wichtige Funktion im sozialen Leben spielt, erschließt sich aus empirischer Sicht bereits da-

---

262 Siehe bereits Kapitel 4 III 1.2.3.5.

263 Damit unterscheidet sich der hier verwendete Begriff von dem *Lampes*, der unter Verantwortlichkeit „die Fähigkeit der Person" versteht, „die ihr zugeschriebene Rechtsfolge auf sich zu nehmen" (*Lampe*, ZStW 118 (2006), 1 (18)). Die Verantwortungszuschreibung beinhaltet bereits dieses Kriterium: Muss der Täter die Verantwortung tragen, so setzt dies voraus, dass er dazu auch objektiv in der Lage ist. Ob er auch subjektiv die Verantwortung übernimmt, ist eine Frage der Verantwortlichkeit. Der hier verwendete Begriff unterscheidet sich auch von dem *Roxins*, der die „Verantwortlichkeit" der Schuld und der präventiven Strafnotwendigkeit als Oberbegriff voranstellt und ihn damit dem dreistufigen Deliktsaufbau zuordnet (*Roxin*, Strafrecht AT § 19 Rn. 3; *ders.*, Zur Problematik des Schuldstrafrechts, ZStW 96 (1984), 641 (656); *ders.*, in: FS Henkel, 173 (181 f.), siehe zum Schuldbegriff von *Roxin* Kapitel 4 III 2.3.2.1).

264 *Bannenberg/Rössner*, Kriminalität in Deutschland, S. 43.

raus, dass es zu 42 % durch das Genom bestimmt sein soll[265]. Ein Vorteil des Verantwortungsgefühls ist, dass dieses abschreckend wirken kann. Für die Verinnerlichung von Normen und Verhaltenserwartungen ist es wesentlich.[266] Das Wissen, dass bei einem bestimmten Verhalten eine bestimmte Konsequenz droht, die getragen werden muss, nicht nur weil es das soziale Umfeld oder gar der Staat verlangt, sondern auch weil man sich innerlich als Autor und als Verantwortlicher fühlt, kann hemmend auf deliktisches Verhalten wirken. Oftmals ist es so, dass in forensischen Einrichtungen das Verantwortungsgefühl daher erst aufgebaut oder verstärkt werden muss.[267]

Gefühle und andere mentale Phänomene sind derzeit jedoch dem Vorwurf des Epiphänomenalismus ausgesetzt.[268] Aktuell ist eine Diskussion darüber entstanden, ob subjektive Empfindungen (sog. „Qua-

---

265 *Rushton*, Genetic And Environmental Contributions to Pro-Social Attitudes, Proc Biol Sci 271 (2004), 2583 (2585): Das soziale Verantwortungsgefühl sei zu 23 % durch das soziale Umfeld (Eltern) und zu 35 % durch die individualspezifische Umwelt (wird durch die Person selbst gewählt) geprägt (siehe auch *Kornhuber/Deecke*, in: *Petzold/Sieper* (Hrsg.), Der Wille, die Neurobiologie und die Psychotherapie I, S. 77 (100)). Dabei wurde in der Zwillingsstudie unter Wahrung der Anonymität die soziale Verantwortlichkeit anhand von Fragen einer 5-Punkte-Übereinstimmungsskala gemessen. Gefragt wurde unter anderem nach: „I am the kind of person people can count on", „why bother to vote when you can do so little with just you vote", „letting your friends down is not so bad because you can't do good all the time for everybody". Dabei fand man auch heraus, dass soziale Verantwortlichkeit bei Frauen und bei älteren höher ist als bei Männern und Jüngeren.

266 *Bannenberg/Rössner*, Kriminalität in Deutschland, S. 43; *Jakobs* dient es der normativen Orientierung, *Jakobs*, ZStW 117 (2005), 247 (264).

267 *Bockelmann*, ZStW 75 (1963), 372 (389); *H. J. Hirsch*, ZIS 2010, 62 (66); vgl. auch *Arthur Kaufmann*, Jura 1986, 225 (231).

268 Identitätstheoretiker sind der Auffassung, mentale Phänomene seien vollständig auf die ihnen zugrunde liegenden Hirnprozesse reduzierbar und folglich mit ihnen identisch, sodass sie keine eigenständige Bedeutung erlangen, sog. „neurobiologischer Reduktionismus" bzw. „reduktiver Physikalismus". *Singer* lehnt eine solche Position ab und bekennt sich zu einem „Emergentismus", wonach kognitive Funktionen nicht mit physiko-chemischen Interaktionen identisch sind, aber aus ihnen kausal hervorgehen (in: *Petzold/Sieper* (Hrsg.), Der Wille, die Neurobiologie und die Psychotherapie I, S. 197 (201)). Auch *Roth* wehrt sich gegen den Vorwurf, ein Reduktionist zu sein: „Niemand würde die Existenz und die funktionale Rolle von Bewusstsein, Geist, Gefühlen usw. leugnen oder behaupten, man könne diese Zustände vollständig auf neuronale Ereignisse reduzieren" (*Roth*, Diskussion zum Vortrag von Prof. Bieri, in: *Gestrich/Wabel* (Hrsg.), Freier oder

lia“[269]) überhaupt in einer materiell bzw. naturalistisch aufgefassten determinierten Welt eine Bedeutung haben können oder ob es sich dabei lediglich um Epiphänomene handelt, also um bloße Begleiterscheinungen ohne eigenständige Bedeutung.[270] Das Verantwortungsgefühl, das Freiheitsgefühl, aber auch das Gefühl vom Selbst, wären danach ohne Bedeutung. Es betrifft die Frage nach dem Verhältnis zwischen physiologischen bzw. chemischen Prozessen im Gehirn und mentalen Erlebniszuständen.

Wenn alle mentalen Zustände materiell korreliert und verursacht sind, dann wären Hirnmechanismen die Grundlage für unser gesamtes mentales Erleben und Verhalten. Dann würden sich die Frage stellen, warum der Mensch überhaupt seine Gefühle *fühlen* kann, warum er Schmerz, Wut, Trauer, Hoffnung, Freude, Enttäuschung und letztlich Verantwortlichkeit *spüren* kann. Warum hat er ein schlechtes Gewissen, warum spürt er Reue, Verantwortlichkeit und Schuld? Hat das Erleben, das phänomenologisch etwas ganz anderes ist als die Beschreibung von neuronalen Vorgängen, irgendeinen Einfluss auf den Körper oder handelt es sich dabei um eine bloße Begleiterscheinung neuronaler Abläufe im Gehirn – ohne jedwede eigene Funktion?

Ohne den philosophischen Streit näher auszuführen oder gar im Detail zu entscheiden, würde sich unter Zugrundelegung des Determinismus das Verantwortungsgefühl zumindest als neuronales Korrelat

unfreier Wille, S. 32 (33); *ders.*, Aus Sicht des Gehirns, 2009, S. 141; *Libet*, Mind Time, S. 118). Siehe dazu auch *Kornhuber/Deecke*, in: *Petzold/Sieper* (Hrsg.), Der Wille, die Neurobiologie und die Psychotherapie I, S. 77 (140 f.). Davon zu unterscheiden sind die sog. „interaktiven Dualisten“, nach denen neuronales Geschehen und mental-psychische Vorgänge zwei wesensverschiedene, wenngleich miteinander wechselwirkende Entitäten sind (*Roth*, in: *Geyer* (Hrsg.), Hirnforschung und Willensfreiheit, S. 66 (71)). Vgl. zur Einteilung *Roth*, APuZ 2008, 6 (6); *R. Merkel*, Willensfreiheit und rechtliche Schuld, S. 80 ff.

269 Qualia sind Bewusstseins- und Erlebniszustände (siehe dazu *Roth*, Biologie in unserer Zeit 28 (1998), 6 (13); *R. Merkel*, Willensfreiheit und strafrechtliche Schuld, S. 87 ff.).

270 Ein Zitat von *Hoppe* zur Versinnbildlichung: „Gehirn und Geist scheinen sich so zueinander zu verhalten wie eine Glühbirne und das Licht in einem Raum: Beide sind phänomenal klar voneinander unterscheidbar, funktionell aber nicht voneinander trennbar […] Schaltet jemand den Strom ab und wird es dunkel, so vermutet niemand – wie nicht wenige es bei der Seele tun – , dass sich das Licht gleichsam in eine andere metaphysische Sphäre rettet“ (*Hoppe*, in: *Sokol* (Hrsg.), Die Gedanken sind frei, S. 10 (15)).

in das hochkomplexe System einfügen. Dieses Gefühl, das durch neuro-physische und neuro-chemische Prozesse korreliert ist, würde zurück auf das Verhalten wirken, das wiederum auf neuronaler Grundlage basiert. Das Verantwortungsgefühl wird zu einem Faktor für Verhaltenskontrolle sowie Verhaltensanpassung an die Forderungen des sozialen Umfelds und erlangt damit eine gewisse Regelungsfunktion. Auch hierbei ist die Vorstellung vom Verantwortungsgefühl als Überbauphänomen[271] hilfreich. Es ist Teil der Komplexität des Menschen.

Bei der Verantwortlichkeit handelt es sich jedoch nur um ein Ideal, das in der Realität oftmals nicht erreicht wird, wie die (Wiederholungs-)Delinquenz beweist, und das vom Staat nicht verlangt werden kann. Oftmals fehlt bei Delinquenten das Verantwortungsgefühl oder sie schieben die äußere Verantwortung von sich auf andere im Wege sog. Neutralisierungstechniken[272], die dem psychologischen Schutz vor sich selbst und den Konsequenzen der sozialen Umwelt dienen.

Auch hierbei gilt wieder: Strafrechtlichte Verantwortlichkeit im Wege der Selbstzuschreibung, vergleichbar mit der Sühnetheorie der Strafzwecklehren, kann nicht als Voraussetzung von Schuld und Strafe verlangt werden.[273] Strafrechtliche Verantwortung erfolgt allein im Wege der Fremdzuschreibung. Der Staat kann keine innere Einstellungsänderung verlangen, etwa dass sich der Täter verantwortlich zu fühlen habe, sondern nur, dass der Täter sich rechtskonform verhält – unabhängig aus welchen Motiven und Gefühlen heraus.[274] Damit bleibt Schuld eine reine Bewertung von außen.

Verantwortungszuschreibung im Determinismus führt also nicht zu absoluter Prävention derart, dass der Täter so determiniert werde, dass er keinerlei Straftaten mehr begeht, sondern nur zu einer relativen: Strafe als Ausdruck von Verantwortung aufgrund verständiger Selbstbestimmungsfähigkeit des Täters flechtet sich in das Netz aus

271 Siehe hierzu Kapitel 3 II 3.2.

272 *Sykes/Matza*, in: *Sack/König* (Hrsg.), Kriminalsoziologie, S. 360 (366 ff.).

273 Siehe bereits Kapitel 4 III 1.2.3.5.

274 Vgl. *Huster*, Die ethische Neutralität des Staates, S. 273. Im Ergebnis, dass das Recht nicht verlangt, dass der Delinquent sich das von außen gefällte Urteil zu Eigen macht und verinnerlicht siehe auch *Günther*, in: *Lüderssen* (Hrsg.), Aufgeklärte Kriminalpolitik, S. 319 (342): Sinn sei nicht die einsichtige Selbstverurteilung. Vgl. bereits in Bezug auf die Charakteränderung Kapitel 5 II 3.

Determinanten ein, sodass die Möglichkeit eröffnet wird, dass sich der Täter für die Zukunft rechtskonform verhält.

3. Der Sinn von Strafrechtsnormen

Bei Strafrechtsnormen handelt es sich um Sollensanforderungen an den Menschen im Wirkungsbereich des jeweiligen Strafrechts. Rechtssätze enthalten Imperative, also Verhaltensgebote und -verbote.[275] *Hermann Roeder* meint, dass Normen, verstanden als Sollensregeln, nur dann einen Sinn haben, wenn der Mensch zu „aktiver", alternativistischer Selbstlenkung fähig ist.[276] Kann der Mensch nicht anders und kann er deshalb sein Verhalten nicht an den Anforderungen, die das Recht stellt, ausrichten, wären Sollensforderungen überflüssig.[277] Im Determinismus wäre damit die Forderung nach der Einhaltung von Verhaltensnormen hinfällig. Ein deterministisches Strafverständnis scheint dem Grundsatz, wonach das Recht nichts Unmögliches verlangen darf (Unmöglichkeitssatz)[278], zu widersprechen. Damit ist nicht nur die Frage der Existenzberechtigung der strafrechtlichen Norm tangiert, sondern des Strafrechts schlechthin.

Da jedoch auf sog. dispositionelle Fähigkeiten anstatt auf ein Anders-Können abstellt wird, verlangt das Recht nichts Unmögliches. Sollensforderungen setzten die dispositionelle Fähigkeit zur Einhaltung voraus, aber nicht, dass sie der Täter auch realiter i.S.d. Anders-Könnens einhalten konnte. Es ist hinreichend, wenn der Täter die dispositionelle Fähigkeit im Zeitpunkt der Tat besaß, den Norminhalt bzw. den Normbefehl in seinen Entscheidungsprozess einfließen zu lassen.

---

275 *Rudolphi*, in: *Schünemann* (Hrsg.), Grundfragen des modernen Strafrechtssystems, S. 69 (69 f.).

276 *Roeder*, Willensfreiheit und Strafrecht, S. 58; ähnlich auch *Lampe*, ZStW 118 (2006), 1 (30).

277 Vgl. dazu schon *Kohlrausch*, in: FS Güterbock, S. 3 (18); vgl. auch *Krey/Esser*, Strafrecht AT, Rn. 689. *Fischer* betont die über das Strafrecht hinaus gehende Bedeutung des Determinismus-Indeterminismus-Streits bezüglich normativer Verhaltensregeln, die die Adressaten befolgen oder nicht befolgen können müssen (StGB, Vor § 13 Rn. 9b).

278 *Lagodny*, Strafrecht vor den Schranken der Grundrechte, S. 377.

Das Schriftlichkeitsgebot im Strafrecht befähigt den Bürger, Kenntnis über Gebote und Verbote zu erlangen. Dadurch ist sichergestellt, dass, sofern keine kognitiven Defizite vorliegen, der Bürger fähig ist, diese im Abwägungsprozess zu berücksichtigen. Entscheidet sich ein Bürger gegen den Normbefehl, ohne dass die dispositionellen Fähigkeiten relevant gestört oder aufgehoben sind, liegt Selbstbestimmung unter einem Determinismus vor. Sollensnormen können so, zumindest dispositionell, in das multifaktorielle systemdeterministische Netz einzuwirken und den Menschen zu Normkonformität bewegen.

4. Anknüpfungspunkt: Der Täter

Wenn nun aber der Täter lediglich determinierter Faktor in einer unendlichen Kette bzw. in einem System unter vielen Faktoren ist und er die Tat niemals realiter vermeiden konnte, warum darf das Strafrecht gerade *an den Täter* anknüpfen und ihm Schuld und Verantwortung zuschreiben? Worin liegt der Grund bzw. die Berechtigung, dass man ihn aus dem System an Determinanten herauszieht. Als Determinante betrachtet konnte er nicht mehr und nicht weniger für die Rechtsgutsverletzung bzw. Rechtsgutsgefährdung, als das trostlose Wetter, das ihn in eine schlechte Stimmung versetzt hat, die wiederum Teil des Motivationsprozesses für die Begehung der Straftat war.

Indeterministen sehen den Grund in der Letztverantwortung, der *causa sui*. In der Tat gibt der Täter unter einem deterministischen Menschenbild keine Letztbegründung für sein rechtswidriges Verhalten, in der Art, dass er den Beginn der Kausalkette bildet oder sie umzulenken vermag, ggf. im Wege der Überdetermination.[279]

G. Merkel sieht den Grund darin, dass die Gesellschaft den Staat aus utilitaristischen Gesichtspunkten zu Reaktionen zwingt, die als eine Art Notstand des Staates zu bewerten sind. Auf einen Normbruch darf der Staat mit einer Art Aggressivnotstand reagieren, wozu er durch die Erwartungshaltung der Gesellschaft genötigt werde.[280] Es

279 Vgl. *G. Merkel*, in: FS Herzberg, S. 3 (32); bezugnehmend auf die Charakterschuldlehre *Herzbergs*, *R. Merkel*, in: FS Roxin I, S. 737 (746).

280 *G. Merkel*, in: FS Herzberg, S. 3 (32).

lässt sich einwenden, dass die Besonderheit darin liegt, dass es sich bei dem Eingriffsgut nicht um eine Sache, sondern um ein Subjekt, nämlich den Menschen, handelt. Die Schwere des Eingriffs durch die Zufügung eines Übels seitens des Staates verlangt deswegen eine besondere Legitimation. Funktionalität allein hinterlässt eine Gerechtigkeitslücke.

Im hiesigen Ansatz hebt die Normativität der Schuld den Täter zwar auch aus funktionalistischen Zweckerwägungen (etwa Spezialprävention oder positive Generalprävention) aus dem Netz der Determinanten hervor[281], denn nichts anderes bewirkt eine Zuschreibung bzw. eine Wertung von außen. Aber anstatt allein auf die Funktionalität zu verweisen und eine Rechtfertigung mit einer Analogie zum Aggressivnotstand zu begründen, knüpft der hier vorgestellte Ansatz auch an empirische Merkmale an. Die Legitimation erfolgt normativ und empirisch. Die dispositionellen Fähigkeiten sind existent und die darauf gegründete Selbstbestimmungsfähigkeit führt zu Verantwortung. Die damit real existierende Selbstbestimmungsfähigkeit des Täters und die damit erlangte Schuldfähigkeit ist Grund für die Anknüpfung an den Täter. Es bleibt also, entgegen *G. Merkel*, bei der normativen Zuschreibung von Schuld, die an empirische, dispositionelle Fähigkeiten anknüpft. Es mangelt zwar an der Letztverursachung des Indeterminismus, aber nicht an der Verantwortung. Der Akt der Festlegung von Zuschreibungskriterien hat im Moment ihrer Wahl immer etwas Normatives, aber sie knüpft an Objektives bzw. Empirisches an, nämlich an die Selbstbestimmungsfähigkeit des Menschen. Für die Legitimation sind die Zweckerwägungen der Selbstbestimmungsfähigkeit nachgeordnet. Denn dem Menschen widerfährt nicht einfach nur, sondern er wirkt und nimmt selbst Einfluss. Seine spezifischen Fähigkeiten bilden die Legitimation für die Hervorhebung.

Schließlich könnte man fragen, was den Menschen hinsichtlich der Schuldzuschreibung von einem Tier oder von einer Maschine unterscheidet. Dem liegt einerseits der Vergleich mit den mittelalterlichen Tierstrafen zugrunde, andererseits der Vergleich zwischen Mensch und Maschine bzw. Mensch und Tier in einem Determinismus.

281 Vgl. *Kelsen*, Reine Rechtslehre, S. 97, der jedoch mit Hilfe von Normativität den *Endpunkt* zuschreibt. Im hiesigen Ansatz bleibt der Täter Teil des Netzes, weil er selbst beeinflussender und intelligibler Teil im Netz ist. Er erfährt eine besondere Hervorhebung, weil er in seiner Person der (nicht-)Handelnde ist).

Wenn also neben funktionalistischen Gründen die Selbstbestimmungsfähigkeit und mit ihr die dispositionellen Fähigkeiten die Legitimation für die Anknüpfung an den Menschen bilden, liegt hierin zugleich der Grund der Unterscheidung: Tiere oder Maschinen besitzen nicht die dispositionelle Fähigkeit, den Norminhalt und den Normbefehl verstehen zu können; es fehlt an der Einsichtsfähigkeit. Zumindest Maschinen besitzen darüber hinaus nicht die dispositionelle Fähigkeit zur Metareflexion, also die Fähigkeit, über sich selbst nachzudenken und sich selbst im sozialen Umfeld zu reflektieren; es fehlt daher an der Reflexionsfähigkeit. Tiere wären nicht in der Lage, Verhaltenserwartungen hinsichtlich des deutschen Strafrechts zu bilden und zu reflektieren und anschließend Prognosen über mögliche Folgen und strafrechtliche Konsequenzen anzustellen; es würde an der Prognostizierbarkeit fehlen. Es fehlt demnach an der verständigen Selbstbestimmungsfähigkeit.

V. Worin die Freiheit des Menschen liegt

Klaus Lüderssen stellte in der Frankfurter Rundschau die zu bejahende Frage:

> *„Vielleicht muss der Freiheitsbegriff neu definiert werden“*[282]?

Der Freiheitsbegriff bezeichnet nicht die Freiheit des Willens, sondern die Freiheit des Menschen. Auch im Determinismus ist der Mensch frei. Er ist frei durch seine Natur:

> *„Freiheit nicht gegen, sondern mit der Natur. Ausstieg aus der Natur ist unmöglich; auch für geistige Tätigkeit, die ja Informationsverarbeitung durch Ordnungsänderung ist, ist Energie nötig. Der Wille steht nicht über dem Gehirn, der Geist sitzt nicht hinter dem Gehirn“*[283].

Für den Menschen ist die Zukunft zum Großteil unvorhersehbar. Auch seine Neuronen, seine Schaltkreise und seine Neurochemie kennen

---

282 *Lüderssen*, Wer determiniert die Hirnforscher, Frankfurter Rundschau v. 18.07.10, http://www.fr.de/kultur/was-ist-willensfreiheit-4-wer-determiniert-die-hirnforscher-a-1012539 (Stand:07.04.2018).

283 *Kornhuber/Deecke*, in: *Petzold/Sieper* (Hrsg.), Der Wille, die Neurobiologie und die Psychotherapie I, S. 77 (135).

nicht seine Zukunft. Das führt zu etwas, auf das die Neurowissenschaftler *Hans Helmut Kornhuber* und *Lüder Deecke* hinweisen: zu Phantasie[284]. Darin, dass der Mensch sein Leben nicht vorhersagen kann, liegt seine Aktivität und seine Fähigkeit zu Innovation.

In einem dynamisch-systemischen Determinismus muss der Mensch abwägen und wählen. Der Mensch ist fähig, in einem vielschichtigen (redeterminierenden) System bewusst und unbewusst verschiedene Alternativen und deren Für und Wider in Erwägung zu ziehen, die sich für ihn durch die Unvorhersehbarkeit der Zukunft als möglich[285] gestalten. In der Wahl, also in der Art und Weise des Abwägungsprozesses, liegt die Freiheit; zugleich liegt sie auch in der Umsetzung (Handlungsfreiheit).

Ein großer Teil von Faktoren bildet den Menschen. Der Mensch wählt aktiv. Er kann zwar nicht den Kausalverlauf umlenken oder abbrechen oder sich selbst als eigene Determinante aus sich heraus hinzufügen, aber er ist Teil der Kausalität und er wirkt als Individuum mit in den Kausalverlauf hinein. Die Welt läuft nicht an ihm vorbei, sondern sie verläuft *mit ihm.*

Der schuldfähige Täter kann zwar nicht anders, als er handelt, aber *sein* Entscheidungsprozess war offen und selbstbestimmt. Dass er sich letztlich gegen die Sollensforderung entscheidet, ist Ausdruck seiner selbst und seiner individuellen Freiheit. Er hat dadurch die Welt nach seinem individuellen Entwurf mitgestaltet. Menschen können verständig selbstbestimmt gegen Rechtsnormen verstoßen. Ausnahmen, die diese Selbstbestimmungsfähigkeit entfallen lassen oder einschränken, führen zur Schuldunfähigkeit oder verminderten Schuldfähigkeit des Täters. Aber auch der nicht verständig selbstbestimmte Mensch ist frei. Freiheit besteht in Graden, sodass die Verständigkeit die Grade der Freiheit setzt. Die natürliche Selbstbestimmungsfähigkeit führt zu einer natürlich-verantworteten Freiheit, hingegen führt die verständige Selbstbestimmungsfähigkeit zur verständig-verantworteten Freiheit.

Der Mensch ist kein passiver Beobachter, sondern durch seine Integration im vielschichtigen kausalen System selbst Gestalter. Er gestaltet nicht nur das System um ihn herum, sondern auch indirekt sich

284 *Kornhuber/Deecke*, in: *Petzold/Sieper* (Hrsg.), Der Wille, die Neurobiologie und die Psychotherapie I, S. 77 (143).

285 Vgl. zur deterministischen Möglichkeit, Kapitel 4 III 1.2.3.2.

selbst – er wird zum Selbstgestalter. Jedoch nicht im Sinne indeterministischer Autonomie, sondern deterministischer Autorschaft. Es handelt sich hierbei um keine eigenständige Instanz, vergleichbar mit einem mentalen Agens, sondern entsteht im Wege der Redetermination[286] und (Meta-)Reflexion. Die Figur des Selbstgestalters ist vielmehr ein Sinnbild für die Individualität im Abwägungsprozess.

Das Gehirn des Menschen schenkt Freiheit; es ist sozusagen das Organ der Freiheit[287], weil es dem Menschen erst durch die Bereitstellung verschiedener „Instrumente", also (dispositionelle) Fähigkeiten, seine Selbstbestimmungsfähigkeit ermöglicht. Freiheit und Verantwortung gründen auf kognitiven Fähigkeiten, die das Gehirn erst ermöglicht – aber auch einschränken kann.

VI. Zusammenfassung

Der hier entwickelte agnostisch-deterministische Schuldsatz ist ein kompatibilistischer Ansatz, wonach Schuld, Freiheit und Determinismus miteinander vereinbar sind. Es handelt sich deswegen um einen agnostischen Ansatz, weil auf der Seins-Ebene, weder der Determinismus noch der Indeterminismus bewiesen ist. Auf der normativen Ebene ist auf einen Determinismus abzustellen, weil u.a. der Determinismus die Verbindung zur individuellen Person schafft und der Indeterminismus das Zufallsproblem nicht lösen kann. Determinismus und Indeterminismus schließen sich kontradiktorisch aus. Ein Anderskönnen ist unter einem Determinismus nur dann möglich, wenn andere Bedingungen vorgelegen hätten. Der deterministische Freiheitbegriff besteht aus der Handlungsfreiheit und der Selbstbestimmung, verstanden als „ich bestimme selbst". Die strafrechtliche Schuld ist ein Akt der Zuschreibung, wonach der Täter verantwortlich gemacht wird. Ihm wird die rechtliche Verpflichtung zu einer Leistung auferlegt, also die

286 Nicht zu verwechseln mit Überdetermination.

287 *Deecke* im Vortrag „Und der Wille ist doch frei – Willensfreiheit in den Neurowissenschaften" vom 26.01.2010 in der Vorlesungsreihe „Willensfreiheit in Rechtswissenschaft, Neurowissenschaft, Philosophie und Theologie" in Gießen 16.11.2010 – 18.05.2011; *T. Fuchs*, in: *ders./Schwarzkopf* (Hrsg.), Verantwortlichkeit – nur eine Illusion?, S. 77 (80); *Laufs*, MedR 2011, 1 (3).

Verpflichtung für etwas einzutreten und die Folgen zu tragen. Hierbei wird der Täter als ein selbstbestimmter geehrt. Strafrechtliche Schuld ist Verantwortung für ein rechtswidriges Verhalten, die getragen ist von verständiger Autorschaft. Verständige Autorschaft besteht aus verständiger Selbstbestimmungsfähigkeit und Kontrolle.

Die verständige Selbstbestimmungsfähigkeit ist von der natürlichen Selbstbestimmungsfähigkeit zu unterscheiden. Die Trennung erfolgt durch eine normative Betrachtung von bestimmten Fähigkeiten: Prognostizierbarkeit, Reflexionsfähigkeit, Berücksichtbarkeit und Einsichtsfähigkeit (Normbefehl/Norminhalt und Realitätssinn/-wahrnehmung). Diese Fähigkeiten sind nicht i.S.d. indeterministischen Anders-Könnens zu verstehen, sondern es handelt sich um vorgelagerte Dispositionen, die im Zeitpunkt der Entscheidung gegeben sein müssen. Es wird also auf die Art und Weise des jeweiligen Entscheidungsprozesses abgestellt. Die *individuelle* Schuldfähigkeit entsteht durch die Selbstbestimmungsfähigkeit sowie durch personale Bewertungen und Entscheidungen, die gewonnen wurden aus Erfahrungen und der Biografie.

Kontrolle entsteht durch die Handlungsfreiheit sowie durch die Selbstbestimmungsfähigkeit, insbesondere durch die Fähigkeiten zur Prognostizierbarkeit und zur Berücksichtbarkeit. Die Berücksichtbarkeit ist dabei nicht im Sinne des indeterministischen Anders-Könnens zu verstehen, sondern in dem Sinne, dass die dispositionelle Fähigkeit zur Abwägung von alternativen Verhaltensweisen besteht, beispielsweise die des Tuns und die des Nicht-Tuns. Das Gefühl des In-den-Händen-Haltens entsteht durch den Abwägungsprozess (sich entscheiden müssen) und der Handlungsfreiheit. Als Überbauphänomen kann es selbst wieder deterministische Wirkung entfalten, was für das Entstehen des Gefühls der Verantwortlichkeit relevant sein kann. Auf subjektive Empfindungen ist jedoch aufgrund ihrer Fehleranfälligkeit nicht abzustellen – Ihnen kommt lediglich eine indizielle Funktion zu.

Bei dem hier entwickelten Schuldansatz handelt es sich also um einen empirisch-normativen. Normativ zum einen deswegen, weil zur Verantwortungsbegründung auf einen Determinismus und zur Schuldbegründung auf dispositionelle Fähigkeiten abgestellt wird bzw. werden. Empirisch zum anderen, weil die dispositionellen Fähigkeiten sowie die Handlungsfreiheit selbst empirisch sind.

Kapitel 6 Abschließende Zusammenfassung[1]

„Wir sind keine unverursachten Verursacher, die es völlig in der Hand haben, wie ihr Leben verläuft. Wir sind aber auch keine Marionetten, deren Gedanken und Überlegungen keinen Einfluß auf das haben, was mit ihnen geschieht“[2].

Die Hirnforschung stellte aufgrund der Determinismus-These der Strafrechtswissenschaft die Aufgabe, „uns neu über uns zu vergewissern“[3] und sowohl Freiheit als auch das Schuldprinzip neu zu überdenken. Behauptungen, bei Wahrheit des Determinismus das Strafrecht neu konzipieren (z.B. als Maßregelrecht) oder gar abschaffen zu müssen, erweisen sich als unbegründet. Unter Zugrundelegung des hier entwickelten agnostisch-deterministischen Schuldansatzes würde sich an der heutigen Strafpraxis kaum etwas ändern. Zwar würde sich die dogmatische Grundlage ändern – Schuldstrafe bliebe aber weiterhin möglich. Auch die Freiheit selbst wäre nicht hinfällig, sondern bliebe mit einer kompatibilistischen Sicht über die Vereinbarkeit von Verantwortung, Freiheit und Determinismus weiterhin bestehen. Der Inhalt würde sich ändern, dadurch, dass auf die indeterministische Willensfreiheit verzichtet werden würde.

> *„Es ist trivial festzustellen, daß ‚Freiheit‘ zumal in unserem Zeitalter und in unserer postmodernen, kapitalistischen, individualistischen Gesellschaft eine sehr häufig und sehr unterschiedlich verwendete und ganz überwiegend mit positiven Bewertungen einhergehende Vokabel ist“*[4].

1 Es wird auf die Quellen in den Fußnoten der dem Fazit zugrunde liegenden Kapitel verwiesen. Auf eine Wiederholung aller Quellen, die schließlich das an dieser Stelle zusammengefasste Ergebnis inspiriert haben, wird verzichtet, weil sie den Kapiteln 1 bis 5 zu entnehmen sind.

2 *H. Walter*, Neurophilosophie der Willensfreiheit, S. 14.

3 *Schlimme*, SANP 158 (2007), 97 (99).

4 *T. Herrmann*, in: *v. Cranach/Foppa* (Hrsg.), Freiheit des Entscheidens und Handelns, S. 56 (56).

Über die Freiheit existieren viele Definitionen. Jedoch nicht jeder Freiheitsbegriff vermag Verantwortung und schließlich Schuld zu begründen.

Der moderne Determinismus und der moderne Indeterminismus[5] unterscheiden sich in ihrer Erscheinung mittlerweile nicht mehr stark voneinander – zumindest nicht, was das Verständnis des Zusammenwirkens bestimmter Faktoren betrifft. Beide stimmen darin überein, dass menschliches Verhalten mit einem vielschichtigen Netz verflochten ist. Insofern haben sich Determinismus und Indeterminismus im Laufe der Zeit erheblich angenähert. Der entscheidende Unterschied besteht in der Wirkungsqualität der Faktoren. Die einen geben ihr eine notwendige Wirkung, verstanden als im-entscheidenden-Moment-nicht-anders-können und die anderen ihr lediglich eine beeinflussende Wirkung, sodass ein Anders-Können möglich bleibt.

In diesem Punkt lässt sich keine Einigung erzielen, weswegen beide Positionen kontradiktorisch zueinander stehen, und der Streit wird diesbezüglich solange nicht beigelegt werden, wie keine von beiden Seiten als erwiesen gilt. Eine kompatibilistische Theorie, die in diesem Punkt den Determinismus mit dem Indeterminismus vereinen will, muss scheitern.

Auf empirischer Seins-Ebene kann dem Determinismus, wie auch dem Indeterminismus, durchaus der Einwand einer mangelnden empirischen Fundierung entgegengehalten werden, sodass sozusagen ein *non liquet* besteht und auf die agnostische bzw. normative Ebene verwiesen werden muss. Gleichsam wie es die Mehrheit der Strafrechtswissenschaft mit dem agnostisch-indeterministischen Schuldbegriffen macht, kann auch ein agnostisch-deterministischer Schuldbegriff zur Grundlage von Schuld und Strafe erhoben werden. Damit spielt sich der Streit auf agnostischer Ebene ab. Auch hier stehen sich letztlich beide Positionen widerstreitend gegenüber; lediglich der empirische Streit kann dahingestellt bleiben.

Auf agnostischer Ebene geht es darum, was postuliert bzw. fingiert wird: ein relativ-indeterministisches oder ein multikausal-systemisch-deterministisches Menschenbild. Eine Mischform ist wegen ihrer kontradiktorischen Stellung zueinander hinsichtlich des Anders-Könnens

5 Z.B. der Libertarismus nach *T. Fuchs*.

zum Tatzeitpunkt ausgeschlossen. Alle vertretenen Ansätze kommen letztlich doch wieder an den Punkt zurück, an den es gilt, sich zu entscheiden. In Frage steht die normative Fiktion des Anders-Könnens.

Die Gründe, die für ein modern-deterministisches Schuldverständnis sprechen, sind:

(1) die Indizien für die objektiv-empirische Wahrheit, die aus der allgemeinen Weltbeobachtung resultieren, aber auch aus Forschungsergebnissen empirischer Wissenschaften (z.B. Kausalprinzip und chaotische Systeme)
(2) das Verantwortungs- und Freiheitsbild innerhalb der Gesellschaft (z.B. sozialer Determinismus), ungeachtet der Terminologie,
(3) die Vermeidung eines in sich unversöhnlichen Dualismus,
(4) die Verantwortungsbegründung aufgrund von verständiger Selbstbestimmungsfähigkeit und
(5) die Schaffung der Verbindung zwischen individueller Person und Verantwortung.

Wir nehmen unsere Umgebung deterministisch wahr, empirische Wissenschaften decken vermehrt unbewusste Steuerungsmechanismen auf, die Gesellschaft wendet mitunter laienpsychologisch einen sozialen Determinismus an, der Indeterminismus unterliegt dem Zufallsproblem und lässt dadurch die Intelligibilität entfallen – all dies wendet den Blick hin zum Determinismus. Selbst wenn man aufgrund der Quantenphysik vom Indeterminismus ausgehen würde, wäre entweder die Lücke der Freiheit (Quantenphysik der Mikrowelt) derart klein, dass sie deterministisch überlagert und nicht ins Gewicht fallen würde, um indeterministische Willensfreiheit zu begründen, oder der quantenphysikalischen Zufall würde in den Entscheidungsprozess Eingang gefunden haben. Zudem lägen solch quantenpysikalische Räume bei *jedem* Menschen vor – sowohl beim Schuldfähigen als auch beim Schuldunfähigen. Dann stellt sich die Frage, wie dieselben Willensfreiheitsräume die unterschiedliche Behandlung rechtfertigen können.

Mit *Wolfgang Schild* lässt sich sagen: „Die Freiheit des Menschen besteht nicht in einem beliebigen (auf Zufall abstellenden) Auch-anders-handeln-Können, sondern in der Mitgestaltung eben dieser Welt durch selbstbestimmtes Handeln"[6]. Zuschreibung von Verantwortung ist unter einem Determinismus möglich. Dieser achtet die Individualität des Menschen und ermöglicht die Selbstbestimmungsfähigkeit des Menschen, die die Grundlage für Verantwortung bildet. Der Mensch ist nicht Sklave seines Gehirns. Gehirn und Selbst sind als Einheit aufzufassen und nicht dualistisch zu trennen. Im Rahmen der Schuldzuschreibung rücken die dispositionellen Fähigkeiten während der Entscheidung bzw. des Verhaltens in den Mittelpunkt der Schuldbewertung. Das Selbstverständnis des Menschen als freies, verantwortungsfähiges und intelligentes Lebewesen wird hierbei nicht aufgegeben. Selbstbestimmung, Verantwortung und Schuld, aber auch Freiheit sind unter einem deterministischen Menschenbild möglich.

Der harte Determinismus, wonach Schuld und Freiheit mit einem Determinismus nicht zu vereinen ist, ist abzulehnen. Wenn im Determinismus Schuld-Verantwortung möglich ist, entfällt die Grundlage für die These des harten Determinismus. Zudem verstieße die Nichtbeachtung der Schuldverantwortung gegen die Menschenwürde. Zwar setzt Menschenwürde für die Gewährung ihres Schutzes keine Schuldfähigkeit des Menschen voraus, aber sie schützt sie, sofern sie gegeben ist. Ist der Mensch schuldfähig muss dies seitens des Staates anerkannt werden, will er nicht die Menschenwürde, also die Achtung des Menschen in seinem Sein verletzen. Dies geschieht, indem der Staat sowohl in der Strafbegründung als auch in der Strafzumessung die Schuld mit einfließen lässt, um den Täter als das zu ehren, was er ist: als Schuldfähigen. Daher verbietet es sich, auf Schuld zu verzichten und sie notfalls durch die Verhältnismäßigkeit zu ersetzen, wenn der Mensch auch im Determinismus schuldig werden kann. Aus demselben Grund verbietet sich ein reines Maßnahmerecht.

Schon *Reinhard Frank*[7] erkannte, dass die Schuldbewertung an zwei Grundkriterien anknüpft, an die normale geistige Beschaffenheit des Täters und die normale Beschaffenheit der Umstände. Schuld ist also nicht derart homogen, dass ein einziges Kriterium allein die Schuld bildet. Sie setzt sich zusammen aus der Schuldfähigkeit und den Entschuldigungsgründen, wobei die Schuldfähigkeit die Min-

6 NK-*Schild*, StGB, § 20 Rn. 10, der jedoch das Abstellen auf einen Determinismus oder einen Indeterminismus als „Scheingefecht" bezeichnet (ebda. Rn. 9).

7 *R. Frank*, in: *ders.* (Hrsg.), FS für die juristische Fakultät in Giessen, S. 1 ff.

destvoraussetzung von Schuld ist. Oberbegriff bildet die Verantwortung. Damit erlangt die Frage Bedeutung, wann jemand für sein Verhalten Verantwortung und in welcher Form zu übernehmen hat.

Strafrechtliche Schuld ist Verantwortung für rechtswidriges Verhalten, die getragen ist von verständiger Autorschaft. Die Schuld ist ein Akt der Zurechnung von Verantwort*ung* für rechtswidriges Verhalten im Gegensatz zur Verantwortlich*keit*, die vom subjektiven Schuldgefühl bzw. Einstehenmüssen getragen ist. Verantwortlich*keit* ist nicht zu fordern, aber aufgrund ihrer positiven Wirkung, nämlich die Vermeidung zukünftiger rechtswidriger Taten, zu begrüßen. Verständige Autorschaft besteht aus verständiger Selbstbestimmungsfähigkeit und Kontrolle. Sie ist zu unterscheiden von der kantianischen Autonomie und von der selbstgesetzgebenden Urheberschaft, o. ä. Die objektive Entsprechung des Gefühls des in-den-Händen-Haltens liegt im Abwägungsprozess, der sowohl bewusst als auch unbewusst stattfindet, sowie in der Handlungsfreiheit. Die Verantwortungszurechnung bezieht auf normativer Basis den Abwägungsprozess ein. Es kommt also dabei auf die Art und Weise der Abwägung an. Zu unterscheiden sind dabei Schuld-Verantwortung und Unschuld-Verantwortung. Bei der Frage der *individuellen Schuldfähigkeit* ergibt sich die *Schuldfähigkeit* aus bestimmten dispositionellen Fähigkeiten der Person (Selbstbestimmungsfähigkeit) und die *Individualität* der Schuldfähigkeit aus personalen Bewertungen und Entscheidungen, die gewonnen wurden aus Erfahrungen und der Biografie. Die dispositionellen Fähigkeiten bilden den strafrechtlichen Bewertungsmaßstab, der sich inhaltlich wiederum an die bereits durch die Rechtsprechung gut entwickelten Kriterien zur Einwilligungsfähigkeit orientiert. Der Täter muss also Bedeutung und Tragweite seines Verhaltens im Groben abschätzen können. Bestimmte Krankheiten bzw. Defizite, die § 20 StGB erfasst, können dies ausschließen. Schuld ist damit einerseits eine normative Zuschreibung, andererseits knüpft sie auch an empirische Fähigkeiten an. Sie ist hier sowohl normativ als auch faktisch. Es kommt auf bestimmte Grundvoraussetzungen an, die zum Zeitpunkt der Tat vorgelegen haben müssen, unabhängig davon, ob der Täter die Grundfähigkeiten auch realiter genutzt hat oder dies i.S.e. indeterministischen Alternativismus hätte tun können.

Auch der Schuldunfähige, dem gegenüber eine Maßregel angeordnet wird, verantwortet gewissermaßen sein Verhalten. Der Unterschied zwischen Straf-Verantwortung und Maßregel-Verantwortung liegt in der Schuld: Der verständig Selbstbestimmte hat im Gegensatz zum natürlich Selbstbestimmten eine Reaktion des Staates zu dulden, die sich primär auf die Zufügung eines Übels richtet.[8] Bei einem verständig selbstbestimmten Menschen kann Strafe neben einem rechtskonformen Verhalten darüber hinaus zu innerer Einsicht i.S.e. deterministischen Möglichkeit führen. Die dispositionellen Fähigkeiten hierzu besitzt der Täter. Damit soll Strafe ihn zugleich als verständig Selbstbestimmten achten und ihm gegenüber verdeutlichen, dass der Staat ihn als Vertreter der Gesellschaft nicht bevormundet, sondern als frei-verantwortlich anerkennt und dementsprechend behandelt. Schuld dient damit, neben anderen Funktionen, der Wahrung und Anerkennung der verständigen Selbstbestimmungsfähigkeit. Durch die Attestierung der verständigen Selbstbestimmungsfähigkeit wird die *subjektive* Zurechnung der Tat zum Täter ermöglicht. Der Täter hat die begangene Tat im Wege der Strafe zu verantworten. Dieses Attest von Schuld und damit von verständiger Selbstbestimmungsfähigkeit *kann* auch eine verhaltensleitende Wirkung für die Zukunft[9] haben, indem sie innere Verantwortlichkeit im Täter wecken oder verstärken kann.

Maßregeln stellen auf die Therapiebedürftigkeit ab und nicht auf die verständige Selbstbestimmungsfähigkeit. Die natürliche Selbstbestimmungsfähigkeit wird indessen auch hier gewahrt – aber sie ist ein Weniger gegenüber der verständigen Selbstbestimmung. Die Maßregel setzt daher primär auf Therapie und Sicherung.

Abschließend soll noch die Frage des Vorwurfs angerissen werden. Schuld ist, entgegen dem BGH, nicht mit Vorwerfbarkeit gleichzuset-

---

8 Mit der Strafe werden neben der negativen Spezialprävention auch die positive Spezialprävention, sowie die negative und positive Generalprävention verfolgt. Die angebotenen, strafbegleitenden Therapien können Einfluss nehmen.

9 Die verhaltensleitende Wirkung von Schuld betonte bereits *B. Burkhardt*, GA 1976, 321 (329 f.). Er sieht vor allem im Vorwurf den Zukunftsaspekt. Darüber hinaus wird mit dieser Arbeit die Attestierung der Selbstbestimmungsfähigkeit sowie der Verantwortung für die eigenen Taten als verhaltensrelevant erachtet. Damit kommt der Schuld auch eine präventive Wirkung zu, die sich mit den relativen Strafzwecken verträgt.

zen.[10] Nicht der Vorwurf, also etwa ein Anders-Können („du hättest anders handeln können")[11] bzw. das Nicht-Anders-Gehandelt-Haben, also die Nichtvermeidung der rechtswidrigen Tat[12] begründet die Schuld, sondern der Vorwurf folgt der Schuldzuschreibung. Schuld, verstanden als Form *rechtlicher* Selbstbestimmungsfähigkeit[13], kann nur rechtlich gedacht werden (weswegen etwa moralische oder religiöse Unwerturteile nicht ausgesprochen werden).[14] Die verständige Selbstbestimmungsfähigkeit bzw. die Schuldverantwortung führt zum Vorwurf. Hat der Täter verständig selbstbestimmt entschieden und gehandelt, werden ihm die Tat und damit der Rechtsbruch als Ausdruck seiner verständigen Selbstbestimmungsfähigkeit zum Vorwurf gemacht. Der Vorwurf hat die Tat zum Gegenstand und knüpft an den Täter als verständig selbstbestimmten Autor. Die Autorschaft weist hierbei keinen indeterministischen Bezug auf, sondern ist allein deterministisch zu verstehen. Der Vorwurf enthält jedoch kein Unwerturteil über den Täter. Damit bedeutet der Vorwurf lediglich ein Vorhalten der Tat. Dem Täter wird verdeutlicht, *wofür* er die Konsequenz zu tragen hat und das sein Verhalten nicht geduldet wird. Er enthält den Tadel, dass der Täter Recht gebrochen hat, was auf kein Verständnis seitens der Gesellschaft stößt. Dem entspricht es, dass die Strafe auch vom Delinquenten als Tadel verstanden wird[15].

10 So auch Sch/Sch-*Lenckner/Eisele*, Vorbem §§ 13 ff. Rn. 114; *Gropp*, Strafrecht AT § 6 Rn. 45 ff.; *Otto*, Grundkurs Strafrecht, § 12 Rn. 17, *Arthur Kaufmann*, Schuldprinzip, S. 179; *Stratenwerth*, Evangelische Theologie 18 (1958), 337 (338); *Mezger*, Strafrecht, S. 132.

11 Vgl. *Mangakis*, ZStW 75 (1963), 499 (504 f.).

12 Vgl. *H. J. Hirsch*, ZStW 106 (1994), 746 (749); LK-*Jescheck*, Vor § 13 Rn. 73; *Welzel*, Das deutsche Strafrecht, S. 138.

13 *Frister*, Strafrecht AT, Kap. 3 Rn. 6 ff., Kap. 18 Rn. 1; vgl. auch *Jescheck/Weigend*, Strafrecht AT, S. 433; *Armin Kaufmann*, in: FS Eb. Schmidt, S. 319 (322) Fn. 13; *Köhler*, Strafrecht AT, S. 350 f.; *Pothast*, JA 1993, 104 (107); *Rudolphi*, in: FS Henkel, S. 199 (200); *ders.* in: *Schünemann* (Hrsg.), Grundfragen des modernen Strafrechtssystems, S. 69 (73); NK-*Schild*, StGB, § 20 Rn. 2; *Tiemeyer*, ZStW 100 (1988), 527 (562); *Welzel*, Das deutsche Strafrecht, S. 148.

14 NK-*Schild*, StGB, § 20 Rn. 2.

15 *Arthur Kaufmann*, Jura 1986, 225 (230 f.).

Diese Arbeit soll mit einem Zitat von *Arthur Kaufmann* abgeschlossen und zur weiteren Diskussion gestellt werden:

> „*Und wenn es auch wahr ist, daß die Dinge, um die es hier geht, schon tausend- und abertausendmal gedacht, gesagt, bewiesen, widerlegt, verteidigt und nicht zuletzt erlitten worden sind, so entbindet uns doch nichts von der Pflicht, sich ihnen immer wieder erneut zu stellen*“[16].

16 *Arthur Kaufmann*, Das Schuldprinzip, S. 265.

Literaturverzeichnis

Achenbach, Hans, Historische und dogmatische Grundlagen der strafrechtlichen Schuldlehre, Berlin 1974.

ders., Individuelle Zurechnung, Verantwortlichkeit, Schuld, in: *Schünemann, Bernd* (Hrsg.), Grundfragen des modernen Strafrechtssystems, Berlin, New York 1984, S. 135–151.

Albrecht, Peter-Alexis, Das nach-präventive Strafrecht: Abschied vom Recht, Manuskript für den 100. Band der Frankfurter kriminalwissenschaftlichen Studien, 2006, Institut für Kriminalwissenschaften und Rechtsphilosophie Frankfurt (Hrsg.), Jenseits des rechtstaatlichen Strafrechts.

ders., Die vergessene Freiheit. Strafrechtsprinzipien in der europäischen Sicherheitsdebatte, 3. Aufl., Berlin 2011.

Albuquerque, Paulo Pinto de, Ein unausrottbares Mißverständnis. Bemerkungen zum strafrechtlichen Schuldbegriff Jakobs, ZStW 110 (1998), 640–657.

Arnold, Jörg, Entwicklungslinien des Feindstrafrechts in 5 Thesen, HRRS 2006, 303–315.

Asholt, Martin, Die Debatte über das "Feindstrafrecht" in Deutschland. Aufleben eines alten Dilemmas am Anfang des 21. Jahrhunderts?, ZIS 2011, 180–192.

Axelrod, Robert M., Die Evolution der Kooperation, 6 Aufl., München 2005.

Ayan, Steve, Doktor Freud oder wie ich lernte die Seele zu lieben, Gehirn und Geist 2006/1-2, 44–49 (zitiert: *Ayan*, G&G).

Bannenberg, Britta/Rössner, Dieter, Kriminalität in Deutschland, München 2005.

Bauer, Fritz, Das Verbrechen und die Gesellschaft, München 1957 (zitiert: *F. Bauer*).

Bauer, Joachim, Unser flexibles Erbe, Gehirn und Geist 2007/9, 58–64 (zitiert: *J. Bauer*, G&G).

ders., Das koorperative Gen, Hamburg 2008 (zitiert: *J. Bauer*).

Baumann, Jürgen, Ethische Bindung des Bürgers durch Strafrecht?, in: *Baumann, Jürgen* (Hrsg.), Strafrecht im Umbruch, Neuwied und Darmstadt 1977, S. 33–41.

ders., Schuld und Sühne – ein Scheinproblem, in: *Baumann, Jürgen* (Hrsg.), Strafrecht im Umbruch, Neuwied und Darmstadt 1977, S. 13–28.

ders., Soziale Verantwortlichkeit ohne soziale Freiheit?, in: *Baumann, Jürgen* (Hrsg.), Strafrecht im Umbruch, Neuwied und Darmstadt 1977, S. 29–31.

Beck, Christina, Der Duft der Gene. Was bei der Partnerwahl wirklich entscheidet, Biomax 20 (Herbst 2006), 1–4, https://www.max-wissen.de/263124/Biomax20-Web.pdf (Stand: 07.04.2018).

Beckermann, Ansgar, Neuronale Determiniertheit und Freiheit, http://www.studgen.uni-mainz.de/Dateien/Beckermann_neuronale_determiniertheit.pdf (Stand: 07.04.2018).

ders., Biologie und Freiheit, Zeigen die neuen Ergebnisse der Neurobiologie, dass wir keinen freien Willen haben?, in: *Schmidinger, Heinrich/Sedmak, Clemens* (Hrsg.), Der Mensch – ein freies Wesen? Autonomie – Personalität – Verantwortung, Darmstadt 2005, S. 111–124.

ders., Neuronale Determiniertheit und Freiheit, in: *Köchy, Kristian/Stederoth, Dirk* (Hrsg.), Willensfreiheit als interdisziplinäres Problem, Freiburg, München 2006, S. 289–304.

ders., Keine Angst vor den Neuronen, in: *Saimeh, Nahlah* (Hrsg.), Zukunftswerkstatt Maßregelvollzug. Forensik 2008, 23. Eickelborner Fachtagung zu Fragen der Forensischen Psychiatrie 5. bis 7. März 2008, Bonn 2008, S. 15–25.

Beling, Ernst Ludwig, Die Lehre vom Verbrechen, Tübingen 1906, Nachdruck 1964.

Bergson, Henry, Zeit und Freiheit. Eine Abhandlung über die unmittelbaren Bewusstseinstatsachen, Jena 1920.

Biedermann, Eginhart, Bemerkungen zur Willensfreiheit, Zeitschrift für philosophische Forschung 45 (1991), 585–595 (zitiert: *Biedermann,* ZphF).

Bieri, Peter, Diskussion zum Vortrag von Prof. Bieri, in: *Gestrich, Christof/Wabel, Thomas* (Hrsg.), Freier oder unfreier Wille? Handlungsfreiheit und Schuldfähigkeit im Dialog der Wissenschaften, Berlin 2005, S. 32–36.

ders., Untergräbt die Regie des Gehirns die Freiheit des Willens?, in: *Gestrich, Christof/Wabel, Thomas* (Hrsg.), Freier oder unfreier Wille? Handlungsfreiheit und Schuldfähigkeit im Dialog der Wissenschaften, Berlin 2005, S. 20–31.

ders., Untergräbt die Regie des Gehirns die Freiheit des Willens?, in: *Heinze, Martin/Fuchs, Thomas/Reischies, Friedel M.* (Hrsg.), Willensfreiheit – eine Illusion? Naturalismus und Psychiatrie, Berlin 2006, S. 35–47.

Bigelow, Henry J., Dr. Harlow's Case of Recovery From the Passage of an Iron Bar Through the Head, American Journal of the Medical Sciences July 1950, 13–22.

Binding, Karl, Die Normen und ihre Übertretung. Eine Untersuchung über die Rechtmässige Handlung und die Arten des Delikts, Bd. 2 – Schuld und Vorsatz, Leipzig 1877.

ders./Hoche, Alfred, Die Freigabe der Vernichtung lebensunwerten Lebens. Ihr Maß und ihre Form, Leipzig 1920.

Birbaumer, Niels, Hirnforscher als Psychoanalytiker, in: *Geyer, Christian* (Hrsg.), Hirnforschung und Willensfreiheit. Zur Deutung der neuesten Experimente, Frankfurt a. M. 2004, S. 27–29.

Birbaumer, Niels/Schmidt, Robert F., Kognitive Funktionen und Denken, in: *Schmidt, Robert F./Thews, Gerhard/Lang, Florian* (Hrsg.), Physiologie des Menschen. Mit Pathophysiologie, 30. Aufl., Berlin, Heidelberg 2007, S. 259–269.

Birnbacher, Dieter, Was ist neu am Menschenbild der Neurowissenschaften?, in: *Schleim, Stephan/Spranger, Tade Matthias/Walter, Henrik* (Hrsg.), Von der Neuroethik zum Neurorecht?, Göttingen 2009, S. 22–36.

Blakemore, Collin, Errungenschaften und Herausforderungen der Dekade des Gehirns, EuroBrain 2000, 1–4.

Blom, Philipp, Bestellt mich zum Exekutor, SZ v. 28.07.2011, http://www.sueddeutsche.de/kultur/2.220/paranoider-hass-parallelfall-von-bestellt-mich-zum-exekutor-1.1125523 (Stand: 07.04.2018).

Bock, Thomas/Ferszt, Ron/Dörner, Klaus/Droll, Wolfgang/Hoffmann, Sven Olaf/Hörz, Herbert/Müller-Oerlinghausen, Bruno/Rimpau, Wilhelm/Sass, Henning/Treder, Hans-Jürgen/Ulrich, Gerald, Nur ein Scheinproblem – Zu den erkenntnistheoretischen Prämissen der Neurowissenschaften, www.gehirn-und-geist.de/gehirn_geist/scheinproblem.doc (Stand: 12.06.2013)

dies., Nur ein Scheinproblem, in gekürzter Fassung, G&G 2005/3, S. 7.

Bockelmann, Paul, Schuld und Sühne, Göttingen 1957.

ders., Willensfreiheit und Zurechnungsfreiheit, ZStW 75 (1963), 372–392.

ders., Erwiderung auf den Beitrag Schörcher, ZStW 77 (1965), 253–261.

Boetticher, Alex, "Raus aus dem Richterstaat, rein in den Neuro-Staat!" – Der Angriff der Neurowissenschaften auf das Schuldstrafrecht, in: *Stompe, Thomas/Schanda, Hans* (Hrsg.), Der freie Wille und die Schuldfähigkeit in Recht, Psychiatrie und Neurowissenschaften, Berlin 2010, S. 187–207.

Bogerts, Bernhard, RAF-Terroristin Ulrike Meinhof litt unter Hirnschädigung, FAZ 12.11.2002.

ders., Gehirn und Verbrechen: Neurobiologie von Gewalttaten, in: *Schneider, Frank* (Hrsg.), Entwicklungen der Psychiatrie. Symposium anlässlich des 60. Geburtstages von Henning Saß, Heidelberg 2006, S. 335–347.

Bor, Daniel, Der Traum vom Gedankenlesen, Gehirn und Geist 2011/6, 14–18 (zitiert: *Bor*, G&G).

Borst, Alexander/Grothe, Benedikt, Die Welt im Kopf, Das Gehirn und die Sinne, in: *Bonhoeffer, Tobias/Gruss, Peter* (Hrsg.), Zukunft Gehirn. Neue Erkenntnisse, neue Herausforderungen. Ein Report der Max-Planck-Gesellschaft, München 2011, S. 37–58.

Brasil-Neto, Joaquim P./Pascual-Leone, Alvaro/Valls-Solé, Josep/Cohan, Leonardo/Hallett, Mark, Focal Transcrinal Magnetic Stimulation and Response Bias in a Forced-Choice Task, Journal of Neurology, Neurosurgery and Psychiatry 55 (1992), 964–966 (zitiert: *Brasil-Neto/Pascual-Leone/Valls-Solé/Cohan/Hallett*, Focal Transcrinal Magnetic Stimulation and Response Bias in a Forced-Choice Task, J Neurol Neurosurg Psychiatry).

Braun, Anna Katharina/Bogerts, Bernhard, Erfahrungsgesteuerte neuronale Plastizität, Nervenarzt 72 (2001), 3–10 (zitiert: *A. K. Braun/Bogerts*).

Braun, Johann, Meine Freiheit ist deine Freiheit, JZ 2004, 610–613 (zitiert: *J. Braun*).

Braun, Kathryne A./Ellis, Rhiannon/Loftus, Elizabeth, Make My Memory: How Advertising Can Change Our Memories of the Past, Psychology & Marketing 23 (2002), 1–23 (zitiert: *K. A. Braun/Ellis/Loftus).*

Brauneck, Anne-Eva, Der strafrechtliche Schuldbegriff, GA 1959, 261–272.

Braus, Dieter F., Neurobiologische Grundlagen, in: *Amberger, Stephanie/Roll, Sibylle C.* (Hrsg.), Psychiatriepflege und Psychotherapie, Stuttgart 2010, S. 224–231.

Bridgeman, Bruce, Free Will and the Function of Consciousness, Behavioral and Brain Sciences 8 (1985), 540.

Brücher, Klaus/Gonther, Uwe, Zum Verhältnis von Willensfreiheit und Neurobiologie. Eine methodenkritische Untersuchung, Fortschritte der Neurologie – Psychiatrie 74 (2006), 194–202 (zitiert: *Brücher/Gonther,* Fortschr Neurol Psychiat).

Bung, Jochen, Feindstrafrecht als Theorie der Normgeltung und der Person, HRRS 2006, 63–71.

ders., Zurechnen-Können, Erwarten-Dürfen und Vorsorgen-Müssen – Eine Erwiderung auf Günther Jakobs, HRRS 2006, 317–321.

Bunge, Mario, Kausalität, Geschichte und Probleme, Tübingen 1987.

Buri, Maximilian von, Ueber Causalität und deren Verantwortung, Leipzig 1873.

Burkhardt, Björn, Düsseldorfer Thesen, zum Kongress "Neuro2004: Hirnforschung, Willensfreiheit und Strafrecht" am 17.11.2004, http://burkhardt.uni-mannheim.de/lehrstuhlinhaber/thesenpapier/duesseldorferthesen.pdf (Stand: 09.06.2013).

ders., Das Zweckmoment im Schuldbegriff, GA 1976, 321–341.

ders., Freiheitsbewusstsein und strafrechtliche Schuld, in: *Eser, Albin* (Hrsg.), Festschrift für Theodor Lenckner zum 70. Geburtstag, München 1998, S. 3–24.

ders., Bemerkungen zu den revisionistischen Übergriffen der Hirnforschung auf das Strafrecht, http://burkhardt.uni-mannheim.de/lehrstuhlinhaber/bemerkungen/ wznrw090708.pdf (Stand: 06.06.2013).

ders., Thesen zu den Auswirkungen des neurophysiologischen Determinismus auf die Grundannahmen der Rechtsgesellschaft, in: *Senn, Marcel/Puskás, Dániel* (Hrsg.), Gehirnforschung und rechtliche Verantwortung. Fachtagung der Schweizerischen Vereinigung für Rechts- und Sozialphilosophie, 19. und 20. Mai 2006, Universität Bern, Stuttgart 2006, S. 83–90.

ders., Willensfreiheit aus rechtlicher Sicht, in: *Tröger, Jochen* (Hrsg.), Wie frei ist unser Wille?, Heidelberg 2007, S. 87–119.

Burns, Jeffrey M./Swerdlow, Russell H., Right Orbitofrontal Tumor With Pedophilia Symptom and Constructional Apraxia Sign, Archives of Neurology 60 (2003), 437–440.

Canli, Turhan, Der Charakter-Code, Gehirn und Geist 2007/9, 52–57 (zitiert: *Canli,* G&G).

Carter, Rita, Das Gehirn. Anatomie, Sinneswahrnehmung, Gedächtnis, Bewusstsein, Störungen, München 2010.

Cerezo Mir, José, Der Materielle Schuldbegriff, ZStW 108 (1996), 9–60.

Christen, Markus, Naturalisierung von Autonomie, in: *Senn, Marcel/Puskás, Dániel* (Hrsg.), Gehirnforschung und rechtliche Verantwortung. Fachtagung der Schweizerischen Vereinigung für Rechts- und Sozialphilosophie, 19. und 20. Mai 2006, Universität Bern, Stuttgart 2006, S. 141–145.

Cleckley, Hervey, The Mask of Sanity. An Attempt to Clarify Some Issues About the So-Called Psychopathic Personality, 5. Aufl., Georgia 1988, http://www.cassiopaea.org/cass/sanity_1.PdF (Stand: 07.04.2018).

Cording, Clemens, Relative Willensfreiheit und zivilrechtliche Verantwortung, in: *Heinze, Martin/Fuchs, Thomas/Reischies, Friedel M.* (Hrsg.), Willensfreiheit – eine Illusion? Naturalismus und Psychiatrie, Berlin 2006, S. 223–246.

Cruse, Holk, Ich bin mein Gehirn, Nichts spricht gegen den materialistischen Monismus, in: *Geyer, Christian* (Hrsg.), Hirnforschung und Willensfreiheit. Zur Deutung der neuesten Experimente, Frankfurt a. M. 2004, S. 223–228.

Czerner, Frank, Der strafrechtlich-normative Schuldbegriff zwischen Willensfreiheit und neurobiologischem Determinismus, Archiv für Kriminologie 2006, 129–157.

Damásio, Antonio R., Descartes' Irrtum, 2. Auflage, München 1996.

Damásio, Hanna/Grabowski, Thomas/Frank, Randall/Galaburda, Albert M./Damásio, Antonio R., The Return of Phineas Gage: Clues About the Brain from the Skull of a Famous Patient, Science 264 (1994), 1102–1105.

Darnstädt, Thomas/Lakotte, Beate, Von Menschen und Monstern, Der Spiegel v. 05.05.2008.

Delgado, José M. R., Physical Control of the Mind: Toward a Psychocivilized Society, New York 1969.

Denker, Hannah, Bindung und Theory of Mind. Bildungsbezogene Gestaltung von Erzieherinnen-Kind-Interaktionen, Wiesbaden 2012.

Dennet, Daniel C., Ellenbogenfreiheit. Die wünschenswerten Formen von freiem Willen, Frankfurt a. M. 1986.

Descartes, René, Discours de la Méthode, Französisch – Deutsch, Hamburg 2011.

Desmurget, Michel/Reilly, Karen T./Richard, Nathalie/Szathmari, Alexandru/Mottolese, Carmine/Sirigu, Angela, Movement Intention After Parietal Cortex Stimulation in Humans, Science 324 (2009), 811–813.

Dessecker, Axel, Die Sicherungsverwahrung in der Rechtsprechung des Bundesverfassungsgerichts, ZIS 2011, 706–713.

Detlefsen, Grischa, Grenzen der Freiheit - Bedingungen des Handelns - Perspektive des Schuldprinzips. Konsequenzen neurowissenschaftlicher Forschung für das Strafrecht, Berlin 2006.

Dohna, Alexander Graf zu, Ein unausrottbares Missverständnis, ZStW 66 (1954), 505–514.

Döhnel, Katrin/Sommer, Monika/Hajak, Göran/Müller, Jürgen L., Neurobiologische Grundlagen der emotionalen Informationsverarbeitung bei Patienten mit pädosexueller Störung, in: *Müller, Jürgen L./Hajak, Göran* (Hrsg.), Willensbestimmung zwischen Recht und Psychiatrie. Krankheit, Behinderung, Berentung, Betreuung, Berlin, Heidelberg 2005, S. 144–152.

Dölling, Dieter, Zur Willensfreiheit aus strafrechtlicher Sicht, Forensische Psychiatrie, Psychologie, Kriminologie 1 (2007), 59–62 (zitiert: *Dölling*, Forens Psychiatr Psychol Kriminol).

ders., Willensfreiheit aus kriminalitätstheoretischer Sicht, in: *Fuchs, Thomas/ Schwarzkopf, Grit* (Hrsg.), Verantwortlichkeit - nur eine Illusion?, Heidelberg 2010, S. 375–390.

ders., Über das Böse aus kriminologischer und strafrechtlicher Sicht, in: *Heinrich, Manfred/Jäger, Christian/Schünemann, Bernd/u. a.* (Hrsg.), Festschrift für Claus Roxin zum 80. Geburtstag am 15. Mai 2011. Strafrecht als Scienta Universalis, Bd. 2, Berlin, New York 2011, S. 1901–1911.

Dörner, Dietrich, Der freie Wille und die Selbstreflexion, in: *Cranach, Mario von/ Foppa, Klaus* (Hrsg.), Freiheit des Entscheidens und Handelns. Ein Problem der nomologischen Psychologie, Heidelberg 1996, S. 125–150.

ders., Man muss wissen, wonach man sucht, Gehirn und Geist 2004/7, 36–38 (zitiert: *Dörner*, G&G).

Dreher, Eduard, Die Willensfreiheit. Ein zentrales Problem mit vielen Seiten, München 1987.

ders., Unser indeterministisches Strafrechrecht, in: *Seebode, Manfred* (Hrsg.), Festschrift für Günter Spendel zum 70. Geburtstag am 11. Juli 1992, Berlin 1992, S. 13–22.

Dreher, Eduard/Tröndle, Herbert, Strafgesetzbuch und Nebengesetze, 42. Aufl., München 1985.

Dreßing, H./Obergriesser, T./ Herbert Tost, H./Kaumeier, S./Ruf, M./Braus, D. F., Homosexuelle Pädophilie und funktionelle Netzwerke - fMRI-Fallstudie, Fortschritte der Neurologie - Psychiatrie 69 (2001), 539–544 (zitiert: *Dreßing/Obergriesser/Herbert Tost/Kaumeier/Ruf/Braus,* Fortschr Neurol Psychiat).

Drewermann, Eugen, Atem des Lebens. Die moderne Neurologie und die Frage nach Gott. Die Seele. Zwischen Angst und Vertrauen, Bd.2, Düsseldorf 2007.

Duru, Boris, Gießener Erneuerung des Strafrechts - Reinhard Frank und der Schuldbegriff, ZJS 2012, 734–738.

Duttge, Gunnar, Über die Brücke der Willensfreiheit zur Schuld, – Eine thematische Einführung –, in: *Duttge, Gunnar* (Hrsg.), Das Ich und sein Gehirn. Die Herausforderung der neurobiologischen Forschung für das (Straf-)Recht, Göttingen 2009, S. 13–61.

Dvorchak, Robert J./Holewa, Lisa, Wer ist Jeffrey Dahmer. Das schockierende Porträt des Milwaukee-Mörders, Bergisch Gladbach 1992.

Ebert, Udo, Strafrecht Allgemeiner Teil, 3. Aufl., Heidelberg 2001.

Eccles, John C., Die Evolution des Gehirns – die Schaffung des Selbst, München, Zürich 1989.

Elbert, Thomas, "Du darfst nicht immer töten", ZEIT Online v. 18.08.2011, Interview von *Skalli, Sami,* http://www.zeit.de/wissen/2011-08/thomas-elbert-interview (Stand: 07.04.2018).

Ellenbogen, J. M./Hurford, M. O./Liebeskind, D. S./Neimark, G. B./Weiss, M. D., Ventromedial Frontal Lobe Trauma, Neurology 64 (2005), 757.

Ellscheid, Günter/Hassemer, Winfried, Strafe ohne Vorwurf. Bemerkungen zum Grund strafrechtlicher Haftung, Civitas. Jahrbuch für Sozialwissenschaften 1970, 27–49.

Engisch, Karl, Die Lehre von der Willensfreiheit in der strafrechtsphilosophischen Doktrin der Gegenwart, Berlin 1963.

ders., Um die Charakterschuld, MschrKrim 50 (1967), 108–122.

Eriksson, Peter S./Perfilieva, Ekaterina/Björk-Eriksson, Thomas/Alborn, Ann-Marie/Nordborg, Claes/Peterson, Daniel A./Gage, Fred H., Neurogenesis in the Adult Human Hippocampus, Nature Medicine 4 (1998), 1313–1317.

Eser, Albin, in: *ders./Hassemer, Winfried/Burkhardt, Björn* (Hrsg.), Die Deutsche Strafrechtswissenschaft vor der Jahrtausendwende. Rückbesinnung und Ausblick. Dokumentation einer Tagung vom 3. - 6. Oktober 1999 in der Berlin-Brandenburgischen Akademie der Wissenschaften, München 2000, S. 437–444.

Eslinger, Paul J./Damásio, Antonio R., Severe Disturbance of Higher Cognition After Bilateral Frontal Lobe Ablation, Neurology 35 (1985), 1731–1741.

Eysenck, Hans Jürgen/Eysenck, Michael W., Personality and Individual Differences, New York 1985.

Fagan, Peter J./Wise, Thomas N./Schmidt, Chester W./Berlin, Fred S., Pedophilia, Journal of the American Medical Association 288 (2002), 2458–2465.

Fahrenbach, Christian, Der Amokläufer, der ein Militärbegrbnis bekam, Die Welt v. 31.07.2016, https://www.welt.de/vermischtes/article157413098/Der-Amoklaeufer-der-ein-Militaerbegraebnis-bekam.html (Stand: 07.04.2018).

Falkenburg, Brigitte, Mythos Determinismus. Wieviel erklärt uns die Hirnforschung?, Heidelberg 2012.

Fetchenhauer, Detlef/Bierhoff, Hans-Werner, Altruismus aus evolutions-theoretischer Perspektive, Zeitschrift für Sozialpsychologie 35 (2004), 131–141. (zitiert: *Fetchenhauer/Bierhoff,* Altruismus aus evolutions-theoretischer Perspektive, ZS-FP).

Feuerbach, Paul Johann Anselm, Lehrbuch des gemeinen in Deutschland gültigen Peinlichen Rechts, 2. Auflage, Gießen 1803.

Feuillet, Lionel/Dufour, Henry/Pelletier, Jean, Brain of a White-Collar Worker, Lancet 370 (2007), 262.

Fiedler, Klaus/Kliegl, Reinhold/Lindenberger, Ulmann/Mausfeld, Rainer/Mummendey, Amélie/Prinz, Wolfgang, Psychologie im 21. Jahrhundert, Gehirn und Geist 2005/7-8, 56–60 (zitiert: *K. Fiedler/Kliegl/Lindenberger/Mausfeld/Mummendey/ Prinz,* G&G).

Fiedler, Peter/Herpertz, , Persönlichkeitsstörungen, 7. Aufl., Weinheim, Basel 2016 (zitiert: *F. Fiedler*).

Figueiredo Dias, Jorge de, Schuld und Persönlichkeit. Für eine rechtsethische Erneuerung des Schuldbegriffs im Strafrecht, ZStW 95 (1983), 220–255.

Fischer, Thomas, Strafgesetzbuch und Nebengesetze, 65. Aufl., München 2018 (zitiert: *Fischer,* StGB).

Foerster, Heinz v., Wissen und Gewissen, Frankfurt a. M. 1993.

ders., KybernEthik, Berlin 1993.

Foppa, Klaus, Über "Handlungsfreiheit" und die Restriktion menschlichen Handelns, in: *Cranach, Mario von/ders.* (Hrsg.), Freiheit des Entscheidens und Handelns. Ein Problem der nomologischen Psychologie, Heidelberg 1996, S. 173–185.

Förster, Andreas, Wer war Ulrike Meinhof?, Berliner Zeitung v. 09.11.2002.

Förstl, Hans, Theory of Mind: Anfänge und Ausläufer, in: *ders.* (Hrsg.), Theory of Mind. Neurobiologie und Psychologie sozialen Verhaltens, 2. Aufl., Berlin 2012, S. 3–10.

Frank, Philipp, Das Kausalgesetz und seine Grenzen, Frankfurt a. M. 1988 (zitier: *P. Frank*).

Frank, Reinhard, Über den Aufbau des Schuldbegriffs, in: *ders.* (Hrsg.), Festschrift für die juristische Fakultät in Giessen zum Universitätsjubiläum 1907, S. 1–29 (zitiert: *R. Frank*).

Frankenberg, Günther, Kritik des Bekämpfungsrechts, KJ 38 (2005), 370–386.

Frankfurt, Harry, Alternative Possibilities and Moral Responsibility, Journal of Philosophy 66 (1969), 829–839.

Freeman, Walter/Watts, James W., Psychochirurgie. Intelligenz, Gefühlsleben und soziales Verhalten nach praefrontaler Lobotomie bei Geistesstörungen, Stuttgart 1949.

Frevert, Ute/Singer, Tania, Empathie und ihre Blockaden, in: *Bonhoeffer, Tobias/ Gruss, Peter* (Hrsg.), Zukunft Gehirn. Neue Erkenntnisse, neue Herausforderungen. Ein Report der Max-Planck-Gesellschaft, München 2011, S. 121–146.

Friedman, Michel, Der Doppelcharakter von Schuld, Strafe und Verantwortung, in: *Grün, Klaus-Jürgen/ders./Roth, Gerhard* (Hrsg.), Entmoralisierung des Rechts. Maßstäbe der Hirnforschung für das Strafrecht, Göttingen 2008, S. 143–167.

Frister, Helmut, Schuldprinzip, Verbot der Verdachtsstrafe und Unschuldsvermutung als materielle Grundprinzipien des Strafrechts, Berlin 1988.

ders., Die Struktur des "voluntativen Schuldelements". Zugleich eine Analyse des Verhältnisses von Schuld und positiver Generalprävention, Berlin 1993.

ders., Der Begriff der Schuldfähigkeit, MschrKrim 77 (1994), 316–323.

ders., Strafrecht Allgemeiner Teil. Ein Studienbuch, 7. Aufl., München 2015.

Fromberger, Peter/Stolpmann, Georg/Jordan, Kirsten/Müller, Jürgen L., Neurobiologische Forschung bei Pädophilie, Ergebnisse und deren Konsequenzen für die Diagnostik pädosexueller Straftäter, Zeitschrift für Neuropsychologie 20 (2009), 193–205 (zitiert: *Fromberger/Stolpmann/Jordan/J. L. Müller*, Neurobiologische Forschung bei Pädophilie, Z. Neuropsychol).

Fuchs, Christina, Theory of Mind bei akut- und postpsychotischer paranoider Schizophrenie. Eine neuropsychologische und neurofunktionelle Untersuchung, München 2011, https://edoc.ub.uni-muenchen.de/21712/1/Fuchs_Christina.pdf (Stand: 07.04.18) (zitiert: *C. Fuchs*).

Fuchs, Thomas, Können Gehirne entscheiden? Subjektivität und Willensfreiheit, in: *Heinze, Martin/ders./Reischies, Friedel M.* (Hrsg.), Willensfreiheit – eine Illusion? Naturalismus und Psychiatrie, Berlin 2006, S. 49–57 (zitiert: *T. Fuchs*).

ders., Was heisst 'sich entsscheiden'?, Die Phänemenologie von Entscheidungsprozessen und die Debatte um die Willensfreiheit, in: *Buchheim, Thomas/Pietrek, Torsten* (Hrsg.), Freiheit auf Naturbasis?, Paderborn 2007, S. 101–117 (zitiert: *T. Fuchs*).

ders., Personale Freiheit. Ein libertarisches Freiheitskonzept auf der Grundlage verkörperter Subjektivität, in: *ders./Schwarzkopf, Grit* (Hrsg.), Verantwortlichkeit – nur eine Illusion?, Heidelberg 2010, S. 203–228 (zitiert: *T. Fuchs*).

ders., Das Gehirn – ein Beziehungsorgan, Stuttgart 2013 (zitiert: *T. Fuchs*).

Gall, Franz Joseph, Sur les fonctions du cerveau et sur celles de chacune de ses parties: Avec des observations sur la possibilité de reconnaitre les instincts, les penchans, les talens, ou les dispositions morales et intellectuelles des hommes et des animeaux, par la configuration de leur tête, Paris 1822-1825.

Gahr, Manfred, Neuronale Grundlagen von Motivation und Emotion, in: *Dudel, Josef/Menzel, Randolf/Schmidt, Robert F.* (Hrsg.), Neurowissenschaft. Vom Molekül zur Kognition, 2. Aufl., Berlin, Heidelberg, New York 2001, S. 465–486.

Galen, Magarete von, Der Standpunkt der Strafverteidigung – Plädoyer für eine Überprüfung der Schuldkriterien, in: *Barton, Stephan* (Hrsg.), "...weil er für die Allgemeinheit gefährlich ist!". Prognosegutachten, Neurobiologie, Sicherungsverwahrung, Baden-Baden 2006, S. 361–367.

Gauggel, Siegfried, Von der Dekade des Gehirns zur Dekade des Verhaltens, Zeitschrift für Neuropsychologie 11 (2000), 1–3, (zitiert: *Gauggel*, Z. Neuropsychol).

Gierer, Alfred, Neurobiologie und Willensfreiheit, in: *Berlin-Brandenburgische Akademie der Wissenschaften* (Hrsg.), Zur Freiheit des Willens. Streitgespräch in der Wissenschaftlichen Sitzung der Versammlung der Berlin-Brandenburgischen Akademie der Wissenschaften am 27. Juni 2003, Berlin 2004, S. 19–22.

Goethe, Johann Wolfgang, Faust I, Der Tragödie erster Teil.

Görnitz, Thomas/Görnitz, Brigitte, Protyposis – die naturwissenschaftliche Grundlage für die Freiheit des Willens, in: *Heinze, Martin/Fuchs, Thomas/Reischies, Friedel M.* (Hrsg.), Willensfreiheit – eine Illusion? Naturalismus und Psychiatrie, Berlin 2006, S. 121–154.

Goschke, Thomas, Vom freien Willen zur Selbstdetermination, Kognitive und volitionale Mechanismen der intentionalen Handlungssteuerung, Psychologische Rundschau 55 (2004), 186–197.

Gössel, Karl Heinz, Rezension Grundfragen der Gesamten Strafrechtswissenschaft, *Roxin, Claus/ Bruns, Hans-Jürgen/Jäger, Herbert* (Hrsg.), Festschrift für Heinrich Henkel zum 70. Geburtstag, JA 1975, 91–93.

Grasnick, Walter, Die Freiheit die wir meinen. Eine Anmerkung zur Luthe/Haddenbrock/Witter-Kontroverse, JR 1991, 364–366.

Grawe, Klaus, Neuropsychotherapie, Göttingen 2004.

ders., Prävention und Schuldstrafe, Zum Problem der Willensfreiheit, ZStW 98 (1986), 28–43.

ders., Widersprüche um die Schuldstrafe, GA 1989, 193–206.

ders., Determination und Strafe, ARSP 80 (1994), 96–104.

ders., Willensfreiheit und Strafrecht, GA 1996, 457–472.

ders., Gesellschaft und Verantwortung, Zu Vorträgen von Max Planck über Willensfreiheit, ARSP 84 (1998), 517–528.

Gropp, Walter, Strafrecht Allgemeiner Teil, 3. Aufl., Berlin, Heidelberg 2005.

ders., Strafrecht Allgemeiner Teil, 4. Aufl., Berlin, Heidelberg 2015.

Grothe, Benedikt, Nimmt uns die moderne Neurowissenschaft den freien Willen?, in: *Hillenkamp, Thomas* (Hrsg.), Neue Hirnforschung, S. 35–49.

Grün, Klaus-Jürgen, Hirnphysiologische Wende der Transzendalphilosophie Immanuel Kants, in: *Roth, Gerhard/Grün, Klaus-Jürgen* (Hrsg.), Das Gehirn und seine Freiheit. Beiträge zur neurowissenschaftlichen Grundlegung der Philosophie, 3. Aufl., Göttingen 2009, S. 29–66.

Gschwend, Lukas, Konsequenzen aus den Erkenntnissen der Hirnforschung für das Straf- und Privatrecht?, Kleine Nachlese zur Frage nach der rechtlichen Verantwortlichkeit vor den neuesten Ergebnissen der Neurowissenschaften betreffend die Willensbildung, in: *Senn, Marcel/Puskás, Dániel* (Hrsg.), Gehirnforschung und rechtliche Verantwortung. Fachtagung der Schweizerischen Vereinigung für Rechts- und Sozialphilosophie, 19. und 20. Mai 2006, Universität Bern, Stuttgart 2006, S. 147–151.

Guss, Kurt, Willensfreiheit. Oder: Beruht das deutsche Strafrecht auf einer Illusion?, Borgenteich 2002.

Günther, Klaus, Die Zuschreibung strafrechtlicher Verantwortlichkeit auf der Grundlage des Verstehens, in: *Lüderssen, Klaus* (Hrsg.), Aufgeklärte Kriminalpolitik oder Kampf gegen das Böse?, Baden-Baden 1998, S. 319–349.

ders., Schuld und kommunikative Freiheit. Studien zur personalen Zurechnung strafbaren Unrechts im demokratischen Rechtsstaat, Frankfurt a. M. 2005.

ders., Hirnforschung und strafrechtlicher Schuldbegriff, KJ 39 (2006), 116–133, http://www.kj.nomos.de/fileadmin/kj/doc/2006/20062Guenther_S_116.pdf (Stand: 07.04.2018).

ders., Den Schuldbegriff nicht aufgeben!, DIE WELT online v. 16.05.2007, http://www.welt.de/debatte/kommentare/article6068860/Den-Schuldbegriff-nicht-aufgeben.html (Stand: 07.04.2018).

ders., Die naturalistische Herausforderung des Schuldstrafrechts, in: *Schleim, Stephan/Spranger, Tade Matthias/Walter, Henrik* (Hrsg.), Von der Neuroethik zum Neurorecht?, Göttingen 2009, S. 214–242.

Habermas, Jürgen, Freiheit und Determinismus, Deutsche Zeitschrift für Philosophie 2004, 871–890 (zitiert: *Habermas*, DZPhil).

Habermeyer, Elmar/Saß, Henning, Ein am Willensbegriff ausgerichteter, symptomorientierter Ansatz zur Prüfung der Geschäftsfähigkeit, Fortschritte der Neurologie – Psychiatrie 70 (2002), 5–10 (zitiert: *Habermeyer/Saß*, Fortschr Neurol Psychiat).

dies., Voraussetzungen der Geschäfts(-un)fähigkeit – Anmerkungen aus psychopathologischer Sicht, MedR 2003, 543–546.

Haddenbrock, Siegfried, Die Unbestimmtheitsrelation von Freiheit und Unfreiheit als methodologischer Grenzbegriff der forensischen Psychiatrie, Der Nervenarzt 32 (1961), 145–152.

ders., Freiheit und Unfreiheit der Menschen im Aspekt der forensischen Psychiatrie, JZ 1969, 121–127.

ders., Soziale oder forensische Schuldfähigkeit (Zurechnungsfähigkeit). Zwei kriminalanthropologische Grundstudien über Determination und Freiheit im Raum humaner Zeitlichkeit und zur Funktion der Schuldfähigkeitsbestimmungen im deutschen Strafrecht, Berlin, New York 1992.

ders., "Steuerungsfähigkeit" zur Tatvermeidung – Hauptparameter forensischer Schuldfähigkeit?, MschrKrim 77 (1994), 44–60.

Haft, Fritjof, Strafrecht. Allgemeiner Teil, 9. Aufl., München 2004.

Haggard, Patrick/Eimer, Martin, On the relation between brain potentials and the awareness of voluntary movements, Experimantal Brain Research 126 (1999), 128–133.

Haken, Hermann, Der menschliche Wille, eine Perspektive der Synergetik, in: *Petzold, Hilarion G./Sieper, Johanna* (Hrsg.), Der Wille, die Neurobiologie und die Psychotherapie. Zwischen Freiheit und Determination, Bd. 1, Bielefeld, Locarno 2008, S. 229–251.

Hare, Robert D./Hart, Stephen D./Harpur, Timothy J., Psychopathy and the DSM-IV Criteria for Antisocial Personality Disorder, Journal of Abnormal Psychology 100 (1991), 391–398.

Härle, Wilfried, Der freie Wille in theologischer Sicht, in: *Tröger, Jochen* (Hrsg.), Wie frei ist unser Wille?, Heidelberg 2007, S. 151–174.

Harlow, John M., Passage of an Iron Rod Through the Head, Boston Medical and Surgical Journal 39 (1848), 389–393.

ders., Recovery After Severe Injury to the Head, Bulletin of the Massachusetts Medical Society 1868, 3–21.

Hartmann, Nicolai, Ethik, 3. Aufl., Berlin 1949.

Hassemer, Winfried, Sicherheit durch Strafrecht, HRRS 2006, 130–143.

ders., Warum Strafe sein muss. Ein Plädoyer, 2. Aufl., Berlin 2009.

ders., Grenzen des Wissens im Strafprozess. Neuvermessung durch die empirischen Wissenschaften vom Menschen?, ZStW 121 (2009), 829–859.

ders., Verantwortlichkeit im Strafrecht, in: *Roth, Gerhard/Hubig, Stefanie/Bamberger, Heinz Georg* (Hrsg.), Schuld und Strafe. Neue Fragen. Tagungsband zur Tagung vom 19. Mai 2010 in Berlin, München 2012, S. 7–17.

Haynes, John-Dylan, zitiert in: Studie nährt Zweifel an freiem Willen, Spiegel online v. 14.04.2008, http://www.spiegel.de/wissenschaft/mensch/hirnforschung-studie-naehrt-zweifel-an-freiem-willen-a-547074.html (Stand: 07.04.2018).

ders., Interview mit *Sprenger, Carolin/Gevorkian, Jeanne,* Gehirn und Geist online, Hirngespinst Willensfreiheit, http://www.gehirn-und-geist.de/alias/dachzeile/ hirngespinst-willensfreiheit/968930 (Stand: 07.04.2018).

ders., Fortschritt und Dilemma, Interview mit *Müller-Schmid, Ralf,* Deutschlandradio Kultur v. 01.07.2008.

Haynes, John-Dylan/Soon, Chun Siong/Brass, Marcel/Heinze, Hans-Jochen, Unconscious determinants of free decisions in the human brain, Nature Neuroscience 11 (2008), 543–545.

Hebb, Donald Olding, The Organization of Behavior. A Neuropsychological Theory, New York 1949.

Hegel, Georg Wilhelm Friedrich, Grundlinien der Philosophie des Rechts oder Naturrecht und Staatswissenschaft im Grundrisse. Werke Bd. 7, auf der Grundlage der Werke von 1832-1845, Frankfurt a. M. 1986 (zitiert: *Hegel,* Grundlinien).

ders., Die Rechtsphilosophie von 1820. Vorlesungen über Rechtsphilosophie, Bd. 2, Stuttgart 1974 (zitiert: *Hegel,* Rechtsphilosophie).

Heidler, Maria-Dorothea, Konfabulationen – Alte und neue Theorien eines rätselhaften Phänomens, Fortschritte der Neurologie - Psychiatrie 78 (2010), 256–268 (zitiert: *Heidler*, Fortschr Neurol Psychiat).

Heinitz, Ernst, Strafzumessung und Persönlichkeit, ZStW 63 (1951), 57–82.

Heinz, Andreas, Gesunder Geist – krankes Hirn? Überlegungen zum Krankheitsbegriff in der Psychiatrie, in: *Herrmann, Christoph S./Pauen, Michael/Rieger, Jochem W./Schicktanz, Silke* (Hrsg.), Bewusstsein. Philosophie, Neurowissenschaften, Ethik, München 2005, S. 407–423.

Heisenberg, Werner, Über den anschaulichen Inhalt der quantentheoretischen Kinematik und Mechanik, Zeitschrift für Physik 43 (1927), 172–198.

Helmrich, Herbert, Das verbiete ich mir. Im Hirn: Bereitsein ist noch kein Wollen, FAZ v. 30.12.2003.

ders., Wir können auch anders: Kritik der Libet-Experimente, in: *Geyer, Christian* (Hrsg.), Hirnforschung und Willensfreiheit. Zur Deutung der neuesten Experimente, Frankfurt a. M. 2004, S. 92–97.

Herdegen, Gerhard, Schuld und Willensfreiheit, in: *Kempf, Eberhard/Jansen, Gabriele/Müller, Egon* (Hrsg.), Festschrift für Christian Richter II. Verstehen und Widerstehen, Baden-Baden 2006.

Herrmann, Christoph S./Dürschmid, Stefan, in: *Fuchs, Thomas/Schwarzkopf, Grit* (Hrsg.), Verantwortlichkeit – nur eine Illusion?, Heidelberg 2010, S. 127–146.

Herrmann, Christoph S./Pauen, Michael/Min, Byoung Kyong/Busch, Niko A./Rieger, Jochem W., Eine neue Interpretation von Libets Experimenten aus der Analyse einer Wahlreaktionsaufgabe, in: *Herrmann, Christoph S./Pauen, Michael/Rieger, Jochem W./Schicktanz, Silke* (Hrsg.), Bewusstsein. Philosophie, Neurowissenschaften, Ethik, München 2005, S. 120–134.

Herrmann, Theo, Willensfreiheit – eine nützliche Fiktion?, in: *Cranach, Mario von/Foppa, Klaus* (Hrsg.), Freiheit des Entscheidens und Handelns. Ein Problem der nomologischen Psychologie, Heidelberg 1996, S. 56–69.

Herzberg, Rolf Dietrich, Willensunfreiheit und Schuldvorwurf, Tübingen 2010.

ders., Überlegungen zum ethischen und strafrechtlichen Schuldbegriff, in: *Hellmann, Uwe/Schröder, Christian* (Hrsg.), Festschrift für Hans Achenbach, Heidelberg, München 2011, S. 157–187.

Heiden, Uwe an der, Chaos und Ordnung, Zufall und Notwendigkeit, in: *Küppers, Günter* (Hrsg.), Chaos und Odnung. Formen der Selbstorganisation in Natur und Gesellschaft, Stuttgart 1996, S. 97–121.

Heun, Werner, Die grundgesetzliche Autonomie des Einzelnen im Lichte der Neurowissenschaften, JZ 2005, 853–860.

ders., Die grundgesetzliche Autonomie des Einzelnen im Lichte der Neurowissenschaften, in: *Lampe, Ernst-Joachim/Pauen, Michael/Roth, Gerhard* (Hrsg.), Willensfreiheit und rechtliche Ordnung, Frankfurt a. M. 2008, S. 276–303.

Hillenkamp, Thomas, Strafrecht ohne Willensfreiheit? Eine Antwort auf die Hirnforschung, JZ 2005, 313–320.

ders., Willensfreiheit ist Illusion – oder: Was lässt die Hirnforschung vom Strafrecht übrig?, in: *Gestrich, Christof/Wabel, Thomas* (Hrsg.), Freier oder unfreier Wille? Handlungsfreiheit und Schuldfähigkeit im Dialog der Wissenschaften, Berlin 2005,
S. 72–89.

ders., Diskussion zum Vortrag von Prof. Hillenkamp, in: *Gestrich, Christof/Wabel, Thomas* (Hrsg.), Freier oder unfreier Wille? Handlungsfreiheit und Schuldfähigkeit im Dialog der Wissenschaften, Berlin 2005, S. 90–93.

ders., Das limbische System: Der Täter hinter dem Täter?, in: *ders.* (Hrsg.), Neue Hirnforschung – Neues Strafrecht?, Tagungsband der 15. Max-Alsberg-Tagung am 28.10.2005 in Berlin, Baden-Baden 2006, S. 85–110.

ders., Willensfreiheit ist Illusion – oder: was lässt die Hirnforschung vom Strafrecht übrig?, in: *Fuchs, Thomas/Schwarzkopf, Grit* (Hrsg.), Verantwortlichkeit – nur eine Illusion?, Heidelberg 2010, S. 391–416.

Hirsch, Hans Joachim, Das Schuldprinzip und seine Funktion im Strafrecht, ZStW 106 (1994), 746–765 (zitiert: *H. J. Hirsch*, ZStW).

ders., Zur gegenwärtigen deutschen Diskussion über Willensfreiheit und Strafrecht, ZIS 2010, 62–67 (zitiert: *H. J. Hirsch*, ZIS).

Hirsch, Mathias, Schuld und Schuldgefühl. Zur Psychoanalyse von Trauma und Introjekt, 4. Aufl., Göttingen 2007 (zitiert: *M. Hirsch*).

Hirstein, William, Brain Fiction. Self-deception and the Riddle of Confabulation, Cambridge, Mass 2005.

Hobbes, Thomas, The Questions Concerning Liberty, Necessity, and Chance, in: *Molesworth, William* (Hrsg.), The English Works of Thomas Hobbes of Malmesbury, Volume V, Reproduktion der Ausgabe von 1841, 2007.

ders., Leviathan, Hamburg 1996.

Hobson, Julie/Shine, John, Measurement of Psychopathy in an UK Prision Population Referred for Long-Term Psychotherapy, British Journal of Criminology 38 (98), 504–515 (zitiert: *Hobson/Shine*, Brit J Criminol).

Hochhuth, Martin, Die Bedeutung der neuen Willensfreiheitsdebatte für das Recht, JZ 2005, 745–753.

Hofe, Paul/Klimchak, Steve, Freiheit, die wir meinen, Gehirn und Geist 2004/1, 28–32 (zitiert: *Hofe*, G&G).

d'Holbach, Paul Thirty, Système de la nature ou des loix du monde physique et du monde moral, London 1770, dt. Ausgabe, System der Natur oder von den Gesetzen der physischen und moralischen Welt, Frankfurt am Main 1978.

Holsboer, Florian, Psychische Störungen sind Hirnerkrankungen, Interview mit Steve Ayan, Gehirn und Geist 2011/12, 36–38 (zitiert: *Holsboer*, G&G).

Holter, Philipp, Neuronale Aktivierungsmuster der Belief Attribution. Ein Überblick über aktuelle Ergebnisse der Suche nach den neuronalen Korrelaten der Theory of Mind, https://epub.uni-regensburg.de/23468/1/DA-Philipp_Holter%28Rigorosum%29.pdf (Stand: 07.04.18).

Hoppe, Christian, Neuromarketing. Wie kommen Hirnforschung und Ökonomie zusammen?, in: *Sokol, Bettina* (Hrsg.), Die Gedanken sind frei… – Hirnforschung und Persönlichkeitsrechte, Düsseldorf 2007, S. 10–27.

Hörnle, Tatjana/Hirsch, Andrew v., Positive Gneralprävention und Tadel, GA 1995, 261–282.

Hoyer, Andreas, Normative Ansprechbarkeit als Schuldelement, in: *Heinrich, Manfred/Jäger, Christian/Schünemann, Bernd/u. a.* (Hrsg.), Festschrift für Claus Roxin zum 80. Geburtstag am 15. Mai 2011. Strafrecht als Scienta Universalis, Bd. 1, Berlin, New York 2011, S. 723–736.

Hruschka, Joachim, Anm. zu BGH JR 1978, 518, JR 1978, 519–521.

Hubert, Martin, Neurowissenschaften und Psychoanalyse, DRadio Wissen v. 01.07.2011, DlfNova 10.18 Uhr, http://srv.deutschlandradio.de/themes/dradio/script/aod/index.html?audioMode=2&audioID=4 (Stand: 07.04.2018).

Hufen, Friedhelm, Die Menschenwürde, Art. 1 GG, JuS 2010, 1–10.

ders., Selbst Denken – Ein Grundprinzip für Staat und Studium, JuS 2013, 1–7.

Hume, David, Ein Traktat über die menschliche Natur in 2 Bänden, Bd. 2, Nachdruck Hamburg 1978.

ders., An Enquiry Concerning Human Understanding – Eine Untersuchung über den menschlichen Verstand. Englisch / Deutsch, Stuttgart 2016.

Huster, Stefan, Die ethische Neutralität des Staates. Eine liberale Interpretation der Verfassung, Tübingen 2002.

Jäger, Christian, Der Feind als Paradigmenwechsel im Recht. Zu Existenz und Tauglichkeit eines Feindstrafrechts als Mittel zur Verteidigung des Rechtsstaats, in: *Heinrich, Manfred/Jäger, Christian/Schünemann, Bernd/u. a.* (Hrsg.), Festschrift für Claus Roxin zum 80. Geburtstag am 15. Mai 2011. Strafrecht als Scienta Universalis, Bd. 1, Berlin, New York 2011, S. 71–90.

Jakobs, Günther, Schuld und Prävention, Tübingen 1976.

ders., Strafrechtliche Schuld ohne Willensfreiheit?, in: *Henrich, Dieter* (Hrsg.), Aspekte der Freiheit. Vortragsreihe der Universität Regensburg, Regensburg 1982, S. 69–83.

ders., Strafrecht Allgemeiner Teil. Die Grundlagen und die Zurechnung, 2. Aufl., Berlin 1993.

ders., Bürgerstrafrecht und Feindstrafrecht, HRRS 2004, 88–95.

ders., Individuum und Person. Strafrechtliche Zurechnung und die Ergebnisse moderner Hirnforschung, ZStW 117 (2005), 247–266.

ders., Feindstrafrecht? – Eine Untersuchung zu den Bedingungen von Rechtlichkeit, HRRS 2006, 289–297.

ders., Strafrechtliche Schuld als gesellschaftliche Konstruktion, in: *Schleim, Stephan/Spranger, Tade Matthias/Walter, Henrik* (Hrsg.), Von der Neuroethik zum Neurorecht?, Göttingen 2009, S. 243–263.

Janzarik, Werner, Strukturdynamische Grundlagen der Psychiatrie, Stuttgart 1988.

Jäncke, Lutz, Gibt es eine (Neuro)-Psychologie des Massenmörders?, Zeitschrift für Neuropsychologie 19 (2008), 41–45 (zitiert: *Jäncke*, Z. Neuropsychol.).

Jänig, Wilfried/ Birbaumer, Niels, Motivation und Emotion, in: *Schmidt, Robert F./ Lang, Florian/Heckmann, Manfred* (Hrsg.), Physiologie des Menschen. Mit Pathophysiologie, 31. Aufl., Berlin 2017, S. 218–236.

Jellinek, Georg, Die sozialethische Bedeutung von Recht, Unrecht und Strafe, 2. Aufl., Berlin 1908,

Jescheck, Hans-Heinrich, Das Menschenbild unserer Zeit und die Strafrechtsreform, Tübingen 1957.

ders., Wandlungen des strafrechtlichen Schuldbegriffs in Deutschland und Österreich, Revista Electronica de Ciencia Penal y Criminologia 2003, 1–17 (zitiert: *Jescheck*, RECPC).

Jescheck, Hans Heinrich/Weigend, Thomas, Lehrbuch des Strafrechts. Allgemeiner Teil, 5. Aufl., Berlin 1996.

Kalus, Peter, Zur Aussagekraft von Neuroimaging-Befunden im Strafprozess, Forensische Psychiatrie, Psychologie, Kriminologie 6 (2012), 41–49 (zitiert: *Kalus*, Forens Psychiatr Psychol Kriminol).

Kant, Immanuel, Beantwortung der Frage: Was ist Aufklärung?, Berlinische Monatsschrift 1784, 481–494.

ders., Kritik der reinen Vernunft, Nach der 1. und 2. Originalausgabe, *Timmermann, Jens* (Hrsg.), Hamburg 1998.

ders., Metaphysik der Sitten. Metaphysische Anfangsgründe der Rechtslehre, *Bernd Ludwig* (Hrsg.), 1986 Hamburg (zitiert: *Kant*, Metaphysik der Sitten, Rechtslehre).

ders., Metaphysik der Sitten, *Wilhelm Weischel* (Hrsg.), Metaphysische Anfangsgründe der Tugendlehre, S. 503–634 (zitiert: *Kant*, Metaphysik der Sitten, Tugendlehre).

ders., Prolegomena zu einer jeden künftigen Metaphysik, die als Wissenschaft wird auftreten können, *Karl Schulz* (Hrsg.), Leipzig 1919.

Kaufmann, Armin, Schuldfähigkeit und Verbotsirrtum. Zugleich ein Beitrag zur Kritik des Entwurfs 1960, in: *Bockelmann, Paul/ Gallas, Wilhelm* (Hrsg.), Festschrift für Eberhard Schmidt zum 70. Geburtstag 1961, Göttingen 1961, S. 319–332.

Kaufmann, Arthur, Dogmatische und kriminalpolitische Aspekte des Schuldgedankens im Strafrecht. Ein Beitrag zur Strafrechtsreform, JZ 1967, 553–560.

ders., Das Schuldprinzip. Eine strafrechtlich-rechtsphilosophische Untersuchung, 2. Aufl., Heidelberg 1976.

ders., Unzeitgemäße Betrachtungen zum Schuldgrundsatz im Strafrecht, Jura 1986, 225–233.

Kaufmann, Felix, Die philosophischen Grundprobleme der Lehre von der Strafrechtsschuld, Leipzig, Wien 1929.

Kaufmann, Hilde, Was läßt die Kriminologie vom Strafrecht übrig?, JZ 1962, 193–199.

Kaufmann, Hilde, Die Regelung der Zurechnungsunfähigkeit im E 1962, JZ 1967, 139–144.

Keller, Ingo/Heckhausen, Heinz, Peadiness Potentials Precending Spontaneous Motor Acts: Voluntary vs. Involuntary Control, Electroencephalography and clinical Neurophysiology 76 (1990), 351–361.

Kelsen, Hans, Reine Rechtslehre, 2. Aufl., Wien 1960 Nachdruck 1976.

Kemme, Stefanie, „Doppelt hält besser?" Zum praktischen (Un)Sinn des Festhaltens an der Sicherungsverwahrung neben lebenslanger Freiheitsstrafge. Zugleich eine Anmerkung zu BGH 4 StR 124/13 (Urteil vom 24.10.2013) = HRRS 2013 Nr. 1043, HRRS 2014, 174–178.

Kempermann, Gerd, Infektion des Geistes, FAZ v. 2.3.2004.

ders., Infektion des Geistes. Über philosophische Kategorienfehler, in: *Geyer, Christian* (Hrsg.), Hirnforschung und Willensfreiheit. Zur Deutung der neuesten Experimente, Frankfurt a. M. 2004, S. 235–239.

Kindhäuser, Urs, Schuld und Strafe. Zur Diskussion um ein "Feindstrafrecht", in: *Hoyer, Andreas/ Müller, Henning Ernst/Pawlik, Michael/Wolter, Jürgen* (Hrsg.), Festschrift für Friedrich-Christian Schroeder zum 70. Geburtstag, Heidelberg 2006, S. 81–98.

Kircher, Tilo/Leube, Dirk, Ich-Bewusstsein – Konzeptueller Rahmen und neurowissenschaftliche Ansätze, in: *Herrmann, Christoph S./Pauen, Michael/Rieger, Jochem W./Schicktanz, Silke,* (Hrsg.), Bewusstsein. Philosophie, Neurowissenschaften, Ethik, München 2005, S. 270–285.

Klein, Christine/Gasser, Thomas, Einführung in die Neurogenetik, Nervenarzt 84 (2013), 1–2.

Klein, Stefan, Wie kommt das Gute in die Welt?, DIE ZEIT v. 22.12.2009.

Klippel, Theodor, Determinismus und Strafe, ZStW 10 (1890), 534–573.

Klos, Thomas/Deike, Christel, Geringe kognitive Störungen nach vierfacher Hirnoperation im Erwachsenenalter. Fallbericht zum Thema kompensatorische Plastizität, Zeitschrift für Neuropsychologie 17 (2006), 249–255.

Knoch, Daria, Funktionelle Hemishärenasymmetrie der Selbstkontrolle?, Zeitschrift für Neuropsychologie 18 (2007), 183–192.

Koch, Günter, Kausalität, Determinismus und Zufall in der wissenschaftlichen Naturbeschreibung, Berlin 1994.

Koepsel, Klaus, Psychisch krank, aber voll verantwortlich – der Straftäter von morgen?, in: *Leygraf, Norbert* (Hrsg.), Festschrift für Wilfried Rasch. Die Sprache des Verbrechens-Wege zu einer klinischen Kriminologie, Stuttgart 1993, S. 139–147.

Kohler, Josef, Moderne Rechtsprobleme, 2. Aufl., Leipzig 1913.

Köhler, Michael, Strafrecht Allgemeiner Teil, Berlin, Heidelberg 1997.

Kohlrausch, Eduard, Sollen und Können als Grundlage der strafrechtlichen Zurechnung, in: Festgabe für Karl Güterbock. Zur achtzigsten Wiederkehr seines Geburtstages, Berlin 1910, S. 3–34.

Kölbel, Ralf, Gewissensmobilisierung durch Strafrecht?, in: *Heinrich, Manfred/Jäger, Christian/Schünemann, Bernd/u. a.* (Hrsg.), Festschrift für Claus Roxin zum 80. Geburtstag am 15. Mai 2011. Strafrecht als Scienta Universalis, Bd. 2, Berlin, New York 2011, S. 1913–1926.

Koller, Matthias, Juristische Grundlagen, in: *Müller, Jürgen L.* (Hrsg.), Neurobiologie forensisch-relevanter Störungen. Grundlagen, Störungsbilder, Perspektiven, Stuttgart 2010, S. 26–46.

König, Andrej, Man ist, was man isst!, Vollzug, Ernährung, aggressives Verhalten, Forensische Psychiatrie, Psychologie, Kriminologie 4 (2010), 280–282 (zitiert: *König*, Forens Psychiatr Psychol Kriminol).

ders., Pädophilie in der funktionellen Bildgebung, Forensische Psychiatrie, Psychologie, Kriminologie 6 (2012), 62–63 (zitiert: *König*, Forens Psychiatr Psychol Kriminol).

Koriath, Heinz, Das Brett des Karneades, JA 1998, 250–257.

Kornadt, Hans-Joachim, Willensfreiheit: Empirische Tatsache und theoretisches Problem in der Psychologie, in: *Cranach, Mario von/Foppa, Klaus* (Hrsg.), Freiheit des Entscheidens und Handelns. Ein Problem der nomologischen Psychologie, Heidelberg 1996, S. 21–55.

Kornhuber, Hans Helmut/Deecke, Lüder, Hirnpotentialänderungen beim Menschen vor und nach Willkürbewegungen, dargestellt mit Magnetbandspeicherung und Rückwärtsanalyse, Pflügers Arch Physiol 281 (1964), 52.

dies., Hirnpotentialänderungen bei Willkürbewegungen und passiven Bewegungen des Menschen: Bereitschaftspotential und reafferente Potentiale, Pflügers Arch Physiol 281 (1965), 1–17.

dies., Bereitschaftspotential und Willensfreiheit, SANP 159 (2008), 133.

dies., Willer und Gehirn, in: *Petzold, Hilarion G./Sieper, Johanna* (Hrsg.), Der Wille, die Neurobiologie und die Psychotherapie. Zwischen Freiheit und Determination, Bd. 1, Bielefeld, Locarno 2008, S. 77–176.

Krey, Volker/Esser, Robert, Deutsches Strafrecht, Allgemeiner Teil, 6. Aufl., Stuttgart 2016.

Kringiel, Danny, Leben mit dem Menschenfresser. Serienmörder Jeffrey Dahmer, SPIEGEL einestages v. 15.02.2012, http://einestages.spiegel.de/external/ShowTopicAlbum-Background/a24364/l17/l0/F.html#featuredEntry (Stand: 07.04.2018).

Kröber, Hans-Ludwig, Die psychiatrische Diskussion um die verminderte Zurechnungs- und Schuldfähigkeit, in: *ders./Albrecht, Hans-Jörg* (Hrsg.), Verminderte Schuldfähigkeit und psychiatrische Maßregel, Baden-Baden 2001, S. 33–68.

ders., War Raskolnikov schuldfähig?, Hirnforschung, Entscheidungsfreiheit und strafrechtliche Verantwortlichkeit, in: *Norbert Elsner/Gerd Lüer* (Hrsg.), >>... sind eben alles Menschen. Verhalten zwischen Zwang, Freiheit und Verantwortung, Göttingen 2005, S. 243–262.

ders., Die Debatte über den freien Willen – Konsequenzen für die forensische Psychiatrie?, in: *Stompe, Thomas/Schanda, Hans* (Hrsg.), Der freie Wille und die Schuldfähigkeit. in Recht, Psychiatrie und Neurowissenschaften, Bd. 1, Berlin 2010, S. 223–234.

ders., Leugnen der Tat und Tatbearbeitung in der prognostischen Begutachtung, Forensische Psychiatrie, Psychologie, Kriminologie 4 (2010), 32–38 (zitiert: *Kröber*, Forens Psychiatr Psychol Kriminol).

ders., Töten ist menschlich, DIE ZEIT v. 11.10.2012.

Krümpelmann, Justus, Die Neugestaltung der Vorschriften über die Schuldfähigkeit durch das Zweite Strafrechtsreformgesetz vom 4. Juli 1969, ZStW 88 (1976), 6–39.

Kubink, Michael/Söffing, Jan, Moderne Kriminalpolitik im Lichte von Sicherheitsverständnissen und neuen Erkenntnissen der Hirnforschung, in: *Barton, Stephan* (Hrsg.), "...weil er für die Allgemeinheit gefährlich ist!". Prognosegutachten, Neurobiologie, Sicherungsverwahrung, Baden-Baden 2006, S. 37–48.

Küchenhoff, Berhard, Willensfreiheit und psychische Erkrankung, in: *Heinze, Martin/Fuchs, Thomas/Reischies, Friedel M.* (Hrsg.), Willensfreiheit – eine Illusion? Naturalismus und Psychiatrie, Berlin 2006, S. 195–203.

ders., Willensfreiheit und psychische Erkrankung, Schweizer Archiv für Neurologie und Psychiatrie 158 (2007), 129–132 (zitiert: *Küchenhoff*, SANP).

Kuhl, Julius, Wille, Freiheit, Verantwortung: Alte Antinomien aus experimentalpsychologischer Sicht, in: *Cranach, Mario von/Foppa, Klaus* (Hrsg.), Freiheit des Entscheidens und Handelns. Ein Problem der nomologischen Psychologie, Heidelberg 1996, S. 186–218.

Kühl, Kristian, Strafrecht. Allgemeiner Teil, 8. Aufl., München 2017.

Küppers, Günter /Paslack, Rainer, Die natürlichen Ursachen von Ordnung und Organisation, in: *Küppers, Günter* (Hrsg.), Chaos und Odnung. Formen der Selbstorganisation in Natur und Gesellschaft, Stuttgart 1996, S. 44–60.

Lackinger, Fritz, Newsletter IGF Wien, Interview des therapeutischen Leiters des FTZW – Forensisch therapeutisches Zentrum Wien 2007/02, Dr. Fritz Lackinger für die Zeitschrift, v. 4.9.2007.

Lackner, Karl, Prävention und Schuldfähigkeit. Zur Verknüpfung von Schuld und Prävention bei der Konstituierung des Begriffs der Schuldunfähigkeit, in: *Gössel, Karl Heinz/Kaufmann, Heinz* (Hrsg.), Strafverfahren im Rechtsstaat. Festschrift für Theodor Kleinknecht zum 75. Geburtstag am 18. August 1985, München 1985, S. 245–266.

Lackner, Karl/Kühl, Kristian, Strafgesetzbuch. Kommentar, 29. Aufl., München 2018 (zitiert: *Lackner/Kühl*).

Lagodny, Otto, Strafrecht vor den Schranken der Grundrechte. Die Ermächtigung zum strafrechtlichen Vorwurf im Lichte der Grundrechtsdogmatik dargestellt am Beispiel der Vorfeldkriminalisierung, Tübingen 1996.

La Mettrie, Julien Offray, L'Homme machine, 1747, Der Mensch eine Maschine, dt. Ausgabe, Stuttgart 2015.

Lammel, Matthias, Die erheblich verminderte Steuerungsfähigkeit, in: *Kröber, Hans-Ludwig/Albrecht , Hans- Jörg* (Hrsg.), Verminderte Schuldfähigkeit und psychiatrische Maßregel, Baden-Baden 2001, S. 87–127.

Lampe, Ernst-Joachim, Die Problematik der Gleichstellung von Handeln und Unterlassen im Strafrecht, ZStW 79 (1967), 476–514.

ders., Willensfreiheit und strafrechtliche Unrechtslehre, ZStW 118 (2006), 1–43.

Lange, Richard, Hirnforschung und Kriminologie, ZStW 97 (1985), 121–142.

ders., Auf dem Wege zur anthropologischen Kriminologie, ZStW 100 (1988), 81–111.

ders., Ist Schuld möglich?, in: *Kaufmann, Arthur* (Hrsg.), Festschrift für Paul Bockelmann zum 70. Geburtstag am 7. Dezember 1978, München 1989, S. 261–278.

Laplace, Pierre Simon de, Philosophischer Versuch über die Wahrscheinlichkeit, (1814), 2. Aufl., Frankfurt a. M., Reprint 1996.

Laufs, Adolf, Der aktuelle Streit um das alte Problem der Willensfreiheit. Eine kritische Bestandsaufnahme aus juristischer Sicht, Medizinrecht 2011, 1–7 (zitiert: *Laufs*, MedR).

Lenckner, Theodor, Strafe, Schuld und Schuldfähigkeit, in: *Göppinger, Hans/Witter, Hermann* (Hrsg.), Handbuch der forensischen Psychiatrie, Bd. 1, Berlin, Heidelberg 1972, S. 3–280.

Leipziger Kommentar, Strafgesetzbuch, Einleitung §§ 1-31, Bd. 1, 11. Aufl., Berlin 2003 (zitiert: LK-*Bearbeiter,* 11. Aufl.).

Strafgesetzbuch, Einleitung §§ 1-31, Bd. 1, 12. Aufl., Berlin 2007 (zitiert: LK-*Bearbeiter,* 12. Aufl.).

Libet, Benjamin, Unconscious Cerebral Initiative and the Role of Conscious Will in Voluntary Action, Behavioral and Brain Sciences 8 (1985), 529–539.

ders., Do We Have Free Will?, Journal of Consciousness Studies 6 (1999), 47–57.

ders., Mind Time, Wie das Gehirn Bewusstsein produziert, Frankfurt a. M. 2005.

Libet B./Alberts, W. W./Wright, E. W./Delattre, L. D./Levin, G./Feinstein, B., Production of Threshold Level of Conscious Sensation by Electrical Stimulation of Human Somatosensory Cortex, Journal of Neurophysiology 27 (1964), 546–579.

Libet, Benjamin/Gleason, Curtis A./Wright, Elwood W./Pearl, Dennis K., Time of Conscious Intention to Act in Relation to Onset of Cerebral Activities (Readiness-Potential), Brain 106 (1983), 623–642.

Libet, Benjamin/Wright, Elwood W./Gleason, Curtis A. , Readiness Potentials Preceding Unrestricted Pre-Planned Voluntary Acts, Electroencephalography and Clinical Neurophysiology, 54 (1982), 322–335.

Lindemann, Michael, Wir müssen (und können) nicht aufhören, von Freiheit zu sprechen: Die Erkenntnisse der modernen Neurowissenschaften und das Schuldstrafrecht, in: *Barton, Stephan* (Hrsg.), "...weil er für die Allgemeinheit gefährlich ist!". Prognosegutachten, Neurobiologie, Sicherungsverwahrung, Baden-Baden 2006, S. 343–359.

ders., Recht und Neurowissenschaften, in: *Krüper, Julian* (Hrsg.), Grundlagen des Rechts, Baden-Baden 2011, S. 245–259.

Liszt, Franz v., Die deterministischen Gegner der Zweckstrafe, 1893, in: *ders.* (Hrsg.), Strafrechtliche Vorträge und Aufsätze, Bd. 2, Berlin 1905, S. 24–74.

ders., Die strafrechtliche Zurechnungsfähigkeit, 1896, in: *ders.* (Hrsg.), Strafrechtliche Vorträge und Aufsätze, Bd. 2, Berlin 1905, S. 214–229.

ders., Lehrbuch des Deutschen Strafrechts, 15. Aufl., Berlin 1905.

ders., Die deterministischen Gegner der Zweckstrafe, 1893, in: *Vormbaum, Thomas* (Hrsg.), Texte zur Strafrechtstheorie der Neuzeit, Bd. 2, Baden-Baden 1993, S. 187–202.

Loftus, Elizabeth, Our Changeable Memories: Legal and Practical Implications, Nature Reviews Neuroscience 4 (2003), 231–234.

Lombroso, Cesare, Der Verbrecher in anthropologischer, ärztlicher und juristischer Beziehung, Hamburg 1887.

Lück, Monika Strüber Daniel/Roth, Gerhard, Psychobiologische Grundlagen aggressiven und gewalttätigen Verhaltens, http://oops.uni-oldenburg.de/509/1/luepsy05.pdf (Stand: 07.04.2018).

Lüderssen, Klaus, Gebotene Zurechnung?, in: *Lüderssen, Klaus* (Hrsg.), Aufgeklärte Kriminalpolitik oder Kampf gegen das Böse?, Baden-Baden 1998, S. 307–318.

ders., Wir können nicht anders, FAZ v. 04.12.2003.

ders., Ändert die Hirnforschung das Strafrecht?, in: *Geyer, Christian* (Hrsg.), Hirnforschung und Willensfreiheit. Zur Deutung der neuesten Experimente, Frankfurt a. M. 2004, S. 98–102.

ders., Wer determiniert die Hirnforscher?, Frankfurter Rundschau v. 18.07.10, http://www.fr.de/kultur/was-ist-willensfreiheit-4-wer-determiniert-die-hirnforscher-a-1012539 (Stand: 07.04.18).

Luther, Carsten, Wie der Krieg Lust aufs Töten macht, ZEIT online v. 21.06.2012, http://www.zeit.de/politik/ausland/2012-06/syrien-kinder-gewalt-psychologie (Stand: 07.04.2018).

Maguire, E. A./Gadian, D. G./Johnsrude, I. S./Good, C. D./Ashburner, J./Frackowiak, R. S. J./Frith, C. D., Navigation-Related Structural Change in the Hippocampi of Tax Drivers, Proceedings of the National Academy of Sciences 97 (2000), 4398–4403.

Maier, Wolfgang/Helmchen, Hanfried/Saß, Henning, Hirnforschung und Menschenbild im 21. Jahrhundert, Nervenarzt 76 (2005), 543–545.

Mainzer, Klaus, Quanten, Chaos und Selbstorganisation. Philosophische Aspekte des physikalischen Weltbildes, in: *ders./Schirmacher, Walter* (Hrsg.), Quanten, Chaos und Dämonen, Speyer 1994.

Mangakis, Georgios A., Über das Verhältnis von Strafrechtsschuld und Willensfreiheit, ZStW 75 (1963), 499–540.

Markowitsch, Hans J., Warum wir keinen freien Willen haben. Der sogenannte frei Wille aus der Sicht der Hirnforschung, Psychologische Rundschau 55 (2004), 163–168.

ders., Tatort Gehirn. Auf der Suche nach dem Ursprung des Verbrechens, Frankfurt a.M. 2007.

ders., Tatort Gehirn, Zeitschrift für Neuropsychologie 20 (2009), 169–177.

Markowitsch Hans J./Reemtsma, Jan Philipp, Neuronen sind nicht böse, DER SPIEGEL 2007/31, 117-123.

Markowitsch, Hans J./Merkel, Reinhard, Das Gehirn auf der Anklagebank, Die Bedeutung der Hirnforschung für Ethik und Recht, in: *Bonhoeffer, Tobias/Gruss, Peter* (Hrsg.), Zukunft Gehirn. Neue Erkenntnisse, neue Herausforderungen. Ein Report der Max-Planck-Gesellschaft, München 2011, S. 224–252.

Marlie, Marcus, Schuldstrafrecht und Willensfreiheit. Ein Überblick, ZJS 2008, 41–46.

Maturana, Humberto R., Biologie der Realität, Frankfurt a.M. 1998.

Maunz, Theodor/Dürig, Günter, Grundgesetz. Kommentar, Bd. 1 (Stand: 2010).

Maurach, Reinhart/Zipf, Heinz, Strafrecht Allgemeiner Teil. Ein Lehrbuch, 8. Aufl., Heidelberg 1992.

Maurer, Ernstpeter, Der unverfügbare Wille – jenseits von freier Entscheidung und Determination, in: *Gestrich, Christof/Wabel, Thomas* (Hrsg.), Freier oder unfreier Wille? Handlungsfreiheit und Schuldfähigkeit im Dialog der Wissenschaften, Berlin 2005, S. 94–109.

Mausfeld, Rainer, Vom Sinn in den Sinnen. Wie kann ein biologisches System Bedeutung generieren?, in: *Norbert Elsner/Gerd Lüer* (Hrsg.), >>...sind eben alles Menschen. Verhalten zwischen Zwang, Freiheit und Verantwortung, Göttingen 2005, S. 47–79.

Max-Planck-Gesellschaft, Unbewusste Entscheidungen im Gehirn, Pressemitteilung v. 13.04.2008, http://www.mpg.de/562931/pressemitteilung20080409 (Stand: 07.04.2018).

Mayer, Max Ernst, Der Allgemeine Teil des deutschen Strafrechts, Heidelberg 1915.

Medicus, Fritz, Die Freiheit des Willens und ihre Grenzen, Tübingen 1926.

Meier, Bernd-Dieter, Strafrechtliche Sanktionen, 3. Aufl., Berlin, Heidelberg 2009.

Merkel, Adolf, Lehrbuch des Deutschen Strafrechts, Stuttgart 1889 (ziziert: A. Merkel).

Merkel, Grischa (geb. *Detlefsen*), Hirnforschung, Sprache und Recht, in: *Putzke, Holm /Hardtung, Bernhard/ Hörnle/Tatjana/Merkel/Reinhard*/u. a. (Hrsg.), Strafrecht zwischen System und Telos. Festschrift für Rolf Dietrich Herzberg zum siebzigsten Geburtstag, Tübingen 2008, S. 3–37 (zitiert: *G. Merkel*).

Merkel, Grischa (geb. *Detlefsen*)/*Roth, Gerhard,* Freiheitsgefühl, Schuld und Strafe, in: *Grün, Klaus-Jürgen/Friedman, Michel/Roth, Gerhard* (Hrsg.), Entmoralisierung des Rechts. Maßstäbe der Hirnforschung für das Strafrecht, Göttingen 2008, S. 54–95.

dies., Hirnforschung, Gewalt und Strafe – Erkenntnisse neurowissenschaftlicher Forschung für den Umgang mit Gewalttätern, in: *Stompe, Thomas/Schanda, Hans* (Hrsg.), Der freie Wille und die Schuldfähigkeit. in Recht, Psychiatrie und Neurowissenschaften, Bd. 1, Berlin 2010, S. 143–163.

dies., Langzeitverwahrung von Gewalttätern. Rechts- und neurowissenschaftliche Kritik am Straf- und Maßregelrecht, Humboldt Forum Recht 2010, 251–279 (zitiert: *G. Merkel/Roth*, HFR).

Merkel, Reinhard, Willensfreiheit und rechtliche Schuld. Eine strafrechtsphilosophische Untersuchung, Baden-Baden 2008 (zitiert: *R. Merkel*).

ders., „Reparaturanstalt" für verletzte Normen, Gehirn und Geist Dossier 2008/1, Zukunft des Gehirns, Interview von *Carsten Könneker*, 56–59 (zitiert: *R. Merkel*, G&G Dossier 2008/1, Zukunft des Gehirns).

ders., Schuld, Charakter und normative Ansprechbarkeit. Zu den Grundlagen der Schuldlehre Claus Roxins, in: *Heinrich, Manfred/Jäger, Christian/Schünemann, Bernd/u. a.* (Hrsg.), Festschrift für Claus Roxin zum 80. Geburtstag am 15. Mai 2011. Strafrecht als Scienta Universalis, Bd. 1, Berlin, New York 2011, S. 737–761.

ders., Ist "Willensfreiheit" eine Voraussetzung strafrechtlicher Schuld?, in: *Roth, Gerhard/Hubig, Stefanie/Bamberger, Heinz Georg* (Hrsg.), Schuld und Strafe. Neue Fragen. Tagungsband zur Tagung vom 19. Mai 2010 in Berlin, München 2012, S. 39–58.

Metzinger, Thomas, Die Selbstmodell-Theorie der Subjektivität: Eine Kurzdarstellung in sechs Schritten, in: *Herrmann, Christoph S./Pauen, Michael/Rieger, Jochem W./Schicktanz, Silke*(Hrsg.), Bewusstsein. Philosophie, Neurowissenschaften, Ethik, München 2005, S. 242–269.

Meyer, C./Rumpf, H. J./Hapke, U./Dilling, H./John, U., Lebenszeitprävalenz psychischer Störungen in der erwachsenen Allgemeinbevölkerung. Ergebnisse der TACOS Studie, Nervenarzt 71 (2000), 535–542.

Mezger, Edmund, Über Willensfreiheit, Sitzungsberichte der Bayrischen Akademie der Wissenschaften 1944, 1–28.

ders., Strafrecht. Ein Lehrbuch, 3. Aufl., München, Berlin 1949.

Mitsch, Wolfgang, Was ist die Sicherungsverwahrung und was wird aus ihr?, JuS 2011, 785–789.

ders., in: *Baumann, Jürgen/Weber, Ulrich/Mitsch, Wolfgang* (Hrsg.), Strafrecht Allgemeiner Teil. Lehrbuch, Bielefeld 2003.

Möllers, Christoph, Willensfreiheit durch Verfassungsrecht, in: *Lampe, Ernst-Joachim/Pauen, Michael/Roth, Gerhard* (Hrsg.), Willensfreiheit und rechtliche Ordnung, Frankfurt a. M. 2008, S. 250–275.

Moniz, Egas, Die präfrontale Leukotomie, European Archives of Psychiatry and Clinical Neuroscience 181 (1949), 591–602 (Zitiert: *Moniz,* Eur Arch Psychiatry Clin Neurosci).

Monyer, Hannah/Rösler, Frank/Roth, Gerhard/Scheich, Henning/Singer, Wolf/Elger, Christian/Friederici, Angela/Koch, Christof/Luhmann, Heiko/Malsburg, Christoph von der/Menzel, Randolf, Das Manifest, Gehirn und Geist 2004/6, 30–36 (zitiert: *Monyer/Rösler/Roth/Scheich/Singer/u.a.*, G&G).

Mosbacher, Andreas, Naturwissenschaftliche Scheingefechte um die Willensfreiheit, JR 2005, 61–62.

ders., Praktische Folgerungen aus dem Urteil des Bundesverfassungsgerichts zur Sicherungsverwahrung vom 4. Mai 2011 – 2 BvR 2365/09 u.a.– HRRS 2011 Nr. 488, HRRS 2011, 229–247.

ders., Sicherungsverwahrung im Übergang, NK 2012, 47–54.

Muckli, Lars/Naumer, Marcus J./Singer, Wolf, Bilateral Visual Field Maps in a Patient with Only One Hemisphere, Proceedings of the National Academy of Science 106 (2009),
13034–13039.

Müller, Jürgen L., Scanner in the court. Was leistet neurobiologische Forschung zu forensischen Fragestellungen?, in: *ders./Hajak, Göran* (Hrsg.), Willensbestimmung zwischen Recht und Psychiatrie. Krankheit, Behinderung, Berentung, Betreuung, Berlin, Heidelberg 2005, S. 131–133 (zitiert: *J. L. Müller*).

ders., Strukturelle und funktionelle MRT-Befunde bei "Psychopathy", Forensische Psychiatrie und Psychotherapie 13 (2006), 95–106.

ders., Neurobiologie der Aggressionsgenese, in: *ders.* (Hrsg.), Neurobiologie forensisch-relevanter Störungen. Grundlagen, Störungsbilder, Perspektiven, Stuttgart 2010, S. 127–138.

ders., Neurobiologische Forschung und ihr Stellenwert für die Beurteilung von Schuldfähigkeit und Prognose, in: *ders.* (Hrsg.), Neurobiologie forensisch-relevanter Störungen. Grundlagen, Störungsbilder, Perspektiven, Stuttgart 2010, S. 71–82.

ders., Neurobiologische Grundlagen der "Psychopathy", in: *ders.* (Hrsg.), Neurobiologie forensisch-relevanter Störungen. Grundlagen, Störungsbilder, Perspektiven, Stuttgart 2010, S. 314–330.

ders., Forensische Psychiatrie zwischen Psychopathologie und Neurowissenschaften, in: *Roth, Gerhard/Hubig, Stefanie/Bamberger, Heinz Georg* (Hrsg.), Schuld und Strafe. Neue Fragen. Tagungsband zur Tagung vom 19. Mai 2010 in Berlin, München 2012, S. 59–64.

Müller, Jürgen L./Sommer, Monika/Wagner, Verena/Lange, Kirsten/Taschler, Heidrun/Röder, Christian H./Schuierer, Gerhardt/Klein, Helmfried E./Hajak, Göran, Abnormalities in Emotion Processing within Cortical and Subcortical Regions in Criminal Psychopaths: Evidence from a Funktional Magnetic Resonance Imaging Study Using Pictures with Emotional Content, Biological Psychiatry 54 (2003), 152–162 (zitiert: *J. L. Müller/Sommer/Wagner/Lange/Taschler/u.a.*, Biol Psychiatry).

Müller, Sabine, Tiefe Hirnstimulation, in: *dies./Zaracko, Ariana/Groß, Dominik/Schmitz, Dagmar* (Hrsg.), Chancen und Risiken der Neurowissenschaften, 2009, 63–70 (zitiert: *S. Müller*).

Mundt, Christoph, Willensfreiheit aus psychiatrischer Sicht, in: *Tröger, Jochen* (Hrsg.), Wie frei ist unser Wille?, Heidelberg 2007, S. 59–86.

Muñoz Conde, Francisco, Über das "Feindstrafrecht", Berlin, Münster 2007.

Murmann, Uwe, Kritik des funktionalen Strafrechts, in: *Koriath, Heinz/Krack, Ralf/Radtke, Henning/Jehle, Jörg-Martin* (Hrsg.), Grundfragen des Strafrechts, Rechtsphilosophie und die Reform der Juristenausbildung. Wissenschaftliches Kolloquium aus Anlass des 70. Geburtstages von Prof. Dr. Fritz Loos am 23. Januar 2009 2010, S. 189–208.

Nass, Gustav, Der Mensch und die Kriminalität. Kriminalpsychologie. Die Strukturgesetze der Täterpersönlichkeit, Bd.1, Köln, Berlin 1959.

Nedopil, Norbert, Der freie Wille und die Schuldfähigkeit aus der Perspektive des forensisch-psychiatrischen Gutachters, in: *Stompe, Thomas/Schanda, Hans* (Hrsg.), Der freie Wille und die Schuldfähigkeit in Recht, Psychiatrie und Neurowissenschaften, Berlin 2010, S. 209–222.

Neufelder, Martin, Schuldbegriff und Verfassung, GA 1974, 289–307.

Neumann, Ulfried, Ontologische, funktionale und sozialethische Deutung des strafrechtlichen Schuldprinzips, in: *Lüderssen, Klaus* (Hrsg.), Aufgeklärte Kriminalpolitik oder Kampf gegen das Böse?, Baden-Baden 1998, S. 391–405.

Nida-Rümelin, Julian/Singer, Wolf, Erregungsmuster und gute Gründe. Über Bewusstsein und freien Willen, in: *Bonhoeffer, Tobias/Gruss, Peter* (Hrsg.), Zukunft Gehirn. Neue Erkenntnisse, neue Herausforderungen. Ein Report der Max-Planck-Gesellschaft, München 2011, S. 253–277.

Northoff, Georg, Personale Identität und operative Eingriffe in das Gehirn, Paderborn 2001.

ders., Freier Wille und Gehirn – eine neuro-relationale Hypothese, in: *Stompe, Thomas/Schanda, Hans* (Hrsg.), Der freie Wille und die Schuldfähigkeit in Recht, Psychiatrie und Neurowissenschaften, Berlin 2010, S. 37–62.

Northoff, Georg/Bermpohl, Felix, Cortical Midline Structures and the Self, Trends in Cognitive Sciences 8 (2004), 102–107.

Northoff, Georg/Heinzel, Alexander/Bermpohl, Felix/Niese, Robert/Pfennig, Andrea/ Pascual-Leone, Alvaro/Schlaug, Gottfried, Reciprocal Modulation and Attenuation in the Prefrontal Cortex: An fMRI Study on Emotional-Cognitive Interaction, Human Brain Mapping 21 (2004), 202–212.

Northoff, Georg/Witzel, Joachim G./Bogerts, Bernhard, Was ist "Neuroethik" – eine Disziplin der Zukunft?, Der Nervenarzt 77 (2006), 5–11.

Osterkorn, Martin, Zum Paradox von Ideologie und Pragmatik der §§ 20, 21 StGB. Zugleich ein Beitrag wider das Eskamotieren der Freiheitsproblematik aus der Schulddiskussion, Herdecke 1997.

Otto, Harro, Über den Zusammenhang von Schuld und menschlicher Würde, GA 1981, 481–497.

ders., Grundkurs Strafrecht, 7. Aufl., Berlin 2004.

Pauer-Studer, Herlinde, Autonomie: Ein Begriff und seine Bedeutungen, in: *Schmidinger, Heinrich/Sedmak, Clemens* (Hrsg.), Der Mensch – ein freies Wesen? Autonomie – Personalität – Verantwortung, Darmstadt 2005, S. 183–207.

Pauen, Michael, Illusion Freiheit?, Mögliche und unmögliche Konsequenzen der Hirnforschung, 2. Aufl., Frankfurt a. M. 2005.

Pauen, Michael/Roth Gerhard, Freiheit, Schuld und Verantwortung. Grundzüge einer naturalistischen Theorie der Willensfreiheit, Frankfurt a. M. 2008.

Pauen, Sabrina, Profil (Interview), Gehirn und Geist 2013/9, 48 (zitiert: *S. Pauen,* G&G).

Penfield, Wilder, The Excitable Cortex in Conscious Man, Liverpool 1958.

Penfield, Wilder/Rasmussen, Theodeore, The Cerebral Cortex of Man, New York 1950.

Penfield, Wilder/ Perot, Phanor, The Brain's Record of Auditory And Visual Experience, Brain 86 (1963), 595–696.

Petzold, Hilarion G./Sieper, Johanna, Wille, Wollen, Willensfreiheit aus der Sicht der Integrativen Therapie, in: *dies.* (Hrsg.), Der Wille, die Neurobiologie und die Psychotherapie. Zwischen Freiheit und Determination, Bd. 1, Bielefeld, Locarno 2008, S. 253–328.

Piefke, Martina/Markowitsch, Hans J., Neuroanatomische und neurofunktionelle Grundlagen gestörter kognitiv-emotionaler Verarbeitungsprozesse bei Straftätern, in: *Grün, Klaus-Jürgen/Friedman, Michel/Roth, Gerhard* (Hrsg.), Entmoralisierung des Rechts. Maßstäbe der Hirnforschung für das Strafrecht, Göttingen 2008, S. 96–130.

Pieroth, Bodo/Schlink, Bernhard, Grundrechte. Staatsrecht II, 28. Aufl., Heidelberg 2012.

Plack, Arno, Plädoyer für die Abschaffung des Strafrechts, München 1974.

Polaino-Orts, Miguel, Grenzen vorverlagerter Strafbarkeit: Feindstrafrecht, in: *Heinrich, Manfred/Jäger, Christian/Schünemann, Bernd/u. a.* (Hrsg.), Festschrift für Claus Roxin zum 80. Geburtstag am 15. Mai 2011. Strafrecht als Scienta Universalis, Bd. 1, Berlin, New York 2011, S. 91–111.

Ponseti, Gorge/Granert, Oliver/Jansen, Olav/Wolff, Stephan/Beier, Klaus/Neutze, Janina/Deuschl, Günther/Mehdorn, Hubertus/Siebner, Hartwig/Bosinski, Hartmud, Assessment of Pedophilia Using Hemodynamic Brain Response to Sexual Stimuli, Archives of General Psychiatry 69 (2012), 187–194.

Pöppel, Ernst, Grenzen des Bewußtseins. Wie kommen wir zur Zeit, und wie entsteht Wirklichkeit?, Frankfurt a. M., Leipzig 1997.

Pösl, Michael, Die Sicherungsverwahrung im Fokus von BVerfG, EGMR und BGH, ZJS 2011, 132–146.

Pothast, Ulrich, Die Unzulänglichkeit der Freiheitsbeweise. Zu einigen Lehrstücken aus der neueren Geschichte von Philosophie und Recht, Frankfurt a. M. 1980.

ders., Probleme bei der Rechtfertigung staatlicher Strafe, JA 1993, 104–110.

ders., Das Rechtfertigungselement Freiheit: Bleibende Schwächen, in: *Lüderssen, Klaus* (Hrsg.), Aufgeklärte Kriminalpolitik oder Kampf gegen das Böse?, Baden-Baden 1998, S. 135–146.

Prinz, Wolfgang, Freiheit oder Wissenschaft?, in: *Cranach, Mario von/Foppa, Klaus* (Hrsg.), Freiheit des Entscheidens und Handelns. Ein Problem der nomologischen Psychologie, Heidelberg 1996, S. 86–103.

ders., Der Mensch ist nicht frei. Ein Gespräch, in: *Geyer, Christian* (Hrsg.), Hirnforschung und Willensfreiheit. Zur Deutung der neuesten Experimente, Frankfurt a. M. 2004, S. 20–26.

ders., Neue Ideen tun Not, Gehirn und Geist 2004/6, 34–35 (zitiert: *Prinz,* G&G).

ders., Willensfreiheit als soziale Institution, in: *Hillenkamp, Thomas* (Hrsg.), Neue Hirnforschung – Neues Strafrecht? Tagungsband der 15. Max-Alsberg-Tagung am 28.10.2005 in Berlin, Baden-Baden 2006, S. 51–62.

Puppe, Ingeborg, Juristische Methodenlehre für die Strafrechtshausarbeit. Ein Trockenkurs für Vorgerückte, JA 1989, 345–364.

Radbruch, Gustav, Grundzüge der Rechtsphilosophie, Leipzig 1914.

ders., Entwurf eines Allgemeinen Deutschen Strafgesetzbuchs (1922), Nachdruck Tübingen 1952.

ders., Gesamtausgabe, Strafrechtsgeschichte, Bd. 11, Heidelberg 2001.

Raine, Adrian/Yang, Yaling, The Neuroanatomical Bases of Psychopathy: A Review of Brain Imaging Findings, in: *Patrick, Christopher* (Hrsg.), Handbook of Psychopathy, New York 2007, S. 278-295.

Rangel, Ulrike, Was macht Menschen zu dem, was sie sind?, Der Glaube an sozialen Determinismus als essentialistische Laientheorie in der sozialen Informationsverarbeitung, Mannheim 2009.

Rasch, Wilfried, Forensische Psychiatrie, 2. Aufl., Stuttgart u. a. 1999.

Rath, Jürgen, Aufweis der Realität der Willensfreiheit. Eine retorsive Reflexion zur Möglichkeit von Verantwortlichkeit in Ethik und (Straf-)Recht, Hamburg 2009.

Ratiu, Peter/Talos, Ion-Florin, The Tale of Phineas Gage, Digitally Remastered, New England Journal of Medicine 351 (2004), e 21, http://www.nejm.org/doi/full/10.1056/NEJMicm031024 (Stand: 07.04.2018).

Ravn, Ib, Chaos, Quarks und schwarze Löcher. Das ABC der neuen Wissenschaften, München 1997.

Reinelt, Ekkehart, Entscheidungsfreiheit und Recht – Determinismus contra Indeterminismus, NJW 2004, 2792–2794.

Reischies, Friedel M., Die Amplifikation stochastischer Effekte und Handlungsbeeinflussung – limitierter Indeterminismus und Spielraum, in: *Heinze, Martin/Fuchs, Thomas/ders.* (Hrsg.), Willensfreiheit – eine Illusion? Naturalismus und Psychiatrie, Berlin 2006, S. 103–120.

Remme, Marcel, Willensfreiheit und Gehirn, Notizblock 47 (2010), 3–10.

Rengier, Rudolf, Strafrecht. Allgemeiner Teil, 4. Aufl., München 2012.

ders., Strafrecht. Allgemeiner Teil, 9. Aufl., München 2017.

Rensch, Bernhard, Gesetzlichkeit, psychophysischer Zusammenhang, Willensfreiheit und Ethik, Berlin 1979.

Renzikowski, Joachim, Forensische Psychiatrie und Strafrechtswissenschaft, NJW 1990, 2905–2910.

Retz, Wolfgang, Genetik forensisch-relevanten Verhaltens, in: *Müller, Jürgen L.* (Hrsg.), Neurobiologie forensisch-relevanter Störungen. Grundlagen, Störungsbilder, Perspektiven, Stuttgart 2010, S. 96–108.

Rhodes, Marjorie/Leslie, Sarah-Jane/Tworek, Christina M., Cultural transmission of Social Essentialism, Proceedings of the National Academy of Sciences 109 (2012),
13526–13531 (zitiert: *Rhodes/Leslie/Tworek*, Cultural Transmission of Social Essentialism, PNAS).

Roeder, Hermann, Willensfreiheit und Strafrecht. Versuch einer gesellschaftsphilosophischen Grundlegung, Leipzig, Wien 1932.

Rosenberger, Michael, Determinismus und Freiheit. Das Subjekt als Teilnehmer, Darmstadt 2006.

Rösler, Frank, Es gibt Grenzen der Erkenntnis – auch für die Hirnforschung, Gehirn und Geist 2004/6, 32 (zitiert: *Rösler*, G&G).

Roth, Gerhard, Ist Willensfreiheit eine Illusion?, Biologie in unserer Zeit 28 (1998), 6–15.

ders., Das Gehirn und seine Wirklichkeit, 3. Aufl., Frankfurt a. M. 1999.

ders., Geist ohne Gehirn? Hirnforschung und das Selbstverständnis des Menschen, Forschung und Lehre 7 (2000), 249–251.

ders., Aus Sicht des Gehirns, Frankfurt a. M. 2003 (*Roth*, Aus Sicht des Gehirns, 2003) = *ders.*, www.irwish.de/PDF/Roth_Gerhard/Roth-Aus_Sicht_des_Gehirns.pdf (Stand: 15.04.2018).

ders., Aus Sicht des Gehirns, Frankfurt a. M. 2009 (*Roth*, Aus Sicht des Gehirns, 2009).

ders., Willensfreiheit, Verantwortlichkeit und Verhaltensautonomie des Menschen aus Sicht der Hirnforschung, in: *Dölling, Dieter* (Hrsg.), Jus humanum. Grundlagen des Rechts und Strafrecht, Festschrift für Ernst-Joachim Lampe zum 70. Geburtstag, Berlin 2003, S. 43.

ders., Das Problem der Willensfreiheit, Information Philosophie 2004, 14–21.

ders., Freier Wille, Verantwortlichkeit und Schuld, in: *Berlin-Brandenburgische Akademie der Wissenschaften* (Hrsg.), Zur Freiheit des Willens. Streitgespräch in der Wissenschaftlichen Sitzung der Versammlung der Berlin-Brandenburgischen Akademie der Wissenschaften am 27. Juni 2003, Berlin 2004, S. 63–70.

ders., Warum sind Lehren und Lernen so schwierig, Zeitschrift für Pädagogik 50 (2004), 496–506.

ders., Worüber dürfen Hirnforscher reden – und in welcher Weise?, in: *Geyer, Christian* (Hrsg.), Hirnforschung und Willensfreiheit. Zur Deutung der neuesten Experimente, Frankfurt a. M. 2004, S. 66–85.

ders., Worüber Hirnforscher reden dürfen – und in welcher Weise, Deutsche Zeitschrift für Philosophie 52 (2004), 223–224 (zitiert: *Roth*, DZPhil).

ders., Willensfreiheit und Schuldfähigkeit aus Sicht der Hirnforschung, v. 20.11.2004, http://tu-dresden.de/die_tu_dresden/fakultaeten/philosophische_fakultaet/ fak/zit/lehre/sose_2010/Willensfreiheit%20Roth.pdf (Stand: 07.06.2013).

ders., Willensfreiheit und Schuldfähigkeit aus Sicht der Hirnforschung, in: *Gestrich, Christof/Wabel, Thomas* (Hrsg.), Freier oder unfreier Wille? Handlungsfreiheit und Schuldfähigkeit im Dialog der Wissenschaften, Berlin 2005, S. 37–47.

ders., Diskussion zum Vortrag von Prof. Bieri, in: *Gestrich, Christof/Wabel, Thomas* (Hrsg.), Freier oder unfreier Wille? Handlungsfreiheit und Schuldfähigkeit im Dialog der Wissenschaften, Berlin 2005, S. 32–36.

ders., Diskussion zum Vortrag von Prof. Dr. Hillenkamp, in: *Gestrich, Christof/Wabel, Thomas* (Hrsg.), Freier oder unfreier Wille? Handlungsfreiheit und Schuldfähigkeit im Dialog der Wissenschaften, Berlin 2005, S. 90–93.

ders., Diskussion zum Vortrag von Prof. Roth, in: *Gestrich, Christof/Wabel, Thomas* (Hrsg.), Freier oder unfreier Wille? Handlungsfreiheit und Schuldfähigkeit im Dialog der Wissenschaften, Berlin 2005, S. 48–52.

ders., Wer entscheidet, wenn ich entscheide?, in: *Norbert Elsner/Gerd Lüer* (Hrsg.), >>…sind eben alles Menschen. Verhalten zwischen Zwang, Freiheit und Verantwortung, Göttingen 2005, S. 223–241.

ders., Homo neurobiologicus - ein neues Menschenbild?, Aus Politik und Zeitgeschichte 2008, 6–12 (zitiert: *Roth*, APuZ) .

ders., Fühlen, Denken, Handeln. Wie das Gehirn unser Verhalten steuert, Frankfurt a. M. 2009.

ders., Willensfreiheit und Schuldfähigkeit aus Sicht der Hirnforschung, in: *ders./ Grün, Klaus-Jürgen* (Hrsg.), Das Gehirn und seine Freiheit. Beiträge zur neurowissenschaftlichen Grundlegung der Philosophie, 3. Aufl., Göttingen 2009, S. 9–27.

ders., Lässt sich Willensfreiheit empirisch überprüfen, und welche Konsequenzen hätte das mögliche Resultat?, in: *Fuchs, Thomas/Schwarzkopf, Grit* (Hrsg.), Verantwortlichkeit - nur eine Illusion?, Heidelberg 2010, S. 147–171.

Roth, Gerhard/Lück, Monika/Strüber, Daniel, "Freier Wille" und die Schuld von Gewaltstraftätern aus Sicht der Hirnforschung und Neuropsychologie, Neue Kriminalpolitik 2006, 55–59.

dies., Schuld und Verantwortung von Gewaltstraftätern aus Sicht der Hirnforschung und Neuropsychologie, in: *Barton, Stephan* (Hrsg.), "...weil er für die Allgemeinheit gefährlich ist!". Prognosegutachten, Neurobiologie, Sicherungsverwahrung, Baden-Baden 2006, S. 335–342.

Roth, Gerhard/ Merkel, Grischa, Haltet den Richter!, Frankfurter Rundschau v. 26.06.2010.

Rothärmel, Sonja, Eingriffe in Gehirn und Genom mit dem Ziel oder dem Risiko der Persönlichkeitsveränderung, in: *Hübner, Dietmar* (Hrsg.) Dimension der Person: Genom und Gehirn, Paderborn 2006, S. 130–149.

Roxin, Claus, Sinn und Grenzen staatlicher Strafe, JuS 1966, 377–387.

ders., Kriminalpolitische Überlegungen zum Schuldprinzip, MschrKrim 56 (1973), 316–325.

ders, „Schuld" und „Verantwortlichkeit" als strafrechtliche Systemkategorien, in: *Roxin, Claus/Bruns, Hans-Jürgen/Jäger, Herbert* (Hrsg.), Festschrift für Heinrich Henkel zum 70. Geburtstag am 12. September 1973. Grundfragen der gesamten Strafrechtswissenschaft, Berlin, New York 1974, S. 173–197.

ders., Zur Problematik des Schuldstrafrechts, ZStW 96 (1984), 641–660.

ders., Strafrecht Allgemeiner Teil. Grundlagen. Der Aufbau der Verbrechenslehre, Bd.1, 4. Aufl., München 2006.

Rudolphi, Hans-Joachim, Affekt und Schuld, in: *Roxin, Claus/Bruns, Hans-Jürgen/ Jäger, Herbert* (Hrsg.), Festschrift für Heinrich Henkel zum 70. Geburtstag am 12. September 1973. Grundfragen der gesamten Strafrechtswissenschaft, Berlin, New York 1974, S. 199–214.

ders., Der Zweck staatlichen Strafens und die strafrechtlichen Zurechnungsformen, in: *Schünemann, Bernd* (Hrsg.), Grundfragen des modernen Strafrechtssystems, Berlin, New York 1984, S. 69–84.

Rüping, Hinrich/Jerouschek, Günter, Grundriss der Strafrechtsgeschichte, 6. Aufl., München 2011.

Rushton, John Philippe, Genetic And Environmental Contributions to Pro-Social Attitudes: A Twin Study of Social Responsibility, Proceedings of the Royal Society B: Biological Sciences 271 (2004), 2583–2585 (zitiert: *Rushton*, Genetic And Environmental Contributions to Pro-Social Attitudes, Proc Biol Sci).

Ruske, Alexander, Ohne Schuld und Sühne. Versuch einer Synthese der Lehren der défense sociale und der kriminalpolitischen Vorschläge der modernen deutschen Hirnforschung, Berlin 2011.

Rzepka, Dorothea, Wider einfache Lösungen: "Kriminalität" aus kriminologisch-sozialwissenschaftlicher Perspektive, in: *Barton, Stephan* (Hrsg.), "...weil er für die Allgemeinheit gefährlich ist!". Prognosegutachten, Neurobiologie, Sicherungsverwahrung, Baden-Baden 2006, S. 119–139.

Sabbatini, Renato M. E., The History of Psychosurgery, Brain and Mind v. 14.06.1997, http://www.cerebromente.org.br/n02/historia/psicocirg_i.htm (Stand: 07.04.2018).

Sachs, Michael, Verfassungsrecht II, Grundrechte, 3. Aufl., Berlin 2017.

Sack, Fritz/König, René (Hrsg.), Kriminalsoziologie, Frankfurt a. M. 1968.

Saimeh, Nahlah, Differentielle Konzepte zur Dissozialität, https://www.lwl.org/527-download/pdf/Saimeh_Differentielle_Konzepte_zur_Dissozialitaet.pdf (Stand: 07.04.2018).

Saß, Henning, Persönlichkeitsbegriff und Menschenbild in der forensischen Psychiatrie, in: *Dölling, Dieter* (Hrsg.), Jus humanum. Grundlagen des Rechts und Strafrecht, Festschrift für Ernst-Joachim Lampe zum 70. Geburtstag, Berlin 2003, S. 183–198.

Saver, Jeffrey L./Damásio, Antonio R., Preserved Access and Processing of Social Knowledge in a Patient With Acquired Sociopathy Due to Ventromedial Frontal Damage, Neuropsychologia 29 (1991), 1241–1249.

Scheffler, Uwe, Die Rechtsprechung des Bundesgerichtshofes zur Strafbarkeit der Mitwirkung am Suizid – besser als ihr Ruf?, Rechtsprechung zur Strafbarkeit der Mitwirkung am Suizid, Jahrbuch für Recht und Ethik 7 (1999), 341–377.

Schick, Stefan, Feindstrafrecht als regulative Idee, ZIS 2012, 46–60.

Schiemann, Anja, Kann es einen freien Willen geben? – Risiken und Nebenwirkungen der Hirnforschung für das deutsche Strafrecht, NJW 2004, 2056–2059.

ders., Die Willensfreiheit und das Schuldstrafrecht – eine überflüssige Debatte, ZJS 2012, 774–777.

ders., Unbestimmte Schuldfähigkeitsfeststellungen. Verstoß der §§ 20, 21 StGB gegen den Bestimmtheitsgrundsatz nach Art. 103 II GG, Berlin, Münster 2012.

Schiffer, Boris/Paul, Thomas/Gizewski, Elke/Forsting, Michael/Leygraf, Norbert/Schedlowski, Manfred/Krüger, Tillmann H. C., Functional Brain Correlates of Heterosexual Paedophilia, Neuroimage 41 (2008), 80–91.

Schiffer, Boris/Peschel, Thomas/Paul, Thomas/Gizewski, Elke/Michael, Forsting/ Leygraf, Norbert/Schedlowski, Manfred/Krüger, Tillmann H. C., Structural Brain Abnormalities in the Frontostriatal System and Cerebrellum in Pedophilia, Journal of Psychiatric Research 41 (2007), 753–762.

Schild, Wolfgang, Nomoskommentar, Strafgesetzbuch, Bd. 1, *Kindhäuser, Urs/ Neumann, Ulfried/Paeffgen, Hans-Ullrich* (Hrsg.) 5. Auflage, Baden-Baden 2017 (zitiert: NK-*Schild*, StGB).

ders., (Un)Freiheit in rechtlicher Sicht, in: *Buchheim, Thomas/Pietrek, Torsten* (Hrsg.), Freiheit auf Naturbasis?, Paderborn 2007, S. 155–178.

Schiltz, Kolja/Witzel, Joachim/Northoff, Georg/Zierhut, Kathrin/Gubka, Udo/Fellmann, Hermann/Kaufmann, Jörn/Tempelmann, Claus/Wiebking, Christine/ Bogerts, Bernhard, Brain Pathology in Pedophilic Offenders, Evidence of Volume Reduction in the Right Amygdala and Related Diencephalic Structures, Archives of General Psychiatry 64 (2007), 737–746 (zitiert: *Schiltz/Witzel/Northoff/Zierhut/Gubka/Fellmann/Kaufmann/ Tempelmann/Wiebking/Bogerts*, Brain Pathology in Pedophilic Offenders, Arch Gen Psychiatry).

Schiltz, Kolja/Witzel, Joachim G./Bausch-Hölterhoff, Josef/Bogerts, Bernhard, Die Rolle neuropsychiatrischer Erkrankungen bei Gewaltdelinquenz, Forensische Psychiatrie und Psychotherapie 14 (2007), 65–82.

Schiltz, Kolja/Witzel, Joachim G./Bogerts, Bernhard, Hirnstrukturelle Auffälligkeiten bei pädophilen Patienten im Maßregelvollzug, Forensische Psychiatrie und Psychotherapie 13 (2006), 59–77.

Schleim, Stephan, Die Hirnforschung und die Mär von der Freiheit, http://www.heise.de/tp/artikel/28/28025/1.html (Stand: 07.04.2018).

ders., Die Neurogesellschaft. Wie die Hirnforschung Recht und Moral herausfordert, Hannover 2011.

Schlick, Moritz, Fragen der Ethik, 2. Aufl., Frankfurt am Main 2002.

Schlimme, Jann E., Wollen wir uns unserer selbst vergewissern? – Zur Debatte um die menschliche Willensfreiheit und den neuronalen Determinismus, SANP 158 (2007), 97–106.

Schmidhäuser, Eberhard/Hilgendorf, Eric, Vom Sinn der Strafe, Berlin 2004.

Schmidt, Eberhard, Einführung in die Geschichte der deutschen Strafrechtspflege, 2. Aufl., Göttingen 1951.

Schmidt, Marco F. H./Sommerville, Jessica A., Fairness Expectations and Altruistic Sharing in 15-Month-Old Human Infants, PLoS ONE 10 (2011), 1–7.

Schnabel, Ulrich, Der unbewusste Wille, DIE ZEIT online v. 17.04.2008, http://www.zeit.de/2008/17/Freier-Wille (Stand: 07.04.2018).

Schöch, Heinz, 1. Schulenstreitfall, in: *Kaiser, Günther/ders.* (Hrsg.), Kriminologie, Jugendstrafrecht, Strafvollzug, 7. Aufl. 2010, S. 1–26.

Schockenhoff, Eberhard, Wir Phantomwesen. Über zerebrale Kategorienfehler, FAZ v. 17.11.2003.

ders., Wir Phantomwesen. Über zerebrale Kategorienfehler, in: *Geyer, Christian* (Hrsg.), Hirnforschung und Willensfreiheit. Zur Deutung der neusten Experimente, Frankfurt a. M. 2004, S. 166–170.

ders., Diskussion zum Vortrag von Prof. Schockenhoff, in: *Gestrich, Christof/Wabel, Thomas* (Hrsg.), Freier oder unfreier Wille? Handlungsfreiheit und Schuldfähigkeit im Dialog der Wissenschaften, Berlin 2005, S. 67–71.

ders., Der freie Wille – ein problemgeschichtlicher Abriss, in: *Stompe, Thomas/Schanda, Hans* (Hrsg.), Der freie Wille und die Schuldfähigkeit in Recht, Psychiatrie und Neurowissenschaften, Berlin 2010, S. 3–14.

Schönke, Adolf/Schröder, Horst, Strafgesetzbuch, Kommentar, 28. Aufl. 2010 (zitiert: Sch/Sch-*Bearbeiter*).

Schopenhauer, Arthur, Über die Freiheit des Willens, 1839, in: *Vormbaum, Thomas* (Hrsg.), Texte zur Strafrechtstheorie der Neuzeit, Bd. 2, Baden-Baden 1993, S. 77–85.

ders., Über die Freiheit des menschlichen Willens, in: *ders.* (Hrsg.), Die beiden Grundprobleme der Ethik. Behandelt in zwei akademischen Preisschriften 2007, S. 41–142.

Schörcher, Fritz, Zum Streit um die Willensfreiheit, ZStW 77 (1965), 240–252.

Schramme, Thomas, Psychische Krankheit in wissenschaftlicher und lebensweltlicher Perspektive, in: *Herrmann, Christoph S./Pauen, Michael/Rieger, Jochem W./Schicktanz, Silke* (Hrsg.), Bewusstsein. Philosophie, Neurowissenschaften, Ethik, München 2005, S. 383–406.

Schreiber, Hans-Ludwig, Was heißt heute strafrechtliche Schuld und wie kann der Psychiater bei ihrer Feststellung mitwirken?, Der Nervenarzt 48 (1977), 242–247.

ders., Rechtliche Verantwortlichkeit und Schuld, in: *Thomas, Konrad* (Hrsg.), Schuld. Zusammenhänge und Hintergründe, Frankfurt a. M., New York 1990, S. 61–73.

ders., Ist der Mensch für sein Verhalten rechtlich verantwortlich?, Jahrbuch für Wissenschaft und Ethik 2005, 23–33.

ders., Ist der Mensch für sein Verhalten rechtlich verantwortlich?, in: *Kern, Bernd Rüdiger* (Hrsg.), FS Laufs, Humanoira. Medizin, Recht, Geschichte, Berlin 2006, S. 1069–1978.

Schreiber, Hans-Ludwig/Rosenau, Henning, Rechtliche Grundlagen der psychiatrischen Begutachtung, in: *Foerster, Klaus/Dreßing, Harald* (Hrsg.), Venzlaff/Foerster, Psychiatrische Begutachtung, 5. Aufl., München 2008, S. 77–152 (zitiert: *Schreiber/Rosenau*, in: *Venzlaff/Forster*).

Schroth, Ulrich, Strafe ohne nachweisbaren Vorwurf, in: *Heinrich, Manfred/Jäger, Christian/Schünemann, Bernd/u. a.* (Hrsg.), Festschrift für Claus Roxin zum 80. Geburtstag am 15. Mai 2011. Strafrecht als Scienta Universalis, Bd. 1, Berlin, New York 2011, S. 705–722.

Schubert, Werner (Hrsg.), Strafgesetzbuch für den Norddeutschen Bund, Entwurf vom 14.02.1870 (Reichstagvorlage), Reprint 1992, Frankfurt a. M.

Schultz, Hans, Kriminalpolitische Bemerkungen zum Entwurf eines Strafgesetzbuches, E 1962, JZ 1966, 113–123.

Schünemann, Bernd, Die Funktion des Schuldprinzips im Präventionsstrafrecht, in: *ders.* (Hrsg.), Grundfragen des modernen Strafrechtssystems, Berlin, New York 1984, S. 153–195.

ders., Zum gegenwärtigen Stand der Lehre von der Strafrechtsschuld, in: *Dölling, Dieter* (Hrsg.), Jus humanum. Grundlagen des Rechts und Strafrecht, Festschrift für Ernst-Joachim Lampe zum 70. Geburtstag, Berlin 2003, S. 537–559.

Schwartz, Jeffrey M./Begley, Sharon, The Mind and the Brain. Neuroplasticity and the Power of Mental Force, New York 2002.

Schwerdtner, Johannes A./Müller, Jürgen L., Aspekte zur Schuldfähigkeit psychopathischer Persönlichkeiten bei der strafrechtlichen Begutachtung, in: *Müller, Jürgen L./Hajak, Göran* (Hrsg.), Willensbestimmung zwischen Recht und Psychiatrie. Krankheit, Behinderung, Berentung, Betreuung, Berlin, Heidelberg 2005, S. 135–141.

Schwind, Hans-Dieter, Kriminologie. Eine praxisorientierte Einführung mit Beispielen, 20. Aufl., Heidelberg 2010.

Singer, Wolf, Der Beobachter im Gehirn. Essays zur Hirnforschung, Frankfurt a.M. 2002.

ders., Ein neues Menschenbild. Gespräche über Hirnforschung, Frankfurt a.M. 2003.

ders., Verschaltungen legen uns fest, in: *Geyer, Christian* (Hrsg.), Hirnforschung und Willensfreiheit. Zur Deutung der neuesten Experimente, Frankfurt a. M. 2004, S. 30–65.

ders., Selbsterfahrung und neurobiologische Fremdbeschreibung. Zwei konfliktträchtige Erkenntnisquellen, Deutsche Zeitschrift für Philosophie 52 (2004), 235–255 (zitiert: *Singer*, DZPhil 52).

ders., Grenzen der Intuition: Determinismus oder Freiheit?, in: *Kiesow, Rainer Maria/Ogorek, Regina/Simitis, Spiros* (Hrsg.), Summa. Dieter Simon zum 70. Geburtstag, Frankfurt a.M. 2005, S. 529–538.

ders., Selbsterfahrung und neurobiologische Fremdbestimmung. Zwei konfliktträchtige Erkenntnisquellen, in: *Schmidinger, Heinrich/Sedmak, Clemens* (Hrsg.), Der Mensch – ein freies Wesen? Autonomie – Personalität – Verantwortung, Darmstadt 2005, S. 135–160.

ders., Wann und warum erscheinen uns unsere Handlungen als frei? Ein Nachtrag, Deutsche Zeitschrift für Philosophie 53 (2005), 707–722 (zitiert: *Singer*, DZPhil 53).

ders., Vom Gehirn zum Bewusstsein, Frankfurt a.M. 2006.

ders., Selbsterfahrung und neurobiologische Fremdbestimmung. Zwei konfliktträchtige Erkenntnisquellen, in: *Petzold, Hilarion G./Sieper, Johanna* (Hrsg.), Der Wille, die Neurobiologie und die Psychotherapie. Zwischen Freiheit und Determination, Bd. 1, Bielefeld, Locarno 2008, S. 197–227.

Sinn, Arndt, Moderne Verbrechensverfolgung – auf dem Weg zu einem Feindstrafrecht?, ZIS 2006, 107–117.

Solms, Mark, Totgesagte leben länger, Gehirn und Geist 2006/1-2, 50–53 (zitiert: *Solms*, G&G).

Solms, Mark/Kaplan-Solms, Karen, Neuro-Psychoanalyse: Eine Einführung mit Fallstudien, 3. Aufl., Stuttgart 2007.

Spaemann, Robert, Personen. Versuche über den Unterschied zwischen „etwas“ und „jemand“, Stuttgart 1996.

Spilgies, Gunnar, Die Bedeutung des Determinismus-Indeterminismus-Streits für das Strafrecht. Über die Nichtbeachtung der Implikationen eines auf Willensfreiheit gegründeten Schuldstrafrechts, Hamburg 2004.

ders., Die Kritik der Hirnforschung an der Willensfreiheit als Chance für eine Neudiskussion im Strafrecht. Mit einer Replik auf Kudlich, HRRS 2004, 217 ff., HRRS 2005, 43–52.

ders., Zwischenruf: Die Debatte über "Hirnforschung und Willensfreiheit" im Strafrecht ist nicht falsch insziniert!, ZIS 2007, 155–161.

Stålenheim, E. G./Von Knorring, L., Psychopathy and Axis I and Axis II Psychiatric Disorders in a Forensic Psychiatric Population in Sweden, Acta Psychiatrica Scandinavica 94 (1996), 217–223.

Stratenwerth, Günther, Schuld und Sühne, Evangelische Theologie 18 (1958), 337–353.

Stübinger, Stephan, Nicht ohne meine Schuld!, Kritik der systemtheoretischen Reformulierung des Strafrechts am Beispiel der Schuldlehre von Günther Jakobs, KJ 26 (1993), 33–48.

Svec, Bettina, Existiert echter Altruismus?, Welche Motive bestimmen unser Handeln wirklich?, in: Sociology in Switzerland (Hrsg.), Zürich 2012, http://socio.ch/health/t_bsvec.pdf (Stand: 07.04.2018).

Sykes, Gresham M./Matza, David, Techniken der Neutralisierung: Eine Theorie der Delinquenz, in: *Sack, Fritz/König, René* (Hrsg.), Kriminalsoziologie, Frankfurt a. M. 1968, S. 360–371.

Taubert, M./Draganski, B./Anwander, A./Muller, K./Horstmann, A./Villringer, A./Ragert, P., Dynamic Properties of Human Brain Structure: Learning-Related Changes in Cortical Areas and Associated Fiber Connections, Journal of Neuroscience 30 (2010),
11670–11677.

Tebartz v. Elst, Ludger, Alles so schön bunt hier. Gehirn-Scans sagen viel weniger aus, als in sie hineininterpretiert wird, DIE ZEIT v. 16.08.2007.

Thadeusz, Frank, Programmiert auf Unheil, SPIEGEL einestages 2012, 134–137.

Thielmann, Jochen, Alles in allem strafbar oder: Die Vorverlagerung der Vorfeldstrafbarkeit, Die Kollision der Unterstützung einer terroristischen Vereinigung gem. § 129a Abs. 5 StGB mit dem verfassungsrechtlichen Bestimmtheitsgebot des Art. 103 Abs. 2 GG, HRRS 2012, 458–465.

Thier, Peter, Die funktionelle Architektur des präfrontalen Kortex, in: *Karnath, Hans-Otto/Thier, Peter* (Hrsg.), Neuropsychologie, 2. Aufl., Heidelberg 2006, S. 471–478.

Thomae, Hans, Der Mensch in der Entscheidung, München 1960.

Thomas, Harry/Leiber, Theodor, Determinismus und Chaos in der Physik, in: *Mainzer, Klaus/Schirmacher, Walter* (Hrsg.), Quanten, Chaos und Dämonen, Speyer 1994.

Tiedemann, Klaus, Strafrechtspolitik und Dogmatik in den Entwürfen zu einem dritten Strafrechtsreformgesetz, Bonn 1970 (zitiert: *K. Tiedemann*).

Tiedemann, Paul, Menschenwürde als Rechtsbegriff. Eine philosophische Klärung, 3. Aufl., Berlin 2012 (zitiert: *P. Tiedemann*).

Tiemeyer, Jürgen, Grundlagenprobleme des normativen Schuldbegriffs, GA (1986), 203–227.

ders., Zur Möglichkeit eines erfahrungswissenschaftlich gesicherten Schuldbegriffs, ZStW 100 (1988), 527–566.

ders., Der "relative Indeterminismus" und seine Bedeutung für das Strafrecht, ZStW 105 (1993), 483–522.

Traeger, Ludwig, Wille, Determinismus, Strafe. Eine rechtsphilosophische Untersuchung, Berlin 1895.

Tretter, Felix/Grünhut, Christine, Der freie Wille und der "Homo neurobiologicus" – Perspektiven der Neurophilosophie, in: *Stompe, Thomas/Schanda, Hans* (Hrsg.), Der freie Wille und die Schuldfähigkeit in Recht, Psychiatrie und Neurowissenschaften, Berlin 2010, S. 63–85.

Trommsdorff, Gisela, Erleben von Handlungsfreiheit und Restriktionen, in: *Cranach, Mario von/Foppa, Klaus* (Hrsg.), Freiheit des Entscheidens und Handelns. Ein Problem der nomologischen Psychologie, Heidelberg 1996, S. 302–328.

Tugendhat, Ernst, Der Begriff der Willensfreiheit, in: *Cramer, Konrad/Fulda, Hans Friedrich/Horstmann, Rolf-Peter/Pothast, Ulrich* (Hrsg.), Theorie der Subjektivität, Frankfurt a. M. 1987, S. 373–393.

ders., Willensfreiheit und Determinismus, in: *Tröger, Jochen* (Hrsg.), Wie frei ist unser Wille?, Heidelberg 2007, S. 9–29.

Urbaniok, Frank/Hardegger, Judith/Rossegger, Astrid/Endrass, Jérome, Neurobiologischer Determinismus. Fragwürdige Schlussfolgerungen über menschliche Entscheidungsmöglichkeiten und forensische Schuldfähigkeit, in: *Senn, Marcel/Puskás, Dániel* (Hrsg.), Gehirnforschung und rechtliche Verantwortung. Fachtagung der Schweizerischen Vereinigung für Rechts- und Sozialphilosophie, 19. und 20. Mai 2006, Universität Bern, Stuttgart 2006, S. 117–137.

dies., Neurobiologischer Determinismus: Fragwürdige Schlussfolgerungen über menschliche Entscheidungsmöglichkeiten und forensische Schuldfähigkeit, Zeitschrift für Neuropsychologie 20 (2009) (zitiert: *Urbaniok/Hardegger/Rossegger/Endrass*, Z. Neuropsychol*)*.

Varela, Francisco, Ethisches Können, Frankfurt a.M., New York 1994.

Velleman, David J., What Happens When Someone Acts?, Mind 101 (1992), 461-481.

Verbeek, Bernhard, Der Geist ist ein Naturprodukt - Macht das unfrei und verantwortungslos?, in: *Oehler, Jochen* (Hrsg.), Der Mensch - Evolution, Natur und Kultur, Berlin, Heidelberg 2010, S. 155-163.

Vierkant, Tillmann, Worin besteht die Herausforderung der Kognitionswissenschaft an die Willensfreiheit wirklich?, in: *Buchheim, Thomas/Pietrek, Torsten* (Hrsg.), Freiheit auf Naturbasis?, Paderborn 2007, S. 69-87.

Villringer, Arno, Neuronale Plastizität, Forschungsperspektiven der Max-Planck-Gesellschaft 2010, 90-91.

Volckart, Bernd, Maßregelvollzug. Das Recht des Vollzuges der Unterbringung nach §§ 63, 64 StGB in einem psychiatrischen Krankenhaus und in einer Entziehungsanstalt, Neuwied 1997.

Vollmer, Gerhard, Willensfreiheit: Greifen die Argumente der Hirnforscher zu kurz?, Stellungnahmen von Ansgar Beckermann, Gottfried Seebaß, Holm Tetens und Gerhard Vollmer, Information Philosophie 33 (2005), 58-68.

Vormbaum, Thomas (Hrsg.), Texte zur Strafrechtstheorie der Neuzeit, Bd.2, Baden-Baden 1993.

Vormbaum, Thomas/Welp, Jürgen (Hrsg.), Das Strafgesetzbuch. Sammlung der Änderungsgesetze und Neubekanntmachungen, Bd. 1, 1870 bis 1953, Berlin 1999.

Walde, Bettina, Willensfreiheit und Hirnforschung. Das Freiheitsmodell des epistemischen Libertarismus, Paderborn 2006.

Walter, Henrik, Neurophilosophie der Willensfreiheit. Von libertarischen Illusionen zum Konzept natürlicher Autonomie, 2. Aufl., Paderborn 1999.

ders., Emotionales Denken statt kalter Vernunft. Das Konzept des Selbst in der Neurophilosophie der Willensfreiheit, in: *Newen, Albert/Vogeley, Kai* (Hrsg.), Selbst und Gehirn. Menschliches Selbstbewußtsein und seine neurobiologischen Grundlagen, Paderborn 2000, S. 265-290.

ders., Emotionale Dysfunktion, Psychopathie und kognitive Neurowissenschaft. Was gibt es Neues und was folgt daraus?, Der Nervenarzt 76 (2005), 557-568.

ders., Sind wir alle vermindert schuldfähig?, Zur Neurophilosophie der Verantwortlichkeit, in: *Barton, Stephan* (Hrsg.), "...weil er für die Allgemeinheit gefährlich ist!". Prognosegutachten, Neurobiologie, Sicherungsverwahrung, Baden-Baden 2006, S. 309-334.

ders., Was können wir messen?, Neuroimaging – eine Einführung in methodische Grundlagen, häufige Fehlschlüsse und ihr mögliche Bedeutung für Strafrecht und Menschenbild, in: *Schleim, Stephan/Spranger, Tade Matthias/ders.* (Hrsg.), Von der Neuroethik zum Neurorecht?, Göttingen 2009, S. 67–103.

Walter, Henrik/Herbold, Ann-Katrin, Acquired Psychopathy, in: *Müller, Jürgen* (Hrsg.), Neurobiologie forensisch-relevanter Störungen. Grundlagen, Störungsbilder, Perspektiven, Stuttgart 2010, S. 304–313.

Walter, Michael, Unzulässige Überinterpretation, Frankfurter Rundschau v. 05.07.2010.

ders., Verantwortungslose Neurowissenschaft, Frankfurter Rundschau v. 10.07.2010.

Walter, Tonio, Hirnforschung und Schuldbegriff. Rückschau und Zwischenbilanz, in: *Hoyer, Andreas/ Müller, Henning Ernst/Pawlik, Michael/Wolter, Jürgen* (Hrsg.),Festschrift für Friedrich-Christian Schroeder zum 70. Geburtstag, Heidelberg 2006, S. 131–144.

Weber, Ulrich, in: *Baumann, Jürgen/ders./Mitsch, Wolfgang* (Hrsg.), Strafrecht Allgemeiner Teil. Lehrbuch, Bielefeld 2003.

Wegner, Daniel M., The Illusion of Conscious Will, Massachusetts 2002.

Wegner, Daniel M./Wheatley, Thalia, Apparent Mental Causation, Sources of the Experience of Will, American Psychologist 54 (1999), 480–492.

Welzel, Hans, Persönlichkeit und Schuld, ZStW 60 (1941), 428–474.

ders., Das neue Bild des Strafrechtssystems, 3. Aufl., Göttingen 1957.

ders., Das deutsche Strafrecht. Eine systematische Darstellung, 11. Aufl., Berlin 1969.

Wessels, Johannes/Beulke, Werner, Strafrecht. Allgemeiner Teil, 38. Aufl., Heidelberg, München, u. a. 2008.

Wessels, Johannes/Beulke, Werner/Satzger, Helmut, Strafrecht. Allgemeiner Teil, 47. Aufl., Heidelberg, München, u. a. 2017.

Widiger, Thomas A./Hare, Robert/Rutherford, Megan/Alterman, Arthur/Corbitt, Elizabeth/Hart, Stephen/Woody, George/Cadoret, Remi J./Robins, Lee/Mary, Zanarini/Apple, Michelle/Forth, Adelle/Kultermann, Judith/Frances, Allen, DSM-IV Antisocial Personality Disorder Field Trial, Journal of Abnormal Psychology 105 (1996), 3–16.

Wiebking, Christine/Northoff, Georg, Pädophilie, in: *Müller, Jürgen L.* (Hrsg.), Neurobiologie forensisch-relevanter Störungen. Grundlagen, Störungsbilder, Perspektiven, Stuttgart 2010, S. 386–393.

Wolff, Ernst, Amadeus, Kausalität von Tun und Unterlassen. Eine strafrechtliche Untersuchung, Heidelberg 1965, S. 57 (zitiert: *E. A. Wolff*).

Wolff, Heinrich Amadeus, Die Willensfreiheit und die Grundrechte, JZ 2006, 925–930 (zitiert: *H. A. Wolff*).

Wolfslast, Gabriele, Die Regelung der Schuldfähigkeit im StGB, JA 1981, 464-470.

Wright, Georg Henrik von, Die menschliche Freiheit, in: *ders.* (Hrsg.) Normen, Werte und Handlungen, Frankfurt a. M. 1994, S. 209–255.

Wuketits, Franz M., Die Illusion des freien Willens, APuZ 2008, 3–5.

ders., Evolution zum freien Willen?, Der Wille in evolutionstheoretischer Sicht – Perspektiven für die Psychotherapie, in: *Petzold, Hilarion G./Sieper, Johanna* (Hrsg.), Der Wille, die Neurobiologie und die Psychotherapie. Zwischen Freiheit und Determination, Bd. 1, Bielefeld, Locarno 2008, S. 57–75.

ders., Evolution: Treibende Kräfte in Natur und Kultur, in: *Oehler, Jochen* (Hrsg.), Der Mensch – Evolution, Natur und Kultur, Berlin, Heidelberg 2010, S. 25–38.

Wunder, Michael, Demenz und Selbstbestimmung, EthikMed 2008, 17–25.

Zaalberg, Ap/Nijman, Henk/Bulten, Erik/Stroosma, Luwe/van der Staak, Cees, Effects of Nutritional Supplements on Aggression, Rule-Breaking, and Psychopathology Among Young Adult Prisoners, Aggressive Behavior 36 (2010), 117–126 (zitiert: *Zaalberg/Nijman/Bulten/Stroosma/van der Staak,* Effects of Nutritional Supplements on Aggression, Rule-Breaking, and Psychopathology Among Young Adult Prisoners, Aggr Behav).

Zabel, Benno, Rezension von *Detlefsen,* "Grenzen der Freiheit", HRRS 2007, 230–232.

Zilles, Karl, Hirnforschung widerlegt nicht Freiheit. Libet-Experiment mißt keine Willensentscheidung. Vortrag im Wissenschaftszentrum NRW am 17.11.2004, http://www.sprache-werner.info/28-X-Hirnforschung-widerlegt-nicht.2058.html (Stand: 07.04.2018).

ders., Neurowissenschaft und Strafrecht: Von Fakten und Phantasien, in: *Barton, Stephan* (Hrsg.), "...weil er für die Allgemeinheit gefährlich ist!". Prognosegutachten, Neurobiologie, Sicherungsverwahrung, Baden-Baden 2006, S. 49–69.

Zimmermann, Till, Das neue Recht der Sicherungsverwahrung (ohne JGG), HRRS 2013, 164–178.

FSC
www.fsc.org
MIX
Papier | Fördert gute Waldnutzung
FSC® C083411

Kolibri 360 GmbH
Ferdinand-Jühlke-Straße 7
99095 Erfurt, Deutschland
produktsicherheit@kolibri360.de